MER ADRIATIQUE
E65
ISOLE TREMITI
Termoli
A14
PARCO NAZIONALE DEL GARGANO
Vieste
San Severo
Manfredonia
A14
Foggia
GOLFO DI MANFREDONIA
CERVARO
A16
A14
Benevento
OFANTO
Les Pouilles
p.425
Bari
Avellino
A14
ALBEROBELLO
LE MURGE
MONTE CERVIALTO 1 809 M
Potenza
A3
MATERA
OSTUNI
Brindisi
S407
S379
La Basilicate
p.495
S106
Taranto
S613
PARCO NAZIONALE DEL CILENTO
APPENNINO LUCANO
MONTE CERVATI 1 899 M
AGRI
SALENTO
LECCE
S101
PARCO NAZIONALE DEL POLLINO
GOLFO DI TARANTO
PENISOLA SALENTINA
MARATEA
GOLFO DI POLICASTRO
CAPO SPULICO
MONTE POLLINO 2 248 M
S106
S18
A3
CAPO SANTA MARIA DI LEUCA
CAPO BONIFATI
CRATI
MONTE BOTTE DONATO 1 928 M
Cosenza
PUNTA ALICE
La Calabre
p.521
LA SILA
Crotone
MER IONIENNE
ISOLA STROMBOLI
Catanzaro
GOLFO DI SANT'EUFEMIA
S280
CAPO COLONNA
CAPO RIZZUTI
Vibo Valentia
GOLFO DI SQUILLACE
TROPEA
A3
APPENNINO CALABRESE
M. PECORARO 1 423 M
Messina
PUNTA STILO
PARCO NAZIONALE DELL' ASPROMONTE
GERACE
A20
MONTALTO 1 955 M
A18
STRETTO DI MESSINA
Reggio di Calabria
N
100 km
CAPO SPARTIVENTO

Avis aux GEOVoyageurs

Entre l'enquête faite sur le terrain et la parution du guide, les établissements proposés peuvent avoir disparu et certaines informations peuvent avoir été modifiées : n'hésitez pas à nous faire part de vos commentaires et de vos corrections !

Boîte aux lettres GEOGuide

5, rue Gaston-Gallimard 75328 Paris Cedex 07
www.geo-guide.fr contact@geo-guide.fr

GEOGUIDE

Italie du Sud

Carole Saturno
Aurélia Bollé

Ont également collaboré à cet ouvrage
Pier Giovanni Guzzo, Vincent Jolivet, Marie-Astrid Le Bos, Mathilde Nobilet, Audrey Oliveira, Maud Pascali, Charlotte Pavard, Gilles Pécout, Assia Rabinowitz, Emma Tassy

ITALIE DU SUD

GEOPANORAMA

GEOPRATIQUE

GEOREGION

ITALIE DU SUD

Villa au bord de la Méditerranée.

Voyagez à la carte

GEOGuide a sélectionné pour vous des lieux de séjour, des sites à visiter, des adresses-plaisir et des activités multiples. Choisissez ce qui vous ressemble et goûtez pleinement votre voyage…

… au gré de vos envies

Patrimoine

Partez à la découverte d'un passé prestigieux : temples grecs en Campanie, vestiges romains du Latium, églises romanes des Pouilles et palais baroques de Rome.

Plages et parcs naturels

Entre mer et montagne, l'Italie du Sud possède pas moins de six parcs nationaux riches d'écosystèmes variés à la flore et à la faune abondantes : ours et chamois des Abruzzes, forêts de pins d'Alep, lacs côtiers, criques rocheuses…

Plaisirs de la table

L'occasion de goûter aux meilleures pizzas du monde, mais aussi à de savoureux plats de pâtes accompagnés d'un verre de Greco del Tufo de Campanie ou de Frascati des environs de Rome

Shopping

Flânez sur un marché populaire de Naples ou faites du lèche-vitrines dans les élégantes rues commerçantes de Rome.

En amoureux

Faites un vœu romantique devant la fontaine de Trevi ou offrez-lui une nuit dans un hôtel de charme de la côte amalfitaine.

… au fil de nos itinéraires

GEOPLUS En trois jours

ITALIE DU SUD

Les jardins de la résidence royale (p.281), Caserte.

GEOPANORAMA

COMPRENDRE L'ITALIE DU SUD

Géographie

Selon une comparaison très imagée chère aux pédagogues du XIXe siècle, l'Italie est une "botte", dont les Pouilles seraient le talon – avec son célèbre Gargano comme éperon – et la Calabre le pied. Bordée par quatre mers (Ligure, Tyrrhénienne, Ionienne et Adriatique), la péninsule italienne s'étend sur 1 500km de long et n'atteint guère plus de 500km de large. Solidement ancrée à l'Europe continentale, dont elle occupe la partie méridionale de la chaîne alpine, l'Italie s'étire dans la Méditerranée, touchant presque l'Afrique, qui n'est qu'à 150km de ses côtes les plus proches. L'Apennin toscano-émilien représente la charnière entre les deux grandes zones qui composent le pays : l'Italie continentale, constituée par les Alpes et la plaine du Pô, et la péninsule, parcourue sur toute sa longueur par la chaîne apennine et caractérisée par des milieux méditerranéens.

LE MEZZOGIORNO le "Midi" est, jusqu'en 1860, un royaume situé au sud de Rome et des États pontificaux, dirigé au fil du temps par les Normands, les Angevins, les Aragons de Naples, les Espagnols et les Bourbons. Par-delà l'histoire, ce sont les conditions climatiques et, surtout, le soleil éclatant du Sud et les modes de vie qu'il impose qui ont forgé l'identité de cette zone. Le Mezzogiorno comprend six régions (Abruzzes, Molise, Campanie, Pouilles, Basilicate, Calabre) et les deux plus grandes îles italiennes (Sicile et Sardaigne). Le Latium, la région de Rome, capitale politique et religieuse de la péninsule italienne, forme ainsi une sorte d'articulation "centrale" entre Nord et Sud.

L'ÉPINE DORSALE DES APENNINS Le Midi est partagé entre un versant tyrrhénien et un versant adriatique. Entre les deux, l'épine dorsale des Apennins – plus jeunes que les Alpes puisqu'ils ne sont vieux que de 30 millions d'années – forme une arête continue, au tracé arqué qui s'étire sur 1 200km. L'altitude y dépasse rarement 2 000m et les reliefs, constitués en grande partie de roches sédimentaires plus sensibles à l'érosion, sont moins découpés que dans la chaîne alpine. Coincés entre les plaques africaine et européenne, les Apennins ont continué à se soulever et à se déplacer vers le nord-est... pouvant occasionner de terribles tremblements de terre, comme celui survenu dans les Abruzzes en avril 2009.

Les régions du Sud de l'Italie

Il n'existe pas un seul Sud, mais une multitude de paysages contrastés : collines du Latium, campagnes de la Basilicate, où la terre brûlée se pare des frondaisons argentées des oliviers, côte amalfitaine, où les villages s'accrochent aux parois calcaires, littoral abrupt de la Calabre, baigné par la mer Tyrrhénienne, falaises blanches du Gargano, dans les Pouilles, criblées de grottes surplombant l'Adriatique.

LE LATIUM Entre la mer Tyrrhénienne, à l'ouest, et les Apennins, à l'est, le Latium (17 227km^2) occupe une position centrale à mi-chemin de l'Italie du Nord et de celle du Sud. Administrativement, il est formé de cinq provinces (Rome, capitale régionale et nationale, Frosinone, Latina, Rieti et Viterbe). C'est, en nombre d'habitants, la troisième région d'Italie, après la Lombardie et la Campanie. Côté mer Tyrrhénienne, le Latium déroule une longue côte, volcanique à l'extrême nord puis sableuse, enrichie par le lit du Tibre, à Ostie, jusqu'à Latina, au sud, où s'étendait jadis une vaste zone marécageuse et insalubre (les marais Pontins) qui fut asséchée à l'époque du régime fasciste. Entre le rivage et l'Apennin central, le relief est doucement vallonné (monts Albains, Lepini et Aurunci).

Carte d'identité

Superficie 90 489 km² au total, dont 17 227 km² pour le Latium et 19 357 km² pour les Pouilles
Points culminants Gran Sasso (2 912m) ; Monte Pollino (2 248m) ; Monte Terminillo (2 213m) ; Vésuve (1 158m)
Population 19 027 278 hab. au total, dont 2 700 000 à Rome et 1 000 000 à Naples
Statut sept des 20 régions italiennes
Langues l'italien et de nombreux dialectes, dont le napolitain et le calabrais
Religion catholique en forte majorité

LA CAMPANIE La Campanie s'étend sur 13 595km² et compte cinq provinces administratives : Naples, bouillonnant chef-lieu de province et troisième ville d'Italie où se serrent plus d'un million d'habitants – la plus forte densité italienne (1 000 hab./km²) –, Avellino, Bénévent, Caserte et Salerne. Le littoral, du golfe de Gaeta au golfe de Salerne, se caractérise par une côte rocheuse et escarpée, dont la péninsule sorrentine constitue, avec la côte amalfitaine et l'île de Capri, l'un des plus beaux paysages. Cette côte est marquée par la présence d'une chaîne de volcans s'étirant de Roccamonfina, au nord, au Vésuve, au sud, en passant par les champs Phlégréens, les îles d'Ischia et de Procida qui clôturent le golfe de Naples. Au quaternaire, il n'existait alors qu'un vaste golfe s'ouvrant sur la mer Tyrrhénienne : le soulèvement des fonds marins – qui engendra aussi les volcans – et l'accumulation d'un matériel alluvionnaire apporté par les fleuves le transformèrent en plaine. Mais la Campanie possède également un visage plus calme : au nord de Naples, autour de Caserte, la Terra di Lavoro n'est-elle pas cette région fertile que les Anciens dénommaient *Campania felix* ? Dépôts éruptifs, douceur du climat et fertilité de la vallée du Volturno y ont de tout temps favorisé les cultures, tout comme les dépôts de sédiments du Sele ont enrichi la plaine de Paestum, dans le sud de la région. À l'ouest, enfin, dans la province de Bénévent et dans l'Irpinia, le paysage s'arrondit, les collines cultivées cèdent la place aux flancs boisés des Apennins.

LES ABRUZZES ET LE MOLISE Au contact de la chaîne centrale et de la chaîne méridionale des Apennins, ces anciennes possessions des Bourbons de Naples appartiennent historiquement au Mezzogiorno. Le territoire des Abruzzes (10 794km²) et du Molise (4 438km²) est dominé par la montagne, les hauts plateaux et les collines qui bordent une côte adriatique basse et sablonneuse. Les reliefs sont plus élevés au nord, avec le groupe du Gran Sasso (point culminant au Corno Grande, 2 912m). Ces deux régions rurales ont une densité de population inférieure à la moyenne nationale (le Molise a même perdu beaucoup de ses habitants depuis l'Unité) et sont divisées en quatre provinces pour les Abruzzes (L'Aquila, Chieti, Pescara et Teramo) et deux provinces pour le Molise (Campobasso et Isernia). Plusieurs parcs naturels (Parc national des Abruzzes, du Gran Sasso, de la Majella) favorisent l'amorce d'un tourisme environnemental. "Coutumière" des tremblements de terre – celui de 1915 avait fait 33 000 morts – la région est à nouveau frappée, le 6 avril 2009, par un violent séisme, qui tue 300 personnes et en laisse plus de 60 000 sans abri. Le chef-lieu de région, L'Aquila, proche de l'épicentre, subit des dégâts immenses : le centre médiéval de la ville, partiellement détruite, n'est plus qu'un champ de ruines. De nombreux habitants sont déplacés dans une cité-dortoir par le gouvernement de Silvio Berlusconi, dont les promesses de reconstruction restent lettre morte. En 2013, le centre de L'Aquila, malgré la réouverture de la place, de la rue principale et de quelques-uns de ses monuments-clé, demeure une ville fantôme. Espérons que sa candidature en tant que capitale européenne de la culture en 2019 ne soit pas qu'un rêve et contribue à accélérer sa renaissance…

LES POUILLES Riche et verdoyante, la région des Pouilles (19 357km^2) forme une bande qui longe l'Adriatique et vient occuper le talon de la "botte". Elle est composée de cinq provinces dont les chefs-lieux sont Bari (la plus importante ville du Sud après Naples), Brindisi, Foggia, Lecce et Tarente. Au nord, le promontoire rocheux du Gargano (dont le plus haut sommet – le Monte Calvo – atteint 1 056m) s'avance dans la mer : ce haut plateau calcaire, découpé de falaises blanches sur ses flancs, parsemé de grottes et de dolines à l'intérieur, est recouvert par la vaste forêt Umbra. Au pied du massif, des plages bordées de pinèdes s'allongent sur des kilomètres. Au large apparaissent les scintillantes îles Tremiti, de blancs rochers de calcaire. Plus bas s'ouvre la plaine de Foggia et ses immenses étendues de blé, la plus importante après celle du Pô ; puis les Murge, plateau karstique fissuré, percé de grottes et de gouffres ; et enfin la péninsule du Salento, où s'épanouissent fruits et légumes, oliviers, vignes et amandiers. Les Pouilles sont la région la plus plane du Mezzogiorno (entre 200m et 700m), puisque plus de 53% du territoire sont des plaines, baignées par 762km de côtes : sableuses côté Adriatique, à l'exception du Gargano et d'Otrante ; plus rocheuses et moins faciles d'accès côté Ionienne, notamment à partir du cap Santa Maria di Leuca, extrémité est de la "botte".

LA BASILICATE Nichée dans la cambrure de la "botte", la Basilicate (9 992km^2), ou Lucanie, est bordée par les deux mers, Tyrrhénienne dans le golfe de Policastro (au sud-ouest) et Ionienne dans le golfe de Tarente (au sud-est). C'est une terre sauvage, difficile d'accès et peu touchée par le tourisme. Elle se compose de deux provinces (Potenza et Matera). Montagnes pelées (dues aux ravages de l'érosion sur des roches tendres), chaos de rochers, paysages ravinés ressemblant à la Cappadoce, plateau karstique à la beauté lunaire : la région, essentiellement montagneuse (70%), s'aplanit de collines (20%) en plaines (10%) vers l'ouest. Elle est dominée au nord par le mont Vulture, un ancien volcan qui, avec ses 1 326m d'altitude, fait presque pâle figure face au massif du Pollino, au sud, culminant à plus de 2 000m.

Les plaines alluviales, le long du littoral ionien, jadis marécageuses, ont été asséchées et se couvrent aujourd'hui de plantations de fruits (agrumes) et de légumes. Sans oublier les côtes : 30km le long de la mer Tyrrhénienne, où la montagne plonge dans une eau limpide ; 35km de sable doré ou de galets le long de la côte ionienne. La Basilicate est indéniablement la région la plus pauvre du pays, symbole de la misère du Sud, et ce malgré la découverte de pétrole dans les zones du val d'Agri, du Lagonegrese et du Pollino (le "Texas italien"). Enfin, la région est soumise à une forte activité sismique. Le tremblement de terre de novembre 1980 est resté dans les mémoires et a laissé de nombreuses traces dans le paysage. Entre la Campanie (région d'Irpinia) et la Basilicate, le séisme fit plus de 4 000 victimes, 50 000 blessés et 150 000 sans-abri.

LA CALABRE À l'extrémité occidentale de la "botte", cette "péninsule dans la péninsule" (15 080km^2) s'étire sur presque 250km de long pour une largeur variant de 32km, dans l'isthme de Squillace, à 111km entre la Punta Alice et le cap Bonifati, sur la mer Tyrrhénienne. Dans ses cinq provinces (Catanzaro, Cosenza, Crotone, Reggio di Calabria et Vibo Valentia), elle est dominée par les montagnes (la plaine ne représente pas 10% de son territoire) et reste isolée du reste du pays. Si, à l'extrême nord, le terrain est calcaire, le reste du relief calabrais est en revanche formé de roches cristallines éruptives ou schisteuses (ère primaire), fortement soumises à l'action atmosphérique qui a modelé et arrondi le paysage, donnant naissance à des formes tabulaires. Le massif de la Sila, aux portes de Cosenza, culminant au mont Botte Donato (1 928m), affiche de hauts plateaux granitiques, couverts de forêts de hêtres et de pins, très arrosés et battus par les vents ; celui de l'Aspromonte, au fin fond de la pointe de l'Italie, dont le plus haut sommet s'élève à 1 956m, est formé de gneiss et de micaschistes. La Calabre déroule 780km de côtes : de la Punta di Castrocucco au détroit de Messine, sur la mer Tyrrhénienne, elle présente un littoral découpé où les contreforts apennins viennent mourir dans une eau d'azur ; de la Punta Pezzo à la plaine de Métaponte, le long des golfes de Squillace et de Tarente, elle dessine une côte alluvionnaire plus ample, s'élargissant de temps à autre jusqu'à former de véritables plaines.

Le littoral italien

La forme des côtes est sans cesse remodelée au gré des phénomènes géologiques, de l'avancée des embouchures des fleuves et de l'action de la mer. L'élévation du niveau de la mer (1,5mm par an) est telle que plus d'un tiers des plages de la péninsule italienne est soumis à l'érosion ou recule... Les côtes rocheuses dentelées, plongeant vertigineusement dans la mer, sont caractéristiques des zones sujettes au soulèvement telles que la Campanie et la Calabre. Les côtes sablonneuses, plus basses, sont en revanche typiques du littoral adriatique (Pouilles) ou du littoral ionien (Basilicate).

Terre de volcans

Le Mezzogiorno est instable du point de vue géologique : glissements de terrain, éruptions volcaniques, séismes à répétition (on a dénombré près de 5 000 tremblements de terre en Italie depuis le début de l'ère chrétienne). Du nord de la Campanie à la Sicile, entre le Vésuve et l'Etna, la côte tyrrhénienne égrène de jeunes volcans, certains toujours actifs, dus à la formation de l'espace maritime et de la chaîne des Apennins. En avril 2009, le violent tremblement de terre dans les Abruzzes (5,8 sur l'échelle de Richter) a fait plus de 150 victimes.

LES CHAMPS PHLÉGRÉENS Au nord-ouest de Naples, ces "champs ardents" cachent dans leurs entrailles, sur plus de 150km², de curieux phénomènes géologiques : d'un sol criblé de cratères et agité par les bouillonnements de boue s'échappent des fumerolles blanches (émanations sulfureuses). On compte aujourd'hui une cinquantaine de centres éruptifs. Pour comprendre ce phénomène, il faut savoir que l'activité volcanique de la région commença par une énorme éruption il y a 35 000 ans. Un magma apparut brusquement en surface et un mélange de gaz et de fragments de lave s'écoula à grande vitesse. Après cette éruption, un effondrement circulaire de 14km de diamètre donna naissance à une grande caldeira dont une partie gît désormais sous la mer. L'activité volcanique entraîna ensuite la formation de petits volcans et d'autres caldeiras, avec un dynamisme explosif et de modestes émissions de laves.

PROCIDA ET ISCHIA L'île de Procida et sa voisine Ischia, portant le cône du mont Epomeo, sont les enfants volcaniques des champs Phlégréens, qui s'en séparèrent lors de la remontée de la mer à l'holocène. Une couronne de cratères en éruption jaillit, il y a des millions d'années, des eaux d'un golfe beaucoup plus large qu'il ne l'est aujourd'hui puisqu'il allait des monts

Le Vésuve, un volcan toujours actif

C'est l'un des quatre volcans actifs d'Italie. Ce monstre qui, il y a près de deux mille ans, figea en un instant la vie des cités d'Herculanum et de Pompéi, semble aujourd'hui avoir pris sa retraite, ou du moins s'être assoupi. Depuis mars 1944, le Vésuve ne s'est plus manifesté, mettant fin à une série de 41 éruptions. Malgré le risque, la région est fortement peuplée : 700 000 personnes sont installées dans un rayon de 7km et plus de 3 millions vivent dans l'un des sites naturels les plus dangereux d'Europe. Et la découverte, en 2001, d'une poche magmatique de 400km² sous Naples n'est pas faite pour rassurer ! Géologiquement, le Vésuve est formé de deux volcans : le Vésuve proprement dit (1 281m), encastré dans un volcan plus ancien, la Somma (1 132m), apparu il y a 35 000 ans et qui s'effondra peu à peu (notamment en 1906 et 1944), donnant naissance à une caldeira (vaste dépression) dans laquelle s'est développé le cône du Vésuve.

Aurunci (Latium) jusqu'à la presqu'île de Sorrente. Les volcans les plus actifs et les plus proches de la côte se sont ensuite soudés à la terre ferme grâce à l'abondance des matériaux éruptifs. Un réveil de la région pourrait entraîner un vaste raz-de-marée qui toucherait le golfe de Naples tout entier !

LE BRADYSÉISME Le Sud est également marqué par un étrange phénomène de déplacements du sol : le bradyséisme. Le "temple de Sérapis", à Pouzzoles (Campanie), permet de mesurer ce lent mais perpétuel mouvement de montée et d'affaissement du sol mû par le magma souterrain en fusion : trois des colonnes de cet ancien marché portent sur leur base des perforations pratiquées par des mollusques marins, signes d'un affaissement du terrain au-dessous du niveau de la mer. Après un abaissement de 5,70m, le sol est remonté et redescendu plusieurs fois. Autre témoin du bradyséisme et des éruptions, la cité engloutie sous les eaux qui s'étire du cap Pausilippe au cap Misène, sur la côte calabraise.

Parcs nationaux

Moins de 7% du territoire national sont protégés, même si la création des premiers parcs nationaux italiens remonte aux années 1920 (la Vanoise, premier parc national français, ne sera créé qu'en 1963...). Plus sauvage, le Mezzogiorno accueille tout naturellement le plus grand nombre d'aires protégées de la péninsule. Le Gran Sasso (150 000ha entre Abruzzes, Marches et Latium), le Pollino (200 000ha entre Calabre et Basilicate), ou encore l'Aspromonte (Calabre) constituent les parcs de l'Apennin. Le premier, institué en 1991, accueille notamment une cinquantaine de chamois des Abruzzes, au cou tacheté de noir et de blanc. Citons aussi le Parc national des Abruzzes, refuge de l'ours brun et du loup des Appenins. Dans le Pollino, au cœur du massif de la Sila, règne le pin, dont les formes tourmentées sont le témoin des dures conditions climatiques (vent et gel) qui sévissent de 1 500m à 2 000m. Côté littoral, on citera le Parc national du Circeo (Latium), fondé en 1934, où les forêts qui couvrent les pentes du mont Circeo offrent un contraste saisissant avec le paysage sablonneux de la plaine pontine ; et celui du Gargano (Pouilles), avec sa mosaïque d'écosystèmes (côtes rocheuses, criques de sable, forêts de pins d'Alep, de hêtres, lacs côtiers). On y ajoutera le Parc national du Cilento et du Vallo di Diano (Campanie), inscrit par l'Unesco au nombre des réserves de la biosphère, qui allie milieux côtiers (mer Tyrrhénienne) et milieux montagneux (Apennins).

Histoire

Si l'Italie est un pays jeune, né en tant qu'État national indépendant et unifié dans la seconde moitié du XIXe siècle, ses habitants comptent parmi les plus anciens occupants de notre continent. Des premiers peuples italiques aux citoyens d'une république cofondatrice de l'Europe communautaire, le fil historique de la péninsule restitue les phases d'une civilisation ouverte aux multiples influences méditerranéennes, dans laquelle Rome et le Sud occupent une place centrale, presque métaphorique, aux yeux des Italiens et des étrangers.

De la préhistoire à l'Antiquité

UNE CIVILISATION MÉDITERRANÉENNE Attestée il y a environ un million d'années, au paléo lithique inférieur, la présence humaine dans la péninsule est évidemment mieux connue pour la période préhistorique de l'âge de bronze (IIe millénaire av. J.-C.). Durant cette période s'affirme une aire de civilisation méridionale et péninsulaire dite "apenninique", influencée par le rayonnement égéen, comme en témoignent les céramiques retrouvées à Ischia et à Vivara. Au début du Ier millénaire, alors que se développe la civilisation dite "villanovienne" au nord et au centre de la péninsule, les Latins s'installent au sud du Tibre et des populations arrivent d'Illyrie dans la région des Pouilles. Mais ce sont des peuples venus de Méditerranée orientale, entre le VIIIe et le VIe siècle, qui impriment une marque de civilisation durable et originale sur les littoraux de Sicile et d'Italie méridionale : les archéologues exhumeront avec émerveillement, au XVIIIe siècle, les ruines de temples doriques d'une colonie sybarite à **Paestum**. Terre de colonisation hellénique, la **"Grande-Grèce"**, dont le plus ancien foyer serait Cumes, à l'origine de la fondation de Parthénope sur le site de la future Naples, est aussi une terre d'affrontements. Avec les Étrusques, d'abord, que les Grecs réussissent à contenir grâce aux victoires remportées par les armées de Cumes, sur terre en 524 et sur mer en 474, avec le concours de la flotte de Syracuse. Mais les Grecs cèdent un demi-siècle plus tard devant les **Samnites**, qui progressent des montagnes d'Italie centrale à la mer Tyrrhénienne en passant par la plaine de Campanie, avant d'être à leur tour défaits par les Romains à partir du IVe siècle.

L'ÉMERGENCE DE ROME Entre-temps, il est vrai, Rome a commencé à écrire l'histoire de la péninsule. Née de la fusion de villages latins et sabins, une cité s'est imposée comme la capitale d'une monarchie que la tradition légendaire et historique fait naître avec **Romulus** en 753 et mourir avec **Tarquin le Superbe** en 509. La Rome des rois s'organise en *civitas* ("cité" comme organisme territorial, social et politique) : les pouvoirs, dont la légitimité relève de la sphère surnaturelle et religieuse, sont concentrés autour du roi (*rex*) et des membres d'une aristocratie reposant sur des liens familiaux élargis, les "pères" (*patres*). Les citoyens sont classés en trois tribus, représentées par des curies (*curiae*) réunies en assemblées curiates. Au début du IIe siècle, les citoyens romains sont également répartis selon leur fortune et leur lieu de résidence. Cette réforme, qui sert de base à l'organisation d'une puissante armée, ne peut empêcher la montée des affrontements entre le patriciat, la plèbe et le sommet du pouvoir monarchique, précipitant ainsi la royauté vers sa chute.

LA RÉPUBLIQUE ROMAINE L'instauration de la République, en 509, marque l'arrivée au pouvoir des patriciens indissociable d'un étroit contrôle social et politique de la plèbe. C'est donc une république oligarchique qui conquiert et réorganise le territoire italien, puis la Méditerranée orientale et enfin, au Ier siècle avant notre ère, l'Europe occidentale avec l'Espagne et la Gaule. Rome est d'abord au cœur d'un territoire et de réseaux à l'échelle de la péninsule. De ce fait, la période du IVe au Ier siècle a été lue comme celle de la **première unification du territoire italien**. Tout en relativisant le caractère idéologique d'une historiographie qui, depuis le XVIIIe siècle, a voulu reconstituer *a posteriori* les continuités de la civilisation et de l'histoire italiennes à l'origine d'une nation devant s'incarner dans un État unique, force est de constater que la Rome républicaine intègre le Sud – par conquête et domination – à la définition de son nouvel ordre territorial. Au terme des expéditions et des contre-offensives qui constituent les **trois "guerres samnites"** de 343 à 290, ceux qui avaient vaincu les Grecs dans la région sont à leur tour défaits par les Romains. Naples est tombée en 326 et son statut de *civitas foederata* (cité alliée) ne saurait masquer une situation de réelle dépendance. Après la prise de Tarente et de Rhêgion (Reggio de Calabre) en 272 et 270, les Romains se rendent maîtres de l'Italie méridionale. Ils s'appliquent même à refonder des cités, comme au nord du golfe de Naples, à Puteolis (Pouzzoles), en 196. Plus encore, ils remportent une victoire d'importance lorsque le latin devient langue officielle à Cumes en 180, alors que la pénétration en Orient se poursuit et que la Grèce est bientôt aux mains des Romains au milieu du Ier siècle. Mais il y a un saut à franchir entre la soumission de fait et l'intégration de droit : ce n'est qu'après la "guerre sociale" de 90-88 (entre Rome et ses alliés ou "*socii*" italiques) que les Campaniens reçoivent la **citoyenneté romaine**. Des guerres italiques aux guerres civiles du Ier siècle, la république romaine est mise en péril par les affrontements de factions, par les contestations sociales et politiques dans les provinces et par les ambitions personnelles de représentants de la classe dirigeante.

L'EMPIRE ROMAIN Après l'assassinat de **César** en 44, et à l'issue d'une radicalisation des tensions, l'Empire est proclamé par **Octave**, qui prend le titre sacré d'Augustus en 27. **Auguste** poursuit et achève la soumission de la Méditerranée et de l'Europe occidentale. Rome est alors la capitale d'un vaste dispositif territorial, au sein duquel les structures politiques ainsi que l'équilibre économique, fondé sur une subtile division du travail, sont garantis par un ordre militaire – infaillible durant les premiers temps – appelé **"paix romaine"** (*pax romana*). La périodisation traditionnelle divise les quatre siècles qui s'annoncent en Haut-Empire, du règne d'Auguste aux Sévères (192-235 ap. J.-C.), et en Bas-Empire, de la période d'anarchie militaire du IIIe siècle à la fin de la dynastie valentinienne et à la déposition du dernier empereur romain d'Occident, **Romulus Augustule**, en 476. L'Italie méridionale, et notamment la Campanie, s'inscrit au cœur de cette sphère de coprospérité qu'illustrent la richesse et le caractère cosmopolite de cités comme Herculanum et Pompéi, ensevelies lors de l'éruption du Vésuve de 79. Prospérité et *pax romana* vont de pair avec l'épanouissement d'une brillante civilisation. Littérature, philosophie, arts plastiques façonnent une culture largement modelée par les Grecs – telle est la revanche des vaincus sur leurs "farouches vainqueurs". Après un temps de troubles à la fin du Ier siècle, l'Empire connaît un réel équilibre, marqué par la réorganisation administrative et militaire à l'origine de la création d'une nouvelle élite de fonctionnaires. La stabilisation des frontières nécessite néanmoins toujours plus d'hommes et d'argent. Après la crise de la fin du IIIe siècle, due en partie aux dépenses militaires et aux querelles de succession, de nouvelles réformes territoriales et fiscales sont adoptées puis contestées et remises en question. L'empereur **Constantin**, converti au christianisme, a transféré sa capitale à Byzance, qui reçoit le nom de Constantinople en 330. La séparation entre empire d'Orient et empire d'Occident est opérée par Théodose en 390. Rome a déjà cessé d'être à Rome lorsque les hordes d'Alaric y pénètrent en 410.

Le Moyen Âge

DU SAC DE ROME DE 410 AU GRAND SCHISME Après le sac wisigoth de 410, Rome subit un nouveau pillage (sans incendie), perpétré par les Vandales de Genséric en 455. Sous la domination du roi des Ostrogoths, **Théodoric**, de 489 à 526, l'Italie est administrée depuis Ravenne par un prince germain dit "barbare" mais grand admirateur des Romains et protégé par l'empereur d'Orient, dont il fut l'otage. À la fin du Ve siècle, dans une péninsule morcelée, émerge une nouvelle puissance italienne : celle du pape. Entre l'élévation au pontificat, en 590, de **Grégoire Ier**, le seul avec Léon Ier à recevoir le qualificatif de "grand", et les donations de Pépin (754) et de Charlemagne (774), qui reconnaissent un "Patrimoine de Saint-Pierre", la papauté dessine les contours d'une puissance nouvelle. Et ce à travers trois principaux traits : la soumission des évêques italiens, la négociation d'alliances avec les souverains carolingiens et la naissance d'un État territorial, à l'origine des États pontificaux. À partir du IXe siècle, Rome s'impose comme la capitale d'un ensemble de terres aux frontières incertaines et sur lesquelles les formes de l'autorité pontificale ne sont fixées qu'au gré de négociations avec les dynasties germaniques. Lorsque l'Empire est restauré par Othon Ier (962), le pouvoir du pape sur le Patrimoine de Saint-Pierre est limité de fait et de droit. C'est entre le Xe et le XIIe siècle que s'élabore une définition territoriale plus précise de l'État pontifical autour du duché romain, la région du Latium comprise entre Sutri au nord et Ceprano au sud, tandis que sont reconnues les prétentions de Rome sur Ravenne, Ancône et Spolète. Au XIe siècle, le court pontificat de **Grégoire VII** (1073-1085) associe les réformes ecclésiastiques à la remise en cause des pouvoirs laïques ; le conflit entre Rome et l'Empire se résout par la soumission de l'empereur à Canossa, en 1077. À partir du XIIIe siècle, le maintien ou l'extension territoriale de l'autorité pontificale face à l'empereur est au cœur de la lutte du sacerdoce et de l'Empire, structurant les affrontements internes des aristocrates et des communes d'Italie centrale et septentrionale, qui prennent parti soit pour le pape (guelfes) soit pour l'empereur (gibelins). Au XIVe siècle, les papes quittent Rome pour Avignon (1309-1378), ce qui conduit, *a contrario*, l'Église à affirmer son unité territoriale et administrative (rôle des constitutions du cardinal Albornoz). Définitivement de retour à Rome après le **Grand Schisme**, qui a vu régner deux papes l'un contre l'autre (1378-1417), l'Église doit se contenter de ses terres de Romagne, de Toscane, d'Ombrie et des Marches et d'une autorité morcelée par la puissance des autonomies communales et des féodalités locales.

LE SUD : DES NORMANDS AUX ESPAGNOLS L'Italie byzantine qui s'affirme contre l'Italie des Goths est d'abord une Italie septentrionale : la reconquête de la péninsule par la dynastie orientale, au VIe siècle, a comme centre stratégique Ravenne. Toutefois, l'Italie méridionale est aussi marquée par la présence byzantine, notamment dans les Pouilles, en Calabre et autour de Naples. Les Lombards, venus du Nord à la fin du VIe siècle, entendent ébranler cet ordre autour du Pô, tout en nourrissant des ambitions géographiques plus vastes. Le **royaume lombard** s'étend jusqu'au sud – marches du Latium, Campanie et nord des Pouilles –, alors que subsistent les aires byzantines. À l'époque carolingienne (VIIIe-IXe siècle), les principautés lombardes de Capoue, Salerne et Bénévent conservent leur indépendance, même si l'empereur carolingien Louis II a su s'imposer pour mettre un terme au conflit opposant Salerne et Bénévent. Cette période est également marquée par des incursions arabes venues de Sicile. Ceux-ci – déjà maîtres de la "Grande Île" – sont notamment présents à Bari et dans les Pouilles, où ils menacent les Byzantins. C'est pour aider à les repousser que des soldats normands arpentent l'Italie méridionale dès l'an mil. Guerriers mercenaires, les **Normands** reçoivent des terres et font souche. Au XIe siècle, les Napolitains leur attribuent la terre d'Aversa. La Calabre puis la Sicile passent sous leur domination avec la dynastie des Guiscard. Au XIIe siècle, un véritable royaume chrétien normand est organisé dans le Sud continental et insulaire. Les **"Italies normandes"** sont caractérisées par la diversité des populations (Arabes, Grecs, Français et Italiens en forment les sujets) et l'hybridation de plusieurs systèmes ou modèles : par exemple, la fiscalité empruntée aux Arabes, mais aussi un art syncrétique dans lequel se superposent de multiples influences – même si l'Orient est sans doute moins présent que ne voudrait le laisser croire une tradition qui fait du Sud un creuset absolu de civilisations. Il reste que l'Italie méridionale des Normands est largement ouverte sur la Méditerranée : le port de Bari est le symbole de ces contacts entre Orient et Occident qui passent d'abord par un réseau de relations à l'échelle de la péninsule, avec Gênes et Venise notamment. À la fin du XIIe siècle, alors que l'Italie est terre de départ et de passage pour les croisades, l'**empereur d'Allemagne Henri VI** est couronné roi des Pouilles et de Sicile. Champion de la lutte contre les communes et la papauté, son fils **Frédéric II** raffermit sa domination dans le Sud, faisant de ce royaume d'Italie méridionale une monarchie absolue. À la fin du siècle, l'Italie du Sud est un théâtre d'affrontements pour les successeurs de Frédéric, le pape et le prince étranger que ce dernier soutient, **Charles d'Anjou**, frère du roi de France. Après la victoire de Bénévent en 1266, Charles d'Anjou a la voie libre en Italie méridionale et les Angevins peuvent faire de ces possessions méridionales les bases de leur conquête de la Méditerranée. Mais, en faisant appel à la flotte aragonaise pour mettre fin à la révolte des communes de Sicile, la maison d'Anjou a légitimé l'intervention espagnole sur ses terres au début du XIVe siècle. Le roi **Alphonse V d'Aragon** s'octroie la couronne de Naples en 1442, complétant ainsi son domaine sicilien sous le titre, promis à un bel avenir, de "royaume des Deux-Siciles". Et c'est une alliance d'Espagnols, de Milanais et de Vénitiens qui met en déroute le roi Charles VIII de France lors de sa tentative de conquête de Naples en 1494.

De la Renaissance à la Contre-Réforme

LA ROME RENAISSANCE À Rome, le XVe siècle s'annonce comme une période de paix et ses souverains se soucient surtout de l'embellissement de leur capitale. Les principaux papes de la Renaissance, Nicolas V, Sixte IV, Alexandre VI, Jules II et Léon X engagent ou achèvent de grands travaux (reconstruction de la basilique Saint-Pierre, chapelle Sixtine...). La cour romaine, dont les fastes indignent certains esprits, attire sur les bords du Tibre tout ce que l'Italie compte alors de grands artistes. La **Renaissance** (Rinascimento), loin de se cantonner à la vie artistique, touche aussi les savoirs ; et la Rome de Nicolas V et de Pie II voit se former les précieuses collections de la Bibliothèque vaticane.

Toutefois, de 1494 à 1559, alors que l'Italie est un théâtre de conquêtes pour les rois de France, les terres pontificales deviennent un lieu de passage et d'affrontements : Charles VIII y fait halte lors de son périple guerrier pour la conquête de Naples en 1494 et Jules II prend part à la guerre de 1508 à 1512 pour garder la Romagne. C'est dans ce contexte de transformation de la péninsule en terrain de guerre international que Rome est mise à sac par les troupes impériales du connétable de Bourbon, en mai 1527.

LA ROME BAROQUE La Rome qui s'est imposée dans le monde occidental avec l'affirmation politique de la papauté et le rayonnement de l'humanisme de la Renaissance devient le foyer de la Contre-Réforme catholique et de l'**art baroque**. Manifestation de l'hispanisation de la société et des pouvoirs, la Contre-Réforme doit s'appuyer sur un solide appareil de lutte et de contrôle des doctrines et des pratiques. Dans les années 1540, l'Inquisition romaine est, avec celle d'Espagne et du Portugal, l'institution la plus active dans la lutte contre les comportements "hérétiques" ou considérés comme déviants (de l'abus de sacrements aux blasphèmes). En 1559, à l'initiative de **Paul IV**, est publiée la première partie de l'*Index librorum prohibitorum* ("Index des livres interdits", couramment désigné du seul terme d'Index). Rome, capitale de la chrétienté, donne l'exemple : la papauté encourage d'abord la naissance de nouveaux ordres, comme les Jésuites (1539), appelés à faire triompher l'esprit du concile qui siège de 1545 à 1553 à Trente. Les pères conciliaires de Trente instaurent le contrôle de la production intellectuelle et artistique : il s'agit de la rendre efficace et attractive au service de l'Église romaine. Cette mission pédagogique se traduit, plus d'une génération plus tard, par l'élaboration des nouveaux messages et cadres de la vie religieuse résumés par l'art baroque. Le terme, dont l'étymologie est encore disputée – mais qui semble provenir du mot portugais *barroco* désignant "une perle aux contours irréguliers" –, renvoie d'abord à un vaste mouvement de création plastique, pictural, musical et littéraire qui met l'accent sur la sensibilité comme vecteur de la piété et comme forme d'accès immédiat à la vérité religieuse. La Rome de la première moitié du XVIIe siècle se couvre de nouvelles églises répondant d'abord au besoin des ordres créés par la Contre-Réforme, Théatins (Sant'Andrea della Valle) et Jésuites (Sant'Ignazio). Dans le sillage de la Renaissance, mais en privilégiant encore davantage une vue urbanistique globale, la Rome baroque d'Urbain VIII et d'Innocent X inscrit durablement, au XVIIe siècle, les grands principes de sa scénographie de capitale grâce au **Bernin** et à **Borromini**. Les siècles de la Renaissance et surtout du baroque voient donc s'affirmer un modèle de rayonnement culturel international et de puissance temporelle. Cette époque donne une nouvelle grammaire – un code de normes et d'idéaux pérennisé par la littérature – à laquelle se référer dans l'avenir, une "Deuxième Rome" après celle de l'Antiquité et avant celle du Risorgimento.

LA DOMINATION ESPAGNOLE DANS LE SUD Au début du XVIe siècle, avant même le rattachement de l'Aragon à son royaume, le roi d'Espagne s'impose à Naples comme souverain. D'aragonaise, Naples devient espagnole. Roi de Castille, d'Aragon, de Sicile et de Naples, **Charles Quint**, devenu empereur, se retrouve à la tête d'un vaste domaine dans lequel l'Italie méridionale occupe une place éminente. Mais elle n'est pas la seule aire italienne de domination directe de l'empereur : l'Italie espagnole s'étend bientôt en Lombardie (duché de Milan), en Italie insulaire (Sardaigne) et dans les anciennes principautés méridionales. Dans la deuxième moitié du XVIe siècle, un système de contrôle perfectionné se met en place : administration, fiscalité, réformes militaires, ecclésiastique et religieuse en sont les principaux instruments. Il faut aussi lutter contre la pénétration des idées de la Réforme que sèment des prédicateurs vaudois à Naples et en Calabre. Le XVIIe siècle est d'abord marqué par les guerres franco-espagnoles, dont les enjeux et les lieux sont septentrionaux : Piémont et Lombardie, où la suprématie espagnole semble bafouée. Néanmoins, les sujets espagnols du Sud paieront leur tribut à cette lutte du Nord. Les ports sont mobilisés et la **guerre de Trente Ans** (1618-1648) a pour conséquence l'aggravation de la fiscalité et la nette détérioration des conditions de vie des populations. L'Espagne voit-elle se profiler son déclin italien à partir du milieu du XVIIe siècle ? Les émeutes se multiplient et se muent en vraies révoltes antiespagnoles. C'est le cas à Naples, où le plébéien Aniello d'Amalfi, surnommé Masaniello, proclame à l'été 1647 une république antiespagnole aux accents populistes. En réalité, la révolte en vient à représenter les intérêts conflictuels de l'aristocratie et de la classe des administrateurs et des magistrats. Le vice-roi espagnol de Naples a plus de mal à s'imposer à l'intérieur. Après la signature de la **paix des Pyrénées** en 1659, l'Espagne perd progressivement le contrôle du nord de la péninsule au profit des Français puis des Autrichiens. Ces derniers envahissent Naples au début du XVIIe siècle et la paix d'Utrecht, en 1713, confirme leur emprise sur tous les anciens domaines espagnols : Naples, comme Milan, passe sous le sceptre de **Charles VI d'Autriche**. Éphémère, l'ordre autrichien cède à nouveau le pas, en 1734, à la domination des rois d'Espagne sur la Sicile et le royaume de Naples. Le Sud restera terre des Bourbons d'Espagne jusqu'à l'Unité.

PANORAMA

La période révolutionnaire

La Révolution française pénètre en Italie sous les armes du Directoire. Au printemps 1797, au terme de sa première "campagne d'Italie", le jeune

L'épisode des "Lumières" en Italie

Dans la deuxième moitié du XVIIIe siècle, même si l'*Illuminismo* (les Lumières italiennes) ne brille pas des mêmes feux partout, Rome et le Sud connaissent leurs "réformes" juridiques, économiques, politiques et ecclésiastiques. Le royaume des Bourbons de Naples est marqué par une politique de rationalisation financière et fiscale, de mesures antiféodales et par une amorce de sécularisation sous l'impulsion du réformateur Tanucci. Le savoir académique s'y épanouit et les premières fouilles d'Herculanum, puis de Pompéi, attirent l'attention de l'Europe savante. À Rome, le pontificat de Pie VI (1717-1799) voit la généralisation du cadastre, le développement du mercantilisme et la suppression des réquisitions. Mais ce "réformisme éclairé" est encore loin de la révolution.

général **Bonaparte** s'est rendu maître du Piémont, de la Lombardie et d'une partie de la Vénétie. Des "Républiques sœurs" ou "Républiques jacobines" éclosent à l'initiative – et sous la protection – des Français. À Rome, Pie VI est banni par la république proclamée en février 1798 et à Naples, en janvier 1799, les patriotes inspirés par le juriste et philosophe Pagano instaurent la "République parthénopéenne", qui prend ses distances avec Paris, avant d'être réprimée dans le sang par les partisans des Bourbons. En 1799, la contre-révolution chasse les Français, qui reviennent victorieux en 1800 ("seconde campagne d'Italie") et s'installent jusqu'en 1814-1815. En 1806, Naples est de nouveau occupée, mais elle conservera un statut de semi-autonomie durant toute cette période comme "royaume d'un prince français" : sous le règne de Joseph Bonaparte jusqu'en 1808, puis de Joachim Murat et Caroline Bonaparte jusqu'en 1815. Rome ne jouit pas des mêmes privilèges : le Latium et l'Ombrie deviennent de simples terres annexées au Grand Empire napoléonien. La Ville éternelle n'est plus alors "qu'une ville de France, capitale du département du Tibre", comme l'écrira Chateaubriand.

Le Risorgimento

Pour ses promoteurs, le Risorgimento ("résurgence") de la nation italienne doit conduire à la proclamation d'un État indépendant et unifié. Or, en 1815, au lendemain du congrès de Vienne, l'Italie n'est qu'une "expression géographique" (Metternich) morcelée en dix États, dont l'État pontifical et le royaume des Deux-Siciles figurent parmi les plus importants. La restauration ne signifie pas le retour complet à l'Ancien Régime. Même la Rome pontificale, où est aboli le Code Napoléon, laisse subsister des restes de l'administration française sous le gouvernement du cardinal Consalvi. Chez les Bourbons, où la réaction est très marquée, un vrai vent de rébellion souffle durant l'été 1820 avec les insurrections des patriotes *carbonari* en Campanie (Naples, Avellino, Salerne). En 1846, après l'élection de **Pie IX** – un pape qui a la réputation d'être à la fois libéral et patriote –, Rome incarne l'un des symboles du combat national. Mais la révolution romaine de 1849 et l'instauration

La difficile intégration du sud du pays

Lorsque l'Unité italienne aboutit (XIXe s.), la "question méridionale" est perçue comme le principal obstacle à la constitution d'une vraie communauté nationale. Ensemble de prises de position sur l'exploitation du Sud par le Nord, la "question méridionale" désigne aussi les réalités socio-économiques et culturelles qui marquent la difficile intégration de l'espace méridional dans une Italie en voie de modernisation. Ses traductions politiques et militaires, comme le brigandage, se sont heurtées à une violente répression ayant accru le malentendu entre les deux Italies. Quant aux masses rurales méridionales, elles grossissent à partir des années 1880-1890 les rangs des candidats à une émigration de plus en plus lointaine.

d'une république démocratique par **Giuseppe Mazzini**, qui chasse le pape avant d'être à son tour chassé par les Français, montrent la faillite politique de tous les projets quarante-huitards. Dès lors, on sait que l'unité ne sera faite ni par le pape ni par les révolutionnaires patriotes, mais par le roi du Piémont, Victor-Emmanuel II, et son ministre Cavour. Ce dernier, le "père de l'Unité", n'a jamais mis les pieds au sud de Florence. Il ne connaît ni Rome ni Naples, mais il milite pour une "Rome capitale" et favorise l'expédition de Garibaldi, parti "libérer des Bourbons" la Sicile et le royaume de Naples. En septembre 1860, **Garibaldi**, escorté de ses légendaires volontaires en chemise rouge, "les Mille", entre à Naples. Il y exerce provisoirement le pouvoir et nomme à la direction des musées l'écrivain français Alexandre Dumas, qui l'a suivi pour relater son épopée. Le 21 octobre, un plébiscite ratifie à une écrasante majorité le rattachement du royaume des Deux-Siciles (Sicile et Naples) au royaume de Piémont. En mars 1861, le **royaume indépendant d'Italie** est enfin proclamé, comprenant tout le sud de la péninsule. Après la récupération de la Vénétie en 1866, seuls le Latium et sa capitale manquent. Rome n'est reconquise qu'en septembre 1870 ; elle est proclamée capitale d'Italie en juillet 1871. Rome et le Sud sont désormais terres d'une Italie qui a obtenu son unité territoriale par les armes, la diplomatie et les urnes, sous la bannière de Victor-Emmmanuel II. Mais, selon la formule bien connue, "l'Italie faite, il reste à faire les Italiens". La **"question romaine"**, notamment, est une entrave à l'unification politique et culturelle. Le pape refuse l'abolition de ses possessions temporelles ; il se dit "prisonnier en ses États" et interdit aux catholiques de participer aux élections législatives jusqu'au début du XXe siècle et au règlement définitif du conflit par les accords du Latran en 1929.

PANORAMA

De la Première Guerre mondiale à nos jours

LA PREMIÈRE GUERRE MONDIALE Ce conflit, dans lequel l'Italie entre en 1915, a-t-il permis une forme d'intégration nationale ? Les Méridionaux se battent sur l'*Altopiano* de Vénétie avec des soldats venus de toute la péninsule qui répondent à des ordres donnés en langue italienne et sont mobilisés pour défendre une patrie nationale bien éloignée de leur "petite patrie" à eux. Les émigrés du Mezzogiorno ont même dû rentrer pour consentir à ce sacrifice. Certes, l'épreuve des tranchées a soudé la communauté, mais, dans le climat de crise de l'après-guerre, ce sont les frustrations qui l'emportent. Les paysans revenus du front participent aux agitations agraires de l'après-guerre. En 1921, leur taux de syndicalisation est très élevé dans les Pouilles et en Campanie, et les grèves et manifestations d'ouvriers agricoles se multiplient jusqu'à la violente répression fasciste de 1922.

LE FASCISME Le nouveau régime issu de la marche sur Rome d'octobre 1922 donne rapidement les pleins pouvoirs à **Benito Mussolini**, qui s'installe au cœur de la ville, au palais de Venise, près du monument à Victor-Emmanuel II (le Vittoriano). Rome devient le théâtre des spectaculaires "liturgies de masse" de l'État fasciste, qui célèbre la glorieuse Antiquité méditerranéenne au moment de la conquête de l'Éthiopie. Le régime totalitaire, qui met en avant sa politique sociale et économique, est fondé sur la répression. L'autarcie ne fait que renforcer les difficultés de vie. L'exil, l'assignation en résidence surveillée (le *confino*) des "subversifs", en Basilicate ou sur l'île de Ponza, l'emprisonnement et la déportation donnent la mesure de la violence de l'État mussolinien. C'est un pays plongé dans la misère que découvrent en libérateurs les Alliés durant l'été 1943. Après l'armistice du 8 septembre, l'Italie est divisée en deux. Le régime fasciste tente de survivre dans le Nord, à Salò, sous une forme encore plus radicale, tandis que la République du Sud, où se sont réfugiés le roi et son gouvernement, est un véritable champ d'insurrections dues à la misère, comme à Naples, et un terrain d'affrontements ininterrompus (bataille du mont Cassin) jusqu'à la libération de Rome le 4 juin 1944.

L'APRÈS-GUERRE Le 2 juin 1946, le référendum institutionnel donne la victoire à la république à une courte majorité en raison, notamment, des voix du Sud, qui reste attaché à la monarchie. De 1947 à la fin des années 1960, l'Italie est gouvernée au centre-droit, puis au centre-gauche, mais toujours au profit de la Démocratie chrétienne (DC). Celle-ci parvient à récupérer, à la fin des années 1950, les suffrages monarchistes et néofascistes (MSI) du Sud – cependant, les Pouilles rassemblent encore 8,3% des électeurs du MSI en 1958 –, alors que la Campanie et le Molise totalisent les scores communistes les plus bas de la péninsule avec la Vénétie. À partir de 1969, **"les années de plomb"** ravivent les extrêmes. La "stratégie de la tension" pratiquée par

Le système politique italien

L'Italie est définie comme "une république démocratique fondée sur le travail" par sa Constitution, approuvée en décembre 1947. Cette formulation met d'emblée l'accent sur l'intégration socio-économique. Institutionnellement, ce principe se traduit par un système qui bannit toute possibilité d'exercice du pouvoir personnel : le président de la République est élu pour sept ans par le Parlement et les délégués régionaux ; mais il ne dispose pas de pouvoirs très étendus, même si l'on tend à revaloriser son rôle historique et actuel. Il nomme le président du Conseil, responsable, pour son cabinet, devant le Parlement, composé de la Chambre des députés et du Sénat. Les députés comme les sénateurs (à l'exception de quelques "sénateurs à vie", nommés) sont élus au suffrage universel pour cinq ans. L'exercice de la démocratie territoriale a pour cadre les 20 "régions" (*regioni*) administratives – dont 5 à statut spécial –, subdivisées en 103 *provincie* (l'équivalent des départements français), ainsi que les 8 102 communes. Les présidents de *regioni* et de *provincie*, comme les maires (*sindaci*), sont élus au suffrage universel direct. Le système privilégie le rôle des partis, et façonne une géographie électorale structurée par de fortes identités régionales. La disparition, dans les années 1990, du binôme de référence "Démocratie chrétienne/Parti communiste" a révélé dans son ampleur la crise de la république des partis.

l'extrême droite se traduit par de grandes manifestations populaires de type insurrectionnel en Calabre, par des attentats et des menaces de coup d'État à Rome. Quant au "terrorisme rouge", qui fait rage dans la capitale et les grandes villes du Nord, il se serait aussi accommodé de relations privilégiées avec la Mafia. Cette évolution politique se fait sur fond de **"miracle économique"**. Un "miracle" ou un "mirage" pour le Sud ? Le décollage économique est spectaculaire au début des années 1960 : restructuration et croissance industrielle, augmentation des revenus et de la consommation, développement des infrastructures touristiques. Néanmoins, ce développement accroît les inégalités spatiales que la Cassa per il Mezzogiorno (Caisse pour le Midi), instituée en 1950 pour favoriser la modernisation du Sud, n'a pas réussi à estomper. L'Italie du miracle est d'abord celle de l'exode rural et des migrations des Méridionaux vers les métropoles du Triangle industriel. À Turin, Milan et Gênes, les conditions de vie de ceux que l'on affuble du nom de *terroni* ("bouseux") sont difficiles, voire humiliantes, et les différences entre modes de vie et systèmes de valeurs sont souvent exagérées par la presse, italienne et étrangère. Ces différences et ces inégalités se retrouvent au cœur des récentes crises de la république. Rome est accusée de nourrir une administration pléthorique et une classe politique inefficace et corrompue ; le Sud de vivre aux crochets du Nord et d'entretenir le grand banditisme moderne sur fond de traditions archaïques.

DES ANNÉES 1980 À NOS JOURS Les scandales financiers révélés lors du tremblement de terre de l'Irpinia (Campanie) en 1980 illustrent cette mise en cause des autorités publiques méridionales, alors que les années 1990 sont marquées par une intensification des mafias urbaines. Depuis 1992-1993, l'Italie connaît une crise de confiance politique qui se traduit par de nouvelles et graves remises en cause de l'unité historique et territoriale de l'Italie. En témoignent le regain d'influence de l'extrême droite dans le Sud, le développement de Ligues (*Leghe*) septentrionales – d'abord sécessionnistes, puis seulement antiromaines et antiméridionales – et, enfin, la victoire d'un conglomérat d'intérêts sociaux et économiques, *Forza Italia*, qui entend réinventer un style politique médiatique et démagogique. Mais ce temps est aussi marqué par une prise de conscience de la "société civile", qui entend répartir sur tout le territoire les quelques fruits de la récente prospérité et se donner les moyens de lutter contre des maux aussi ancestraux que la Mafia et le clientélisme. En 2006, le gouvernement du leader de *Forza Italia*, le très controversé Silvio Berlusconi, prend fin, battu par Romano Prodi, le candidat d'une coalition de centre-gauche. Berlusconi reviendra au pouvoir de 2008 à novembre 2011, date à laquelle il démissionne à la suite du déclassement de l'Italie par les agences de notation internationales. Le président de la République, Giorgio Napolitano, nomme alors l'ex-commissaire européen Mario Monti à la tête d'un gouvernement "technique", censé effectuer les réformes nécessaires à remettre l'Italie sur les rails et à rassurer ses partenaires européens. Monti démissionne à son tour en décembre 2012, après avoir perdu le soutien du PDL, le parti de Berlusconi, lors du vote du budget au Parlement. Les élections convoquées en février 2013 donnent une majorité à la gauche à la Chambre des députés mais pas au Sénat ce qui empêche la formation d'un gouvernement stable et ouvre une crise institutionnelle.

Population et économie

Si l'Italie est devenue l'une des grandes puissances d'Europe, elle n'a pas encore réussi à réduire l'écart entre le Nord et le Sud. Le taux de chômage suffit à le mesurer : plus de 14% dans le Sud contre 4% dans le Nord. Les 7,5 millions de pauvres recensés en 2004 par l'Istat (Institut national de statistiques) résident presque tous dans le Mezzogiorno ; 43% des jeunes n'y trouvent pas d'emploi (52,8% en Campanie), plus du double de la moyenne nationale. Le tissu économique du Sud se compose surtout de petites ou très petites entreprises où les syndicats sont faibles, voire inexistants, et où le travail au noir est une vieille habitude. On estime que l'économie souterraine représente dans le pays 27% du PIB– ce qui corrige d'ailleurs partiellement l'inquiétant chiffre officiel du chômage. Mais la situation s'est améliorée ces dernières années : dans les Abruzzes, par exemple, l'emploi a grimpé encore de 1,4% en 2005. Les femmes, notamment, entrent sur le marché du travail, suivant en cela le mouvement national, mais en faible proportion tout de même (1 sur 3 travaille) et aux bas échelons. Les créatrices d'entreprise ne représentent dans le Mezzogiorno que 3,5% de l'ensemble des entrepreneurs et les femmes 0,4% du total des dirigeants !

Le développement économique

Le Mezzogiorno a néanmoins fait des progrès et amorcé son développement ; il s'efforce de mieux protéger et de faire fructifier son patrimoine culturel (60% du patrimoine mondial, selon l'Unesco, se concentrent en Italie, dont la majeure partie dans les régions du Sud), même si la lutte contre l'*abusivismo*– les constructions sans permis – dans des sites classés connaît des hauts et des bas. Des mesures originales, telle l'adoption des monuments par des écoliers ou des citoyens, ont permis à des villes comme Naples de se refaire une beauté ; les travaux de voirie, également, entrepris pour le jubilé de l'an 2000, ont aidé Rome à découvrir de nouveaux trésors archéologiques.

Un aperçu démographique du Mezzogiorno

Malgré le fort taux de chômage, les Italiens du Sud n'émigrent presque plus vers le Nord, d'autant que la natalité a fortement chuté dans toute la péninsule depuis les années 1970. Les habitants du Sud préfèrent aujourd'hui vivre au pays, où la structure familiale sert encore de réseau de solidarité et freine, pour les plus fragiles, les risques de misère et de désocialisation. Bien sûr, les couples se séparent davantage qu'auparavant, indice d'une plus grande émancipation féminine, mais, en 2007, on ne comptait encore en Italie que 17% de divorces (27% de séparation) – les taux demeurant plus bas dans le sud. En tout cas, on sait mieux entretenir le lien social et se divertir dans le Sud que dans le Nord : on y dépense ainsi plus d'argent pour la culture, le restaurant et les spectacles.

Le Sud défend mieux qu'avant l'authenticité et la qualité de sa production agricole et de sa gastronomie, donnant une seconde vie à l'artisanat et se protégeant grâce aux étiquettes DOC (appellations d'origine contrôlée). Il a su aussi prendre le train de la "net-économie", au point qu'en 2000 les exportations croissaient de 23,7% dans le Sud, contre 14% dans le Nord. On parle de "Vesuvio Valley" au pied du volcan, où plus de 600 entreprises (et 80 000 emplois) ont été créées en dans les années 2000. Quant à Rome, si elle a longtemps été une capitale du Sud, souffrant du même clientélisme, de la même incurie et de la même faiblesse du tissu industriel, elle a trouvé un second souffle avec le passage à l'euro. La culture, les industries électroniques, le tourisme s'y sont développés, son patrimoine est mieux protégé et mis en valeur, sa qualité de la vie s'est améliorée. Ville encore provinciale, mais déjà pour partie internationale, elle conserve une dimension humaine qui la rend très attractive. Depuis 2008, l'Italie (y compris sa partie méridionale) subit de plein fouet les effets de la crise mondiale.

Mafias

La mafia originelle, la plus puissante, est sicilienne. Mais le sud de la péninsule a également ses *cosche*, ses "bandes", tout aussi organisées, ritualisées et féroces : la **Camorra** en Campanie, la **Sacra Corona Unita** dans les Pouilles, la **'Ndrangheta** en Calabre. La **Cosa Nostra** sicilienne, toutefois, s'avère plus "professionnelle" pour le blanchiment et le recyclage de l'argent sale dans le milieu des affaires que les autres mafias, plus proches du grand banditisme traditionnel. Longtemps, ces organisations ont prospéré grâce à la passivité des gouvernants, voire leur complicité, en échange d'appuis électoraux. Témoignages et documents montrent la collusion de la Démocratie chrétienne (DC) avec les parrains depuis la fin de la Seconde Guerre mondiale ; le procès contre l'un des plus éminents représentants de la DC, Giulio Andreotti, en 1999, semblait sur le point d'en apporter la preuve officielle... jusqu'à l'acquittement de ce dernier !

LA LUTTE CONTRE LA MAFIA Certains personnages courageux ont toutefois déclaré la guerre à la Mafia : le général des carabiniers Carlo Alberto **Dalla Chiesa**, assassiné en 1982, puis les juges **Falcone** et **Borsellino**, abattus en 1992. Aidée par une loi qui favorisait le "repentir", créée initialement pour contrer le terrorisme des "années de plomb" (1970-1980), la lutte contre les *cosche* a connu des succès : 1998 fut une année très fructueuse, avec 760 arrestations, dont 452 pour les trois grandes organisations continentales. L'efficacité accrue de la répression a poussé les parrains à miser un peu moins sur le trafic de drogue et à se recentrer sur les extorsions de fonds et la mainmise sur les entreprises et les marchés publics. Le trafic des cigarettes, moins sévèrement réprimé, s'est développé ; celui de la prostitution également, acquérant une dimension internationale avec l'importation en Europe de jeunes filles de l'Est, en collaboration avec des trafiquants turcs et albanais. Une autre conséquence des arrestations massives de la fin des années 1990 est la féminisation de la criminalité mafieuse : sœurs ou épouses reprennent le flambeau sanglant, surtout dans la Camorra. Elles tombent de plus en plus souvent sous les coups des guerres entre bandes, mais ne semblent guère, jusqu'à présent, portées au repentir. La Mafia, ce mal endémique qui ronge le Mezzogiorno depuis le milieu du XIXe siècle, est donc loin d'être éliminée, d'autant qu'elle sait profiter du moindre relâchement de l'État et qu'elle a entendu le ministre de l'Équipement déclarer, fin 2001, qu'il fallait "apprendre à vivre avec" ! On remarque toutefois qu'une minorité de la population– de plus en plus nombreuse – ose manifester haut et fort un certain ras-le-bol. À l'occasion de matchs de football, il n'est pas rare de voir se dresser dans les tribunes quelques panneaux sur lesquels on lit : *No al pizzo* ! (Non au racket !). À Naples, le mécontentement a ressurgi en 2007 lorsque le scandale du monopole du traitement des ordures par la Camorra a éclaté. Des déchets de différentes origines (organiques, industrielles...), triés par la population selon les normes en vigueur, sont ensuite mélangés et vendus par les "écomafieux" comme réutilisables alors qu'ils contiennent des substances toxiques. Une fois transformés, lorsqu'ils ne sont pas revendus comme pseudo-engrais, les résidus sont utilisés dans le secteur du bâtiment, provoquant un désastre sanitaire sans précédent.

Urbanisme et architecture

L'Antiquité

On dispose de traces littéraires sur les activités de construction des populations antiques, sur leur habitat, sur le développement du mode de vie urbain méditerranéen. L'archéologie offre des témoignages qui mettent surtout l'accent sur quelques colonies de la Grande-Grèce, sur le rayonnement de Rome à l'époque de l'Empire et sur le laboratoire campanien d'Herculanum et de Pompéi. Dès le VIIe siècle, les colonies grecques façonnent de grands centres religieux et commerciaux. S'il reste peu de traces des cités florissantes de Crotone et de Métaponte (quelques colonnes doriques et des vestiges de théâtre), la découverte du site de **Paestum** (la Poseidonia des Grecs de Sybaris), au sud de Salerne, a dévoilé l'un des sanctuaires les plus imposants d'Italie avec la *Basilica* (basilique), ou temple d'Héra (VIe s.), et surtout le temple

La maquette de la Rome de Constantin

Cette gigantesque maquette, (200m^{2}) réalisée par Gismondi pour l'exposition de 1937 (désormais au Museo della Civiltà Romana à Rome), permet une lecture rétrospective de l'Urbs à la lueur des fouilles archéologiques les plus récentes. On retiendra de l'architecture impériale des premiers siècles l'importance des lieux de commerce (les forums impériaux), la construction de complexes religieux de dimensions nouvelles (le temple de Vénus et de Rome édifié à l'époque d'Hadrien), la reconstruction d'édifices plus anciens comme le Panthéon, l'insertion des grands monuments dans des schémas urbanistiques, tels les arcs de triomphe (de Titus, Septime Sévère, Constantin) et les colonnes (de Trajan).

de Neptune, ou Poseidonion (ve s.). Une véritable ville avec ses artères, ses thermes, son agora devenue forum, qui a pu être exhumée, où l'on découvre que la prospère Paestum latine s'est superposée, au IIIe siècle, à la Poseidonia grecque. On connaît l'inlassable activité de bâtisseurs des Romains, leur maîtrise des arts de l'architecture… Mais, à la vérité, cette réputation repose sur ce que l'archéologie nous apprend de la seule période impériale. Grâce à leur domestication des techniques d'élévation, d'assemblage et de transport des matériaux lourds, les Romains des premiers siècles ap. J.-C. ont amélioré leur architecture monumentale et domestique, remplaçant même, à la fin de l'Empire, la pierre par la brique. L'architecture domestique nous est parvenue grâce aux fouilles des sites ensevelis lors de l'éruption du Vésuve de 79 ap. J.-C. À **Herculanum**, puis à **Pompéi**, les excavations des Bourbons de Naples entre 1738 et 1748, poursuivies durant la période française sous l'impulsion de Caroline Murat, révèlent, tout comme les ruines d'**Ostie**, la structure de la maison romaine aisée, avec son atrium rectangulaire dont le centre est à ciel ouvert, agrémenté d'un bassin (impluvium), son péristyle, espace entouré de colonnes, avec pavements, mosaïques et statues, ouvrant sur un dispositif de pièces d'habitation et de travail. Les plus riches possèdent leurs bains et leurs latrines, leurs dépendances, greniers et écuries.

Le Moyen Âge

Les cités méridionales byzantines s'étendent au-delà de leurs enceintes antiques. À Naples, l'habitat atteint le port, qui connaît alors un regain d'activité. Les sources mentionnent une architecture religieuse byzantine dont ne subsistent que quelques vestiges : les substructures de la basilique de la Stefania, reconstruite au VIIIe siècle à côté de la basilique constantinienne de Santa Restituta, les restes de l'église du Sauveur, dans le Castel dell'Ovo, l'oratoire de Sant'Aspreno. En Terre d'Otrante, des **ermitages byzantins**, véritables systèmes de grottes, ou *laure*, sont encore visibles entre Tarente

L'art paléochrétien à Rome

À Rome, l'influence grecque et orientale a imprégné toute l'architecture paléochrétienne : les grandes basiliques primitives (Santa Maria Maggiore, San Clemente, Santa Sabina) sont enrichies de décors (mosaïques) et de mobilier orientalisants, tout en conservant leur plan rectangulaire de basilique romaine ou en adoptant un plan circulaire (Santa Costanza et Santo Stefano Rotondo). Cette tradition des basiliques se poursuit à Rome : durant la période romane, on les reconstruit entièrement, comme Santa Maria in Trastevere, San Clemente, Santa Maria in Cosmedin. Avec le roman lombard, d'impressionnants clochers de briques s'élèvent à Santa Maria in Cosmedin, Santa Francesca Romana. Aux XIIe et XIIIe siècles, les marbres et les mosaïques antiques sont utilisés dans l'édification et l'incrustation des absides, des portails et des cloîtres, comme au Latran.

et Bari. À Bari et à Trani, l'architecture et la décoration romanes résultent de la rencontre heureuse entre les influences lombarde et normande. De la domination normande puis souabe en Campanie, en Calabre et dans les Pouilles datent l'embellissement et la construction des grandes **abbayes bénédictines** (mont Cassin), des cathédrales de Capoue, de Tropea, de Salerne, où un imposant campanile roman rappelle les dimensions de l'édifice voulu par Robert Guiscard au XIe siècle. La présence de l'architecture militaire souabe, qui marque le passage au gothique, est symbolisée par les **châteaux de Frédéric II** : à Rocca Imperiale, en Calabre, et à Castel del Monte, dans les Pouilles. Mais, à Naples, c'est évidemment à l'époque de la domination angevine que naissent les plus importants complexes religieux, civils et militaires : San Domenico, Santa Chiara, la chartreuse de San Martino, la restauration du Castel dell'Ovo et, surtout, le Castel Nuovo, dont seule la chapelle palatine témoigne encore de la période angevine, puisque le reste du château date des aménagements de la période aragonaise, qui fait entrer la Renaissance au sud de Rome.

La Renaissance

ROME Ici, l'art de bâtir amorce sa révolution au XVe siècle avec la reconstruction de la basilique du Vatican, confiée à **Leon Battista Alberti**. Toutefois, c'est au Cinquecento, sous Jules II et Léon X, que la Renaissance romaine triomphe. Le plan de la ville est remodelé par de grands travaux : de nouvelles artères relient les divers quartiers entre eux, comme la via *sub Janiculi* (actuelle via della Lungara), entre le Borgo Vaticano et le Trastevere, ou la via Giulia et la via Leonina (actuelle via di Ripetta), sur la rive gauche du Tibre. Jusqu'à la fin du siècle, sous Grégoire XIII et Sixte V, la ville s'agrémente de vastes perspectives (via Pia, actuelle via XX Settembre) et de nouveaux espaces (place Termini, à proximité des thermes de Dioclétien). L'habitat gagne des zones jusqu'alors désertées, telles les pentes du Quirinal, ou périphériques, et les abords de la via Flaminia. La Rome des papes se dote de règlements urbains rigoureux qui définissent la viabilité et les priorités immobilières : des magistrats, les *magistri viarum* ("maîtres des rues"), veillent à leur exécution. Cet urbanisme se déploie alors que la ville se couvre de monuments exceptionnels : le Lombard Donato di Pascuccio, dit **Bramante**, a été nommé surintendant des constructions du pape et on lui doit, au début du siècle, le Tempietto de San Pietro in Montorio, le cloître de Santa Maria della Pace et les débuts des grands travaux de Saint-Pierre. À l'instar de Bramante, qui est aussi peintre, les artistes venus à Rome, sculpteurs ou peintres, se font architectes, comme **Michel-Ange** pour la chapelle Paoline du Vatican ou **Raphaël**, auteur du plan raffiné de l'église de San Eligio degli Orefici.

NAPLES La cité connaît aussi sa renaissance urbanistique au XVIe siècle : sa superficie habitable double et son enceinte est encore repoussée au nord. Une véritable "ville espagnole" est construite, avec ses "quartiers" pour les militaires entre le flanc de Sant'Elmo et la nouvelle artère méridienne, significativement baptisée "via Toledo". L'architecture monumentale religieuse et civile napolitaine doit beaucoup à Bramante et aux artistes toscans, dont l'empreinte est déjà visible à la fin du Quattrocento (façade à bossoirs du palais Cuomo).

Le baroque

À Rome, et plus encore dans toutes les cités méridionales, l'architecture de la Contre-Réforme triomphe avec le baroque, une fois la saison maniériste passée. **Le Bernin** incarne cette école : peintre, sculpteur et architecte, il crée et forme durant tout le XVIIe siècle. Il est à l'origine de plusieurs des scénographies les plus célèbres de la ville pontificale : la colonnade de Saint-Pierre du Vatican, le défilé des dix anges du pont de Castel Sant'Angelo. Quant à **Borromini**, son compétiteur, il travaille à rendre plus élancées et plus lumineuses les lignes de ses campaniles et de ses cloîtres, comme à Sant'Ivo alla Sapienza ou à l'Oratorio dei Filippini. Cette dissolution dans les lignes courbes et cette conception d'ensemble donnent son unité à l'architecture baroque comme décor urbain : la place Navone et Sant'Ignazio, à Rome, en sont, comme Lecce, des illustrations éloquentes. Au XVIIIe siècle, l'architecture baroque poursuit son œuvre de transformation des espaces, réinventant même de nouveaux décors rustiques, comme à Naples, où **Vaccaro** fait du cloître gothique des Clarisses un jardin baroque. Mais c'est un ample projet royal qui permet au baroque tardif de s'épanouir : à Caserte, dans le nord de la Campanie, l'architecte, ingénieur et scénographe **Luigi Vanvitelli** inaugure en 1752 les travaux du palais de campagne de Charles III, qui seront achevés par son fils. La *Reggia* (le palais royal) et son somptueux parc se veulent le Versailles des Bourbons de Naples : les lignes régulières, et parfois monotones, des corps de bâtiment, en dépit de la richesse des décorations et de la fantaisie inventive des jardins, sanctionnent la fin du baroque.

LE BAROQUE DE LECCE Si les nouveaux ordres religieux ont aussi à Naples leurs églises, leurs fabriques, leurs cloîtres baroques, c'est toutefois au sud de la péninsule qu'il faut aller chercher les manifestations les plus éminentes et originales du génie du baroque. Ce que l'on désigne comme "le baroque de Lecce" concerne aussi de petites villes de la Terre d'Otrante, comme Galatina ou Ruffano. S'y épanouit une architecture fastueuse, qui donne aux façades une décoration riche à l'excès où les moindres détails sont rehaussés par une abondante sculpture encadrant balcons, fenêtres et portails. À Lecce, cette architecture exubérante, due à Gabriele Riccardi, à Zimbalo dit "Lo Zingarello" et aux Manieri, s'insère dans un projet urbain dont la continuité des lignes fait oublier la singularité de chaque édifice.

Les XVIIIe et XIXe siècles

Au cours du XVIIIe siècle, les palais de Capodimonte et de Portici, le théâtre de San Carlo, la grande caserne de la cavalerie et les nouvelles routes montrent aux voyageurs du "Grand Tour" que **Naples** compte parmi les capitales européennes. Mais peu de monuments insignes y renouvellent le sens de la construction et de la décoration.

LE STYLE HUMBERTIEN L'Unité vient bouleverser l'urbanisme des grandes villes. Les gouvernants piémontais répandent à Rome les palais du pouvoir et construisent de nouveaux quartiers pour accueillir les fonctionnaires, comme Prati, à deux pas du Vatican, où les noms de rues célèbrent tout ce que Rome et l'Italie ont connu de héros laïques, voire anticléricaux. Une nouvelle statuaire urbaine, incluant les silhouettes des pères du Risorgimento, donne la marque de l'État unifié. Le lourd style humbertien – du nom du roi Humbert Ier (1878-1900) – fleurit dans les grandes villes de la péninsule : à Rome avec le palais de justice de Calderini, à Naples avec la Galleria Umberto I, la plus monumentale des galeries couvertes d'Italie, construite de 1887 à 1890. Pour laisser place à cette architecture monumentale, les centres historiques sont éventrés. Rome et Naples y perdent beaucoup de leur charme mais y gagnent en infrastructures urbaines.

Du XXe siècle à nos jours

En 1911, le **Vittoriano**, monument de marbre blanc à la gloire du premier roi d'Italie, imposant et déjà décrié, symbolise le premier demi-siècle d'unité italienne.

LE FASCISME C'est au pied du Vittoriano que Mussolini choisira d'installer ses quartiers, sur la place de Venise, dans un espace urbain assez exigu pour donner immédiatement l'impression d'une foule massive. L'urbanisme et l'architecture fascistes vont parfaire ce goût du monumental dans la moindre ville de province. À **Rome**, outre la construction de nouveaux bâtiments pour les ministères et le parti, l'urbanisme fasciste détruit des quartiers pour percer des avenues, comme la via dei Fori Imperiali ou la via della Conciliazione. Il est prévu de reloger les populations du centre dans les *borgate* de la périphérie, quartiers insalubres où les immeubles populaires restent en travaux jusqu'à la Deuxième Guerre mondiale. Mais les architectes fascistes savent se faire hardis et novateurs, comme Vaccaro et Franzi, qui dessinent le palais des postes de **Naples**, étonnant par la pureté et la modernité de ses lignes. Le régime aurait voulu impressionner le monde en 1942 (la guerre l'en empêchera) avec l'Exposition universelle de Rome (**EUR**), dont un quartier porte les initiales et dont on peut avoir une idée en visionnant le film *L'Éclipse* (1962) de Michelangelo Antonioni. L'EUR, fait de grands immeubles et de palais de vague inspiration antique, ne verra le jour qu'après la guerre.

AUJOURD'HUI Rome et les villes du Sud donnent l'impression de mal maîtriser l'urbanisation des années du miracle et de la crise. Les périphéries sont encore mal reliées aux centres des métropoles et, dans les bourgs et les

Le néoclassicisme, une redécouverte de l'antique

Cet art de la fin du XVIIIe siècle, influencé dans tout le reste de l'Europe par les découvertes pompéiennes, n'a pas laissé beaucoup de traces dans le Sud, même si une Rome néoclassique se donne bientôt à voir sur la piazza dei Cavalieri di Malta, dessinée par Piranèse en 1765, ou à la villa Torlonia, à laquelle l'architecte Valadier offre un véritable fronton de temple romain au début du XIXe siècle.

campagnes méridionales, les maisons *abusive*, construites sans permis avec des matériaux de récupération, voisinent avec un habitat traditionnel auquel l'*agriturismo* (tourisme vert) tente de redonner une nouvelle vie. L'Unesco a inscrit à la liste du patrimoine mondial les *trulli*, ces habitations rondes en pierre à toit conique, typiques de l'ancestrale Pouille *salentina*, héritages d'un autre âge. À Rome, ces dernières années, des architectes contemporains de renom sont venus construire d'importants édifices : l'auditorium de Renzo Piano (2002), le MAXXI de Zaha Hadid (2010), le Palazzo dei Congressi de Massimiliano Fuksass (en cours de réalisation)...

Peinture et sculpture

L'ANTIQUITÉ Les musées de Rome et de Naples, les fouilles du Latium et de Campanie témoignent de la richesse de l'art pictural antique : les céramiques et peintures étrusques de Cerveteri, les quatre "styles" des fresques de Pompéi, les paysages peints sur les murs de la Domus Aurea de Néron... Mais c'est surtout avec leur **sculpture** imitée des Grecs que les Romains ont laissé le plus de traces, à travers leur goût du portrait (bustes d'empereurs) et du bas-relief historique (colonne Trajane). Si l'art byzantin a largement influencé la création des **mosaïstes**, comme on le voit encore à Rome, Naples, Trani, Canosa di Puglia et Bari, l'art pictural et la mosaïque ont maintenu leurs traditions autochtones dans les églises romaines de San Clemente et Sant'Urbano alla Caffarella.

LE MOYEN ÂGE À cette époque, la sculpture et la peinture romanes sont peu présents à **Rome**, seuls les arts décoratifs des **marbriers** (la corporation des Cosmates) s'y illustrent avec originalité. À la fin du XIIIe siècle s'affirme un art qui renouvelle les traditions antiques et byzantines avec Pietro Cavallini, auteur des mosaïques de Santa Maria in Trastevere et du cycle du "Jugement universel" de Santa Cecilia. Le séjour romain du sculpteur toscan **Arnolfo di Cambio** laisse sur la ville une empreinte gothique (monument à Charles d'Anjou et ciboires de Santa Cecilia, 1277 et 1293). Dès les débuts du XIVe siècle, **Naples**, qui continue à bénéficier des influences françaises (orfèvrerie et miniatures avec Verdelay et Godefroy), s'ouvre également à l'art d'Italie centrale et du Latium. Pietro Cavallini et Montano d'Arezzo y exécutent les fresques de la chapelle Brancaccio de San Domenico Maggiore et celles de San Lorenzo Maggiore. Des modèles d'iconographie napolitaine se diffusent dans le Sud, à Santa Maria del Casale de Brindisi et à San Leo de Bitonto. La sculpture gothique fait école dans les églises de la Capitanata au nord des Pouilles.

LA RENAISSANCE Rome attire alors plus qu'elle ne produit de grands talents. Du Florentin **Fra Angelico**, venu décorer la chapelle de Nicolas V en 1447, au Milanais le Sodoma, appelé pour les plafonds du Vatican et de la villa Farnesina ; après 1508, peintres, sculpteurs et architectes accourent de toute la péninsule au service des papes. Parmi les plus célèbres, le Pinturicchio de Santa Maria del Popolo, le Lippi de Santa Maria Sopra Minerva, le **Michel-Ange** de la chapelle Sixtine et du Moïse de San Pietro in Vincoli ou le **Raphaël** des *Stanze* du Vatican et de la nef de Santa Maria della Pace. La génération des **Carrache** et, surtout, du Caravage annonce un renouveau de l'art pictural issu de la Contre-Réforme dans les églises romaines.

LE BAROQUE Ce style triomphe chez les peintres et les sculpteurs au XVIIe siècle. Un artiste né à Naples, **le Bernin** (Gian Lorenzo Bernini), incarne la plénitude des arts baroques à Rome : architecte, peintre et écrivain, il livre, avec *L'Extase de sainte Thérèse* de Santa Maria della Vittoria, un des plus émouvants chefs-d'œuvre de la sculpture baroque et forme de nombreux élèves. En peinture, le trompe-l'œil régente l'art de Lanfranco, de Pietro da Cortona et de Pozzo. À Naples, ce sont des Romains, Finelli et Bolgi, qui importent la sculpture baroque, alors qu'en peinture le maniérisme et l'influence du **Caravage** continuent à imprimer leur marque durant toute la première moitié du XVIIe siècle avec le travail de Santafede, Vitale, Caracciolo et Guarino. L'âge d'or de la peinture napolitaine sera classique sous l'influence de Francesco Solimena (1657-1747), qui officie à Naples, Venise et Rome. L'école napolitaine de Solimena, incluant des disciples comme De Mura, a marqué la peinture des Pouilles : celle notamment de De Matteis, à qui l'on doit les fresques de San Cataldo de Tarente, ou des Malinconico, qui peignent la cathédrale de Gallipoli.

DU XVIIIE AU XXE SIÈCLE À la fin du XVIIIe siècle, le **néoclassicisme**, avec le graveur Piranèse et le sculpteur Canova (monuments funéraires de Clément XIII et des Stuarts à Saint-Pierre du Vatican), tire profit des découvertes archéologiques. Après quelques œuvres témoignant de l'importance du romantisme historique (Podesti, Palagi), la peinture du XIXe siècle est dominée par le règne du paysage (école napolitaine du Posilippo), une inspiration académique nourrie par le "Grand Tour". Mais l'influence étrangère – l'école française de Barbizon – conduit aussi des artistes comme les Pallizzi à Naples ou Costa à Rome vers le **verismo** (réalisme). À partir de la fin du XIXe siècle, Rome est un lieu important du marché de l'art, qui travaille en relation étroite avec Paris. Parler d'écoles romaine et méridionale n'a plus beaucoup de sens en peinture comme en sculpture, alors que circulent les œuvres et les reproductions des **macchiaioli** (tachistes) toscans, en attendant la révolte antihumaniste des futuristes. Après la saison de l'**art fasciste** – dont les meilleures réalisations sont architecturales –, le Mezzogiorno cherche sa voie à travers le Gruppo Sud, où se retrouvent, en 1946, des intellectuels, des peintres et des sculpteurs en vaine quête d'un nouvel "art social" engagé.

Langue

C'est à partir de la Renaissance que l'on commence à parler de langue "italienne" pour désigner le dialecte toscan devenu "idiome panitalien" (T. De Mauro). Le *volgare* ("vulgaire", par opposition au latin) voit ses canons littéraires fixés par le poète florentin **Dante**. En dehors de Toscane, il est aussi parlé à Rome, où il sert précocement de langue des élites. À partir du XVIe siècle, l'italien se diffuse comme langue littéraire de la péninsule par l'intermédiaire de l'**Arioste**, du **Tasse** et de **Machiavel**. On édicte ses normes dans des grammaires et des lexiques : les *Prose della volgar lingua* de Bembo, en 1525, ou le célèbre dictionnaire florentin, *Vocabolario dell'Accademia della Crusca*, en 1612, qui fait autorité jusqu'à la publication du grand *Dizionario della lingua italiana* de Tommaseo, dans les années 1860.

LES DIALECTES Or, des spécificités régionales subsistent au-delà même du XIXe siècle. Elles sont bien sûr dues à la permanence d'îlots linguistiques albanais et grecs en Calabre et dans les Pouilles, aux emprunts historiques français et arabes. Mais elles sont surtout liées à l'importance des dialectes : des trois "familles dialectales" italiennes, la septentrionale, la toscane et la méridionale, la dernière – qui s'étend des monts Albains au sud de la péninsule – est l'une des plus résistantes. Au XXe siècle, de Rome à Otrante, l'Italie est encore composée d'une mosaïque de patois et d'idiomes vernaculaires. Les accents – avec, dans le Sud, la chute des syllabes finales et l'altération des consonnes – font également subir aux mots italiens de réelles métamorphoses que la chanson napolitaine a exportées dans le monde entier. On constate, néanmoins, d'une part, que tous ces dialectes appartiennent à la même matrice linguistique, ce qui les rend facilement compréhensibles ; d'autre part, que la diffusion d'une langue uniformisée par les médias tend à les supplanter même à la campagne, alors que la littérature essaie de conserver la richesse et l'originalité de l'idiome des Méridionaux.

Littérature

Y a-t-il une spécificité de la littérature du sud de l'Italie et de ses écrivains ? On peut en tout cas estimer que l'expérience historique du Sud le distingue du reste de l'Italie, ses écrivains, provenant ou non de la région, trouvant leur inspiration dans une interrogation méridionaliste. Une culture et des expériences historiques et sociales particulières engendrent une littérature du Sud spécifique répondant à de multiples interrogations : que sont ces paysans qui ont vécu dans une situation féodale jusqu'à la fin du XIXe siècle ? Que sont Rome et Naples, villes étranges qui furent, pendant des siècles, la capitale du siège apostolique pour l'une, celle d'un royaume anachronique pour l'autre ? Quels peuples se sont forgés dans ces expériences bizarres, dans ces solidarités ambiguës frisant parfois la criminalité ? Ce sont, le plus souvent, ces questionnements qui donnent leur ossature aux écritures du Sud

Un instrument de l'identité nationale

Au XIXe siècle, la langue est devenue une préoccupation politique pour les patriotes. On fait remonter l'existence d'une nation italienne à ses premières traces écrites dans l'idiome florentin ; et Dante est considéré par les hommes du Risorgimento, tel Mazzini, comme le vrai père de l'Italie moderne. Mais qu'est-ce que l'italien au XIXe siècle ? Qui le parle et qui l'écrit ? La "question linguistique" se pose avec acuité aux artisans de l'Unité. Il faut commencer par alphabétiser les Italiens, dont seule une minorité sait lire et écrire. Il faut aussi unifier la langue écrite des élites administratives et des lettrés. Le grand écrivain lombard Alessandro Manzoni, auteur du roman *Les Fiancés* (*I Promessi Sposi*, 1842), propose d'étendre le modèle toscan en supprimant les particularités régionales.

et sur le Sud, au cours du XXe siècle : peu importe, dès lors, que les écrivains qui se posent ces questions soient ou non "des gens du Sud".

NAPLES Dans son livre, *Mère Méditerranée* (1965), Dominique Fernandez fait de Naples une ville mystérieuse et fascinante. Naples, cité admirable et pouilleuse, misérable et belle de cette misère extrême, corrompue et capable des plus grands héroïsmes : **Curzio Malaparte** (1898-1957), avec *La Peau*, qui se déroule dans la Naples dévastée des dernières années de la guerre, a, le premier peut-être, forgé ces lieux communs. Avant lui, au début du XXe siècle, **Matilde Serao** (1856-1927), figure de proue de l'école vériste napolitaine, avait mis en scène la petite bourgeoisie et le peuple napolitains : on retiendra son *Ventre de Naples*, enquête établie pour le journal *Capitan Fracassa*, éditée ensuite en 1884. Dans les années 1930, **Carlo Bernari**, précurseur du néoréalisme, fait parler de jeunes ouvriers du Sud – l'action se déroule entre Naples, Tarente et Crotone après la Première Guerre mondiale : *Tre operai* (1934) a inspiré en 1981 le film de Francesco Rosi *Trois frères*. Dans les années 1950-1960, plusieurs auteurs importants s'interrogent encore sur l'identité de Naples et de son peuple. **Domenico Rea** (1921-1994) place au centre de ses récits – le plus célèbre étant *Spaccanapoli* (1947) – la vie tumultueuse du peuple napolitain, sans jamais céder au folklore, ce que fait en revanche **Giuseppe Marotta** avec *L'Or de Naples* (1947), qui inspira le célèbre film éponyme de Vittorio De Sica. La Romaine **Anna Maria Ortese** (1914-1998), qui séjourna longtemps à Naples, donne, avec *La mer ne baigne pas Naples* (1953), un livre clé pour comprendre l'âme et la nature de cette ville, loin des clichés de

PANORAMA

Les "paysans du Sud"

Symboliquement, nous empruntons ce titre, *Contadini del Sud* (1954), à l'enquête menée et publiée par **Rocco Scotellaro**, maire de Tricarico (province de Matera) et poète (*L'Uva puttanella*, 1955) : les questions qu'il se pose, l'écriture poétique qui tente de donner voix à la civilisation paysanne dont il est issu sont des traits récurrents dans la littérature du Sud. Il n'est pas étonnant que Scotellaro ait été l'ami de **Carlo Levi** (1902-1975), auteur turinois d'un livre qui fit date : *Le Christ s'est arrêté à Eboli* (1945), récit de son séjour forcé pour activités antifascistes dans ce village de Campanie, emblématique de la pauvreté du Sud. Avant la guerre, **Ignazio Silone** (1900-1978), originaire des Abruzzes, militant communiste, évoquait déjà, avec un réalisme violent et poétique, la dure vie des paysans de sa région dans *Fontamara* (1930), *Le Pain et le Vin* (1939) ou *Le Grain sous la neige* (1940). Autre chantre du monde agricole des Abruzzes, son compatriote **Francesco Jovine** atteint la maturité avec le beau *Terre del Sacramento* (1950), couronné par le prix Viareggio. Enfin, **Raffaele Nigro** (né en 1947), originaire de Basilicate, livre dans *Les Feux du Basento* (récompensé par le prix Campiello) une fresque épique parcourue par le rêve d'une république paysanne.

la “ville solaire”. **Raffaele La Capria** (né en 1922) s’interroge, notamment dans *Blessé à mort* (1963), sur la contradiction entre la liberté des individus et les conditionnements que lui impose la ville. Plus près de nous, **Erri De Luca** (né en 1950) brosse, dans *Montedidio* (2001), le tableau d’une enfance napolitaine où l’amour le plus pur parvient à naître malgré la plus grande corruption. Le Napolitain **Giuseppe Montesano** (né en 1959) dénonce dans son roman grinçant *Cette vie mensongère* (2005) la corruption et la mainmise de quelques grandes familles sur les médias et le monde culturel. En 2007, **Roberto Saviano**, avec *Gomorra*, publie un remarquable livre-enquête sur le pouvoir de la Camorra qui fait grand bruit en Italie et dans le monde. Matteo Garrone en tirera un film qui reçoit le Grand prix du jury au festival de Cannes 2008. En 2010, il poursuit son exploration de la société méridionale avec *Le Contraire de la mort, scènes de la vie napolitaine* et *La Beauté et l’enfer*.

ROME Le poète **Giuseppe Gioacchino Belli** (1791-1863), si méconnu, écrivait en romain des sonnets désopilants ou émouvants dont le petit peuple de ce qui était encore la capitale des États de l’Église était le protagoniste. Carlo Alberto Salustri, connu sous le nom de plume de **Trilussa** (1871-1950), compose lui aussi de savoureux poèmes en dialecte romain s’inscrivant dans la même veine satirique que Belli. Étrangement, les chantres du peuple de Rome au XXe siècle sont des gens d’ailleurs : un Milanais, **Carlo Emilio Gadda** (1893-1973), et un Bolonais qui a passé une bonne part de sa jeunesse dans le Frioul, **Pier Paolo Pasolini** (1922-1975). Gadda – inventeur de l’une des écritures les plus originales du siècle – donne avec *L’Affreux Pastis de la rue des Merles* (1957) une évocation savoureuse et humoristique de l’univers populaire romain sous le fascisme. Dans son récit *Ragazzi di vita* (1955), puis dans ses tout premiers films, *Accattone* et *Mamma Roma* – sans doute mieux que dans son roman *Una vita violenta* (1959) –, Pasolini transforme les jeunes de la périphérie romaine en héros mythiques. Dans la seconde moitié du XXe siècle, on citera aussi **Alberto Moravia** (1907-1990), un des plus grands interprètes du malaise de l’individu moderne, dont plusieurs romans ou nouvelles (*La Ciociara*, *Le Conformiste*, *Le Mépris*, *L’Ennui*) ont donné lieu à des adaptations cinématographiques ; et **Elsa Morante** (1912-1985), qui fut sa compagne jusqu’en 1962, auteur de deux chefs-d’œuvre, *L’Île d’Arturo* (1957) et *La Storia* (1974), romans de l’adolescence remplis des bruits et de la fureur du monde. En 2005, le jury du prix Viareggio a récompensé **Alessandro Piperno** pour son premier roman, *Avec les pires intentions*, dans lequel l’écrivain raconte, dans un style provocateur, la vie un peu décalée d’une famille de la haute bourgeoisie juive romaine.

Cinéma

Rome est sans conteste la capitale italienne du cinéma : d’abord, parce que les studios de Cinecittà (la “ville-cinéma”), créés par Mussolini en 1937, accueillent 90% de la production italienne (films et téléfilms) actuelle ; ensuite, parce que c’est dans la Ville éternelle qu’est né le néoréalisme avec *Rome, ville ouverte* (1945) de Roberto Rossellini. Une référence pour découvrir le cinéma italien : *Un voyage avec Martin Scorsese à travers le cinéma italien*, film réalisé en 2001 par ce cinéaste américain d’origine italienne (DVD Arte Vidéo 2002).

Le néoréalisme, ou le cinéma social

Désireux de rompre avec le cinéma de propagande de la période fasciste et celui des "téléphones blancs" (films de divertissement à la mode hollywoodienne), ce mouvement prône un retour au concret, dans la veine d'un certain cinéma naturaliste français des années 1930. Au sortir de la guerre, il ne peut que se nourrir de la souffrance quotidienne de la population, du combat pour la survie des non-héros. Il naît donc comme un cinéma social, qui souhaite montrer sans artifices les réalités d'une Italie dévastée par la guerre. La situation particulièrement dramatique du Sud est alors un terreau idéal. *Rome, ville ouverte* (1945) et *Paisà* (1946) de **Roberto Rossellini** (1906-1977), *Sciuscià* (1946), *Le Voleur de bicyclette* (1948) ou *Umberto D* (1952) de **Vittorio De Sica** (1901-1974) parlent de la guerre et de la Résistance, de la misère, du chômage ou de la crise du logement.

Le réalisme critique

C'est à trois cinéastes, tous originaires du Nord, que l'on doit, au début des années 1960, les plus intéressantes réflexions sur l'Italie en plein boom économique. **Luchino Visconti** qui, en 1948, avait apporté sa contribution au néoréalisme en adaptant avec *La terre tremble* le roman du chef de file du vérisme sicilien, Giovanni Verga, aborde dans *Rocco et ses frères* (1960) le problème de l'émigration intérieure du Mezzogiorno rural vers le Nord industriel

Les espoirs du cinéma italien

Citons cinq réalisateurs qui ont été remarqués en Italie et en France ces dernières années. Le Romain, **Emanuele Crialese**, qui retrace dans *Nuovomondo* (*Golden door*, 2006) l'émigration d'une famille sicilienne vers les États-Unis. **Michele Placido**, originaire des Pouilles, adapte au cinéma le roman du magistrat-écrivain Giancarlo De Cataldo, *Romanzo Criminale* (2006) : une fresque sur les dérives d'une bande de voyous dans la Rome des années 1970. Autre adaptation d'un roman se déroulant également pendant les "années de plomb", celle du Romain **Daniele Lucchetti** qui, dans *Mon frère est fils unique* (2007), évoque la jeunesse désœuvrée qui, dans une ville sans âme proche de Rome, tombe dans les extrémismes politiques, les Brigades rouges et le fascisme. **Paolo Sorrentino**, né à Naples en 1970 – déjà distingué en 2004 avec son film *Les Conséquences de l'amour* –, remporte, en 2008, le Prix du jury du festival de Cannes, grâce à son film *Il Divo*, qui retrace la vie de l'ex-président du conseil italien, Giulio Andreotti. La même année, **Matteo Garrone**, né à Rome en 1968, reçoit le Grand prix du jury, lors du même festival de Cannes, pour son *Gomorra*, remarquable adaptation du roman de Roberto Saviano, traitant de la Camorra. En 2012, le même recevra un second Grand prix du jury pour son film *Reality* abordant le thème de la télé-réalité.

et urbain. La même année, **Federico Fellini** livre le portrait d'une bourgeoisie romaine insouciante et désenchantée dans *La Dolce Vita* (Palme d'or à Cannes en 1960), tandis que **Pier Paolo Pasolini** se penche sur les bidonvilles de la périphérie et des bas-fonds romains (*Accattone*, 1961 ; *Mamma Roma*, 1962). Au fil des ans, un thème récurrent occupe le "cinéma méridional" : la Mafia. *Main basse sur la ville* du Napolitain **Francesco Rosi** (1963) dénonce ainsi la collusion entre la mafia des promoteurs napolitains et les politiciens, comme le fait aussi, bien des années plus tard, *Camorra* de **Lina Wertmüller** (1985).

Comédie de mœurs et comédie "à l'italienne"

Boudée par les spectateurs (hormis *Rome, ville ouverte*, les films néoréalistes sont loin de faire recette !), étouffée par la censure démocrate-chrétienne pour qui ce cinéma "rend un très mauvais service à l'Italie", la veine sociale du néoréalisme se dilue dans les années 1950-1960. L'Italie voit alors se multiplier un cinéma populaire ; il est dominé par des acteurs tels que Totò, cf. Les "étoiles" du Sud (p.43), brillamment dirigé par **Vittorio De Sica** dans *L'Or de Naples* (1954) et par **Mario Monicelli** dans *Le Pigeon* (1958), ou Alberto Sordi qui interprète, notamment dans *L'Arte di arrangiarsi*, de Luigi Zampa (1955), le rôle du petit-bourgeois romain vil et pleurnichard, fils à maman et homme à femmes, qui n'a guère envie de travailler. Côté féminin, la sensualité de Gina Lollobrigida et de Sophia Loren crève l'écran. Cette dernière s'illustrera dans *Pain, amour et fantaisie*, de **Luigi Comencini** (1953), où les stéréotypes de l'homme du Sud sont mis en relief. Les années 1960 – l'âge d'or de la "comédie à l'italienne" – abordent les thèmes du cinéma de l'après-guerre de manière grotesque ou exacerbée, notamment chez **Dino Risi** (*Une vie difficile*, 1961). Dans les années 1970, le Romain **Ettore Scola** préfère la comédie grinçante pour raconter les maux de l'Italie contemporaine : *Nous nous sommes tant aimés*, 1974 ; *Affreux, sales et méchants*, 1976 (sur un bidonville) ; *La Terrasse*, 1979 (sur la bourgeoisie romaine de gauche).

L'"école napolitaine"

Naples trouve, quant à elle, une voix originale en 1980 avec **Massimo Troisi**, mort prématurément en 1994, qui, dans *Ricomincio da tre*, choisit le rire tendre et désespéré pour décrire la difficulté des jeunes gens du Sud à s'insérer dans la modernité. À la fin des années 1990, les Napolitains **Mario Martone** (*Mort d'un mathématicien napolitain*, 1992 ; *Théâtre de guerre*, 1995 ; *L'Amour meurtri*, 1995) et **Pappi Corsicato** (*Chimera*, 2001) font du film collectif à épisodes, *I Vesuviani*, le manifeste du nouveau cinéma napolitain. On parle alors d'une "école napolitaine". Sur cette même scène, il convient aussi de citer **Antonio Capuano** (*Luna rossa*, 2001) et **Vincenzo Marra** (*Tornando a casa*, récompensé à Venise en 2001 par le prix de la Semaine de la critique), de veines très différentes, mais unis par leur regard acéré sur le Sud. Ce rapide panorama serait incomplet si l'on ne citait aussi, pour conclure, trois jeunes cinéastes prometteurs, originaires des Pouilles, préoccupés par le contraste, particulièrement douloureux dans le Mezzogiorno, entre la tradition et le changement : Edoardo Winspeare (*Pizzicata*, 1996 ; *Sangue vivo*, 2001), Alessandro Piva (*La Capa Gira*, 2001) et Sergio Rubini (*Tutto l'amore che c'è*, 2000).

La relève

GIANNI AMELIO Ce Calabrais (né en 1945) est l'un des principaux héritiers du néoréalisme de l'après-guerre. Salué par le Grand prix du jury à Cannes en 1992 pour *Ladro di bambini* (*Les Enfants volés*, évident clin d'œil à *Ladri di biciclette*), il est récompensé par le Lion d'or de Venise en 1998 pour *Così ridevano* (*Mon frère*), qui évoque la destinée de deux frères émigrés du Sud dans le Turin des années 1950-1960. Son film *Lamerica* (1994) témoignait déjà de la perte des repères et des problèmes que connaît l'Italie actuelle : désormais, le Sud d'où l'on émigre, c'est l'Albanie. En 2013, sort son film *Le Premier Homme*, tiré du roman d'Albert Camus.

GABRIELE SALVATORES Milanais d'adoption – mais né à Naples en 1950 –, il remporte en 1992, avec *Mediterraneo*, l'oscar du meilleur film étranger. Il sortira, une année plus tard, *Sud* (1993), l'histoire d'une improbable prise d'otages sur fond de magouilles électorales. Son film *Io non ho paura* (*L'été où j'ai grandi*, 2005), tiré du best-seller de Niccolò Ammaniti, met en scène, sous le soleil éclatant de la campagne lucanienne, une sombre histoire d'enlèvement d'enfant.

NANNI MORETTI Depuis une trentaine d'années, il occupe, à Rome, le devant de la scène cinématographique. Peintre doux-amer de la jeunesse rebelle des années 1970 (*Ecce Bombo*), il continue de s'interroger sur la façon de rester “de gauche”. *Caro diario* (*Journal intime*) remporte le Prix de la meilleure mise en scène à Cannes en 1994 et *La Chambre du fils* bouleverse en 2001 le jury de Cannes, qui lui décerne la Palme d'or. En 2006, son film *Le Caïman*, dont le protagoniste évoque sans ambiguïté le Premier ministre Silvio Berlusconi, a suscité une vaste polémique. En 2011, sort son opus prémonitoire *Habemus papam* ou Michel Piccoli interprète un pape souhaitant être démis de ses fonctions.

Musique et danse

La musique sacrée

Rome est le creuset de la musique sacrée. En simplifiant et en unifiant la liturgie, le pape Grégoire le Grand crée au VIe siècle le cadre dans lequel naîtra au siècle suivant le fameux “chant grégorien”. Au XVIe siècle, Giovanni Pierlugi da **Palestrina** (vers 1525-1594), originaire de la campagne romaine, donne ses lettres de noblesse à la musique polyphonique. Ses messes de quatre à huit voix sont souvent chantées *a cappella*. C'est encore un Romain, Giacomo Carissimi (1605-1674), qui, au XVIIe siècle, fait de l'oratorio, drame lyrique où le chant dialogue avec l'orchestre, un genre à part entière.

L'opéra

Outre la musique sacrée, le grand apport de l'Italie aux mélomanes du monde entier est, bien sûr, l'opéra, un genre classique aujourd'hui qui fut pourtant, jusqu'au milieu du XXe siècle, extrêmement populaire dans la péninsule. Il naquit à Florence avec Jacopo Peri à la fin du XVIe siècle, avant de s'imposer en 1607 avec l'*Orfeo* de Claudio **Monteverdi**, et trouva son public à Venise, où s'ouvrit, en 1637, le premier théâtre d'opéra. Le succès du genre fut tel que le reste du pays ne tarda pas à s'équiper de salles. Le grand théâtre du Sud, qui faisait et défaisait les réputations à l'instar de la Scala de Milan, fut – et reste – le théâtre San Carlo de Naples, inauguré en 1737 par Charles de Bourbon, le plus beau et le plus vaste du monde à cette époque. Des chefs-d'œuvre y furent créés tels que *La Dame du lac* de Gioacchino **Rossini** ou *Lucie de Lammermoor* de Gaetano **Donizetti**. La chanson napolitaine du XIXe siècle, dont le romantisme ensoleillé a fait fureur dans le monde entier, est issue de l'opéra puisque son premier succès, *Te voglio bene assaje* (1839), de Raffaele Sacco, s'inspirait d'une mélodie de Donizetti, et qu'elle fut et reste véhiculée par des ténors tels que le Napolitain Enrico **Caruso** (1873-1921) et, jusqu'à récemment, Luciano **Pavarotti** (1935-2007).

La variété italienne

C'est un jeune musicien du Latium, **Lucio Battisti** (1943-1998), né près de Rieti, qui va dépoussiérer la chanson italienne dans les années 1970 : si la mélodie reste pour lui fondamentale, le son et le rythme se modernisent pour raconter les émotions adolescentes d'une belle voix acide. Derrière lui, fleurit une génération de chanteurs-auteurs-compositeurs plus intéressés par les thèmes sociaux et, pour certains, plus engagés, dont **Rome** est le principal vivier : Antonello Venditti, Renato Zero, Claudio Baglioni, Francesco de Gregori remplissent des stades entiers dans les années 1970-1980. Le Calabrais Rino Gaetano traverse également ce firmament, conjuguant l'ironie et le romantisme jusqu'à sa mort à 31 ans, en 1981. De **Naples**, proviennent deux voix originales qui ont donné à la musique méridionale une ampleur nationale en colorant le rock et le blues de lignes mélodiques et de sons méditerranéens : Edoardo Bennato et Pino Daniele. Deux références demeurent essentielles pour découvrir la musique populaire : **Bella ciao,** *chansons du peuple en Italie* (Harmonia Mundi, 1975, 2000) ; **Francesco De Gregori** et **Giovanna Marini**, *Il Fischio del vapore* (Caravan, 2002). Romano Zanotti interprète un large répertoire de chansons traditionnelles napolitaines sur quatre siècles

La tarentelle, entre danse et exorcisme

La danse la plus populaire du Sud, la tarentelle, pourrait elle aussi se rattacher aux rites de possession primitifs : selon certains ethnologues, elle est associée à la tarentule, dont la piqûre provoque des convulsions. Le rite se serait inversé dans la façon de soigner le "tarentulé", puisqu'on accompagnait ses spasmes de musique de plus en plus rapide pour le pousser à danser jusqu'à l'épuisement, expurgeant ainsi les effets du venin. À écouter, pour découvrir la tarentelle : *Terra* (1996) et *Sangue vivo* (2000) de Zoe', *Pizzica la tarantula* (2001), l'excellente sélection compilée par Tarantula Rubra, ainsi que les disques du Napolitain Daniele Sepe.

(1650 à 1987). Le *showman* originaire de Naples, mais Romain d'adoption, Gennaro Cosmo Parlato reprend, dans l'album *Che cosa c'è di strano* (P-nuts, 2005), les grands succès italiens des années 1980 avec une voix cristalline et des rythmes surprenants. Enfin, avec un répertoire mélangé mais à dominante jazz, deux groupes ont été remarqués par la critique. **L'Orchestra piazza Vittorio**, groupe de musiciens amateurs originaires des quatre coins du monde, s'est formé en 2002, sous l'égide de Mario Tronco. Agostino Ferrente a par ailleurs réalisé un film documentaire sur l'histoire extraordinaire de ce groupe d'artistes constitué d'immigrés vivant au cœur du quartier populaire de l'Esquilin à Rome. Le groupe **Avion Travel**, composé de six musiciens venus de Caserte, rend hommage au Piémontais Paolo Conte dans son album, *Dansons Metropoli, Sugar* (2007), aux mélodies théatrales.

Fêtes et traditions

Les Italiens sont attachés à leurs traditions même si cet attachement, comme partout ailleurs, n'a cessé d'évoluer avec le temps : certains rites – tel le "carnaval" de la Nativité de Piedigrotta à Naples – se sont perdus, tandis que d'autres ont été redécouverts, voire inventés, comme les régates historiques des républiques maritimes, avec Amalfi comme fière réprésentante du Sud.

Les fêtes religieuses

La grande majorité des fêtes religieuses perdure dans le Mezzogiorno, où le rapport au sacré reste fort dans de larges couches de la population. Cette ferveur se manifeste parfois sous la forme de **superstition** quotidienne, héritée de pratiques magiques très anciennes (on "fait les cornes" avec l'index et l'auriculaire ou bien l'on caresse une corne portée en pendentif contre le *malocchio*, le "mauvais œil", ou le *jettatore*, le "jeteur de sort"). On peut voir également dans la popularité des saints patrons locaux un prolongement de l'attachement païen aux dieux et génies tutélaires. Leur célébration s'accompagne presque toujours de rituels profanes : ainsi à Viterbe, **sainte Rose** est-elle honorée par l'épreuve de force des 90 porteurs d'une "machine" de 30m de haut. En Campanie, les anciens rites de fécondité se perpétuent dans les **'ndrezzate**, chants exécutés par des hommes munis de bâtons et d'épées. La semaine sainte est dans tout le Sud l'occasion de représentations sacrées et de chemins de croix très expressifs, ainsi que de grandes processions colorées en costumes fastueux, accompagnées de mannequins géants, comme en Calabre. Cette théâtralité se retrouve lors de la fête de **saint Janvier** à Naples, dont le sang conservé dans une ampoule est censé se liquéfier trois fois l'an devant une foule en liesse, sous peine d'un terrible malheur. C'est à un rituel tout aussi populaire qu'invite le Vatican aux grandes fêtes catholiques, avec la bénédiction papale *urbi et orbi*.

Les fêtes profanes

La plupart des fêtes profanes tournent autour des produits de la terre et de la mer : foires de la morue, de l'espadon ou du poisson bleu en Calabre, fêtes du vin des Castelli Romani ou de Benevento, fêtes folkloriques et gastronomiques... On y mange et on y boit beaucoup, comme lors de la fête de Noantri, à la mi-juillet, dans le quartier du Trastevere à Rome, où l'on ne célèbre *Noantri*, contraction de *noi altri*, "nous autres", qu'avec de la *porchetta* et du vin de Frascati !

Les "étoiles" du Sud

Les intellectuels et les religieux

GIORDANO BRUNO (1548-1600) Né à Nola, en Campanie, ce dominicain féru de philosophie doit prendre la route pour fuir l'Inquisition qui l'accuse d'hérésie : il est vrai que Bruno préfère Copernic à Aristote et qu'il croit à l'infinité de l'univers, à la pluralité des mondes et à l'unité de la substance. Cette incroyable modernité lui coûtera la vie : de retour en Italie après des années d'errance, il est arrêté à Venise et brûlé vif à Rome en 1600.

GIAMBATTISTA VICO (1668-1744) Ce Napolitain de toujours, professeur à l'université de Naples, acquiert une aura internationale avec sa tentative d'analyse globale de l'histoire (*Scienza nuova*). Il la divise en trois grands cycles : l'âge des dieux, l'âge des héros et l'âge des hommes. Considéré comme le fondateur de l'historiographie et de la philosophie de l'histoire, il trouvera en Michelet un grand admirateur et traducteur.

BENEDETTO CROCE (1866-1952) Né à Pescasseroli, dans les Abruzzes, Croce adopte une attitude multidisciplinaire puisqu'il a été à la fois historien, philosophe et critique littéraire. S'il emprunte au marxisme son sens de l'action, il dénonce son utilitarisme, tout comme le moralisme abstrait de Kant. Il ne juge pas seulement nécessaire de penser l'histoire, chemin de la liberté à ses yeux, mais aussi de s'y engager en participant à la vie politique. Sénateur en 1910, ministre de l'Instruction en 1920, il dénonce le fascisme sans toutefois entrer vraiment dans le combat. En 1944, il se retrouve président du Parti libéral. Il ne cessera plus ses activités parlementaires jusqu'à sa mort, en 1952. Son "historicisme" a fait école en Europe et aux États-Unis.

PADRE PIO (1887-1968) Francesco Forgione naît dans une modeste famille de Pietralcina, près de Bénévent, en mai 1887. Devenu moine capucin sous le nom de Padre Pio, il reçoit les stigmates en 1915. Outre sa dévotion aux souffrants, on lui prête toutes sortes de miracles : guérir le cancer, le don de d'ubiquité, le pouvoir de se faire comprendre par des étrangers dont il ne parle pas la langue. On dit même qu'il s'est envolé dans les airs pour arrêter un avion ennemi pendant la guerre... Il meurt en 1968, et ses fidèles entament une longue bataille pour sa canonisation. Chose faite le 16 juin 2002, dans une ferveur mystique qui secoua toute l'Italie, y compris la presse laïque, séduite par l'abnégation, si rare aujourd'hui, du saint homme.

Les artistes

TOTÒ (1898-1967) Le prince napolitain Antonio De Curtis fut le roi du cinéma comique italien de l'après-guerre. Avec son menton en galoche, ses mimiques expressives (grimaces, rotation des pupilles), ses allures de pantin désarticulé et son débit saccadé, il a fait rire par sa seule présence les millions de spectateurs de ses plus de 120 films. S'il a souvent joué des rôles stéréotypés, il a trouvé auprès de réalisateurs tels que Lattuada, Monicelli ou Pasolini l'occasion de révéler pleinement la finesse de son talent. Il est inoubliable dans l'une des plus belles comédies sociales de Mario Monicelli : *I Soliti Ignoti* (*Le Pigeon*, 1958).

EDUARDO DE FILIPPO (1900-1984) Il fut l'incarnation du théâtre napolitain au XXᵉ siècle, renouant avec la grande tradition des *sceneggiate* du siècle précédent, nourries de l'âme tragicomique de la culture populaire. De Filippo, auteur, acteur et directeur de troupe, a fait entrer le spectateur dans le monde de la petite bourgeoisie parthénopéenne, arrachant rires et larmes à la fois. Son premier succès, *Sik Sik*, date de 1929. *Filumena Marturano* (1946) a franchi les frontières. Depuis 1949, la pièce a été traduite en huit langues.

ANNA MAGNANI (1908-1973) Si elle est née à Alexandrie en 1908, Anna Magnani est romaine depuis l'âge de cinq ans. Visage anguleux, nez busqué, l'actrice ne répond pas aux canons habituels de la beauté, mais elle rayonne sur le cinéma italien de l'après-guerre par sa force dramatique et son pouvoir d'émotion inégalés. Il n'est qu'à regarder le titre de certains de ses plus grands films pour comprendre combien son nom restera à jamais associé à celui de sa ville : *Rome, ville ouverte* de Rossellini, qui la révèle en 1945, *Mamma Roma* de Pasolini, son dernier grand rôle en 1962, et jusqu'au *Roma* de Fellini en 1971, deux ans avant sa mort, où elle fait une brève mais forte apparition, jouant son propre rôle. Entre-temps, elle aura été inoubliable dans *Le Carrosse d'or* de Jean Renoir, en 1952, et récompensée d'un Oscar aux États-Unis en 1955 pour son rôle dans *La Rose tatouée*, de Daniel Mann.

SOPHIA LOREN Sofia Scicolone, de son vrai nom, naît à Rome le 20 septembre 1934. Un concours de beauté lui permet, en 1949, de conquérir de petits rôles au cinéma. Mais c'est avec *La Traite des blanches* de Luigi Comencini, en 1954, que le producteur Carlo Ponti la remarque, l'embarque pour un destin hollywoodien et l'épouse (deux fois, en 1957 et 1966 !). Oscar de la meilleure actrice pour *La Ciociara* en 1962, elle voit sa carrière se bonifier avec l'âge, comme le montre sa participation à *Une journée particulière* (Ettore Scola, 1977). Un César d'honneur, en 1991, confirme la figure emblématique de Sophia Loren à l'époque des divas.

Gastronomie

La cuisine de l'Italie du Sud décline tous les ingrédients de la "diète méditerranéenne" : blé, huile d'olive (celle des Pouilles est particulièrement douce et onctueuse), fromages, légumes, agrumes, fruits secs. La tomate est reine, bien sûr : en sauce dense pour la *pastasciutta*, comme garniture de la pizza, dans les ragoûts ou en hors-d'œuvre, séchée au soleil des Pouilles ou de la Calabre et baignée d'huile d'olive. L'ail est presque de tous les plats, relevés également de câpres, d'olives, de fines herbes.

LES PÂTES On ne sait d'où vient la *pastasciutta*, les pâtes sèches au blé dur – de Sicile, de Chine ou d'ailleurs... –, mais une chose est sûre : c'est dans le Mezzogiorno qu'elle a fleuri, le long des côtes, où le soleil et l'air lui assuraient un séchage idéal. Si le séchage industriel en a déplacé la fabrication dans les usines du Nord, la production artisanale du Sud, avec son incroyable variété de formes et de formats, a aujourd'hui repris ses droits auprès des gourmets et conquis le marché international de la gastronomie de luxe.

LA PIZZA Si l'origine de la pizza est incertaine, c'est à Naples qu'elle s'est imposée (la légende veut qu'elle ait été créée en 1889 pour la reine Margherita). L'air, la qualité de la farine, le coup de main ? Toujours est-il que le plat le plus répandu du monde a conservé ici sa simplicité première et une saveur inimitable. La pizza se décline aussi en version fermée avec un œuf à l'intérieur (*calzone*) ou en *pizze dolci*, sucrées, que l'on retrouve également dans le Latium, les Abruzzes et le Molise.

LES VIANDES ET LES POISSONS Les *vongole* (palourdes), les moules et le poulpe se dégustent avec des pâtes ou en marmite à Rome et à Naples ; le thon, l'espadon, les anchois et les sardines se consomment grillés ou en sauce en Calabre et dans les Pouilles ; la morue s'apprécie sautée ou au four en Basilicate. Sur ces terres d'ovins, on célèbre l'agneau : *abbacchio* (agneau de lait) rôti ou au romarin dans le Latium, agneau au vin blanc ou aux olives dans les Abruzzes, aigre-doux dans les Pouilles, à la sauce tomate un peu partout. La Calabre préfère le porc, dont toutes les parties sont utilisées. Son sang sert ainsi à fabriquer le dessert typique, le *sanguinaccio* (boudin) au chocolat ou au riz sucré. La charcuterie des Pouilles est également réputée pour sa célèbre *luganiga* (saucisse parfumée). Le sanglier des forêts du Latium et de l'Aspromonte calabrais est cuisiné à l'aigre-doux. À Rome et dans les Abruzzes, les *frattaglie* (abats de bœuf, d'agneau ou de cochon) font le régal des *trattorie* populaires.

LES LÉGUMES Les tomates, rapportées du Mexique par Cortés et baptisées *pomodoro* (pomme d'or) par les Italiens, ainsi que les aubergines, grillées ou en sauce, régalent les Campaniens et les Calabrais. Les artichauts n'ont jamais été aussi excellents qu'à Rome : *fritti*, après avoir été trempés dans l'œuf et la farine, *alla romana*, aux herbes et à l'huile, *alla giudea*, frits entiers dans un bain d'huile bouillante.

LES FROMAGES Dans le Sud, le fromage est essentiellement de brebis : ricotta fraîche, dont on farcit les raviolis ou les gâteaux (mélangée à des fruits confits, comme dans la *pastiera* napolitaine ou la *pizza di ricotta* des Abruzzes), ou vieillie et salée, à râper sur les pâtes ; *pecorino* romain, à pâte dure plus ou moins affinée et très goûteuse ; *burrata* des Pouilles, des Abruzzes ou de la Calabre, tendre fromage de brebis frais farci d'une boulette de beurre doux. En Campanie, le lait de bufflonne sert à fabriquer la mozzarella (qui n'a rien à voir avec les boules fades des supermarchés français) et la *provola* (ou *provolone*), naturelle ou fumée. Un peu partout, la *scamorza*, aux laits de vache et de chèvre mélangés, se consomme souvent grillée.

Vin et boissons

Les vignes abondent dans le Mezzogiorno, où cette culture remonte à la Grèce antique. Mais, par manque d'attention à la vinification, les bons vins se comptent sur les doigts de la main. Dans les Pouilles, véritable "usine à raisin" de l'Italie où les rendements sont beaucoup plus élevés qu'ailleurs, le **Castel del Monte** offre des blancs, rouges et rosés plaisants. L'**Aleatico**, le vin rouge doux typique de la région, se marie superbement avec les figues sèches farcies aux amandes, parfumées aux grains de fenouil et cuites au four. Le Latium se distingue par les blancs secs et frais des Castelli Romani et le **Frascati** des monts Albains, qui accompagne parfaitement le poisson. La Campanie s'enorgueillit d'un bon **Greco di tufo** blanc, à l'arôme fruité et au goût d'amande, et d'un **Taurasi** rouge, parfait vin de garde qui prend des reflets orangés avec l'âge ; le **Lacrima-Christi** du Vésuve est surtout connu dans sa version sucrée. Les petits vins blancs de Ravello ou d'Ischia se marient bien avec le poisson. La Basilicate produit sur les pentes d'un volcan éteint l'**Aglianico del Vulture**, un rouge d'une robe rubis qui peut atteindre un excellent niveau. Ses blancs doux de Moscato sont également agréables. Dans les Abruzzes, enfin, le **Montepulciano** rouge et le **Trebbiano** blanc ont du caractère.

LE CAFÉ Contrairement aux idées reçues, l'Italien ne consomme pas beaucoup de café, mais se vante de savoir le préparer et le savourer. Pour reconnaître un bon café : la crème doit être couleur noisette, striée, dense ; le sucre en poudre doit descendre lentement et la crème se reformer après qu'on a remué. Trois familles se partagent le marché : Lavazza, le n°1, Illy et Segafredo Zanetti.

LES *GRANITE* Spécialités désaltérantes du sud de l'Italie, elles hésitent entre la boisson et le dessert glacé : glace pilée, sucre et, habituellement, jus de citron frais, tels sont les ingrédients de base. Mais la *granita* peut aussi être préparée avec du café ou d'autres jus de fruits. À Rome, on déguste aussi la *grattachecca*, une variante traditionnelle à base de glace râpée et de sirops ou de jus de fruits (elle est alors appelée *cremolata*).

LES SPIRITUEUX Si la **grappa**, terme générique pour l'eau-de-vie, clôt traditionnellement le repas, elle prend différentes formes selon les régions. À Rome, c'est la *Sambuca*, parfumée à l'anis, qui est souvent servie avec un grain de café au fond du verre. La *Centerbe* est distillée dans les Abruzzes et, même si rien ne prouve qu'il y ait effectivement 100 herbes dans ce breuvage verdâtre, elle est réputée pour ses vertus thérapeutiques. En Basilicate, la *Strega di Benevento*, véritable pousse-café de sorcière (*strega*), a donné son nom au prix littéraire le plus prestigieux d'Italie (l'équivalent du Goncourt). Moins brutal pour l'estomac, le *Limoncello*, liqueur jaune et sucrée à base de citrons, est, quant à lui, l'emblème de Capri et de la côte amalfitaine

GEOPRATIQUE

INFORMATIONS UTILES DE A À Z

ALLER EN ITALIE DU SUD

en avion

DE FRANCE

Air France Air France assure un grand nombre de liaisons vers Rome (12 vols directs/j.) et Naples (1 vol direct/j.) au départ de Paris (env. 2h de vol). Comptez env. 200€ l'AR pour Rome et 300€ pour Naples (avec une réservation 30 jours à l'avance au moins). Autres possibilités au départ des grandes villes de province. *49, av. de l'Opéra 75002* ***Paris*** *Tél. 36 54 www.airfrance.fr*

Alitalia La compagnie nationale italienne propose des vols réguliers vers toutes les grandes destinations de l'Italie du Sud : Rome, Naples, Bari, Brindisi, Lamezia Terme, Reggio di Calabria. Départs possibles de Paris, Brest, Nantes, Clermont-Ferrand, Bordeaux, Biarritz, Lyon, Toulouse, Marseille et Nice. De Paris, une dizaine de vols directs AR/jour pour Rome. *31, rue Mogador 75009* ***Paris*** *Tél. 0892 655 655 (0,34€/min) www.alitalia.fr*

Easyjet Cette compagnie *low cost* propose plusieurs vols quotidiens directs au départ d'Orly, de Nice, de Lyon, de Bâle et de Toulouse à destination de Rome et de Naples. *Tél. 0820 420 315 www.easyjet.com*

Ryanair Cette compagnie *low cost* programme 2 départs quotidiens à destination de Rome Ciampino et 4 vols par semaine pour Bari à partir de l'aéroport secondaire de Paris-Beauvais. Départs possibles également de Marseille et Bordeaux. Comptez pour un AS Paris-Rome 2h de trajet et 50€ en moyenne. Les tarifs varient en fonction du taux de remplissage de l'avion et de la date d'achat du billet. *Tél. 0892 562 150 www.ryanair.com*

Vueling.com Cette compagnie *low cost* propose 3 vols quotidiens directs de Paris (Orly) à destination de Rome (aéroport de Fiumicino). Comptez 2h de trajet et entre 90 et 400€ pour un AR. *Tél. 899 232 400 www.vueling.com*

DE BELGIQUE

Brussels Airlines La compagnie belge effectue plusieurs liaisons directes entre Bruxelles et Rome : 4 vols AR/jour (env. 2h de vol) ; billet AR 100-190€. *Tél. 090 25 16 00 info@brusselsairlines.com www.brusselsairlines.com*

Alitalia La compagnie nationale italienne propose des vols réguliers entre Bruxelles et Rome (Fiumicino). *Avenue Louise, 149* ***Bruxelles*** *Tél. 02 551 11 50 www.alitalia.be*

Ryanair Cette société irlandaise propose 3 vols/jour directs Bruxelles-Charleroi vers Rome Ciampino (à partir de 3,99€ AS hors taxe si l'on achète son billet très à l'avance par Internet) et 4 vols par semaine à destination de Bari. Seuls inconvénients : départ et arrivée dans des aéroports secondaires, services annexes minimaux et payants. *Tél. 090 233 660 www.charleroi-airport.com www.ryanair.com*

DE SUISSE

Swiss La compagnie nationale suisse assure des vols directs vers Rome depuis Zurich, à raison de 4 départs/jour (1h30 de vol) et avec escale depuis Genève et Bâle. Billet AR Genève-Rome à partir de 140CHF hors taxe. *Tél. 848 700 700 info.france@swiss.com www.swiss.com*

Air France Des vols entre Genève et Rome, de 200 à 400 CHF. *Tél. 0848 747 100 (11cts/min) www.airfrance.ch*

Alitalia En 1h30, des vols Genève-Rome de 240 à 533 CHF. Aéroport international de Genève ***Genève*** *Tél. 0848 486 486 (seulement de Suisse, info. et réservations) www.alitalia.com*

PRATIQUE

Easyjet La compagnie offre des liaisons vers Rome et Naples au départ de Genève et de Bâle-Mulhouse. *Tél. 0848 28 28 28 (0,08 CHF/min du réseau fixe suisse) www.easyjet.com*

Darwin Airline Cette compagnie partenaire de MyAir propose 2 liaisons par jour pour Rome Fiumicino en provenance de Lugano. *Tél. 0848 177 177 www.darwinairline.com*

DU CANADA

Air Canada Vols directs entre Montréal et Rome, entre 250 et 600$ canadiens. *Tél. 1 888 247 2262 www.aircanada.com*

Air France Une liaison Montréal-Rome (avec escale à Paris), env. 1776$ canadiens. *Tél. (1) 800 667 2747 ou 1 800 992 3932 www.airfrance.ca*

Alitalia La compagnie Alitalia programme des vols directs entre Toronto et Rome et avec escale entre Montréal et Rome ou Naples. Billet AS Toronto-Rome pour env. 1650 $ canadiens. *Tél. 1 800 361 8336 (info. et réservations) www.alitalia.ca*

MESURES DE SÉCURITÉ POUR LE BAGAGE DE CABINE Rappelons que, lorsqu'ils passent aux points de contrôle de sécurité des aéroports européens et canadiens, les voyageurs peuvent avoir en leur possession des produits liquides (gels, substances pâteuses, lotions, contenu des récipients à pression, dentifrice, gel capillaire, boissons, potages, sirops, parfums, mousse à raser, aérosols...) à condition que les contenants ne dépassent pas, chacun, 100ml ou 100g et qu'ils soient regroupés dans un sac en plastique transparent à fermeture par pression et glissière, bien scellé, d'une capacité maximale de 1l (environ 20cmx20cm). Les articles ne doivent pas remplir le sac à pleine capacité ni en étirer les parois. Un seul sac est permis par personne. Les aliments pour bébé et le lait, quand les passagers voyagent avec un enfant de deux ans ou moins, de même que les médicaments vendus sur ordonnance et les médicaments essentiels en vente libre ne sont pas soumis à ces restrictions. Nous vous conseillons donc de placer dans vos bagages de soute, avant l'enregistrement, tous les produits liquides dont vous n'aurez pas besoin en cabine.

en voiture

Pour circuler sans problème dans l'Union européenne, n'oubliez pas de vous munir de tous les papiers requis : documents du véhicule, assurance de responsabilité civile, permis de conduire et carte d'identité nationale ou passeport.

DE FRANCE L'itinéraire le plus simple relie Paris à Rome (14h de trajet) : prendre l'A6 jusqu'à Mâcon, puis l'A40 jusqu'au tunnel du Mont-Blanc. Après la traversée des Alpes, l'autoroute dépasse Turin (A5), pour rejoindre Florence (A121-A11), puis Rome (A1). De Lyon, prendre l'A43, puis la N6 jusqu'au tunnel du Fréjus. À la sortie, l'autoroute A32 vous conduit jusqu'à Turin. De Turin, suivre les autoroutes A10 vers Gênes, A12 jusqu'à Viareggio, A11 vers Florence puis A1 pour arriver à Rome. De Bordeaux, emprunter l'A62 vers Toulouse puis l'A61 et l'A9 vers Montpellier et Nîmes, pour bifurquer sur l'A54 vers Aix-en-Provence, où on retrouve l'A8 vers Nice et l'Italie. Après la frontière, suivre l'autoroute A10 vers Gênes.

DE BELGIQUE De Bruxelles, emprunter l'A4 jusqu'à Luxembourg, puis prendre l'A3 vers Metz, autoroute qui devient l'A31 à partir de la

frontière française, jusqu'à Dijon, où l'on rejoint l'A6 et l'itinéraire "de Paris", cf. De france (p.50).

DE SUISSE De Suisse, plusieurs itinéraires s'offrent à vous : de Lausanne, emprunter le tunnel du Grand-Saint-Bernard après avoir suivi les routes N9 et S27, puis l'A5 jusqu'à Turin. Du Centre et de l'Est (Berne, Zurich), rejoindre la N2 et prendre le tunnel du Saint- Gothard. La N2 continue sur Milan, pour atteindre Turin (A9-A 8-A4), puis l'A121-A 11 pour rejoindre Florence et l'A1 pour Rome.

en train

DE FRANCE

Thello Cette compagnie privée basée à Paris assure un trajet quotidien (de nuit) pour Rome au départ de Paris gare de Lyon (lun.-ven. 19h14, sam.-dim. 18h45) ou de Dijon (lun.-ven. 21h51, sam.-dim. 21h22). Arrivée à Rome Termini tlj. à 10h12. Billet AS à partir de 35€. *Tél. 01 83 82 00 00 www.thello.com*

SNCF Plusieurs départs quotidiens (en journée) de Paris pour Rome, via Bâle, Zurich, Genève, Milan, Turin... avec 1 ou 2 correspondances. Billet AS à partir de 126€. Comptez de 11h06 à 12h15 de trajet. *Tél. 36 35 (0,34€/min) www.voyages-sncf.com*

DE BELGIQUE

SNCB Il n'existe pas de liaison directe entre Bruxelles et Rome. Le moyen le plus rapide pour effectuer ce trajet est de se rendre à Paris puis de monter à bord du train de nuit pour Rome. Il est possible, par exemple, de prendre le Thalys de 16h13, qui rejoint la gare du Nord à Paris à 17h35, puis le Thello de 19h14 à Paris-gare de Lyon, qui arrive à Rome le lendemain matin à 10h12. *Tél. 070 79 79 79 www.belgianrail.be www.thalys.com*

DE SUISSE

CFF De Genève il vous faudra rejoindre Milan, où des correspondances sont assurées vers Rome. Comptez environ 4h de Genève à Milan et 3h de Milan à Rome. Billet AS Genève-Rome environ 105€. *Tél. 0900 300 300 www.cff.ch*

PASS INTERRAIL

InterRail Les compagnies de chemin de fer de 30 pays d'Europe se sont unies pour proposer 2 types de pass. *www.interrail.eu*

Global Pass Il est valable dans l'ensemble des pays (sauf votre pays de résidence), pour une durée de 5 jours à un mois, sans limite de trajets. Pour un pass de 5 jours (utilisable pendant 10 jours) en 2e classe, comptez de 276€ à 181€ (moins de 26 ans). Pour 1 mois, comptez de 658€ à 435€ (moins de 26 ans).

One Country Pass 3, 4, 6 ou 8 jours consécutifs ou non, sur une période d'un mois. Pour celui valable en Italie, comptez pour 3 jours 187€ (127€ tarif jeune), pour 8 jours 321€ (212€ tarif jeune).

en car

DE FRANCE

Eurolines Si vous souhaitez vous rendre directement en car en Italie du Sud, sachez que Rome et Naples sont desservies de façon régulière. Ainsi, un car part le lundi et mercredi (toute l'année) et le samedi (pendant l'été) de la gare routière Paris-Gallieni vers Rome (23h de trajet, AS à partir de 73€) et Naples (25h, AS 106€). Également, des liaisons au départ d'une dizaine de grandes villes de province, dont Marseille : Marseille-Rome en 12h (85€), Marseille-Naples en 15h (97€). *55, rue Saint-Jacques 75005* ***Paris*** *Tél. 01 41 86 24 21 (autres agences dans les grandes villes)* **Gare routière internationale Paris-Gallieni** *28, av. du Général-de-Gaulle BP 313 Cedex 2 93541* ***Bagnolet*** *Tél. 0892 89 90 91 www.eurolines.fr*

DE BELGIQUE

Eurolines Un bus part de Bruxelles-Nord vers Rome et Naples le lundi et le mercredi (et le samedi en été) : départ 15h15, arrivée le lendemain à 16h45 à Rome, à 19h45 à Naples. Tarif AS Bruxelles-Rome à partir de 79€. *www.eurolines.be* ***Bruxelles*** *Coach Station CCN Gare routière Rue du Progrès, 80 1000 Tél. 02 201 03 09* ***Bruxelles*** *Place de la Constitution, 10 1060 Tél. 02 538 20 49*

PASS Vous pouvez également acheter un pass à prix fixe, valable 15 ou 30 jours dans les 40 villes européennes desservies par le réseau Eurolines (dont Florence, Milan, Naples, Venise et Rome). En basse saison, pass moins de 26 ans à 180€ (15 jours) et 245€ (30 jours).

AMBASSADES ET CONSULATS

à Rome

Ambassade de France (plan 3, B3) *Palais Farnèse piazza Farnese, 67 Tél. 06 68 60 11 www.ambafrance-it.org*

Consulat de France (plan 3, B3) *Via Giulia, 251 Tél. 06 68 60 11 consulat.rome-amba@diplomatie.gouv.fr consulat-rome@france-italia.it*

Ambassade de Belgique *Via dei Monti Parioli, 49 Tél. 06 360 95 11 www.diplomatie.be/romefr/*

Ambassade de Suisse *Via Barnaba Oriani, 61 Tél. 06 80 95 71 www.eda.admin.ch/roma*

Ambassade du Canada *Via Zara, 30 Tél. 06 854 442 911 ou 06 85 44 44 (visa) www.canada.it*

à Naples

Consulat de France (plan 13, B3) *Via Francesco Crispi, 86 Tél. 081 598 07 11 www.ambafrance-it.org*
Consulat de Belgique (plan 13, A4) *Via Agostino Depretis, 78 Tél. 081 551 21 10 www.diplomatie.be*
Consulat de Suisse (plan 13, B1) *Via Consalvo Carelli, 7 Tél. 335 831 52 57 www.eda.admin.ch*

en France

Ambassade d'Italie *51, rue de Varenne 75007* **Paris** *Tél. 01 49 54 03 00 www.ambparigi.esteri.it*
Consulat d'Italie à Paris *5, bd Émile-Augier 75016* **Paris** *Tél. 01 44 30 47 00 www.consparigi.esteri.it*

en Suisse

Ambassade d'Italie *Elfenstrasse, 14 3006* **Berne** *Tél. 031 350 07 77 www.ambberna.esteri.it*
Consulat d'Italie *Rue Charles-Galland, 14 1206* **Genève** *Tél. 022 839 67 44 www.consginevra.esteri.it*

en Belgique

Ambassade d'Italie *28, rue Émile-Claus 1050* **Bruxelles** *Tél. 02 643 38 50 www.ambbruxelles.esteri.it*
Consulat d'Italie *38, rue de Livourne 1000* **Bruxelles** *Tél. 02 543 15 50 www.consbruxelles.esteri.it*

au Canada

Ambassade d'Italie *275, Slater Street 21st floor K1P 5H9* **Ottawa** *Tél. (613) 232 24 01 www.ambottawa.esteri.it*
Consulat d'Italie *3489, rue Drummond H3G 1X6* **Montréal** *Tél. 514 849 83 51 www.consmontreal.esteri.it*

ARGENT, BANQUES ET CHANGE

monnaie

L'Italie fait partie de la zone euro. Depuis le 1er janvier 2002, l'ancienne monnaie nationale, la lire, a donc été remplacée par l'euro (1€=1936,27 lires). Les chèques français libellés en euros sont acceptés en Italie mais, attention, leur encaissement est facturé à l'émetteur. À titre indicatif, début 2013, 1 franc suisse valait 0,80€ et 1 dollar canadien 0,74€.

PRATIQUE

change

Les non-résidents de la zone euro changeront leurs devises dans les banques ou les bureaux de change (dans les aéroports, les grandes gares, à proximité des monuments importants...). Sachez que la commission varie selon les établissements et, pour les bureaux de change ne facturant pas de commission, veillez à ce que le taux de change ne soit pas trop désavantageux. Un document officiel (carte d'identité ou passeport) pourra être exigé dans certaines banques, notamment pour changer des chèques de voyage ou retirer des espèces au guichet à partir d'une carte de crédit.

cartes bancaires

Elles constituent une solution avantageuse car elles permettent de ne pas avoir à emporter une grande quantité d'argent liquide. ? Mais soyez vigilant : en Italie, une carte volée peut facilement être utilisée puisque, lors du paiement, souvent on ne compose pas de code, on signe seulement un reçu. Le cas échéant, faites opposition immédiatement. Si les banques n'ont pas le droit de toucher une commission sur les paiements et retraits avec une carte de crédit effectués dans toute la zone euro, certains établissements facturent 1€ chaque retrait effectué à d'autres guichets qu'aux leurs. Renseignez-vous auprès de votre conseiller. La plupart des restaurants, hôtels, grands magasins, stations-service acceptent les cartes. Seuls quelques commerçants irréductibles ne transigeront pas : prévoyez un minimum d'argent liquide. En cas de **perte** ou de **vol**, contactez votre prestataire.

Visa *www.visa.com* ***France*** *Tél. 0800 90 11 79* ***Italie*** *Tél. 800 81 90 14* ***Belgique*** *Tél. 0800 1 8397 ou 0800 183 97* ***Canada*** *Tél. 1 800 847 29 11* ***Suisse*** *Tél. 0800 894 732*

Mastercard *www.mastercard.com* ***France*** *Tél. 0800 90 13 87* ***Italie*** *Tél. 800 87 08 66* ***Belgique*** *Tél. 0800 150 96* ***Canada*** *Tél. 1 800 307 7309* ***Suisse*** *Tél. 0800 89 70 92*

Diners Club *www.dinersclub.com* ***France*** *Tél. 01 49 06 17 76* ***Italie*** *Tél. 800 39 39 39* ***Belgique*** *Tél. 32 (0)2 540 87 60* ***Canada*** *Tél. 1 416 369 63 13* ***Suisse*** *Tél. 587 50 81 81*

American Express Les numéros d'appel varient en fonction de votre type de carte et de votre pays de résidence. *Tél. 06 722 82 (à Rome) www.americanexpress.com*

DISTRIBUTEURS On trouve des Bancomat (distributeurs automatiques) partout, même dans les petites villes. Informez-vous auprès de votre banque sur le plafond de retrait autorisé par semaine, afin de ne pas rester en panne.

chèques de voyage

La meilleure solution – et la plus sûre – pour ceux qui ne résident pas dans la zone euro. Veillez toutefois à bien séparer les talons des chèques (laissez-les dans un endroit sûr) et préférez les banques aux bureaux de change, qui prélèvent une commission trop élevée pour ce genre de transaction. Sachez que les postes italiennes, qui disposent parfois d'un bureau de change, se refusent cependant à changer les chèques de voyage.

American Express (plan 7, B4) Chèques de voyage, poste restante. *Piazza di Spagna, 38* ***Rome*** *Tél. 06 67 64 23 10 ou 800 91 49 12 (en cas de perte ou vol.) Ouvert lun.-ven. 9h-17h30, sam. 9h-12h30*

Visa En cas de perte ou vol. *Tél. 800 87 41 55*

ASSURANCES

assurance maladie

Pour conserver vos droits pendant votre séjour en Italie, il suffit de vous procurer au moins 2 semaines avant le départ une carte européenne d'assurance maladie (CEAM) auprès de votre centre de sécurité sociale. La carte est nominative, individuelle et gratuite et elle vous permet d'être pris en charge sans avoir à faire l'avance des frais. La CEAM est valable un an dans tous les pays adhérents à l'UE.

Caisse nationale d'assurance maladie Tous les détails sur les modalités de prise en charge. *Tél. 36 46 (en France) ou 0811 70 36 46 www.ameli.fr*

assurance voyage

Indispensable pour couvrir toutes les dépenses médicales, la perte ou le vol des bagages, l'assistance rapatriement. Avant de signer le contrat, vérifiez qu'un tel service n'est pas déjà inclus ou proposé à moindre coût par votre carte bancaire, votre mutuelle

PRATIQUE

ou l'assurance de votre voiture. Ainsi, les détenteurs de cartes de crédit Visa ou Eurocard-Mastercard bénéficient automatiquement d'une assistance rapatriement et les personnes qui ont réglé leur voyage avec la carte Visa Premier ou Gold Mastercard profitent gratuitement d'une assurance annulation, décès-invalidité, perte ou vol des bagages. Vérifiez toutefois que l'étendue de la couverture inclue les sports à risque comme la plongée.

Europ Assistance *1, promenade de la Bonnette 92633* **Gennevilliers** *Tél. 01 41 85 94 85* **Call center assistance** *Tél. 01 41 85 85 85 (24h/24) www.europ-assistance.fr*

Mondial Assistance *54, rue de Londres 75008* **Paris** *Tél. 01 42 99 82 81* **Call center assistance** *Tél. 01 42 99 02 02 (24h/24) www.mondial-assistance.fr*

BUDGET ET PRIX

budget journalier

Carissimo ! Ces dernières années, les efforts mis en œuvre par l'Italie pour s'aligner sur les critères économiques de l'Union européenne ont eu pour conséquence une hausse du coût de la vie. Mais le budget n'est évidemment pas le même que l'on séjourne à Rome, à Capri ou en Calabre. Vous débourserez de 2 à 12€ pour visiter un musée.

HÉBERGEMENT D'une façon générale, il s'avère assez cher. Difficile de trouver une chambre correcte pour moins de 30€, en particulier à Rome, à moins de loger en auberge de jeunesse ou dans un couvent... Il vous faudra compter environ 100€ pour une chambre double sans prétention.

RESTAURATION En revanche, vous pourrez faire quelques économies sur vos repas, en particulier si vous les prenez à l'écart des sites très touristiques. Un *panino* ou une portion de pizza à emporter peut faire office de déjeuner léger pour quelques euros seulement. Il est également courant, dans les épiceries, de choisir sa charcuterie ou son fromage pour composer soi-même son sandwich. Au **restaurant**, un *primo piatto*, souvent un plat de pâtes ou un risotto, constitue une alternative bon marché (moins de 10€). N'oubliez pas cependant qu'au prix du plat s'ajoute encore parfois celui du couvert (*pane e coperto* entre 1€ et 2€). Un repas complet dans une **trattoria** simple peut tourner autour de 15€ mais, la plupart du temps, il faudra compter au moins le double. Un *espresso* coûte environ 0,80€, le double si on le prend en salle ; le prix d'un cappuccino tourne autour de 1,20€ et celui d'un verre de vin autour de 3€.

gamme de prix

Dans ce guide, les fourchettes de prix des hébergements s'entendent pour une chambre double en haute saison. Celles des restaurants sont établies sur la base de deux plats (générale-

GAMME DE PRIX	RESTAURATION	HÉBERGEMENT
Très petits prix	moins de 15€	moins de 55€
Petits prix	de 15 à 25€	de 55 à 75€
Prix moyens	de 25 à 40€	de 75 à 110€
Prix élevés	de 40 à 60€	de 110 à 160€
Prix très élevés	plus de 60€	plus de 160€

ment un *antipasto* [hors-d'œuvre] et un *primo* [plat de pâtes]) ou du premier menu, sans boisson.

lo scontrino

C'est le ticket de caisse, la facture. En Italie, on fonctionne à l'inverse de la France. On commence par acheter à la caisse son café ou sa pâtisserie et, muni du ticket, on va réclamer son dû au comptoir. On vous donnera le *scontrino* pour n'importe quel achat, même mineur : en fait, l'État a imposé cette mesure à tous les commerçants (et aux clients qui, sous peine d'amende, doivent la réclamer si elle n'est pas donnée) afin d'éviter les fraudes fiscales.

CARTE D'ÉTUDIANT

La carte internationale d'étudiant (International Student Identity Card) permet d'obtenir des réductions (entrée dans les musées, transports en c, accès aux auberges de jeunesse...). Munissez-vous d'un certificat de scolarité, d'une photo d'identité et de 13€ et rendez-vous auprès d'une des agences agréées, également des possibilités d'achat en ligne. *www.isic.fr*

en France

ISIC France Pour 13€, la carte d'identité internationale des étudiants, et aussi des lycéens, collégiens et personnes en formation à temps complet, donne accès à de nombreux services et réductions (voyage, vie quotidienne, culture et loisirs) dans 118 pays. Les moins de 26 ans pourront bénéficier d'avantages similaires en achetant une carte IYTC à 12€ (International Youth Travel Card). *2, rue de Cicé 75006* ***Paris*** *Tél. 01 40 49 01 01 info@isic.fr www.isic.fr*

en Belgique

ISIC Belgique Achat en ligne uniquement ou dans les agences Connections. *www.isic.be*
Connections *Rue du Midi 19-21* ***Bruxelles*** *Tél. 02 550 01 00 www.connections.be*

en Suisse

STA Travel *Rue Vignier, 3 1205* **Genève** *Tél. 0900 450 402 stagevignier@statravel.ch www.statravel.ch*

au Québec

Via Rail *3, place Ville-Marie* ***Montréal*** *Tél. 888 842 7245 www.viarail.com*
Voyages Campus *1613, rue Saint-Denis* ***Montréal*** *Tél. 514 843 85 11 www.travelcuts.com*

CARTES ROUTIÈRES

Indispensables, les cartes Michelin n°431 Italie du Sud et, pour le Latium, n°430 Italie Centre. Sur place, vous pouvez vous procurer l'*Atlante Stradale d'Italia del Centro* et l'*Atlante Stradale d'Italia del Sud* (19,50€) éditées par le Touring Club Italiano. De bons plans de ville (Naples, Rome...) sont aussi disponibles sur place.

DÉCALAGE HORAIRE

L'Italie marque une heure d'avance par rapport à l'heure GMT en hiver (GMT + 1), 2 heures en été (GMT + 2). L'heure est donc la même qu'à Paris, Bruxelles ou Berne. Quand il est 12h à Rome, il est 6h à Montréal.

DOUANES

La Belgique, la France et l'Italie appartiennent à l'espace douanier européen dit de **Schengen**. Espace où la circulation des marchandises n'est soumise à aucune taxe ni restriction de quantité, tant qu'il s'agit de consommation personnelle. En vertu d'accords bilatéraux entre la Suisse et l'Italie, les citoyens suisses n'auront pas à déclarer les produits les plus courants. Quant au Canada, extérieur à l'espace de Schengen, ses échanges avec l'Italie sont régis par les règles suivantes : chaque visiteur pourra emporter avec lui, sans payer de taxes en douane (**duty-free**), un maximum de 200 cigarettes (ou 50 cigares), 2l de vin ou 1l d'alcool fort, 60ml de parfum, ses effets personnels (rubrique incluant matériel de camping, appareil photo avec 10 pellicules, caméscope, appareil audio, instrument de musique). Les amateurs de sports et de loisirs peuvent également introduire dans le pays, sans frais de douane : une canne à pêche, un vélo, une paire de skis, une raquette de tennis ou encore un équipement de golf. Quant aux devises étrangères émises sous forme de pièces, billets ou encore chèques de voyage, aucune limite n'est fixée.

MISE EN GARDE : LA CONTREFAÇON L'Italie est le premier pays d'Europe en termes de consommation et de production de contrefaçons. Rome, Naples... les grandes villes sont les repaires privilégiés des vendeurs à la sauvette qui proposent leur marchandise à proximité des sites touristiques. Ce fléau inquiétant touche principalement les grandes marques de luxe de l'industrie du cuir (Vuitton, Yves Saint Laurent...) et de la mode (Versace, Armani, Lacoste, Dior, Chanel...). Attention, donc, si vous vous laissez tenter. Malgré votre bonne foi, vous êtes passible de sanctions douanières et pénales (confiscation de l'objet copié, amende pouvant atteindre deux fois la valeur du produit authentique...). Restez vigilant !

ÉLECTRICITÉ

De même type qu'en France et qu'en Europe (220V, 50HZ, prises mâles à deux fiches circulaires), cette conformité ne devrait embarrasser que les ressortissants d'Amérique du Nord, qui devront se munir d'un adaptateur et d'un transformateur.

FÊTES ET JOURS FÉRIÉS

FÊTES POPULAIRES ET RELIGIEUSES Il est impossible d'oublier que l'on se trouve ici en terre papale ! Le moindre village a son saint patron, fêté dans la liesse une fois par an, ce qui donne lieu à des retrouvailles entre les autochtones et les "expatriés". Dans le Sud, la ferveur religieuse s'exprime avec exubérance, dans des rituels parfois proches de la magie (processions pour la semaine

calendrier des jours fériés, fêtes et manifestations

JOURS FÉRIES

1er janvier	**Capodanno** Jour de l'an
6 janvier	**Epifania/Befana** Épiphanie
Mars-avril	**Lunedì di Pasqua, Pasquetta** Lundi de Pâques
25 avril	**Liberazione del 1945** Libération
1er mai	**Festa del Lavoro** Fête du Travail
2 juin	**Festa della Repubblica** Fête de la République
15 août	**Festa dell'Assunta, Ferragosto** Assomption

1er novembre	**Ognissanti** Toussaint
8 décembre	**Immacolata Concezione** Immaculée Conception
25 décembre	**Natale** Noël
26 décembre	**Santo Stefano** Saint-Étienne
31 décembre	**San Silvestro** Saint-Sylvestre

FÊTES LOCALES ET MANIFESTATIONS

Janvier	**Italie**	**La Befana** Une sorcière qui équivaut au Père Noël (le 6)
Février	**Rutigliano**	**Festa dei fischietti** (sifflets) En l'honneur de saint Antoine (17)
Février	**Italie**	**Carnevale** Carnaval de Mardi gras
Mars	**Rome**	**Maratona** Marathon (le 3e dimanche)
	Rome	**San Giuseppe** Fête de la Saint-Joseph dans le quartier de Trionfale (le 19)
	Rome	**Mostra delle Azalee** L'escalier de la place d'Espagne est recouvert d'azalées
	Vatican	**Benedizione *urbi et orbi*** Bénédiction du pape, place Saint-Pierre (dimanche de Pâques à 12h)
	Rome	**Compleanno di Roma** Commémoration de la fondation de Rome près du Capitole (le 21)
Mai	**Naples**	**Maggio dei Monumenti** Accès à des monuments fermés le reste de l'année, concerts dans des lieux insolites, expositions
Juin	**Rome**	**Cannes a Roma** Les films du Festival de Cannes dans les cinémas de Rome
	Rome	**San Giovanni** Fête de la Saint-Jean : grand banquet à base de cochon de lait rôti et d'escargots, à Saint-Jean-de-Latran (le 24)
	Galatina	**San Paolo** Fête de saint Paul, patron des "tarentulés" qu'on soignait en dansant la tarentelle (le 29)
	Genzano di Roma	**Infiorata** Un tapis de fleurs recouvre la ville
	Nemi	**Sagra delle fragole** (fraises)
Juillet	**Matera**	**Festa della Madonna Bruna** Fête de la Vierge des moissons, avec procession de bergers et de chevaliers (le 2)
	Rome	**Festa de Noantri** ("nous autres") dans le Trastevere
	Tropea	**Sagra della cipolla rossa** (oignon rouge), 1re semaine
	Brindisi	**Brindisi in jazz** Concerts de jazz (juillet-août)
	Rome	**Estate Romana** Théâtre en plein air, cinéma,musique baroque, jazz, opéra... (de juin à septembre)
	Martina Franca	**Festival della Valle d'Itria** Festival de musique lyrique(juillet-août)
	Bagnara Calabra	**Sagra del pesce spada** (espadon), 1er dimanche
Août	**Mammola**	**Sagra del pesce stocco** (stockfisch, cabillaud séché)
	Italie	**Ferragosto** L'Assomption, très fêtée dans tout le pays (le 15)
	Torre Paduli (près de Ruffano)	**San Rocco** Fête de saint Roch, (tarentelle dansée avec des couteaux) dans la nuit du 15 au 16 août
	L'Aquila	**Perdonanza celestiana** Commémoration du couronnement du pape Célestin V à L'Aquila (1 294), fin août
Septembre	**Rome**	**Da Venezia a Roma** Les films du festival de Venise, dans les cinémas de Rome
	Ariccia	**Sagra della porchetta** (viande de porc rôtie aux herbes)
	Naples	**Festa di Piedigrotta**

	Naples	**San Gennaro** Miracle de la liquéfaction du sang de saint Janvier (le 19, également le 1er samedi de mai et le 16 déc.)
Septembre-Novembre	**Rome**	**Roma Europa Festival** Festival de musique, théâtre, danse www.europa.net/festival
Novembre	**Rome**	**Festa internazionale del film di Roma** Festival de cinéma www.romacinemafest.org
Décembre	**Rome**	**Fiera di Piazza Navona** Marché de Noël sur la piazza Navona (mi-décembre à mi-janvier)

sainte, crèches vivantes, etc.). D'autres fêtes, carnavals ou *sagre* (sortes de kermesses à thème) jalonnent l'année selon les saisons et les travaux des champs, faisant souvent la part belle aux spécialités régionales : fête du jambon et du melon, fête des pâtes... Renseignements en France auprès de l'ENIT, cf. Offices de tourisme (p.64), ou, sur place, dans les différents points d'accueil.

JOURS FÉRIÉS Les 12 *giorni festivi* italiens suivent de près le calendrier français (mais l'Ascension et la Pentecôte ne sont pas fériés). Attention au faux ami *giorni feriali*, qui correspond à nos jours ouvrés...

HANDICAPÉS

Il semblerait que nos voisins transalpins aient fait des efforts pour les personnes handicapées, même dans les petites villes : trottoirs inclinés, panneaux historiques en braille, téléphones publics à niveau... Cependant, les rues pavées et étroites, les immeubles aux couloirs minuscules, souvent sans ascenseur, compliquent le quotidien des personnes non valides. À Rome, un guide spécifique, *Roma accessibile*, recensant musées, restaurants, magasins, théâtres, gares et hôtels bien équipés, est disponible auprès de l'APT (Azienda per il Turismo) ou peut s'obtenir gratuitement auprès de CO.IN (Cooperative Integrate Onlus).

Roma per tutti La mairie de Rome a mis en place un service réservé aux personnes souffrant d'un handicap. *Tél. 06 57 17 70 94 www.romapertutti.it*

CO.IN (plan 1, B2) Cette association s'occupe des questions liées à l'accessibilité en Italie. *Via Enrico Giglioli, 54/a (Casilino)* **Rome** *Tél. 800 27 10 27 (Numéro vert) www.coinsociale.it*

PRATIQUE

HÉBERGEMENT

C'est sans aucun doute ce qui coûte le plus cher en Italie. Si vous pouvez faire quelques économies sur les repas, cf. Budget et prix (p.55), il vous faudra probablement consacrer une large partie de votre budget à payer votre chambre d'hôtel. Cependant, des solutions existent pour les petits budgets : *pensioni*, chambres d'hôtes, auberges de jeunesse, couvents, appartements à louer et campings.

campings

Plutôt bon marché (bien qu'en Italie les tarifs soient deux fois plus élevés qu'en France : selon les catégories, comptez de 15 à 35€ la nuit pour 2 personnes et une tente), le camping permet de se ressourcer en pleine nature, loin de la foule. Généralement ouverts de Pâques à octobre, les terrains de camping se voient attribuer 1 à 5 étoiles selon la qualité de leurs équipements et de leur emplacement. Les terrains sont souvent aménagés aux abords des grandes villes. Le camping sauvage est déconseillé, sinon proscrit (notamment dans les parcs naturels), à moins de s'adresser au préalable à la mairie ou au propriétaire (s'il s'agit d'un terrain privé) pour obtenir une autorisation.

Le guide *Campeggi e villaggi turistici* (Touring Club Italiano, 14,90€ + frais d'envoi) fournit l'ensemble des informations utiles. Vous le trouverez sur place et dans les librairies italiennes de France, qui peuvent aussi le commander. *www.tuttocampeggio.it www.camping-italy.net www.campeggio.it*

auberges de jeunesse

Contrairement aux apparences, aucune limite d'âge n'interdit de séjourner en auberge de jeunesse : il suffit d'être adhérent (11€ pour les + 26 ans, 7€ tarif réduit). Le sud de l'Italie compte ainsi une cinquantaine d'auberges bien tenues, mais il est indispensable de s'y prendre tôt dans la saison pour espérer y loger. Elles proposent souvent des chambres à 2, 3 ou 4 lits. Comptez en moyenne 18-25€ par nuit et par personne (en dortoir).

Associazione Italiana Alberghi per la Gioventù (plan 4, B1) *Via Cavour, 44 00184* ***Rome*** *Tél. 06 487 11 52 info@aighostels.com www.aighostels.com*

FUAJ *Centre national 27, rue Pajol 75018* ***Paris*** *Tél. 01 44 89 87 27 fuaj@fuaj.org www.fuaj.org*

LAJ *Rue de la Sablonnière, 28 1000* ***Bruxelles*** *Tél. 02 219 56 76 info@lesaubergesdejeunesse.be www.lesaubergesdejeunesse.be*

Schweizer Jugendherbergen *Schaffhauserstrasse, 14 CH 8042* ***Zürich*** *Tél. 044 360 14 14 contact@youthhostel.ch booking@youthhostel.ch www.youthhostel.ch*

Hostelling International (Canada) *Suite 400 205 Catherine street ON K2P 1C3* ***Ottawa*** *Tél. 613 237 7884 ou 1 800 663 5777 info@hihostels.ca www.hihostels.ca*

couvents

Loger dans un couvent présente des avantages et des inconvénients : c'est une formule plutôt bon marché (à partir de 45€ par personne), qui permet de profiter d'un cadre souvent très agréable (site historique où le silence et la propreté sont les maîtres mots), mais qui impose certaines règles strictes. En effet, sachez que les couples non mariés sont séparés et que les portes ferment assez tôt (22h ou 23h au plus tard, les retardataires n'ayant alors aucune chance de passer l'entrée !). Quelques exceptions existent néanmoins : au moment de la réservation, précisez gentiment que vous préféreriez une chambre mixte et un couvent qui n'impose pas de couvre-feu, ou un couvre-feu tardif (minuit). Le centre pastoral de Rome dispose (moyennant une commission de 13€) aussi de quelques adresses de *pensioni* dans ces prix, qui ne sont pas aussi sourcilleuses sur les règles.

Centre pastoral d'accueil des pèlerins français (plan 3, C2) *Via Santa Giovanna d'Arco, 10* ***Rome*** *Tél. 06 68 19 24 64 accueil@saintlouis-rome.net info@centreaccueilrome.com www.centreaccueilrome.com*

chambres d'hôtes

L'*agriturismo*, ou “tourisme vert”, connaît un véritable succès en Italie : les chambres et les tables d'hôtes à la campagne permettent en général d'être à l'abri de l'hôtellerie touristique sans âme. De plus, les prix sont souvent plus attractifs que ceux des hôtels classiques et la cuisine vaut le détour. Selon l'offre (confort, charme, environnement, chambre seule, demi-pension, etc.), comptez de 35 à 100€ par personne.

Agriturist (plan 3, A2) Pour obtenir le guide des établissements concernés, classés par région et particulièrement bien détaillés (spécialités gastronomiques, accessibilité pour handicapés, proximité de la mer, activités sportives) : *Guida dell'ospitalità rurale, agriturismo e vacanze verdi. Corso Vittorio Emanuele II, 101 00186* ***Rome*** *Tél. 06 685 23 37 agritur@confagricoltura.it www.agriturist.it*

Bed & Breakfast Italia (plan 3, A2) L'association Bed & Breakfast Italia propose des logements dans le centre historique des villes ou à proximité. Comptez de 45 à 58€ par personne pour une chambre double, avec salle de bains et petit déjeuner, ou de 50 à 60€ par personne pour un appartement de 2 personnes. *Corso Vittorio Emanuele II, 282 00186* ***Rome*** *Tél. 06 687 86 18 info@bbitalia.it www.bbitalia.it*

Bed & Breakfast in Italia Leurs adresses sont reprises dans le guide *Bed & Breakfast* édité par le Touring Club Italiano. *www.bed-and-breakfast.it*

pensioni

La *pensione* est en général plus petite et plus modeste que l'hôtel, mais elle a plus de chambres qu'un Bed & Breakfast. C'est une formule très courue en Italie : bon marché et populaire, elle est souvent familiale, ce qui rend les contacts très chaleureux. Attention toutefois aux tarifs pratiqués : certains propriétaires n'ont guère de scrupules à duper les touristes étrangers, d'autant que les pensions illégales (à Rome, autour de la gare de Termini notamment) ne sont pas soumises au contrôle de l'APT.

hôtels

TARIFICATION Obéissant à un système de classement international (de 1 à 5 étoiles) mis en place et contrôlé par l'APT (Azienda per il Turismo), l'hôtellerie italienne n'échappe pourtant pas aux dangers de l'arnaque et des mauvaises surprises. C'est surtout le cas dans les grandes villes, en particulier à Rome, où l'afflux constant de touristes autorise les plus grands écarts de prix ! Sont considérées comme **haute saison** les périodes autour de Noël et de Pâques dans tout le pays, juillet et août sur la côte et du printemps à l'automne pour Rome et Naples. Cependant, il existe des tarifs "week-end" ou des réductions consenties à certains tour-opérateurs : renseignez-vous avant le départ. Ne pas oublier que les hôteliers sont obligés d'apposer leurs tarifs dans les chambres et que le petit déjeuner est parfois en sus (prenez-le alors plutôt au café du coin).

RÉSERVATION Si vous réservez votre chambre longtemps à l'avance, il sera souvent exigé une confirmation par fax (ou par e-mail) et le dépôt d'une caution (souvent *via* votre numéro de carte de crédit). Si vous pouvez passer à votre hôtel avant de réserver, n'hésitez pas à demander à voir les chambres.

Centro Prenotazioni Hotels Italia *www.hotelme.it*

location d'appartements

Plusieurs agences ou associations proposent cette formule, qui peut se révéler économique et très confortable si l'on séjourne longtemps en Italie.

Loc'appart Cette agence recense appartements ou villas à louer à Rome, Naples, sur la côte amalfitaine et en Sicile, de 3 jours (minimum) à 3 mois (maximum). Selon les hébergements, comptez, par nuit, de 80€ (pour un studio) à 135€ (pour un 3 pièces). *75, rue de la Fontaine-au-Roi 75011* ***Paris*** *Tél. 01 45 27 56 41 contact@locappart.com www.locappart.com*

Casa d'Arno Un bon choix d'appartements, du studio au *palazzo* et de chambres d'hôtes à Venise, Florence, Rome... *36, rue de la Roquette 75011* ***Paris*** *Tél. 01 44 64 86 00 info@casadarno.com www.casadarno.com*

Homelidays De la villa au studio. *47 bis, rue des Vinaigriers 75010* ***Paris*** *Tél. 01 70 75 34 00 (Paris) www.homelidays.com*

Interhome *15, av. Jean-Aicard 75011* ***Paris*** **Accueil client** *36, rue La Boétie 75008* ***Paris*** *Tél. 0805 650 350 ou 01 53 36 60 00 info@interhome.fr www.interhome.fr*

Rome Sweet Home (plan 3, D1) Cet organisme gère près de 1 000 appartements dans toute l'Italie. *Viale Trastevere, 60* ***Rome*** *Tél. 06 90 28 81 30 info@romesweethome.it www.romesweethome.it*

HORAIRES

le rythme italien

L'Italie change progressivement ses horaires de travail, s'alignant sur ceux du reste de l'Europe. La sieste, encore en vigueur, surtout l'été, est de moins en moins possible. La longue coupure de midi (de 13h à 16h30 en général) n'est plus suivie dans les grandes villes et nombre de commerces sont désormais ouverts en continu. Les horaires des **repas** sont presque les mêmes qu'en France, à une demi-heure près. Moins fêtards et noctambules que les Espagnols, les Italiens affichent tout de même une bonne moyenne en termes de **sorties** : on sort évidemment le week-end, et plus facilement à la belle saison, mais, du fait d'un certain nombre de rituels, les Italiens se retrouvent souvent dehors, au café ou simplement dans les rues. À ce titre, la ***passeggiata*** (la promenade le long du principal boulevard des villes) de la fin d'après-midi est essentielle : on s'habille et on se montre. Suit un **apéritif** avant le **dîner**, qui voit terrasses et bars pris d'assaut. Idem pour les pizzerias, encore bon marché, souvent envahies par des groupes de jeunes. Les **boîtes** ouvrent vers 23h, mais c'est après minuit-1h que l'ambiance décolle, et ce jusqu'au petit matin. L'été, dans les villes de bord de mer, de nombreux bars du centre-ville déménagent et s'installent sur la plage (comme à Bagnoli, juste à côté de Naples). Bon à savoir : vous ne serez jamais vêtu de manière trop élégante ou sophistiquée. Quand ils sortent, les Italiens s'habillent, se pomponnent, se gominent !

banques

Les banques sont ouvertes du lundi au vendredi de 8h30 à 13h30 et de 14h30 ou 15h à 16h ou 16h30. Selon les agences, ces horaires varient. Certaines ne ferment pas à l'heure du déjeuner ou sont ouvertes le samedi matin. Les bureaux de change ouvrent en général de 8h30 à 19h30.

postes

Les postes sont ouvertes, en général, du lundi au vendredi de 8h30 à 18h (fermeture à 14h en août) et de 8h30 à 12h le samedi et les veilles de jours fériés.

restaurants

Les restaurants servent de 12h30 à 15h et de 20h à 23h (plus tard dans les endroits touristiques ou en été). Un bon nombre est fermé le dimanche et en août.

magasins

Les magasins sont ouverts en moyenne de 9h à 13h et de 16h à 20h, souvent sans interruption dans le centre historique. Ils sont généralement fermés le dimanche ainsi qu'une demi-journée dans la semaine (lundi matin ou jeudi après-midi pour les magasins d'alimentation).

lieux de visite

Dans les musées, églises et autres lieux de visite, les horaires varient selon les régions, bien qu'un réel effort ait été fait ces dernières années pour étendre les heures d'ouverture. Les musées nationaux ferment en principe leurs portes le lundi. Si les grandes institutions sont souvent ouvertes en continu (9h-22h), un certain nombre de lieux de visite n'accueillent pas le public à l'heure du déjeuner (vers 13h ou 14h). Quant aux églises, elles sont ouvertes tôt le matin (7h ou 8h) mais ferment généralement entre 12h et 15h.

INSTITUTS CULTURELS

Centre culturel italien *4, rue des Prêtres-Saint-Séverin 75005* ***Paris*** *Tél. 01 46 34 27 00 www.centreculturelitalien.com*

Institut culturel italien Bibliothèque de consultation. *73, rue de Grenelle 75007* ***Paris*** *Tél. 01 44 39 49 39 www.iicparigi.esteri.it*

Institut culturel italien *6, rue Fernand-Pauriol 13005* ***Marseille*** *Tél. 04 91 48 51 94 www.iicmarsiglia.esteri.it*

Institut culturel italien *45, rue de la Bourse 69002* ***Lyon*** *Tél. 04 78 42 13 84 www.iiclione.esteri.it*

Institut culturel italien *38, rue de Livourne* ***Bruxelles*** *Tél. 02 533 27 20 iicbruxelles@esteri.it www.iicbruxelles.esteri.it*

Institut culturel italien *1200, av. du Docteur-Penfield H3A 1A9* ***Montréal*** *Tél. 514 84 93 473 www.iicmontreal.esteri.it*

Institut culturel italien *Birmensdorferstrasse, 198* ***Zürich*** *Tél. 01 202 48 46 www.iiczurigo.esteri.it*

INTERNET

se connecter en Italie

Il est de plus en plus facile de se connecter à Internet en Italie. Les cybercafés se sont multipliés dans les grandes villes et même les hôtels et les bars les plus simples offrent, souvent, aujourd'hui une connexion. Le prix moyen d'une connexion varie selon les villes, à partir d'environ 0,55€ l'heure. ***Rens***. *www.tiscali.it www.libero.it www.kataweb.it www.tim.it*

l'Italie en ligne

www.enit.it Portail de l'office de tourisme italien, en 7 langues, qui comprend tous les liens vers les offices régionaux.

www.touristie.com Une véritable mine d'informations sur l'italie.

www.beniculturali.it Les informations sur le ministère de la Culture.

www.primitaly.it Portail sur l'Italie.

www.museionline.it Tout sur les musées italiens (informations pratiques, expositions temporaires...).

www.pizza.it Tout sur la pizza.

www.lacucinaitaliana.it Tout sur la cuisine italienne.

www.parks.it Tout sur les parcs nationaux.

www.palazzochigi.it Le président du Conseil vit au Palazzo Chigi, il s'agit donc du site du gouvernement italien. Pour suivre la politique intérieure.

MÉDIAS

presse écrite

QUOTIDIENS NATIONAUX Dans les grandes villes, la presse française et étrangère arrive avec 24h de retard dans les *edicole* (kiosques à journaux), mais ceux qui parlent la langue de Dante trouveront dans les grands quotidiens italiens de quoi nourrir leur soif d'actualité. Le ***Corriere della sera*** (centre-droit) est peut-être un peu austère mais s'avère très sérieux sur les questions de politique internationale (*www.corriere.it*). ***Il Manifesto***, quotidien communiste, parvient à convaincre un lectorat politiquement hétérogène et plutôt intellectuel, et son supplément culturel du samedi est très apprécié (*www.ilmanifesto.it*). ***La Repubblica*** (centre-gauche) est un bon quotidien basé à Rome ; son supplément du jeudi, *Tutta Roma*, propose une sélection de sorties (*www.repubblica.it*). ***Il Sole 24 ore***, quotidien économique, offre un excellent supplément culturel le dimanche.

HEBDOMADAIRES En dépit de unes souvent racoleuses, ***L'Espresso*** et ***Panorama*** sont de bons hebdomadaires généralistes. Ceux que l'engagement altermondialiste et la politique internationale intéressent liront ***Diario*** (culturel) et ***Internazionale*** (sélection de la presse internationale). Et, pour être au courant des derniers potins "people", ***Gente*** et ***Oggi*** se chargent du format tabloïd.

télévision

À l'heure actuelle, le niveau culturel de la télévision italienne est loin d'avoir évolué. Concrètement : talk-shows, jeux, séries américaines ou italiennes et journaux télévisés préférant le fait divers à la politique internationale. De plus, chaque région dispose d'un nombre incalculable de chaînes locales quasi artisanales. Zapping de rigueur... Que les nostalgiques se rassurent : ils pourront capter France 2 ou TV5 Monde (la chaîne francophone) dans un bon nombre d'hôtels de la péninsule, via le câble.

LE CAS BERLUSCONI Difficile de ne pas évoquer le monopole écrasant exercé par le *Cavaliere* Berlusconi. L'ex-président du Conseil contrôlait en effet presque l'ensemble des chaînes nationales italiennes : le réseau public des trois chaînes publiques de la **RAI** (Uno, Due, Tre) et les trois chaînes de son groupe Mediaset (**Italia 1** [uno], **Rete 4** [quattro] et **Canale 5** [cinque]), sans compter sa participation au sein d'une immense holding mêlant édition, presse, réseaux câblés, publicité, etc. Au moment de sa première élection, la question du conflit d'intérêts avait agité l'opinion publique européenne, mais suscité chez les Italiens assez peu de controverses.

radio

La télévision publique a son pendant radiophonique avec la RAI 1 (généraliste), la RAI 2 (plutôt musicale) et la RAI 3 (culturelle). Toutes les heures, Radio Vatican émet des bulletins d'informations dans une langue différente (italien, anglais, français, espagnol, etc.). Sur grandes ondes, on peut capter des radios francophones : France Inter sur 162Khz, RTL sur 234Khz, Europe 1 sur 183Khz.

OFFICES DE TOURISME

en Italie du Sud

On compte un office de tourisme dans chaque grande ville et une Pro Loco (association locale) dans les plus petites. Malheureusement, les bureaux sont en général peu approvisionnés et les horaires d'ouverture aléatoires, en dépit d'un minimum qui se résume aux matinées du lundi au vendredi. Une exception remarquable : le réseau campanien, notamment la ville de Naples, très bien équipée et dotée d'un mensuel gratuit très efficace et fourni, *Qui Napoli*. *www.inaples.it, www.enit.it.*

à l'étranger

ENIT L'Ente Nazionale Italiano per il Turismo représente le tourisme italien à l'étranger. Sur son site français, l'Italie du Sud arrive en bonne place avec une présentation des principales villes et des liens vers des prestataires (art, culture, activités...). Le bureau parisien propose des brochures sur les différentes régions. *www.enit.it*

ENIT France *23, rue de la Paix 75002* ***Paris*** *Tél. 01 42 66 66 68 ou 01 42 66 03 96 infoitalie.paris@enit.it Ouvert lun.-ven. 11h-16h45*

ENIT Belgique *12, place de la Liberté 1000* ***Bruxelles*** *Tél. 02 647 11 54 brussels@enit.it Ouvert lun.-ven. 11h-16h*

ENIT Suisse *Uraniastrasse, 32 8001* ***Zürich*** *Tél. 043 466 40 40 zurich@enit.it www.enit.ch Ouvert lun.-ven. 9h-17h*

ENIT Canada *110 Yonge Street, Suite 503 M5C 1T4* ***Toronto*** *Tél. 416 925 48 82 toronto@enit.it www.enit.it Ouvert lun.-ven. 9h-17h*

POSTE

Si la poste italienne est réputée pour sa lenteur, vous pouvez toutefois recourir au service de la *posta prioritaria*, qui assure l'expédition de votre courrier en 24h dans la péninsule, sous 3 jours en Europe et 4 ou 5 dans le reste du monde. Comptez 0,70€ pour une lettre de 20g à envoyer en Italie, 0,85€ en Europe et entre 2 et 2,50€ dans le reste du monde. Il est également possible d'acheter des timbres dans tous les bureaux de tabac (repérables au "T" qui orne leur boutique). En outre, si vous passez par le Vatican, les postes pontificales s'avèrent assez efficaces et leurs timbres raviront les collectionneurs.

POURBOIRE

On attend des touristes qu'ils se montrent plus généreux que les Italiens, et sachez que les 10% d'usage dans maints pays paraissent ici comme un cadeau inestimable. De plus en plus, le service est compris dans les restaurants (de 10% à 15%) mais, au comptoir d'un bar ou dans une trattoria, quelques centimes feront l'affaire. Quant aux taxis, il convient d'arrondir la somme à 0,50€ au-dessus.

QUAND PARTIR ?

Si les villes de Rome et de Naples, aisément accessibles en avion ou en train

climatet saisons

Saison touristique	haute saison : Pâques-fin octobre	
Températures	**Rome**	**Naples**
min./max. en janvier	3°C/12°C	4°C/12°C
min./max. en juillet	18°C/31°C	18°C/29°C
Ensoleillement	**Rome**	**Naples**
moyenne en janvier	4h/j.	4h/j.
moyenne en juillet	10h/j.	11h/j.
Précipitations	**Rome**	**Naples**
moyenne en janvier	9j. (85mm)	10j. (110mm)
moyenne en juillet	2j. (25mm)	2j. (25mm)
Température de la mer	**Ostie**	**Naples**
moyenne en janvier	15°C	14°C
moyenne en juillet	24°C	24°C

de nuit, sont prisées pour les longs week-ends, elles s'avèrent particulièrement agréables au **printemps** et à l'**automne**, loin de la canicule estivale et de la foule drainée par les fêtes religieuses (Pâques, Noël). L'**été**, privilégiez le littoral accueillant du Salento, du golfe de Policastro et celui de la Calabre, ou cherchez l'ombre salvatrice des pins du Gargano. L'**hiver**, s'il peut être très froid, offre indéniablement les meilleurs tarifs et un calme bienfaisant. Hormis la saison du ski, pratiqué sur les pentes de la Sila ou de l'Aspromonte, les premiers frimas annoncent également les préparatifs des fêtes de Noël : à Naples, par exemple, vous aurez peut-être la chance de voir les familles se presser via San Gregorio Armeno pour composer les plus belles crèches ; tandis que Rome se prépare à la messe de minuit du 25 décembre (basilique Saint-Pierre) et aux feux d'artifice du 31 (piazza del Popolo).

RESTAURATION

C'est une des dimensions réjouissantes du voyage : rien de plus facile que de manger en Italie. Vous n'aurez aucune difficulté à vous restaurer pour quelques euros seulement, que ce soit avec de la pizza *al taglio* (à emporter), des pâtes, des beignets : cf. Budget et prix (p.55), Gastronomie (p.44) dans le GEOPanorama et le lexique culinaire (p.570).

déroulé du repas

Rappelez-vous que la composition d'un repas est différente en Italie : pas de trilogie "entrée-plat-dessert" mais plutôt ***primo-secondo-frutta***, soit une assiette de pâtes la plupart du temps, suivie d'une viande ou d'un poisson accompagnés (payés en supplément) de légumes ou de salade (*contorno*). Le tout est parfois précédé d'**antipasti**, hors-d'œuvre qui peuvent être assez copieux. Pour un mangeur non italien, cela peut sembler pantagruélique, mais vous prendrez vite le pli, d'autant que les assiettes de pâtes ne sont plus ce qu'elles étaient. Au restaurant, on compte 80g par personne en moyenne. En général, le dessert se résume à un fruit et le repas se termine par un café, parfois accompagné d'un digestif.

types d'établissements

La palette des lieux où l'on mange en Italie est sans doute aussi variée que la cuisine. Outre les restaurants classiques (***ristoranti***), qui s'apparentent à la gamme internationale, on trouve les ***trattoria***, plus rustique et populaire, servant une cuisine de saison authentique, plutôt bon marché. Vient ensuite l'incontournable **pizzeria**, ouverte en général le soir (sauf à Naples, où les pizzerias ouvrent dès midi), encore plus informelle. L'**enoteca** est un bar à vins où l'on peut parfois grignoter. À Naples, les ***friggitorie*** proposent toutes sortes de fritures, à manger sur place ou à emporter. Présents dans le moindre village, les ***alimentari***, l'équivalent de nos épiceries, assurent pour la plupart un service de restauration rapide en préparant des ***panini*** au choix. En général, sauf pour certains lieux sélects, aucune **tenue vestimentaire** n'est exigée. Mais attendez-vous à être entouré d'Italiens plutôt soignés. À Rome, Naples et dans les grandes villes, **réserver** est presque obligatoire le soir et le week-end, sachant qu'au mois d'août de nombreux restaurants ferment. Depuis janvier 2005, les restaurants sont contraints d'appliquer la **législation antitabac** qui interdit la cigarette dans tous les lieux publics. Les sanctions sont infligées tant aux transgresseurs qu'aux gérants trop accommodants.

cafés

Les Italiens ne déjeunent pas le matin mais prennent un café serré (*espresso*) au comptoir, éventuellement agrémenté d'une *brioche* ou *cornetto* (viennoiserie). Si les Français peuvent se vanter d'être à l'origine de la sociabilité du café, au point que les étrangers nous envient nos terrasses bondées et nos salles animées, les Italiens ne sont pas en reste. Leur *espresso* ne soutient la comparaison avec aucun autre breuvage au monde qui prétendrait ressembler au café : ici, c'est un jus dense, parfumé à l'extrême, chargé de rituels relevant presque de la sorcellerie. Tandis que le Français paresse volontiers au café, l'Italien, lui, ne fait que passer, consommant souvent debout.

SANTÉ

La réputation des hôpitaux italiens est désastreuse et découragerait quiconque de s'y faire soigner. Néanmoins, les services se sont considérablement améliorés ces dernières années. Les quotidiens de chaque ville recensent en général les coordonnées des pharmacies et des médecins de garde. Au moindre doute, n'hésitez pas à vous rendre aux urgences (*pronto soccorso*). Ayez en tête les numéros d'urgence ci-dessous, valables partout en Italie.

Police Secours *Tél. 112 (Carabinieri) ou 113 (Polizia di Stato)*
Pompiers Les *Vigili del Fuoco. Tél. 115*
Samu Le *pronto soccorso. Tél. 118*

SÉCURITÉ, PERTE ET VOL

Le sud de l'Italie n'est plus considéré comme une région mafieuse et dangereuse. Non que cette réalité n'existe plus, mais l'ouverture au tourisme a considérablement changé la donne, circonscrivant les enjeux entre clans. La plaie, de Rome à la Calabre, reste le vol à l'arraché, le **scippo**. Pour vous consoler, dites-vous que les *scippatori* s'en prennent indistinctement aux autochtones et aux touristes. Précautions à prendre : porter sur soi le moins d'affaires possible, laisser les pièces de valeur à l'abri (clés, papiers d'identité, billets de transport, chèques de voyage...) et se fondre discrètement dans la ville, en évitant de se faire remarquer (pas de caméra numérique en bandoulière...). Autre risque, les vols en voiture : aux feux, on repère votre sac à main posé sur la banquette arrière et, à la première occasion, on ouvre la porte et... vous voilà parti vers le commissariat le plus proche. Sans aller jusqu'à la paranoïa, on vous conseille de vous barricader en voiture, surtout si vous voyagez seul. En dehors de ces vols à la tire, on ne peut pas dire que l'Italie soit dangereuse. Même dans les grandes villes, à moins de vous hasarder dans des quartiers mal famés, vous ne rencontrerez pas de difficultés particulières.

SHOPPING

Les vitrines de Rome et de Naples n'ont pas encore été conquises par l'uniformisation galopante des mœurs de consommation mondialisées. C'est pourquoi il est encore possible de faire de bonnes affaires dans ces deux villes, notamment en période de soldes (*saldi*) en janvier et en juillet. N'hésitez pas à faire du shopping sur les **marchés** ; certains (comme celui de Posillipo à Naples) se révèlent de véritables mines d'or : vêtements haut de gamme dégriffés, chaussures, cosmétiques. Mais un voyage en Italie est aussi l'occasion de faire le plein de délicieuses **spé-**

cialités gastronomiques : huile d'olive (du Cilento, par exemple), pâtes artisanales de toutes les formes (de Gragnano ou des Pouilles), charcuterie (dans toutes les régions, vous trouverez de bons salamis, jambons...), fromages secs (*pecorino*, fromage de brebis), vins (du blanc des Castelli Romani, un rouge de Salice Salentino dans les Pouilles ou le fameux Lacrima-Christi de Campanie)... Les amateurs de céramique iront à Vietri sul Mare, près de Salerne, ou à Grottaglie, près de Tarente, renouveler leur service de table (avec de la vaisselle en terre cuite, pas en porcelaine !).

SPORTS ET LOISIRS

Club Alpino Italiano (plan 9, C4) Les randonneurs prendront contact avec le Club alpin, qui dispose de plusieurs antennes régionales, référencées sur son site. *Via Galvani, 10 00100* **Rome** *Tél. 06 57 28 71 43 www.cai.it*

Lega Navale Italiana Amateurs de voile, la Ligue navale italienne a plus de 200 antennes dans tout le pays qui organisent des cours, des stages intensifs, des régates... *Via Guidubaldo Del Monte, 54 00100* **Rome** *Tél. 06 807 52 50 info@leganavaleroma.com www.leganavale.it*

Fisasub La Federazione Italiana Sport Acquatici-Centro Nazionale Attività Subacquee fournit des informations sur les sports nautiques, et notamment la plongée sous-marine. *Via Pescosolido, 76 01100* **Rome** *Tél. 06 451 17 04 info@fisasub.it www.diveitaly.com (guide des centres de plongée en Italie) www.fisasub.it*

Fipsas La Federazione Italiana Pesca Sportiva e Attività Subacquee renseigne les amateurs de pêche. *Viale Tiziano, 70 00100* **Rome** *Tél. 06 36 85 82 38 www.fipsas.it*

Fitetrec La Federazione Italiana Turismo Equestre Trec donne des renseignements sur le tourisme à cheval, les manifestations, les cours, etc. *Piazza A. Mancini, 4 00196* **Rome** *Tél. 06 32 65 02 31 info@fitetrec-ante.com www.fitetrec-ante.it*

Federazione Italiana Amici della Bicicletta Pour ceux qui préfèrent le cyclotourisme : propositions d'itinéraires, de balades... *Via Col di Lana, 9/a 30171* **Mestre** *Tél. 041 92 15 15 segreteria@fiab-onlus.it www.fiab-onlus.it*

TÉLÉPHONE

Les cabines téléphoniques italiennes fonctionnent avec des cartes que vous pourrez acheter dans les bureaux de tabac ou les kiosques à journaux (3€ et 5€). Attention, ne vous laissez pas troubler par le manque de clarté de la présentation des numéros de téléphone italiens. La seule chose qui soit stable est le préfixe (06 pour Rome, 081 pour Naples, etc.). Ensuite, le numéro comporte entre 5 et 8 chiffres ! Sachez, en revanche, que les numéros de téléphone portable commencent tous par 3, les 2 chiffres suivants dépendent de la compagnie.

appels internationaux

En Italie, pour appeler l'étranger, composez le 00 (international) puis l'indicatif du pays (33 pour la France, 32 pour la Belgique, 41 pour la Suisse, 1 pour le Canada) et enfin le numéro du correspondant (sans le 0 pour la France). En revanche, pour appeler l'Italie de votre pays, il faut composer le 0039 suivi du numéro du correspondant avec le 0 inclus ; seuls les numéros de portable ne sont pas précédés du 0. Muni de la **carte Atout Partout**, vous pouvez appeler d'Italie vers la France et être directement débité sur votre compte en France. Sur place, vous devrez composer le numéro vert 800 172 236 (d'un fixe) ou le 800 172 411 (d'une cabine) et vous laisser guider par la boîte vocale.

TRANSPORTS INTÉRIEURS

train

S'il est un préjugé qui a la dent dure, c'est bien celui soutenant que les trains italiens sont toujours en retard. Pourtant, les Ferrovie dello Stato, les chemins de fer italiens, ont fait beaucoup d'efforts ces dernières années. Oui, il arrive que les trains partent et arrivent à l'heure ! Si c'est désormais le cas pour les lignes rapides (Intercity ou Eurostar) qui desservent les grandes villes, les petites lignes régionales, elles, sont moins fiables. En revanche, le confort n'a pas encore atteint les normes internationales (surtout dans les trains desservant l'extrême Sud).

Ferrovie dello Stato *Tél. 89 20 21 www.trenitalia.com*

bus

Il n'y a pas de compagnie nationale, mais plusieurs compagnies privées qui relient les grandes villes entre elles. Le plus souvent, les bus partent de la place de la gare. Les offices de tourisme sauront vous renseigner sur les dessertes effectuées au départ de telle ou telle ville. Quant au prix, même s'il est raisonnable, il est souvent majoré en raison du manque de concurrence des transports ferroviaires (quasi inexistants, notamment en Calabre, en Basilicate et dans les Pouilles). À moins de voyager pendant une période de pointe (le week-end ou à l'occasion d'une fête), il n'est pas nécessaire de réserver à l'avance ; on peut très bien acheter son billet au moment du départ.

voiture

Là encore, la réputation des Italiens en termes de conduite sportive n'est plus à faire. Et pourtant, en dehors de Naples, qui peut effectivement plonger le visiteur de passage dans la panique, la conduite sur autoroute n'a rien de bien spectaculaire. On s'en tiendra à quelques poncifs sur le caractère latin de nos voisins transalpins, qui vous presseront aux feux rouges, vous feront des appels de phares pour que vous libériez la voie, etc. Le tout est de garder son calme et de suivre son chemin à son rythme. D'autant que la qualité des routes laisse à désirer sur certains tronçons (par exemple, l'autoroute du soleil A3 entre Naples et Reggio di Calabria, gratuite mais en travaux depuis des années...).

STATIONNEMENT Si vous voulez être sûr de retrouver votre véhicule, mieux vaut le confier à un parking

PRATIQUE

Tableau kilométrique

	L'Aquila	Rome	Naples	Bari	Matera	Lecce
Rome	120					
Naples	297	221				
Bari	396	426	263			
Matera	425	459	256	66		
Lecce	545	574	414	152	160	
Reggio	779	705	501	444	393	481

gardé. Renseignez-vous auprès de votre hôtel. À Naples, c'est indispensable (notamment pour les petites voitures, comme les Punto, Clio, Corsa, etc.). Démontées en quelques heures, elles finissent en pièces détachées sur quelque marché. Dans les sites sans danger (en la matière, fiez-vous à l'opinion de vos hôtes), vous pouvez garer votre véhicule dans la rue. Veillez aux couleurs qui encadrent la place : jaune pour interdit ; bleu pour payant ; blanc pour gratuit. Pour les places "bleues", il vous faudra vous procurer des tickets à gratter, dans les kiosques, bureaux de tabac ou auprès des agents. On peut cumuler les tickets pour un stationnement de longue durée.

LOCATION Il est indispensable d'être âgé de plus de 21 ans (voire 23 ans pour certains loueurs) et d'avoir son permis depuis plus d'un an. Une caution est exigée (numéro de carte de crédit ou dépôt en espèces). Renseignez-vous précisément sur les conditions de location, notamment sur les assurances comprises et celles conseillées : il n'est pas inutile de songer à une assurance supplémentaire qui vous couvrirait en cas de vol ou d'accident. Les prix varient d'une agence à l'autre, selon le type de location et la formule choisie.

deux-roues

La Vespa est aussi emblématique de l'Italie que le Colisée ou la *pasta*. Dans les grandes villes, vous pourrez aisément louer des scooters, mais veillez à ce que les assurances (vol, sécurité) soient comprises dans le prix de location. N'imitez pas la plupart des Napolitains qui filent au vent sans casque (bien que la législation soit désormais sévère) et, à moins d'aimer les émotions fortes, évitez d'emprunter ce moyen de transport à Naples. *Idem* pour les vélos : c'est agréable le dimanche, à Rome, dans les jardins de la Villa Borghese ou le long du Tibre, mais ailleurs, c'est plus difficile.

transports urbains

Le métro, à Naples et Rome, est surtout utile pour relier la gare au centre historique (de Termini à piazza di Spagna par exemple, à Rome, ou de piazza Garibaldi à piazza Dante, à Naples). Dans ces deux villes, tramways et bus quadrillent tous les quartiers. Muni de tickets achetés dans les kiosques, bureaux de tabac ou stations de métro, mais pas auprès du conducteur (valables pour tous les transports en commun), vous profiterez agréablement de la ville en surface. *Idem* pour le funiculaire, à Naples, qui grimpe jusqu'à la colline du Vomero et vous épargnera bien des efforts. Le centre des villes italiennes se parcourt aisément à pied. À Rome et Naples, un bon marcheur ne mettra pas plus d'une demi-heure pour aller du Vatican à la piazza Venezia ou pour gagner le Castel dell'Ovo en arrivant du Musée archéologique...

VALISE

Quelques essentiels à emporter dans votre valise : une petite laine, même l'été, car les nuits peuvent être fraîches, et, de manière générale, des vêtements qui permettent de supporter aussi bien les grosses chaleurs (short, tee-shirts en coton...) que les écarts de température la nuit ou en montagne. Dans le Sud, à Naples notamment, on sera particulièrement regardant sur votre tenue dans les **lieux de culte** : pas d'épaules dénudées, pas de short, ni de mini-jupe. Veillez à emporter une paire de chaussures confortables pour supporter les pavés. Un **maillot de bain** ne sera pas de trop, même pour ceux qui visitent les villes (la mer n'est jamais très loin). Enfin, la plupart des **médicaments** génériques sont disponibles dans les pharmacies italiennes mais, par sécurité, munissez-vous d'un minimum (aspirine, paracétamol ou ibuprofène, antidiarrhéique, pansements contre les ampoules, etc.).

VISA ET PASSEPORT

Dans le cadre d'un séjour touristique d'une **durée maximale de trois mois**, aucun visa n'est nécessaire pour les citoyens des pays membres de l'Union européenne ou les Canadiens. La présentation d'une carte d'identité nationale est suffisante pour les citoyens des États membres de l'Union européenne, de la Suisse et des principautés d'Andorre, de Monaco et du Liechtenstein. Pour les séjours excédant trois mois, ils devront déposer, au cours du premier mois, une demande de carte de résident (*permesso di soggiorno*) au commissariat le plus proche ou à la Questura Centrale (commissariat central). Il est conseillé aux voyageurs canadiens de faire tamponner leur passeport au moment de franchir la frontière externe de l'espace Schengen (à l'entrée et à la sortie) : le tampon apposé constitue une preuve de la durée de séjour du voyageur dans l'espace Schengen. À la frontière italienne, on pourra leur demander de justifier les raisons et la durée de leur séjour en Italie.

VOYAGISTES

Arts et Vie Circuits, week-ends et forums culturels (approche des arts et des civilisations) dans le monde entier. *251, rue de Vaugirard 75015* ***Paris*** *(autres points de vente à Marseille, Lyon, Nice et Grenoble) Tél. 01 40 43 20 21 info@artsetvie.com www.artsetvie.com*

Autrement Voyages Ce spécialiste de l'Italie insolite et de charme propose de nombreux forfaits thématiques et sur mesure. *72, bd Saint-Michel 75006* ***Paris*** *Tél. 0 826 288 500 www.autrementvoyages.biz*

Bravo Voyages Spécialiste des séjours dans la péninsule et ses îles (Sicile, Sardaigne, Éoliennes). Location de villas et d'appartements. *5, rue de Hanovre 75002* ***Paris*** *Tél. 01 45 35 43 00 info@bravovoyages.fr www.bravovoyages.fr*

Clio Itinéraires culturels classiques (animés par un conférencier) ou thématiques (festivals musicaux ou expositions dans les capitales du monde). Près de 200 voyages dans 80 pays. *34, rue du Hameau 75015* ***Paris*** *Tél. 01 53 68 82 82 ou 0826 10 10 82 information@clio.fr www.clio.fr*

Continents Insolites Voyages culturels et découverte de la nature, des hommes et de leurs traditions. Hébergement en *lodges*, en camps, chez l'habitant ou à l'hôtel. *www.continents-insolites.com* ***Lyon*** *38, quai Arloing 69009 Tél. 04 72 53 24 90 lyon@insolites.com* ***Paris*** *41, bd des Capucines 75002 Tél. 01 55 42 81 03 paris@insolites.com*

Donatello Voyages sur mesure en Italie ou dans ses îles et découverte des grandes villes d'art européennes. *www.donatello.fr* ***Paris*** *10, rue Daunou 75002 Tél. 01 44 58 30 81 ou 0826 10 20 05 (call center)* ***Lyon*** *81, rue du Président-Carnot 69002 Tél. 04 72 41 26 78* ***Marseille*** *31, cours Honoré-d'Estienne-d'Orves 13001 Tél. 04 96 11 25 80* ***Nantes*** *1, rue Lafayette 44 000 Tél. 02 28 20 24 10 donatello@donatello-to.com*

Images du Monde Ce spécialiste du monde latin (Europe, Amérique, îles néerlandaises des Caraïbes) crée des itinéraires sur mesure pour voyageurs

PRATIQUE

individuels (voyage en avion, arrivée sur place, location de voiture...). *14, rue de Siam 75016* ***Paris*** *Tél. 01 44 24 87 88 info@images-du-monde.com www.images-du-monde.com*

Intermèdes Voyages culturels : 500 séjours, circuits, expositions et croisières accompagnés par des conférenciers historiens ou par des spécialistes de l'histoire de l'art. *60, rue La Boétie 75008* ***Paris*** *Tél. 01 45 61 90 90 info@intermedes.com www.intermedes.com*

Korè Voyages Voyages culturels : découvertes ethnohistoriques, circuits archéologiques au Proche-Orient et au Moyen-Orient, séjours en Europe à l'occasion de grandes expositions, mais aussi long-courriers vers l'Asie et vers l'Extrême-Orient. Tous les guides accompagnateurs sont des conférenciers diplômés. *1, rue Gabriel-Laumain 75010* ***Paris*** *Tél. 01 53 42 12 24 contact@korevoyages.com www.korevoyages.com www.operadumonde.com*

KTO Linea Italia Hôtels et résidences, mais aussi villas et appartements à louer en Italie. Cette agence propose également des circuits individuels. *15, rue du Surmelin 75020* ***Paris*** *Tél. 01 43 61 10 00 ktovoyages@free.fr*

Terres de Charme Séjours et circuits rares et haut de gamme pour groupes déjà constitués ou individuels. *19, av. Franklin-Roosevelt 75008* ***Paris*** *Tél. 01 55 42 74 10 infos@terresdecharme.com www.terresdecharme.com*

Terre Entière Vacances culturelles sur mesure pour groupes et à la carte (séjours, croisières, pèlerinages...). *10, rue de Mézières 75006* ***Paris*** *Tél. 01 44 39 03 03 info@terreentiere.com www.terreentiere.com*

V.O Italia Agence spécialisée dans les séjours en Italie et la découverte de son patrimoine et de son art de vivre. Possibilité de séjours personnalisés, conçus sur mesure (pour petits groupes d'au moins 6 personnes). *4, rue du Caire 75002* ***Paris*** *Tél. 01 42 80 22 83 vo@vo-italia.com www.vo-italia.com*

LE LATIUM

UMBRIA
TOSCANA
FIRENZE
PERUGIA ASSISI
LIVORNO
Acquapendente
Bolsena
Civita
Bagnoregio
L. DI BOLSENA
Montefiascone
Capodimonte
Farnese
Marta
Bomarzo
Orte
Terni
Viterbo
Bagnaia
Villa Lante
Vulci
Tuscania
Magliano Sabina
Poggio Mirteto
Caprarola
L. DI VICO
Civita Castellana
TEVERE
Tarquinia
Necropoli Etrusca
Capranica
Calcata
Fiano R.
VIA CASSIA
VIA FLAMINIA NUOVA
LAGO DI BRACCIANO
Bracciano
LAGO DI MARTIGNANO
Monterotonda
Civitavecchia
Necropoli Etrusca
Cerveteri
Sta. Marinella
OLBIA
ARBATAX
GOLFO ARANCI
CAGLIARI
Ladispoli
VIA AURELIA
Roma
Frascati
Fregene
Marino
Fiumicino
Ostia Antica
Castel Gandolfo
Albano Laziale
Genzano di Roma
Lido di Ostia
Pomezia
MER TYRRHÉNIENNE
Anzio
S71
S2
S312
S313
S1bis
S1
A1
S3
S493
A12
S5
S8
S148
S207
N
25 km
L'Aquila
Roma
Bari
Napoli
Matera
Cosenza
Reggio

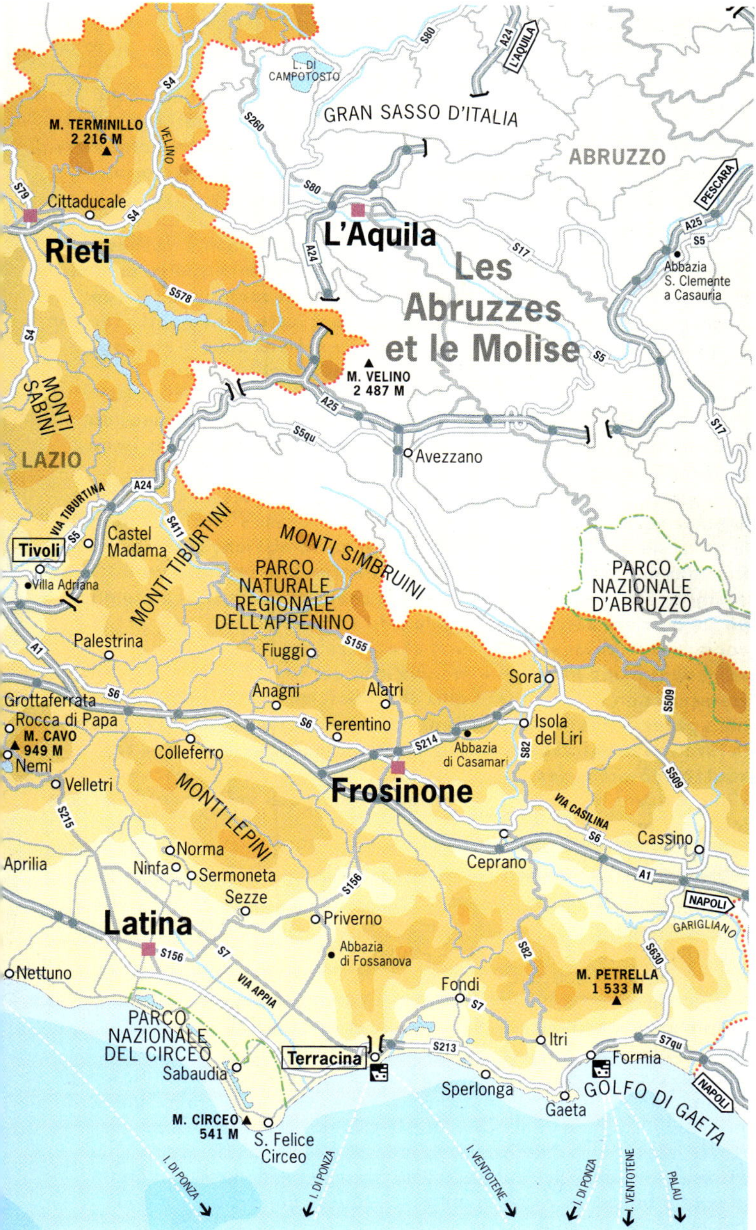
L. DI CAMPOTOSTO
GRAN SASSO D'ITALIA
ABRUZZO
L'AQUILA
PESCARA
M. TERMINILLO 2 216 M
VELINO
Cittaducale
Rieti
L'Aquila
Les Abruzzes et le Molise
Abbazia S. Clemente a Casauria
M. VELINO 2 487 M
MONTI SABINI
LAZIO
Avezzano
VIA TIBURTINA
Tivoli
Castel Madama
Villa Adriana
MONTI TIBURTINI
MONTI SIMBRUINI
PARCO NATURALE REGIONALE DELL'APPENINO
PARCO NAZIONALE D'ABRUZZO
Palestrina
Fiuggi
Sora
Grottaferrata
Rocca di Papa
M. CAVO 949 M
Nemi
Anagni
Alatri
Ferentino
Isola del Liri
Abbazia di Casamari
Colleferro
Velletri
Frosinone
MONTI LEPINI
VIA CASILINA
Cassino
Ceprano
Norma
Ninfa
Sermoneta
Aprilia
Sezze
NAPOLI
GARIGLIANO
Latina
Priverno
Abbazia di Fossanova
Nettuno
VIA APPIA
M. PETRELLA 1 533 M
Fondi
PARCO NAZIONALE DEL CIRCEO
Itri
Terracina
Formia
Sabaudia
Sperlonga
GOLFO DI GAETA
Gaeta
M. CIRCEO 541 M
S. Felice Circeo
I. DI PONZA
I. VENTOTENE
PALAU

★ ROME ROMA 00100

La Ville éternelle, le *Caput Mundi*, centre du monde de l'Occident chrétien, le passage obligé de tout parcours culturel… et puis *La Dolce Vita*, la Vespa de Nanni Moretti dans *Caro diario*, filant à vive allure entre les pins parasols, le petit Useppe de *La Storia* d'Elsa Morante… Difficile d'aborder Rome vierge des mythes qui lui sont attachés ! Les Romains, eux, ont l'air d'oublier le décor qui les entoure, dont l'origine remonte à plus de 2 500 ans. L'incroyable magie de Rome tient justement à cette tension entre une histoire qui s'enracine plusieurs mètres dans le sous-sol, universelle, et une nonchalance locale, une identité forte, un provincialisme qui font presque oublier sa splendeur. Rome a su s'adapter à tous les pouvoirs : à celui des empereurs, des papes ou des rois, et aujourd'hui à celui de la nouvelle classe politique issue du Nord. Elle donne l'impression de se laisser conquérir, mais c'est elle qui conquiert. Combien sont-ils, depuis des siècles, à faire le pèlerinage à Saint-Pierre ? Combien de "Grands Touristes" depuis le XVIIIe siècle ? Imperturbables devant ce va-et-vient continu, les Romains cultivent un peu plus leur accent et leurs traditions. Jusqu'au jubilé 2000, on disait que le chaos et la confusion étaient un art de vivre à Rome. Depuis, la ville s'émancipe, sait mieux conjuguer le poids architectural et culturel qui l'écrase et les exigences d'une métropole mondialisée qui veut s'ouvrir. Les transports en commun sont plus efficaces, les hôtels sont chers mais propres, les musées restent ouverts plus longtemps. Toutefois la force des contrastes n'a été en rien entamée : les religieux en soutane côtoient des hordes de touristes, certains quartiers ouvriers s'improvisent laboratoires artistiques tandis que voitures et tramways longent, impassibles, les vestiges antiques.

ROME, *CAPUT MUNDI* Rome est capitale du monde avant d'être capitale de l'Italie. Cette universalité est l'essence du mythe de la ville, que la littérature et le cinéma n'ont cessé de diffuser : une cité à la fois ouverte et indifférente au monde, qui appartient à tous sans pourtant n'avoir jamais renoncé à son âme. La Ville éternelle porte en elle trois images : la "première Rome", celle de l'Antiquité, a été longtemps dominante en Méditerranée (le *Mare Nostrum* des Romains) ; la "deuxième Rome", celle des papes, s'est ensuite imposée comme l'un des centres de la chrétienté et la seule capitale du monde catholique. Enfin, "Rome ou la mort" fut le cri des garibaldiens, qui n'imaginaient pas l'unification de l'Italie sans que la ville ne devienne le siège de ses institutions. Par chance, en prenant possession de cette "troisième Rome", les Italiens ont su préserver son identité multiple et garder intacte sa vocation universelle qui se déploie bien au-delà des frontières du pays.

MODE D'EMPLOI

accès en avion

Aeroporto Leonardo da Vinci-Fiumicino Situé à une trentaine de kilomètres au sud-ouest du centre-ville, le principal aéroport de Rome accueille les vols réguliers. *Tél. 06 659 51 www.adr.it*

Aeroporto Ciampino À 15km au sud-est de Rome, ce second aéroport de Rome est desservi par les vols charters. *Tél. 06 659 51 www.adr.it*

TRANSFERTS DE FIUMICINO

les terminaux A, B et C sont reliés à la gare par des tapis roulants et des ascenseurs. Pour gagner du temps et éviter les files d'attente, vous pourrez acheter vos billets auprès des automates ou dans les bureaux de tabac de l'aéroport.

Leonardo Express (plan 2) Train direct, sans arrêts intermédiaires, de l'aéroport à la gare centrale de Rome (Termini) en 31min. Départs toutes les 30min de 6h38 à 23h38 de Fiumicino et de 5h52 à 22h52 de Termini (trains garantis même en cas de grève). Attention, le quai de départ des navettes à Termini est situé en retrait des principales têtes de quai (quai n°23 et n°24) : prévoyez quelques minutes de plus pour parvenir au train. Comptez 14€. *Tél. 89 20 21 (Numéro vert) www.trenitalia.com*

Train régional/FR 1 (plan 2) À l'aéroport, prenez le train qui indique la direction Orte/Fara Sabina. Cette ligne régionale dessert plusieurs gares de Rome. Selon votre adresse de destination, vous descendrez à Roma Trastevere (correspondance avec le tram 8), Roma Ostiense (quartier du Testaccio et métro B), Roma Tuscolana (métro A) ou Roma Tiburtina (métro B). Trains de 5h57 à 23h27 (à Fiumicino) et de 5h03 à 22h33 (à Roma Tiburtina), départ toutes les 15min en semaine et toutes les 30min le dim. Comptez 8€ et environ 30min pour gagner la gare Ostiense. *Tél. 89 20 21 (Numéro vert) www.trenitalia.com*

Airport Shuttle Ce service de minibus (8 pers. max.) porte à porte fonctionne 24h/24. Fiumicino-Rome 25€ la 1re pers. (6€ pour chaque pers. suppl.). Réservation recommandée. *Tél. 06 42 01 45 07 www.airportshuttle.it*

Taxi La solution la plus onéreuse (prix fixe théorique de 48€ pour le centre de Rome), mais la plus commode. Selon le trafic et la destination, la course prend de 40 à 50min.

TRANSFERTS DE CIAMPINO

Bus Terravision Car direct entre l'aéroport de Ciampino et la gare Termini (via Marsala, n°29 face au TerraCafé) toutes les 15, 30 ou 45min de 8h15 à 0h15 (de Ciampino) et de 4h30 à 21h20 (de Termini). Attention, les encombrements de la circulation rendent le temps de trajet aléatoire (env. 45min). Prix 6€ (4€ sur Internet). *Tél. 06 97 61 06 32 www.terravision.eu*

SIT Ce service de bus relie en environ 30min l'aéroport de Ciampino à la gare de Roma Termini (via Marsala). Départs tlj. de 7h45 à 23h15 de Ciampino pour Rome et de 4h30 à 21h30 de Rome pour Ciampino. Comptez 4€ (de Ciampino) ou 6€ (de Termini) pour un AS et 8€ pour un AR. Départs toutes les 30min-1h. *Tél. 06 591 68 26 ou 06 592 35 07 www.sitbusshuttle.com*

Bus Atral Ce service de bus relie en 40min l'aéroport de Ciampino à la gare de Roma Termini (via Giolitti). Il fonctionne tlj. de 5h30 à 22h50 de Ciampino à Rome et de 4h50 à 21h45 de Rome à l'aéroport. Comptez 3,90€ pour un AS et 6,90€ pour un AR. Départs toutes les 30min-1h. Arrivez 15min avant le départ, et comptez trois heures avant le départ de l'avion. *Tél. 800 17 44 71 www.atral-lazio.com*

Bus Atral + métro Ce bus vous mènera en 20min de l'aéroport de Ciampino à la station de métro Anagnina (prendre la dir. Battistini), où vous pourrez emprunter la ligne A, qui dessert plusieurs stations dans le centre de Rome (plan 2). Attention, les bus ne passent que toutes les 20 ou 40min (de l'aéroport 6h10-22h40 ; d'Anagnina 6h30-23h10). Les billets s'achètent dans les boutiques de l'aéroport ou auprès des automates. *Prix 1,20€ (bus) + 1€ (métro) Tél. 800 17 44 71 (Numéro vert) www.atral-lazio.com*

Bus Atral + train Ce bus vous mènera en 5min de l'aéroport de Ciampino à la gare ferroviaire de Ciampino, d'où vous prendrez un train (ligne Fr4) pour la gare centrale de Roma Termini (env. 15min, départs toutes les 12min). Attention, les bus ne passent que toutes les 30min ou 1h (de l'aéroport 6h10-22h40, de la gare 6h30-23h10). Les billets s'achètent dans les boutiques de l'aéroport ou auprès des automates. *Prix 1,20€ + 1,50€ (train) Tél. 800 17 44 71 (Numéro vert) www.atral-lazio.com Ouvert 6h50 et 22h40*

Airport Shuttle Ce service de minibus (8 pers. max.) fonctionne 24h/24. Tarif 42€ la 1re personne et 6€ pour les autres. Tarif de nuit (21h-7h) ajoutez 30%. Réservation recommandée. *Tél. 06 42 01 45 07 www.airportshuttle.it*

Taxi La solution la plus simple. Prix fixe 30€ pour le centre de Rome. Selon le trafic et la destination, comptez environ 30min de trajet.

accès en train

Stazione Termini (plan 8, B2) La gare principale de Rome accueille trains nationaux et internationaux, métro, bus et navettes d'aéroport. Depuis le jubilé de l'an 2000, elle est aussi devenue un immense centre commercial. *Tél. 89 20 21 (Numéro vert) www.romatermini.it*

accès en voiture

L'autoroute A1 relie un grand nombre de villes italiennes à Rome, située à 570km au sud-est de Milan, à 275km au sud-est de Florence et à 222km au nord-ouest de Naples.

orientation

Sept collines, un fleuve, des coupoles et des places sont autant de signaux dans la ville qui devraient vous aider à retrouver aisément votre chemin. Les **collines** d'abord : elles donnent leur nom à certains quartiers (Esquilin, Aventin, Quirinal…) et sont utiles pour se faire une idée claire du paysage et repérer les principaux monuments. Le **Tibre** est l'autre point de repère : il sépare la ville en deux et structure efficacement les quartiers qui le longent. À l'ouest du fleuve, se trouvent les quartiers de Prati, du Vatican et du Trastevere ; à l'est, l'immense parc de la Villa Borghese, le Trident (les trois artères qui partent de la piazza del Popolo), le centre historique

Tableau kilométrique

	Rome	Ostia Antica	Tivoli	Frascati	Terracina
Ostia Antica	24				
Tivoli	36	66			
Frascati	25	37	38		
Terracina	110	113	120	108	
Viterbe	81	110	112	124	212

Plan 1 Rome, agglomération

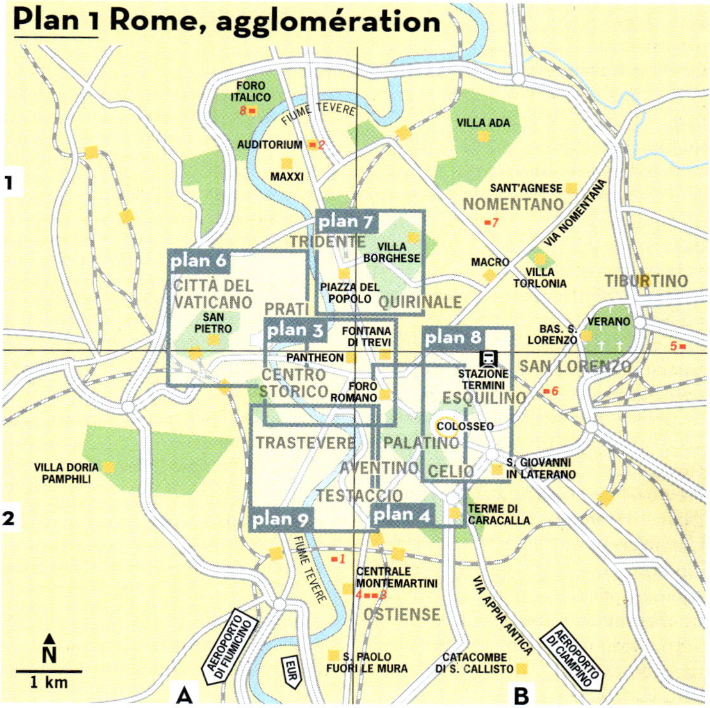

Lieux de sortie (n°1 à 8)

Alpheus	**1**	B2
Auditorium-Parco della Musica	**2**	A1
Classico Village	**3**	B2
Goa	**4**	B2
Il Qube	**5**	B1
Locanda Atlantide	**6**	B1
Piper	**7**	B1
Stadio Olimpico	**8**	A1

(place Navone, Panthéon, campo de' Fiori), le Capitole et le Forum romain, l'Aventin ; au sud, le Testaccio. À l'est du centre historique, s'étendent les quartiers du Quirinal, de Monti, de l'Esquilin (incluant la gare Termini) et du Celio. En dehors de ces repères géographiques, certaines **places** sont de véritables carrefours touristiques : la piazza Venezia avant tout, avec son encombrant monument à Victor-Emmanuel II, reliée directement à la piazza del Popolo par la via del Corso, mais aussi les piazza Navona, piazza di Spagna ou piazza San Pietro.

LES QUARTIERS

Le centre historique (plan 3) Le champ de Mars des Anciens, devenu le cœur de la Rome baroque, aux églises et aux palais somptueux.

La Rome antique (plans 4 et 5) Du Forum au Colisée, les plus beaux édifices de la ville antique constituent un site archéologique en pleine ville.

Le Vatican (plan 6) Un minuscule État, dominé par l'imposante basilique Saint-Pierre, qui renferme un patrimoine artistique sans égal au monde.

Le Trident (plan 7) Autour de la place d'Espagne, les avenues chics

de Rome, lieux privilégiés du shopping de luxe.
La Villa Borghese (plan 7) L'un des plus beaux parcs romains, qui abrite trois importants musées.
Le Quirinal (plans 3 et 8) L'une des sept collines, où se trouvent le palais présidentiel et la fontaine de Trevi.
L'Esquilin et Monti (plan 8) Un quartier monumental compris entre la gare et la basilique Sainte-Marie-Majeure, au sud, Monti conserve une allure médiévale.
le Celio (plans 4 et 8) Une colline parsemée de parcs et d'églises.
Saint-Jean-de-Latran (plan 8) Lieu de pèlerinage pour les catholiques.
Le Trastevere (plan 9) Branché et touristique, c'est aussi un quartier médiéval surmonté par la colline du Janicule et la Villa Doria Pamphilj.
L'Aventin (plans 4 et 8) Au bord du Tibre, face au Palatin, une colline tranquille où alternent églises et jardins.
Le Testaccio (plan 9) Un quartier authentiquement populaire et peu touristique, mais aussi l'un des hauts lieux de la vie nocturne romaine.
Rome hors les murs (plan 1) Les basiliques hors les murs, le Foro Italico et San Lorenzo, le quartier universitaire.
La Via Appia (plan 1) La voie antique jalonnée de nombreuses catacombes.
L'EUR Un quartier à l'étonnante architecture fasciste.
Ostia Antica Un site archéologique riche en témoignages sur l'Antiquité.

informations touristiques

Tourist Call Center Standard téléphonique en 5 langues. *Tél. 06 06 08 www.romaturismo.it*
Enjoy Rome (plan 8, B1) Visites guidées, balades à vélo, excursions, réservation d'hôtels, etc. *Via Marghera, 8/a Tél. 06 445 18 43 www.enjoyrome.com Ouvert lun.-ven. 8h30-17h, sam. 8h30-14h*

KIOSQUES TOURISTIQUES

Dix kiosques verts PIT (Punti Informazione Turistica) sont présents dans presque tous les quartiers. Vous y trouverez un plan de Rome et des dépliants sur les musées et les événements culturels. *Ouvert tlj. 9h30-19h (sauf gare Termini 8h-20h30 et aéroports 9h-18h30)*
PIT Piazza Navona (plan 3, B2) *Piazza delle Cinque Lune*
PIT Via Minghetti (plan 3, D2) *Via Minghetti (proche de la via del Corso et de la fontaine de Trevi)*
PIT Fori Imperiali (plan 3, D3) *Via dei Fori Imperiali*
PIT Castel Sant'Angelo (plan 6, C3) *Piazza Pia*
PIT Via Nazionale (plan 8, A2) *Devant le Palazzo Esposizioni*
PIT Leopardi (plan 8, B3) *Via Leopardi, 24*
PIT Termini (plan 8, B2) *Dans la gare, le long du quai 24*
PIT Ostia Lido *Lungomare Paolo Toscanelli angle piazza Anco Marzio*
PIT Aéroport Ciampino *Salle des bagages (ritiro bagagli)*
PIT Aéroport Fiumicino *Arrivées internationales, terminaux B et C*

métro, bus et tramways

VENTE DES TICKETS

Les tickets s'achètent dans les bureaux de tabac, les gares, les stations de métro ou dans les kiosques de vente ATAC. Certains bus sont équipés de machines automatiques de vente (appoint indispensable).

TARIFS

Un billet unique (1,50€) vous permet de voyager sur l'ensemble du réseau (métro, bus, tram) pendant 100min. D'autres abonnements sont disponibles (journalier à 6€, hebdomadaire à 16,50€, mensuel à 35€, le billet touristique 16,50€ (valable 3j.), et le Roma

Plan 2 Rome, transports

- Métro ligne A
- Métro ligne B
- Métro ligne B1
- Leonardo Express
- Stations de correspondance
- Lignes ferroviaires régionales
- FR1 Orte - Fara Sabina - Tiburtina - - Aéroport Fiumicino
- FR2 Rome - Tivoli
- FR3 Rome - Cesano - Viterbo
- FR4 Rome - Frascati Albano Laziale/Velletri
- FR5 Rome - Cerveteri/ Ladispoli - Civitavecchia
- FR6 Rome - Frosinone
- FR7 Roma Termini - Latina
- FR8 Roma Termini - Nettuno
- Lignes ferroviaires urbaines : Roma - Lido, Roma - Giardinetti, Roma - Viterbo
- *CIAMPINO Liaison bus de gare de Ciampino à aéroport Ciampino
- Parkings de liaison
- Connexions lignes de car COTRAL
- CESANO (ETC.) Limite de validité du tarif urbain Metrebus Rome
- G.R.A. Boulevard périphérique (Grande Raccordo Anulare)

Pass 30€ (valable 3j., qui inclut l'accès gratuit aux deux premiers musées visités et des réductions pour les suivants).

Roma Pass Vente dans tous les musées participants et points d'informations touristiques *www.romapass.it*

ATAC *www.atac.roma.it*

MÉTRO

Le moyen de transport, le plus facile à utiliser, sans doute parce qu'il n'y a que 2 lignes (plan 2), qui se croisent à Termini. Mais sachez qu'il ne dessert qu'une partie réduite du centre historique et qu'il est surtout utile pour parcourir de longues distances (aller du Vatican à la piazza di Spagna ou de Termini au Colisée). La **ligne A** (rouge) traverse Rome du nord-ouest au sud-est, et la **ligne B** (bleue) du nord-est au sud, à l'EUR. Elles circulent de 5h30 à 23h30 (0h30 le sam.). Une **ligne C**, en construction, devrait à l'horizon 2018 desservir le centre historique.

BUS ET TRAMWAYS

Vous trouverez la liste des arrêts sur les panneaux des stations. La plupart des lignes fonctionnent de 5h30 à minuit. Vous pouvez vous procurer le plan du réseau sur le site (www.atac.roma.it). Attention : c'est souvent dans les bus bondés que sévissent les *scippatori* (pickpockets). Principales lignes :

Tram 8 Relie Largo Torre Argentina au Trastevere.

Bus 30 Express Prati/Piazza Navona/Piazza Venezia/Ghetto/Aventino/Testaccio.

Bus 40 Express Termini/Piazza Venezia/Corso Vittorio Emanuele/Vatican.

Bus 60 Express Termini/Piazza Venezia/Forum/Circo Massimo/Piramide.

Ligne H Termini/Piazza Venezia/Trastevere.

TAXIS

Repérables à leur couleur blanche. Inutile de négocier le prix à l'avance : en général, le taximètre fonctionne. Supplément la nuit (22h-6h), le dimanche et les jours fériés et pour les bagages. Plusieurs stations dans Rome : largo Torre Argentina, Pantheon, piazza Venezia, piazza San Silvestro (à proximité de la via del Corso), dans le Trastevere (piazza Sonnino).

Radio Taxi 3570 *Tél. 06 35 70*

La Capitale RadioTaxi *Tél. 06 49 94*

Cooperativa Samarcanda *Tél. 06 55 51*

circuler en voiture

Conduite rapide, quartiers réservés aux riverains, places de parking rares... Armez-vous de patience et respectez ces quelques principes.

ZONES D'ACCÈS LIMITÉ

Call center On ne peut accéder en voiture à tout le centre historique de Rome une grande partie de la journée (à moins d'y travailler ou d'y résider et de posséder alors un permis spécial). Les contrevenants s'exposent à une sérieuse amende. Les touristes désirant se rendre à leur hôtel du centre en voiture devront en faire la demande à la direction de l'établissement, qui communiquera à la société ATAC le numéro de plaque du véhicule, pour que celui-ci ne soit pas flashé à son entrée dans la zone interdite. *Tél. 06 57 11 83 33 www.atac.roma.it (cliquer sur ZTL Zone a traffico limitato)* ***Horaires accès limité*** *lun.-ven. 6h30-18h, sam. 14h-18h et 23h-3h*

PARKINGS

Seules les lignes blanches ou bleues indiquent une autorisation de se garer : si la place de parking est

bleue, il faut acheter un coupon dans un bureau de tabac ou un kiosque à journaux ; si elle est blanche (places rares !), c'est gratuit. Si vous laissez votre auto dans un parking gardé, comptez au minimum 18€ pour 24h.
ParkSì Villa Borghese (plan 7, B3) Immense parking situé dans le parc de la Villa Borghese. *Viale del Galoppatoio, 33 Tél. 06 322 59 34 villaborghese@sabait.it Ouvert 24h/24 Tarif 2,20€/h ou 18€/jour*

location de voitures

Vous trouverez de nombreuses agences internationales dans les aéroports ou à la gare Termini (plan 8, B2).
Hertz ***Gare Termini*** *Tél. 06 474 03 89* ***Aéroport Fiumicino*** *Tél. 06 65 01 15 53* ***Aéroport Ciampino*** *Tél. 06 79 34 06 16 www.hertz.fr*
Avis ***Gare Termini*** *Tél. 06 481 43 73* ***Aéroport Fiumicino*** *Tél. 06 65 01 15 31* ***Aéroport Ciampino*** *Tél. 06 79 34 01 95 www.avis.fr*
Europcar ***Gare Termini*** *Tél. 06 488 28 54* ***Aéroport Fiumicino*** *Tél. 06 65 76 12 11* ***Aéroport Ciampino*** *Tél. 06 79 34 03 87 www.europcar.com*

location de deux-roues

VÉLOS

Rouler à vélo à Rome n'est pas facile, à cause du danger que représentent les automobilistes, peu habitués aux cyclistes (manque de pistes cyclables), et des pavés, pas très confortables ! À vélo, les distances ne paraissent pas si grandes, mais les sept collines sont bien là ! Comptez de 10€ à 20€/jour pour un vélo. Prévoyez de laisser une pièce d'identité au moment de la location.
Roma Bikesharing Les vélos municipaux en libre service. Pour accéder à ce service, rendez-vous à la station de Roma Termini ou à piazza di Spagna pour remplir (sur présentation de votre carte d'identité) un formulaire d'inscription et retirer la carte magnétique rechargeable (5€ + 5€ de crédit) qui vous permettra d'utiliser les bicyclettes. Les stations de bikesharing se trouvent principalement dans le centre historique et à San Lorenzo. Durée maximale 1 journée. *www.bikesharing.roma.it Tarif 0,50€/30min*
Collalti (plan 3, B2) VTC, VTT, tandems. *Via del Pellegrino, 82 Tél. 06 68 80 10 84 Ouvert sept.-juil. : lun.-ven. 9h-13h et 15h30-19h, sam. 9h-19h*

SCOOTERS

Pour ceux qui veulent imiter Nanni Moretti dans *Caro diario*, il est possible de louer un *motorino* (casque, assurance et cadenas compris). Prévoyez de laisser pièce d'identité et caution.
Rentissimo (plan 8, B2) *Via Giolitti, 34 (dans la gare Termini) Tél. 06 474 78 25 www.rentissimo.it Ouvert lun.-ven. 8h-20h, sam. 8h-18h, dim. 9h-18h* **(plan 8, A4)** *Via Ostilia, 33 Tél. 06 700 29 15 Ouvert lun.-sam. 9h-13h30 et 15h-18h30*

visites des monuments

HORAIRES

L'achat des billets dans les musées s'arrête une heure avant la fermeture des portes. D'autre part, les horaires d'ouverture des églises (hormis les édifices majeurs, ouverts invariablement de 7h à 19h) sont très aléatoires.

TARIFS

Les citoyens européens de 18 à 25 ans bénéficient généralement d'un tarif réduit (50%) et, pour les moins de 18 ans ou plus de 65 ans, le billet est souvent gratuit. Les Parisiens (prévoir un justificatif) entrent gratuitement dans les musées municipaux.

Roma Pass Pour 30€ : accès gratuit aux deux premiers musées visités (réductions pour les suivants) et gratuité dans les transports publics (métro, bus, tram) pendant trois jours. Vente dans tous les musées participants et points d'informations touristiques. *www.romapass.it*
Archeologia Card Elle inclut l'entrée aux 4 sites du Museo Nazionale Romano, au Colisée, au Palatin et aux thermes de Caracalla. Tarif 23,50€, valable 7 jours.
Biglietto Museo Nazionale Romano Entrée dans les quatre sites du Museo Nazionale Romano (Palazzo Altemps, Palazzo Massimo, Crypta Balbi, Terme di Diocleziano). Valable 3 jours, 7€ (10€ en cas d'exposition temporaire).
Biglietto integrato Musei Capito-

Calendrier des fêtes et manifestations

Mars	**Carnaval de Mardi gras**
Mars-avril	**Mostra delle Azalee** L'escalier de La Trinité des Monts est couvert d'azalées.
Pâques	**Bénédiction *urbi et orbi*** Le dimanche de Pâques, à 12h, le pape prononce sur la place Saint-Pierre sa traditionnelle bénédiction au monde entier.
Juin	**Cannes a Roma** Festival de cinéma : la sélection cannoise est présentée dans les cinémas romains. **Fête de la Saint-Jean** Grand banquet à base de cochon de lait rôti et d'escargots à Saint-Jean-de-Latran. *Le 24*
Juin-juillet	**I Concerti nel Parco** Concerts de musique classique dans le parc de la Villa Doria Pamphilj. *Via di San Pancrazio, 10 Tél. 06 58 16 987 www.iconcertinelparco.it*
Juin-août	**Notti di Cinema** Deux films par soir projetés sur deux écrans. *Via Vicenza, 5 Tél. 06 44 51 208 www.agisanec.lazio.it*
Juin-septembre	**Estate Romana** Théâtre en plein air, cinéma, musique baroque, opéra... *Tél. 06 82 05 91 27 www.estateromana.comune.roma.it* **Gay Village** Discothèques, théâtre, cinéma, bars, restaurants... *Parco del Ninfeo (EUR) Tél. 340 75 38 396 www.gayvillage.it*
Juillet	**Fête de Noantri** Fête du quartier du Trastevere
Juillet-août	**Cineporto** Cinéma en plein air. *Viale Antonino di San Giuliano (Ponte Milvio) www.cineporto.com* **Terme di Caracalla** La saison d'été de l'opéra aux thermes de Caracalla. *Tél. 06 48 16 02 55, 06 48 17 003 www.operaroma.it*
Septembre-novembre	**Roma Europa Festival** Festival de danse, théâtre, musique... *Tél. 800 79 55 25 www.romaeuropa.net*
Octobre-Novembre	**Festa internazionale del Film di Roma** Festival du cinéma, avec projections de films, mais aussi concerts, colloques... *Auditorium-Parco della Musica Viale De Coubertin, 30 Tél. 06 80 24 12 81 www.romacinemafest.org*
Décembre-déb. janvier	**Festa della Befana** Marché de Noël sur la place Navone.

lini Accès aux deux sites des Musei Capitolini, celui du Capitole et celui de la Centrale Montemartini. Valable 7 jours, 14€.

SITES ARCHÉOLOGIQUES
La visite de certains sites archéologiques (Monte Testaccio, Teatro di Marcello, Mausoleo di Augusto, Area Sacra di Largo Argentina...) nécessite une autorisation, que vous pouvez obtenir auprès de la commune de Rome. *Tél. 06 06 08*

urgences

Police Secours *Tél. 112 (Carabinieri) ou 113 (Polizia di Stato)*
Pompiers (Vigili del Fuoco) *Tél. 115*
Pronto soccorso Ce service d'urgence fonctionne 24h/24. *Tél. 118*

banques

La plupart des banques sont ouvertes du lundi au vendredi de 8h30 à 13h30 et de 15h à 16h30. Certaines ouvrent également le samedi matin. Les nombreux distributeurs acceptent presque tous les principales cartes de crédit.
American Express (plan 7, B4) Chèques de voyage, poste restante. *Piazza di Spagna, 38 Tél. 06 67 64 23 10 ou 800 91 49 12 (en cas de perte ou vol.) Ouvert lun.-ven. 9h-17h30, sam. 9h-12h30*

poste

Posta Centrale (plan 3, C1) *Piazza San Silvestro, 18/20 Tél. 06 679 73 98 www.poste.it Ouvert lun.-ven. 8h30-19h, sam. 8h-13h15*
Poste Vaticane (plan 6, B3) Pour les philatélistes et pour ceux qui doutent de l'efficacité de la poste italienne ! *Piazza San Pietro Tél. 06 69 88 34 06 Ouvert lun.-sam. 8h30-18h30*

Internet

Outre les laveries, qui jouent la modernité et proposent une connexion Internet, vous trouverez des cybercafés un peu partout dans Rome. Comptez de 1,50€ à 5€/h. Sachez également que de plus en plus d'hôtels sont équipés ou permettent la connexion dans les chambres.

marchés

Aller au marché en Italie, comme boire un cappuccino ou visiter la chapelle Sixtine, ça fait partie du voyage. Les petits *alimentari* et les marchés résistent encore à la grande distribution et à la "mondialisation"... Pour les marchés de quartier, il faut aller, un peu à l'écart du centre historique, dans quatre marchés qui maintiennent la tradition : Esquilin, Testaccio, Trastevere et Prati – retrouvez-les dans les différents quartiers. Mais vous trouverez également des *bancarelle* (étals) à peu près dans tous les quartiers. Fruits et légumes, un camion de poisson frais, un autre de charcuterie et fromages... Les "vrais" marchés, plus importants, investissent des places ou des halles couvertes. Ils se tiennent en général du lundi au samedi, de 7h à 14h.

DÉCOUVRIR
Le centre historique

☆ **Les essentiels** La place Navone, les Caravage de Saint-Louis-des-Français, le Panthéon **Découvrir autrement** Prenez l'apéritif dans l'une des *vinerie* du campo de' Fiori, promenez-vous dans le Ghetto, à la recherche de la fontaine des Tortues du Bernin

Autant annoncer la couleur : après quelques jours et des kilomètres de pavés sous les pieds, des enfilades de fresques et de sculptures baroques, vous risquez d'être saturé d'informations et d'émotions. Pour éviter cet écueil, il vaut mieux accepter de ne visiter que quelques lieux, faire une sélection préalable et se résoudre, souvent, à n'être qu'un touriste ordinaire au beau milieu d'une foule de semblables. Une autre possibilité est de renoncer à la tentation de voir les monuments incontournables, pour se limiter à des sites moins connus et se livrer, en flânant, au spectacle grandeur nature des rues et placettes romaines...

Sur la place Navone

☆ **Piazza Navona (plan 3, B2)** À première vue, on hésiterait à dire laquelle, de la piazza Navona ou de la piazza di Spagna, symboliserait le mieux le centre de la Rome éternelle. Historiquement, la piazza Navona remporte haut la main ce titre. Vue du ciel, sa forme est encore plus évidente et suggère son origine : il s'agit en effet du premier stade de Rome, édifié par Domitien entre 81 et 96. Les bâtiments alentour ont été progressivement élevés le long des gradins qui entouraient l'arène (la *cavea*), réservant l'immense espace central aux festivités. Cet exemple éloquent de continuité urbaine montre à quel point la ville a su perpétuer les usages, sans pour autant se figer : aujourd'hui, le prestige de la place tient justement à ces contrastes entre monumentalité et popularité. Les Romains s'y donnent rendez-vous, les touristes lézardent sur les terrasses et, en décembre, jusqu'à l'Épiphanie, s'y tient la foire de la *Befana*, sorte de marché de Noël où sont vendues toutes sortes de babioles dont les enfants raffolent. Quant au nom Navona, il dérive du latin *in agone* (déjà hérité du grec *agon*, "combat", "compétition") mais aussi de *nave* ("bateau"), rappelant la forme de la place ou encore les naumachies, représentations de combats navals qui la transformaient en bassin. La scénographie monumentale est, elle, due à l'initiative du pape Innocent X Pamphilj, qui remodèle la place dans les années 1650 : l'église, d'abord consacrée à sainte Agnès, martyre paléochrétienne, devient ainsi une chapelle privée à l'usage de sa famille. Les *palazzi* attenants, tous propriétés des Pamphilj (dont on voit les armoiries – une colombe avec un rameau d'olivier – jalonner les fenêtres), sont redessinés pour encadrer harmonieusement la façade baroque. En face, au centre de la place, s'élève la colossale fontaine des Quatre-Fleuves, sculptée par le Bernin.

Fontana dei Quattro Fiumi (plan 3, B2) Achevée en 1651, la **fontaine des Quatre-Fleuves** est l'un des chefs-d'œuvre du Bernin, alors au sommet de son art. Il réalise le pari fou, assez typique de l'architecture baroque, de "suspendre" un obélisque sur du vide. La grotte de rocaille sur laquelle il est posé est creusée, servant d'appui aux statues des quatre fleuves : le **Nil** (dont le visage est voilé parce que, à l'époque, on n'avait pas localisé sa source), le **Gange** (avec des figues de Barbarie – *fichi d'India* en italien), le **Danube** et le **Río de la Plata**. Les mauvaises langues disent que si le Nil se voile la face, c'est pour ne pas voir l'église dessinée par Borromini, grand rival du Bernin... ou encore que le Río de la Plata, la main tendue, se protège ainsi de Sant'Agnese, ayant peur de la voir s'effondrer sur lui ! Ces médisances n'ont aucun fondement – l'église est postérieure à la fontaine. En revanche, un autre sens apparaît : le pape Innocent X (représenté par la colombe portant un rameau d'olivier de ses armoiries) triomphe sur le Paganisme (l'obélisque égyptien), sur le Péché (le serpent) et sur le Monde entier (les principaux fleuves). C'est aussi le triomphe des Pamphilj, dont on retrouve la présence sur toute la place. Au sud de celle-ci (en face de l'ambassade du Brésil), se dresse une autre fontaine, dessinée par le Bernin pour Olimpia, épouse du frère d'Innocent X, qui voulait, elle aussi, avoir directement sous ses fenêtres un des chefs-d'œuvre du sculpteur. Par souci de symétrie, au XIXe siècle, on a ajouté une autre fontaine à l'extrémité nord de la place.

Rome baroque

Le Bernin, Borromini, Pierre de Cortone ont fait de Rome le berceau de l'art baroque.

Églises

Chiesa Nuova ____ 95
Sant'Ignazio ____ 98
Il Gesù ____ 105
Basilica San Pietro ____ 121
Sant'Andrea al Quirinale ____ 142
San Carlo alle Quattro Fontane ____ 143
Santa Maria della Vittoria ____ 144
Santi Giovanni e Paolo ____ 150

Places et fontaines

Piazza Navona ____ 86
Fontana dei Quattro Fiumi ____ 86
Piazza San Pietro ____ 121
Piazza di Spagna ____ 134
Fontana di Trevi ____ 139

Sant'Agnese in Agone (plan 3, B2) La première surprise que vous réserve cette église est sa taille : alors que la façade laisse penser que c'est une grande église, l'intérieur est ramassé autour d'un plan octogonal serré. En 1652, Innocent X charge les frères Rainaldi de réaménager le sanctuaire de sainte Agnès. Cette martyre, contrainte de se montrer nue dans un lupanar, avait été condamnée au bûcher, dont elle avait miraculeusement réchappé ; mais elle mourut poignardée en 250. Le pape et les architectes ne s'entendent pas, et Borromini prend le relais des travaux ; il retravaille le plan initial et décide de donner toute l'importance et l'amplitude à la coupole. Pierre de Cortone, l'un des artistes les plus aimés à Rome, peintre officiel de nombreux papes (Urbain VIII, Innocent X), est chargé des fresques qui recouvrent la coupole. Les pendentifs sont l'œuvre de Baciccia, dont on dit qu'il est l'égal du Bernin en peinture, aussi volubile, usant de la même souplesse. *www.santagneseinagone.org Ouvert mar.-sam. 9h30-12h30 et 15h30-19h, dim. et j. fér. 10h-13h et 16h-19h*

Plan 3 Rome, centre historique-Quirinal

Pâtisseries, glaciers (n°1 à 5)

- Gelateria A. Cecere* — 1 D1
- Giolitti* — 2 C1
- Pasticceria Il Boccione* — 3 C3
- San Crispino* — 4 D1
- Tre Scalini* — 5 B2

Cafés, bars et lieux de sortie (n°10 à 18)

- Antico Caffè della Pace* — 10 B2
- Bar del Fico* — 11 B2
- Bartaruga* — 12 C3
- Caffè Sant'Eustachio* — 13 B2
- Jonathan's Angels* — 14 B2
- Tazza d'Oro* — 16 C2
- Vineria Reggio* — 17 B3
- Vitti* — 18 C1

Restauration (n°21 à 36)

- Cul de Sac — 21 B2
- Da Alfredo e Ada — 22 A2
- Da Francesco — 23 B2
- Dal Pompiere — 24 C3
- Dar Filettaro a Santa Barbara — 25 B3
- Enoteca Il Goccetto* — 26 A2
- Il Convivio Troiani — 27 B1
- La Casa Bleve — 28 B2

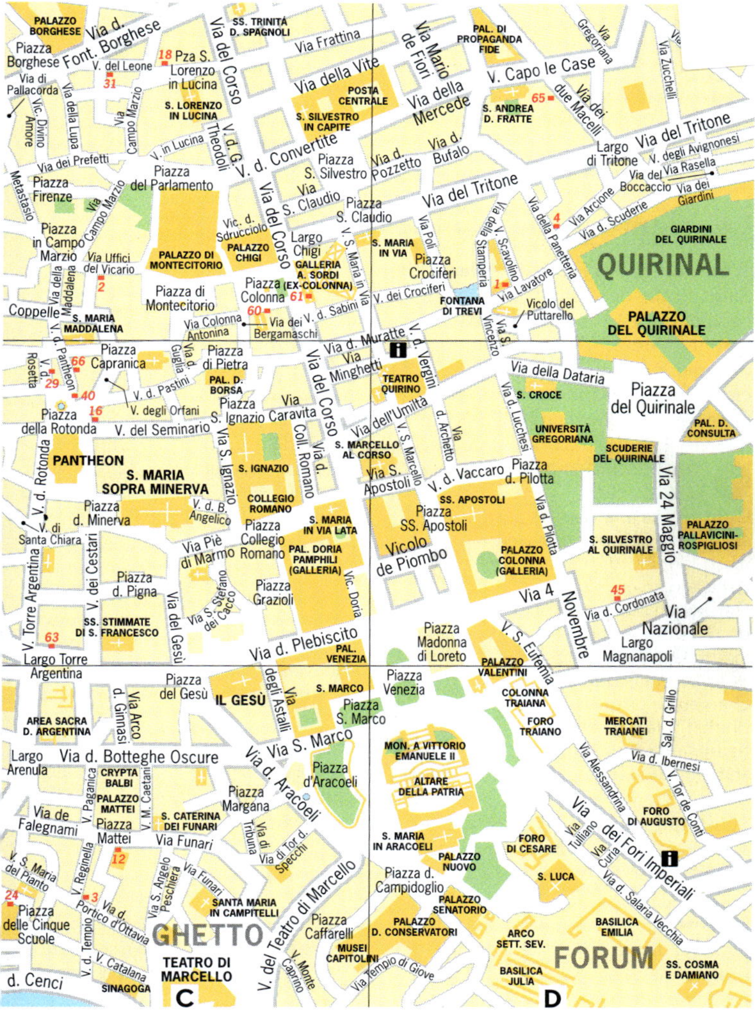

La Rosetta ______ **29** C2
Maccheroni ______ **30** B1
Matricianella ______ **31** C1
Piperno ______ **33** B3
Pizzeria
Da Baffetto ______ **34** B2
Pizzeria
Montecarlo ______ **35** B2
Ristorante Ar Galletto **32** B3
Santa Lucia ______ **36** B1-B2

Hébergement (n°40 à 52)

Abruzzi ______ **40** C2
Albergo del Sole ___ **41** B2-B3
Campo de Fiori ______ **42** B3
Centre pastoral
d'accueil ______ **43** B2
Hotel Bolivar ______ **45** D2
Navona ______ **47** B2
Pomezia ______ **50** B3
Teatro di Pompeo ____ **52** B3

Shopping (n°60 à 66)

AS Roma Store* ______ **60** C1
Ethic* ______ **66** C2
Galleria Alberto Sordi
(Ex-Colonna)* ______ **61** C1
Ibiz* ______ **62** B3
Librairie française* ______ **64** B2
Librerie Feltrinelli* ______ **63** C2
Mandarina Duck* ______ **65** D1

*À RETROUVER DANS LA PARTIE DÉCOUVRIR

● Où déguster une glace ?

Tre Scalini (plan 3, B2 n°5) Savourer une glace sur la piazza Navona, devant la fontaine du Bernin, a quelque chose de surfait... mais s'il s'agit d'un *tartufo* (une bombe : crème glacée au chocolat avec de gros copeaux de chocolat noir) de ce bar-*gelateria*, vous pouvez remiser vos principes au vestiaire. Seule cette spécialité justifie le déplacement, car le lieu est cher et sans intérêt en soi. *Piazza Navona, 28-30 Tél. 06 68 80 19 96 Ouvert fév.-déc. : tlj. 9h-1h30*

Les alentours de la place Navone

☆ **San Luigi dei Francesi (plan 3, B2)** Comme son nom l'indique, l'église Saint-Louis-des-Français est celle de la colonie française de Rome. La ville l'acquiert en 1478 et engage des travaux de reconstruction qui ne s'achèveront qu'en 1589. Le résultat est austère et sombre, en dépit du travail de décoration entrepris entre 1756 et 1764, mais peu de touristes s'en soucient car tous viennent admirer, dans la cinquième chapelle à gauche, trois tableaux du Caravage (peints entre 1599 et 1602). N'oubliez pas, cependant, d'aller voir le délicieux cycle de fresques que le Dominiquin a consacré à la vie de sainte Cécile (1615-1617), dans la deuxième chapelle de droite. Quelques tombeaux rappellent encore la présence française : Claude Gellée (le Lorrain), Pauline de Beaumont (la maîtresse de Chateaubriand) et de nombreux soldats tombés pendant les campagnes d'Italie. *Piazza San Luigi dei Francesi, 5 Ouvert lun.-mer. et ven.-sam. 10h-12h30 et 15h-19h, jeu. 10h-12h30, dim. 15h-19h*

● TROIS SOMPTUEUX CARAVAGE...
Consacrées à la vie de saint Matthieu, ces œuvres marquent un tournant dans la manière du Caravage : plus soucieux de réalisme, l'artiste instrumente les clairs-obscurs et la couleur pour charger de densité dramatique certaines figures ou scènes de l'histoire sacrée.

Sant'Ivo alla Sapienza (plan 3, B2) Histoire de parachever vos connaissances sur l'œuvre de Borromini, ne manquez pas cette église (1643-1660) qui joue des surfaces concaves et convexes à l'infini, de la façade au sommet de la coupole, s'achevant en spirale telle une tour de Babel. Tournis assuré. *Corso Rinascimento, 40 Ouvert sept.-juin : dim. 9h-12h*

☺ **Sant'Agostino (plan 3, B1)** On raconte que quelques ornements de la façade, l'une des toutes premières de la Renaissance romaine (1483), seraient sculptés dans des pierres pillées au Colisée. À l'intérieur, deux chefs-d'œuvre : au-dessus de la troisième colonne de gauche, *Le Prophète Isaïe*, de Raphaël, peint en 1512 et fortement influencé par l'art de Michel-Ange ; et, dans la première chapelle de gauche, une émouvante *Madone des Pèlerins*, peinte par **le Caravage** en 1603-1605. Remarquez le regard de tendresse infinie que pose la Vierge sur les indigents prosternés à ses pieds. *Piazza Sant'Agostino, 2 Ouvert tlj. 7h30-12h et 16h-19h30*

☺ **Palazzo Altemps (plan 3, B1)** Commencé au XVe siècle, remanié deux siècles plus tard, ce magnifique palais a été restauré en 1997 pour accueillir une partie des collections d'antiques du Museo Nazionale Romano, dont le fameux **trône Ludovisi**, sur lequel un artiste de la Grande-Grèce sculpta, au Ve siècle, la naissance d'Aphrodite. Le palais Altemps a ainsi récupéré la célèbre collection réunie au XVIIe siècle par le cardinal Ludovisi, tandis que les thermes de Dioclétien, le palais Massimo et la crypte Balbi exposent les autres pièces du musée. Ces collections archéologiques comptent parmi les plus importantes au monde. *Piazza di Sant'Apollinare, 46 Tél. 06 06 08 www.archeoroma.beniculturali.it Ouvert mar.-dim. 9h-19h45 Fermé 1er mai Tarif 7€ (billet valable 3 jours dans les 4 sites du Museo Nazionale Romano : Palazzo Massimo, Palazzo Altemps, Crypta Balbi, Terme di Diocleziano) + 3€ en cas d'exposition temporaire*

Santa Maria della Pace (plan 3, B1-B2) Si vous trouvez la porte fermée, vous aurez une bonne excuse pour entrer par le cloître, première œuvre romaine de Bramante, au tout début du XVIe siècle. L'église, qui date de 1482, a été plusieurs fois remaniée, notamment au XVIIe siècle, quand Alexandre VII demande à Pierre de Cortone de la restaurer. C'est à lui que l'on doit la façade précédée d'un portique à colonnes. À l'intérieur, la chapelle Chigi (la première sur la droite) attire tous les regards avec ses quatre sibylles peintes par Raphaël en 1514. Celui-ci avait achevé les Chambres deux ans plus tôt à Saint-Pierre, tandis que Michel-Ange mettait la dernière touche à la chapelle Sixtine, aussi l'influence du maître toscan sur cette composition est-elle indéniable. *Via Arco della Pace, 5 Ouvert lun.-mer. et ven. 10h-13h et 14h30-17h30, sam. 9h-12h*

● Où prendre un *aperitivo* ? Les alentours de la piazza Navona sont riches en bars et cafés sympathiques (piazza del Fico, vicolo della Pace, via della Fossa).

Bar del Fico (plan 3, B2 n°11) La référence romaine par excellence pour les noctambules. Ce lieu accueillant bénéficie d'une décoration très vintage et d'un personnel jeune et à la mode. Une clientèle très internationale s'y presse pour un déjeuner rapide ou, en début de soirée, pour l'apéritif. Aux beaux jours, les habitués préfèrent siroter leurs cocktails dehors, debout contre le mur ou sous le figuier qui donne son nom à la place. Entre 8 et 12€ le cocktail, buffet *alla milanese* compris. *Piazza del Fico, 2 Tél. 06 68 80 84 13 Ouvert tlj. 8h-2h*

Antico Caffè della Pace (plan 3, B2 n°10) Ce café plutôt paisible pendant la journée est pris d'assaut le soir – surtout le week-end. "Voir et être vu", tel est l'adage qui conviendrait le mieux au public noctambule qui rôde ici, invariablement équipé du dernier accessoire à la mode (lunettes de soleil, smartphone ou tablette dernier cri). Sublime terrasse. Consommations assez chères (comptez de 5 à 6€). *Via della Pace, 3 Tél. 06 686 12 16 Ouvert mar.-dim. 8h30-2h30, lun. 16h-2h30*

Jonathan's Angels (plan 3, B2 n°14) On serait tenté de résumer ce bar-bazar et son ambiance feutrée à ses toilettes de luxe : statues, chapiteaux, un brin de *santería* afro-cubaine et une fontaine antique dont on dit qu'elle porte bonheur si l'on y jette des pièces. Partout ailleurs, des fresques à l'effigie du patron (vous n'aurez aucun mal à l'identifier). Très jeune et très branché. *Via della Fossa, 16 Tél. 06 689 34 26 Ouvert dim.-jeu. 18h-2h, ven.-sam. 18h-3h Fermé 2 semaines autour du 15 août*

GEOPLUS

Trois jours à Rome

Un long week-end dans la ville éternelle vous permettra de découvrir les visages multiples de cette cité plus de deux fois millénaires.

Vendredi

Après le Vatican, cœur de la Rome chrétienne, poursuivez par le centre historique, où se dressent les plus beaux monuments Renaissance et baroques de la ville.

MATINÉE

9h **La Latteria** (p.130) Commandez un cappuccino et un *cornetto* dans ce café du Borgo Pio.
9h30 **Place Saint-Pierre** (p.121) Contemplez l'impressionnante colonnade du Bernin, surmontée de 140 statues.
10h **Basilique Saint-Pierre** (p.121) Ne ratez pas l'extravagant baldaquin baroque, œuvre du Bernin, et l'émouvante *Pietà* de Michel-Ange.
11h **Château Saint-Ange** (p.129) Vous l'atteindrez en empruntant la **via della Conciliazione** (p.128), rue percée en 1936 sous Mussolini.
11h30 **Pont Saint-Ange** (p.129) Saluez les monumentales statues d'angelots dessinées par le Bernin et pénétrez dans le centre historique par la **via dei Coronari**.
12h **Saint-Louis-des-Français** (p.90) Découvrez ses trois précieuses toiles du Caravage consacrées à la vie de saint Matthieu (attention, l'église ferme à 12h30 et ne rouvre qu'à 15h...).
12h30 **Place Navone** (p.86) Cette somptueuse place baroque occupe l'emplacement du cirque antique de Domitien. La fontaine des Quatre-Fleuves du Bernin y trône majestueusement.
13h **Cul de Sac** (p.173) Le premier bar à vins (*enoteca*) romain, pour grignoter fromages et charcuterie...

APRÈS-MIDI

14h30 **Caffè Sant'Eustachio** (p.99) Pour son *espresso*, considéré comme l'un des meilleurs de Rome.
15h **Santa Maria sopra Minerva** (p.97) N'y manquez pas le Christ sculpté par Michel-Ange et les fresques de Lippi dans une chapelle du transept droit. Sur le parvis, jetez un regard à l'éléphant du Bernin, surmonté d'un obélisque (p.98) !
15h30 **Panthéon** (p.96) Laissez-vous envoûter par ses dimensions parfaites et la mystérieuse lumière qui filtre du haut de son oculus.
16h **Sant'Ignazio** (p.98) Entrez dans cette église célèbre pour le trompe-l'œil qui recouvre son plafond.
16h30 **Giolitti** (p.99) La *gelateria* historique du centre, acceptez la proposition *con panna* (supplément gratuit de chantilly).
17h **Galleria Alberto Sordi** (p.99) Jetez un coup d'œil à la colonne de Marc Aurèle (p.98), puis traversez la rue et accordez-vous une pause dans les boutiques de cette élégante galerie monumentale.
18h **Fontaine de Trevi** (p.139) À trois pas, vous ne pourrez échapper

à la masse de touristes qui tentent d'y revivre la *Dolce Vita*.
18h30 **Apéritif campo de' Fiori** (p.101) Nombreuses terrasses, dont celle de la Vineria Reggio...

SOIRÉE
20h **Da Francesco** (p.174) Pour dîner sur une placette à trois pas de la place Navone.
22h **Antico Caffè della Pace** (p.91) Belle terrasse avec vue sur Santa Maria della Pace, chef-d'œuvre de Bramante (p.91).

Samedi

Balade du Trident à l'Esquilin. Fin de soirée dans le quartier populaire et festif du Testaccio.

MATINÉE
9h **Petit déjeuner au Caffè Rosati** (p.131) Pour sa déco Art nouveau ou sa terrasse piazza del Popolo.
9h30 **Santa Maria del Popolo** (p.131) Ne manquez pas ses deux Caravage.
10h **Shopping via del Corso** (p.134) L'une des rues les plus commerçantes de Rome, avec les *vie* Frattina et Condotti qui mènent piazza di Spagna.
11h **Piazza di Spagna** (p.134) Frayez-vous un passage parmi la foule toujours nombreuse sur l'escalier monumental de la piazza di Spagna. Il vous mènera à l'église de la **Trinità dei Monti** (p.134).
12h **Piazza Barberini** (p.143) De la Trinità dei Monti, prenez la via Sistina jusqu'à cette place où trône la fontaine du Triton du Bernin.
12h30 **Quirinal** (p.138) Grimpez sur la colline du Quirinal par la via delle Quattro Fontane ; au croisement avec la via del Quirinale, ne manquez pas les églises Sant'Andrea (p.142) et San Carlo alle Quattro Fontane (p.143), respectivement du Bernin et de Borromini.
13h **Dagnino** (p.147) Déjeunez sur le pouce dans cette pâtisserie sicilienne, également célèbre pour ses *panini* et ses *tramezzini*.

APRÈS-MIDI
14h30 **Santa Maria degli Angeli** (p.146) Une étonnante basilique aménagée par Michel-Ange dans le caldarium des thermes de Dioclétien.
15h30 **Santa Maria della Vittoria** (p.144) Elle renferme un joyau de l'art baroque, *L'Extase de sainte Thérèse* (p.144), sculpté par le Bernin.
16h **Santa Maria Maggiore** (p.147) Descendant la via Cavour, vous déboucherez devant l'une des plus importantes basiliques de Rome, aux magnifiques mosaïques.
16h30 **Quartier Monti** (p.145) Descendez la médiévale via Urbana, au carrefour avec la via Cavour, gravissez les marches de la salita di Borgia pour rejoindre Saint-Pierre-aux-Liens.
17h **San Pietro in Vincoli** (p.148) Vous y trouverez une célébrissime statue, le *Moïse* conçu par Michel-Ange pour le tombeau de Jules II.
19h **Apéritif Piazza della Madonna dei Monti** (plan 8, A3), où plusieurs bars possèdent une terrasse.
19h30 **Testaccio** (p.160) À Monti, prenez le métro à la station Cavour et descendez à Piramide (3 arrêts), porte d'entrée de ce quartier au passé ouvrier.

SOIRÉE
20h **Trattoria Agustarello** (p.177) L'une des adresses préférées des romains du Testaccio, connue pour sa cuisine traditionnelle.
22h **Monte Testaccio** (p.170) Choisissez le lieu qui vous

GEOPLUS

➤ convient le plus (bar ou boîte) parmi ceux qui cernent cette colline antique.

Dimanche

Plongée matinale dans le cœur de la Rome antique avant de rejoindre les ruelles du Trastevere.

MATINÉE

9h **Oppio Caffè** (p.118) Pour petit-déjeuner en jouissant d'une vue imprenable sur le Forum.

9h30 **Billetterie du Palatin** (p.114) Il vous faudra débourser 12€ pour acquérir le billet valable dans les trois sites antiques (Palatin, Colisée, Forum). Pour éviter de faire la queue, privilégiez la billetterie du Palatin.

9h45 **Colisée** (p.117) Dédaignant la file d'attente, grâce à votre billet acheté au Palatin, pénétrez dans l'amphithéâtre.

10h30 **Palatin** (p.114) Sur cette colline, outre la vue splendide sur l'Aventin et le Circus Maximus, ne négligez pas les fresques de la maison d'Auguste et les collections de l'Antiquarium.

11h15 **Forum romain** (p.109) Du Palatin, vous pouvez descendre vers le Forum (parcours fléché). Remontant la Via Sacra, admirez en particulier l'Arc de Septime Sévère (p.111).

12h **Capitole** (p.105) Quittant le Forum par la sortie située derrière l'Arc de Septime Sevère, montez sur la colline du Capitole et atteignez la place du Capitole, dessinée par Michel-Ange. Redescendez par le long escalier qui conduit au centre historique et au Ghetto.

12h15 **Ghetto** (p.102) Passez devant le Théâtre de Marcellus (p.118), puis le Portico d'Ottavia (p.102) et traversez le quartier juif de Rome.

13h **Da Baffetto 2** (p.173) Dégustez une pizza en terrasse, piazza del Teatro di Pompeo, place dont le tracé conserve la forme du théâtre antique.

APRÈS-MIDI

14h30 **Trastevere** (p.152) Rejoignez le quartier en traversant le Tibre *via* l'île Tiberine. De la médiévale piazza in Piscinula, empruntez la via della Lungaretta jusqu'à Santa Maria in Trastevere.

15h **Santa Maria in Trastevere** (p.152) Découvrez cette basilique du XIIe siècle, aux somptueuses mosaïques.

15h30 **Fior di Luna** (p.157) Un glacier aux produits bio, issus du commerce équitable.

16h **Colline du Janicule** (p.158) On l'atteint par la petite via della Paglia, qui mène non loin du Tempietto de Bramante (p.158).

17h **Belvédère du Janicule** (p.158) Du piazzale Garibaldi, on bénéficie d'une superbe vue panoramique sur Rome. Redescendez la via Garibaldi jusqu'aux quais du Tibre.

18h30 **Caffè della Scala** (p.157) Très bons cocktails dans ce bar réputé du Trastevere.

SOIRÉE

20h **Trattoria Augusto** (p.176) Goûtez à ses pâtes *all'amatriciana* ou *alla carbonara*.

22h **Ombre Rosse** (p.170) Pour écouter un concert de jazz.

Où acheter des livres en français ?

Librairie française (plan 3, B2 n°64) Magnifiquement située : les touristes y passent après leur visite aux Caravage de Saint-Louis-des-Français, les Romains francophiles après leurs cours de langue au centre culturel Saint-Louis. Tous apprécient son atmosphère et son vaste choix d'ouvrages, que l'on s'attendrait plus à rencontrer dans une grande ville française. *Piazza San Luigi dei Francesi, 23 Tél. 06 68 30 75 98 www.librairiefrancaiserome.com Ouvert juil.-août : lun.-sam. 9h30-13h30 et 15h-19h30 ; sept.-juin : lun.-sam. 9h30-19h30*

Le long du corso Vittorio Emamuele II

Chiesa Nuova (plan 3, A2) À l'origine de cette église, on trouve la confédération de l'Oratoire, fondée par le Florentin Philippe Neri en 1561. Devenue très populaire à Rome, elle est officialisée en 1575 par le pape Grégoire XIII, qui lui offre l'église **Santa Maria in Vallicella**. Du temps de Neri (qui meurt en 1595), le bâtiment reste très sobre mais, après 1640, l'intérieur se couvre entièrement de fresques et de marbres. On commande au jeune Rubens trois tableaux pour le chœur, tandis que Pierre de Cortone se charge de l'abside, de la nef et de la coupole. Canonisé en 1622, saint Philippe Neri a sa chapelle à gauche de l'autel. Comme une grande part du culte des Oratoriens consistait à méditer en écoutant de la musique sacrée, un concours est lancé en 1637 pour la création d'un oratoire consacré aux exécutions musicales. C'est Borromini qui le remporte. Le lieu est utilisé aujourd'hui encore pour des concerts. *Piazza della Chiesa Nuova Ouvert tlj. 7h30-12h et 16h30-19h30*

Sant'Andrea della Valle (plan 3, B2) Célèbre à plusieurs titres, cette église de la fin du XVIe siècle servira de modèle à toute l'Europe catholique. C'est d'abord son dôme qui attire l'attention, puisqu'il est le plus haut de Rome après celui de Saint-Pierre. Les amateurs d'art lyrique se rappelleront sans doute que c'est ici que se déroule le premier acte de *La Tosca* de Puccini. Contemporaine de la Contre-Réforme, l'église a été conçue autour d'une seule nef centrale où seraient rassemblés les fidèles assistant au miracle de la transsubstantiation. À l'époque, les murs de la nef étaient nus ; la croisée et l'abside captaient toute l'émotion esthétique grâce à un décor foisonnant confié aux meilleurs artistes du XVIIe siècle. Deux écoles se sont opposées dans cet exercice. Giovanni Lanfranco, chargé en 1630 du décor de la coupole, accentue l'extraordinaire impression de profondeur en recourant au trompe-l'œil. Originaire de Parme, l'artiste reprend les principes des coupoles peintes un siècle plus tôt par le Corrège : vues d'en bas, les figures de Lanfranco apparaissent, dans un grand souci de réalisme, dégagées des ondulations de l'architecture. Le Dominiquin, son concurrent, a réalisé les pendentifs (les évangélistes) et les fresques de la voûte du chœur selon une ligne plus classique, où la peinture découle de la sculpture. *Corso Vittorio Emanuele II Ouvert tlj. 7h30-12h30 et 16h30-19h30*

Largo Torre Argentina (plan 3, C2-C3) Il y aura bien un moment, au cours de votre séjour, où vous serez pris dans l'étau de ce carrefour, coincé entre voitures, bus et tramways vous conduisant vers le Trastevere. Jetez un coup d'œil sur les vestiges à ciel ouvert visibles à cet endroit : l'**Area Sacra Argen-**

UN SOIR AU THÉÂTRE

Le théâtre qui borde le largo Torre A Argentina est une institution historique : en 1816 y a été donnée la première représentation du *Barbier de Séville* de Rossini. De nos jours, plus d'opéra, mais un programme exigeant de théâtre, danse et poésie. **Teatro di Roma-Argentina (plan 3, C2)** *Largo Torre Argentina, 52 Tél. 06 684 00 01 www.teatrodiroma.net*

tina est un complexe de temples datant de l'époque républicaine (de 250 à 100 av. J.-C.). S'y dressent encore quelques colonnes sur les fondations d'un temple rond et de trois temples rectangulaires. Quant aux nombreux chats errant au milieu des pierres, ils ne font pas seulement partie de la carte postale romaine : tout à côté s'est établi un foyer qui les nourrit et les soigne. On recense ainsi dans les parages près de 500 chats abandonnés chaque année qui ne demandent qu'à être adoptés.

Où acheter des livres ?

Librerie Feltrinelli (plan 3, C2 n°63) Chaîne de librairies du nom de l'éditeur. Agréable et bien fournie, même si le service est un peu rapide. Sur plusieurs niveaux, tout s'y vend : livres, DVD, calendriers... *Largo Torre Argentina, 11 Tél. 06 68 66 30 01 www.lafeltrinelli.it Ouvert lun.-ven. 9h-21h, sam. 9h-22h, dim. 10h-21h* **Autres** *Galleria Alberto Sordi (plan 3, C2)*

Où manger sur le pouce ?

☺ **Enoteca Il Goccetto (plan 3, A2 n°26)** Vous pouvez y grignoter, ou même y dîner légèrement, mais le mieux est de vous laisser conseiller par le patron pour découvrir un de ces vins dont il a le secret, et de l'accompagner de quelques tranches de fromage ou d'olives. Vins au verre, prix tout à fait corrects (comptez 10€ pour un verre et une tartine). *Via dei Banchi Vecchi, 14 Tél. 06 686 42 68 Ouvert lun. 18h30-0h, mar.-sam. 11h30-14h et 18h30-0h Fermé 3 dernières semaines d'août*

Entre le Panthéon et la via del Corso

☆ **Pantheon (plan 3, C2)** À lui seul, le Panthéon cumule plusieurs records : c'est le monument de l'Antiquité romaine le mieux conservé, sa coupole est la plus grande voûte jamais réalisée en maçonnerie et c'est l'un des lieux les plus visités d'Italie. Au-delà de ces données presque mathématiques, sa découverte a quelque chose de magique, en raison de l'harmonie de ses dimensions ou encore de la lumière pénétrant par l'oculus. D'ailleurs, chaque visite est singulière, selon la foule qui s'y presse, selon l'heure du jour... L'accès étant libre, nous vous conseillons d'y venir plusieurs fois. Si l'inscription sous le fronton semble attribuer la construction du bâtiment à Agrippa ("Agrippa fit construire ce temple"), le sceau retrouvé sur les briques indique qu'il s'agit en fait d'une "restauration", entreprise par Hadrien dans les premières années de son règne (118-125 ap. J.-C.) sur les vestiges d'un précédent panthéon datant de 25-27 av. J.-C. Son originalité réside dans la fusion, jusqu'alors inédite, d'un temple grec (rectangulaire) avec la forme caractéristique des thermes romains (circulaires). Quant à son extraordinaire longévité, elle est sans doute due au fait que le bâtiment fut transformé rapidement en église (dès 609). Cela ne lui épargna cependant pas d'être périodiquement pillé ou

DES ROIS ET DES ARTISTES
Les niches du Panthéon, qui accueillaient autrefois des statues de dieux, sont devenues les chapelles des grands hommes : Raphaël (dont l'épitaphe souligne que le génie de l'artiste a vaincu la Nature et que, désormais, c'est lui que les artistes copieront), Annibale Carrache, Perino del Vaga et les rois d'Italie Vittorio Emanuele II et Umberto I.

même transformé : le Bernin le coiffa ainsi de deux clochetons, de chaque côté, qui ne seront retirés qu'en 1883. À la même époque, le pape Urbain VIII Barberini s'empare du bronze cernant le portail pour réaliser le baldaquin qu'il commande au Bernin. Par ailleurs, les historiens de l'art ne s'accordent toujours pas pour dire si, oui ou non, les portes sont bien celles d'origine ! Les colonnes, elles, le sont toutes (sauf une, provenant des thermes de Néron). À l'intérieur, le sol est lui aussi en grande partie d'origine ; les marbres les plus précieux ont été disposés en une savante alternance de formes géométriques. Alors que la partie inférieure de l'édifice, construite avec des matériaux lourds et résistants, s'enfonce massivement dans le sol, la partie supérieure est plus légère. Un diamètre de 42m environ, pour une hauteur égale : cette équation est le secret de la parfaite harmonie des proportions et inspirera plus tard Bramante pour le dôme de Saint-Pierre. L'oculus, de 9m de diamètre, n'est pas couvert, mais le sens des vents et des courants d'air a été si bien pensé qu'il n'y tombe jamais que quelques gouttes ! On dit qu'Hadrien, féru d'astronomie, l'aurait voulu ouvert pour en faire une sorte d'observatoire céleste. Avant d'aller lézarder sur l'une des terrasses (bondées), attardez-vous sur la place : vous y retrouverez le modèle de la fontaine avec obélisque (qui provient du temple d'Isis, comme celui de la piazza Minerva, tout à côté), si représentative du baroque et du Bernin, avec l'opposition entre nature et artifice, Église et paganisme. *Piazza della Rotonda Tél. 06 68 30 02 30 Ouvert lun.-sam. 8h30-19h30, dim. 9h-18h , j. fér. 9h-13 Fermé 1er jan., 1er mai, 25 déc.*

☺ **Piazza di Pietra, Tempio di Adriano (plan 3, C2)** Onze colonnes corinthiennes de marbre banc, encastrées dans la façade de la chambre de commerce – l'ex-palais des Douanes terrestres, édifié par Carlo et Francesco Fontana en 1695 –, voilà tout ce qu'il subsiste du temple monumental dédié à l'empereur Hadrien, commandité en 145 par son fils Antonin le Pieux. Au-dessus des colonnes, un tronçon de l'architrave, partiellement reconstruit, laisse apparaître un décor de feuillages et de têtes de lion. Les bas-reliefs représentant des provinces romaines et des trophées sont désormais exposés dans la cour du Palazzo dei Conservatori. Cette cohabitation d'époques, sur des bâtiments qui font partie de la vie quotidienne des Romains, est comme toujours saisissante.

Santa Maria sopra Minerva (plan 3, C2) Cette église surprend avant tout parce que c'est la seule église gothique de Rome. Cela s'explique par la situation papale au XIVe siècle : les papes, installés en Avignon, n'ont presque rien construit à Rome à cette époque. La structure de cet édifice dominicain est restée telle quelle, à l'exception de sa décoration intérieure (ajout du XIXe siècle dans un style pseudomédiéval !). Ne manquez pas la chapelle privée de la famille Aldobrandini, reflétant le passage du maniérisme au baroque

L'ÉLÉPHANT DU BERNIN
Sur le parvis de Santa Maria sopra Minerva, vous remarquerez "*il Pulcino*" ("le poussin"), un éléphant sculpté par le Bernin pour le pape Alexandre VII, qui porte sur son dos le plus petit obélisque de Rome. L'animal a été choisi pour symboliser la sagesse et l'abstinence sexuelle !

avec ses marbres entrelacés et les peintures de Barocci (XVIe s.), et surtout, à droite, la chapelle Carafa, la plus importante après la chapelle Sixtine, confiée en 1490 à Filippino Lippi (fils de Filippo Lippi), contemporain de Botticelli, à la peinture nerveuse, inquiète et exaltée (remarquez les anges). C'est là qu'est enterré le pape Paul IV (règne de 1555 à 1559), grand animateur de la Contre-Réforme, qui contraignit le peintre Daniele da Volterra à couvrir les nus du *Jugement dernier* de Michel-Ange et fit poser un voile de bronze sur le Christ, sculpture du même artiste visible dans cette église. À la gauche du chœur, au fond d'un passage, se trouve la tombe, modeste, du peintre dominicain Fra Angelico, auquel certains attribuent la *Madone à l'Enfant* que l'on peut admirer dans la chapelle. Sur la façade, des marques montrent le niveau des crues historiques du Tibre (jusqu'à 20m !). *Piazza della Minerva, 42 Ouvert lun.-sam. 8h15-12h30 et 15h-18h, dim. 8h15-12h30*

☺ **Sant'Ignazio (plan 3, C2)** Encore une place, encore une église... Sans lassitude, on vous parlera de cet immense décor de théâtre s'affichant sur l'une des plus importantes églises romaines avec celle du Gesù. D'un côté, la simplicité et le classicisme de la façade, à laquelle ses dimensions confèrent une allure grandiose ; de l'autre, une place rococo, presque frivole, avec ses maisons toutes semblables : l'ensemble a été pensé en 1727 par Raguzzini, architecte borrominien travaillant tout en concaves et convexes. À cette époque, on ne conçoit plus les monuments comme tels mais comme partie prenante d'un urbanisme qui respecte les alentours. L'intérieur de l'église réserve une surprise : la décoration en a été confiée à Andrea Pozzo. Détournant les contraintes financières qui l'obligeaient à renoncer à la coupole, cet artiste jésuite élabore, en plus des fresques de la nef et du chœur, une "fausse" coupole en trompe l'œil faisant illusion quand on s'en approche progressivement. *Piazza Sant'Ignazio Ouvert tlj. 7h30-12h20 et 15h-19h20*

Piazza Colonna (plan 3, C1) Voici une place que vous repérerez aisément grâce à la colonne de Marc Aurèle qui se dresse en son centre. Érigée entre 180 et 196 pour commémorer les victoires de l'empereur contre les Germains et les Sarmates à la frontière du Danube, cette colonne est moins raffinée que son aînée, la colonne Trajane (p.115). Au sommet, se trouvait autrefois une statue de l'empereur, remplacée en 1589 par celle de saint Paul. En face, l'austère **palais Chigi** (1562-1630) est aujourd'hui la résidence du président du Conseil, ce qui explique le ballet de voitures officielles et de véhicules de police envahissant régulièrement la place.

Où acheter un maillot de foot ou une robe tendance ?

AS Roma Store (plan 3, C1 n°60) La boutique officielle de l'AS Roma. Pour ceux qui veulent s'équiper d'une trousse, d'un sac à dos, d'un bonnet, d'une écharpe, d'une casquette, d'un porte-clés, d'un écusson, d'une serviette, d'un peignoir, d'un slip, d'une paire de chaussettes ou de gants, d'un parapluie ou d'un T-shirt marqué du mini-écusson avec la louve. Collections conçues pour les hommes, les femmes, les enfants et même les nouveau-nés. *Piazza Colonna, 360 Tél. 06 678 65 14 www.asromastore.it Ouvert tlj. 10h-19h30*

Ethic (plan 3, C2 n°66) Une marque qui joue avec les matières, les coupes et les couleurs. Dans le prêt-à-porter, on n'a rien vu d'aussi réjouissant depuis longtemps ! À la fois proche des tendances et totalement original. Plusieurs boutiques à Rome. *Via del Pantheon, 46-47 Tél. 06 68 80 31 67 Ouvert mar.-sam. 10h-20h, dim.-lun. 12h-20h*

● Où se régaler d'un *gelato* ?

Giolitti (plan 3, C1 n°2) Si l'on devait juger de la qualité d'un établissement à la longueur de la file qui se tient devant la caisse, Giolitti arriverait probablement en tête de liste. Cette *gelateria* historique gâte les amateurs de crèmes glacées depuis 1900. On trouvera la glace peut-être un peu trop sucrée, un peu trop crémeuse... mais la chantilly maison (*panna*) est un vrai délice. *Via Uffici del Vicario, 40 Tél. 06 699 12 43 www.giolitti.it Ouvert tlj. 7h-1h*

● Où boire un *espresso* ?

☺ **Caffè Sant'Eustachio (plan 3, B2 n°13)** On trouverait le chemin de ce café aux seuls effluves qu'il dégage alentour. Laissez-vous séduire par ce doux parfum, par la musique du percolateur et par les chants des garçons qui passent commande ("*due gran' cappucci', due* ! "). Le *gran caffè* est un *espresso* de haut vol, très mousseux, particulièrement aromatisé et déjà sucré (à moins de préciser "*amaro*"). Savoureuses brioches pour le petit déjeuner. Pour ceux qui

Une galerie monumentale... et commerciale

Galleria Alberto Sordi (Ex-Colonna) (plan 3, C1 n°61) Juste en face de la colonne de Marc Aurèle, le portique de la galerie Alberto Sordi (ex-Colonna) constitue un point de rendez-vous idéal sur l'axe commerçant ultrafréquenté de la via del Corso. Fermé pendant de longues années, ce passage en forme de Y, imaginé par Dario Carbone en 1922 à l'emplacement du palais du prince Piombino (détruit en 1889), a rouvert au public en décembre 2003, rebaptisé du nom de l'acteur romain qui venait de décéder. Pilier de la comédie "à l'italienne", il avait fait ses débuts dans le théâtre-cinéma Galleria, aujourd'hui remplacé par la librairie Feltrinelli. Levez le nez pour contempler l'élégante verrière, éclairée de globes lumineux, exactes répliques de ceux de la première galerie. Le pavement actuel a été conçu d'après les dessins originaux, qui, faute de moyens, n'avaient pas été réalisés en 1922. Visitez la galerie à Noël, lorsque les illuminations et les anges suspendus au plafond la rendent particulièrement féerique. Dans la galerie, vous trouverez, des boutiques de vêtements et d'accessoires pour toutes les bourses et un café dans chacune des deux allées. *Piazza Colonna, 31-35 Ouvert tlj. 10h-22h* veulent renouveler l'expérience à domicile, il est possible d'acheter le café de la maison. Évidemment, la volupté a son prix : 2,60€ le *gran caffè*, c'est bien plus cher qu'ailleurs, mais on ne le regrettera pas. *Piazza di Sant' Eustachio, 82 Tél. 06 68 80 20 48 www.santeustachioilcaffe.it Ouvert dim.-jeu. 8h30-1h, ven. 8h30-1h30, sam. 8h30-2h*

Tazza d'Oro (plan 3, C2 n°16) Si son *espresso* est renommé au point que la file d'attente pour le *scontrino* (ticket de caisse) atteint quasiment la place du Panthéon, les connaisseurs viennent aussi pour son café en grains, emballé dans des paquets rouge vif reconnaissables à la "semeuse" de café, splendide jeune femme exotique. L'autre bonne raison, qui vous fera traverser la ville s'il le faut, c'est la *granita* de café : crème chantilly dessous, glace pilée au café au milieu et un nuage de crème dessus. *Magnifico* ! *Espresso 0,90€. Via degli Orfani, 84-86 Tél. 06 678 97 92 www.tazzadorocoffeeshop.com Ouvert lun.-sam. 7h-20h*

Autour du campo de' Fiori

☺ **Campo de' Fiori (plan 3, B3)** Les abords du campo de' Fiori agissent comme un filet : dès que vous mettez les pieds dans ses rets, vous serez irrésistiblement drainé vers son centre. Les flux de piétons vous conduisent et vous sentez que, tôt ou tard, vous déboucherez sur cette place qui constitue le véritable cœur de Rome. Elle n'a pas le caractère monumental de ses grandes sœurs (piazza di Spagna ou piazza Navona, par exemple), mais elle fonctionne comme une charnière entre la Rome populaire et la Ville éternelle. Elle se veut ancrée dans le quotidien, avec son marché de primeurs, ses étals de fleurs de courgettes, de roquette sauvage, de pousses de chicorée, de petits calamars… Pas une église, pas un palais ne la borde, mais des *vinerie* (bars à vins), des troquets bondés, une boulangerie où la *pizza al taglio* (à la coupe) n'en finit pas de sortir du four, une crémerie, une charcuterie réputée… Le symbole le plus imposant de cette victoire de la laïcité sur l'Église est la **statue de Giordano Bruno**, philosophe porté au bûcher par l'Inquisition en 1600 pour avoir prétendu que la philosophie et la magie étaient supérieures à la religion. La controverse ne s'est pas dissipée une fois le philosophe disparu : en 1889, quand la statue est inaugurée, républicains et partisans du pape s'affrontent une fois encore. En mémoire de cet épisode et des autres exécutions capitales qui s'y sont tenues, la place est aussi connue comme "place de la Tolérance". Il y a quelques années encore, le campo de' Fiori était aux mains de la population commerçante des environs, et les rumeurs sur la présumée dangerosité des lieux allaient bon train : problèmes de salubrité, de prostitution ou de petit trafic de drogue – qui sont bien peu de chose au regard de la réputation de débauche qui y régna pendant des siècles, notamment à la Renaissance, quand près de 50 000 prostituées hantaient les rues. L'entreprise de réha-

MARCHÉ
En lieu et place des exécutions capitales qui s'y pratiquaient autrefois (le moine Giordano Bruno, qui trône au centre de la place, y fut brûlé vif en 1600), se déploient aujourd'hui des étals de fleurs, de fruits et de légumes. Cher et touristique, mais incontournable… **Mercato Campo de' Fiori (plan 3, B3)** *Ouvert lun.-sam. 7h-13h30*

bilitation n'a pas encore concerné toutes les rues et des "vignettes" surgies d'un autre âge feront écho à des visions imaginaires colportées par des romans comme *La Storia* d'Elsa Morante.

Piazza-Palazzo Farnese (plan 3, B3) Les Romains vous railleront peut-être à ce sujet. À croire qu'ils en veulent encore à la France d'occuper le plus beau palais particulier de Rome ! On peut comprendre leur agacement..., mais il s'agit d'une très vieille histoire. Les ambassadeurs de Louis XIV fréquentaient déjà le lieu, qui est devenu officiellement en 1875 le siège de l'**ambassade de France** et de la prestigieuse École française de Rome. La place peut sembler un peu sévère, surtout en comparaison du joyeux désordre qui règne à deux pas, sur le campo de' Fiori, mais, à la nuit tombée, elle est moins intimidante, se faisant salon ou décor de théâtre. Cette austérité s'est peut-être trouvée accentuée par la restauration récente, un peu trop léchée. Commencé par Antonio da Sangallo en 1510 pour le cardinal Alexandre Farnèse, le palais initial prend vite de l'ampleur quand ce dernier accède au trône pontifical. Devenu pape sous le nom de Paul III (1534-1549), il demande à Michel-Ange de poursuivre les travaux. À la mort du maître, en 1564, Giacomo Della Porta prend la relève et achève l'édifice. La **cour intérieure** est un chef-d'œuvre d'élégance, un véritable musée d'architecture à ciel ouvert où l'on retrouve superposés les trois ordres classiques (dorique, ionique et corinthien). À l'étage, les salons rivalisent de splendeur : à la fin du XVIe siècle, Salviati, Zuccaro et surtout les frères Annibale et Agostino Carrache ont peint à fresque des scènes mythologiques avec une virtuosité et une vivacité rarement vues ailleurs. Ceux qui n'auront pas la chance de pénétrer dans le palais et de lever les yeux sur les trompe-l'œil des Carrache viendront se consoler le soir en glanant çà et là des percées sur la grande galerie illuminée. *Piazza Farnese, 67 Tél. port. 349 368 30 13 ou 06 68 89 28 18 visitefarnese@france-italia.it www.ambafrance-it.org Ouvert lun., mer. et ven. 15h, 16h, 17h (sur réservation au moins 7 jours à l'avance par mail)*

LE LATIUM

● Où s'habiller à la mode italienne ?

Ibiz (plan 3, B3 n°62) Porte-clés en forme de rose, sacs à main aux lignes originales, ceintures, grandes sacoches de voyage ou fauteuils : un beau choix d'articles en cuir à des prix raisonnables, fabriqués dans l'atelier voisin. Le matin, on peut observer les artisans au travail. *Via dei Chiavari, 39 Tél. 06 68 30 72 97 Ouvert lun.-sam. 9h30-19h30*

● Où prendre un *aperitivo* ? Quand les beaux jours reviennent, l'heure du crépuscule coïncide avec celle de l'*aperitivo* et, traditionnellement, c'est sur le campo de' Fiori qu'on se donne rendez-vous. Les places sont chères sur les terrasses mais, ça va, ça vient...

Vineria Reggio (plan 3, B3 n°17) Depuis un demi-siècle, la terrasse la plus courue du campo de' Fiori, toutes générations et tous styles confondus, où se mêlent Romains du cru et touristes de passage. Bons vins et petites gourmandises accompagnés de tartines ou d'olives apportés par une bande de jeunes serveurs sympathiques... *Campo dei Fiori, 15 Tél. 06 68 80 32 68 www.vineriareggio.com Ouvert lun.-sam. 8h30-2h Fermé 2 à 3 semaines autour du 15 août*

☺ Le quartier du Ghetto

Il est étrange de constater que, dans le bastion de la chrétienté, les juifs ont sans doute été plus en sécurité qu'ailleurs. Attestée depuis le Ier siècle av. J.-C., la communauté juive de Rome est la plus ancienne d'Europe, même si sa présence ininterrompue n'a pas été sans épreuves. La protection du pape s'est ainsi systématiquement exprimée en pièces sonnantes et trébuchantes. D'abord établie dans le Trastevere, la communauté franchit le Tibre et se resserre sur 1ha quand le Ghetto est institué, en 1556, au moment de la Contre-Réforme, marquant ainsi physiquement la séparation des populations juive et chrétienne. La longue période d'enfermement, qui s'achèvera avec l'Unité italienne et la démolition des murs d'enceinte, a été synonyme de déclin pour le quartier. Le 16 octobre 1943, une rafle conduit plus d'un millier de juifs à Auschwitz. On dit qu'ils auraient été nettement plus nombreux sans la résistance et la solidarité de civils et de prêtres romains – alors qu'il a fallu attendre presque cinquante ans avant que le Vatican ne revienne sur ses responsabilités et sur le silence dont il s'est rendu coupable. Cette histoire mouvementée se lit dans les murs du quartier, dénués d'unité architecturale. On a reconstruit çà et là et démoli ailleurs, sans beaucoup de scrupules. Mais il y règne une atmosphère troublante, où les *palazzi* du Moyen Âge côtoient les boutiques casher, où les vestiges de l'Antiquité font écho à une synagogue. On a le sentiment, peut-être plus qu'ailleurs, que la communauté et ses traditions se sont fondues dans le paysage, tant et si bien que tout le "folklore" lié habituellement aux quartiers juifs d'Europe s'y retrouve de manière moins marquée.

Via del Portico d'Ottavia (plan 3, C3) À l'entrée de cette rue, artère principale du Ghetto, remarquez les vestiges du **portique d'Octavie**, bâti par Auguste en 23 ap. J.-C., en hommage à sa sœur, sur les ruines d'une ancienne colonnade qui s'ouvrait sur un complexe religieux. Restauré par Septime Sévère après l'incendie de 191, l'ensemble a été intégré à l'**église Sant'Angelo in Pescheria**, fondée en 755, dont le nom rappelle que, sur son parvis, se tenait le plus grand marché aux poissons de Rome. À sa droite, une rampe permet d'accéder au Teatro di Marcello (17 av. J.-C.), qui pouvait contenir

Les tortues du Bernin

La fontaine des Tortues confère à la **piazza Mattei** (p.103) une grande fraîcheur. Incroyablement gracieuse avec ces jeunes garçons qui poussent des tortues vers le jet d'eau, elle est attribuée à Taddeo Landini, d'après un dessin de Giacomo Della Porta. La légende veut que les deux artistes aient exécuté ce chef-d'œuvre en une seule nuit, vers la fin des années 1580, pour que le commanditaire, le duc de Mattei, ruiné et méprisé par les siens, regagne l'estime de son père. On dit aussi que les tortues (aujourd'hui des copies, celles d'origine ayant disparu) sont dues au Bernin, qui les aurait ajoutées au XVIIe siècle.

jusqu'à 20 000 spectateurs (p.118). De l'autre côté de la rue se dresse la synagogue, un bâtiment aux formes arrondies et presque orientales construit à la fin du XIXe siècle. *Italie*

Piazza Mattei (plan 3, C3) La découverte de cette place est une des émotions fortes du vieux centre romain (pour peu qu'elle ne soit pas envahie de voitures qui l'investissent comme parking !). Les palais qui la bordent donnent une idée de son passé aristocratique, affichant leurs façades comme un décor de théâtre. À quelques pas, à l'angle de la via Funari et de la via Caetani, vous pourrez jeter un coup d'œil au *cortile* (cour) du **palais Mattei di Giove**, exemple le plus monumental d'une mode en vigueur au début du XVIIe siècle, où les marbres antiques valorisaient la décoration intérieure. Ici, sarcophages romains encastrés dans les murs, datant des Ier et IIe siècles ap. J.-C., stucs et sculptures ornent jusqu'aux escaliers du palais. L'endroit abrite aujourd'hui le Centre italien des études américaines et l'Institut d'histoire moderne et contemporaine.

Crypta Balbi (plan 3, C3) Cette section flambant neuve du Musée national romain est installée dans l'édifice contigu au théâtre de Balbo (un petit théâtre datant du Ier siècle ap. J.-C.). Dans ce qui était autrefois la crypte du théâtre, des panneaux développent l'histoire du bâtiment, tout en strates superposées, de l'Antiquité à nos jours... Un condensé saisissant et pédagogique d'histoire urbaine ! *Via delle Botteghe Oscure, 31 Tél. 06 39 96 77 00 www.archeoroma.beniculturali.it Ouvert mar.-dim. 9h-19h45 Fermé 1er jan., 1er mai, 25 déc. Tarif 7€ valable 3 jours dans les 4 sites du Museo Nazionale Romano (Palazzo Massimo, Palazzo Altemps, Crypta Balbi, Terme di Diocleziano)*

● Où déguster une pâtisserie ?

Pasticceria Il Boccione (plan 3, C3 n°3) Cette pâtisserie installée au cœur du Ghetto s'est fait une spécialité des recettes sucrées juives. On vous dira que celle de la *pizza ebraica* (une savoureuse tarte aux fruits secs) est vieille comme le monde. Une chose est sûre en tout cas : c'est délicieux et riche (fruits confits, amandes, pignons). Autre régal, moins sucré, la *torta alla ricotta*, traditionnellement farcie avec des griottes. Ne manquez pas non plus les biscuits secs (cannelle et amandes), que l'on trempera discrètement dans un thé chaud. *Via del Portico d'Ottavia, 1 Tél. 06 687 86 37 Ouvert dim.-jeu. 7h-19h, ven. 7h-15h*

● Où prendre un *aperitivo* ?

☺ **Bartaruga (plan 3, C3 n°12)** Donnant sur l'une des plus jolies places du Ghetto, devant la fontaine des Tortues, ce bar est devenu un repaire d'artistes et de groupes d'intellos alternatifs. Les amateurs adorent sa décoration toute de velours rouge, de miroirs et de lumières tamisées... *Piazza Mattei, 9 Tél. 06 689 22 99 www.bartaruga.com Ouvert mar.-jeu. 18h-1h, ven.-sam. 18h-2h, dim. 18h-0h*

Autour de la place de Venise

Un point de repère dans la ville : ainsi peut se résumer le rôle de la colossale piazza Venezia, tentaculaire, dominée par le monument à Victor-Emmanuel II. De la Villa Borghese ou même du belvédère du Trastevere, c'est, avec Saint-

Pierre, ce que vous reconnaîtrez en premier. Pour le piéton, rien de plus bruyant et encombré... quant à l'automobiliste, attention aux sens uniques, à la vitesse et aux agents de la circulation.

Vittoriano (plan 3, D3) Affublé de tous les noms d'oiseaux (outre la "machine à écrire", on lui connaît aussi le sobriquet de "pièce montée" ou encore de "pissotière de luxe"), le Monument à Victor-Emmanuel II est devenu, tant bien que mal, emblématique lui aussi d'une certaine Rome monumentale. Jamais un édifice n'aura connu un tel acharnement ni autant de détracteurs. On lui reproche tout et le reste : d'être colossal, pompeux, d'avoir rompu avec l'harmonie des alentours, de faire de l'ombre au Capitole, d'écraser la basilique Santa Maria in Aracoeli... et même de jurer avec la tonalité ocre de la ville, lui dont le marbre blanc ne s'est pas patiné aussi bien que le travertin. Sa construction, décidée en 1878 pour rendre hommage au premier roi de l'Unité italienne, Vittorio Emanuele II, tarde à s'engager, tant et si bien que l'architecte en charge du projet, Giuseppe Sacconi, finira usé avant l'heure, agonisant en maison de repos. Inauguré en 1911 pour célébrer le cinquantenaire de la nation, les travaux se poursuivront vingt ans durant, jusqu'à le transformer en "autel de la Patrie", où sera inhumé le Soldat inconnu, en souvenir des victimes de la Première Guerre mondiale. À l'intérieur, plusieurs musées dont le **Museo Centrale del Risorgimento**, consacré à l'histoire italienne, qui accueille d'importantes expositions temporaires (Monet, Kandinsky, Magritte, Klimt...), et le **Sagrario delle Bandiere** (sacrarium des Drapeaux), qui présente un fonds dédié à l'armée italienne. *Piazza Venezia Via di San Pietro in Carcere Tél. 06 678 06 64 Ouvert hiver : tlj. 9h30-16h30 ; été : 9h30-17h30* **Museo Centrale del Risorgimento** *Tél. 06 679 35 98 www.risorgimento.it Ouvert tlj. 9h30-18h30 Tarif 5€*

PANORAMA Les amateurs d'émotions fortes et de panoramas vertigineux graviront les marches du Vittoriano pour découvrir une vue de Rome inédite... libérée, justement, de l'encombrant monument. Les moins sportifs pourront accéder sans effort à son sommet, à 60m du sol, grâce à deux ascenseurs en verre (payants).

Palazzo Venezia (plan 3, C2) Voulu en 1451 par Pietro Barbo alors qu'il n'était que cardinal, ce palais se transforme en demeure pontificale lorsque son propriétaire, grand amateur d'art, devient pape (Paul II). À sa mort, les travaux se poursuivent et l'ensemble est attribué aux ambassadeurs vénitiens jusqu'à la fin du XVIIIe siècle (d'où son nom). Au fil des siècles, le lieu gagne en prestige et galons : siège de l'administration française en 1806 (sur ordre de Napoléon Ier), il accède à la notoriété internationale en 1929, quand Mussolini y installe ses bureaux jusqu'en 1943, haranguant les foules depuis son balcon. Les collections privées initiales ont progressivement été augmentées, se spécialisant dans le domaine des arts appliqués : émaux, bronzes, marbres, faïences, mobilier ecclésiastique, argenterie, bijoux, tissus précieux, chefs-d'œuvre du Moyen Âge et de la Renaissance, ainsi que des pièces remarquables issues de donations, comme cette collection d'ébauches de sculptures monumentales en terre cuite (entre autres du Bernin) ou ces tableaux du XIVe siècle. *Via del Plebiscito, 118 (piazza Venezia) Tél. 06 69 99 43 18 Ouvert mar.-dim. 8h30-19h30 Tarif 5€*

☺ **Galleria Doria Pamphilj (plan 3, C2)** On se sent presque à court de superlatifs quand il s'agit de l'évoquer. Voici l'une des plus belles collections privées de Rome, constituée par une famille majeure de l'aristocratie romaine. Le cadre est éblouissant. Les salles, restaurées en 1996 et réaménagées dans l'esprit du XVIIIe siècle, servent d'écrin à un fonds remarquable : Carrache, Raphaël, Velázquez, Titien, le Caravage, le Guerchin, Guido Reni, les peintres flamands, des tapisseries... et de magnifiques paysages du Lorrain. Les appartements privés, richement décorés (tapisseries, mobilier ainsi que d'autres chefs-d'œuvre picturaux), ne se visitent malheureusement plus. Rejoignez la piazza della Minerva par la via Piè di Marmo (du nom du gigantesque pied de marbre d'une statue romaine). *Via del Corso, 305 Tél. 06 679 73 23 www.dopart.it/roma/ Ouvert tlj. 10h-19h Fermé 1er jan., dim. de Pâques, 25 déc. Tarif 11€ (audioguide en français inclus)*

Il Gesù (plan 3, C3) Ne vous étonnez pas si, en pénétrant dans ce lieu, vous avez une sensation de "déjà-vu". On trouve en effet dans toute l'Europe des églises baroques de ce type, mais il faut savoir que celle-ci est à l'origine des autres. En 1540, la Compagnie de Jésus, fondée par Ignace de Loyola, s'impose comme l'ordre le plus efficace de la Contre-Réforme, évangélisant les terres lointaines des nouveaux mondes. À Rome, la petite église dont disposent ces jésuites, ne reflétant plus le prestige de l'ordre, sera reconstruite dans les années 1580. Sobre, elle est conçue comme un immense espace nu centré autour de l'autel. Dans la seconde moitié du XVIIe siècle, le père Olivia, nouveau général des Jésuites, demande aux peintres les plus célèbres de faire du Gesù un bâtiment exemplaire, qui traduirait l'immense triomphe de l'ordre et de l'Église catholique. Le résultat est éloquent. Les fresques de Baciccia (1676-1679) le long de la nef, sur la coupole, la voûte du chœur et dans l'abside se prolongent jusqu'à se fondre dans les figures allégoriques en stuc modelées par Raggi. Dans le transept gauche, l'autel consacré à saint Ignace par Andrea Pozzo est le plus riche de Rome, couvert de marbres polychromes, d'or et d'argent. À la sortie de l'église, sur la droite, ne manquez pas les Chambres de Saint-Ignace, ne serait-ce que pour l'incroyable couloir en trompe l'œil exécuté par Pozzo. *www.chiesadelgesu.org Ouvert lun.-sam. 7h-12h30 et 16h-19h45, dim. 16h-18h*

La Rome antique

☆ **Les essentiels** La place du Capitole, les musées du Capitole, le Forum romain, le Palatin, les forums impériaux, le Colisée **Découvrir autrement** Assistez aux spectacles lyriques, en été, dans les thermes de Caracalla

☆ La place du Capitole

Piazza del Campidoglio (plan 4, A1) En 1536, à l'occasion de la visite de Charles Quint, le pape Paul II charge Michel-Ange d'aménager l'ensemble et de donner à la capitale de la papauté une place monumentale, conçue comme une terrasse sur la ville. En dépit des contraintes qui s'imposaient (une statue équestre au centre, des dimensions réduites et les vestiges de deux édifices élevés aux XIIe et XVe s.), l'artiste toscan parvient à donner à l'ensemble une ampleur et un caractère grandiose qui consacrent cette scénographie comme une des plus belles de Rome. Cette réussite tient en quelques décisions majeures : transformer les deux bâtiments préexistants et en construire un troisième, au pied de l'église Santa Maria in Aracoeli. À la mort de Michel-Ange, en 1564, les travaux viennent à peine d'être engagés. Un siècle et trois architectes plus tard, la place est achevée, conforme pour l'essentiel au projet initial. On y accède en montant les marches de la **Cordonata**, flanquée des statues de Castor et Pollux. Une fois en haut, face à vous s'élève le Palazzo Senatorio, qu'occupe aujourd'hui la mairie de Rome. La façade du palais est due à Giacomo della Porta. À droite et à gauche, se font face les façades symétriques du **Palazzo dei Conservatori** et du **Palazzo Nuovo**, l'ensemble formant les Musées capitolins. Quant à la statue équestre de Marc Aurèle (161-180 ap. J.-C.), ce n'est qu'une copie, l'original se trouvant à l'abri dans le Palazzo dei Conservatori.

Santa Maria in Aracoeli (plan 4, A1) Encaissée entre l'énorme Vittoriano et l'architecture grandiose de la place du Capitole, cette église peine à se faire remarquer, en dépit de sa belle façade ocre contrastant avec la blancheur du marbre voisin. La légende veut que l'Enfant Jésus soit apparu à l'empereur Auguste, qui lui consacra un autel (*ara*) à cet emplacement. De cette époque, nulle trace. L'église, édifiée par les Franciscains, remonte au XIIIe siècle. À l'intérieur, remarquez son pavement et ses ambons cosmatesques des XIIIe et XIVe siècles et son plafond peint relatant la victoire chrétienne sur les Turcs à Lépante, en 1571. La première chapelle à droite est couverte de fresques splendides de Pinturicchio (fin du XVe s.), narrant des épisodes de la vie de saint Bernardin de Sienne. Enfin, sachez qu'une des croyances romaines les plus populaires est liée à cette église : dans une chapelle voisine de la sacristie, vous pourrez voir la statuette de l'Enfant Jésus (Santo Bambino), dont on dit qu'elle guérit les malades et ressuscite les morts. Le 24 décembre, la foule des fidèles vient remercier le célèbre poupon porté sur un trône le long des 124 marches qui conduisent à l'église, décorées pour l'occasion de bougies allumées. *Piazza del Campidoglio, 4 Ouvert été : tlj. 9h-18h30 ; reste de l'année : tlj. 9h30-17h30*

☆ Les musées du Capitole

On doit aux papes (depuis Sixte IV, en 1471) d'avoir initié et enrichi ces collections d'art de l'Antiquité à la Renaissance et de les avoir ouvertes au public en 1734. Les musées du Capitole sont reliés en sous-sol, permettant ainsi l'accès aux vestiges du Tabularium, d'où la vue sur le Forum romain est à couper le souffle. Vous pouvez, au choix, commencer la visite dans l'une ou l'autre aile. Sachez que la collection du Palazzo Nuovo, surtout consacrée à la sculpture, se visite plus rapidement que l'autre – mais n'en est pas moins incontournable. Si vous êtes à Rome pour plusieurs jours, ne manquez pas la Centrale Montemartini (p.161), second site des Musées du Capitole. Privilégiez alors la Capitolini Card à 8,50€ (valable une semaine), qui combine l'entrée dans deux musées. *Piazza del Campidoglio, 1 Tél. 06 06 08 www.museicapitolini.org Ouvert mar.-dim. 9h-20h Fermé 1er jan., 1er mai, 25 déc. (24 et*

Plan 4 Rome antique

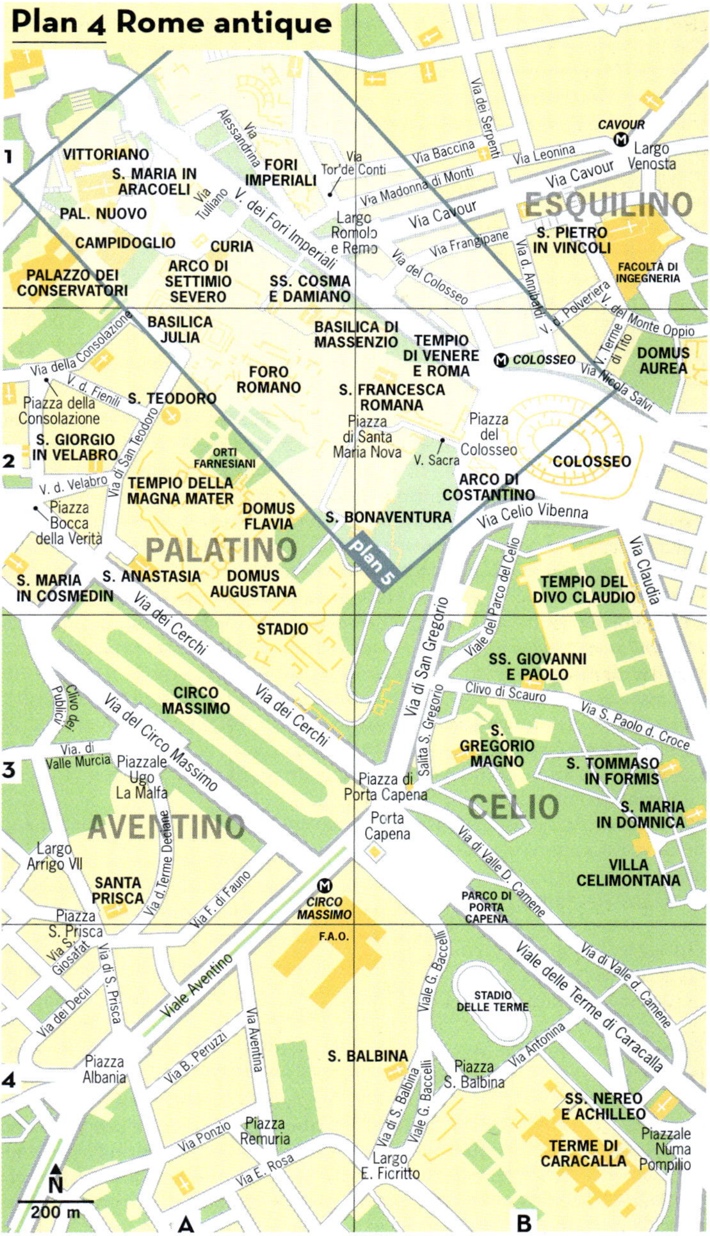

LE LATIUM

LA LOUVE DU CAPITOLE
Salle de la Louve, vous pourrez contempler l'œuvre la plus connue du musée, la Louve, symbole de la Ville éternelle, une sculpture du IVe siècle à laquelle, au XVIe siècle, on ajouta les petits Romulus et Remus.

31 déc. ap.-m.) Tarif 9,50€ ; Musées capitolins + Centrale Montemartini 11,50€ valable 7 jours (suppl. en cas d'exposition temporaire)

Palazzo dei Conservatori (plan 4, A1) Une nouvelle surface d'exposition, bel exemple d'architecture contemporaine, a été inaugurée en décembre 2005 dans ce palais des conservateurs. Conçue par Carlo Aymonino, la vaste salle vitrée, construite sur une partie du jardin romain du palais, porte le nom d'**Exèdre de Marc Aurèle** et réunit, autour de la grande statue équestre de l'empereur, les pièces les plus prestigieuses de la collection : l'Hercule en bronze doré (IIe s.) exhumé sur le forum Boarium, la tête, la main et le globe surmonté d'un pic appartenant au bronze colossal de Constantin (IVe s.). Dans les **appartements des Conservateurs**, dans la salle des Triomphes, vous croiserez l'une des célèbres effigies antiques qui ont donné lieu à tant de reproductions, *Le Tireur d'épine* (Ier s.), ainsi que le buste de Brutus (IIIe s. av. J.-C.), qui eut le courage de condamner à mort ses propres enfants pour trahison. Une curiosité dans la salle des Oies, le **buste de Michel-Ange** (XVIIIe s.) – sculpté, dit-on, d'après la figure du maître sur son lit de mort -, et une étonnante *Tête de méduse*, du Bernin. La salle des Horaces et des Curiaces présente un cycle de fresques, œuvre du Cavalier d'Arpin (1568-1640), se référant aux origines mythiques de la ville : *Découverte de la Louve*, *Combat des Horaces et des Curiaces*, *Rapt des Sabines*, *Romulus trace le sillon de la ville*... Dans la salle des Horti Lamaniani, admirez le buste de Commode en Hercule (180-193) et, dans la salle des Horti di Mecenate, une statue de Marsyas, copie romaine d'un original grec du IIe siècle av. J.-C. ; le fameux silène écorché vif pour avoir défié Apollon. Au pied de l'Exèdre de Marc Aurèle, a été mise au jour la zone du temple de Jupiter Capitolin. Un parcours didactique permet de voir les restes du podium et de comprendre la fondation du Capitole.

Pinacoteca Au deuxième étage, la **Pinacothèque capitoline**, dernière étape de la visite, conserve quelques œuvres majeures de la peinture des XVIIe et XVIIIe siècles, en particulier dans la **salle de sainte Pétronille** : un troublant *Saint Jean Baptiste* et la réjouissante *Bonne Aventure* du Caravage, *Romulus et Remus*, œuvre de Rubens, et le monumental *Enterrement de sainte Pétronille* du Guerchin, où l'inhumation et l'entrée au Paradis de la sainte sont représentées dans un même élan. Au passage, ne manquez pas les portraits de Van Dyck dans la galerie Cini, la salle Pierre de Cortone et celle des peintres bolonais.

Palazzo Nuovo (plan 4, A1) Au rez-de-chaussée, vous découvrirez une fontaine représentant Marforio, une divinité fluviale, ainsi qu'une belle sculpture de Minerve et, au premier, dans la galerie, une statue, intitulée *Vieille Femme ivre*, troublante de réalisme. La **salle des Colombes** tient son nom d'une mosaïque exceptionnelle où l'on peut voir ces oiseaux s'abreuvant ; datée du Ier siècle ap. J.-C., elle provient de la Villa Adriana à Tivoli. Le travail du marbre s'y révèle si minutieux, les couleurs y sont si nuancées que l'on croirait une œuvre peinte (dans la même salle, une autre mosaïque figure deux masques de théâtre). Le

cabinet de Vénus abrite une seule sculpture, l'*Aphrodite du Capitole*, représentant la déesse nue et surprise sortant du bain (IIe s. ap. J.-C.). La **salle des Empereurs** et celle **des Philosophes** alignent des dizaines de bustes. À vous de comparer les différentes coiffures et l'évolution de la mode (tresses, boucles, barbe, crâne rasé...) ; malheureusement, aucune indication ne permet de les distinguer – mais vous pouvez vous faire aider par les gardiens pour repérer Trajan, Hadrien, Cicéron ou Homère. Le Grand Salon contient plusieurs œuvres mythologiques (*Apollon à la lyre*, *Centaures*...). La **salle du Faune** doit son nom à une sculpture en marbre rouge représentant la divinité ivre. Dans la même section, remarquez, aux angles, les statues de deux jeunes garçons, l'un étranglant une oie, l'autre portant un masque, qui symbolisent le passage à l'âge adulte. La **salle du Gladiateur** expose le *Galate capitolin* à la moustache, réplique d'une statue grecque du IIIe siècle av. J.-C. montrant un Gaulois blessé, mourant, et *Amour et Psyché*.

PASSAGE PANORAMIQUE
Les deux palais sont reliés par un passage souterrain, qui donne accès à une galerie panoramique ouvrant sur le Forum.

☆ Le Forum romain

Une des promenades les plus émouvantes de Rome, une véritable plongée dans l'histoire de la civilisation romaine ! Que ceux que les visites archéologiques ennuient d'emblée rangent leurs *a priori* : ici, bien que l'état de conservation des sites ne permette pas toujours à la réalité de l'époque de surgir avec la même vivacité que dans d'autres lieux (tel Ostia Antica), il règne une sérénité mêlée de grandeur que seul le *Caput Mundi* – le centre du monde – pouvait inspirer. Avant de pénétrer dans les lieux, profitez du panorama qui se déploie à l'arrière du Capitole et d'où, en surplomb, vous situerez nettement la Via Sacra, qui s'enfonce tout droit jusqu'au centre du site. ***Entrée** par le Largo Salara Vecchia, 5/6 (via dei Fori Imperiali) ou par le Palatin (via di San Gregorio) Tél. 06 39 96 77 00 www.archeoroma.beniculturali.it Ouvert tlj. 8h30-coucher du soleil Fermé 1er jan., 1er mai et 25 déc. Entrée 12€, inclus Palatin et Colisée Visite guidée en anglais et en italien, audioguides français (4€)*

Basilica Aemilia (plan 5, B2) Les ruines de cette basilique (179 av. J.-C.) expriment bien mal ce qu'elle fut autrefois : un immense espace couvert précédé d'arcades, divisé en quatre nefs abritant à la fois des activités commerciales et politiques. Restaurée plusieurs fois à la suite d'incendies dévastateurs n'ayant laissé que peu de vestiges, cette basilique civile a servi de modèle aux églises chrétiennes.

Curia (plan 5, B2) L'aspect actuel du siège officiel du Sénat correspond aux différentes réfections, notamment après l'incendie de 283 ap. J.-C. et la dernière restauration, en 1930. L'intérieur, grandiose, laisse cependant difficilement imaginer ce qu'était le lieu quand y prenaient place de chaque côté entre 300 et 600 sénateurs. Les deux bas-reliefs exposés là ne s'y trouvaient pas à l'origine : les scènes de bienfaisance qu'ils illustrent, entre Trajan (98-117) et ses citoyens, se déroulent sur le Forum, restituant une image de la vie antique.

Plan 5 Forum romain et forums impériaux

Comitium (plan 5, B2) Du *Comitium*, autrefois articulé à la Curie, il ne reste presque rien. S'y tenaient les assemblées de citoyens, venus là entendre les magistrats qui s'adressaient au peuple depuis des rostres, nom qu'on avait donné par extension aux tribunes dont le soubassement était décoré d'éperons de bronze arrachés aux navires ennemis (rostres). La seule trace parvenue jusqu'à nous est le *Lapis niger* ("pierre noire"), une stèle de marbre noir sur laquelle une inscription rapporte la malédiction entourant cet endroit précis, peut-être liée à la mort de Romulus. *À l'angle de la Basilica Æmilia, en allant vers le Capitole*

CONSEILS
Pour éviter de se retrouver en rangs serrés sous un soleil de plomb, tentez la visite du Forum aux premières heures de la journée. Été comme hiver, le coucher de soleil qui fond en une lumière rose orangé sur les environs est un moment exceptionnel (de la via dei Fori Imperiali, par exemple).

Arco di Settimio Severo (plan 5, B2) Édifié en 203 ap. J.-C. pour célébrer la victoire de l'empereur sur les Parthes, l'**arc de Septime Sévère** est l'édifice le mieux conservé de cette partie du Forum. Haut de presque 21m, il illustre plusieurs scènes des campagnes militaires d'Orient. L'inscription qui chapeaute l'ensemble est dédiée à Septime Sévère et à son fils Caracalla. La quatrième ligne, effacée et récrite, mentionnait aussi Geta, l'autre fils, tué par son frère après la mort de leur père. *Au pied du Capitole, juste à gauche de la Curie*

Rostri Imperiali (plan 5, B2) À proximité de l'arc, il reste peu de traces des rostres impériaux après la démolition du *Comitium* vers 50 av. J.-C. ; les nouvelles tribunes, en forme d'hémicycle, ont été inaugurées un peu plus loin puis agrandies une nouvelle fois par Auguste, sans doute pour effacer le souvenir funeste des têtes de proscrits exposées là (dont celle de Cicéron !), victimes des épurations de 43. Deux éléments symboliques importants se trouvaient à quelques mètres : l'*umbilicus urbis*, le "nombril de la ville", et le *miliarium aureum*, marquant le km 0 des routes au départ de Rome.

Tempio della Concordia (plan 5, B2) Il ne reste que peu de chose du temple de la Condorde édifié en 367 av. J.-C. par le général et homme politique Furius Camille (fin du ve s.-365 av. J.-C.) pour célébrer l'arrêt de la lutte entre patriciens et plébéiens. Le temple fut ensuite utilisé sous l'empereur Tibère (42 av. J.-C.-37 ap. J.-C.) pour conserver des œuvres d'art grecques, et converti alors en sorte de musée.

Tempio di Vespasiano e Tito (plan 5, B2) Face à la colline du Capitole, ce temple dédié à l'empereur Vespasien et à son fils Titus n'a conservé de sa splendeur passée que trois maigres colonnes corinthiennes, disposées en triangle. Commencé sous Titus en l'honneur de Vespasien, divinisé après sa mort en 79, le temple fut achevé en 87 par son frère et successeur au trône Domitien. Sur un morceau d'architrave, on aperçoit (avec de bons yeux) une décoration reprenant divers instruments utilisés lors des sacrifices rituels.

Portico degli Dei Consenti (plan 5, B2) Au pied de la colline du Capitole, douze colonnes corinthiennes alignées sur deux axes constituent les vestiges du portique des Dieux Conseillers. C'est Domitien qui aurait fait élever, au Ier siècle, cet ouvrage monumental afin d'y exposer les statues des douze divinités du panthéon romain. Les dieux auraient été disposés par couples dans les cavités situées derrière les colonnes : Jupiter et Junon, Neptune et Minerve, Mars et Vénus, Apollon et Diane, Vulcain et Vesta et enfin Mercure et Cérès. Sur l'architrave, une inscription indique que des travaux de restauration furent effectués en 367 par le préfet Vettius Agorius Praetextatus : ce fut vraisemblablement le dernier hommage officiel rendu au culte païen à Rome...

Tempio di Saturno-Colonna di Foca (plan 5, B2) À l'arrière, se détachent les huit colonnes restantes du **temple de Saturne**, d'abord utilisé comme trésor public (au Ve s. av. J.-C.). La colonne solitaire qui se dresse à deux pas des rostres, dite de Phocas, est un des derniers monuments honorifiques du Forum : elle a été dédiée par le pape Boniface IV à l'empereur byzantin Phocas en 608 pour le remercier de lui avoir donné le Panthéon, qui deviendra une église.

Basilica Julia-Tempio dei Castori (plan 5, B2) Élevée par César et Auguste au Ier siècle sur l'emplacement d'une ancienne basilique, elle n'a rien gardé de sa grandeur passée, hormis ses dimensions (de 109m de long et 40m de large, elle abritait 5 nefs). Plus en avant dans le Forum, les trois colonnes corinthiennes appartenaient au temple de Castor et Pollux, "sauveurs de Rome", dont la légende rapporte qu'ils étaient apparus aux soldats qui bataillaient en 499 av. J.-C., les conduisant vers la victoire.

Santa Maria Antiqua (plan 5, C2) Le plus ancien lieu de culte chrétien du Forum se dresse derrière le temple de Castor et Pollux, aménagé au VIe siècle sur les vestiges d'un ample vestibule des palais impériaux du Palatin. Les fresques du VIe-IXe siècle qui en décorent les murs constituent un précieux témoignage sur le haut Moyen Âge romain. Dans la chapelle à gauche de l'abside, *La Crucifixion du Christ*, qui date de l'époque du pape Zacharie (741-752), est particulièrement saisissante. Cette petite église aux allures mystérieuses n'est hélas ouverte que ponctuellement dans l'année, pour des célébrations particulières. Le mieux est de s'informer par avance à la Soprintendenza Archeologica. *Tél. 06 69 98 41*

Tempio di Vesta-Casa delle Vestali (plan 5, C2) En continuant, on croise le temple de Vesta, déesse gardienne du feu domestique, et la **maison des Vestales**, chargées de l'entretenir. Cette fonction, d'abord destinée aux filles du roi, puis à quelques filles issues de familles patriciennes, imposait aux prêtresses la chasteté jusqu'à 30 ans, sous peine d'être enterrées vives. La forme du temple évoquerait la hutte circulaire qui abritait le feu sacré de la cité, quand Rome n'était qu'un village. *Via Sacra*

Tempio di Antonino e Faustina (plan 5, B2-C2) De l'autre côté de la via Sacra, le temple d'Antonin et Faustine honore la mémoire de l'empereur et de son épouse (morts respectivement en 161 et 141). Abritant depuis le XIe siècle une église (transformée en 1602), le temple forme un ensemble étonnant avec ses colonnes antiques précédant la façade.

Tempio di Romolo (plan 5, C2) Rien à voir avec Romulus le cofondateur de Rome. Ce temple circulaire a été élevé par Maxence pour son fils mort en 309. La porte en bronze, encadrée par deux colonnes de porphyre et un linteau de marbre, est d'origine. Une partie de l'arrière est aujourd'hui occupée par l'église **Santi Cosma e Damiano** (entrée par la via dei Fori Imperiali).

Basilica di Massenzio (plan 5, C1-C2) Se dressant en surplomb, cette majestueuse basilique a été commencée par l'empereur Maxence en 306 et terminée par son rival Constantin en 312. Trois nefs immenses s'étendaient alors sur 6 000m^2, surmontées d'un toit dont les tuiles de bronze ont été réutilisées au VIIe siècle pour Saint-Pierre. Il faut imaginer l'ensemble décoré de marbres de toutes les couleurs, de statues, de colonnes et de stuc doré. Ce modèle a nourri l'imaginaire de nombreux architectes de la Renaissance, Bramante entre autres, qui s'en inspira pour son projet de reconstruction de Saint-Pierre. Il ne s'agissait pas d'un lieu de culte, mais plutôt d'un espace public faisant office de palais de justice.

Arco di Tito (plan 5, C2) L'arc de Titus doit sa relative conservation au fait d'avoir été intégré aux fortifications médiévales. Érigé en 81, à la mort de l'empereur, il célèbre les faits d'armes de Vespasien et de son fils Titus en Palestine, notamment la destruction de Jérusalem en 71.

Tempio di Venere e Roma (plan 5, D1) À l'est du Forum, à proximité du Colisée, le temple de Vénus et Rome était vraisemblablement le plus grand de la ville antique. L'empereur Hadrien, qui en aurait conçu les plans, le fit élever à l'emplacement de l'atrium de la Domus Aurea et de la statue géante de Néron. Inauguré en 135, il était dédié à la déesse Vénus et à Rome, la ville divinisée, suivant une pratique hellénistique importée au IIe siècle av. J.-C. L'édifice était

L'histoire mouvementée du Foro Romano

Le Forum était au cœur de la vie sociale des Romains de l'Antiquité, à la fois foyer spirituel, lieu de commerce et de sociabilité... Au VIIIe siècle av. J.-C., ce qui n'est alors qu'une vallée marécageuse sert de nécropole aux habitants des environs. Il faut attendre les rois étrusques, dont Tarquin l'Ancien, au VIe siècle av. J.-C., pour que des travaux d'assainissement (la Cloaca Maxima, réseau d'égouts) rendent le lieu habitable. Pavé, cet immense espace ouvert devient le berceau de la ville, s'enrichissant progressivement d'un certain nombre de bâtiments, de statues, de colonnes, de temples et de sanctuaires, d'arcs de triomphe qui témoignent de la grandeur et de la prodigieuse ascension de Rome. Saccagé par les invasions barbares, utilisé comme forteresse au Moyen Âge, pillé puis abandonné, le site n'a plus l'air, à la Renaissance, que d'un pré où paissent de paisibles ruminants (le Campo Vaccino, le "champ aux vaches"). C'est seulement au début du XIXe siècle que, sur ordre de Napoléon, les archéologues entreprennent des fouilles.

constitué de deux *cellae* à abside, deux salles opposées pour chaque divinité. Celle de Rome, tournée vers le Forum, fut intégrée au VIIIe siècle à l'église **Santa Francesca Romana** (entrée par la via dei Fori Imperiali).

Antiquarium del Foro (plan 5, C2) Installé dans l'ancien couvent de Santa Francesca Romana, il exposait jusqu'en 2012 sculptures, parures funéraires, bas-reliefs, etc., mis au jour sur le site. *Tél. 06 39 96 77 00 Fermé pour une durée indéterminée*

☆ La colline du Palatin

Des sept collines, c'est la plus célèbre, le cœur de la ville, là où Romulus et Remus ont été allaités par la louve. La légende raconte que les jumeaux ont fondé Rome à cet endroit, le 21 avril 753 av. J.-C. Curieusement, l'histoire rejoint le mythe, puisque c'est aussi de cette époque que datent les plus anciennes traces de constructions humaines retrouvées par les archéologues... Devenu un quartier résidentiel sous la République, le Palatin se transforme sous l'impulsion des empereurs, qui viennent tous s'y installer : Auguste, Tibère, Caligula, Domitien, Néron, les Flaviens, Septime Sévère... D'où la série de vestiges de valeur qui nous sont parvenus, ainsi que l'étymologie du mot palais (du latin *palatium*). Sachez enfin qu'avec ses pins parasols, ses jardins et sa vue exceptionnelle sur plusieurs points de Rome, la promenade au Palatin est une des plus magiques qui soient. Avant de vous engager dans la visite du site archéologique proprement dite, si vous venez du Forum romain, vous croiserez les jardins Farnèse sur la droite.

DES JARDINS RENAISSANCE
Créés au XVIe siècle par le cardinal Alessandro Farnese, ces jardins occupent l'ancienne Domus Tiberiana (dont subsistent, entre autres, une galerie souterraine, le cryptoportique, avec des traces de peintures, de mosaïques...) et comptent sans doute parmi les plus vieux parcs botaniques d'Europe. **Orti Farnesiani (plan 4, A2)** *Via dei Fori Imperiali Ouvert tlj. 9h-coucher du soleil (1h avant)*

Palatino (plan 4, A2) Vous croiserez d'abord les vestiges d'une des trois "cabanes" découvertes en 1948, sans doute les plus anciennes constructions de la ville (VIIIe s. av. J.-C.). À droite, le **temple de la Magna Mater** ou de Cybèle (191 av. J.-C.) atteste le culte qui était voué à la déesse orientale lors de la seconde guerre punique (219-202 av. J.-C.), après que les oracles eurent intimé aux Romains l'obligation de fonder à Rome un temple en son honneur sous peine de perdre la guerre... En descendant vers la gauche, on rejoint un groupe de maisons datant de la fin de la République, dont la **Casa d'Augusto**, ornées de fresques bien conservées. Plus loin, on pénètre dans le complexe monumental bâti par Domitien à la fin du Ier siècle ap. J.-C., qui deviendra résidence des empereurs**. La Domus Flavia** abrite la partie publique du palais, notamment les salles où l'empereur accordait des audiences et celle où étaient donnés les banquets (triclinium). La **Domus Augustana** voisine était, elle, la demeure privée de l'empereur. L'**antiquarium**, coincé entre les deux maisons, occupe un ancien monastère ; y sont exposés les matériaux issus des fouilles du Palatin : fragments de cabanes de l'âge du fer, poteries, fresques, sculptures, reconstitution d'un village primitif... Le **stade**, visible à droite de la maison, est un édifice qui devait être assez majestueux. Un portique sur deux niveaux, décoré de statues et de fontaines, entoure un terrain ovale (aménagé plus tard), sans doute destiné à des spectacles privés, ou peut-être utilisé comme manège ou jardin. *Via di San Gregorio, 30 Tél. 06 39 96 77 00 www.archeoroma.beniculturali.it Ouvert tlj. 8h30-coucher du soleil Fermé 1er jan., 1er mai, 25 déc. Entrée 12€ (billet couplé avec le Colisée et le Forum romain, valable 2 jours)* **Casa d'Augusto** *Ouvert mai-oct. : lun. 10h30-13h30, mer.-jeu. et sam.-dim. 8h30-13h30 ; nov.-avr. : mer. et sam.-lun. 11h-15h30*

☆ Les forums impériaux

C'est César, à la fin de la République, au Ier siècle av. J.-C., qui entreprend d'agrandir le Forum romain, devenu trop petit pour un empire aux dimensions universelles... Ce qui apparaît d'abord comme une simple extension se traduit ensuite par un véritable enjeu de pouvoir, un lieu où les empereurs voudront tour à tour laisser leur propre empreinte. Les forums deviennent donc un immense complexe public, qui concentre les lieux symboliques et les activités commerciales, politiques et juridiques de la cité. Abandonnés et ensevelis au Moyen Âge, ils ont été redécouverts au moment où Mussolini, qui se voulait l'héritier de ses illustres prédécesseurs, perce la via dei Fori Imperiali, démolissant le quartier médiéval alentour. L'artère monumentale devait exalter les grandeurs de la Rome antique, modèle absolu du régime fasciste, et servir de cadre aux nombreux défilés reliant la piazza Venezia au Colisée. Attention, on ne visite pas les forums impériaux comme on visite le Forum romain : les vestiges sont à ciel ouvert, mais l'on n'y accède pas directe-

La colonne Trajane, une construction délirante

Colonna Traiana (plan 5, A1) Elle déroule, sur 200m de marbre, les moindres détails de la victoire contre les Daces. Imaginez que, à l'époque, les bibliothèques du forum de Trajan étaient alors surmontées de terrasses où il était possible de s'attarder en regardant les mille et un détails des bas-reliefs peints. En effet, rien n'arrêtait Apollodore de Damas, le plus célèbre architecte de l'époque, auteur de l'ensemble du forum : le Syrien était assez fou pour déplacer des tonnes de terre, aplanir des collines ou en élever ailleurs ! Au-dessus de la porte d'entrée, une inscription explique d'ailleurs que la colonne symbolise "la hauteur de la montagne qui fut détruite pour faire place à de si grands monuments", soit 38m de haut. Pour la colonne, il a imaginé un escalier intérieur qui conduit au sommet, éclairé par 45 meurtrières (ouvrez l'œil, elles sont presque invisibles). L'empereur, évidemment, est largement représenté sur les reliefs (pas moins de 60 fois !) et, jusqu'au XVIe siècle, sa statue couronnait même l'ensemble... En 1587, le pape Sixte V, sans doute irrité de tant d'arrogance, lui préféra une statue de bronze de saint Pierre ! *Via dei Fori Imperiali*

LE LATIUM

ment. Clôturés, ils sont néanmoins visibles depuis la via dei Fori Imperiali ; et, depuis 2007, le musée des Forums impériaux permet d'accéder à une partie du forum de Trajan. En toute fin d'après-midi, à l'heure du crépuscule, il est agréable de s'y promener, juste avant de passer de l'autre côté, vers le quartier de Monti, et s'enfoncer dans les ruelles animées pour prendre un apéritif...

Foro di Cesare (plan 5, B2) Il demeure bien peu de chose du forum de César, le plus ancien de tous : à peine quelques colonnes reconstituées, un fragment de corniche et quelques dalles qui soulignent le socle du **temple de Venus Genitrix** (Vénus Mère, dont César se prétendait l'héritier), consacré en 46 av. J.-C. en remerciement de la victoire sur Pompée. Difficile d'imaginer la splendeur passée, le double portique de colonnes où se trouvaient les boutiques et la place dominée par la statue équestre de l'empereur...

Foro di Traiano (plan 5, A1) Le dernier des forums, celui de Trajan, édifié entre 107 et 113, est le plus grand et le mieux conservé de tous, bâti avec le butin rapporté de la campagne de Dacie (*grosso modo*, l'actuelle Roumanie). En son temps, et même après la mort de l'empereur, ce forum a constitué l'un des principaux centres politiques et administratifs de la cité, particulièrement imposant avec la **basilique Ulpia** (nom de famille de Trajan), la plus grande jamais construite à Rome (17m sur 60m). Élevée en son centre, elle était divisée en cinq nefs ; vous pouvez encore apercevoir deux des quatre rangées de colonnes qui les séparaient. Deux bibliothèques (grecque et latine), encadrant la colonne Trajane (p.115), fermaient l'ensemble.

☺ **Mercati Traianei (plan 5, A1)** En remontant les escaliers de la via Magnanapoli, juste à côté du forum de Trajan, on arrive devant les Marchés de Trajan, un édifice monumental de briques rouges, construit en hémicycle sur trois niveaux. On a longtemps pris ces édifices pour des marchés, avec entrepôts, étals de vente au détail... Il semblerait plutôt que cet ensemble ait accueilli des fonctions diverses : bureaux, tribunaux, auditoriums, boutiques... Traversé de rues pavées reliant les quartiers environnants, il a été réutilisé sans interruption au fil des siècles, notamment en château défensif – voir la Torre delle Milizie, XIIe-XIIIe siècle –, puis en couvent Sainte-Catherine-de- Sienne. De l'époque romaine, subsistent les portiques en travertin, les petits espaces des boutiques longeant la via Biberatica (un nom qui en dit long sur la nature des négoces alentour... dédiés à la boisson), la décoration de certains sols en mosaïques blanches et noires et quelques traces de fresques (IIIe s. ap. J.-C.). Depuis fin 2007, le **musée des Forums impériaux** qui y a pris place permet de parcourir ce remarquable ensemble et de découvrir des objets issus des fouilles. *Via IV Novembre, 94 Tél. 06 69 95 50 76 Ouvert mar.-dim. 9h-19h (caisse fermée à 18h) Fermé 1er jan., 1er mai, 25 déc. (24 et 31 déc. ap.-m.) Tarif 9,50€*

Foro d'Augusto (plan 5, B1) Avec le **temple de Mars Ultor** (le Vengeur), le forum d'Auguste est le deuxième des forums impériaux, construit après la victoire sur Brutus et Cassius, meurtriers de César, à la bataille de Philippes en 42 av. J.-C. Le mur monumental qui subsiste encore témoigne de la volonté de l'empereur d'isoler le forum de Suburre, une zone malfamée qui s'étendait à l'arrière.

Foro di Nerva (plan 5, B1) Peu de traces, comme pour les autres : Domitien, qui le fait bâtir, ne le verra pas achevé et c'est Nerva qui l'inaugure, en 97 ap. J.-C. Il ne subsiste presque rien du temple dédié à Minerve après que le pape Paul V l'eut saccagé au XVIIe siècle pour en récupérer les marbres.

Foro della Pace (plan 4, B1) Le forum de la Paix ou de Vespasien s'étendait de la **Torre dei Conti** (tour médiévale élevée sur les ruines de l'enceinte du Forum, à proximité de la via Cavour) à l'église **Santi Cosma e Damiano**, qui occupe la bibliothèque du forum. Si l'église est ouverte, jetez un coup d'œil aux splendides mosaïques des VIe et VIIe siècles qui ornent l'abside. C'est aussi dans cette église que vous pourrez voir la partie la mieux conservée du temple de la Paix, élevé par Vespasien entre 71 et 75 ap. J.-C. pour célébrer la victoire de Jérusalem.

Autour du Colisée

☆ **Colosseo (plan 4, B2)** Paris a sa tour Eiffel, Rome son Colisée. Sa silhouette blanche se détachant sur le ciel rouge du crépuscule est sans doute le cliché romain le plus récurrent. Ce monument symbolise bien plus qu'une prouesse architecturale, il est aussi le témoin d'un certain nombre de poncifs qui courent sur la civilisation romaine : "Du pain et des jeux", "Ave César !", "Ceux qui vont mourir te saluent ! "... Commencé en 72 sous le règne de Vespasien, achevé en 80 par son fils Titus, l'**amphithéâtre Flavien** (du nom de leur dynastie) est le premier de cette importance, bâti en pierre pour ne plus être la proie des flammes. Son appellation vient en fait de la statue colossale de Néron qui se dressait à proximité, le Colisée (*Colosseo* en italien) ayant été élevé à l'emplacement d'un ancien lac artificiel où se trouvaient les jardins de la Domus Aurea du tyran. La **façade extérieure**, répartie sur trois niveaux atteignant 57m de hauteur, est pour le moins monumentale avec sa succession d'ordres (dorique, ionique puis corinthien) ; l'intérieur, tel qu'il est aujourd'hui, est un peu décevant. Difficile d'imaginer les gradins, difficile aussi d'imaginer le **velarium**, cette fabuleuse invention : pour protéger les spectateurs des intempéries ou du soleil, une immense toile était tendue, soutenue par des mâts hissés au sommet de l'édifice (sur le quatrième niveau de la façade, à moitié conservé). Pour la mettre en place, on faisait appel à un détachement de la marine impériale, dont pas moins de 1 000 hommes étaient affectés à la manœuvre. L'autre astuce architecturale, reprise jusqu'à nos jours dans les stades, concerne le système complexe d'escaliers, les *vomitoria*, qui permettaient aux spectateurs d'entrer et sortir en quelques minutes... À l'occasion de la dernière restauration, des ascenseurs ont été aménagés pour rendre accessibles les étages supérieurs du Colisée. *Tél. 06 39 96 77 00 Ouvert tlj. 8h30-coucher du soleil Fermé 1er jan., 1er mai, 25 déc. Entrée 12€ (billet couplé avec le Palatin et Forum romain) Visites guidées tlj. en anglais et en italien, audioguides en français*

☺ **Domus Aurea (plan 4, B2)** Après des années de restauration, la "Maison dorée" a été rouverte en juin 1999... pour refermer en 2006, dans l'attente de nouveaux travaux de consolidation. La fascination entourant la Domus Aurea tient pour partie à son histoire tragique. Au cours de l'été 64, un incendie dévastateur ravage Rome ; les soupçons se portent sur l'empereur lui-même. Néron aurait provoqué le sinistre pour disposer d'une immense superficie dans le dessein d'y bâtir une résidence royale jamais égalée. Véritable ville dans la ville, la maison est imprégnée de symbolisme solaire (orientation astronomique, lumière...), célébrant ainsi l'empereur qui s'identifiait au soleil. Maisons, monuments, statues venues de Grèce et d'Asie, jardins, lacs artificiels recouvraient 800 000m², le tout baigné d'or ! En 68, après le suicide de Néron, commence une période de plusieurs siècles qui verra le palais saccagé, négligé, oublié. Les empereurs qui lui succèdent s'empressent d'effacer les moindres traces du tyran, réduisant les vestiges à une peau de chagrin. Vespasien fait construire le Colisée, Trajan bâtit les thermes. Déjà pillée à l'époque impériale, la Domus Aurea n'a survécu qu'à travers quelques descriptions historiques (Suétone) et dans des copies de peintres, réalisées quand les fresques et les mosaïques étaient encore parfaitement visibles. Demeurent quelques traces des revêtements précieux, des marbres provenant des carrières de tout l'Empire, des bronzes et des panneaux d'ivoire qui recouvraient les plafonds de la centaine de pièces fouillées. *Via Domus Aurea Viale della Domus Aurea, dans les jardins du Colle Oppio Tél. 06 39 96 77 00 Fermé pour travaux*

Arco di Costantino (plan 4, B2) En allant vers le Colisée, vous croiserez l'arc de Constantin, le plus grand et le mieux conservé de tous. Élevé en 315 ap. J.-C., ce monument tardif célèbre la victoire de Constantin sur Maxence au pont Milvius en 312. Intégré dans les fortifications médiévales, il en a été dégagé à la fin du XVIIIe siècle. De loin, il est du plus bel effet, avec ses proportions harmonieuses et sa riche décoration sculptée. De près, et si vous avez l'œil un peu exercé après quelques visites archéologiques, vous remarquerez que, pour la plupart, ses bas-reliefs proviennent d'anciens monuments (du forum de Trajan ou de l'arc de Marc Aurèle...). Les sculptures contemporaines, plus grossières (sur les piédestaux des colonnes, par exemple), trahissent le déclin de Rome, qui perdait progressivement sa fonction de capitale au profit de Constantinople. *Piazza del Colosseo*

● Où prendre un apéritif face au Colisée ?

Oppio Caffè (plan 8, A3 n°3) Pour un apéro branché face au Colisée illuminé, ce bar tout en acier, verre et fibre optique s'avère un très bon "spot". Il offre également une halte de qualité pour le *caffè* du matin ou un déjeuner sur le pouce, avec des *tramezzini* maison (jambon, fromage ; thon, artichauts ; tomate, mozzarella, basilic). *Aperitivo alla milanese* de 18h à 21h, *tramezzino* 2€ au comptoir, *antipasti, primi*, pizzas et salades 8-12€, apéritif avec buffet libre 10€. *Via delle Terme di Tito, 72 Tél. 06 474 52 62 www.oppiocaffe.it Ouvert tlj. 7h-2h*

Du théâtre de Marcellus aux thermes de Caracalla

☺ **Teatro di Marcello (plan 3, C3)** Commencé par César et achevé en 11 av. J.-C. par Auguste, ce dernier le dédia à la mémoire de Marcellus, le fils de sa sœur Octavie. Le théâtre de Marcellus, qui comptait près de 15 000 places, servit vraisemblablement de modèle aux concepteurs du Colisée. On peut encore admirer ses deux premiers étages, de styles dorique et ionique, tandis que le troisième, corinthien, a été remplacé par le palais des Orsini. Ses

CONCERTS EN PLEIN AIR AU TEATRO DI MARCELLO
Des concerts de musique classique dans un théâtre antique : la magie opère chaque année de juin à septembre. La programmation très éclectique va de Bach aux gospels américains en passant par Keith Jarrett, Gershwin et Debussy. *www.tempietto.it*

41 arcades, ornées de masques de comédi de marbre, étaient encadrées de 42 pilastres. La scène monumentale accueillait des représentations théâtrales, des concours de poésie et de musique. Au IVe siècle, le théâtre fut abandonné et des éléments de son architecture furent récupérés pour d'autres constructions (dont la restauration du ponte Cestio). Sa transformation en forteresse, au XIIIe siècle, par les Savelli le sauva de la démolition. En 1519, la famille demanda à Baldassare Peruzzi d'y aménager un palais, qui fut acheté en 1712 par les Orsini. Les arcades inférieures du théâtre, occupées depuis le Moyen Âge par des ateliers d'artisans et des habitations modestes, furent dégagées à partir de 1926, lorsqu'on entreprit la restructuration de toute la zone. *Via del Teatro di Marcello Tél. 06 06 08 38 19* **Parc** *Ouvert avr.-oct. : tlj. 9h-19h ; nov.-mars : tlj. 9h-18h (théatre ne se visite pas)*

☺ **Santa Maria in Cosmedin (plan 4, A2)** Une église fondée au VIe siècle et agrandie au VIIIe siècle par les Grecs. Son campanile du XIIe siècle, avec sa superposition de baies s'élevant jusqu'au ciel, est l'un des plus réussis du genre à Rome. La sobriété intérieure de l'édifice est relevée par un magnifique pavement et un mobilier cosmatesques. *Piazza Bocca della Verità, 18 Tél. 06 678 77 59 Ouvert mai-sept. : tlj. 9h30-18h ; oct.-avr. : tlj. 9h30-17h*

Circo Massimo (plan 4, A3) Situé au cœur de la vallée de la Murcia, avec le Palatin d'un côté, l'Aventin de l'autre, **le Circus Maximus** est sans doute le plus ancien cirque de Rome. Pour certains, il remonterait même au VIIe siècle av. J.-C., quand le roi étrusque Tarquin l'Ancien décide d'un emplacement pour les courses de chars. Par ailleurs, c'est à partir du Ier siècle av. J.-C. que le lieu se développe : des travaux d'agrandissement engagés par César permettent alors à près de 300 000 spectateurs de prendre place dans les gradins. De toutes les manifestations, ce sont les courses de chars qui étaient les plus spectaculaires : les quadriges élancés autour de la *spina* – arête centrale longue

La bouche de la vérité

Piazza Bocca della Verità (plan 4, A2) La place de la Bouche de la Vérité, qui accueillait autrefois le forum Boarium, le "marché aux Bœufs", réunit aujourd'hui tous les composants de la "carte postale romaine" : deux temples antiques, une église romane, une fontaine baroque et des pins parasols... Son nom, provient de la "bouche" conservée dans le sanctuaire voisin de Santa Maria in Cosmedin. Cette "Bocca" est en fait une plaque d'égout antique, abritée sous le portique de l'église ; selon la légende, elle devait engloutir la main de tout menteur qui s'y aventurerait.

0m – devaient faire sept tours dans le sens inverse des aiguilles . Aujourd'hui, le lieu est plutôt désert, fréquenté de temps à autre s cool" ou des amateurs de foot venus s'entraîner. Il arrive néan- y rassemblent des foules dignes des courses d'autrefois, comme à l'occasion de la gigantesque manifestation organisée par les syndicats en mars 2002 (près d'un million de personnes !) ou lorsque l'Italie a remporté la Coupe du monde de football, en juillet 2006. Environ 150 000 *tifosi* en liesse convergèrent alors vers le Circo Massimo pour y accueillir les "héros" de la Squadra Azzurra à leur retour d'Allemagne. *Via del Circo Massimo*

☺ **Terme di Caracalla (plan 4, B4)** Bâtis entre 212 et 235 et utilisés jusqu'au VIe siècle, ces thermes exceptionnels sont les mieux conservés de Rome. Ils pouvaient accueillir près de 1 600 personnes : outre les baigneurs, on croisait aussi des musiciens, des comédiens, des vendeurs ambulants…, en plus du personnel chargé des soins (nombreux masseurs, épileurs…). Le parcours consistait en général à passer d'abord par le gymnase, où l'on s'exerçait et transpirait. Une fois le corps frotté et huilé, on entrait dans différents bains, d'abord chaud, puis tiède et froid, avant de se rendre à la bibliothèque, par exemple, pour se reposer et se cultiver. En un mot comme en cent, et pour reprendre ceux du poète Juvénal, les thermes se devaient de faire vrai l'adage *Mens sana in corpore sano*, "Un esprit sain dans un corps sain". Sachez qu'en plus des magnifiques mosaïques visibles sur place, d'autres, et non des moindres (la mosaïque des Athlètes par exemple), sont conservées aux musées du Vatican. *Viale delle Terme di Caracalla, 52 Ouvert mar.-dim. 9h-coucher du soleil, lun. 9h-14h Fermé 1er jan., 25 déc., lun. de Pâques Tarif 6€ (audioguide 4€). Billet valable 7 jours incluant la Villa dei Quintili et le Mausoleo di Cecilia Metella*

● Aller à l'opéra dans des thermes antiques

Durant l'été, les représentations de l'opéra de Rome se déroulent dans le cadre magique – et antique – des thermes de Caracalla. *Aïda, Tosca, Carmen* sur fond de ruines, dans la touffeur d'une nuit romaine : un bonheur qu'il serait dommage de se refuser… *www.operaroma.it*

Le Vatican

☆**Les essentiels** La basilique et la place Saint-Pierre, les "*stanze*" de Raphaël, la chapelle Sixtine **Découvrir autrement** Admirez Rome de la terrasse du Castel Sant'Angelo, faites le plein de bonnes choses à l'épicerie Castroni

Tout d'abord un chiffre : 0,44km², un tout petit chiffre qui a bien du mal à résumer les va-et-vient de l'Histoire et l'influence qu'exerce encore le Vatican, en la personne du pape, bien au-delà des limites de ce territoire. Les accords du Latran ont statué en 1929 sur les rapports qu'entretiendraient désormais l'Église et l'État italien. Le pape règne ainsi sur cette minuscule enclave mais reste en dehors de la vie politique de la péninsule. La visite du Vatican donne l'idée d'un monde à part, avec ses gardes suisses venus d'un autre âge, sans doute autant photographiés que la garde royale britannique. L'indépendance de l'État peut sembler bien mince au regard des quelques vestiges de son ancienne puissance : un émetteur radio (105FM, Radio Vaticano, qui diffuse aussi des journaux en français et en anglais), une poste réputée pour son efficacité et ses jolis timbres (avis aux philatélistes !), un organe de presse (*L'Osservatore romano*), une gare de marchandises, un héliport...

La place Saint-Pierre

☆ **Piazza San Pietro (plan 6, B3)** C'est au Bernin qu'on doit cette prouesse architecturale ! En 1656, le pape Alexandre VII lui demande de tracer une place qui permette au plus grand nombre de voir le pontife bénir les fidèles depuis le balcon de la basilique, tout en conservant l'obélisque du cirque de Néron dressé là depuis 1586. Le projet définitif est un gigantesque théâtre ovale, bordé d'une quadruple colonnade pouvant abriter les processions ou le passage des carrosses. Aujourd'hui, 6 millions de personnes foulent la place chaque année, le point d'orgue étant atteint lors des apparitions dominicales du pape (à midi, lorsqu'il est à Rome). Deux suggestions pour parvenir jusqu'à la basilique : la plus classique consiste à emprunter la via della Conciliazione, percée dans les années 1940 sur une idée de Mussolini pour relier le centre-ville au Vatican. De cet endroit, la façade de la basilique vole presque la vedette à la coupole, engloutie derrière la série de 140 statues surmontant la colonnade. L'autre accès part de la station de métro Ottaviano (ligne A) : longez la via Ottaviano jusqu'à la piazza del Risorgimento ; de là, empruntez la via del Mascherino jusqu'aux murs qui marquent la frontière du Vatican, frontière que l'on ne perçoit pas de l'autre accès. Derrière ces murs s'étire la quadruple colonnade que vous traverserez avant d'embrasser la place, grandiose, d'un seul regard.

☆ **Basilica San Pietro (plan 6, B3)** L'histoire de la basilique Saint-Pierre pourrait faire l'objet d'un feuilleton à rebondissements. Constantin, premier empereur chrétien, fait élever une première basilique à cet endroit, juste au-dessus de la tombe de l'apôtre Pierre, en 313. L'édifice a tenu bon, tant bien que mal, jusqu'au XVe siècle, époque à laquelle les papes, de retour d'Avignon, décident de reconstruire une basilique sur les vestiges de l'édifice paléochrétien. Pendant un demi-siècle, la question de son plan va opposer les architectes les plus en vue : de Bramante, en 1506, à Michel-Ange, en 1547, on passera alternativement d'un plan en croix grecque à un plan en croix

Conditions d'accès et informations sur le Vatican

Aucun permis de visite n'est requis pour accéder à la basilique ou aux musées, mais prévoyez une bonne journée... et une tenue correcte, au risque d'être refoulé à l'entrée. Pour obtenir des renseignements, s'inscrire aux visites guidées, acheter des timbres... rendez-vous au bureau d'informations touristiques.
Ufficio Pellegrini e Turisti *Piazza San Pietro Tél. 06 69 88 16 62 www.vatican.va Ouvert lun.-sam. 8h30-18h30*

Plan 6 Le Vatican

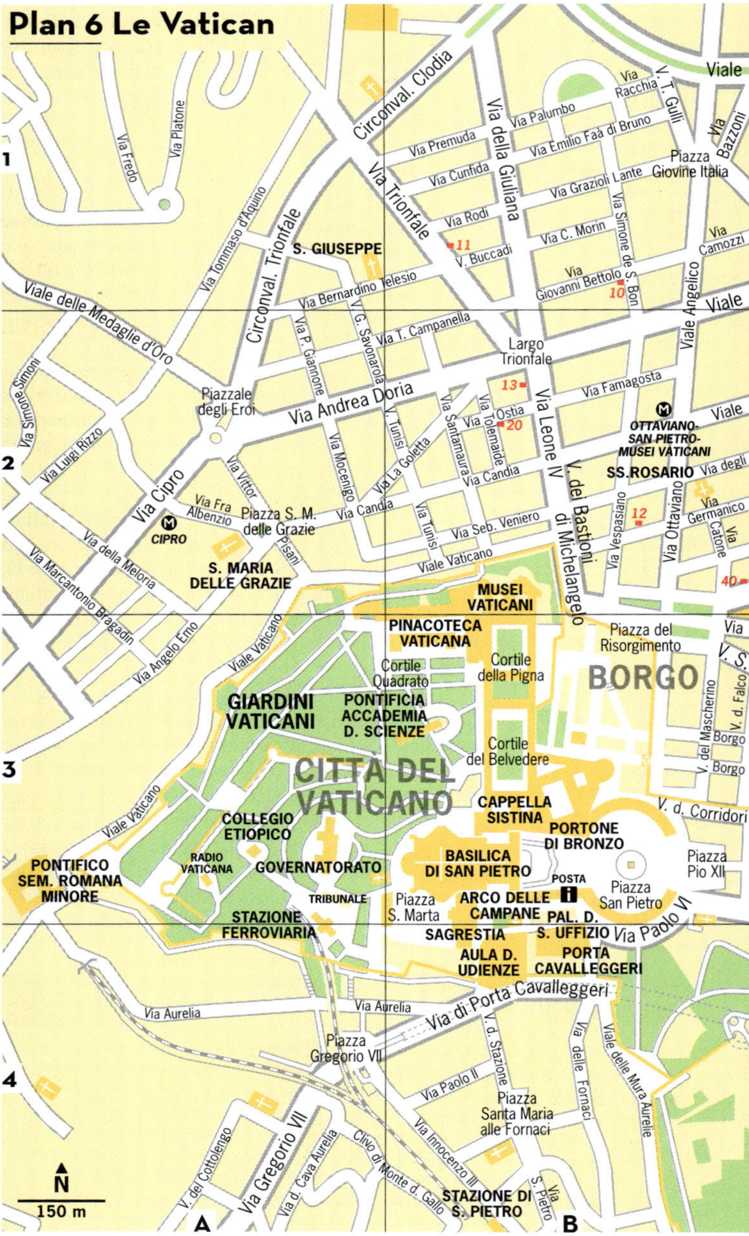

Restauration (n°10 à 13)

Antico Falcone ______ **11** B1
Dal Toscano ______ **12** B2
Dino&Tony ______ **13** B2
Osteria dell'Angelo ______ **10** B1

Café et lieu de sortie (n°20 et 21)

Alexanderplatz ______ **20** B2
La latteria* ______ **21** C3

Hébergement (n°30 à 33)

Bramante ______ **33** C3
Colors ______ **30** C2
Hotel Florida ______ **31** B2

Shopping (n°40 et 41)

Castroni* ______ **40** B3
Franchi* ______ **41** C3

*À RETROUVER DANS LA PARTIE DÉCOUVRIR

latine… Bien que ne cachant pas son mépris pour Bramante, Michel-Ange décide finalement de respecter le projet initial et opte pour un plan en croix grecque. Quand il meurt, en 1564, à l'âge de 87 ans, la coupole est à peine engagée (elle ne sera achevée qu'en 1590). Si l'ouvrage est mené à bien en respectant la plupart des consignes du maître, le plan définitif adoptera… une croix latine : la nef est en effet allongée pour accueillir un plus grand nombre de fidèles. Plus tard, c'est au tour de la façade d'être l'objet de controverses. Confiée à Carlo Maderno en 1607, elle sera poursuivie par le Bernin, qui lui ajoute deux tours si impopulaires qu'elles seront démolies à peine édifiées. Cependant, personne ne contestera à l'artiste sa conception de la place. *Piazza San Pietro Tél. 06 69 88 34 62 Le mercredi, jour d'audience papale, la basilique n'ouvre qu'à 13h Tenue correcte exigée : épaules et genoux couverts pour tous, les gardiens sont intraitables même en cas de canicule !* ***Visites guidées*** *En été : cf. Bureau d'informations touristiques de la Place Saint-Pierre*

LE TRÉSOR DE SAINT-PIERRE

Du sud du transept gauche, vous accéderez au **Musée historique** qui conserve des reliques et des objets de cultes. *Ouvert avr.-sept. : tlj. 8h-19h ; oct.-mars : tlj. 8h-18h15 Tarif 6€*

Visite Le **portique** qui précède l'intérieur de la basilique abrite une mosaïque attribuée à Giotto (vers 1298), déjà présente dans l'édifice paléochrétien. Cinq portes donnent accès au sanctuaire : remarquez celle à l'extrême droite, la **Porta Santa** (elle n'est ouverte que tous les 25 ans, à l'occasion des jubilés), et celle du milieu, héritée de l'ancienne basilique. Bien qu'il s'agisse du plus grand édifice religieux au monde, on perçoit peu ce gigantisme en entrant. La juxtaposition de marbres polychromes, de dorures, de sculptures et de mosaïques adoucit les lignes et atténue les dimensions colossales de l'ensemble. C'est la patte du Bernin qui attire toute l'attention : son imposant **baldaquin**, haut de 29m, couronne l'autel pontifical et la tombe de saint Pierre, jouant le rôle de pivot autour duquel s'articulent tous les espaces. C'est du Panthéon que provient le bronze qui a servi à le couler, épisode à l'origine d'un célèbre dicton : *Quod non fecerunt barbari, fecerunt Barberini* – "Ce que les barbares n'ont pas fait, les Barberini l'ont fait" (le pape Urbain VIII, commanditaire du baldaquin, est un membre de la famille Barberini). Le Bernin réalise encore d'autres pièces pour la basilique : des statues de saints dans les niches des pilastres qui soutiennent la coupole, la **chaire de saint Pierre** dans l'abside et les monuments funéraires d'Urbain VIII et d'Alexandre VII, respectivement dans l'abside et dans le transept gauche. À droite, juste après l'entrée, vous n'aurez sans doute pas manqué la *Pietà*, sculptée par Michel-Ange en 1500. Elle est protégée par une vitre depuis qu'un déséquilibré l'a mutilée dans les années 1970. C'est la seule œuvre signée par l'artiste (sur le manteau de la Vierge), peut-être pour dissiper les rumeurs qui l'attribuaient à d'autres. Remarquez encore les monuments funéraires signés Canova : celui de Clément XIII dans le transept droit (daté de 1788-1792) et ceux des derniers Stuarts, à gauche au début de la nef centrale (1817-1819). Enfin, juste avant la croisée du transept, observez, sur la **statue médiévale de saint Pierre**, le pied du saint poli par les baisers des fidèles ; et, dans la nef gauche, le tombeau d'Innocent VIII (1498) par Antonio Pollaiolo.

Grotte Vaticane Trois mètres au-dessous de la nef centrale, ces grottes constituent une véritable église souterraine, où des chapelles aménagées dans des salles voûtées accueillent les sépultures de 63 papes, mais aussi de rois et de reines (comme Catherine de Suède) qui souhaitèrent reposer pour l'éternité auprès de la tombe de saint Pierre. Outre les vestiges du sanctuaire constantinien, vous remarquerez les fresques attribuées à Pietro Cavallini, les bronzes d'Antonio del Pollaiolo et les sculptures d'Arnolfo di Cambio. Attendez-vous à rencontrer une certaine affluence : le tombeau de Jean-Paul II, qui trône près de la crypte de la confession, attire de nombreux fidèles. *Accès à droite en sortant de la basilique Ouvert avr.-sept. : tlj. 8h-18h ; oct.-mars : tlj. 8h-17h30 Entrée libre*

● Monter dans la coupole de Saint-Pierre

Cupola di San Pietro Son ascension permet de profiter d'un point de vue superbe sur la ville. Attention : l'ascenseur vous monte jusqu'à la coupole, mais il vous restera à gravir pas moins de 537 marches d'un escalier exigu pour profiter du panorama. *Accès à gauche en sortant de la basilique Ouvert avr.-sept. : tlj. 8h-18h ; oct.-mars : tlj. 8h-17h Tarif 7€ (avec ascenseur) et 5€ (par l'escalier)*

● Assister à la relève de la garde Depuis 1505, les gardes suisses assurent la sécurité du souverain pontife. Reconnaissables à leurs costumes bariolés, ils constituent la plus ancienne et la plus petite armée du monde. La relève de la garde s'effectue toutes les heures à l'Arco delle Campane, toutes les deux heures au Portone di Bronzo.

Les musées du Vatican

En dehors de la chapelle Sixtine et des "*stanze*" de Raphaël, ses deux départements les plus connus, les musées du Vatican sont aussi riches d'autres

Visite des musées du Vatican

Musei Vaticani (plan 6, B3) Vous parviendrez aux Musei Vaticani en quelques minutes de la place Saint-Pierre, en remontant la via di Porta Angelica et en longeant les murs vers le nord. Ne vous laissez pas décourager par la queue qui, avant l'ouverture des portes, s'étire parfois jusqu'à la place Saint-Pierre. Il y a toujours du monde, même en semaine, même en plein hiver, même très tôt le matin..., mais l'accès au musée se fait ensuite relativement rapidement, surtout si vous venez à l'heure du déjeuner ou le mercredi matin, au moment de l'audience papale. Pensez aussi à acheter votre billet sur Internet, vous éviterez ainsi l'attente à l'entrée. *Viale Vaticano http://mv.vatican.va Ouvert lun.-sam. 9h-18h (billetterie 16h) Gratuit dernier dim. du mois 9h-14h (billetterie 12h30) Fermé dim., 1er et 6 jan., 11 février, 19 mars, Pâques et lundi de Pâques, 1er Mai, Ascension, Fête-Dieu, 29 juin, 15 août, 1er nov., 8, 25 et 26 déc. Tarif 15€ Audioguide 7€ (prévoir une pièce d'identité)* sections. Le **Musée égyptien** témoigne de l'égyptomanie qui saisit l'Europe vers le milieu du XIXe siècle, même si nombre de ces pièces décoraient déjà les villas romaines de l'Antiquité. Pour ceux qui disposent encore de temps, sachez que la **Bibliothèque apostolique** abrite une magnifique collection de papyrus. Attention : l'ouverture de certaines salles est aléatoire. En revenant sur vos pas, vous remarquerez sans doute la quarantaine de cartes géographiques dans la galerie du même nom, datant des années 1580. Toutes les régions italiennes y sont représentées. Suit une collection de tapisseries sur des dessins de Raphaël. Les plus assidus iront encore voir les statues, bustes et bas-reliefs romains de la **galerie Chiaramonti**, les chefs-d'œuvre du Musée étrusque ou du Musée chrétien.

LES JARDINS DU VATICAN

Du sommet de la coupole de Saint-Pierre, vous aurez une vue plongeante sur ces magnifiques jardins. Une visite guidée de 2h permet d'y accéder.
Giardini Vaticani *Tarif 32€* ***Réservation*** *Au moins une semaine avant le jour de votre visite par fax 06 69 88 40 19, mail visiteguidatesingoli.musei@scv.va ou sur le site mv.vatican.va*

Museo Pio-Clementino Fondé à la fin du XVIIIe siècle, il accueille les plus importants chefs-d'œuvre grecs et romains du Vatican. Le cabinet de l'**Apoxyomène** : il s'agit d'une superbe copie romaine d'un bronze grec de Lysippe, où un athlète essuie sa transpiration avec son *strigile* (racloir). La cour octogonale du Belvédère (et ses quatre cabinets d'angle), construite par Bramante sous le pontificat de Jules II, réunit des exemples importants de la sculpture antique qui influencèrent durablement Michel-Ange et les artistes de la Renaissance. Parmi les plus connus, retenons : l'**Apollon du Belvédère**, statue romaine du IIe siècle d'après un original grec en bronze, véritable sommet de perfection et de virtuosité technique ; le **groupe du Laocoon**, également une copie romaine, trouvé près de la Domus Aurea, représentant la mort du prêtre troyen étouffé avec ses fils par deux énormes serpents – une punition pour celui qui avait offensé les dieux en mettant ses concitoyens en garde contre le fameux cheval de Troie ; la **Vénus de Cnide**, copie romaine du IIe siècle de l'*Aphrodite* sculptée par Praxitèle. Le cabinet de Canova expose trois statues (vers 1800), dont un **Persée triomphant** tenant la tête de Méduse, pour lequel l'artiste néoclassique s'inspira fortement de l'*Apollon du Belvédère*. La salle des Animaux conserve un amusant bestiaire de fragments récupérés sur des sculptures antiques très restaurées au XVIIIe siècle. La salle des Muses contient sept statues exhumées près de Tivoli, au centre desquelles trône le puissant **Torse du Belvédère**, un original grec du Ier siècle av. J.-C. de l'Athénien Apollonius, qui représenterait ou Hercule ou Ajax méditant son suicide. La Rotonde, construite par Simonetti à la fin du XVIIIe siècle, vous fera penser à une réplique miniature de la coupole du Panthéon. Ne manquez pas d'y admirer l'**Hercule** en bronze doré du IIe siècle mis au jour près du campo de' Fiori. Dans la salle à croix grecque, deux immenses sarcophages en porphyre rouge, celui de sainte Hélène et celui de Constance, la mère et la fille de Constantin.

☆ **Stanze di Raffaello** Appelé par Jules II pour décorer les appartements papaux, l'artiste illustre dans la chambre de la Signature les disciplines essentielles : sur la voûte s'y retrouvent la théologie, la philosophie, la poésie et le droit, auxquelles correspondent les scènes des murs latéraux. *L'École d'Athènes* (1510-1511) représente ainsi la sagesse antique : sous les traits de Platon se cache Léonard de Vinci, sous ceux d'Héraclite, Michel-Ange, et Raphaël s'est mis en scène lui-même, avec un bonnet noir, à l'extrême droite de l'ensemble. Suivent la chambre d'Héliodore, qui célèbre la gloire de l'Église, et celle de l'Incendie du Borgo, dont Raphaël n'aurait réalisé que les dessins, tout comme pour la chambre de Constantin, exécutée par Giulio Romano.

Pinacoteca La pinacothèque conserve une des collections les plus riches d'Italie. On regrette un peu que ces chefs-d'œuvre soient si peu mis en valeur... Difficile de retrouver les pièces essentielles. Ne manquez pas, cependant, quelques incontournables : *Triptyque Stefaneschi* de Giotto (salle II), *Histoire de saint Nicolas de Bari* de Fra Angelico (salle III), *Ange jouant du luth* de Melozzo da Forlì (salle IV), *Pietà* de Lucas Cranach l'Ancien (salle V), *Vierge à l'Enfant et quatre saints* du Pérugin (salle VII), *Couronnement de la Vierge* et *Transfiguration* de Raphaël (salle VIII), *Saint Jérôme* (inachevé) de Léonard de Vinci (salle IX), *Vierge à l'Enfant* du Titien et *Vision de sainte Hélène* de Véronèse (salle X), *Communion de saint Jérôme* du Dominiquin et *Déposition de Croix* du Caravage (salle XII).

☆ La chapelle sixtine

Combien de fois avez-vous vu des fragments de ces fresques reproduits ailleurs, sur des cartes postales ou des affiches ? Et pourtant, la surprise et l'émotion sont intactes. D'abord en raison des dimensions : une salle rectangulaire de 40m de long sur 13m de large, haute de plus de 20m, avec un plafond de 1 000m^2.

Jugement dernier L'ultime décor réalisé dans la Sixtine (1534-1541) sera également confié à l'artiste florentin, après le sac de Rome en 1527. Son exécution coïncide avec la période de la Contre-Réforme, où l'Église s'interroge sur la conduite à tenir. Après le concile de Trente, elle sait que, pour reconquérir les fidèles, elle doit se montrer infaillible. Pie V exige de Michel-Ange qu'il couvre les nus de la fresque et donne un sens plus moral à l'ensemble. L'artiste, en guise de pirouette, lui répond qu'un tableau est vite "raccommodé" et qu'il corrigera sa fresque quand le monde sera rétabli dans sa bonne moralité... Cette transformation n'aura lieu qu'une fois l'artiste mort, en 1564. C'est l'un de ses proches, Daniele da Volterra, qui se voit confier la tâche de "rhabiller" les nus. Ces retouches ont été conservées lors de la réfection, tant en témoignage des tergiversations de l'Église que parce que la couche d'origine était endommagée.

Murs latéraux Pour ceux-ci, le pape Sixte IV fait appel, à partir de 1477, aux meilleurs artistes toscans et ombriens pour une série de fresques destinées à établir un parallèle entre la vie de Moïse et celle du Christ. Ils sont surmontés des portraits, de saint Pierre à Marcel Ier (308-309), de 28 des premiers papes.
Vie de Moïse Sur la paroi sud (à droite en entrant), on reconnaît Moïse à sa tunique verte et jaune : *Voyage de Moïse en Égypte* (I/ Le Pérugin), *Épisodes*

Chapelle Sixtine

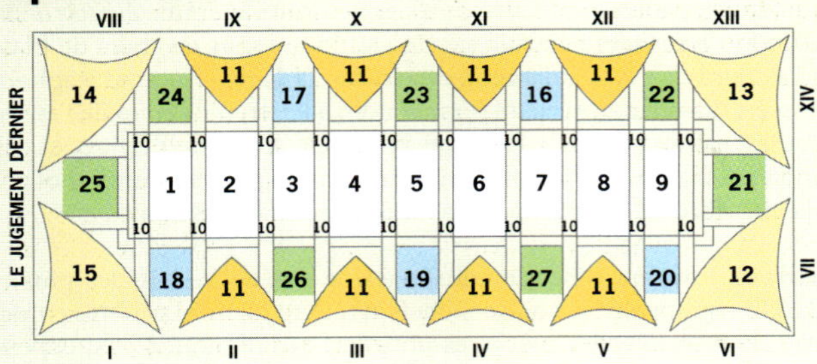

de la vie de Moïse (II/ S. Botticelli), *Passage de la mer Rouge* (III/ D'Antonio), *Remise des Tables de la Loi* (IV/ C. Rosselli), *Punition de Coré, Datân et Abiram* (V/ S. Botticelli), *Testament et mort de Moïse* (VI/ L. Signorelli).
Vie du Christ Sur la paroi nord, prennent place : le *Baptême du Christ* (VIII/ Le Pérugin), les *Tentations du Christ* (IX/ S. Botticelli), la *Vocation des premiers Apôtres* (X/ D. Ghirlandaio), le *Discours sur la montagne* (XI/ C. Rosselli), la *Remise des clefs* (XII/ Le Pérugin), la *Cène* (XIII/ C. Rosselli).
Paroi est *Dispute sur le corps de Moïse* (VII/ Matteo da Lecce) et *Résurrection du Christ* (XIV/ H. van den Broek), deux réalisations du XVIe siècle qui remplacèrent les œuvres de Ghirlandaio et Signorelli détruites en 1522 lors de l'écroulement du linteau de la porte.

Voûte Michel-Ange y exécute (1508-1512) un ensemble très structuré.
Au centre Neuf épisodes de la **Genèse** : création de la lumière (1), création de la Lune, du Soleil et des végétaux (2), séparation de la terre et des eaux (3), création d'Adam (4), création d'Ève (5), péché originel et renvoi du Paradis terrestre (6), sacrifice de Noé (7), déluge universel (8), ivresse de Noé (9). À l'angle de ces neuf tableaux, dix **ignudi**, de puissants personnages nus (10).
Voussures Sur les bords de chaque côté, les ancêtres du Christ dans huit espaces en forme de triangle (11). Les critiques hésitent encore sur leur identification précise.
Aux quatre angles Des histoires bibliques dans quatre pendentifs : Judith et Holopherne (12), David et Goliath (13), punition d'Aman (14), serpent de Bronze (15).
Encadrant voussures et pendentifs Cinq **sibylles** d'Érythrée (16), de Perse (17), de Libye (18), de Cumes (19), de Delphes (20) et sept **prophètes** : Zacharie (21), Joël (22), Ézéchiel (23), Jérémie (24), Jonas (25), Daniel (26), Isaïe (27).

Le quartier du Borgo

Borgo (plan 6, B3) Toute la démesure du Vatican semble s'évanouir à quelques pas, dans les ruelles médiévales du Borgo. Aujourd'hui, ce quartier n'occupe plus qu'un petit territoire – un triangle allant du château Saint-Ange à Saint-Pierre et à la piazza Risorgimento –, qui restitue l'atmosphère d'autrefois et laisse imaginer ce qu'étaient les alentours avant la construction de la **via della Conciliazione** dans les années 1930. Ce qu'il en reste aujourd'hui (une atmosphère, quelques maisons anciennes) est à découvrir absolument, en raison notamment du contraste entre ces rues et le Vatican. Le quartier prend la couleur de la **muraille léonine**, percée çà et là de portes s'ouvrant sur des rues animées, des ateliers d'artisans, des bruits et des gestes venus d'un autre âge. Rien de factice dans tout cela, y compris dans le mélange des habitants : gardes suisses en dehors des heures de service, curés et Romains de souche. Si invraisemblable que cela puisse paraître – on est à quelques mètres seulement de Saint-Pierre –, les touristes oublient de traverser le Borgo. Ainsi, il fait bon séjourner dans ce lieu un peu à l'écart mais bien relié (même à pied) aux autres quartiers (Trastevere ou centre historique). De ce point de vue, le Borgo n'a pas retrouvé sa vocation médiévale : au VIIIe siècle, c'était là que l'on accueillait les pèlerins d'Europe du Nord venus prier sur la tombe de saint Pierre. L'invasion des Sarrasins en 846 puis l'exil de la papauté à Avignon ont eu raison de ces hospices (les *scholæ peregrinorum*), qui ne seront pas remplacés au retour des papes, en 1377. En lieu et place sont élevés des palais, des institutions religieuses et des demeures privées où s'installe la petite bourgeoisie vivant de ses activités avec le Saint-Siège (artisans, commerçants...).

Castel Sant'Angelo (plan 6, C3) L'histoire du château donnerait à elle seule matière à une véritable saga : tour à tour mausolée, forteresse, demeure pontificale mais aussi caserne militaire, prison et musée ! Difficile, en une visite, de faire le lien entre ces différents épisodes historiques, mais là n'est pas tout l'intérêt du site. Du sommet des terrasses se déploie l'une des plus belles vues sur Rome : Saint-Pierre à l'ouest, le Janicule au sud et le centre historique avec le Panthéon à l'est. Sans parler des dix anges sculptés par le Bernin et ses élèves le long du pont qui mène au château ! Entre-temps, vous aurez traversé un espace presque labyrinthique d'escaliers en colimaçon qui s'élèvent à partir du mausolée d'Hadrien (134 ap. J.-C.), des salons aménagés par les papes du XVe au XVIIe siècle, couverts à foison de fresques, de trompe-l'œil, de stucs et de dorures, de collections d'armes anciennes. Vous pourrez voir aussi le **Passetto** (actuellement en travaux), un couloir fortifié imaginé par Nicolas III au XIIIe siècle qui reliait directement Saint-Pierre au château et permit à plus d'un pape de s'enfuir. *Lungotevere Castello, 50 Tél. 06 681 91 11 Ouvert mar.-dim. 9h-19h30 Fermé 1er jan., 25 déc. Tarif 8,50€ (suppl. en cas d'expositions temporaires)*

☆ **Ponte Sant'Angelo (plan 6, C3)** Bien qu'il soit devenu le royaume des vendeurs de contrefaçons et autres bonimenteurs, traverser le fleuve sur le pont Saint-Ange pour rejoindre la cité du Vatican constitue toujours un véritable enchantement. L'ouvrage originel voulu par l'empereur Hadrien (117-138) pour relier son mausolée au champ de Mars portait le nom d'Aelius. Durant tout le Moyen Âge, il sera pour les pèlerins le moyen d'accès privilégié à la basilique Saint-Pierre. En 1530, Clément VII y fait placer les statues des saints patrons de la ville, Pierre et Paul. En 1668, le Bernin engage une grande restauration et y ajoute dix sculptures représentant les anges entourés des symboles de la Passion. Clément XI apprécia tellement les œuvres du Bernin qu'il préféra les remplacer par des copies et mit les originaux à l'abri dans l'église Sant'Andrea delle Fratte (plan 3, D1).

Où acheter des souvenirs gourmands ?

Castroni (plan 6, B3 n°40) Indémodable et épicurien : la plus belle épicerie de Rome, qui sent bon le café fraîchement moulu, où vous pourrez faire le plein de réglisse de Calabre, de chocolats Baci Perugina (sorte de "rocher" avec une énorme noisette et du praliné), de vinaigre balsamique, de crème de truffe noire, de cèpes séchés... Et si vous êtes assailli par une envie d'exotisme, vous trouverez aussi du corned-beef argentin, des *pickles* de gingembre japonais ou des *chutneys* anglais. *Via Cola di Rienzo, 196 Tél. 06 687 43 83 www.castroni.it www.castroni.com Ouvert lun.-sam. 8h-20h, dim. 9h-20h*

Franchi (plan 6, C3 n°41) Ce traiteur-charcutier-fromager rivalise d'abondance et de gourmandise avec son illustre voisin Castroni. Que vous consommiez sur place ou que vous veniez pour faire le plein de salami, de mozzarella de bufflonne ou de pâtes fraîches, l'adresse vaut le détour. *Via Cola di Rienzo, 200 Tél. 06 687 46 51 www.franchi.it Ouvert lun.-sam. 9h-20h30*

Où boire un café ?

☺ **La latteria (plan 6, C3 n°21)** À quoi tient le charme ? À un comptoir de marbre raviné par le temps et légèrement plus bas que la moyenne, au regard de braise du barman ou bien encore à ce vieux réfrigérateur à glace né en Pennsylvanie au XIXe siècle ? Un bon karma se dégage de cette ancienne laiterie de 1912, que le petit-fils gère aujourd'hui avec bonne humeur. Est-il nécessaire d'ajouter que le *macchiato* comme le cappuccino, et bien d'autres variantes caféinées, sont excellents ? *Espresso* au comptoir 0,80 et 1,50€ en salle, cappuccino 1 et 2€. *Borgo Pio, 48 Tél. 06 68 80 39 55 Ouvert lun.-sam. 7h-20h*

Le Trident

☆**Les essentiels** La place d'Espagne **Découvrir autrement** Prenez un verre en terrasse au Caffè Rosati sur la place du Peuple, admirez l'escalier de la Trinità dei Monti, fleuri d'azalées au mois de mai, assistez à une exposition dans la Villa Médicis

Le fameux Trident en question, sur n'importe quel plan de Rome, vous apparaîtra nettement : de la piazza del Popolo s'élancent la via del Corso, au centre, et les *vie* del Babuino et di Ripetta, de chaque côté. Sous l'Antiquité, ce quartier était réservé aux courses de chevaux et aux entraînements militaires. Peu habité au Moyen Âge, il ne se développe qu'à partir du XVIe siècle, sous l'influence de papes urbanistes qui changent radicalement sa physionomie. Le XIXe siècle signe une autre période de transformations, avec l'aménagement de la piazza del Popolo et des jardins du Pincio. La piazza di Spagna devient alors le repaire des "Grands Touristes", s'attirant le sobriquet de "ghetto des Anglais". Hôtels de luxe et boutiques raffinées se multiplient, repoussant les hôtels populaires vers la gare Termini, à peine construite (1867). Cette atmosphère cosmopolite et chic perdure encore, faisant du quartier une promenade incontournable, prisée par les Romains eux-mêmes depuis l'ouverture du métro dans les années 1980.

Entre la place du Peuple et l'Ara Pacis

Piazza del Popolo (plan 7, A3) Depuis des siècles, l'intelligentsia romaine se partage entre les cafés Rosati et Canova, et c'est de leur terrasse que vous aurez le meilleur point de vue. Devant vous se dresse la Porta del Popolo, qui correspond à l'antique Porta Flaminia, aboutissement de la *via* du même nom qui traversait l'Italie jusqu'au nord de l'Adriatique. En 1655, le Bernin est chargé de la restaurer à l'occasion de la venue de la reine Christine de Suède, accueillie triomphalement pour fêter sa récente conversion au catholicisme. *Felici faustoque ingressui* ("Pour une entrée heureuse et pleine de bonheur") : l'inscription gravée sur la porte était destinée à la reine, mais de nombreux étrangers, notamment ceux du Grand Tour, la prenaient à leur compte, entrant dans Rome par cette voie. Au centre de la place, l'obélisque de Ramsès II, rapporté à Rome par Auguste, trônait dans le Circo Massimo jusqu'à ce que le pape Sixte V le fasse déplacer en 1589. C'est en ce point que convergent les trois rues du Tridente. Entre 1813 et 1820, Giuseppe Valadier est chargé de revoir la conception de la place. On lui doit sa forme ovale et la rampe qui zigzague jusqu'au Pincio, mettant un terme au problème de dénivellation entre la place et la colline.

BARS ET POLITIQUE Rosati et Canova, ces deux cafés de la piazza del Popolo, se partageaient politiquement l'intelligentsia romaine (chez Rosati, la gauche ; chez Canova, la droite). Aujourd'hui, on dirait qu'il ne reste rien de cette division. On préfère la déco Art nouveau de Rosati, à l'intérieur design de Canova. Le soir, en été, sa terrasse accueille les derniers rayons de soleil. Salon de thé, bonnes pâtisseries. **Caffè Rosati (plan 7, A3 n°2)** *Piazza del Popolo, 4-5/a Tél. 06 322 58 59 Ouvert tlj. 7h30-23h30*

Santa Maria del Popolo (plan 7, A3) Ici, c'est le Caravage qui attire les touristes. Non que l'église Renaissance soit sans intérêt, mais la chapelle Cerasi, à gauche de l'autel principal, ornée des *Crucifixion de saint Pierre* et *Conversion de saint Paul* exécutées par le peintre, en est le véritable joyau. Quand Sixte IV décide d'aménager la modeste chapelle, bâtie en 1099 pour chasser le fantôme de Néron qu'on dit enterré secrètement là, il fait appel aux plus grands artistes. Pinturicchio et son école sont chargés de réaliser des fresques de deux chapelles (la première et la troisième à droite) ainsi que de la voûte du chœur ; et Raphaël a dessiné la chapelle Chigi en représentant Dieu et les planètes dans la position qu'elles occupaient le jour de la naissance du commanditaire, Agostino Chigi. *Piazza del Popolo, 12 Ouvert lun.-sam. 7h-12h et 16h-19h, dim. 8h-13h et 16h30-19h30*

☺ **Museo dell'Ara Pacis (plan 7, A4)** L'Ara Pacis est un autel de la paix élevé en l'an 9 ap. J.-C. pour célébrer la victoire d'Auguste en Gaule et en Espagne. À l'origine situé un peu plus bas, à proximité de l'actuelle via del Corso, il fut reconstruit dans les années 1930, après de nombreuses fouilles. L'autel est un chef-d'œuvre de la sculpture romaine : une frise de feuilles d'acanthe court tout le long de la partie inférieure et, au niveau supérieur, des scènes variées représentent la famille impériale en procession ou des sujets historiques et mythologiques. En 2006, l'architecte américain Richard Meier lui offrait un

7 Rome, Trident-Villa Borghese

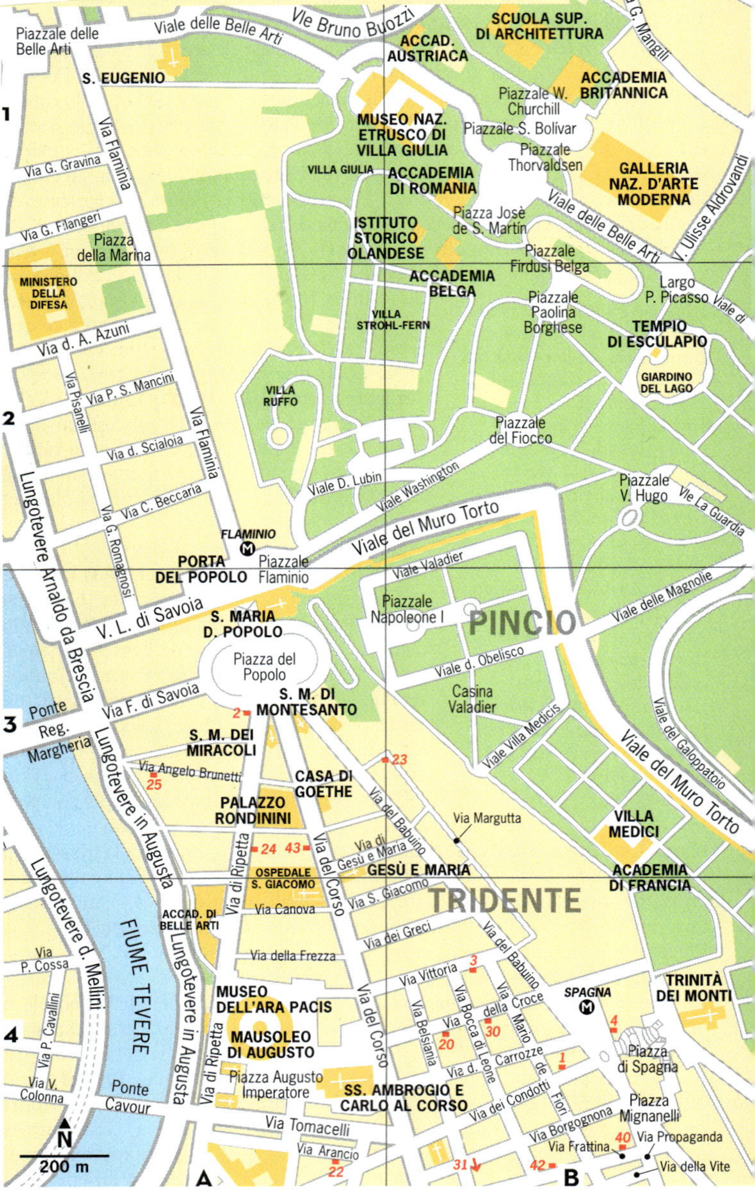

Cafés, bars (n°1 à 4)

Antico Caffè Greco* **1** B4
Babington's* **4** B4
Caffè Rosati* **2** A3
La Buvette* **3** B4

Restauration (n°22 à 25)

Buccone **24** A3
Giuseppe al 59 **25** A3
Margutta
Vegetariano **23** A3-B3
Settimio all'Arancio **22** A4

Hébergement (n°30 et 31)

Hotel Parlamento **31** B4
Pensione Panda **30** B4

Shopping (n°40 à 43)

Angelo di Nepi* **40** B4
Fausto Santini* **42** B4
RED La Feltrinelli* **43** A3

*À RETROUVER DANS LA PARTIE DÉCOUVRIR

écrin de verre, de pierre, et de béton immaculé : un ensemble muséal où admirer de près l'autel de la paix et découvrir, en sous-sol, d'intéressantes expositions où dominent design, mode et architecture. *Via di Ripetta-Lungotevere in Augusta Tél. 06 06 08 Ouvert mar.-dim. 9h-19h Fermé 1er jan., 1er mai, 25 déc. Tarif 8,50€*

Mausoleo di Augusto (plan 7, A4) À voir ce monument étrange, qui ressemblerait presque à un bunker, livré aux herbes folles et dont les abords ne sont pas rassurants une fois la nuit tombée, on imagine difficilement qu'il fut le tombeau le plus prestigieux de l'Antiquité romaine. Les marbres précieux et les statues qui l'ornaient ont, malheureusement, été pillés et les obélisques qui précédaient la porte d'entrée ont été déplacés au Quirinal et devant Santa Maria Maggiore. Après ses victoires lors des campagnes d'Égypte en 29 ap. J.-C., Auguste décide de se faire construire un mausolée sur le modèle de celui d'Alexandre. Au Moyen Âge, il est transformé en forteresse et, plus tard, en salle de concerts. Enfin, Mussolini entreprend sa restauration, aménageant les alentours dans le plus pur style fasciste. *Piazza Augusto Imperatore Tél. 06 06 08 Fermé pour restauration*

Autour de la place d'Espagne

☆**Piazza di Spagna (plan 7, B4)** La place tire son nom de l'ambassade d'Espagne près le Saint-Siège, mais elle aurait pu aussi s'appeler "place de France", puisque la **Trinità dei Monti** y a été fondée par les Français. Au crépuscule, les deux campaniles de l'église se détachent du ciel, dominant la place du haut de l'escalier qui se déroule à ses pieds. Bâtie en 1502 à la demande de Louis XII, elle semble être le prétexte de cette magnifique volée de marches (*scalinata*). En réalité, c'est Louis XIV qui aura l'idée d'y construire un escalier orné de sa statue équestre, une initiative que les

Shopping et *passeggiata* via del Corso

C'est le long de la via del Corso qu'était organisé le carnaval à Rome jusqu'aux années 1870, avec de nombreuses courses (d'où son nom) d'hommes et d'animaux. Vous serez impressionnés par les dizaines de boutiques qui la jalonnent ; et par la foule qui l'envahit, au moment de la *passeggiata*, vers 18h.

RED La Feltrinelli (plan 7, A3 n°43) "Read, eat and dream", voilà le nouveau concept store proposé par la chaîne de librairies Feltrinelli. Jeu de mots sur le rouge, couleur de l'orientation politique des fondateurs de l'enseigne. Sélection de livres sur Rome et bien sûr, sur la gastronomie italienne. L'espace art de la table et épicerie cohabite avec les livres. Des fauteuils club sont à disposition pour feuilleter les ouvrages, accès Internet gratuit et, à l'heure du déjeuner, la cuisine du café-restaurant (avec jardin) ouvre ses portes. Plat à partir de 8€. *Via del Corso, 506 Ouvert tlj. 9h-22h* papes trouveront déplacée et peu respectueuse du pouvoir pontifical. Plus tard, Louis XV se contentera donc de financer le projet, repris sous Innocent XIII, l'architecte Francesco de' Sanctis mènera à bien les travaux entre 1723 et 1728. Une chose est sûre : il y a toujours beaucoup de monde dans les parages, principalement l'été, surtout le soir, et nombre de Romains s'y donnent rendez-vous, la sortie du métro étant toute proche... De mars à avril, vous aurez la chance de voir des centaines d'azalées courir le long des rampes d'escalier pour la traditionnelle Mostra delle Azalee.

Barcaccia (plan 7, B4) Au pied des marches de l'escalier, ne ratez pas cette fontaine qu'on hésite désormais à attribuer au Bernin – il se pourrait en effet qu'elle soit plutôt l'œuvre de son père, Pietro Bernini, en 1627. Sa forme étrange, évoquant une barque échouée, rappelle qu'en 1598, après les inondations ayant envahi la ville, il ne restait sur la place qu'un curieux petit bateau ensablé. Des années plus tard, quand le pape Urbain VIII commanda la fontaine, le sculpteur s'en serait sans doute inspiré. D'autres affirment plus simplement qu'elle imite les réalisations antiques.

Villa Medici (plan 7, B3) La villa Médicis est le siège de l'Académie de France depuis 1803. Cette noble institution, fondée par Louis XIV en 1666, avait pour ambition d'éduquer les jeunes artistes aux arts classiques, grâce à un système de résidences. Parmi les pensionnaires les plus fameux, on retiendra : Berlioz,

Les boutiques chics du Trident

La mode italienne est bien l'une des plus élégantes au monde. Si vous remontez la via dei Condotti, près de la piazza di Spagna, vous constaterez que toutes ces enseignes de luxe à consonance italienne ont désormais gagné le monde entier : Prada, Gucci, Valentino, Max Mara, Armani, Alberta Ferretti, Furla... Bien sûr, à moins de se trouver à Rome au moment des soldes en janvier et en juillet, ou d'avoir un budget illimité, vu les prix prohibitifs, on ne fera pas de razzias.

Angelo di Nepi (plan 7, B4 n°40) Cette marque nous a vraiment impressionnés par son audace, son inspiration ethnique, la qualité de ses matières. C'est un peu plus cher, mais on a le sentiment de porter un vêtement vraiment différent. *Via Frattina, 2 Tél. 06 678 65 68 www.angelodinepi.com*

Autre adresse (plan 3, B3) *Via dei Giubbonari, 28*

Mandarina Duck (plan 3, D1 n°65) Connu internationalement pour ses sacs résistants aux lignes design. C'est à peine moins cher qu'en France, mais les soldes sont intéressants. *Via dei Due Macelli, 59 Tél. 06 678 64 14 Ouvert lun.-sam. 10h-19h30, dim. 10h-19h*

Fausto Santini (plan 7, B4 n°42) Chaussures et sacs de rêve... C'est cher, certes, mais les cuirs sont souples, les coupes osées et éternelles à la fois. *Via Frattina, 120 Tél. 06 67 84 114 www.faustosantini.com Ouvert lun. 11h-19h30, mar.-sam. 10h-19h30, dim. 11h30-19h30*

Bizet, Debussy, Gounod... Des visites guidées permettent de découvrir sa splendide loggia tournée vers les jardins. Importantes expositions temporaires. *Viale della Trinità dei Monti, 1 Tél. 06 676 11 www.villamedici.it* ***Visites guidées*** *avr.-mai et sept.-oct : mar.-dim. 11h, 12h, 15h, 16h30, 18h ; juin-août : mar.-dim. 11h, 12h, 15h, 16h30, 18h ; nov.-mars : mar.-dim. 11h, 12h, 14h30, 16h Tarif Villa 9€ (inclut la visite guidée des jardins) Exposition 6€*

● Où boire un *espresso* dans un café historique ?

Antico Caffè Greco (plan 7, B4 n°1) Artistes, intellectuels et têtes couronnées ont usé les banquettes de ce café mythique ouvert en 1760. Aux murs sont accrochés portraits et photos de ces ex-habitués, de Goethe à Stendhal en passant par Elsa Morante, Alberto Moravia, Modigliani, Toscanini, Berlioz ou Orson Welles. À leur place aujourd'hui, des touristes savourent un cappuccino, tandis que les Romains prennent d'assaut le bar, où l'*espresso* n'est pas plus cher qu'ailleurs. *Via dei Condotti, 86 Tél. 06 679 17 00 Ouvert tlj. 9h-20h*

LE LATIUM

● Où boire un café, un cappuccino ?

Vitti (plan 3, C1 n°18) Pour échapper à la foule gominée et bruyante de la via del Corso, rien de tel qu'une petite place ensoleillée, à l'abri de la fièvre commerçante, où paresser à l'ombre des parasols. Ce bar-pâtisserie compte parmi les plus connus de la ville pour ses petits déjeuners gourmands, ses babas au rhum, ses *sfogliatelle* napolitaines ou ses *cannoli* siciliens (rouleaux fourrés à la crème et au chocolat). *Piazza San Lorenzo in Lucina, 33 Tél. 06 687 63 04 Ouvert tlj. 6h30-0h*

☺ **La Buvette (plan 7, B4 n°3)** Est-ce son nom français qui lui donne cet air un peu distingué, voire un peu snob ? Aguerri aux apparences trompeuses, on ne se laissera convaincre que par l'expérience... et quel souvenir ! Boiseries et banquettes en cuir, certes, mais surtout un service chaleureux et impeccable. On se rappellera du cappuccino comme du meilleur de la ville, sans la surcharge mythique des autres grands cafés romains : une mousse fine, aérienne et parfumée qui vous accompagne jusqu'au bout de la tasse ! La pâtisserie est à la hauteur, risquant la comparaison avec le savoir-faire français (gâteaux à la crème, *mini-sfogliatelle* dignes de Naples...), et les gourmandises salées changent de l'ordinaire (*pizza bianca, tramezzini*). *Via Vittoria, 44-47 Tél. 06 679 03 83 Ouvert lun.-sam. 8h-0h, dim. 10h-0h*

Babington's (plan 7, B4 n°4) Pas d'émotions fortes, ici, tout est dans le flegme. On papote à voix basse, on lit le journal et on se tient bien. Pour ceux qui auraient la nostalgie des atmosphères britanniques, ce salon de thé joue le jeu à merveille depuis un siècle déjà. Les plus réticents laisseront leurs préjugés au placard et viendront se reposer au Babington's quand ils seront étourdis de soleil, de rues pavées, de boutiques chic et de spécialités italiennes. *Piazza di Spagna, 23 Tél. 06 678 60 27 Ouvert tlj. 10h-21h30*

La Villa Borghese

☆ **Les essentiels** La Villa Borghese, la Galleria Borghese, le Musée national étrusque de Villa Giulia **Découvrir autrement** Pique-niquez sur les pelouses de la Villa Borghese

À partir de la Renaissance, les grandes familles romaines prenaient leurs quartiers d'été dans des villas, bâties sur les hauteurs ou en dehors de la ville, pour échapper notamment à la malaria qui s'emparait du centre historique dès les premières chaleurs. Par villa, on n'entend pas seulement la demeure cossue (appelée alors *casino*, "petite maison"), mais aussi tout le domaine adjacent.

☆ **Villa Borghese (plan 7, B1-C3)** Le parc de la famille Borghèse, l'un des plus vastes de Rome, s'étendait à l'arrière du Pincio, jardin romain remontant au IVe siècle. Aujourd'hui, le Pincio fait partie intégrante de la villa, réaménagé en 1814 par Valadier, à qui l'on doit aussi la piazza del Popolo que le jardin surplombe. À l'origine, le cardinal Scipione Borghese, neveu favori du pape Paul V, achète des terrains limitrophes à un modeste vignoble appartenant aux Borghèse depuis 1580 ; il veut y bâtir une villa des délices qui symboliserait leur puissance. Les travaux commencent en 1608 et dureront jusqu'à la mort du cardinal, en 1633. Le **casino nobile**, au centre de cette fantaisie, était destiné à accueillir les collections du cardinal. Autour, jardins, orangeraies, fontaines, statues, ruines antiques et une ménagerie qui n'ont été retouchés qu'à la fin du XVIIIe siècle par un descendant du cardinal, Marcantonio Borghese, qui ajouta le **jardin du Lac**, suivant les canons du jardin à l'anglaise. L'État rachète la propriété en 1901 et ouvre le parc au public. Amateurs de jogging, amoureux en goguette, touristes en pique-nique ont aujourd'hui investi ce prestigieux poumon vert de la ville. Ceux à qui la visite en série d'églises et de musées aura donné le vertige en seront pour leurs frais : on parle aussi de la villa comme du "parc des musées" (pas moins de trois musées parmi les plus importants de Rome !).

PANORAMA
La partie de la villa Borghese surplombant la piazza del Popolo, le Pincio, offre une très belle vue sur la ville.

☆ **Galleria Borghese (plan 7, C2)** Au fil des siècles et des descendants, les collections se sont étoffées, sauf en 1807 : Camillo Borghese, mari de Pauline Bonaparte, est alors obligé de céder les plus belles statues antiques (aujourd'hui au Louvre). Pour compenser cette perte, le mari lésé commande à Canova une sculpture de sa femme en Vénus, autre chef-d'œuvre (1805-1808) que l'on peut voir dans la première salle, et achète l'érotique *Danaé* du Corrège. C'est notamment pour éviter d'ultérieures dispersions que l'État devient propriétaire de la collection en 1902. Le rez-de-chaussée accueille quelques-unes des œuvres majeures de la sculpture, de la statue de Pauline aux représentations spectaculaires du Bernin : *L'Enlèvement de Proserpine* (1621-1622), *Apollon et Daphné* (1622-1625). Même les plus réticents jetteront les armes devant un tel génie ; on pourrait presque parler d'une sculpture "moelleuse" à voir la façon dont le Bernin a taillé le marbre pour rendre les effets de peau. Quand il sculpte *Daphné fuyant Apollon*, il capte le moment même où elle se métamorphose en laurier pour échapper à ses étreintes. La **salle du Faune** (salle 8) ne renferme pas moins de six toiles du Caravage ! On retiendra la *Madone des palefreniers*, *David et la tête de Goliath*, un autoportrait en habit de Bacchus et le *Jeune garçon au panier de fruits*. Avant de monter à l'étage, jetez un coup d'œil aux jardins et reprenez votre souffle : ce qui vous attend n'est pas moins riche ! Au premier est rassemblée la **pinacothèque**. Remarquez, salle 9, les tableaux de Raphaël et de Pinturicchio, ceux du Corrège et de Lucas Cranach ; salle 10, les bustes du cardinal Borghèse sculptés à l'identique par le Bernin (un mauvais coup de taille du sculpteur avait abîmé le premier) ; les toiles de Rubens (salle 18) ; et surtout celles de Titien (salle 20). *Piazzale del Museo Borghese, 5 Tél. 06 328 10 ou 06 328 10 Réservation impérative www.galleriaborghese.it Ouvert mar.-dim. 8h30-19h30 Réservation obligatoire Tarif 11€ (supplément réservation inclus)*

☆ **Museo Nazionale Etrusco di Villa Giulia (plan 7, B1)** Précédant le cardinal Borghèse d'une cinquantaine d'années, le pape Jules III avait commandé aux architectes Vignola et Ammannati une villa d'été agrémentée de jardins et fontaines. En 1889, elle est transformée pour abriter la plus grande collection italienne d'art étrusque, provenant majoritairement de nécropoles du Latium des Ve et VIe siècles av. J.-C. Plusieurs bas-reliefs, dont ceux de Pyrgi, témoignent de la tendance, en Étrurie, à imiter l'art grec, et donc des liens qui unissaient les deux civilisations. La céramique illustre des faits historiques ou des épisodes mythologiques et de nombreux objets (coupelles, ornements, bijoux), qui accompagnaient les morts dans leur dernière demeure, trahissent le quotidien de cet univers disparu. Une des pièces les plus importantes est un sarcophage, dit "des Époux", trouvé dans la nécropole de Cerveteri, où le couple de défunts est représenté souriant et serein, comme c'est souvent le cas dans la statuaire étrusque. On retrouve ce même sourire sur le visage d'Apollon, une statue de terre qui décorait le temple de Minerve à Véies, capitale étrusque. Ne partez pas sans passer par les jardins, où se dresse encore le nymphée, décoré de statues, de mosaïques et de fontaines. *Piazzale di Villa Giulia, 9 Tél. 06 322 65 71 ou 06 82 07 73 04 Ouvert mar.-dim. 8h30-19h30 Fermé 1er jan., 1er mai, 25 déc. Tarif 8€*

Galleria Nazionale d'Arte Moderna e Contemporanea (plan 7, B1) L'ancien palais des Beaux-Arts (1911), aux allures néoclassiques pompeuses, accueille l'art des XIXe et XXe siècles, avec une nette prépondérance des artistes nationaux, dont peu ont dépassé les frontières. La visite vaut néanmoins la peine, surtout si vous êtes amateur de Giorgio De Chirico et des mouvements avant-gardistes de tout genre, notamment le Futurisme, dont on voit ici deux de ses principaux représentants : Balla et Boccioni. Quelques artistes de renommée internationale sont aussi exposés : Klimt, Kandinsky, Cézanne, Degas, Van Gogh... *Viale delle Belle Arti, 131 Tél. 06 32 29 82 21 Ouvert mar.-dim. 8h30-19h30 Fermé 25 déc. Tarif 8€, 10€ si exposition*

Le Quirinal

☆ **Les essentiels** La fontaine de Trevi, le palais du Quirinal, le palais Barberini, L'*Extase de sainte Thérèse* du Bernin dans l'église Santa Maria della Vittoria **Découvrir autrement** Admirez Rome de la terrasse de la place du Quirinal

On dit que c'est sur la colline du Quirinal que s'étaient établis les Sabins, futurs alliés de Romulus lors de la fondation de Rome. Aujourd'hui, ce n'est pas par fétichisme que tant de Romains s'y retrouvent le soir, mais parce que le crépuscule y est somptueux depuis la piazza del Quirinale, enveloppant la ville, jusqu'à Saint-Pierre, d'une chaude lumière. Autour, dans un quartier monumental, structuré par Sixte V (1585-1590), de larges avenues épousent le relief et opèrent de puissantes percées dans le tissu urbain. Notamment la via Felice – de nos jours tronçonnée en via Sistina, via delle Quattro Fontane et via Depretis –, qui relie le jardin du Pincio à la basilique Santa Maria Maggiore. Le pape urbaniste fait installer des obélisques à des points stratégiques pour mettre en valeur les perspectives qu'il a nouvellement ménagées. Ainsi, en se plaçant piazza delle Quattro Fontane, on pourra voir quatre monolithes : celui de la Trinità dei Monti, celui de Santa Maria Maggiore, celui de Porta Pia et celui du Quirinal.

Autour de la fontaine de Trevi

☆ **Fontana di Trevi (plan 3, D1)** Que vous veniez pour vous remémorer la célèbre scène de *La Dolce Vita* (film signé par Fellini en 1959), dans laquelle Anita Ekberg ondule dans la fontaine sous les yeux d'un Mastroianni hébété…, ou pour vous livrer au rituel le plus romain qui soit (jeter une pièce par-dessus l'épaule en gage d'un retour dans la Ville éternelle), sachez que vous risquez d'être un peu déçu. Les cohues de touristes avides de photos se font ici plus pressantes, vu l'espace réduit. Même s'il fait très chaud, il est déconseillé de jouer les divas dans l'eau. Cela dit, si vous parvenez à faire abstraction de la foule, vous apprécierez l'effervescence et l'audace de la mise en scène, typique du rococo, avec cette multiplicité de chevaux et de tritons, et la fusion entre roches naturelles et sculptures (idée héritée du Bernin). C'est d'ailleurs à lui que pense Urbain VIII pour un projet de fontaine, mais il faudra près d'un siècle pour que celui-ci se concrétise et soit achevé par Niccolò Salvi (1732-1751). *Piazza di Trevi*

☺ **Galleria Colonna (plan 3, D2)** Le musée n'ouvre que le samedi matin mais mérite vraiment que l'on y consacre une partie de sa matinée ! Le palais, construit pour le pape Martin V Colonna au début du XVe siècle, fut remanié aux XVIIe et XVIIIe siècles pour aboutir à son aspect actuel. Seule la galerie, un joyau baroque conçu par Antonio del Grande entre 1654 et 1665 pour accueillir la collection familiale, est accessible au public. On vous remettra une liste des œuvres exposées, avec votre ticket d'entrée, mais lorsque vous pénétrerez dans

Rome en amoureux

Rejouez *La Dolce Vita* à Rome et faites un vœu en jetant une pièce dans la fontaine de Trevi.

Lieux romantiques

Fontana di Trevi ____ 139
La colline du Celio ____ 148
Parco degli Aranci ____ 158

Restaurants

Santa Lucia ____ 179
La Rosetta ____ 180
Hotel-Ristorante Adriano ____ 190

Hébergement

Bramante ____ 186
Domus Aventina ____ 186
Villa San Pio ____ 187

8 Rome, Quirinal-Esquilin-Celio

Cafés, pâtisseries, glaciers (n°1 à 3)

Dagnino*	**2** A1
Il Palazzo del Freddo di Giovanni Fassi*	**1** B3
Oppio Caffè*	**3** A3

Restauration (n°10 à 12)

Agata e Romeo	**11** B2
Cavour 313	**12** A3
Taverna Romana	**10** A3

Hébergement (n°21 à 34)

Antica Locanda	**34** A2
Boccaccio	**25** A1
Hotel Di Rienzo	**22** B2
Hotel Galli	**28** B1
Hotel Kennedy	**30** B2
Hotel Viminale	**33** A2
M&J Place	**21** B1
Perugia	**24** A3
Rome à volonté	**27** B2
YWCA	**23** A2

Shopping (n°40 et 41)

Ibs.it Bookshop*	**41** B2
Lazio Point*	**40** B2

*À DÉCOUVRIR DANS LA PARTIE DÉCOUVRIR

le grand salon, vos yeux seront vos meilleurs guides. Salle d'apparat par excellence, elle n'est que dorures et scintillements. Installez-vous sur l'un des confortables bancs et prenez le temps de saisir toute la dimension de la pièce. Remarquez les fresques des plafonds, en particulier celles qui célèbrent la victoire de Marc-Antoine Colonna sur les Turcs à Lépante en 1571. Parmi les pièces maîtresses de la pinacothèque, on cite volontiers *Le Mangeur de fèves* d'Annibale Carrache ; ne négligez pas pour autant les toiles du Tintoret, de Rubens, de Ghirlandaio, de Bronzino ou de Lotto. *Via della Pilotta, 17 Tél. 06 678 43 50 www.galleriacolonna.it Ouvert sept.-juil. : sam. 9h-13h15, dim.-ven. sur réservation Tarif 10€*

Santi Apostoli (plan 3, D2) Fondée au VIe siècle, la basilique des Saints-Apôtres tombait littéralement en ruine, en dépit des travaux entrepris à la Renaissance, quand elle fut restaurée à partir de 1702 par Carlo et Francesco Fontana. Son portique du XVe siècle, portant les armoiries du pape Sixte IV (le chêne de la famille Della Rovere), fut surmonté au XVIIe siècle d'une balustrade, due à Carlo Rainaldi, où trônent les statues de Jésus et des apôtres, devenues l'emblème de la basilique. Sous le portique, un élégant bas-relief romain du IIe siècle décore l'entrée. L'intérieur frappe par la splendeur des ornementations, des dorures et des stucs, dont le plus grand tableau d'autel de la ville, *Le Martyre des saints Philippe et Jacques* (1704) de Domenico Maria Muratori. À gauche de l'abside, Antonio Canova sculpta sa première œuvre à Rome (1789), le monument funéraire de Clément XIV. En sortant de la basilique, prenez quelques minutes pour découvrir, juste en face, le **Palazzo Odescalchi**, dont l'élégante façade, dessinée par le Bernin en 1664 pour le cardinal Flavio Chigi, servit de modèle à plusieurs palais baroques en Italie et à l'étranger. *Piazza dei Santi Apostoli Ouvert tlj. 7h-12h et 16h-19h*

● Où se régaler d'un *gelato* ?

☺ **San Crispino (plan 3, D1 n°4)** Les gourmets d'outre-Atlantique lui ont décerné le titre de meilleure *gelateria* romaine (*NY Times*) ! On ne peut qu'approuver, coupelle à la main (on ne vous servira pas la glace en cornet, prétextant qu'elle est ainsi moins bonne). Les connaisseurs recommandent le *lampone* (framboise) et la *susina* (prune), ou d'autres parfums moins classiques : sabayon au marsala, *San Crispino* (crème au miel), canelle-gingembre ou noix – figues ! Si vous n'aimez pas les crèmes glacées, sachez que les sorbets sont tout aussi renommés. *Via della Panetteria, 42 Tél. 06 679 39 24 Ouvert dim.-jeu. 12h-0h30, ven.-sam. 12h-1h30*

Gelateria A. Cecere (plan 3, D1 n°1) À trois pas de San Crispino, en général moins bondé et pratiquement aussi bon... Quand vous aurez jeté par-dessus votre tête toutes vos pièces dans la fontaine de Trevi et fait des vœux pour revenir vite dans la Ville éternelle, il ne vous restera que les crèmes glacées au sabayon de Cecere pour sacrifier à tous les rituels romains ! *Via del Lavatore, 84 Tél. 06 679 20 60 Ouvert mars-oct. : tlj. 11h30-1h ; nov. : tlj. 11h30-0h*

Autour de la place du Quirinal

☺ **Piazza del Quirinale (plan 3, D2)** La place est surnommée Monte Cavallo, "mont Cheval", depuis que les statues des Dioscures – Castor et Pollux retenant leurs montures cabrées –, qui se trouvaient à l'entrée des thermes de Constantin, y furent installées par Sixte Quint en 1589. Élément fort de la *piazza*, l'obélisque provenant du mausolée d'Auguste fut ajouté par Pie VI en 1783. D'autres matériaux antiques seront réutilisés pour l'aménager : en 1813, la fontaine est complétée par une vasque retrouvée sur le Forum romain près du temple des Dioscures. Virginio Vespignani dirige à partir de 1864 les travaux de réorganisation qui lui donnent son aspect actuel. De son belvédère, le **panorama** sur la ville est à couper le souffle...

☆ **Palazzo del Quirinale (plan 3, D1-D2)** C'est Grégoire XIII, à la fin du XVIe siècle, qui met la première pierre à cet édifice conçu d'abord comme la résidence d'été des papes. Deux siècles plus tard, tous les grands architectes romains, de Fontana à Maderno en passant par le Bernin, auront travaillé à ce somptueux bâtiment, devenu entre-temps palais pontifical. En 1870, le pape cède les clés du palais au roi de la nouvelle Italie. Depuis la chute de la monarchie, en 1946, le Quirinal est devenu la résidence officielle du président de la République italienne. *Piazza del Quirinale Tél. 06 469 91 www.quirinale.it Ouvert mi-sept.-fin juin : dim. 8h30-12h (à l'exclusion de certains dimanches : consulter le site Internet) Tarif 5€*

LES ÉCURIES DU PAPE

Incroyable, cet élégant palais, face au palais du Quirinal, abritait les écuries (*scuderie*) de la papauté. Depuis 1999, on y organise de prestigieuses expositions temporaires. **Scuderie del Quirinale (plan 3, D2)** *Piazza del Quirinale Tél. 06 69 62 71 www.scuderiequirinale.it Ouvert dim.-jeu. 10h-20h, ven.-sam. 10h-22h30 Tarif 12€ (20€ avec entrée au Palazzo delle Esposizioni - ci-après -, billet valable 3 jours)*

Sant'Andrea al Quirinale (plan 8, A2) Comme sur la piazza Navona, les rivaux Borromini et le Bernin sont amenés à travailler dans la via del Quirinale, presque côte à côte, sur des projets de même envergure. À quelques pas de l'église précédente, se dresse la façade étroite de Sant'Andrea, commandée au Bernin en 1658. Le défi relevé par l'artiste est toujours le même : parvenir à un effet de grandeur dans un espace réduit. Les marbres polychromes de la partie inférieure contrastent avec les stucs blancs, les dorures et les percées de lumière de la coupole. On dit qu'à la fin de sa vie le Bernin venait souvent s'asseoir dans cette église pour la contempler, la considérant comme son œuvre la plus réussie. *Via del Quirinale, 29 Ouvert lun.-sam. 8h30-12h et 15h30-18h, dim. 9h-12h et 15h30-18h*

San Carlo alle Quattro Fontane (plan 8, A1) Première réalisation en solo de Borromini (1634-1641), cette petite église est un joyau du baroque romain. Qu'importe l'irrégularité du terrain ou les dimensions minimes réservées à l'église, l'artiste se moque des contraintes et en joue. Le résultat est étonnant : une façade qui rompt avec les lignes classiques, convexe dans sa partie inférieure, concave dans sa partie supérieure. À l'intérieur, autour d'un plan ovale, colonnes, stucs et murs ondulent jusqu'à une coupole qui paraît presque en lévitation, inondée de lumière, et dont les caissons géométriques rappellent les alvéoles d'une ruche. *Via del Quirinale, 23 Ouvert lun.-ven. 10h-13h et 15h-18h, sam. 10h-13h, dim. 12h-13h*

Palazzo delle Esposizioni (plan 8, A2) Ce lieu monumental, réparti sur trois niveaux et plus de 10 000m², créé par Pio Piacentini à l'occasion de la Quadriennale d'art de Rome, fut inauguré en 1883 dans un climat particulièrement polémique. Nombreux furent en effet les mécontents à critiquer les choix de l'architecte : une entrée massive et grandiloquente cumulée à une quasi-absence de fenêtres – les salles sont éclairées par des lucarnes percées dans le plafond. La programmation du palais des Expositions, de très bonne qualité, alterne peinture, sculpture, photographie et sciences… Au dernier étage, un bar-restaurant étoilé se déploie sous un toit de verre, prolongé d'une terrasse abritée, tandis qu'au sous-sol ont pris place une excellente librairie (livres d'art, BD, littérature, gadgets, etc.), une salle de cinéma et un petit auditorium. *Via Nazionale, 194 Tél. 06 474 59 03 www.palazzoesposizioni.it Ouvert mar.-jeu. 10h-20h, ven.-sam. 10h-22h30, dim. 10h-20h Tarif 12,50€*

Autour de la place Barberini

Piazza Barberini (plan 8, A1) Carrefour peu apprécié des piétons, la piazza Barberini a perdu le charme qu'elle devait avoir avant l'éventrement des années 1870 qui a ouvert les *vie* del Tritone et Veneto. On raconte qu'avant ce traumatisme, notamment aux XVIIe et XVIIIe siècles, le quartier était un refuge d'artistes, qui avaient là leurs ateliers, dans un cadre champêtre qui a totalement disparu. Aujourd'hui, hormis la **fontaine du Triton** sculptée par le Bernin (1642) et le point de vue, on passe rapidement, fuyant gaz d'échappement et bruits de moteur.

Via Veneto (plan 7, C4) Mais où est passée la *dolce vita* ? Emblématique des années "douces" (décennie 1960), après les dures épreuves de l'après-guerre, la via Vittorio Veneto serpente aujourd'hui le long d'immeubles cossus, de ministères, de sièges de banque, d'hôtels de luxe et de restaurants chics. C'est Cinecittà (les studios de cinéma romains) qui avait "fait" la rue, la prenant pour décor de nombreux films dans les années 1950, logeant ses stars dans ses plus grands hôtels (le Majestic ou l'Excelsior) ; colportée par la foule d'Américains qui travaillaient dans les studios à l'époque, sa réputation fit le tour du monde. La promenade n'a plus guère d'intérêt, à moins que vous ne soyez nostalgiques des quartiers d'affaires de n'importe quelle ville d'Europe du Nord.

☺ **Cimitero dei Cappuccini (plan 7, C4)** Ne manquez pas la visite – macabre – du cimetière des Capucins, dans la crypte de **Santa Maria**

della Concezione. Cinq chapelles, dont le sol viendrait de Terre-Sainte, contiennent les ossements, artistiquement présentés, de près de 4 000 frères morts entre 1528 et 1870. Au-dessus, l'église ornée d'œuvres de Guido Reni, de Pierre de Cortone et du Dominiquin vaut également le détour. *Via Veneto, 27 Ouvert mer.-dim. 9h-12h et 15h-18h Dons bienvenus*

☆ **Palazzo Barberini (plan 8, A1)** Le pape Urbain VIII a demandé aux artistes les plus cotés de concevoir un palais qui exaltera la puissance de sa famille, les Barberini. Engagés en 1627 par Maderno, les travaux seront poursuivis par le Bernin et Borromini à la mort de l'architecte, un an plus tard. Les deux artistes laisseront leur empreinte : le Bernin dans la façade côté jardin et dans l'escalier carré de l'aile gauche ; Borromini dans l'escalier ovale de l'aile droite et les fenêtres en trompe l'œil du deuxième étage. À l'intérieur, c'est une profusion de plafonds peints, stucs et dorures, qui éclate dans le salon principal avec *Le Triomphe de la Divine Providence* de Pierre de Cortone (1632-1636), glorifiant sans demi-mesure le pape et sa famille.

Galleria Nazionale d'Arte Antica Aujourd'hui, l'un des plus importants musées de Rome occupe le palais, cédé à l'État en 1949. Il passe en revue l'art italien et européen du XIIIe au XIXe siècle, avec des œuvres majeures de Lippi, Lotto, Titien, le Tintoret, le Pérugin, le Caravage ou Nicolas Poussin, issues des collections privées des Barberini, de legs et des acquis ultérieurs de l'État. Ne partez pas sans avoir admiré : *La Fornarina*, traditionnellement attribuée à Raphaël (sans doute à tort), deux tableaux du Caravage, dont un tragique *Judith tranchant la tête d'Holopherne*, un portrait de Beatrice Cenci par Guido Reni, la *Madone à l'Enfant* de Lippi, un portrait d'Érasme par le Flamand Quentin Metsys, les portraits d'Holbein et de Bronzino... *Via delle Quattro Fontane, 13 Tél. 06 328 10 www.galleriaborghese.it Ouvert mar.-dim. 8h30-19h Tarif 7€*

☆ **Santa Maria della Vittoria (plan 8, A1)** Cette église baroque (1608-1620), d'apparence assez modeste, renferme une œuvre majeure du Bernin, dans la chapelle Cornaro (quatrième chapelle de gauche) : L'*Extase de sainte Thérèse* (cf. encadré). Ne partez pas sans avoir jeté un œil aux tableaux du Dominiquin (deuxième chapelle à droite) et à la *Sainte Trinité* du Guerchin (troisième chapelle à gauche). *Via XX Settembre, 17 Ouvert tlj. 8h30-12h et 15h30-18h*

L'*Extase de sainte Thérèse*, l'apogée du baroque

Le Bernin a su rendre dans sa sculpture le caractère flamboyant et ambigu qui transparaît dans les mots de sainte Thérèse relatant sa vision : "La douleur était si vive qu'elle m'arrachait des gémissements, mais la suavité qui l'accompagnait était si grande que je n'aurais pas voulu que cette souffrance me fût enlevée." La conception même de la chapelle de l'église **Santa Maria della Vittoria** (p.144) participe de la scène ; les membres de la famille Cornaro sont sculptés dans des loges, comme s'ils assistaient au spectacle. Au-dessus, une lumière oblique s'échappant d'une fenêtre baigne la sainte de ses rayons diffus, accentuant l'effet d'extase.

LE LATIUM

L'Esquilin et Monti

☆ **Les essentiels** Le palais Massimo, la basilique Sainte-Marie-des-Anges, la basilique Sainte-Marie-Majeure, le *Moïse* de Michel-Ange (dans San Pietro in Vincoli) **Découvrir autrement** Faites un tour au pittoresque marché de l'Esquilin

Ce sont encore les papes urbanistes qui sont à l'origine des ruptures et des transformations des quartiers de l'Esquilin et de Monti, s'étendant à l'est de Rome, unis en un seul *rione* (district) jusqu'en 1874. Sixte V, d'abord et toujours, décide au milieu du XVe siècle d'inclure ce territoire à la ville. Sous l'Antiquité, villas patriciennes et temples occupaient les hauteurs, mais les collines ont été progressivement abandonnées, livrées au Moyen Âge à quelques familles irréductibles qui y élevèrent des forteresses pour leur protection. Le pape fit percer la via Felice (segmentée en plusieurs rues aujourd'hui), allant des escaliers de Trinità dei Monti jusqu'à la basilique Sainte-Marie-Majeure. Si ce vif intérêt pour le quartier tenait sans doute à la présence de cette basilique, le pontife, doté d'un sens inné des affaires, avait aussi l'espoir de "lancer" économiquement les environs : il y transfère le marché au bétail et installe des ateliers de travail de la soie dans sa villa. Il faut attendre le percement des *vie* Nazionale et Cavour et la construction de la gare Termini pour que le quartier change d'aspect. Le nord du quartier est alors bâti selon un canon monotone et uniforme d'immeubles ocre ; au sud de la basilique Sainte-Marie-Majeure, le *rione* de Monti conserve, lui, le charme de son tracé médiéval.

Autour de la gare Termini

☆ **Palazzo Massimo-Museo Nazionale Romano (plan 8, A2)** Initialement rassemblés dans les thermes de Dioclétien, les collections du Musée national romain, le plus important musée d'art antique du monde, sont désormais réparties dans plusieurs lieux : celui-ci et les thermes de Dioclétien, sur l'Esquilin, le palais Altemps et la crypte Balbi, dans le centre historique. Dans ce palais de la fin du XIXe siècle, vous retrouverez de remarquables sculptures et sarcophages antiques. Au dernier étage, les magnifiques fresques retrouvées dans des villas des environs de Rome constituent un véritable joyau. *Largo di Villa Peretti, 1 Tél. 06 39 96 77 00 Ouvert mar.-dim. 9h-19h45 Fermé 1er jan., 25 déc. Tarif 7€, billet valable 3 jours dans les 4 sites du Museo Nazionale Romano (Palazzo Massimo, Palazzo Altemps, Crypta Balbi, Terme di Diocleziano)*

Terme di Diocleziano (plan 8, B1) Pour avoir un aperçu du gigantisme de ce complexe thermal ouvert en 305, il vous faudra faire le tour de plusieurs édifices des abords de la piazza della Repubblica. Entrez, par exemple, dans l'église Santa Maria degli Angeli : vous y découvrirez le caldarium dans l'une des absides et le tepidarium dans une petite salle contiguë. Une des rotondes qui longeaient l'enceinte des thermes a servi à bâtir l'**église San Bernardo** (à l'angle de la via XX Settembre). Via Romita, à deux pas de la via Cernaia, vous ne pourrez manquer l'**Aula Ottagona**, qui a accueilli un temps un planétarium puis un cinéma, avant de devenir, magnifiquement restaurée, un espace muséographique orné de sculptures provenant de plusieurs thermes romains.

Cette dispersion sur plusieurs sites rend difficile d'imaginer qu'à l'époque près de 3 000 personnes pouvaient travailler ici à leur épanouissement, suivant le principe de la *mens sana in corpore sano*. La partie principale des vestiges a été remaniée par Michel-Ange vers 1560 pour bâtir un complexe conventuel, où l'on expose aujourd'hui une importante collection épigraphique. Un conseil : profitez surtout de la structure elle-même, restaurée à l'occasion du jubilé 2000, et ne manquez pas le cloître ni le jardin des thermes. *Viale E. de Nicola, 78 Tél. 06 39 96 77 00 Ouvert mar.-dim. 9h-19h45 Fermé 1er jan., 25 déc. Tarif 7€ (billet valable 3 jours, permettant l'accès à toutes les autres sections du Museo Nazionale Romano)*

☆ **Santa Maria degli Angeli (plan 8, A1)** La façade concave, complètement atypique, de la basilique Sainte-Marie-des-Anges-et-des- Martyrs donne une idée de l'ampleur des vestiges romains sur lesquels elle fut édifiée. En 1561, le pape Pie IV demanda à Michel-Ange de concevoir les plans d'une église sur le site des thermes de Dioclétien. L'entrée correspond ainsi à l'une des absides du caldarium et le vestibule à l'antique tepidarium. En 1749, Luigi Vanvitelli transformera totalement la basilique. Arrêtez-vous quelques minutes au centre de l'édifice pour en prendre la mesure : huit colonnes de granit rouge, hautes de 14m, encadrent un transept aux dimensions majestueuses (27m de hauteur, 90m de longueur, 26m de largeur). Remarquez, sur le pavement, une méridienne utilisée de 1702 à 1846 pour régler les horloges de la ville et, dans le transept et le chœur, des toiles provenant de Saint-Pierre, dont un *Martyre de saint Sébastien* du Dominiquin. *Piazza della Repubblica Ouvert lun.-sam. 7h-18h30, dim. et j. fér. 7h-19h30*

● Où acheter un maillot de la Lazio ?

Lazio Point (plan 8, B2 n°40) Une boutique aux couleurs des Blancs et Bleus, les joueurs de l'autre grande équipe de Rome, ennemie jurée de la Roma, plus implantée dans le sud de la ville, dans les quartiers du Testaccio et de la Garbatella. *Via Farini, 34-36 Tél. 06 482 66 88 www.sslazio.it Ouvert lun.-sam. 9h-19h*

● Où se fournir en livres et en disques ?

Ibs.it Bookshop (plan 8, B2 n°41) Une librairie sur plusieurs niveaux, très active. *Via Nazionale, 254-255 Ouvert lun.-sam. 9h-20h, dim. et j. fér. 10h-13h30 et 16h-20h*

Le plus exotique des marchés romains

Nuovo Mercato Esquilino (plan 8, B3) On n'a rien vu d'équivalent à Rome en termes de mixité : s'y côtoient vendeurs de charcuterie italienne et de viande halal, vieilles mamies, gitans et étudiants bohèmes. Tout le quartier alentour est à l'image du marché. Non loin, la monumentale piazza Vittorio Emanuele II, bordée d'arcades, s'étend autour d'un parc jonché de vestiges antiques et planté de palmiers. Çà et là, des vendeurs à la sauvette, des magasins de tissus, des bijouteries, des bazars et quelques *alimentari*. *À l'angle de la via Principe Amedeo et de la via Ricasoli Ouvert lun.-ven. 8h30-19h*

● Où se régaler d'un *gelato* ou d'une pâtisserie ?

Il Palazzo del Freddo di Giovanni Fassi (plan 8, B3 n°1) Le meilleur glacier de Rome, selon certains. Dans une immense salle Belle Époque aux drôles d'airs de salle des fêtes, des groupes d'enfants ou des couples de retraités semblent goûter là au paradis... Mille parfums et une glace au riz au lait qui mérite à elle seule le détour. *Via Principe Eugenio, 65/67 Tél. 06 446 47 40 Ouvert nov.-mars : mar.-dim. 12h-22h ; avr.-oct. : mar.-dim. 12h-0h*

Dagnino (plan 8, A1 n°2) Lorsque l'on s'enfonce dans ce passage couvert qui part de la piazza della Repubblica, une autre époque s'offre à nous, celle des années 1950, avec, dans cette emblématique maison sicilienne, une poignée de petites tables nappées de bleu roi qui attendent sagement la commande à l'étage. À quelques détails près, ni la recette de la tarte de Savoie au chocolat ni les emballages des boîtes de pâtes d'amande enrubannées de satin orange n'ont bougé... Dans ce véritable musée de la pâtisserie, on goûtera à de sublimes gâteaux ou, plus pratique, on s'offrira des confiseries à rapporter dans ses bagages. Comptez 1€ le café au comptoir, 22€ le kilo pour une *cassata* sicilienne et 2,60€ pour un *cannolo*. *Galleria Esedra, 75 Tél. 06 481 86 60 Ouvert lun.-sam. 7h-23h, dim. 7h30-23h*

Autour de la basilique Sainte-Marie-Majeure

☆ **Basilica Santa Maria Maggiore (plan 8, A2)** Soumis à de nombreux remaniements, le bâtiment possède une histoire complexe : pour résumer, l'édifice originel, édifié dans les années 430, a été agrandi au XIIIe siècle puis systématiquement transformé jusqu'en 1750, date de l'adjonction d'une façade baroque dessinée par Ferdinando Fuga. À l'intérieur, les proportions initiales sont restées les mêmes, avec trois nefs majestueuses séparées par quarante colonnes ioniques. Les magnifiques mosaïques qui courent le long de la nef centrale datent du Ve siècle et relatent des scènes de l'Ancien Testament. Celles de l'arc triomphal sont de la même époque, tandis que celles de l'abside, représentant le couronnement de Marie telle une impératrice d'Orient, sont l'œuvre de Jacopo Torriti en 1295. On dit que l'or qui recouvre le plafond de la nef centrale, aux armes des Borgia, est issu du premier chargement rapporté du Nouveau Monde aux rois Ferdinand et Isabelle de Castille. Aux XVIe et XVIIe siècles, deux chapelles fastueuses seront ajoutées : à droite, la Sixtine, dessinée par Domenico Fontana pour Sixte V, riche de marbres polychromes, d'argent et de pierres précieuses ; à l'opposé, la chapelle Pauline, où presque tous les peintres romains de l'époque ont travaillé (Lanfranco, Reni, Maderno, Beccafumi...). Pour observer de plus près les mosaïques (XIIIe s.) de la loggia,

Légende de la Madonna della Neve

Une légende veut que la Vierge ait indiqué au pape Libère (352-366) l'emplacement de la fondation de la basilique Sainte-Marie-Majeure en faisant tomber de la neige au sommet de l'Esquilin dans la nuit du 5 août 356. Depuis, chaque année, on commémore à cette date le miracle à grand renfort de pétales blancs ou de neige artificielle.

qui représentent la légende de la Madonna della Neve (cf. encadré), rendez-vous au baptistère, d'où part une visite guidée toutes les 10min. *Piazza Santa Maria Maggiore Tél. 06 69 88 68 Ouvert tlj. 7h-18h45*

Basilica San Pietro in Vincoli (plan 8, A3) Cette basilique d'aspect moyenâgeux attire nombre d'admirateurs. Tout d'abord ceux qui y viennent en pèlerinage (1er août) prier sur les reliques de saint Pierre : dans le reliquaire au-dessus de l'autel principal sont conservées les chaînes qui l'auraient ligoté dans sa geôle de Jérusalem (*vincoli* signifie "liens"). La tradition veut que, lorsqu'elles ont été remises au pape Sixte III (432-440), leurs maillons se soient miraculeusement soudés... La construction du mausolée de Jules II (qui dura 40 ans) fut qualifiée par Michel-Ange de véritable tragédie : querelles, mort du pape entraînant la reprise d'un projet plus modeste... *Piazza San Pietro in Vincoli, 4a Tél. 06 97 84 49 50 Ouvert tlj. 8h30-12h30 et 15h-18h*

LE MOÏSE DE MICHEL-ANGE
Les touristes entrent à San Pietro in Vincoli pour le colossal ☆ **Moïse** (1515) de Michel-Ange, commandité par le pape Jules II pour son mausolée.

La colline du Celio

☆ **Les essentiels** San Clemente **Découvrir autrement** Promenez-vous dans la Villa Celimontana

Verdoyant et paisible, le Celio s'étend à l'est du Palatin selon un axe qui va du Colisée à la basilique du Latran. Il est ponctué de nombreuses églises et d'enclaves bucoliques qui donnent un air quelque peu romantique à l'ensemble.

☺ **Santi Quattro Coronati (plan 8, A4)** Si vous vous approchez de l'église par l'arrière, l'abside vous semblera une anomalie architecturale. Une fois de plus, ce phénomène est dû à l'intervention des Normands, qui saccagèrent l'édifice d'origine (IVe s.). Restauré au début du XIIe siècle, il a réduit de taille, perdant ses nefs latérales – d'où l'effet incongru de l'abside ! À l'intérieur, ne manquez pas le pavement cosmatesque ni surtout le **cloître** du XIIIe siècle, extrêmement gracieux. Tout à côté, la **Cappella San Silvestro** renferme un cycle de fresques (XIIIe s.) illustrant la légende de l'empereur Constantin, malade de la lèpre et guéri par le pape Sylvestre, reçu ensuite comme un souverain à Rome. Si leur intérêt artistique est relatif, ces peintures ont le mérite de rendre compte d'une polémique qui a agité tout le Moyen Âge : la question de la suprématie de la papauté sur le pouvoir politique. Pour accéder à la chapelle, demandez la clé aux religieuses du couvent. *Via dei Santi Quattro Coronati, 20 Ouvert tlj. 6h30-12h45 et 15h-19h45*

☆ **San Clemente (plan 8, A3)** Si, à Rome, on parle souvent de réappropriation de vestiges anciens pour bâtir de nouveaux sites, en voici un exemple éloquent : une basilique du XIIIe siècle à la façade baroque, élevée sur les décombres d'un sanctuaire paléochrétien, lui-même construit sur d'anciens édifices romains !

Le scénario ressemble à tant d'autres : l'église primitive, fondée au IVe siècle, a été détruite au cours des invasions normandes, reconstruite au XIIe siècle sur ses bases anciennes, remaniée au XVIIIe siècle... et ce n'est qu'en 1857 que l'on découvre les traces de l'édifice inférieur. Au **niveau supérieur** de la basilique, la magnifique mosaïque de l'abside attire toute l'attention (le *Triomphe de la Croix*, datant du XIIe s.) avec ses couleurs vives surgissant sur un fond or. À droite de l'entrée, ne manquez pas la **Cappella Santa Caterina**, peinte à fresque par Masolino vers 1420 (sans doute assisté de son élève Masaccio). Au milieu de la nef, le chancel (balustrade qui ferme le chœur d'une église) reprend des éléments de la première église : un ciborium du VIe siècle et un candélabre pascal du XIIe siècle. Pour la visite de l'église inférieure, reportez-vous à l'encadré ci-dessous. *Via Labicana, 95 Ouvert lun.-sam. 9h-12h30 et 15h-18h, dim. et j. fér. 12h-18h*

☺ **Santo Stefano Rotondo (plan 8, A4)** Elle a la particularité d'être l'une des plus vastes et des plus anciennes églises de plan circulaire. Fondée au Ve siècle, elle était censée imiter le Saint-Sépulcre de Jérusalem. L'intérieur a sans doute perdu une grande part de sa magie originelle après que Nicolas V dut réduire ses dimensions en 1453 : l'anneau extérieur des trois nefs primitives menaçait de s'écrouler et fut alors détruit. Les fresques sont plus récentes : on doit à Grégoire XIII (1572-1585) d'avoir fait peindre un incroyable martyrologe,

☺ Sous San Clemente, des fresques et un *mithraeum*

De la sacristie de San Clemente (cf. ci-dessus), un escalier conduit dans l'**église inférieure**, qui renferme un cycle de fresques allant du IXe au XIe siècle. Les murs de soutènement et les colonnes destinées à renforcer la basilique supérieure brouillent aujourd'hui la compréhension de son plan initial : un narthex, trois nefs, une abside. Du vestibule à la nef centrale, les **fresques** s'étirent telle une bande dessinée illustrant le Miracle de saint Clément et la Translation de son corps du Vatican à la basilique. Dans la nef, on retiendra surtout celles développant le rocambolesque épisode de saint Clément, quatrième pape de la chrétienté, poursuivi par les hommes de Sisinnius, préfet de Rome dont l'épouse était chrétienne. Sisinnius fait irruption dans l'église pendant une messe célébrée par le pape. Aveuglé par la lumière divine, il ordonne à ses serviteurs de s'en prendre à l'évêque de Rome... en vain : eux aussi sont piégés et, au lieu d'enlever le pontife, ils emportent une colonne ! Au-delà des qualités picturales, remarquez les inscriptions en langue vulgaire (et non pas en latin), comptant parmi les plus anciennes traces de ce type. Au fond, un escalier descend jusqu'aux vestiges des édifices romains préexistants : deux bâtiments du Ier siècle et un ***mithraeum*** (chapelle dédiée au culte du dieu Mithra) du IIIe siècle, époque particulièrement favorable à l'expansion des cultes orientaux. *Ouvert lun.-sam. 9h-12h30 et 15h-18h, dim. et j. fér. 12h-18h Tarif 5€*

comportant des scènes très cruelles. *Via di Santo Stefano Rotondo, 7 Ouvert hiver : mar.-sam. 9h30-12h30 et 14h-17h, dim. 9h30-14h30 ; reste de l'année : mar.-sam. 9h30-12h30 et 15h-18h, dim. 9h30-12h30*

☺ **Villa Celimontana (plan 8, A4)** Sur les hauteurs du Celio, entre les thermes de Caracalla et les ruines de l'aqueduc de Claude et Néron, ce parc aux parfums méditerranéens invite à une promenade charmante qu'appréciait beaucoup Goethe. En 1553, les ducs Mattei font l'acquisition d'un vignoble. Ils en consacrent une partie à la création d'un petit jardin à l'italienne, orné de statues d'art antique. Le jour du pèlerinage des sept églises, le jardin Renaissance offre une halte bienvenue aux fidèles, qui y reçoivent aussi un repas composé de pain, vin, saucisson, fromage, d'un œuf et de deux pommes ! La villa devient propriété de l'État italien après la Première Guerre mondiale. En 1926, la commune de Rome en fait un jardin public et installe le siège de la Société géographique italienne dans le *casino*, le petit palais Mattei conçu par Giacomo Del Duca (1581-1586). Parmi les trésors de la Villa Celimontana, ne manquez pas l'obélisque égyptien de Ramsès II. *Via della Navicella, 12 Ouvert hiver : tlj. 10h-16h40 ; été : tlj. 10h-18h40*

Santi Giovanni e Paolo (plan 4, B3) Passez sous l'**Arco di Dolabella**, vestige de l'antique Porta Celimontana, l'une des portes de la muraille Servienne, pour gagner une placette qui compte parmi les endroits les plus enchanteurs de Rome, complètement méconnue des itinéraires touristiques. L'église en elle-même est un peu décevante : fondée au Vᵉ siècle sur les ruines des maisons de deux soldats romains chrétiens, Jean et Paul, martyrisés sous Julien l'Apostat en 362, elle a été endommagée par les Goths et les Normands et reconstruite au début du XIᵉ siècle. Si les restaurations des années 1950 ont rendu sa sobriété médiévale à l'extérieur, l'intérieur reste marqué par une décoration du XVIIIᵉ siècle toute chargée de stucs et de dorures. L'accès au sous-sol de l'église s'effectue dorénavant par l'extérieur (voir ci-après). *Piazza Santi Giovanni e Paolo, 13 Ouvert lun.-sam. 8h30-12h et 15h30-18h, dim. 8h30-12h45*

☺ **Case Romane del Celio (plan 4, B3)** En sortant de Santi Giovanni e Paolo, passez sous les arches rouges qui soutiennent le flanc de l'église, et vous trouverez l'entrée du musée des “Maisons romaines”. Redécouvert en 1887 après des années d'oubli, cet ensemble d'une vingtaine de pièces vous fera découvrir des lieux où les chrétiens prièrent du Iᵉʳ au IVᵉ siècle. Il y a quelque chose d'émouvant à traverser ces souterrains, aux fresques d'une beauté saisissante, en particulier celle de Proserpine et des divinités marines et celle de la salle des Éphèbes, au décor d'oiseaux et de festons. À la fin de la visite, avant d'accéder au tout récent antiquarium (où sont réunis des objets provenant des fouilles), on aperçoit depuis la passerelle un puits en contrebas et des recoins mystérieux qui, inaccessibles au visiteur, excitent l'imagination. Si vous avez une soirée libre, inscrivez-vous pour une des visites nocturnes : animées toute l'année par des archéologues et des acteurs, elles permettent de découvrir sous le campanile les vestiges du temple de Claude divinisé, qui, édifié par son épouse Agrippine, fut détruit par son fils adoptif Néron... *Clivo di Scauro Tél. 06 70 45 45 44 www.caseromane.it Ouvert jeu.-lun. 10h-13h et 15h-18h Tarif 6€ Visites guidées nocturnes (env. 2h30) été : sam. à 20h, hiver : sam. à 20h ou dim. à 18h30 Tarif 16€*

Saint-Jean-de-Latran

☆ **Les essentiels** La basilique Saint-Jean-de-Latran **Découvrir autrement** Faites un tour au marché de la via Sannio

Piazza San Giovanni in Laterano (plan 8, B4) Cette place monumentale est aussi massive et imposante que celle de Saint-Pierre... et pour cause : la basilique Saint-Jean-de-Latran a été la première cathédrale de Rome, avant celle du Vatican. Elle a été offerte par Constantin au pape en 313, avec les terrains alentour où fut bâti le **palais du Latran**, demeure officielle des papes jusqu'à leur fuite à Avignon au XIVe siècle. Quand Grégoire XI rentre à Rome en 1377, le palais est si dégradé que le pontife décide de s'installer à Saint-Pierre. Remanié au XVIe siècle, aujourd'hui restauré, il abrite le vicariat de Rome (fermé à la visite) et le **Musée historique du Vatican** (dix salles décorées de fresques maniéristes, de tapisseries des Gobelins...). Vous pouvez vous approcher de l'entrée et jeter un coup d'œil à la cour, entourée d'une galerie à arcades magnifiquement peinte. Sur la place s'élève **l'obélisque** le plus ancien et le plus haut de Rome (47m), datant du XVe siècle av. J.-C., qui ornait au IVe siècle l'arête centrale du *Circus Maximus*. **Museo Storico Vaticano** *Tél. 06 69 88 63 86 Ouvert lun.-sam. Visites guidées 9h, 10h, 11h, 12h Tarif 5€*

☆ **San Giovanni in Laterano (plan 8, B4)** L'aspect actuel de la basilique est le résultat des multiples pillages et incendies qui ont précédé les aménagements et les restaurations entrepris entre le XVIe et le XIXe siècle. La façade, que vous ne risquez pas d'oublier – pas moins de quinze statues colossales la surmontent –, date du XVIIIe siècle et est l'œuvre de l'architecte Alessandro Galilei. Les battants en bronze des portes seraient ceux de la curie du Forum romain. L'intérieur a gardé la ligne que lui avait donnée Borromini entre 1649 et 1659, avec ses cinq nefs, dont celle du centre, toute théâtrale, au plafond en bois sculpté et aux arcades jalonnées de niches dans lesquelles ont été placées des statues des douze apôtres. À la croisée du transept, un baldaquin (XIVe s.) surplombe l'autel, où seul le pape peut dire la messe. Partout ailleurs, stucs, marbres polychromes, fresques et dorures se superposent pour magnifier le lieu. Le bras gauche du transept s'ouvre sur un **cloître** superbe (entrée payante), œuvre des Vassalletto au début du XIIIe siècle, très raffiné avec ses colonnettes jumelées ornées de mosaïques. En sortant sur la place, ne manquez pas le **baptistère San Giovanni in Fonte**, petit édifice octogonal fondé par Constantin au IVe siècle et remanié par la suite. L'intérieur, bordé de quatre chapelles, exalte le sacrement du baptême, fresques et mosaïques à l'appui. *Piazza S. Giovanni in Laterano, 4 Tél. 06 69 88 64 33 Ouvert tlj. 7h-18h30*

Scala Santa (plan 8, B4) Le lieu de pénitence le plus fréquenté de Rome ? Les fidèles sont si nombreux à monter à genoux les 28 marches de marbre de l'"Escalier Saint", dans l'espoir d'obtenir une "indulgence apostolique", que les planches de noyer installées pour les protéger ont déjà été changées trois fois ! La Scala Santa aurait été gravie par Jésus le jour de son procès, au palais de Ponce Pilate, et sainte Hélène, la mère de Constantin, l'aurait fait transférer à Rome. En réalité, lorsque Sixte V fit détruire le Latran médiéval, il conserva et déplaça son escalier d'honneur pour permettre l'accès au **Sancta**

Sanctorum (le Saint des Saints), la splendide chapelle privée des papes construite en 1278 pour Nicolas III. On y conserve de précieuses reliques, dont une icône du Christ dite "achéiropoiète" (non faite de main d'homme), œuvre de saint Luc et des anges. Vous pouvez aussi accéder à la chapelle sur vos deux pieds en utilisant l'un des escaliers sur les côtés... *Piazza San Giovanni in Laterano, 14 Tél. 06 772 66 41 Ouvert oct.-mars : lun.-mar. et jeu.-sam. 6h-12h et 15h-17h, mer. 15h-17h ; avr.-sept. : lun.-mar. et jeu.-sam. 6h-12h et 15h30-18h, mer. 15h30-18h Tarif Sancta Sanctorum 3,50€ (avec la chapelle 5€)*

● Où aller au marché ?

Via Sannio (plan 8, B4) Les Romains ont déserté depuis un moment le marché de Porta Portese (p.153), devenu trop touristique, pour eux. Fripes, vêtements neufs à bons prix, chaussures... *Via Sannio à l'arrière de Saint-Jean-de-Latran Ouvert lun.-sam. 7h-14h*

Le Trastevere

☆ **Les essentiels** La place et l'église Sainte-Marie-du-Trastevere, La Farnesina **Découvrir autrement** Admirez Rome depuis le sommet du Janicule, chinez au marché aux puces de Porta Portese, profitez de la terrasse du Bar San Callisto

Er core de Roma : "le cœur de Rome" (en dialecte romain !), voilà à quoi prétend le quartier du Trastevere. Aujourd'hui, créateurs, étrangers de passage, militants de gauche et alternatifs de tous bords ont donné, à défaut d'une nouvelle âme, une nouvelle réputation au quartier, relayée par les restaurants dernier cri, les bars à vins à la mode et les boutiques design. Le Trastevere décroche le pompon *by night*, et seuls le Testaccio ou San Lorenzo seraient susceptibles de rivaliser avec lui.

☆ **Basilica di Santa Maria in Trastevere (plan 9, B1)** C'est l'une des premières églises romaines, dédiée à la Vierge. Le sanctuaire primitif remonterait au IIIe siècle, mais le bâtiment actuel est l'œuvre d'Innocent II au XIIe siècle. C'est à lui que l'on doit les magnifiques mosaïques de l'abside. Dessous, celles réalisées par Pietro Cavallini en 1291 rompent avec l'influence byzantine de l'ensemble. La perception de l'espace et des volumes change, les figures sont plus réalistes, l'artiste travaillant la mosaïque comme une fresque. En levant la tête, vous ne pourrez que vous pâmer sous le plafond, œuvre du Dominiquin, tandis qu'en la baissant vous admirerez le beau pavement cosmatesque – cf. Glossaire (p.566). *Tél. 06 581 48 02 ou 06 589 74 43 Ouvert sept.-juil. : tlj. 7h30-21h ; août : tlj. 7h30-12h30 et 14h30-21h Fermé à la visite pendant les messes*

Piazza di Santa Maria in Trastevere (plan 9, B1) L'image que l'on retient de cette place est celle de la façade scintillante de mosaïques qui surplombe la fontaine de Carlo Fontana (1602), point de ralliement à toute heure de la journée. En saison, s'ajoutent les musiciens qui font grincer leurs mandolines pour les touristes attablés en terrasse, des gitanes espérant gagner quelques pièces et des gamins jouant au foot.

☆ **Farnesina (plan 3, A3)** Comme souvent à Rome, l'histoire de ce lieu tient du feuilleton à rebondissements. À l'origine des magnificences qui s'y trouvent, le goût prononcé pour l'art du mécène Agostino Chigi, qui commande en 1509 une villa à son compatriote siennois Peruzzi. Abandonnée à la mort du propriétaire, la villa passe aux mains des Farnèse en 1580 puis de l'État italien en 1927. Ami et principal commanditaire de Raphaël, Chigi lui demande de décorer la villa. Les temps ont passé, les banqueroutes se sont multipliées, mais les fresques dessinées par Raphaël et ses disciples demeurent. Au premier étage, dans la salle des Perspectives, vous découvrirez l'un des plus beaux décors en trompe l'œil jamais exécutés. Peruzzi est parvenu à faire oublier les murs, donnant l'illusion de la campagne romaine et des principaux monuments de la ville. *Via della Lungara, 230 Tél. 06 68 02 72 68 Ouvert lun.-sam. 9h-14h Visites guidées les lun., sam. et dim. à 12h Tarif 5€*

Galleria Nazionale d'Arte Antica in Palazzo Corsini (plan 3, A3) Ce palais achevé en 1758 renferme au premier étage une partie des fonds de la galerie nationale d'Art antique (l'autre est exposée au palais Barberini). Les inconditionnels du Caravage iront admirer le *Saint Jean Baptiste* et les toiles de ses disciples. L'immense jardin qui s'étend à l'arrière, autrefois parc de la villa, est devenu le jardin botanique de Rome. *Via della Lungara, 10 Tél. 06 68 80 23 23 www.galleriaborghese.it/corsini/it/ Ouvert mar.-dim. 8h30-19h30 Fermé 1er jan., 25 déc. Tarif 5€ (9€ billet couplé avec le palais Barberini)*

Santa Cecilia in Trastevere (plan 9, B2) L'église fut élevée en l'honneur de sainte Cécile, martyrisée à l'époque de Marc Aurèle (161-180). On dit qu'elle chanta les trois jours durant lesquels elle resta enfermée dans le caldarium où les Romains voulaient l'étouffer, et qu'elle survécut miraculeusement au supplice. Sur les vestiges de sa maison, que l'on peut visiter aujourd'hui (à voir : le caldarium et les sarcophages des deux martyrs), on installa un sanctuaire dès le IVe siècle, reconstruit au IXe siècle, lorsque le corps de Cécile fut retrouvé dans les catacombes de San Callisto. Sous l'autel, ne manquez pas l'étonnante statue de la sainte réalisée par Stefano

☺ Porta Portese : le marché aux puces de Rome

Porta Portese (plan 9, B2) Dire que cet endroit relève de la caverne d'Ali Baba est un euphémisme : des CD gravés des dernières nouveautés internationales à la charcuterie calabraise, en passant par les vélos, les téléphones *seventies*, les jeans dégriffés, les gadgets en plastique *made in China*, les incontournables étals de bijouterie indienne, d'artisanat africain et de maroquinerie, les draps brodés, les dessous affriolants, les livres anciens... Ceux qui aiment marchander pourront faire de bonnes affaires. Les autres traverseront la cohue non sans difficulté et prendront garde à leur sac à dos, porté à l'avant pour éviter d'être la proie des *borseggiatori* (pickpockets) ! ***Tram 3 Bus 23, 44, 75*** *Via Portuense Ouvert dim. 9h-14h*

LE LATIUM

9 Rome, Trastevere-Aventin-Testaccio

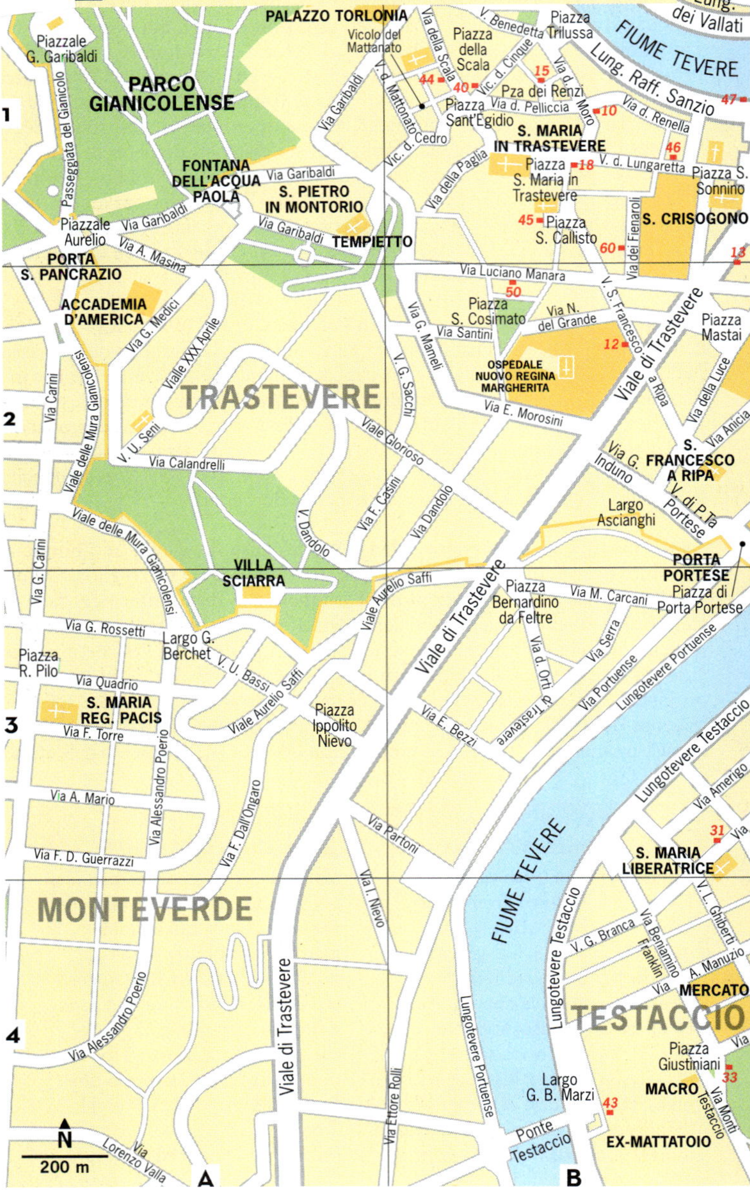

Restauration dans le Trastevere (n°10 à 18)

Forno la Renella* — **10** B1
Osteria Gensola — **17** C1
Pizzeria I Marmi — **13** B2
Sabatini — **18** B1
Supplì* — **12** B2
Trattoria da Augusto — **15** B1
Trattoria Da Enzo al 29 — **14** C2

Restauration dans le Testaccio (n°30 à 33)

Checchino dal 1887 — **33** B4
Da "Oio" a Casa Mia — **32** C4
Pizzeria Remo — **30** C3
Trattoria Agustarello — **31** B3

Cafés, glaciers et lieux de sortie (n°40 à 48)

Bar San Calisto* — **45** B1
Caffè della Scala* — **44** B1
Caruso — **42** C4
Fior di Luna* — **46** B1
Fonte d'Oro* — **47** B1
Ketum Bar — **41** C4
Ombre Rosse — **40** B1
Sora Mirella* — **48** C1
Villaggio globale — **43** B4

Hébergement (n°50 à 52)

Domus Aventina — **51** C3
Hotel Trastevere — **50** B2
Villa San Pio — **52** C3

Shopping (n°61)

Volpetti* — **61** C3

*À RETROUVER DANS LA PARTIE DÉCOUVRIR

Maderno, telle qu'il la vit en 1599 lorsqu'on ouvrit son sarcophage. Le matin, il faut admirer au **couvent** le chef-d'œuvre de Pietro Cavallini, *Le Jugement dernier* (1293) : la fresque mise au jour en 1900 représente Jésus entouré des apôtres, des saints et d'anges aux ailes colorées de superbes tons de rose. *Piazza di Santa Cecilia Tél. 06 589 92 89 Ouvert lun.-sam. 9h30-13h et 16h-18h30, dim. 11h30-12h30 et 16h-18h30 Tarif crypte 2,50€* **Couvent** *Visites interdites pendant les offices Ouvert lun.-sam. 10h-12h30*

San Francesco a Ripa (plan 9, B2) Édifiée au XIIIe siècle à l'emplacement de l'ancien hospice San Biagio, où saint François d'Assise s'est arrêté lors de son séjour à Rome en 1219, l'église a été entièrement remaniée vers 1680, suivant les canons baroques alors en vigueur. Deux chefs-d'œuvre à ne pas manquer : dans la première chapelle à gauche, *La Naissance de la Vierge* de Simon Vouet, fortement influencé par le Caravage, et, trois chapelles plus loin, *La Bienheureuse Louise Albertoni*, sculptée par **le Bernin** (1671-1674). Comme pour *L'Extase de sainte Thérèse* à Santa Maria della Vittoria, l'artiste parvient à rendre l'agonie de manière troublante. La bienheureuse semble en extase, enveloppée dans un drapé de marbres qu'accentue la lumière indirecte. Dans l'oratoire, la tombe du peintre Giorgio De Chirico. *Piazza San Francesco d'Assisi, 88 Tél. 06 588 13 31 Ouvert tlj. 7h-13h et 14h-19h30*

LE LATIUM

Isola Tiberina (plan 9, C1) Pendant l'Antiquité, une proue en travertin mit en valeur la ressemblance de l'île Tibérine avec un vaisseau. On y édifia en 293 av. J.-C un sanctuaire dédié au dieu grec de la médecine Esculape. C'est sur ses vestiges que fut élevée l'église San Bartolomeo (Xe s.), qui en conserve des colonnes antiques. Cette tradition médicale perdure : l'hôpital Fatebenefratelli, fondé au XVIe siècle et réputé pour ses soins dentaires, occupe toujours une bonne partie de l'îlot. Au Moyen Âge, la famille Pierleoni puis les Caetani s'y installent pour contrôler cette voie de passage stratégique sur le fleuve. On aperçoit encore à l'entrée du ponte Fabricio la tour qui faisait partie de leurs fortifications. Ce pont, le plus ancien de la ville (63 av. J.-C.), doit son surnom de ponte dei Quattro Capi aux deux statues d'Hermès à quatre têtes ("quattro capi") postées à son extrémité. Côté Trastevere, on éleva en 46 av. J.-C. le ponte Cestio, qui sera presque entièrement reconstruit en 370 avec des matériaux récupérés dans les ruines du théâtre de Marcellus. À la pointe méridionale, on aperçoit les vestiges du ponte Emilio (179 av. J.-C.), plus connu sous le nom de ponte Rotto (pont Cassé).

L'ÎLE EN ÉTÉ
Durant la période estivale, des bars et un restaurant occupent les quais de l'île. Des projections de cinéma sont même organisées sur écran géant. *www.isoladelcinema.com*

Où faire ses emplettes ?

Piazza San Cosimato (plan 9, B2) Quelques kiosques et marchands ambulants (fromage, charcuterie, boucherie) animent le quartier. Dans les rues rayonnant autour de la place (via Natale del Grande, via San Francesco a Ripa), on trouvera aussi de bons commerces où acheter de la mozzarella, des pâtes fraîches, de la *porchetta* (viande de porc grillée), du jambon de montagne.

● Où manger sur le pouce ?

☺ **Forno la Renella (plan 9, B1 n°10)** Certes, c'est une "boulangerie", puisque l'on y vend du pain et des gâteaux. Mais elle n'a rien à voir avec ses consœurs françaises : ici, une affichette vous précise d'emblée que tout est à base d'huile d'olive extra-vierge (oui, de l'huile d'olive, même pour les gâteaux !). Quelques chaises hautes se serrent le long d'un comptoir où l'on peut déguster la *pizza al taglio* tout en bénissant le pizzaïolo, juste de l'autre côte de la vitre. On vient de loin pour le pain au levain ou au maïs, les gâteaux (*ciambella alla ricotta*, nature ou avec des pépites de chocolat...) et les biscuits secs. Armez-vous de patience : aux heures de pointe, la queue est parfois décourageante. *Pizza bianca* 6€/kg *Via del Moro, 15 Tél. 06 581 72 65 Ouvert mai-sept. : tlj. 7h-2h ; oct.-avr. : dim.-jeu. 7h-22h, ven.-sam. 7h-2h*

Supplì (plan 9, B2 n°12) "Qui veut du poulet ? Qui prend des croquettes de pommes de terre ? On vous réchauffe la pizza ?" On fait la queue, ça se bouscule... Connu dans le quartier pour sa *pizza al taglio*, pour son poulet rôti au romarin et son *baccalà* (le vendredi), ce snack à l'italienne rassemble les habitants du quartier, les employés qui mangent sur le pouce devant l'entrée et quelques touristes... Une bonne solution pour un pique-nique improvisé sur la pelouse de la Villa Doria-Pamphilj. Part de pizza à partir de 1,50€. *Via San Francesco a Ripa, 137 Tél. 06 589 71 10 Ouvert lun.-sam. 9h-22h Fermé 3 semaines en août*

● Où savourer une *grattachecca*, une glace ?

Sora Mirella (plan 9, C1 n°48) Avant de vous enfoncer dans les ruelles du Trastevere, juste devant l'île Tibérine, ne ratez pas le kiosque de la reine de la *grattachecca*, connue comme le loup blanc pour son speciale *superfrutta* : glace pilée, kiwi, melon, fraise. *Angle lungotevere degli Anguillara et du Ponte Cestio Ouvert mai-sept. : tlj. 11h-2h*

☺ **Fior di Luna (plan 9, B1 n°46)** Ici, on ne plaisante pas avec les matières premières, toutes issues des filières bio et du commerce équitable. Pistaches de Bronte – le terroir sicilien si convoité qui ne produit que tous les trois ans –, pignons des forêts toscanes, noisettes des Langhe piémontaises et cacao scrupuleusement sélectionné en Amérique latine entrent dans la composition de glaces, sorbets, *granite*, *semifreddi* et yoghourts de haute volée. Ne manquez pas leur chocolat, en glaces et *granite*, décliné l'hiver en boisson chaude. La coupe coûte de 1,70 à 3,50€. *Via della Lungaretta, 96 Tél. 06 64 56 13 14 www.fiordiluna.com Ouvert mars-oct. : mar.-dim. 12h-2h ; nov.-fév. : tlj. 12h-2h Fermé 1 semaine autour du 15 août*

Fonte d'Oro (plan 9, B1 n°47) *Grattacheccaro* depuis plus d'un siècle, Fonte d'Oro ajoute à sa glace pillée des morceaux de fruits frais et du sirop. Le kiosque étant proche de la très fréquentée piazza Belli, attendez-vous à faire la queue en été... *Angle lungotevere Sanzio et piazza Belli Ouvert été : tlj. 10h-2h*

● Où prendre un *aperitivo* ?

Bar San Calisto (plan 9, B1 n°45) Ce bar qui ne paie pas de mine est pourtant l'un des lieux mythiques du Trastevere : un "bar de gauche" qui réunit artistes et intellos. Pour l'addition, vous pouvez bien sûr compter sur des "prix militants". Également de bonnes glaces, à déguster attablé à la petite terrasse toujours bondée. *Tél. 06 583 58 69 Ouvert lun.-sam. 6h-2h*

Caffè della Scala (plan 9, B1 n°44) Dans une rue discrète et tranquille, ce bar bien connu des noctambules demeure l'un des repaires les plus courus du Trastevere.

Une ambiance cosy confortée par le mobilier en bois et la présence d'un vieux piano. Selon l'heure, on passe du salon de thé au rendez-vous pour l'apéritif puis à un vrai bar à cocktails. *Via della Scala, 4 Tél. 06 580 36 10 Ouvert tlj. 8h-2h*

Sur la colline du Janicule

Voyageurs, encore un effort ! Quelques rues tortueuses et escarpées ou un bon nombre de marches d'escalier pour parvenir sur cette splendide terrasse, d'où la vue s'étend sur la Rome médiévale et baroque et même, par temps clair, sur les monts Albains au loin. La colline reste marquée par le souvenir des combats féroces de 1849 qui opposèrent les partisans de la République romaine menés par Garibaldi aux troupes françaises qui occupaient la ville. Une immense statue équestre lui rend hommage à mi-parcours de la promenade du Janicule (*passeggiata del Gianicolo*), sur le **piazzale Garibaldi**. Là, chaque jour, un coup de canon sonne midi. De cet endroit aussi, le **panorama** au crépuscule est spectaculaire.

☺ **Tempietto del Bramante (plan 9, A1)** Vers 1502, le roi d'Espagne, qui veut honorer la naissance de son fils, commande à Bramante ce "petit temple" circulaire. L'architecte l'édifie au centre du cloître situé à droite de San Pietro in Montorio, à l'endroit même où aurait succombé saint Pierre. Son style s'inspire du *martyrium*, une chapelle paléochrétienne élevée sur le lieu d'un martyre. Les colonnes doriques surmontées d'une balustrade et d'une coupole forment un ensemble particulièrement élégant qui traduit l'idéal d'harmonie et de beauté classique de la Renaissance. Les proportions parfaites de l'édifice suscitèrent d'ailleurs l'admiration de nombre de ses contemporains. Bramante n'eut hélas pas la possibilité de réaliser le cloître rond à seize colonnes qui devait entourer le temple et parachever ainsi son œuvre. *Piazza San Pietro in Montorio, 2 Tél. 06 581 28 06 (Accademia di Spagna) Ouvert août : lun.-ven. 9h30-14h30 ; sept.-juil. : mar.-sam. 9h30-12h30 et 14h-16h30*

☺ L'Aventin

☆ **Les essentiels** L'église Santa Sabina **Découvrir autrement** Regardez le dôme du Vatican par le trou de serrure de la place des Chevaliers-de-Malte, admirez Rome du parc des Orangers

À Rome, les collines se suivent... mais ne se ressemblent pas. Quand vous vous aurez échappé de la foule du Capitole ou du Palatin, quand vous serez lassé de l'effervescence festive du Testaccio, allez trouver refuge à l'Aventin. Ici, "tout est luxe, calme et volupté". Baudelaire ne nous en voudra pas de lui emprunter ces vers : c'est tout le quartier qui a l'air suspendu, repoussant à l'horizon l'agitation citadine. Une promenade indispensable au crépuscule, jusqu'à la piazza Ugo La Malfa, quand le ciel rougeoie, se confondant avec la couleur ocre des vestiges du Circo Massimo...

☺ **Parco degli Aranci (plan 9, C2)** Amateurs de clichés romantiques, préparez vos objectifs. Orangers, cyprès, pins parasols et rosiers... Ce jardin ravissant, autrefois propriété de la famille Savelli qui s'y était établie au XIIIe siècle, s'étale en terrasse au-dessus du Tibre et sert de décor à un des plus beaux couchers de soleil sur la ville. *Via di Santa Sabina Ouvert tlj. matin-coucher du soleil*

☆ **Santa Sabina (plan 9, C2)** Fondée au Ve siècle, cette église témoigne avec splendeur de ce que pouvaient être les basiliques des premiers temps de la chrétienté. L'intérieur, lumineux et sobre, a été dépouillé de son apparat baroque au cours des restaurations du XXe siècle. De l'époque primitive subsistent peu d'éléments, mais non des moindres : la porte centrale en bois de cyprès, où 18 panneaux illustrent des scènes de l'Ancien et du Nouveau Testament, la mosaïque, juste au-dessus de la porte, et les fragments de frise en marbres polychromes courant le long de la nef et dans l'abside. Les Dominicains, à qui l'église appartient encore, lui sont particulièrement attachés, puisque c'est ici que saint Dominique a présenté la règle fondatrice de l'ordre au pape Honorius III en 1222. Si c'est ouvert, jetez un coup d'œil au joli cloître (XIIIe s.). *Piazza Pietro d'Illiria, 1 Ouvert tlj. 8h15-12h30 et 15h30-18h*

VOIR SAINT-PIERRE PAR UN TROU DE SERRURE
Au n°3 de la piazza dei Cavalieri di Malta (plan 9, B1), vous noterez un attroupement. C'est celui provoqué par l'attraction locale : si vous regardez par le trou de la serrure du prieuré, vous verrez surgir, comme par magie, le dôme de Saint-Pierre !

Sant'Alessio (plan 9, C3) À l'emplacement de l'église Saint-Boniface (VIIIe s.), le pape Honorius III fit construire en 1216 un nouvel édifice dédié à saint Alexis. Appréciez à sa juste valeur le beau campanile à cinq étages du XIIIe siècle, qui réchappa aux importantes modifications du XVIIIe siècle. Du presbytère, on accède à la crypte romane décorée de fresques des XIIe et XIIIe siècles où s'élève, selon la tradition, la colonne à laquelle fut attaché saint Sébastien avant d'être supplicié. *Piazza di Sant'Alessio, 23 Tél. 06 574 34 46 Ouvert à l'occasion de mariages, concerts…*

Santa Prisca (plan 4, A3) Cette petite église, la plus ancienne de l'Aventin, fut construite sur la maison de Prisca, une chrétienne décapitée sous l'empereur Claude(41-54). Le premier lieu de culte du IVe siècle, déjà plusieurs fois remanié, et en partie détruit par un incendie, fut puissamment restructuré au XVe siècle. De la nef de droite, on accède au **mithraeum**, une chapelle du culte oriental de Mithra, qui concurrença le christianisme, avant de tomber dans l'oubli à la fin du IVe siècle. On peut y admirer, dans une niche, une représentation de Mithra tuant le taureau et un Saturne étendu, tandis que des fresques, au-dessus des bancs, figurent les sept grades de l'initiation et une procession en l'honneur de Mithra et du Soleil. *Via di Santa Prisca, 11 Tél. 06 574 37 98 Ouvert tlj. 8h30-12h et 16h30-18h30*

Le Testaccio

☆ **Les essentiels** La centrale Montemartini **Découvrir autrement** Allez danser le week-end dans une des discothèques du Testaccio

La colline du Testaccio (colline des “tessons”) n’a rien à voir avec les sept autres collines mythiques de Rome. L’identité de ce quartier est fortement liée aux projets d’habitat populaire qui s’y sont développés au début du XXe siècle et à ses abattoirs, ayant fourni du travail à de nombreux habitants. Depuis leur désaffection dans les années 1980, les noctambules ont pris la relève, faisant du Testaccio une étape incontournable des nuits romaines. La journée, vous serez surpris d’y croiser si peu de touristes. Profitez-en pour faire votre marché et pour jeter un coup d’œil aux curiosités architecturales du coin.

Monte Testaccio (plan 9, B4) En arrivant dans le quartier, vous apercevrez une butte d’une trentaine de mètres. Cette colline artificielle s’est formée au fil des siècles par le dépôt des tessons des amphores que l’on jetait là (estimées à 86 millions)... Rien de moins qu’une véritable décharge publique ! Au Moyen Âge, les pentes telles que celle-ci étaient le prétexte à des fêtes paillardes assez sinistres, où des cochons, des sangliers ou des taureaux étaient précipités vers le bas dans une charrette. Les animaux qui survivaient finissaient encore plus mal : ils étaient empalés sur une pique au sommet de la butte... Ne vous aventurez pas avec pioche et seau en plastique à la recherche de tessons pour votre collection d’antiques, l’accès est formellement interdit. Le soir, les lieux sont très animés : toute la via del Monte Testaccio, qui part des abattoirs et contourne la colline, est bordée de restaurants, de clubs et de bars... *Visite guidées sur réservation Via Zabaglia, 24 Tél. 06 06 08 Tarif 4€ (+ coût visite guidée)*

Ex-Mattatoio (plan 9, B4) Quand on arrive pour la première fois piazza Giustiniani, on se demande si le bâtiment qui s’y dresse n’est pas une gare... L’entrée, monumentale avec ses arches et ses statues, laisserait presque croire qu’à l’arrière attendent les trains. Il n’en est rien. De l’âge d’or des abattoirs demeurent la figure du taureau qu’on abat, sculptée au-dessus de la porte, et l’inscription “*Stabilimento di mattazione*” (littéralement “Établissement d’abattage”). Construits entre 1887 et 1892, les abattoirs, qui ont fonctionné presque un siècle durant, ont été progressivement abandonnés au début des années 1980. Ils ont fortement marqué le quartier ; outre le travail fourni aux habitants, ils ont aussi largement contribué à une tradition culinaire encore en vogue, avec de nombreuses recettes à base d’abats. Aujourd’hui, l’ensemble des bâtiments a été réhabilité (cf. Macro ci-dessous).

MACRO (plan 9, B2) Vous trouverez ce second site du musée d’Art contemporain de Rome, dont le siège principal est aménagé dans les anciennes brasseries Peroni (p.163), dans le complexe de l’ex-Mattatoio (ci-dessus). Depuis 2002, une surface de 2 000m^2, répartie sur deux pavillons indépendants, a été attribuée au MACRO afin de concevoir un espace d’exposition dynamique et innovant, dédié à la création contemporaine sous toutes ses formes. *Piazza Orazio Giustiniani, 4 Tél. 06 06 08 www.museomacro.org/it/macro-testaccio Ouvert mar.-dim. 16h-22h à l’occasion d’expositions Tarif 6€ (ou 14,50€ billet couplé Macro Testaccio + Macro, valable 7 jours)*

Où acheter des souvenirs gourmands ?

Volpetti (plan 9, C3 n°61) Épicerie fine, crémerie, charcuterie, traiteur... Cette institution plus que centenaire déroule un choix incroyable de spécialités :

saucissons et *prosciutti* rares, artichauts à la romaine, petits champignons au vinaigre balsamique, légumes braisés, fromages locaux, pâtes fraîches, tomates séchées, *focaccie* rebondies, cèpes et une bonne sélection de vins... Idéal pour se concocter un dîner sans trop se compliquer la vie, mais aussi pour déjeuner sur le pouce ou pour pique-niquer. À l'angle, la *tavola calda (snack)*, à l'ambiance très "self", mais aux plats fumants dignes de la réputation de cette épicerie. *Via Marmorata, 47 Tél. 06 574 23 52 Ouvert juil.-août : lun. et mer.-sam. 8h-14h et 17h-20h15, mar. 8h-14h ; sept.-juin : lun.-sam. 8h-14h et 17h-20h15*

● Où aller au marché ?

Mercato Testaccio (plan 9, C4) Au cœur du quartier populaire du Testaccio, ce vaste marché alimentaire a été transféré en mai 2012 dans des bâtiments tout neufs ! Également intéressant pour ses chaussures de marque à petits prix (les mercredi et samedi). *Entre via Galvani et via A. Manuzio Ouvert lun.-sam. 7h30-14h*

Au sud du piazzale Ostiense

Piramide di Caio Cestio (plan 9, C4) Juste à côté de la **Porta Ostiensis**, d'où partait la via Ostiensis qui menait à l'ancien port de Rome, surgit ce monument un peu kitsch, inspiré des modèles égyptiens en vogue à Rome après la conquête de l'Égypte en 30 av. J.-C. Longtemps connue comme la *Meta Remi* (la "tombe de Remus"), elle est en fait le mausolée de Caïus Cestius, un magistrat mort en 12 av. J.-C. On ne sait pas grand-chose du personnage, si ce n'est quelques détails contribuant à lui forger une image de mégalomane : par testament, il précisa en effet que la pyramide devrait être élevée en moins de 333 jours après sa mort. Techniquement, rien à voir avec la construction des pyramides égyptiennes : haute de 36m, elle est bâtie en briques recouvertes de dalles de marbre. Et ne rêvez pas d'une exploration macabre au cœur de la chambre funéraire, la porte est toujours fermée... *Piazza di Porta San Paolo Tél. 06 399 67 700 www.coopculture.it Ouvert à la visite les 2e et 4e sam. du mois à 11h Rés. conseillée*

Cimitero Acattolico (plan 9, C4) Le poète Shelley ne croyait pas si bien dire quand il écrivait qu'il y avait de quoi tomber amoureux de la mort pour être inhumé dans un endroit si doux (*"It might make one in love with death, to be buried in so sweet a place"*). L'urne contenant ses cendres y fut placée un an après la disparition de son ami Keats, emporté par la tuberculose en 1821. Le nom de ce cimetière, "Acattolico", signifie qu'il est réservé à tous les non-catholiques. Suivez les petites pancartes plantées dans les allées pour découvrir les tombes illustres, comme celle de Julius, le fils de Goethe, ou celle d'Antonio Gramsci, fondateur du Parti communiste italien. *Via Caio Cestio, 6 Tél. 06 574 19 00 www.protestantcemetery.it Ouvert lun.-sam. 9h-17h (dernière entrée 16h30), dim. et j. fér. 9h-13h (dernière entrée 12h30)*

☆ **Centrale Montemartini (plan 1, A2-B2)** Un des lieux les plus inattendus : imaginez les chefs-d'œuvre de la sculpture classique répartis dans les salles de la première centrale électrique municipale, ouverte en 1912 ! Annexe des Musées capitolins, la collection d'antiques s'est installée sans crier gare le long des mastodontes de fer abandonnés. L'immense fossé qui sépare ces deux cultures semble ici rattrapé par l'esthétique : comme si les tuyauteries et les mécanismes n'étaient qu'une variante de la sculpture ! L'hellénisme, qui traverse toute l'exposition, tend à rendre une homogénéité à cette collection de 400 pièces (du ve s. av. J.-C. au Ier ap. J.-C.). ***M° Garbatella Bus 23*** *Via Ostiense, 106 Tél. 06 06 08 www.centralemontemartini.org Ouvert mar.-dim. 9h-19h Fermé 1er jan., 1er mai, 25 déc. (24 et 31 déc. a.-m.) Tarif 6,50€ ; Centrale Montemartini + Musées capitolins 11,50€ valable 7 jours (suppl. en cas d'exposition temporaire)*

Rome hors les murs

☆ Les essentiels Le MAXXI **Découvrir autrement** Sortez dans les bars et discothèques de San Lorenzo

Au nord de la ville

☺ **Foro Italico (plan 1, A1)** Au nord de Rome, l'étendue comprise entre le Monte Mario et le Tibre fut choisie par le régime mussolinien pour la construction d'un imposant complexe sportif permettant à la fois d'organiser de grands rassemblements politiques et de célébrer le culte de la jeunesse et du sport. Le Foro Mussolini, rebaptisé Foro Italico après la guerre, fut achevé en 1953. Au centre des bâtiments, un obélisque appelé Obelisco Mussolini, ou Monolite Dux, fut érigé en 1932. Dans son axe s'ouvre un vaste forum décoré de pavements de mosaïques noir et blanc qui prônent l'idéologie fasciste et l'exaltation de la jeunesse. Fleuron du Foro Mussolini, le **Stadio dei Marmi** est dominé par 60 statues d'athlètes imitées de l'Antiquité. Conçu pour les Jeux olympiques de Rome de 1960, le **Stadio Olimpico**, qui dispose de 100 000 places, fut agrandi pour la Coupe du monde de football en 1990. Tous les week-ends, il est envahi par les *tifosi* de la Roma ou de la Lazio, les deux équipes rivales de la ville. *Via del Foro Italico*

☆ **MAXXI (plan 1, A1)** MAXXI comme **musée des Arts du xxie siècle**, un nom ambitieux, à Rome plus encore qu'ailleurs ! La capitale, qui pâtit trop souvent d'une image de ville-musée, figée dans son passé mythique, entend prouver, avec cette œuvre dédiée aux expérimentations et à l'innovation en art et en architecture, que la création artistique est bien vivante à Rome. Les collections mettront sans doute un peu de temps à acquérir une réelle consistance (déjà quelques Boetti, Kapoor, Penone ou Warhol et des projets d'architecture de Toyo Ito, Italo Rota, etc.). Pour l'instant, le premier objet de la visite est bel et bien le grand geste de l'architecte anglo-irakienne Zaha Hadid : une structure où intérieur et extérieur demeurent en totale fusion et où les escaliers d'acier noir semblent flotter au milieu du hall pour irriguer les différents niveaux. *Via Guido Reni, 4a M° Flaminio puis tram 2 (arrêt Apollodoro) Tél. 06 39 96 73 50 www.fondazionemaxxi.it Ouvert mar.-ven. et dim. 11h-19h, sam. 11h-22h Fermé 1er mai, 25 déc. Tarif 11€*

Auditorium-Parco della Musica (plan 1, A1) Inauguré le 21 avril 2002, le parc de la Musique imaginé par Renzo Piano est un magnifique complexe de trois salles (de 700 à 2 700 places), complété par une arène pour les concerts en

CD ET LIVRES SUR LA MUSIQUE

La librairie de l'Auditorium, spécialisée dans les arts du spectacle, est très bien fournie en livres et en CD. **Libreria Auditorium (plan 1, A1)** *Ouvert tlj. 10h-21h30*

plein air pouvant accueillir 3 000
Situé au nord de la piazza del Pop
environ), ce parc est le plus grand
d'Europe. Renzo Piano a voulu que chaque genre musical, de la musique de chambre au rock, y trouve son amplitude. Les formes arrondies des trois salles se fondent néanmoins dans le paysage grâce aux matériaux choisis : travertin, brique rouge et plomb, qui rappellent les couleurs romaines. *Viale P. de Coubertin, 30 Tél. 06 80 24 12 81 www.auditorium.com* **Visite** *Ouvert sept.-juil. : lun.-sam. 11h-20h, dim. 10h-20h* **Visites guidées** *visiteguidate@musicaperroma.it Ouvert sept.-juil. : w.-e. et j. fér. 11h30-16h30 Tarif 9€*

À l'est de la ville

MACRO/Museo d'Arte Contemporanea Roma (plan 1, B1) Bel exemple de recyclage des sites industriels, ce nouveau musée, installé dans l'ancienne brasserie Peroni, est l'un des rares lieux d'expression contemporaine de la capitale. La nouvelle aile du musée, dessinée par l'architecte française Odile Decq, étend l'édifice sur tout le pâté de maison. L'ensemble, couvert d'un toit-jardin aux fontaines inclinées, ouvre des perspectives non seulement sur les salles du musée, mais aussi sur l'intérieur de l'îlot. Un parcours d'acier et de verre regroupant les espaces d'exposition mais aussi un restaurant à la terrasse donnant sur le toit-jardin et le plan d'eau. Un autre site du même musée a ouvert dans le Testaccio (p.160). Ceux qui ne sont pas fatigués iront prendre un bol d'air dans les jardins de la Villa Torlonia (via Nomentana, 70), ancien quartier général du Duce. *Via Nizza, 138 Tél. 06 06 08 ou 06 67 10 70 400 www.museomacro.org Ouvert mar.-ven. et dim. 11h-19h, sam. 11h-22h Fermé 1er jan., 1er mai, 25 déc. Tarif 12€ (ou 14,50€ billet couplé Macro + Macro Testaccio, valable 7 jours)*

☺ San Lorenzo, un quartier étudiant et populaire

Un lieu marqué par le XXe siècle. Le ghetto ouvrier des origines devient vite un repaire d'anarchistes qui résisteront à la peste brune, donnant à la gauche italienne un des épisodes mémorables de son histoire. Très endommagé par les bombardements de 1943, San Lorenzo se reconstruit en préférant la ligne droite et le béton aux courbes et aux couleurs. Aujourd'hui, le territoire qui s'étire de la gare Termini au campus de l'université de la Sapienza et au cimetière du Verano compense son manque d'unité architecturale par une vitalité créative bouillonnante. Au fil de la balade, vous verrez des ateliers de céramistes, joailliers, peintres ou designers. Ces dernières années, intellectuels et étudiants ont rejoint leurs rangs, injectant l'énergie qui manquait encore pour faire de San Lorenzo un quartier incontournable, nanti de surcroît d'excellentes trattorias.

asilica-Catacombe di Sant'Agnese-Mausoleo di Santa Costanza (plan 1, B1) Ceux qui préfèrent éviter la foule des catacombes de la Via Appia viendront visiter celles de la via Nomentana. Agnès y trouva le repos éternel après son martyre et Constantine, fille de l'empereur chrétien, fit élever une petite basilique sur le site de sa tombe. Restaurée à plusieurs reprises, l'église abrite dans son abside une splendide mosaïque du VIIe siècle, où la sainte sur le bûcher est entourée de deux papes. D'autres mosaïques du IVe siècle couvrent la voûte de la galerie circulaire du mausolée de Constantine et de sa sœur Hélène (accès par le jardin). ***M° Sant'Agnese*** *Via Nomentana, 349 Tél. 06 86 20 54 56 www.santagnese.org Ouvert tlj. 9h-12h et 16h-18h Tarif 8€ (Sant'Agnese) Accès libre (Santa Costanza)*

San Lorenzo fuori le Mura (plan 1, B1) Au nord du quartier, à l'entrée du cimetière du Verano, le sanctuaire de saint Laurent a subi en quelque sorte le même destin que la basilique San Paolo fuori le Mura : offerte par Constantin, reconstruite en moult occasions et restaurée au XIXe siècle, elle finit sous les décombres après les bombardements du 19 juillet 1943. Remise sur pied en moins de six ans, elle renferme encore quelques vestiges de son passé roman (campanile, pavement cosmatesque, mosaïques, ciborium et chaire). *Piazzale del Verano, 3 Tél. 06 49 15 11 Ouvert été : tlj. 7h30-12h30 et 16h-20h ; hiver : tlj. 7h30-12h30 et 15h30-19h Pas de visites lors des (nombreuses) messes de funérailles*

Au sud de la ville

Basilica di San Paolo fuori le Mura (plan 1, A2) La basilique Saint-Paul-hors-les-Murs commémore le martyre de saint Paul en 67. Constantin a fait bâtir une première église, qui se dressait initialement hors de la muraille Aurélienne, à 3km de la Porta San Paolo. Jusqu'à la construction de Saint-Pierre au XVIe siècle, elle était la plus vaste basilique de Rome, richement parée de mosaïques et de fresques. Ces merveilles partiront en fumée dans la nuit du 15 au 16 juillet 1823, lors d'un violent incendie. L'église, reconstruite à l'identique, conserve quelques fragments de l'ancien édifice : la mosaïque de l'abside, le ciborium gothique au-dessus de l'autel, le candélabre de marbre dans le chœur et les portes du XIe siècle, ornées de scènes bibliques. En sortant, ne manquez pas le cloître (payant), joyau de l'église, moins froid et moins léché avec ses colonnettes torsadées, géminées, incrustées de marbres polychromes. ***M° Basilica San Paolo*** *Via Ostiense, 184 Tél. 06 541 03 41 ou 06 45 43 41 85 Ouvert tlj. 7h-18h30*

La Via Appia Antica

☆ **Les essentiels** Les catacombes de San Callisto **Découvrir autrement** Promenez-vous à pied ou à vélo le dimanche sur la Via Appia Antica, interdite aux voitures

La Via Appia Antica (plan 1, B2), ou *Regina viarum* ("reine des routes"), a changé le cours de l'histoire et permis à Rome de conquérir le Sud. En 312 av.

J.-C., le magistrat Appius Claudius Cæcus donne son nom à la route qui relie Rome à Capoue, capitale de la Campanie. Dès 191 av. J.-C., la Via Appia atteignait Brindisi (530km), aux portes de l'Orient. Avant que la muraille Aurélienne ne soit bâtie, vers 270, la Via Appia débutait Porta Capena, près des thermes de Caracalla. Après 270, c'était la Porta San Sebastiano qui en marquait le départ. De nos jours, le dimanche, les voitures sont obligées de s'arrêter à la porte, laissant les pavés lisses au seul profit des piétons et des cyclistes. Même s'il y a du monde, c'est sans doute le meilleur moment pour découvrir les nombreuses catacombes qui jalonnent les premiers kilomètres. L'usage voulait que les morts soient inhumés en dehors du *pomerium*, c'est pourquoi les routes romaines forment souvent de véritables nécropoles, variant selon les cultes et le statut social.

☆ **Catacombe di San Callisto** Le plus grand complexe funéraire paléochrétien, se développant parfois sur quatre étages et se déroulant sur 10km. En 1849, elles ont révélé la **crypte des Papes**, où cinq pontifes du IIIe siècle furent inhumés. *Via Appia Antica 110/126 Tél. 06 51 30 15 80 ou 06 513 01 51 www.catacombe.roma.it Ouvert mars-jan. : jeu.-mar. 9h-12h et 14h-17h Tarif 8€*

Catacombe di San Sebastiano Vous pourrez y voir se côtoyer des sépultures païennes et des sépultures paléochrétiennes. *Via Appia Antica, 136 Tél. 06 785 03 50 www.catacombe.org Ouvert fin déc.-fin nov. : lun.-sam. 10h-17h Tarif 8€*

Catacombe di Domitilla En s'écartant quelque peu de la Via Appia, il est possible de visiter ces catacombes (IIIe-Ve s.), les plus grandes de la capitale, creusées à l'origine pour inhumer la nièce de Vespasien. *Via delle Sette Chiese, 282 Tél. 06 511 03 42 www.domitilla.info Ouvert mi-jan.-mi-déc. : mer.-lun. 9h-12h et 14h-17h Tarif 8€*

Tomba di Cecilia Metella Une inscription atteste que c'est bien pour Cecilia Metella, fille du consul Quintus Metellus Creticus et épouse du riche et influent Marcus Crassus, que l'on éleva au Ier siècle av. J.-C. cette tombe colossale, devenue emblématique de la Via Appia Antica. Le mausolée de forme cylindrique, haut de 11m et de 29,25m de diamètre, décoré d'une frise de marbre ornée de crânes de bœufs, fut édifié en 50 av. J.-C. Au XIIIe siècle, la famille Caetani le transformera en forteresse. *Via Appia Antica, 161 Tél. 06 39 96 77 00 Ouvert mar.-dim. 9h-coucher du soleil (1 h avant) Tarif 6€ ou Appia Antica card (Terme di Caracalla, Tomba di Cecilia Metella, Villa dei Quintili 6€/7jours) ou Archeologic card (précédents + Colosseo, Palatino, Museo Naz. Romano 23€/7j.)*

Circo di Massenzio Construit au début du IVe siècle, le cirque de Maxence pouvait accueillir jusqu'à 10 000 spectateurs. De la villa qui était contiguë, il ne reste presque rien, mais le mausolée de son fils Romulus témoigne encore de ses dimensions imposantes. *Via Appia Antica, 153 Tél. 06 780 13 24 Ouvert mar.-dim. 9h-13h30 Fermé 1er jan., 1er mai, 25 déc. Tarif 5€*

☆ L'EUR

☆ Les essentiels Le musée de la Civilisation romaine **Découvrir autrement** Assister aux défilés de mode organisés devant le "Colisée carré"

Toute considération idéologique mise à part, l'architecture fasciste italienne a produit quelques monuments qu'il est intéressant d'aller voir. L'avantage, à Rome, c'est que nombre d'entre eux sont rassemblés en un seul point, l'EUR (pour **Esposizione Universale di Roma**). Dans les années 1930, des projets d'expansion le long de la via Ostiense se concrétisent, répondant au souhait du Duce de célébrer les vingt ans de la marche sur Rome par une exposition "ouverte à toutes les sciences, à tous les arts, à tous les genres de travail et d'activité". Le nouveau quartier, qui s'appellerait E42, symboliserait une "troisième" Rome, héritière de la grandeur antique et porteuse de la toute-puissance du fascisme. La guerre interrompt brutalement ces ambitions. Les travaux commencés dès 1938 sont laissés à l'abandon ; et il faut attendre 1951 pour qu'ils reprennent. Les autorités décident alors de faire de ce site monumental un centre destiné à accueillir les sièges des grandes entreprises, des administrations et un quartier résidentiel. Aujourd'hui, le *no man's land* qui séparait l'EUR du centre historique est comblé, bien relié à la ville par le métro. Au centre de l'EUR, la piazza Marconi accueille trois musées (du Haut Moyen Âge, Préhistorique et Ethnographique, des Arts et Traditions populaires) au public essentiellement scolaire.

☆ **Museo della Civiltà Romana** Au départ, il y eut l'idée de construire un siège pour l'Exposition universelle de Rome prévue en 1942 à l'occasion des vingt ans du fascisme... Les travaux interrompus par la guerre, la mairie de Rome reprend le projet dans les années 1950 pour en faire un lieu d'exposition de 12 000m^2 consacré à la civilisation romaine, qui sera finalement inauguré en 1955. La série de maquettes (de la Rome impériale, du Colisée, etc.) remonte à l'exposition archéologique de 1911, qui avait été organisée dans les thermes de Dioclétien. Le musée se divise en deux ailes : l'une présente une reconstitution de la vie quotidienne (école, artisanat, droit, etc.), l'autre propose une vision de l'histoire de Rome des origines jusqu'au VIe siècle. Cette dernière retiendra sans doute plus l'attention des visiteurs. Également un planétarium, pour les passionnés d'astronomie. *Piazza G. Agnelli, 10 Tél. 06 592 60 41 www.museociviltaromana.it Ouvert mar.-dim. 9h-14h Tarif 8,50€, 10,50€ avec le planétarium*

☺ **Palazzo della Civiltà del Lavoro** Surnommé le **"Colisée carré"** par les Romains, le palais de la Civilisation du travail a été conçu par Guerrini en 1938, en pleine époque fasciste. Cet immense cube blanc percé d'arcades sur six étages fait étrangement penser aux toiles de Giorgio De Chirico pourtant réalisées vingt ans auparavant ! *Quadrato della Concordia, 9*

Palazzo dei Congressi À l'extrême opposé du viale Civiltà del Lavoro se dresse le palais des Congrès, réalisé par Adalberto Libera (l'architecte rationaliste de la Villa Malaparte à Capri) en 1938. Courant 2013, l'architecte Massimiliano Fuksas devrait livrer, non loin, un tout nouveau **Centro dei Congressi** : la "Nuvola" (le "Nuage"). *Piazza John Kennedy, 1 Tél. 06 54 51 37 05*

★ Ostia Antica

☆ **Les essentiels** Le site archéologique **Découvrir autrement** Allez vous baigner au Lido d'Ostie

Imaginez une immense Pompéi à l'embouchure du Tibre, sans l'ombre du Vésuve, sans l'émotion de la catastrophe qui fige instantanément, mais avec le sentiment d'un déclin pluriséculaire, d'un abandon qui n'a pris fin qu'avec les fouilles engagées au terme du XIXe siècle. Ce qui surgit dans ces ruelles, au détour de ces maisons à étages, des thermes ou du théâtre, c'est l'histoire apaisée d'une importante cité commerçante, de son quotidien, de ses 60 000 habitants. Première colonie de Rome, Ostie est fondée par les Romains au IVe siècle av. J.-C. pour contrôler le cours du fleuve et s'imposer sur les peuples étrusques des alentours. La modeste forteresse militaire des débuts est transformée en chantier naval au moment des guerres puniques contre Carthage, au IIIe siècle av. J.-C., et devient un port d'approvisionnement qui ne cessera de se développer jusqu'à l'Empire. Pour faire face aux difficultés d'abordage à proximité du fleuve, Trajan est contraint de construire un nouveau port. Ostie se voit alors progressivement réduite à un rôle d'entrepôt. Pillé par les Sarrasins au IXe siècle, le site sera complètement abandonné, avant d'être redécouvert par les archéologues au XIXe siècle.

Piazzale della Vittoria Une fois la Porta Romana franchie, on se retrouve sur la **place de la Victoire**, ou de la Minerve, puisque l'on y mit au jour une statue de la déesse ailée. Les voyageurs y faisaient halte, comme l'indiquent les restes d'une grande vasque où leurs chevaux pouvaient s'abreuver. Et les marchands arrivant du port fluvial y déposaient leurs marchandises. Sur la droite, jetez un coup d'œil aux **Terme dei Cisiarii** (charretiers) construits entre le Ier et le IIe siècle. Les pavements de mosaïques du frigidarium décrivent le quotidien de la profession.

Terme di Nettuno En continuant sur le *decumanus maximus* (point de référence tout au long de la visite), vous arrivez dans le quartier d'Hadrien (angle de la via dei Vigili), où se dressent les **thermes de Neptune**. Il vous sera peut-être difficile de l'imaginer aujourd'hui, mais Ostia était une ville d'eau, riche de nombreux bains publics, aqueducs monumentaux et fontaines. Créé par Domitien, aménagé par Hadrien et achevé par Antonin le Pieux, le complexe vaut surtout pour sa magnifique mosaïque représentant le triomphe du dieu de la mer : Neptune sur un attelage de chevaux marins, entouré de tritons, de néréides et de dauphins. Dans la salle suivante, une autre mosaïque laisse apparaître son épouse, Amphitrite.

Caserma dei "Vigiles" Plus loin sur la gauche, se trouve la caserne des "Vigiles". Ces derniers étaient chargés de la police nocturne mais aussi de la lutte contre les incendies, une menace fréquente qui endommageait les maisons et, plus grave encore, les réserves de grain. Dans cet édifice à deux niveaux, on a découvert un *augusteum*, ou *caesareum*, une chapelle destinée au culte des familles impériales.

Teatro Antico-Piazzale delle Corporazioni En revenant sur le *decumanus*, vous croiserez un monument majeur du site : le théâtre antique, flanqué de la place des Corporations. Construit par Agrippa au Ier siècle av. J.-C. et remanié deux siècles plus tard, il fut entièrement restauré en 1927. Il est parfois utilisé de nos jours pour des représentations exceptionnelles. La place est unique en son genre : une sorte de foire qui exposerait au quotidien l'ensemble des ressources commerciales d'Ostie. Les mosaïques témoignent toutes de la présence des corporations (d'armateurs ou de commerçants), qui avaient leurs bureaux dans une des 60 "pièces" réunies sous un immense portique.

Casa d'Apuleio En revenant vers le *decumanus maximus*, au sud-ouest du grand portique, la maison d'Apulée édifiée sous Trajan est, avec sa riche décoration de mosaïques et de marbre, un bel exemple de maison bourgeoise. Selon le plan typique des *domus* du IIe siècle, les pièces donnaient sur un atrium (cour intérieure), ici ceint de huit colonnes.

Mitreo delle Sette Sfere Accolé à la maison d'Apulée, le *Mithraeum* des Sept Sphères (IIIe s.) est le mieux conservé des dix-sept *mithraeums* d'Ostie (temples consacrés au dieu perse Mithra). Au fond, sur un relief, Mithra sacrifie un taureau. Les planètes Soleil, Lune, Mercure, Saturne, Mars, Vénus, Jupiter qui ornent les mosaïques du pavement symbolisent les sept étapes initiatiques que les fidèles devaient accomplir. Tout proche, vous trouverez, bâties après l'ouverture du port de Claude, les Grandi Horrea, d'immenses entrepôts de marchandises. Il faut bien comprendre qu'Ostia était le grand "bazar" de Rome : c'est là qu'était débarqué le ravitaillement en provenance de tout l'Empire.

Visite du site archéologique d'Ostia Antica

L'entrée se fait le long de la Via Ostiensis. C'est là que s'engage le long *decumanus maximus* qui traverse Ostie de bout en bout. Il vous faudra au moins 3 ou 4h pour parcourir les vestiges (voire plus, pour pouvoir éventuellement pique-niquer). N'hésitez pas à vous munir d'un audioguide en français, les commentaires sont passionnants. *Viale dei Romagnoli, 717* **Accès en train** *De la gare Roma-Ostia (reliée à la station de métro Piramide), prendre un train (tarif métro) en direction de C. Colombo, descendre à Ostia Antica* **Accès en voiture** *Suivre les indications S8, via del Mare ou encore la via Ostiense (25km au sud-ouest de Rome) Tél. 06 56 35 80 99 Ouvert avr.-sept. : mar.-dim. 8h30-19h15 ; oct. : mar.-dim. 8h30-18h30 ; nov.-mi-fév. : mar.-dim. 8h30-16h30 ; mi-fév.-mi-mars : mar.-sam. 8h30-17h ; mi-mars-fin mars : mar.-sam. 8h30-17h30 Fermé 25 déc., 1er mai Billetterie ferme 1h avant le site Tarif 8,50€ Audioguide 4€ Parking payant 2,50€*

Via di Diana On y voit d'harmonieux immeubles de brique à plusieurs étages, les *insulae* : vous en aurez un bel exemple en visitant la **Casa di Diana**, bâtie au IIe siècle av. J.-C., époque de grand développement de la ville, qui comptait alors près de 100 000 habitants. Cette maison dont la cour intérieure était ornée d'une fontaine servait certainement d'auberge pour les voyageurs, qui pouvaient ensuite sortir se divertir en descendant, presque en face, au **thermopolium** – le "bistrot" a été l'objet d'une restauration si réussie que l'on imagine presque l'ambiance de ces tavernes antiques. Autre exemple d'*insulae*, le **Caseggiato dei Dipinti** (îlot des Peintures) se compose de trois groupes d'habitations dotés d'un jardin intérieur commun. L'un des immeubles contient une riche décoration peinte du IIe siècle, dont une remarquable fresque sur Jupiter et Ganymède. Au bout de la via di Diana, un petit musée expose les œuvres exhumées sur le site (statue de Mithra, décoration pariétale, peinture de la nécropole de l'Isola Sacra).

Forum En chemin vers le Forum, via della Forica, allez voir les latrines. Elles ressemblent à nos toilettes sauf qu'elles ne sont pas individuelles. Dans ce lieu public, on venait pour papoter et se soulager à la fois. À proximité, l'autre établissement thermal d'Ostie : les **thermes du Forum**. Les vestiges du **Capitolium**, le principal temple de la religion romaine (dédié à Jupiter, Junon et Minerve), offrent de précieux renseignements sur les institutions du Forum. Les marbres précieux qui ornaient ce bâtiment et d'autres (la basilique ou la curie, dont il reste peu de chose) ont été arrachés.

Via della Foce Non loin de la via della Foce (rue de l'embouchure, à l'époque l'estuaire du fleuve était tout proche), la **Casa d'Amore e Psyche** (IVe s.) doit son nom à un groupe de statues issu de sa riche décoration (sol de marbre à décor géométrique). En face, le **Caseggiato del Larario** (îlot du Laraire) est un marché (125 ap. J.-C.) constitué d'une cour sur laquelle donne une série de boutiques. L'édicule consacré aux dieux lares des marchands détermina le nom de l'ensemble. En passant par le **Serapeion** – jadis, y était célébré le culte du dieu égyptien Sérapis, d'où les mosaïques reprenant des scènes de vie sur le Nil –, entrez dans les **Terme dei Sette Sapienti** (thermes des Sept Sages), un complexe architectural imposant où les épisodes de chasse du pavement alternent avec les fresques évoquant les sept illustres Grecs : Solon, Thalès, Chilon, Périandre, Bias, Cléobule et Pittacos.

Insula delle Volte Dipinte L'*Insula* des Voûtes peintes renferme des fresques du IIe siècle. Toutes les maisons alentour appartenaient sans doute à des familles aisées et s'articulaient autour d'un grand jardin. Toute proche, la **Schola del Traiano** faisait office de siège de la corporation des charpentiers de marine.

● Profiter de la mer

Lido di Ostia Il faut s'éloigner vers le sud d'Ostie et de ses minces bandes de sable noir pour trouver des plages plus agréables. Elles sont parfois payantes et presque toujours aménagées (location de parasols et de chaises longues...).

CARNET D'ADRESSES

Lieux de sortie

L'information culturelle (expos, cinéma, théâtre, concerts...) est à consulter dans *Il Messaggero*, *La Repubblica*, *Il Manifesto* et le *Corriere della sera*. Guettez le supplément du jeudi de *La Repubblica*, *Tutta Roma*, qui présente une sélection de sorties, ou rabattez-vous (le mercredi) sur *Roma c'è*, l'équivalent romain de *Pariscope*.

Clubs de jazz

Alexanderplatz (plan 6, B2 n°20) Ce club de jazz accueille les meilleurs musiciens d'Italie et du monde. Au sous-sol, cuisine créative et bonne ambiance, comme il se doit. Réservation recommandée. ***Vatican*** *Via Ostia, 9 Tél. 06 39 74 21 71 www.alexanderplatz.it Ouvert sept.-mai : tlj. 20h30-1h (concert dim.-jeu. 21h45, ven.-sam. 22h30)*

Ombre Rosse (plan 9, B1 n°40) Une terrasse recherchée, des concerts de jazz, un public hétérogène... Selon l'heure, vous croiserez là des gens du coin venus pour déjeuner ou boire un café ou toute une faune noctambule qui ne se prend pas trop au sérieux. ***Trastevere*** *Piazza Sant'Egidio, 12 Tél. 06 588 41 55 www.ombrerossecaffe.it Ouvert lun.-sam. 8h-2h, dim. 10h-2h Oct.-mai : concerts de jazz et world music, généralement jeu. et dim.*

Salles de spectacles

Teatro dell'Opera di Roma (plan 8, A2) Ce n'est certes ni la Scala de Milan, ni la Fenice de Venise, mais assister à un spectacle d'art lyrique en Italie demeure toujours une expérience à tenter. Le programme d'opéras, de ballets et de concerts mêle les plus grands classiques à des œuvres moins connues. L'été, les représentations se déroulent en plein air, dans le cadre prestigieux des thermes de Caracalla. Places à partir de 30€. ***Quirinal*** *Piazza Beniamino Gigli, 1 Tél. 06 48 16 01 www.operaroma.it*

Auditorium-Parco della Musica (plan 1, A1 n°2) Renzo Piano, son concepteur, a voulu que chaque genre musical, de la musique de chambre au rock, y trouve sa place. ***Hors les murs/Flaminio*** *Viale P. de Coubertin, 30 Tél. 06 80 24 12 81 www.auditorium.com*

Clubs et discothèques

Les clubs et discothèques sont principalement disséminés dans le Testaccio et à San Lorenzo.

Ketum Bar (plan 9, C4 n°41) Décoration indochinoise, nouvelle cuisine exotique, musique expérimentale... et du beau monde. ***Testaccio*** *Via Galvani, 24 Testaccio Tél. 06 57 30 53 38 www.ketumbar.it Ouvert tlj. 10h-15h et 19h30-2h (la cuisine ferme vers 1h)*

Caruso (plan 9, C4 n°42) Musique latino, *cantautores* cubains ou *salseros* des Caraïbes. Concerts live ou DJ. ***Testaccio*** *Via di Monte Testaccio, 36 Testaccio Tél. 06 574 50 19 www.carusocafe.com Ouvert mar.-dim. 23h-4h*

Alpheus (plan 1, B2 n°1) Ce club très connu, s'étend sur trois niveaux, dédiés chacun à un type de musique : jazz et blues, latino, rock. ***Hors les murs/Ostiense*** *Via del Commercio,*

36 Tél. 06 574 78 26 www.alpheus.it Ouvert mar.-dim. 22h-4h Fermé en partie l'été

☺ **Goa (plan 1, B2 n°4)** C'est la boîte à la mode : triés sur le volet, des DJ italiens ou venus du monde entier officient dans une atmosphère cosy (lumières tamisées et bougies). ***Hors les murs/Ostiense*** *Via G. Libetta, 13 Tél. 06 574 82 77 www.goaclub.com Ouvert jeu.-sam. 23h30-4h30*

Classico Village (plan 1, B2 n°3) Éclectisme absolu autour des quatre ambiances (ethnique, *house*, concerts ou expos...) de cette boîte installée dans une ancienne fabrique. On y croise la faune la plus variée : tous âges, tous sexes. ***Hors les murs/Ostiense*** *Via Libetta, 3 www.classico.it Ouvert mar.-dim.*

Il Qube (plan 1, B1 n°5) Immense club, genre site industriel recyclé, sur trois niveaux. Atmosphère décadente assurée. Soirée Mucca Assassina (vache assassine) le vendredi (bal gay), point de ralliement incontournable des *night-clubbers* romains. ***Hors les murs/Tiburtino*** *Via di Portonaccio, 212 Tél. 06 43 85 44 50 www.qubedisco.com Ouvert jeu.-dim. 23h-4h*

Piper (plan 1, B1 n°7) Boîte "historique" (depuis 1965) mais qui reste toujours à l'avant-garde. Entièrement rénovée : dans une ambiance ethnique-chic, le meilleur de la musique électro du moment, défilés, installations et concerts. ***Hors les murs/Nomentano*** *Via Tagliamento, 9 Tél. 06 855 53 98 www.piperclub.it Ouvert ven.-sam. Fermé en été*

☺ **Locanda Atlantide (plan 1, B1 n°6)** Immense espace multimédia ouvert à la musique, au théâtre, à la danse, à la photographie, à la littérature... Ici, on cultive la différence, on la promeut et toutes les suggestions sont les bienvenues. ***Hors les murs/San Lorenzo*** *Via dei Lucani, 22/b Tél. 06 44 70 45 40 www.locandatlantide.it Fermé en été*

Centri *sociali*

Les *centri sociali* pourraient ressembler à nos vieilles MJC (Maison des jeunes et de la culture), si ce n'est qu'on ne les doit pas à des initiatives de l'État ! Véritables foyers alternatifs, on y croise artistes engagés et nouveaux groupes de la scène underground. Pour faciliter l'accès au plus grand nombre, ces centres pratiquent des tarifs "militants". *Il Manifesto, La Repubblica* et *Roma c'è* recensent quotidiennement les événements qui s'y tiennent. Sur Internet (vecteur privilégié de ce mouvement), entre autres : *www.ecn.org www.tmcrew.org www.wumingfoundation.com www.carta.org*

Villaggio globale (plan 9, B4 n°43) Occupant une partie des anciens abattoirs du Testaccio, ce centre accueille pièces de théâtre, festivals de cinéma, concerts (électronique, world, punk, reggae), débats, cours de photo, de mime... Avec en plus : un bar, un salon de thé, une trattoria et même une petite auberge de jeunesse pour les militants de passage. ***Testaccio*** *Lungotevere Testaccio, 1 Tél. 347 413 12 05 www.ecn.org/villaggioglobale*

Brancaleone Un temps squatté, ce *palazzo* est un pilier de l'histoire associative romaine. Autogéré, il a contribué à ouvrir de nouvelles pistes multimédias alternatives, mélangeant langages et genres. Lieu de rencontre de diverses dynamiques culturelles et sociales, le centre propose cours de photo, de yoga ou de shiatsu, met à disposition son studio d'enregistrement et son cinéma. Le samedi s'y tient “Branca mon amour”, l'une des soirées les plus branchées de Rome. ***Hors les murs/Montesacro*** *Via Levanna, 13 Tél. 06 82 00 43 82 www.brancaleone.it*

Stade de foot

Les *tifosi* de la Roma, les *romanisti*, vous expliqueront que les “vrais Romains” ne peuvent pas être supporters de la Lazio, l'autre équipe régionale, plutôt soutenue par les villes qui entourent Rome. Pour se procurer un billet, rendez-vous dans les boutiques officielles (*Orbis, piazza Esquilino, 37 Tél. 06 474 47 76*), mais attention : à moins qu'il ne s'agisse d'une rencontre mineure, tous les billets se seront envolés.

Stadio Olimpico (plan 1, A1 n°8) Dans ce stade qui peut accueillir plus de 80 000 personnes, les *romanisti* occupent depuis toujours la *curva sud* (virage sud) et les *Laziali*, la *curva nord*. C'est évidemment là qu'on ressent le mieux la passion, voire l'hystérie collective, qui anime les *tifosi*, toutes générations confondues. Si vous craignez les mouvements de foule, choisissez plutôt des places en tribune (Tevere ou Monte Mario), plus chères. ***Hors les murs/Foro Italico*** *Viale dello Stadio Olimpico (nord de la ville) Tél. 06 323 73 33 www.asroma calcio.it www.sslazio.it*

Restauration

très petits prix

Dar Filettaro a Santa Barbara (plan 3, B3 n°25) Sur l'une des placettes les plus charmantes du centre historique, avec sa petite église encastrée entre une suite de *palazzetti* que l'on dirait en carton-pâte, se niche une adresse parmi les plus populaires de Rome. Elle a tout du “Fish & Chips”, mais en bien meilleur : on y mange avec les doigts des beignets de cabillaud accompagnés d'une salade de *puntarelle* (cœurs de chicorée assaisonnés avec une sauce à l'ail et aux anchois). N'essayez pas de résister ou de vous raisonner, l'expérience tient du rite d'initiation et vous pourrez ensuite vous prétendre réellement romain. Comptez environ 15€. ***Centre historique*** *Largo dei Librari, 88 Tél. 06 686 40 18 Ouvert lun.-sam. 17h-22h40 Fermé autour du 15 août*

Pizzeria Da Baffetto (plan 3, B2 n°34) Baffetto, “petite moustache”, vous saurez vite le reconnaître : il pose sur toutes les photos accrochées aux murs au côté de vedettes et rôde

Manger sur le pouce

À Rome, vous ne risquez pas de mourir de faim. Quasiment tous les bars proposent des *tramezzini* (sandwichs au pain de mie), de la pizza blanche farcie ou des carrés de *pizza al taglio* (pizza à la coupe). Pour ceux qui préfèrent les *panini* préparés sur mesure, sachez que la plupart des *alimentari* (épiceries) consentiront à vous préparer le sandwich de vos rêves en coupant devant vous la charcuterie ou le fromage qui viendra garnir une *rosetta* (petit pain rond). Les traiteurs aussi font souvent de la restauration rapide et vous réchaufferont sur place antipasti ou légumes.

autour des tables avec bienveillance. C'est la pizzeria la plus populaire de Rome : toujours bondée, elle rassemble touristes, jeunes Romains, hommes d'Église en soutane, *tifosi* de la Roma... tout un monde qui ne se croiserait peut-être pas ailleurs. Ne craignez pas la file qui se crée spontanément devant la porte, l'attente est rarement très longue. Quant à la pizza, elle est très fine, à la romaine, et commence à 6€. Évitez le vin, ordinaire. En 2004, la fille du chef a ouvert une succursale qui propose la même carte. Chez elle, une terrasse, pas de file d'attente et on sert à midi. *Antipasto* et *primo* 10-12€, *primo* et *secondo* 15-18€. ***Centre historique*** *Via del Governo Vecchio, 114 Tél. 06 686 16 17 www.pizzeriabaffetto.it Ouvert sept.-juil. : tlj. 18h30-1h Fermé en août* **Da Baffetto 2 (plan 3, B3)** ***Centre historique*** *Piazza del Teatro di Pompeo, 18 Tél. 06 68 21 08 07 Ouvert lun. et mer.-ven. 18h30-0h30, sam.-dim. 12h30-15h30 et 18h30-0h30*

Pizzeria Montecarlo (plan 3, B2 n°35) C'est grand, animé et bruyant et les fans n'hésitent pas à faire la queue pour sa pizza, très fine et très croquante. Pour changer de la margherita, on goûtera les *fritti* ou les *bruschette* et, en entrée, les *supplì* ou les *olive ascolane* (olives farcies puis frites dans la chapelure). Comptez de 7 à 10€ pour une *bruschetta* et une pizza (13€ avec une boisson). ***Centre historique*** *Vicolo dei Savelli, 12 Tél. 06 686 18 77 www.lamontecarlo.it Ouvert mar.-ven. 12h-15h30 et 18h30-1h, w.-e. et j. fér. 12h-16h et 18h30-1h Fermé 2 semaines autour du 15 août*

Pizzeria I Marmi (plan 9, B2 n°13) C'est le pendant, côté Trastevere, des pizzerias populaires et toujours bondées de la piazza Navona. En été, on lézarderait volontiers en regardant le tramway passer et en dégustant un de ses *fritti* (olives farcies, croquettes de pommes de terre ou de riz...), avant d'enchaîner sur une pizza. Malheureusement, il y a souvent trop de monde pour que l'on puisse prendre son temps. Pour la petite histoire, cette pizzeria est aussi appelée l'*Obitorio*, la "morgue", à cause de ses tables en marbre blanc... Pizza entre 6,50 et 9€. ***Trastevere*** *Viale di Trastevere, 53 Tél. 06 580 09 19 Ouvert jeu.-mar. 18h30-2h30*

Pizzeria Remo (plan 9, C3 n°30) Dans le Testaccio, la pizza romaine – bien plus fine que la napolitaine – se déguste chez Remo. Sitôt arrivé, vous serez pris en main par une armée de serveurs qui vous distribuent une fiche que vous devrez compléter : ainsi, vous pourrez choisir de modifier les recettes proposées et demander, par exemple, une pizza aux aubergines sans sauce tomate mais avec de la chicorée. Pour commencer, ne ratez pas les *supplì* (croquettes de riz farcies de viande et de mozzarella) à peine sortis de la friteuse, ainsi que les délicieux *crostini* et les *bruschette*. Comptez, pour un *antipasto* et une pizza de 10 à 12€. ***Testaccio*** *Piazza S. Maria Liberatrice, 44 Tél. 06 574 62 70 Ouvert lun.-sam. 19h-1h*

petits prix

Cul de Sac (plan 3, B2 n°21) Le premier-né des bars à vins romains. C'est toujours plein à craquer, mais personne n'a l'air d'y prêter attention ; il suffit de se faire une petite place, de se laisser conseiller (la carte des vins, interminable, compte 1 500 références !) et de grignoter fromages et charcuteries. Évidemment, l'établissement se trouvant à l'angle de la piazza Navona, vous n'y serez pas le seul touriste... mais les Romains ne rechignent pas à se joindre à vous.

Antipasto, primo et *vino 18€ ; primo, secondo* et *vino 22€.* **Centre historique** *Piazza Pasquino, 73 Tél. 06 68 80 10 94 www.enotecaculdesac.com Ouvert tlj. 12h-0h30*

☺ **Da Alfredo e Ada (plan 3, A2 n°22)** Ada et Alfredo, les chaleureux propriétaires de cette trattoria historique ne sont, hélas, plus de ce monde. C'est leur fils qui a pris la relève et perpétue la tradition familiale en servant une cuisine romaine typique faite de *rigatoni al sugo* (sauce tomate à la viande), *spezzatino in bianco con piselli* (sauté de veau aux petits pois) ou poulet aux fèves et romarin. *Primo, secondo* et *vino env. 22€.* **Centre historique** *Via dei Banchi Nuovi, 14 Tél. 06 687 88 42 Ouvert mar.-sam. 12h30-14h30 et 19h-23h30*

Da Francesco (plan 3, B2 n°23) Un classique. De même que le Bar del Fico, juste à côté, est réputé, cette trattoria fait partie des restaurants que les Romains vous citeront spontanément. Le buffet *d'antipasti* est interminable : artichauts sous toutes les formes (marinés, à la romaine, à la juive), courgettes sautées au vinaigre balsamique, aubergines grillées ou marinées à l'huile d'olive, champignons... Les *primi* et *secondi*, bien que sans originalité particulière, sont très corrects : *pasta cacio e pepe* (fromage et poivre), *al ragù* (sauce tomate à la viande), à l'*amatriciana*, suivis de tripes à la romaine, de saucisses de viande ou de poulet grillé. La trattoria fait aussi pizzeria, midi et soir. *Antipasto* et *primo 20€, primo* et *secondo 25-30€.* **Centre historique** *Piazza del Fico, 29 Tél. 06 686 40 09 www.dafrancesco.it Ouvert tlj. 12h-15h30 et 19h-0h30*

Ristorante Ar Galletto (plan 3, B3 n°32) La terrasse d'Ar Galletto, déployée sur la piazza Farnese face à l'ambassade de France, est l'une des meilleures raisons d'aller y dîner, pour un coût à peine plus élevé que celui d'une bonne trattoria. Autres arguments valables : les *antipasti* et les viandes grillées, mais aussi des plats faisant la part belle au poisson et aux fruits de mer. Accueil très chaleu-

Et aussi...

Cafés, bars

Bar del Fico ____ 91
Antico Caffè della Pace ____ 91
Jonathan's Angels ____ 91
Caffè Sant'Eustachio ____ 99
Tazza d'Oro ____ 100
Vineria Reggio ____ 101
Bartaruga ____ 103
Oppio Caffè ____ 118
La latteria ____ 130
Caffè Rosati ____ 131
Antico Caffè Greco ____ 136
Vitti ____ 136
La Buvette ____ 136
Babington's ____ 136
Caffè della Scala ____ 157
Bar San Calisto ____ 157

Pâtisseries, glaciers

Tre Scalini ____ 90
Giolitti ____ 99
Pasticceria Il Boccione ____ 103
San Crispino ____ 141
Gelateria A. Cecere ____ 142
Il Palazzo del Freddo di Giovanni Fassi ____ 147
Dagnino ____ 147
Sora Mirella ____ 157
Fior di Luna ____ 157
Fonte d'Oro ____ 157

Manger sur le pouce

Enoteca Il Goccetto ____ 96
Oppio Caffè ____ 118
Dagnino ____ 147
Supplì ____ 157

reux. *Antipasto* et *primo* 20-30€, *primo* et *secondo* 26-48€. ***Centre historique*** *Piazza Farnese, 102 Tél. 06 686 17 14 www.ristoranteargallettoroma.com Ouvert lun.-sam. 12h30-15h et 19h30-23h30*

Dal Pompiere (plan 3, C3 n°24) On vous raconterait bien l'histoire du Palazzo Cenci où s'est installé ce restaurant, la triste aventure de Beatrice Cenci, devenue célèbre en 1598 pour avoir mijoté en secret le meurtre de son père qui la violait, et condamnée à mort malgré le soutien populaire… mais ce n'est pas forcément ce que l'on retiendra du lieu. *Pajata, coda, trippa* e *animelle* (intestins, queue, tripes et ris), refrain habituel de la cuisine romaine, sont ici à la fête. Les végétariens se replieront sur les *fritti vegetali* (beignets de légumes), délicieux, et attendront impatiemment les desserts (tarte à la ricotta et aux griottes). Quant au cadre de ces agapes, il en impose, avec ses vastes dimensions. *Antipasto* et *primo* 15-20€, *primo* et *secondo* env. 25€. ***Centre historique/Ghetto*** *Via Santa Maria dei Calderari, 38 Tél. 06 686 83 77 www.alpompiereroma.com Ouvert sept.-juil. : lun.-sam. 12h30-15h et 19h30-23h*

Dal Toscano (plan 6, B2 n°12) Véritable temple des amateurs de viande, Dal Toscano fait la part belle à la *fiorentina*, la côte de bœuf cuite à la braise. Les morceaux, rigoureusement choisis, sont exposés à l'entrée, juste entre les deux salles, dont l'une donne sur la cheminée et la cuisine, ouverte. Excellents *contorni* et spécialités toscanes. *Antipasto toscano* 8€, *primo* 10€, *secondo* 12-40€. ***Vatican*** *Via Germanico, 58/60 Tél. 06 39 72 57 17 www.ristorantedaltoscano.it Ouvert mar.-dim. 12h30-15h et 20h-23h15 Fermé 2 semaines autour du 15 août*

Buccone (plan 7, A3 n°24) L'enseigne, irrésistible avec ses immenses lettres, ne peut que vous encourager à franchir le seuil de ce *negozio storico*. Des bouteilles alignées du plancher au plafond et, dans une salle contiguë, une poignée de tables pour déguster les crus autour de quelques spécialités : soupes, salades, tartes du jour et de délicieux *antipasti* (fromage de brebis, boutargue de thon au miel, paupiettes d'aubergine farcies…). *Antipasto* et *primo* 15-18€, *primo* et *secondo* 15-20€. ***Trident*** *Via di Ripetta, 19/20 Tél. 06 361 21 54 www.enotecabuccone.com Ouvert dim.-ven. 12h30-15h, sam. 12h30-15h et 19h30-22h30 (restaurant), dim.-ven. 9h-20h30, sam. 9h-23h30 (boutique) Fermé 2 sem. en août*

Settimio all'Arancio (plan 7, A4 n°22) Autant annoncer la couleur : chez Settimio, les *primi* (pâtes et *risotti*) sont délicieux, mais les *secondi* (viandes et poissons) décevants… Ce n'est pas grave car, après une assiette de *tonnarelli* aux fruits de mer (pâtes fraîches aux œufs, sortes de spaghettis carrés), de *pappardelle* à la sauce de sanglier (tagliatelles très larges) ou de raviolis farcis à la ricotta et au zeste d'orange, on n'a en général plus très faim. *Anti-*

GAMME DE PRIX	RESTAURATION	HÉBERGEMENT
Très petits prix	moins de 15€	moins de 55€
Petits prix	de 15 à 25€	de 55 à 75€
Prix moyens	de 25 à 40€	de 75 à 110€
Prix élevés	de 40 à 60€	de 110 à 160€
Prix très élevés	plus de 60€	plus de 160€

pasto 6-15€, *primo* 8-18€, *secondo* 12-30€. ***Trident*** *Via dell'Arancio, 50-53 Tél. 06 687 61 19 www.settimioall arancioroma.com Ouvert lun.-sam. 12h30-15h30 et 19h30-23h30*

☺ **Taverna Romana (plan 8, A3 n°10)** Pour bien des Romains, l'une des meilleures tavernes dans cette catégorie de prix. Tous vantent la *pasta paglia e fieno* ("paille et foin", pâtes fraîches colorées aux épinards servies avec des champignons ou de la sauce tomate), les *secondi*, tous plus savoureux les uns que les autres (agneau de lait, tranche de veau, osso buco, paupiettes en sauce, saucisse et haricots, *straccetti* de bœuf et roquette...). Comptez de 20 à 25€. ***Monti*** *Via Madonna dei Monti, 79 Tél. 06 474 53 25 Ouvert lun.-sam. 12h-14h30 et 19h-22h30 Fermé en août*

☺ **Cavour 313 (plan 8, A3 n°12)** Située à proximité des Fori Imperiali et du Colisée, cette *enoteca* réputée ne compte plus ses atouts. Une cave bien garnie (faites-vous conseiller) et une série de gourmandises qui accompagnent à merveille les vins. Spécialités provenant de toutes les régions d'Italie (olives, tomates séchées, charcuterie, fromage), salades, carpaccio et délicieux desserts (*semifreddo* au miel et aux pignons, sauce à l'orange). Comptez de 15 à 30€. ***Monti*** *Via Cavour, 313 Tél. 06 678 54 96 www.cavour313.it Ouvert juil.-sept. : lun.-sam. 12h30-14h45 et 19h-0h ; oct.-juin : tlj. 12h30-14h45 et 19h-0h*

Trattoria da Augusto (plan 9, B1 n°15) À première vue, cette trattoria répond à tous les critères de l'authenticité : un décor absolument anodin et deux salles toujours bondées, animées d'un joyeux vacarme. Une fois assis, il ne reste plus qu'à mettre la cuisine à l'épreuve... Tous les classiques de la table romaine sont au rendez-vous. Portions mesurées de *rigatoni all'amatriciana* ou *cacio e pepe* (fromage de brebis et poivre), de raviolis farcis à la ricotta et aux épinards, suivis des *secondi* traditionnels : agneau braisé, poulet au four accompagnés de pommes de terre au romarin, *baccalà* (morue) le vendredi et tripes le samedi. Attention, le service peut s'avérer expéditif en cas d'affluence... *Primo* et *secondo* entre 14 et 17€. ***Trastevere*** *Piazza de' Renzi, 15 Tél. 06 580 37 98 Ouvert tlj. 12h30-15h et 20h-23h*

☺ **Trattoria Da Enzo al 29 (plan 9, C2 n°14)** Il faut arriver avec un appétit gargantuesque pour profiter de cette adresse sensationnelle, toujours prise d'assaut par les habitués (réservation indispensable !). Cadre typique de la trattoria romaine : nappes à carreaux et bouteilles bien alignées. À table, des plats du jour qui ne manquent jamais de générosité : *primi* classiques (*cacio e pepe, carbonara*, à tomber *arrabbiata*, gnocchis le jeudi, cannellonis maison...) et *secondi* absolument délicieux (paupiettes, queue de bœuf, agneau de lait, escalopes de veau au citron...). Le tout fait avec des produits rigoureusement sélectionnés, souvent provenant de l'agriculture biologique. Le *vino della casa*, un blanc des Castelli, arrose le tout. Agréable terrasse, mais les places y sont chères ! *Primo* et *secondo* 20€ (25€ boissons incluses). ***Trastevere*** *Via dei Vascellari, 29 Tél. 06 581 22 60 Ouvert lun.-sam. 12h30-15h et 19h30-23h*

Osteria Gensola (plan 9, C1 n°17) Sa devanture ose à peine empiéter sur la piazza in Piscinula contiguë, dont l'atmosphère ravira les nostalgiques du vieux Rome. L'intérieur, en revanche, est assez quelconque. On se console en découvrant les spécialités siciliennes : *linguine* aux anchois frais et *pecorino* en *primo*, poisson du jour et, pour les gourmands, *cassata* ou *cannolo*, farci de crème à la ricotta, chocolat et fruits confits. Service aimable et compétent. *Antipasto* et *primo* env. 20-23€, *secondo* 17-25€, menu dégustation 44€. ***Trastevere*** *Piazza della Gensola, 15 Tél. 06 581 63 12 www.osterialagensola.it Ouvert été : lun.-sam. 12h30-15h30 et 19h30-23h ; reste de l'année : tlj. 12h30-15h30 et 19h30-23h*

☺ **Trattoria Agustarello (plan 9, B3 n°31)** Une adresse que les Romains adorent et on les comprend : rien de plus "local" que ces posters et ces coupures de journaux sur les murs vantant les succès de la Lazio, l'autre équipe de foot (même si, dans le Testaccio, bastion de *tifosi* de l'AS Roma, cela relève presque de la provocation). Quoi qu'il en soit, la qualité de la cuisine justifie amplement cette entorse aux principes : *rigatoni alla pajata* (pâtes aux intestins de veau ou d'agneau de lait), queue de bœuf *alla vaccinara* (en ragoût, agrémenté de raisins secs et pignons de pin) et *abbacchio* (agneau de lait) sont les spécialités. Pensez à réserver. *Antipasto* 15€, *primo* et *secondo* 22-26€. ***Testaccio*** *Via Giovanni Branca, 98-100 Tél. 06 574 65 85 Ouvert lun.-sam. 12h30-15h et 19h30-0h Fermé 2e quinzaine d'août*

prix moyens

☺ **La Casa Bleve (plan 3, B2 n°28)** Ce restaurant, tout proche du Sénat et du Panthéon, recèle l'une des meilleures caves de Rome. L'établissement sélectionne ses bouteilles directement auprès des récoltants et, sur les conseils du personnel, très aimable, on peut faire de belles découvertes. Des spécialités culinaires sont vendues à emporter, mais c'est à table que l'on profitera le mieux du vin et du cadre, somptueux (verrière colorée, colonnes et arcades). Choisissez au menu un plat de saison – *fettuccine fagiolini e gamberi* (sortes de tagliatelles aux haricots verts et crevettes), agneau à la compote d'abricots et pêches... – ou préférez une assiette de *formaggi misti* (assortiment de fromages)... *Antipasto* et *primo* env. 35€, *primo* et *secondo* env. 45€. ***Centre historique*** *Via del Teatro Valle, 48-49 Tél. 06 686 59 70 www.casableve.it Ouvert sept.-juil. : mar.-sam. 12h30-15h et 19h30-22h30*

Maccheroni (plan 3, B1 n°30) Les députés du Parlement voisin n'ont que quelques pas à faire pour venir déjeuner ici, mais ce n'est pas la seule raison qui les amène dans cette trattoria. Le cadre est agréable, "à l'américaine" – une immense cuisine ouverte, trois salles en enfilade, une petite terrasse l'été –, et le service efficace. Quant aux spécialités, on a l'embarras du choix entre les *primi*, copieux et savoureux (*cacio e pepe, pesto, amatriciana, carbonara*), les délicieuses salades (roquette, poire et parmesan ou à base d'épeautre) et les *secondi*, classiques et réussis. *Primo* 9-13€, *secondo* 10-24€. ***Centre historique*** *Piazza delle Coppelle, 44 Tél. 06 68 30 78 95 www.ristorantemaccheroni.com Ouvert tlj. 13h-15h et 19h30-23h30*

Osteria dell'Angelo (plan 6, B1 n°10) La règle est simple : au déjeuner, vous choisissez ce que vous voulez parmi un bon nombre de spécialités romaines. Au dîner, même tarif pour tout le monde : 25€ tout compris (hors boissons), des *antipasti* au dessert, le tout arrosé de vin blanc *della casa*. Mousse de thon, *crostini* accompagnés de saucisse et haricots blancs, *cannellini* en entrée, *tonnarelli cacio e* *pepe* ou gnocchis aux courgettes et à la tomate fraîche en *primi*, paupiettes aux raisins secs et pignons de pin ou queue de bœuf en *secondi* et, au dessert, des biscuits avec du vin sucré. Installé à une table rustique, c'est à peine si l'on prête attention au cadre, étonnant musée sportif qui affiche sur ses murs photos de coureurs cyclistes, pilotes de formule 1, boxeurs ou rugbymen ! ***Vatican*** *Via G. Bettolo, 24 Tél. 06 372 94 70 Ouvert mar.-ven. 12h-14h30 et 19h-23h, lun. et sam. 19h-23h*

Antico Falcone (plan 6, B1 n°11) Avez-vous en tête les relais de poste du Moyen Âge ou les auberges campagnardes ? Rescapé du XVe siècle, au cœur d'un quartier résidentiel moderne sans intérêt, ce *palazzetto* a le mérite de se faire remarquer. En dehors de son cadre pittoresque, la trattoria qui s'y est installée est renommée pour ses spécialités romaines (artichauts à la juive, abats...). À la sortie, juste en face, l'un des kiosques de *grattachecca* les plus connus de Rome. Une aubaine ! Comptez env. 25€. ***Vatican*** *Via Trionfale, 60 Tél. 06 39 73 64 04 Ouvert mi-sept.-mi-juil. : mer.-lun. 12h-15h30 et 19h-23h*

Dino&Tony (plan 6, B2 n°13) Une authentique trattoria à l'ancienne où les patrons (frères, par ailleurs) entonnent des airs d'opéra quand ils sont en forme. Les tablées familiales s'enflamment autour d'*antipasti* copieux, de *primi* variés (*gricia, carbonara...*), de plats romains comme les *carciofi alla giudia* (artichauts frits), le cochon de lait rôti, la queue de bœuf en sauce, les tripes à la romaine (à la tomate), et des desserts faits maison (tartes aux fruits de saison...). Quelques tables sur le trottoir, à l'ombre des grands arbres. Repas complet, *vino della casa* (vin maison) inclus, 25-30€. ***Vatican*** *Via Leone IV, 60 Tél. 06 39 73 32 84 Ouvert lun.-sam. 12h30-15h et 19h30-23h30*

Margutta Vegetariano (plan 7, A3-B3 n°23) À Rome, qui compte peu de restaurants végétariens, Il Margutta représente une véritable institution. Son immense espace blanc, rythmé d'œuvres contemporaines, est sobrement meublé de banquettes en cuir noir imposantes et confortables. À midi, *green brunch* à 12-18€ (boisson comprise) composé, au choix, d'*antipasti* (artichauts, aubergines, tomates séchées...), de salades, de fromages ou d'un plat chaud (cannellonis farcis à la ricotta et aux courgettes, polenta aux champignons et aux tomates cerises,

Shopping

Alimentation

Livres, souvenirs

Mode

légumes braisés...), et suivi d'un dessert (salade de fruits et tartes maison). Le soir, à la carte, plusieurs spécialités inventives (salade de riz sauvage, grenade et copeaux de parmesan, tortellonis au potiron avec des lamelles de truffe, soupe d'épeautre...). Comptez de 29 à 40€. Le w.-e., *green brunch* à 25€ (eau et jus de fruits inclus), encore plus varié et servi à volonté. ***Trident*** *Via Margutta, 118 Tél. 06 32 65 05 77 www.ilmargutta.it Ouvert tlj. 12h30-16h et 19h30-23h30*

Giuseppe al 59 (plan 7, A3 n°25) Au bout d'une petite rue qui relie la via del Corso au Tibre, tout près de la piazza del Popolo, ce restaurant honore la tradition qui veut que la cuisine d'Émilie-Romagne soit la meilleure de la péninsule. Nous vous recommandons particulièrement les *primi* – *tortelli* savoureux (farcis à la ricotta, au potiron ou à la viande), *tagliatelle alla bolognese* –, qui suffisent souvent pour un repas. Ne négligez pas pour autant le tiramisù-*zabaione*, hors du commun. La cuisine et le service méritent le détour. Comptez de 35 à 45€. ***Trident*** *Via Angelo Brunetti, 59 Tél. 06 321 90 19 www.ristorante59.it Ouvert juin-sept. : lun.-ven. 13h-15h et 20h-23h, sam. 20h-23h ; oct.-mai : dim.-ven. 13h-15h et 20h-23h, sam. 20h-23h*

Da "Oio" a Casa Mia (plan 9, C4 n°32) Levons d'emblée le voile de mystère qui entoure ce nom : *Oio*, pour *olio*, l'"huile"... Outre les *tifosi* de l'AS Roma, qui sont toujours les bienvenus ici (les murs sont tapissés d'affiches aux couleurs de l'équipe, orange et grenat), viennent aussi les gastronomes, qui y retrouvent la cuisine de leur mère. D'ailleurs, c'est bien d'une histoire de famille qu'il s'agit : madame sert, toujours de bonne humeur et très active, monsieur est aux fourneaux, tandis que les enfants occupent les murs de la seconde salle avec les photos de leur communion. Dans les assiettes, les spécialités traditionnelles (*tonnarelli cacio e pepe*, rigatoni alla pajata) et de succulents *secondi* : *porchetta di vitella* (veau rôti et farci d'aromates), boulettes, tripes ou *straccetti* (bœuf sauté au vin blanc), accompagnés de roquette ou de *puntarelle* (cœurs de chicorée). Comptez de 30 à 35€. ***Testaccio*** *Via Galvani, 43-45 Tél. 06 578 26 80 Ouvert lun.-sam. 12h30-15h et 19h30-23h30 Fermé 1 sem. autour du 15 août et 2 sem. à Noël*

prix élevés

Santa Lucia (plan 3, B1-B2 n°36) Ce restaurant joue la carte de la séduction : un cadre très soigné – faïences aux murs de la salle du fond, spacieuse et lumineuse, collection de tableaux dans la première salle, plus intime – et des spécialités puisant leur inspiration dans les traditions culinaires napolitaines. En entrée, salade de poulpe, salade de petits calamars à l'orange et au fenouil, mozarella *di buffala* et boutargue... Quand le menu romain a tendance à résumer les *primi* à la *carbonara* ou à l'*amatriciana*, Santa Lucia vous réconcilie avec les pâtes : *scialatielli pepe e cozze* (poivre et moules), ou *rigatoni* aux aubergines, à la *provola* (fromage fumé) et à la ricotta salée. En *secondo*, mérou à l'*acqua pazza* (court-bouillon épicé), paupiettes de veau aux amandes et aux dattes ou friture de poisson. Les bonnes choses ayant un prix, comptez de 40 à 50€. Charmante terrasse en été. Réservation conseillée. ***Centre historique*** *Largo Febo, 12 Tél. 06 68 80 24 27 www.santaluciaristorante.it Ouvert mai-oct. : tlj. 12h-15h et 19h-23h ; nov.-avr. : mer.-lun. 12h-15h et 19h-23h Fermé 3 dernières semaines de jan.*

Piperno (plan 3, B3 n°33) Aller à la recherche de Piperno finira par vous conduire sur l'une des placettes tout à fait caractéristiques du Ghetto, bordée de vieilles bâtisses dont les façades en disent long… Et la cuisine concoctée ici participe aussi à cette mémoire : *carciofi alla giudea* (artichauts à la juive) et *fritti misti* (mélange de beignets), tarte juive à la ricotta sont les spécialités à ne pas manquer. Service impeccable, clientèle distinguée et cadre plaisant. Repas complet env. 50€. ***Centre historique/Ghetto*** *Via Monte dei Cenci, 9 Tél. 06 68 80 66 29 www.ristorantepiperno.it Ouvert sept.-juil. : mar.-sam. 12h45-14h20 et 19h45-22h20, dim. 12h45-14h20*

La Rosetta (plan 3, C2 n°29) Un accueil impeccable, des produits extra-frais et, surtout, l'incroyable talent du chef pour marier les saveurs font de la Rosetta "la" référence à Rome pour les amateurs de poisson et de fruits de mer. Du côté des spécialités saisonnières : splendides petits calamars avec trévise et vinaigre balsamique, spaghettis aux crevettes et fleurs de courgettes, *tonnarelli* aux fruits de mer, beignets de langoustines, filet de thon grillé ou encore loup de mer au gingembre et aux artichauts ! Si la carte change toutes les semaines, les prix, eux, ne varient pas. Menus dégustation 50-60€ à midi et 130-160€ le soir. ***Centre historique*** *Via della Rosetta, 8-9 Tél. 06 686 10 02 www.larosetta.com Ouvert lun.-sam. 12h45-14h45 et 19h-23h, dim. 19h-23h Fermé 2 semaines autour du 15 août*

☺ **Matricianella (plan 3, C1 n°31)** La clientèle d'habitués vient ici pour les spécialités de toujours (*bucatini all'amatriciana, gnocchi alla romana*) ou pour les plats saisonniers, plus délicats (risotto à l'artichaut et à la truffe, aux fleurs de courgettes). Mais ne négligez pas pour autant les incontournables *fritti* (beignets de légumes ou de cervelle) ni les succulentes spécialités de viande : *abbacchio* (agneau de lait) aux artichauts, *coda alla vaccinara* (queue de bœuf aux légumes) et *polpette alla romana* (boulettes). Sans oublier les desserts : poires pochées au Barolo (vin du Piémont), tarte juive à la ricotta et au chocolat ou celle de la *nonna*, à la crème et aux pignons de pin ! Service formel mais efficace, n'omettant jamais de suggérer le vin le plus approprié. Repas env. 40€ (sans le vin). ***Trident*** *Via del Leone, 4 Tél. 06 683 21 00 www.matricianella.it Ouvert lun.-sam. 12h30-15h et 19h30-23h*

Sabatini (plan 9, B1 n°18) Les touristes ne sont pas seuls à profiter de la terrasse qui s'étire juste en face de l'église Santa Maria in Trastevere, en plein cœur du quartier, les Romains eux-mêmes sont des habitués. C'est qu'en plus de sa situation avantageuse, ce restaurant est réputé pour ses spécialités romaines, sans surprise, et ses plats de poisson. Évidemment, ces bonnes choses, à cet endroit précis, ont un prix. Repas 50-70€ (env. 35€ à midi). ***Trastevere*** *Piazza Santa Maria in Trastevere, 13 Tél. 06 581 20 26 www.ristorantisabatini.com Ouvert tlj. 10h-1h*

Checchino dal 1887 (plan 9, B4 n°33) C'est à ce restaurant historique, situé juste en face des anciens abattoirs (*mattatoio*), que revient la paternité de la recette de la *coda alla vaccinara* (queue de bœuf). Outre toute une série de plats à base d'abats, l'autre spécialité est désormais l'*abbacchio alla cacciatora* (agneau de lait chasseur au vin blanc, au romarin et à l'ail). Sa cave est réputée, non seulement pour ses bouteilles, mais aussi parce qu'elle est creusée sous le mont Testaccio, formé par l'accumulation des tessons de quelque 86 millions d'amphores ! Comptez de 40 à 60€ à la carte. ***Testaccio*** *Via Monte Testaccio, 30 Tél. 06 574 38 16 www.checchino-dal-1887.com Ouvert mar.-sam. 12h30-15h et 20h-0h Fermé Noël et août*

prix très élevés

Il Convivio Troiani (plan 3, B1 n°27) L'un des fleurons des restaurants italiens, aujourd'hui coté dans les guides gastronomiques européens. L'équation de base est simple : recettes classiques revisitées et relevées d'un doigt de fantaisie et produits de saison triés sur le volet. Ajoutons que la carte des vins ne laissera personne indifférent (environ 3 000 références). Le cadre est à la hauteur : voûtes et fresques dans trois salles aussi agréables pour les dîners en tête-à-tête que les tablées d'amis. Comptez 95 à 110€ pour le menu dégustation. ***Centre historique*** *Vicolo dei Soldati, 31 Tél. 06 686 94 32 www.ilconviviotroiani.com Ouvert lun.-sam. 20h-23h*

Agata e Romeo (plan 8, B2 n°11) On n'aurait pas idée d'aller chercher l'un des meilleurs restaurants de Rome, voire d'Italie, près de la gare. Mais c'est mal connaître Agata et Romeo Caraccio, qui se moquent du qu'en-dira-t-on. Sept tables seulement, 25 couverts, une déco simple mais tout en élégance et, surtout, une carte qui accommode avec génie les recettes traditionnelles, passant ainsi de la *minestra d'arzilla* (bouillon de brocolis et de raie) à la queue de bœuf ou au sauté d'agneau à la truffe. En dessert, un mille-feuille désormais vanté dans toute l'Europe. Pour les gourmets, un menu dégustation avec 9 plats (150€ vin compris ou 130€ sans le vin) et un menu tradition (100€ sans le vin), qui changent tous les mois. Réservation impérative. ***Esquilin*** *Via Carlo Alberto, 45 Tél. 06 446 61 15 www.agataeromeo.it Ouvert lun. et sam. 19h30-22h30, mar.-ven. 12h30-14h30 et 19h30-22h30 Fermé 2 sem. en jan. et 2 sem. en août*

Hébergement

Depuis janvier 2011, une taxe de séjour a été introduite à Rome. Elle prévoit le paiement supplémentaire de 2€ (3€ à partir du 4 et 5 étoiles) par personne et par nuit (10 jours maximum).

très petits prix

Centre pastoral d'accueil (plan 3, B2 n°43) Les conditions requises autrefois (être mariés) n'ont plus

Choisir un quartier pour dormir

L'essentiel de l'hôtellerie romaine se concentre autour de la gare Termini et du centre historique. Le quartier de la gare (l'Esquilin) a la réputation d'aligner les hôtels les moins chers de la capitale. En outre, la zone est bien desservie par les transports en commun (métro et bus) : idéal pour ceux qui ne font que passer dans la capitale. Ceux qui recherchent un style moins impersonnel choisiront le sud de l'Esquilin (Monti), au charme plus affirmé. Le centre historique attirera ceux qui veulent se trouver dans le feu de l'action. Mais sachez que les prix y sont élevés et que les bonnes adresses, plutôt rares, affichent souvent complet.

cours. Demeure cependant l'obligation d'être de retour vers minuit (ou de demander le code quand c'est possible). Les avantages ? Des chambres et des salles de bains immaculées, une situation rêvée, un accueil irréprochable et, selon le lieu, un accès au jardin, voire un parking. Le centre pastoral qui s'occupe (en français !) des réservations fera le maximum pour vous loger, même si vous les prévenez à la dernière minute. L'idéal est de préciser assez tôt, par e-mail, vos prétentions (sdb privative, parking...). Si le couvre-feu vous pose problème, le centre est aussi en contact avec des pensions ou de petits hôtels sympathiques (une commission vous sera alors demandée pour le service rendu). Comptez 35€/pers. en institution religieuse (petit déj. compris) et 90-100€ la double à l'hôtel, plus 13€/pers. de commission. ***Centre historique*** *Via Santa Giovanna d'Arco, 10 Tél. 06 68 19 24 64 www.centreaccueilrome.com*

M&J Place (plan 8, B1 n°21) Rénovée en 2010, cette auberge de jeunesse propose des dortoirs décorés sobrement mais propres et des chambres doubles spacieuses et colorées. Seul bémol, les chambres ouvrent soit sur une rue très passante, soit sur une cour peu attrayante. Le frigo de la cuisine et l'ordinateur pour relever son courrier électronique sont en accès libre. Double avec sdb 100€, dortoir 38€/pers., petit déj. 3€ ; quelques chambres sont climatisées. ***Esquilin*** *Via Solferino, 9 Tél. 06 446 28 02 www.mejplacehostel.com*

petits prix

Colors (plan 6, C2 n°30) Cet établissement met fin à l'idée reçue selon laquelle une auberge de jeunesse devrait nécessairement afficher un air austère. Les portes et les murs ont été repeints de toutes les couleurs, on a choisi un mobilier gai et des efforts ont été faits pour que les espaces communs soient conviviaux et bien entretenus (terrasse, wifi gratuit...). Enfin, on a veillé à la qualité de l'accueil (non-anglophones s'abstenir...). Double environ 100€ selon la saison – avec sdb 130€, petit déjeuner compris – et dortoir de 3 à 6 lits de 27€/pers. (petit déj. 5€) ; clim. dans toutes les chambres. ***Vatican*** *Via Boezio, 31 Tél. 06 687 40 30 www.colorshotel.com*

Hotel Di Rienzo (plan 8, B2 n°22) Chez les Di Rienzo, tout le monde donne un coup de main. Le père, la mère et les filles sont là pour vous rappeler qu'ici la gestion est familiale, ce qui est synonyme d'hospitalité – accueil chaleureux et efficace – et de service irréprochable. La quinzaine de chambres, simples et impeccables, ouvre sur une cour fleurie bien abritée du bruit. Réservation conseillée. Double avec sdb 80€, sans sdb 70€, sans petit déjeuner. ***Esquilin*** *Via Principe Amedeo, 79a Tél. 06 446 71 31 www.hoteldirienzo.it*

YWCA (plan 8, A2 n°23) Cette auberge de jeunesse était autrefois exclusivement réservée aux jeunes filles. Aujourd'hui, la direction accepte les groupes de jeunes gens, filles et garçons. Le règlement est sévère (le "couvre-feu" fixé à minuit est néanmoins négociable), mais l'endroit est idéal pour ceux qui partent à plusieurs et comptent leurs euros. Celles qui voyagent seules s'y sentiront en sécurité. Possibilité de repas sur place (12€). Comptez 50€ pour une simple avec sdb (40€ sans), 40€/pers. en double avec sdb (33€ sans) et 28€/pers. en triple ou quadruple, avec petit déjeuner. ***Esquilin*** *Via Cesare Balbo, 4 Tél. 06 488 39 17 www.ywca-ucdg.it*

Hotel Galli (plan 8, B1 n°28) Autour de la gare Termini, les enseignes se succèdent et l'on serait tenté de croire qu'elles se valent toutes, conformes à la mauvaise réputation du quartier. Cet hôtel qui sort du lot offre, sur deux étages, des chambres bien tenues et un confort tout à fait correct (TV et clim.). Le prix de la nuit n'inclut pas le petit déjeuner, mais n'ayez aucun regret : vous trouverez à proximité cafés et boulangeries pour combler vos envies. Double 110€. ***Esquilin*** *Via Milazzo, 20 Tél. 06 445 68 59 www.albergogalli.com*

prix moyens

Pomezia (plan 3, B3 n°50) Les 25 chambres de cet hôtel – toutes avec sdb, clim. et téléphone – ont été rénovées, ainsi que l'entrée et la salle du petit déjeuner. Parquet et mobilier de bois clair, déco un peu clinquante... Les lieux n'ont pas vraiment de cachet, mais ils sont confortables, bien tenus et à deux pas du campo de' Fiori, dans une rue agréable. Double 120€, petit déjeuner compris. ***Centre historique*** *Via dei Chiavari, 12-13 Tél. 06 686 13 71 www.hotelpomezia.it*

Navona (plan 3, B2 n°47) L'une des meilleures adresses du centre historique, et un véritable lieu de mémoire : ce *palazzo*, élevé sur le site des thermes d'Agrippa, a en effet hébergé les poètes britaniques Keats et Shelley. Les chambres sont toutes avenantes et calmes, même si elles ouvrent sur la rue. Double 165-200€ avec petit déjeuner. ***Centre historique*** *Via dei Sediari, 8 Tél. 06 686 42 03 www.hotelnavona.com*

Albergo del Sole (plan 3, B2-B3 n°41) De l'entrée, on imagine mal ce qui se joue dans les étages de cet hôtel. Il faut donc s'engager dans l'escalier (raide) pour atteindre, au premier, la réception. On perçoit alors encore à peine ce que recèle cette bâtisse si caractéristique du vieux Rome : des recoins, de petits balcons fleuris à chaque étage et une terrasse au dernier, donnant sur la coupole de Sant'Andrea della Valle et sur les toits rose et ocre du quartier. Les 58 chambres ont toutes été rénovées, avec plus ou moins de bonheur, les plus jolies conservant leur plafond en bois à caissons. Double 130-160€, sans petit déjeuner. Garage. ***Centre historique*** *Via del Biscione, 76 Tél. 06 687 94 46 www.solealbiscione.it*

LE LATIUM

Se loger à Rome

Il est difficile ici de dormir pour moins de 80€. N'hésitez pas à négocier les prix si vous passez plusieurs nuits au même endroit. Consultez la liste des hôtels mise à disposition par l'office de tourisme (qui n'effectue aucune réservation) ou faites appel aux services de l'agence touristique Enjoy Roma (p.80). Vous pouvez aussi consulter dans le chapitre GEOPratique (rubrique Hébergement) les centrales de réservations d'hôtels, les associations de Bed & Breakfast – qui proposent des chambres dans le centre historique (www.bbitalia.it et www.bed-and-breakfast.it) – et les loueurs d'appartement (www.loccapart.com et www.romesweethome.com).

Perugia (plan 8, A3 n°24) Le point fort de cet établissement ? Sa situation : à deux pas du Colisée et des Forums impériaux, dans une rue calme et bien reliée au centre historique. Pour le reste, le bâtiment aurait besoin d'un coup de neuf. Et si les lieux ne manquent pas de confort ni de propreté, leur atmosphère vieillotte ne les rend pas des plus accueillants. Sachez cependant que c'est l'une des adresses les moins chères du quartier et qu'en basse saison vous pourrez négocier les tarifs. Double 90-145€ avec petit déjeuner. Climatisation et sdb dans toutes les chambres. ***Rome antique*** *Via del Colosseo, 7 Tél. 06 679 72 00 www.hperugia.it*

Hotel Florida (plan 6, B2 n°31) À votre droite, la piazza dell'Unità et le Vatican ; juste en face, Castroni et Franchi, une épicerie fine et un traiteur dont les délices donnent le tournis... le tout dans une rue très animée mais dont on n'entend pas le bruit une fois dans sa chambre, puisque celle-ci s'ouvre sur la cour intérieure. Sdb, TV, téléphone : rien à redire sur le confort mais, comme souvent, c'est assez impersonnel. Double avec sdb 75-150€ selon la saison (petit déjeuner 5€/pers.). ***Vatican*** *Via Cola di Rienzo, 243 Tél. 06 324 18 72 www.hotelfloridaroma.it*

Pensione Panda (plan 7, B4 n°30) Tarabiscoté à souhait, cet hôtel original s'imbrique au deuxième étage d'une maison du XIXe siècle et profite ingénieusement de sa belle hauteur de plafond. Dans l'une des chambres, douche, meuble ancien de lavabo et toilettes sont ainsi encastrés le long de l'escalier menant à une petite mezzanine où se trouve un lit simple. Les enfants adoreront. Renseignez-vous au moment de réserver, les 28 chambres de cette jolie pension possèdent des vues et des volumes assez divers. La maison ne sert pas de petit déjeuner mais est conventionnée avec le bar-pâtisserie D'Angelo situé dans le même immeuble au rez-de-chaussée (boisson chaude, jus de fruits, croissant, 5€). Simple 80€, double 108€, triple 140€. Réduction pour les chambres avec sdb commune. ***Trident*** *Via della Croce, 35 Tél. 06 678 01 79 www.hotelpanda.it*

Hotel Parlamento (plan 7, B4 n°31) D'emblée, vous serez pris en main, dorloté. Cet hôtel a décidément tout pour plaire : aménagé dans un *palazzo* du XVIIe siècle, à deux pas de la piazza di Spagna et de rues commerçantes chic, il a été modernisé avec goût et ses chambres offrent presque toutes un confort digne d'un trois-étoiles. Au dernier étage, 3 chambres (dont 2 avec spa) ouvrent sur une terrasse fleurie. Double 150-195€. Climatisation sur demande au moment de la réservation (12€). ***Trident*** *Via delle Convertite, 5 Tél. 06 69 92 10 00 www.hotelparlamento.it*

Boccaccio (plan 8, A1 n°25) À deux pas de la piazza Barberini, une pension de famille comme on les rêve encore, où on a le sentiment d'être accueilli

GAMME DE PRIX	RESTAURATION	HÉBERGEMENT
Très petits prix	moins de 15€	moins de 55€
Petits prix	de 15 à 25€	de 55 à 75€
Prix moyens	de 25 à 40€	de 75 à 110€
Prix élevés	de 40 à 60€	de 110 à 160€
Prix très élevés	plus de 60€	plus de 160€

chez un proche parent. Le mobilier y est sans doute pour quelque chose, ainsi que l'attention discrète que la maîtresse de maison porte à ses hôtes. Sept chambres donnent sur la rue, calme car peu passante, et une seule sur la cour intérieure. Les deux salles de bains communes, pour les doubles qui n'en sont pas équipées, sont impeccables. Double sans sdb 90€, avec sdb 115€ (pas de petit déjeuner). ***Quirinal*** *Via del Boccaccio, 25 Tél. 06 488 59 62 www.hotelboccaccio.com*

Antica Locanda (plan 8, A2 n°34) Rossini, Puccini, Verdi, Vivaldi, Caravage... sont parmi les heureux parrains des 15 chambres, toutes différentes, meublées avec goût et confortables, de cette auberge qui cultive la fibre nostalgique avec beaucoup de talent. Les hôtes ont accès à une terrasse romantique, idéale les soirs de pleine lune ou quand il fait trop chaud. Double 120-140€, selon la saison. ***Monti*** *Via del Boschetto, 84 Tél. 06 48 48 94 www.antica-locanda.com*

☺ **Rome à volonté (plan 8, B2 n°27)** Une formule Bed & Breakfast qui ravira les voyageurs lassés des hôtels impersonnels et désireux de trouver un accueil en français. En outre, Sophie Bénézech, l'une des hôtesses, guide officielle de la Ville de Rome, propose des dizaines de visites au gré de vos envies, adaptées aux grands comme aux petits. Douze chambres et 10 appartements répartis dans toute la ville (de 1 à 7 personnes). Comptez 85-95€/nuit pour une chambre (2 pers.) et 99-175€ pour un appartement (2-7 pers.). Petit déjeuner inclus : à consommer dans un des cafés conventionnés à proximité, si vous séjournez dans une chambre, à préparer chez soi (réfrigérateur garni), si vous avez opté pour un appartement. ***Esquilin*** *Via Balilla, 13 Tél. 06 70 45 15 56 (précédé de 00 39) ou 339 789 66 59 www.romeavolonte.it*

Hotel Kennedy (plan 8, B2 n°30) L'un des hôtels les plus fiables dans le quartier de l'Esquilin. La pension d'autrefois a été cédée à une famille qui a mis tout en œuvre pour rendre l'établissement le plus agréable possible : chaque année, on repeint une chambre, on refait les salles de bains... de sorte qu'aujourd'hui la rénovation est achevée. Si elles sont disponibles, pensez à demander l'une des chambres avec vue sur un parc et l'ex-Aquarium romain, siège de la Casa dell'Architettura. Double 120€, petit déjeuner inclus. ***Esquilin*** *Via Filippo Turati, 62-64 Tél. 06 446 53 73 www.hotelkennedy.net*

Hotel Viminale (plan 8, A2 n°33) Central, proche du palais du Quirinale et de la fontaine de Trevi, il donne sur le campanile roman de Santa Pudenziana et, plus loin, sur la basilique Santa Maria Maggiore. Les 53 chambres, à la décoration élégante, sont spacieuses et d'un grand confort. Aux étages supérieurs, deux terrasses, plus une autre au rez-de-chaussée où vous pourrez prendre le petit déjeuner aux beaux jours. Accueil efficace. Comptez 220€. ***Monti*** *Via Cesare Balbo, 31 Tél. 06 488 19 10 www.leonardihotels.com*

Hotel Trastevere (plan 9, B2 n°50) Cet hôtel est une fenêtre sur la vie quotidienne du quartier du Trastevere. Tous les matins, vous pourrez assister au spectacle du marché qui anime la piazza San Cosimato : vendeurs d'agrumes, de tomates cerises, de roquette sauvage, de charcuterie ou de fromage. L'intérieur manque malheureusement de caractère, mais il faut saluer l'effort qui a été fourni pour rendre les chambres propres et confortables. Spécial familles : les doubles se transforment en triple ou en quadruple grâce à des lits superposés qui surgissent d'un placard ! Double 105€, triple 130€, quadruple 155€, petit déjeuner inclus. ***Trastevere*** *Via Luciano Manara, 24a/25 Tél. 06 581 47 13 www.hoteltrastevere.net*

prix élevés

☺ **Campo de Fiori (plan 3, B3 n°42)** À deux pas du marché du Campo de' Fiori, un établissement de charme, à la façade couverte de plantes grimpantes et doté d'une inoubliable terrasse panoramique, pourvue de transats, avec vue à 360° sur le quartier. Chambres dans les tons mordorés, avec plafonds à caissons et épaisses courtepointes... Double 250-400€, petit déjeuner inclus. L'hôtel loue aussi 11 appartements bien équipés qui peuvent accueillir de 2 à 5 personnes : comptez de 200 à 500€ (ménage inclus, sans petit déj.). ***Centre historique*** *Via del Biscione, 6 Tél. 06 68 80 68 65 www.hotelcampodefiori.com*

Abruzzi (plan 3, C2 n°40) Cet hôtel ne fera pas de déçus : ses 22 chambres donnent toutes sur le Panthéon, sans doute l'un des plus beaux monuments de l'Antiquité romaine. On est là en plein cœur de la Ville éternelle, avec les avantages et les inconvénients que cela représente. Ceux qui veulent goûter à la Dolce Vita, lézarder jusqu'à plus d'heure sur l'une des terrasses alentour seront à la bonne enseigne. Double 210-340€, petit déjeuner inclus. ***Centre historique*** *Piazza della Rotonda, 69 Tél. 06 679 20 21 www.hotelabruzzi.it*

Hotel Bolivar (plan 3, D2 n°45) Le grand atout de cet hôtel réside dans sa situation : à l'intersection de deux quartiers et de deux axes très passants (Quirinal et Forums impériaux, piazza Venezia et via Nazionale), il donne néanmoins l'impression d'être isolé, bien à l'abri de l'effervescence toute proche. Attention ! Ses 35 chambres sont inégales, certaines presque luxueuses, vastes, décorées de tentures rouges et de tableaux, avec des salles de bains de rêve... et d'autres plus ordinaires. Si c'est possible, demandez à les visiter en vous assurant du prix (de 130 à 230€). ***Rome antique*** *Via della Cordonata, 6 Tél. 06 679 16 14 ou 06 699 16 66 www.bolivarhotel.it*

☺ **Bramante (plan 6, C3 n°33)** Situé dans le Borgo Pio, le quartier médiéval qui sépare la basilique Saint-Pierre du château Saint-Ange, cet hôtel de 16 chambres fut la demeure de Domenico Fontana, architecte du pape Sixte V à la fin du XVIe siècle. Chambres avec plafonds à caissons ou mansardées, les premières ouvrant sur une petite rue pavée, les secondes sur une jolie terrasse ; chacun y trouvera son bonheur. Pour couronner le tout, un accueil très attentionné : vous serez comme des coqs en pâte. Double 180-200€, petit déjeuner inclus. ***Vatican*** *Vicolo delle Palline, 24/25 Tél. 06 68 80 64 26 www.hotelbramante.com*

Domus Aventina (plan 9, C3 n°51) Installées dans un ancien couvent du XVIIe siècle, 26 chambres, spacieuses et très confortables (TV, moquette), ont vue sur la cour arborée de l'église Santa Prisca. Rien d'austère dans tout cela, au contraire ! C'est absolument charmant, et l'accueil qui vous est réservé est plus que chaleureux. Le soir, vous pourrez faire aux alentours plusieurs balades romantiques : à quelques pas, une roseraie où sont cultivées des centaines de variétés et une orangeraie. Double 190€, petit déjeuner inclus. **Aventin** *Via di Santa Prisca, 11/b Tél. 06 574 61 35 www.domus-aventina.com*

☺ **Villa San Pio (plan 9, C3 n°52)** Des pins parasols, un décor champêtre au petit déjeuner et un confort qui va au-delà des normes habituelles (connexion Internet dans la chambre, sdb en marbre, mobilier précieux et, pour certaines chambres, terrasse privative avec vue sur la ville...). Les 79 chambres sont réparties dans 3 magnifiques villas : on a l'impression de dormir en pleine campagne alors que le métro est à deux pas. Accueil sans faute ! Double 240€. **Aventin** *Via di Santa Melania, 19 Tél. 06 57 00 57 www.aventinohotels.com*

prix très élevés

Teatro di Pompeo (plan 3, B3 n°52) La *piazza* épouse les formes de l'ancien théâtre de Pompée (55 av. J.-C.) : tout en arrondis, elle donne une idée de ce qui exista ici autrefois. L'hôtel a gardé cet esprit, aménageant les vestiges qu'il abrite au sous-sol pour le petit déjeuner (très bon buffet). Pour en profiter, il faudra réserver assez tôt (il n'y a que 13 chambres, dont 6 ouvrent sur la place, les autres sur une cour intérieure). Double 220€. **Centre historique** *Largo del Pallaro, 8 Tél. 06 68 30 01 70 ou 06 687 28 12 www.hotelteatrodipompeo.it*

★ ☺ TIVOLI

00019

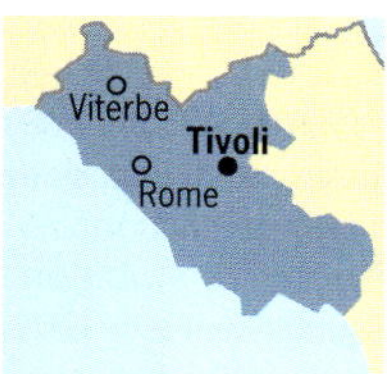

Tivoli est l'une des plus belles excursions à faire en une journée au départ de Rome. Déjà très prisée dans l'Antiquité, l'ancienne Tibur offre d'un côté les vestiges d'une villa impériale monumentale – la Villa Adriana – posée dans un décor d'oliviers et de cyprès ; de l'autre l'exubérance d'une villa Renaissance – la Villa d'Este – et de ses magnifiques jardins foisonnants.

MODE D'EMPLOI

accès

EN BUS

De Rome, des bus desservent Tivoli au départ de Ponte Mammolo (avant-dernière station de la ligne de métro B). À la gare routière du métro, pensez à acheter un billet AR : ils sont difficiles à trouver à Tivoli. Attention, par l'autoroute, le trajet est plus rapide mais le bus ne dessert pas automatiquement la Villa Adriana – il faut expressément demander l'arrêt au chauffeur.

Cotral La compagnie de cars du Latium. *Tél. 800 17 44 71 www.cotralspa.it*

EN VOITURE

Tivoli est à 31km de Rome par l'autoroute A24 (sortie Tivoli) ou par la route nationale Tiburtina (S5). La voiture reste le meilleur moyen de transport pour visiter les deux villas. Le mieux est de s'arrêter d'abord à la Villa Adriana et de rejoindre ensuite le centre de Tivoli et la Villa d'Este (à 6km).

orientation

En venant de Rome, la Villa Adriana est bien indiquée. Elle est située à 6km au sud-ouest de Tivoli. L'entrée dans Tivoli se fait par la rue principale, largo Garibaldi. À côté de l'office de tourisme se trouvent des places de stationnement où vous pourrez laisser votre voiture le temps de visiter la Villa d'Este, à 5min à pied, en bas d'une petite route qui descend à droite de l'IAT et du parking.

informations touristiques

IAT *Vicolo del Barchetto Tél. 0774 33 45 22 Ouvert mar.-dim. 9h30-17h30* ***Piazzale Nazioni Unite*** *Tél. 0774 31 35 36*

DÉCOUVRIR

Tivoli

☆ **Les essentiels** La Villa Adriana, la Villa d'Este **Découvrir autrement** Faites un pique-nique sur les pelouses de la Villa Adriana ou un bon déjeuner au Ristorante Adriano

☆ **Villa Adriana** On peut énumérer les raisons qui font que la villa est pour nous l'un des plus beaux parcs archéologiques d'Italie. D'abord le site, immense (120ha), sur les flancs des monts Tiburtini, entre oliviers et cyprès. Ensuite, évidemment, l'intérêt des vestiges. L'empereur Hadrien (117-138) voulait faire de sa résidence de campagne un "carnet de voyage" grandeur nature où il pourrait à loisir retrouver les monuments qu'il avait contemplés au cours de ses pérégrinations. Pour avoir une idée de ses ambitions démesurées, commencez par jeter un coup d'œil à la maquette exposée dans un pavillon proche de l'entrée. La villa a connu des siècles de décrépitude, ses pierres servant souvent de carrière de luxe pour d'autres monuments, avant d'être redécouverte par Pirro Ligorio (1510-1583), architecte de la Villa d'Este. Ce qui nous est parvenu ne témoigne pas uniquement d'une collection monumentale mais d'une véritable petite ville. Dans l'ordre, vous franchirez la longue muraille dite du Pécile, précédant un jardin. Sur votre droite, vous remarquerez les **cento camerelle**, cent petites chambres réservées à la domesticité qui flanquent le jardin d'un côté. Longez-les jusqu'à croiser successivement, sur la gauche, deux édifices intéressants : les **petits thermes** et surtout les **grands thermes**. Un peu plus loin, juste avant le Canope, le musée présente des expositions temporaires. Le **Canope**, majestueux bassin cerné par une élégante colonnade jalonnée de statues, était censé évoquer la voie maritime menant au temple de Sérapis à Canope, en Égypte. Pour d'autres, il serait une représentation de la Méditerranée tout entière : la Grèce est présente avec les cariatides (imitées du temple de l'Érechthéion, à Athènes), l'Égypte dans le nymphée du fond dédié à Sérapis et d'autres copies de statues (les Amazones ou la Vénus de Cnide) évoquent Éphèse et Praxitèle. Poursuivez à gauche (quand vous faites face au Canope) vers la

piazza d'Oro, le cœur du **palais impérial**, la partie la plus luxueuse de la villa, avec une salle à ciel ouvert qui devait servir de salle à manger d'été. Un beau vestibule la précède et, de chaque côté, les sols de deux salles sont encore couverts de mosaïques. À l'arrière, pièces de réception et chambres d'habitation se succèdent jusqu'à la **cour des Bibliothèques**. À droite de cette cour (en venant de la piazza d'Oro) se trouvait l'**hospitalia**, c'est-à-dire l'endroit où l'on accueillait des hôtes de marque. Les chambres, ornées chacune d'une mosaïque particulière et abritant trois alcôves, sont particulièrement bien conservées. Avant de vous éloigner, entrez dans le **théâtre maritime**, à gauche. Au centre d'un îlot relié à la villa par deux ponts, Hadrien accédait à cette villa en miniature où il se retirait quand il était fatigué des mondanités. Revenez vers la cour des Bibliothèques et gagnez la terrasse dite "de Tempé", du nom de la vallée de Thessalie qui a inspiré poètes et Muses. Pour finir, longez une allée bordée de cyprès qui mène au petit temple d'Aphrodite et au théâtre grec. *Via di Villa Adriana, 204 Tél. 06 39 96 79 00 Ouvert tlj. 9h-coucher du soleil Tarif 6,50€ Audioguide 4€*

☆ **Villa d'Este** Côté ambition folle et démesure, la Villa d'Este a bien des points communs avec la Villa Adriana. Nommé en 1550 gouverneurs de Tivoli, le cardinal Hippolyte II d'Este (1509-1572), déçu de ne pas avoir été élu pape, s'installe dans le palais du gouvernorat, qui était autrefois un couvent. Peut-être par vengeance, par souci de grandeur ou simplement parce qu'il était mécène, il charge l'architecte Pirro Ligorio de transformer le site afin de célébrer la hauteur de son lignage. Des travaux colossaux s'ensuivent pour aménager le terrain et le plier aux contraintes architecturales. À la mort du cardinal, la villa est inachevée, mais ses héritiers prennent la relève. Les magnifiques fresques maniéristes qui couvrent les murs des appartements (œuvres de Zuccaro et Muziano, entre autres) ne sont rien à côté des jardins : de la loggia ornant la façade postérieure, vous aurez une vue à pic sur cette féerie qui dévale la colline, dont l'entrelacs de fontaines et de massifs donne le sentiment d'un pays rêvé ! Après moult restaurations, de nombreuses fontaines ont retrouvé leurs jets et, à entendre le bruissement de l'eau, on comprend que Liszt, Fauré et Ravel aient été inspirés par les mélodies de ces jardins. Entendez-vous le chant des oiseaux, les sons de trompette ou de bombarde qu'émet la fontaine de l'Orgue ? Avez-vous observé les figures effrayantes ou drôles de l'allée des Cent Fontaines ? Déambulez, entrez dans les grottes et descendez tous les paliers jusqu'au pied de la villa. *Piazza Trento, 1 Tél. 0774 33 29 20 www.villadestetivoli.info Ouvert avr.-sept. : mar.-dim. 8h30-19h30 ; oct., mars : mar.-dim. 8h30-18h15 ; nov.-fév. : mar.-dim. 8h30-17h (la caisse ferme 1h avant la fermeture) Tarif 8€ (11€ en cas d'exposition) Audioguide 4€*

● Où boire un verre ?

Arist Bar L'atout de ce café-glacier-pâtissier aux accents rétro réside, notamment, dans sa vaste terrasse : une belle occasion de se rafraîchir d'un *caffè shakerato* (2,50€), d'un jus de fruits pressé (*spremute* d'orange, de citron ou de pamplemousse...) ou d'un des nombreux cocktails à la carte (dont le bellini, mélange de Prosecco et de pêche blanche...), tout en observant les badauds de la place. *Piazza Garibaldi, 6 Tél. 0774 33 36 87 Ouvert tlj. 6h30-0h*

Les environs de Tivoli

Museo Archeologico Prenestino Installé dans un palais du XVIIe siècle, ce musée est bâti sur le site d'un sanctuaire dédié à la déesse Fortune, qui s'étageait autrefois sur les flancs de la montagne en une succession de terrasses, de basiliques et de portiques. Ne manquez pas la *Mosaïque du Nil*, une des plus grandes de l'époque hellénistique (IIe s. av. J.-C.), qui pavait autrefois l'abside de la cathédrale élevée sur les vestiges du temple. *Piazza della Cortina (à 20km au sud-est de Tivoli)* ***Palestrina Accès de Rome*** *métro ligne A station Anagnina ou ligne B Ponte Mammolo puis bus Tél. 06 953 81 00 Ouvert tlj. 9h-20h Tarif 5€*

CARNET D'ADRESSES

Restauration

prix moyens

Hotel-Ristorante Adriano Si vous renoncez à l'idée du pique-nique sous les oliviers de la Villa Adriana, sachez que, juste à côté de l'entrée du site archéologique, vous attend l'un des meilleurs restaurants de Tivoli. À la belle saison, il est possible de déjeuner ou de dîner dans le jardin. À l'intérieur, le cadre est sobre et élégant (jolie vaisselle, mobilier ancien), et le service très attentionné. Ne ratez pas les pâtes fraîches et leur fameux *scrigno di Venere* (timbale de pâtes aux champignons et à la viande) et, si vous avez encore faim pour un *secondo*, goûtez la spécialité : gigot d'agneau de lait au genièvre. Hôtel à l'avenant (de 100 à 120€ pour une double). Selon vos préférences, un repas vous reviendra de 28 à 30€. *Largo Marguerite Yourcenar, 2* ***Tivoli*** *(ex-via di Villa Adriana) Tél. 0774 38 22 35 www.hoteladriano.it Ouvert tlj. 12h-15h30 et 19h-0h*

Antiche Terme di Diana En 1986, les thermes dédiés à la déesse Diane, vieux de plus de 2 000 ans, sont retrouvés par hasard. Cet immense espace souterrain lové sous des voûtes de pierre sera rapidement transformé en restaurant. Le lieu comprend 5 salles : la Sala del Cardinale, idéale pour les banquets, le Salone delle Terme, au style taverne, et la Sala cupido, petite et romantique. Parmi les incontournables de la carte (qui varie selon les saisons) : l'*antipasto rustico* (rustique) composé de saucisson de cerf, fois gras, patés et *bruschette* (7-8€)..., les viandes et poissons, les pâtes fraîches, les spécialités comme la *caramella*, pâte feuilletée en forme de long caramel fourrée au Taleggio (sorte de brie), à la truffe noire et au parmesan (12€). Sans oublier les sorbets maison (passion, pomme

GAMME DE PRIX	RESTAURATION	HÉBERGEMENT
Très petits prix	moins de 15€	moins de 55€
Petits prix	de 15 à 25€	de 55 à 75€
Prix moyens	de 25 à 40€	de 75 à 110€
Prix élevés	de 40 à 60€	de 110 à 160€
Prix très élevés	plus de 60€	plus de 160€

verte…) ou le tiramisù aux fruits des bois. Terrasse à la belle saison et bar, en contrebas, pour l'apéro. *Via dei Sosii, 6* **Tivoli** *Tél. 0774 33 52 39 www.termedidiana.it Ouvert tlj. 12h-15h et 19h-22h*

FRASCATI

00044

Village des Castelli Romani le plus proche de Rome, Frascati est aussi l'un des plus complets du point de vue touristique et le point de départ idéal pour découvrir les Castelli Romani. Destination classique des *scampagnate* romaines (virées à la campagne) : ces treize villages perchés sur les flancs des monts Albains, à une trentaine de kilomètres de Rome, offrent de belles possibilités de promenade dans des paysages vallonnés, de bons vins DOC (Frascati, Velletri ou Colli albani) et une gastronomie qui fera frémir les amateurs de viande grillée ou de champignons. Lieu de villégiature des familles fortunées, c'est aussi la région (plus précisément à Castel Gandolfo) que les papes avaient choisie comme résidence d'été dès le XVIIe siècle.

MODE D'EMPLOI

accès

EN TRAIN

Comptez 30min de trajet à partir de la gare Termini à Rome. La ligne FM4 conduit à Frascati.

Trenitalia *Tél. 89 20 21 www.trenitalia.com*

EN BUS

À Rome, les bus pour les Castelli partent d'Anagnina (ligne de métro A). Vous pourrez gagner l'un des villages, mais il vous sera ensuite difficile de rejoindre les autres étapes.

Cotral La compagnie de cars du Latium. *Tél. 800 17 44 71 www.cotralspa.it*

EN VOITURE

De Rome, empruntez la via Tuscolana (S215) pour Frascati et Grottaferrata ou la Via Appia (S7) pour Castel Gandolfo et le lac de Nemi au départ de la Porta San Giovanni, derrière le Latran.

orientation et circulation

On parcourt la région des Castelli le long d'un parcours qui forme un circuit de 60km au départ de Frascati. L'idéal est donc de les découvrir en voiture. À l'entrée de Frascati, garez-vous piazza Marconi. Au nord, le centre-ville réunit des ruelles, de petites places de marché, des commerces et des restaurants. Au sud, dominent les jardins de la Villa Aldobrandini.

informations touristiques

Frascati Point Situé au pied du parc de la Villa Aldobrandini. *Piazza G. Marconi, 5 Tél. 06 94 01 53 78 Ouvert tlj. 10h-20h*

DÉCOUVRIR

☆ **Les essentiels** La Villa Aldobrandini, l'abbaye de Saint-Nil, le bourg de Nemi **Découvrir autrement** Profitez du belvédère de Castel Gandolfo, faites une étape gastronomique à la Taverna dello Spuntino, à Grottaferrata, et goûtez au vin des Castelli

Frascati

☆ **Villa Aldobrandini** Même si la villa est fermée au public, le parc peut se visiter. L'édifice, bâti pour le cardinal Aldobrandini, neveu du pape Clément VIII, a été conçu à la fin du XVIe siècle par Giacomo Della Porta et achevé par Maderno et Fontana. Vous pouvez vous attarder devant le panorama sur la plaine romaine, mais sachez que le jardin à l'arrière, bien qu'un peu à l'abandon, vous réserve quelques surprises baroques avec son théâtre d'eau, ses fontaines et ses grottes. À droite de la piazza Marconi, les jardins sont ceux de la **Villa Torlonia**, aujourd'hui devenus parc public. Le théâtre d'eau de Maderno a retrouvé sa splendeur après restauration, mais, de la villa du XVIe siècle, bombardée en 1944, il ne reste rien. *De la place Marconi, emprunter via Catone, tourner à droite et monter via G. Massaia (2e entrée sur la droite)* ***Parc*** *Ouvert lun.-ven. 9h-17h30*

Les environs de Frascati

☆ **Abbazia di San Nilo** Quelques kilomètres à peine séparent Frascati du centre de **Grottaferrata** et, en suivant la rue principale, vous tomberez directement sur l'**abbaye de Saint-Nil**. Fondée en 1004, elle recèle de beaux restes romans, en dépit des remaniements du XVIIe siècle et des restaurations ultérieures, notamment autour de l'église Santa Maria. Vous remarquerez le campanile du XIIe siècle, le portail byzantin en marbre (XIe-XIIe s.) et la mosaïque qui surplombe la porte en bois, datant de la même époque. L'intérieur risque de vous surprendre, car l'abbaye est restée fidèle au rite byzantin grec de ses origines ; il se peut même que vous assistiez à une messe en grec. La décoration, elle, est complètement baroque, riche en ors et marbres polychromes. Seuls vestiges de l'église médiévale : le pavement cosmatesque – cf. Glossaire (p.566), la mosaïque et les fresques du XIIIe siècle sur l'arc triomphal. Dans une chapelle au fond à droite, ne manquez pas le cycle de fresques du Dominiquin (1610) racontant la vie des deux saints fondateurs de l'abbaye, Nil et Barthélemy. *Corso del Popolo, 128* ***Grottaferrata*** *Tél. 06 945 93 09 www.abbaziagreca.it Ouvert tlj. 8h30-12h30 et 15h30-18h45*

Via dei Laghi Pour vous rendre à Nemi, empruntez la route qui traverse **Rocca di Papa** et la via dei Laghi (route des Lacs), d'où vous profiterez de magnifiques percées sur la campagne, en surplomb du **lac d'Albano**, et par temps clair jusqu'à la mer.

☆ **Nemi** Perché sur un éperon rocheux, le bourg domine un lac sombre, formé au creux d'un cratère. Les cités latines alliées contre Rome avaient édifié, au nord du **lac**, un temple en l'honneur de Diane. On disait du lac qu'il était le "miroir de Diane" – puisque le temple s'y reflétait –, mais la légende, rapportée par Ovide et Horace, est autrement plus romantique. La déesse, tombée amoureuse d'un jeune pêcheur, aurait perdu le goût de vivre après que celui-ci eut été frappé par la foudre lancée par Jupiter. Devenue si pâle et si triste, Diane est transformée en lune et, chaque nuit, elle caresse de ses rayons diaphanes le visage de son amant gisant au fond du lac. Ne partez pas sans avoir sacrifié au rituel des "fraises des bois", spécialité locale à déguster dans les cafés qui bordent le "belvédère". Attention, Nemi est particulièrement prisé les week-ends...

Castel Gandolfo Reprenez la route en direction de la S7 (Via Appia), vers Genzano di Roma, jusqu'à Castel Gandolfo, qui attire pèlerins et badauds autour de la résidence d'été du pape. Le palais ne se visite pas et le bourg n'a pas grand intérêt, si ce n'est que, du belvédère jouxtant l'église Santo Tommaso, on a une vue fabuleuse sur le lac d'Albano, qui se détache sur le Monte Cavo.

CARNET D'ADRESSES

Restauration

Le plaisir des bonnes choses est l'une des excellentes raisons de visiter les Castelli, terroir à la cuisine rustique et savoureuse. Ariccia est le berceau de la *porchetta*, viande de porc grillée avec des aromates (des camionnettes stationnées sur le bord de la route en proposent), que l'on célèbre lors d'une *sagra* (kermesse) en septembre. Les champignons sont accommodés à toutes les sauces et le vin blanc compte parmi les meilleures appellations du Latium.

prix moyens

Cacciani Peut-être le rendez-vous le plus gourmet des villages des Castelli et, en tout état de cause, l'un des plus connus. Recettes traditionnelles pour les *primi et fritti* (légumes frits) croustillants et légers pour les plus gourmands. Le pain est fait maison et les desserts sont tous délicieux. *Antipasto* et *primo* 25€, *primo* et *secondo* 30€, menu dégustation 25-55€. *Via Diaz, 13/15* ***Frascati*** *Tél. 06 942 03 78 www.cacciani.it Ouvert mar.-dim. 12h45-14h30 et 20h-22h45 Fermé 1 sem. après le 6 jan. et 1 sem. après le 15 août*

Dans les environs

petits prix

Antica Abazia Une belle adresse qui tient sans doute au charme du lieu. Autour du puits d'un ancien monastère, on vous servira des spécialités à base de produits du terroir : *orec-*

GAMME DE PRIX	RESTAURATION	HÉBERGEMENT
Très petits prix	moins de 15€	moins de 55€
Petits prix	de 15 à 25€	de 55 à 75€
Prix moyens	de 25 à 40€	de 75 à 110€
Prix élevés	de 40 à 60€	de 110 à 160€
Prix très élevés	plus de 60€	plus de 160€

chiette ai ramolacci (chicorée locale plus amère), viandes grillées – incontournables – ou encore de la mozzarella fumée, grillée et accompagnée d'artichauts. *Antipasto et primo* 15-20€, *primo* et *secondo* 30€. *Via San Filippo Neri, 19* **Albano** *(à 15km de Frascati) Tél. 06 932 31 87 www.ristoranteanticaabazia.it Ouvert mar.-dim. 12h30-15h et 19h30-23h*

La Briciola Ce restaurant de Grottaferrata, réputé pour ses excellents produits frais, tient ses promesses. Une mention spéciale aux *zucchine alla Velletrana* (une recette secrète de la cuisinière, aux courgettes...) et aux champignons qui accompagnent les pâtes fraîches. Repas complet 35€. *Via Gabriele D'Annunzio, 12* **Grottaferrata** *Tél. 06 945 93 38 www.labricioladiadriana.it Ouvert mar.-ven. 20h-22h30, sam. 12h30-14h30 et 20h-22h30, dim. 12h30-14h30*

La Cavola d'Oro Les Romains eux-mêmes recommandent souvent cette adresse, où vous vous régalerez d'excellentes spécialités régionales (*maltagliati ai funghi porcini, fior di zucca e scaglie di pecorino romano* : pâtes fraîches aux cèpes, fleurs de courgettes et fromage de brebis) et de grillades. Cuisine classique. *Antipasto* 12-22€, *primo* 12-14€, *secondo* 18-28€. *Via Anagnina, 35* **Grottaferrata** *Tél. 06 94 31 57 55 www.lacavoladoro.it Ouvert mar.-dim. 12h30-14h30 et 19h30-22h30*

prix moyens

☺ **Taverna dello Spuntino** Tout est bon ! Les *antipasti* pour goûter la charcuterie régionale ou les fromages, les *primi* inspirés des recettes de la campagne (fèves, champignons ou asperges agrémentés de poitrine fumée), les viandes (agneau ou porc), les petits gâteaux pour accompagner le café, les digestifs... L'accueil est attentionné et le cadre, exactement tel qu'on se le figure pour une taverne de campagne : tables en bois, feu de cheminée en hiver, décorations en paille, salaisons suspendus aux poutres, murs de pierre sèche.... Clientèle d'habitués et de bons vivants ! Chambres à l'avenant dans la *locanda* voisine. *Antipasto et primo* 30€, *primo* et *secondo* 35€. *Via Cicerone, 20-22* **Grottaferrata** *(à 3km de Frascati) Tél. 06 945 93 66 www.tavernadellospuntino.com Ouvert tlj. 13h-15h et 20h-23h*

TERRACINA

04019

La mise au jour de vestiges de villas impériales indique que Terracina était déjà connue dans l'Antiquité. Au fil de ses rues, vous croiserez de beaux *palazzi* du XVIIIe siècle et quelques traces d'époques plus anciennes, comme l'amphithéâtre ou le marché romain. Au sommet du mont Sant'Angelo, à 3km du centre, se dressait le temple de Jupiter Anxur (nom étrusque de Terracina), dont les ruines sont magnifiquement éclairées de nuit. Bénéficiant d'une position idéale sur le golfe, Terracina constitue un bon point d'ancrage pour rayonner tant sur le littoral, entre le Parc national du Circeo et les plages de Sperlonga, que dans l'arrière-pays.

MODE D'EMPLOI

accès

EN TRAIN
La ligne ferroviaire Rome-Naples dessert Sabaudia, Terracina ou Sperlonga *via* Priverno ou Fondi, avec ensuite une correspondance nécessaire en bus.
Trenitalia *Tél. 89 20 21 www.trenitalia.com*

EN BUS
Cotral La compagnie dessert Sabaudia, Terracina et Sperlonga au départ de la station de métro romaine de Laurentina (ligne B). *Tél. 800 17 44 71 www.cotralspa.it*

EN VOITURE
Nous vous conseillons la Via Appia (S7), bordée de pins parasols sur une bonne partie et qui longe les Castelli Romani, ou alors la via Pontina (S148), plus rapide et qui aboutit directement à Latina, une des portes d'accès au Parc national du Circeo.

orientation

Terracina, bourg balnéaire, a conservé son caractère d'antan. L'axe principal, la via Roma, est le prolongement de l'antique Via Appia jusqu'à la mer. Il sépare le centre-ville (au nord), dédale de ruelles médiévales perché au flanc de la colline, des bords de mer en contrebas aux constructions plus récentes (commerces, port et accès aux plages).

informations touristiques

IAT *Via Leopardi (dans les jardins) Tél. 0773 72 77 59 Ouvert lun.-ven. 9h-13h*

DÉCOUVRIR

Les environs de Terracina

☆ **Les essentiels** Le Parc national du Circeo, le jardin de Ninfa à Sermoneta **Découvrir autrement** Passez une journée sur l'île de Ponza, baignez-vous sur l'une des plages de Sperlonga

☆ Le Parc national du Circeo

Parco Nazionale del Circeo Une des plus belles surprises du Latium : un paysage naturel unique, qui sinue entre lacs côtiers, dunes, forêts et un promontoire qui s'avance dans des eaux cristallines. L'histoire du parc est un peu celle de la province : en 1933, quand les marais sont assainis, personne ne pense à protéger le milieu naturel des flancs du mont Circeo. Un an plus tard, l'idée d'un espace préservé a fait son chemin et le parc est inauguré. Spéculation immobilière et tourisme anarchique ont failli saborder l'identité du site mais, depuis les années 1980, le Circeo a retrouvé sa nature. Agrandi, englobant une forêt domaniale de 3 400ha, quatre lacs côtiers, des dunes et la petite île de Zannone (refuge ornithologique), le Circeo est resté l'une des destinations favorites des Romains. Nombre d'entre eux y possèdent une résidence secondaire ou viennent y passer les week-ends. C'est aussi un lieu de transit pour gagner les îles Pontines (au départ de Terracina et San

Felice Circeo). L'excursion peut se faire en une journée au départ de Rome, mais l'idéal est d'y passer la nuit, pour profiter des nombreux sentiers qui le traversent, des plages et goûter à sa savoureuse cuisine de la mer.
Centro visitatori Ce centre d'informations, qui abrite notamment un musée, constitue un bon point de départ pour découvrir le parc. Vous pouvez y laisser votre voiture et vous procurer la *Carta turistica del Parco Nazionale del Circeo*. Une longue promenade balisée en forêt (*sentieri nella foresta*) invite les amateurs de marche à pied ou de vélo. *Via C. Alberto, 107* ***Sabaudia*** *À 21km à l'ouest de Terracina Tél. 0773 51 13 85 www.parcocirceo.it*

POUR LES ENFANTS Les nombreuses réserves naturelles du parc du Circeo (Cerasella, Riserva naturale della biosfera) raviront les enfants, qui pourront y observer sangliers, daims et toutes sortes d'oiseaux. Quant aux grottes préhistoriques marines et aux vestiges de la villa de Domitien, ils raviront les archéologues en herbe.

San Felice Circeo La route qui sépare Sabaudia et San Felice Circeo longe un paysage singulier de lacs, de marais et de forêts denses qui sont autant de refuges pour une faune variée (anguilles, daurades, renards, sangliers et nombreux oiseaux). San Felice, à l'ombre du Monte Circeo, étire ses maisons élégantes jusqu'au petit port de plaisance. Le centre historique n'a pas grand-chose à revendiquer, mais ses rues sont plaisantes et aboutissent à un belvédère d'où la vue sur la côte s'étend à la fois vers Sabaudia et les lacs et, de l'autre côté, vers Terracina. **Office du tourisme** *Piazza Lanzuisi* ***San Felice Circeo*** *Tél. 0773 52 23 31*

Monte Circeo Vous aurez sans doute remarqué, à San Felice Circeo, les panneaux indiquant la route en lacet qui monte vers le sommet du Circeo (à 542m). Le nom du promontoire rappelle le mythe de Circé, magicienne qui attira Ulysse dans ses filets et qu'il lui fallut amadouer pour s'en libérer. Là-haut, le panorama sur le littoral et sur la plaine est vraiment spectaculaire. Aujourd'hui, le site, protégé, accueille du côté sud un maquis bas et parfumé (genièvre, romarin, myrte...) et, du côté nord-ouest, une forêt plus haute de chênes verts, de chênes-lièges et de charmes, coupée de genêts et de bruyères.

L'arrière-pays

Abbazia di Fossanova En 1135, pour remercier Bernard de Clairvaux, qui l'a soutenu contre l'antipape Anaclet dans sa lutte pour la papauté, Innocent II lui remet une abbaye bénédictine fondée au IXe siècle. Le cadre de Fossanova convient idéalement aux contraintes de la règle observée par les Cisterciens : un site isolé où le dialogue avec Dieu ne serait pas troublé par l'agitation du monde extérieur. Les moines reconstruisent le monastère (1163) et l'église (1208) selon les lignes cisterciennes en vigueur en Bourgogne. Fossanova inspirera toutes les fondations ultérieures dans la péninsule avant de connaître un long déclin dès la fin du Moyen Âge, qui s'achève par le saccage des Français à la fin du XVIIIe siècle. Les remaniements n'y ont rien fait : la sobriété du lieu, ses lignes pures, la force du paysage alentour perdurent et impressionneront fortement ceux qui sont encore imprégnés des ambiances baroques de Rome ou de Naples. À peine une rosace à l'intérieur de l'église, à peine quelques mosaïques sur le tympan du portail... Allez voir le cloître, le réfectoire, la salle capitulaire et aussi la *foresteria*, à l'arrière de l'abbaye, autrefois maison des hôtes et des pèlerins, où les murs d'une cellule exiguë ont vu mourir saint Thomas d'Aquin le 7 mars 1274. Dans les dépendances ont été aménagés des boutiques et, dans l'ancien grenier, le pôle médiéval du Musée archéologique de Priverno. **Accès** *De Terracina, prendre la Via Appia (S7) puis la S109 vers Priverno et suivre les indications Fossanova* **Tél.** *0773 93 90 61 www.abbaziadifossanova.it* **Ouvert** *été : tlj. 7h-12h et 16h-19h30 ; reste de l'année : tlj. 7h-12h et 15h-18h* **Accès** *libre*

Sermoneta Adossé au flanc des monts Lepini, Sermoneta est un petit bijou médiéval, presque un musée grandeur nature qui rompt singulièrement avec le paysage qu'elle domine. Garez votre voiture à l'entrée du bourg et vagabondez à pied au hasard des ruelles : vous croiserez en chemin l'ancienne synagogue, la collégiale romane et son beau campanile et, surtout, le **château des Caetani**, belle forteresse de 1500 encore bien conservée. **Accès** *De Priverno, prendre la S156 en direction de Sezze puis une petite route (dir. Norma) jusqu'à Sermoneta*

☆ **Giardino di Ninfa** Fondée au VIIIe siècle, Ninfa était autrefois une ville prospère. Elle connut son heure de gloire avec la famille Caetani, qui investit les lieux en 1297. Au XIVe siècle, elle fit l'objet de représailles après qu'un des Caetani eut pris parti pour un antipape lors du grand schisme d'Occident. Comme si la punition n'était pas suffisante, la malaria frappa ensuite la cité et poussa ses habitants à fuir. Abandonnée pendant des siècles, cette "Pompéi du Moyen Âge" a été redécouverte par un Caetani en 1921 et assainie ; son parc est désormais protégé. Depuis 1976, une réserve WWF de près de 800ha accueille plus de 150 espèces d'oiseaux. Les vestiges de l'ancienne ville agrémentent le splendide jardin à l'anglaise, l'un des plus beaux d'Europe, rythmé par une rivière et par un lac que retient une digue du XIIIe siècle. **Accès** *En descendant de Sermoneta par une route en lacet qui mène à Norma* **Tél.** *0773 63 22 31 (Rens. et réservation) www.fondazionecaetani.org* **Ouvert** *avr.-nov. : à partir de 9h En général 2 jours par mois (1er sam. et 1er dim. du mois) mais aussi certains jours fériés (se renseigner au préalable !)* **Entrée** *10€ Visites guidées uniquement (toutes les 10 minutes)* **WWF Lazio** *Tél. 06 84 49 72 06*

Le Latium côté nature

PAUSE DÉJEUNER Allez déjeuner (ou dîner) au Ratafià, une très bonne adresse, où vous pourrez déguster une cuisine créative à des prix raisonnables. **Ratafià** *Vicolo Calderoni, 8* ***Casamari*** *Tél. 0776 80 80 33 Ouvert mar.-dim. midi, soir*

Abbazia di Casamari Tout comme sa jumelle de Fossanova, l'abbaye de Casamari a été fondée par des Bénédictins, puis reprise par les Cisterciens en 1140, après l'intervention d'Innocent II, et reconstruite en 1217. Une fois entré dans la cour du monastère (encore habité par une vingtaine de moines), vous découvrirez immédiatement la magnifique façade de l'église et le corps de bâtiment qui la jouxte (une pharmacie ancienne, une bibliothèque, une boutique où l'on trouve des plantes médicinales et la liqueur des moines). L'intérieur de l'église, dépouillé comme il se doit, surprend par la lumière dorée diffusée au travers des hauts vitraux d'albâtre. Sortez et rejoignez le beau cloître à colonnes jumelées, la salle capitulaire, le réfectoire et le jardin. Un musée expose les découvertes des fouilles entreprises dans la région. À 9km, les bras du Liri s'écoulent en deux cascades assez spectaculaires, en plein cœur d'une bourgade agréable, Isola del Liri. *Contrada Veroli Via Maria, 25* ***Accès*** *À moins de 20km de Frosinone (sur la S214, en direction de Sora), elle peut faire l'objet d'une visite en s'écartant à peine de l'autoroute Rome-Naples Tél. 0775 28 23 71 www.abbaziadicasamari.it Ouvert tlj. 9h-12h et 15h-18h Accès libre*

LE LATIUM

Abbazia di Montecassino L'abbaye que l'on voit aujourd'hui a été patiemment reconstruite après les destructions massives de la Seconde Guerre mondiale. Même s'il est difficile de s'y retrouver entre parties authentiques et reconstituées, il faut admettre que le résultat est saisissant de réalisme : une foule d'époques et de styles se mêlent dans cette abbaye insubmersible (cf. encadré). L'abbaye étant un lieu sacré, vous êtes invité à vous couvrir les bras et les jambes (prêt de paréo). ***Accès*** *À 107km au nord-est de Terracina De Cassino, suivre les indications Abbazia di Montecassino Tél. 0776 31 15 29 www.montecassino.it Ouvert été : tlj. 9h-12h30 et 15h30-18h10 ; hiver : tlj. 9h-12h30 et 15h30-17h10 Abbaye Entrée libre Musée 5€ Parking 2€*

Visite Deux **cloîtres** se succèdent à l'entrée. Dans le premier, s'élevait jadis le temple dédié à Apollon, que saint Benoît transforme en oratoire pour les moines. Il y meurt debout, soutenu par des religieux, après avoir reçu l'eucharistie. Le second, ouvert sur un escalier de 45 marches, mène à l'avant-porche du cloître supérieur. Réalisé en 1595, il rappelle le style de Bramante, le plus grand architecte de la Renaissance. Du balcon, l'on jouit d'une vue panoramique sur la vallée du Liri et, à l'horizon, les monts Ausoni. Sur la droite, le cimetière où plus de mille Polonais moururent dans les combats précédant la libération de Cassino, le 18 mai 1944. Au pied de l'escalier : deux statues celle de gauche représente saint Benoît (original de 1735), celle de droite sainte Scholastique (copie). À noter également, en haut de l'escalier, et derrière un troisième cloître, une impressionnante **basilique** de style baroque (XVIIe s.), ornée de plafonds dorés à l'or fin et de marbres de provenances diverses. Une reconstitution fidèle à l'original, car de nombreux éléments ont pu être récupérés dans les décombres. Trois portes de bronze y donnent accès. Celle du centre, la plus intéressante, comporte une série de carreaux aux lettres damasquinées d'argent. Le carreau en bas à droite atteste que les battants furent réalisés à Constantinople en 1066. Les inscriptions qui dressent la liste des églises qui dépendaient de Montecassino, au XIe et XIIe siècle, témoignent de son prestige à l'époque. Le **musée**, installé au fond d'un petit cloître médiéval, rassemble des vestiges de l'abbaye à travers les siècles (restes de dallages, portails, reliures, sculptures, estampes ou esquisses...).

Le long du littoral

Sabaudia De toutes les villes aménagées par le Duce autour des années 1930, Sabaudia est la plus représentative de l'architecture "rationaliste". Inaugurée le 5 août 1933, elle n'a rien renié de ses origines architecturales, et, sur la piazza del Comune, se dresse encore le palais municipal flanqué d'une haute tour qui accueillait autrefois la "Casa del Fascio" (la "maison du Faisceau"). Une plaque rappelle l'histoire du lieu – mais on a pris soin de retirer le médaillon à l'effigie de Mussolini. S'il se peut que vous restiez de marbre devant ces angles droits et ces vestiges d'un autre temps, vous ne serez sans doute pas insensible au site choisi pour la fondation de la ville : à quelques rues du centre, le **lac de Paola**, ourlé d'une épaisse végétation, est le refuge des aigrettes ou des hérons.

Mont-Cassin : une abbaye quatre fois détruite...

En mai 2009, le pape Benoît XVI préside les vêpres devant la communauté monastique du Mont-Cassin et commence l'eucharistie en ces termes : "Il m'est particulièrement agréable de m'arrêter en ce lieu sacré, dans cette abbaye, quatre fois détruite et reconstruite. Montecassino, tel un chêne séculaire planté par saint Benoît, a été 'élagué' par la violence de la guerre, mais il renaît plus vigoureux." Épicentre de la dévotion bénédictine dans le monde, la forte histoire de ce monument fascine. Le monastère, fondé par saint Benoît vers l'an 529, est élevé sur la base d'une fortification romaine du *municipium* de Casinum, sur une montagne où l'on pratiquait encore le culte païen dans un temple dédié à Apollon. Détruit vers l'an 577 par les Lombards, il est reconstruit une première fois au début du VIIIe siècle sur mandat du pape Grégoire II. En 883, les Sarrasins le prennent d'assaut et y mettent à feu. L'activité monastique reprend vie seulement vers la première moitié du Xe siècle. Au XIe siècle, l'abbé Didier, futur pape Victor III, lui insuffle une nouvelle vigueur. L'abbaye retrouve alors toute sa splendeur : elle s'enrichit de manuscrits enluminés, de mosaïques, d'émaux et d'orfèvrerie liturgique de facture orientale ; et s'impose comme un important centre de diffusion du christianisme occidental. Mais en 1349, un violent tremblement de terre détruit l'édifice pour la troisième fois. S'ensuivent alors une série de reconstructions et d'adjonctions, qui lui rendent son lustre d'antan. Enfin, durant la Seconde Guerre mondiale, le 15 février 1944, Montecassino se retrouve sur la ligne de front. Le lieu d'études et de prières est réduit à un tas de ruines en l'espace de trois heures...

CHAUSSURES AU PRIX DE GROS

Ici, on vend des chaussures en cuir de belle facture, au prix de fabrication (à Naples). Un excellent rapport qualité-prix ! Au fond d'une ruelle du centre historique. **D'Anna Calzature** *Via Orticello, 5* ***Sperlonga*** *Tél. 0771 55 70 47*

Au-delà, une longue étendue de sable fin s'étire sur des kilomètres et annonce à l'horizon le promontoire du Circeo. **Accès** *À 27km à l'ouest de Terracina par la S148 puis la route du littoral S601*

Sperlonga Un signe : la population de Sperlonga, riche de 3 600 habitants en hiver, décuple en période estivale. Outre les plages et grottes naturelles (*speluncae*, dont la ville tiendrait son nom) qui s'alignent alentour, le long de la côte tyrrhénienne, la commune recèle un centre historique des plus pittoresques, dressé sur un promontoire au-dessus de la mer. Les petites maisons serrées et blanchies à la chaux lui confèrent un style typiquement méditerranéen, alors que les murs des forteresses médiévales évoquent l'époque des corsaires, quand Sperlonga devait se défendre des invasions de pirates. *À une vingtaine de km à l'est de Terracina par la S213*

Museo Archeologico di Sperlonga Située tout au bord de la mer, cette institution conserve d'importantes collections de sculptures du Ier siècle av. J.-C. Vous pourrez prolonger la visite par la découverte de la grotte de Tibère, qui avait été transformée en nymphée, juste à côté de la villa. *Via Flacca km 16,6 Tél. 0771 54 80 28 Ouvert tlj. 8h30-19h30 Entrée 5€*

Gaeta Cet ancien lieu de villégiature de la haute société romaine de l'Antiquité, relié à Rome par la Via Appia, a conservé tout son charme. Au début du Moyen Âge, après les invasions lombardes, elle passe sous la coupe de l'empire byzantin. Pendant plusieurs siècles, la ville pratique le commerce avec l'Orient et bat sa propre monnaie. Au XIe siècle, la cité entre dans la sphère d'influence du royaume de Naples et des différentes dynasties qui s'y succèdent (Normands, Souabes, Angevins, Aragonais). Sur un promontoire rocheux, surgit la vieille ville et son quartier médiéval. La cathédrale, au style architectural varié (gothique, mauresque, roman et baroque), se repère à son élégant campanile orné de faïences (Xe-XVe s.), qui culmine à 57m de hauteur. Parallèle au bord de mer, ne manquez pas la via Indipendenza, une ruelle piétonne animée et commerçante, pavée de pierres volcaniques. *À 33km à l'est de Terracina par la SS123*

Isola di Ponza Port en demi-cercle regroupant des maisons aux couleurs pastel, profil rocheux, petites plages : la plus grande des **îles Pontines** (722ha) ne manque pas d'endroits enchanteurs et s'avère une agréable excursion à la journée (possibilité d'hébergement, mais assez cher… Consultez les adresses sur www.ponza.com). Vous pouvez choisir de faire le tour de l'île en bus ou en bateau avec un pêcheur (pour décou-

Le Latium médiéval

vrir les grottes maritimes), de vous promener à pied ou à vélo ou encore de lézarder sur le sable fin. **Accès** *Par les ports de Formia, d'Anzio, de Terracina et de San Felice Circeo (du mois d'avril à septembre) Traversée de 15 à 25€* **Linea Caremar** ***Formia*** *Tél. 0771 238 00 (1h20 au départ de Formia)* ***Anzio*** *Tél. 06 98 60 00 83 (1h45 au départ de Anzio)* **Vetor** ***Anzio*** *Tél. 06 984 50 83 (1h10 au départ de Anzio)* **Navigazione libera del golfo** ***Terracina*** *Tél. 081 420 27 90 (50min au départ de Terracina)* **Linea SNAP** ***Terracina*** *Tél. 0773 79 00 55 (1h10 au départ de Terracina)* ***Sperlonga*** *Tél. 0773 79 00 55 (1h10 au départ de Sperlonga)* **Linea Pontina Navigazione** ***San Felice Circeo*** *Tél. 0773 54 41 57* **Informations** *Via Molo Musco* ***San Felice Circeo*** *(sur le port) Tél. 0771 800 31 www.ponza.com*

● **Se balader en bateau** Une promenade en mer pour jouir d'un panorama sans pareil sur les côtes escarpées et les grottes naturelles qui s'étirent de Sperlonga à Gaeta ? Du petit port de Sperlonga, deux compagnies vous proposent des excursions sur de grands zodiacs (5 à 8 pers.), d'une durée d'environ 1h30. Sans doute la formule la plus sympathique pour découvrir les environs. Comptez de 20 à 25€. **Coast to coast** *Tél. 348 763 42 61 www.sperlongaescursioni.it* **Charter Nautico** *Tél. 0771 54 88 02 /347 26 34 222 www.chartersperlonga.it*

● **Profiter de la mer** Au pied du ravissant village médiéval à flanc de colline de Sperlonga, se déroulent quelque 10km de plages, plus ou moins aménagées : Bambole, Capovento, Bazzano, Angolo, Canzatorà, Amyclae... *À une vingtaine de km à l'est de Terracina par la S213*

CARNET D'ADRESSES

Restauration

prix moyens

Bottega Sarra 1932 Un restaurant renommé, bien noté par les guides gastronomiques, très bien situé face au golfe de Terracina. On y vient pour la cuisine de la mer, mais aussi pour quelques spécialités de la campagne qui varient au gré des saisons. *Via S. Francesco, 54* ***Terracina*** *Tél. 0773 70 20 45 Ouvert sept.-juin : mer.-dim. 12h45-15h30 et 19h45-22h30 ; juil.-août : tlj. 19h45-22h30*

Dans les environs

petits prix

Trattoria "Grottino" da Gigino Un restaurant convivial, sans prétention mais agréable. Attention, les quelques tables sont vite prises d'assaut par les habitués qui viennent ici en famille se lécher les doigts en mangeant les langoustines grillées ou la friture de poisson. Ne négligez pas les pâtes, laissez-vous conseiller par les patrons, qui vous feront des *primi* sur mesure selon l'arrivage (asperges et coques, par exemple). Avec le café, si vous êtes chanceux, on vous fera goûter les croquants faits maison, à base d'amandes. *Piazza Vittorio Veneto, 2* ***San Felice Circeo*** *Tél. 0773 54 84 46 Ouvert mer.-lun. midi et soir*

Romolo al Porto Selon les Romains, Anzio, petite station balnéaire située à 65km de la capitale, ne présente pas grand intérêt, mais l'on y mange très bien... Face au charmant *porticello*, d'où partent les bateaux pour les îles

Pontines, ce restaurant de poissons mérite le détour. Luisa y cuisine en famille avec ses deux fils Marco, le chef cuisiner, et Walter, le sommelier. Les assiettes de poissons et crustacés servis façon carpaccio (20€) sont inventives, variées et suivent la pêche du jour. Garder, si possible, une petite place pour les *dolci della casa* aux œufs frais de *mamma* Luisa et *zia* (tante) Franca. *Via del Porto Innocenziano, 19* ***Anzio*** *Tél. 06 984 40 79 Ouvert jeu.-mar. 12h30-15h30 et 19h30-23h Fermé 2 semaines après la Befana (Épiphanie)*

Gli Archi En contrebas de la placette principale du vieux Sperlonga, quelques marches mènent à l'un des restaurants de poisson les plus appréciés de la station balnéaire. L'assiette d'assortiment (*assaggino* 22-24€) vous offrira un bel aperçu de la diversité de cette cuisine typiquement méditerranéenne : salade iodée, cocktail de crevettes, carpaccio de saumon mariné aux agrumes, salade *caesar* de thon... À la belle saison, une petite terrasse est dressée dans une courette fleurie. *Via Ottaviano, 17* ***Sperlonga*** *Tél. 0771 54 83 00 Ouvert fév.-déc. : jeu.-mar. 12h30-15h et 19h-23h*

Mediterraneo Sous les voûtes fraîches d'un ancien dépôt qui servait de refuge aux pêcheurs pour ranger leurs filets et saler les anchois, ce restaurant sert une cuisine dédiée au poisson : *linguine* au pesto de roquette, moules et *pecorino* (9€), *paccheri* (pâtes courtes et cylindriques) aux courgettes et saumon frais relevés d'herbes aromatiques (10€), ou poissons fraîchement pêchés. *Via Bausan, 42* ***Gaeta*** *(face au port, à l'extrême limite du front de mer et au bas de la ville médiévale) Tél. 0771 46 12 12 Ouvert mars-jan. : mer.-lun. 19h30-1h*

Hébergement

Dans les environs

petits prix

B&B Le Ninfee De cette belle maison, entourée de plusieurs hectares d'oliviers et d'arbres fruitiers, on jouit d'une vue panoramique sur l'abbaye de Montecassino. La double du rez-de-chaussée dispose d'une belle salle de bains privée, alors qu'à l'étage une autre double possède une terrasse et une vaste salle de bains, qu'elle partage avec une troisième chambre, qui peut accueillir jusqu'à 5 personnes. La propriétaire prépare également des dîners à la demande (30€ tout compris), copieux et tout simplement délicieux. Piscine. Comptez 70€ la double avec petit déjeuner (60€ avec sdb commune). *Via Carponeto* ***Cassino*** ***Accès*** *De Cassino, suivre les panneaux Le Ninfee Tél. 0776 42 80 83 www.bbleninfee.com Ouvert mai-sept.*

B&B Il Bottone d'Argento Un B&B aménagé avec beaucoup de goût. Des pièces lumineuses, décorées dans des tons pastel, des lits en fer forgé dans

GAMME DE PRIX	RESTAURATION	HÉBERGEMENT
Très petits prix	moins de 15€	moins de 55€
Petits prix	de 15 à 25€	de 55 à 75€
Prix moyens	de 25 à 40€	de 75 à 110€
Prix élevés	de 40 à 60€	de 110 à 160€
Prix très élevés	plus de 60€	plus de 160€

les chambres, une cuisine commune et un grand salon équipé (télé, Internet...). Comptez 100-120€ la double avec petit déjeuner. *Piazza San Carlo* ***Gaeta*** *(2e rue à droite, 18/a) Tél. 0771 47 09 70 www.ilbottonedargento.it*

prix moyens

Florenza Residence À flanc de colline et en plein cœur de la ville, 28 appartements fonctionnels (pour 2 à 6 pers.) : cuisine indépendante pour tous et une superbe vue sur la baie pour la plupart. Location plutôt à la semaine, mais il est possible de n'y dormir qu'une nuit. Comptez entre 135 et 195€ la nuit pour 2 pers. (les prix varient selon les saisons et le nombre de pers.). Intéressant pour les groupes ou les familles. *Via Caio Duilio, 1* ***Sperlonga*** *Tél. 0771 54 82 60 www.florenzaresidence.it*

VITERBE VITERBO

01100

C'est "l'autre cité des papes". Au XIIIe siècle, alors que les querelles entre papes et antipapes divisent l'Occident, Viterbe sert de bastion et joue un rôle majeur dans la péninsule. On la fortifie, on construit des palais, des églises, des places et les papes y sont élus. Leur retour à Rome, en 1281, sonne le début d'un long déclin. Flânez dans le quartier San Pellegrino, comptez les fontaines... Les traces de l'ancienne splendeur ne manquent pas, toutes placées sous le signe du péperin, une pierre volcanique grise et tendre, facile à sculpter. Dans les environs, de bonnes surprises à découvrir, entre curiosités naturelles et fantaisies baroques.

L'ÉTRURIE ROMAINE Le mystérieux sourire étrusque a inondé la Tuscie – ancien nom étrusque de la province de Viterbe – et a laissé de magnifiques témoignages (nécropoles et musées de Tarquinia et Cerveteri). La géographie, elle, a donné quelques rondeurs au paysage : les lacs (Bracciano, Vico et Bolsena), cernés de doux vallons, annoncent déjà la Toscane et l'Ombrie toutes proches.

MODE D'EMPLOI

accès

EN TRAIN

Trenitalia Plusieurs trains par jour au départ de Rome (1h45 de voyage). *Tél. 89 20 21 www.trenitalia.com*

EN CAR

À Rome, la compagnie Cotral dessert Viterbe au départ de la station Saxa Rubra (métro ligne A jusqu'à Flaminio puis *metroferro*).

Cotral La compagnie de cars du Latium. *Tél. 800 17 44 71 www.cotralspa.it*

EN VOITURE

De Rome, rejoindre le GRA (le périphérique) et prendre la via Cassia (S2). Viterbe est à 75km ; comptez un peu plus de 1h de route. Il est aussi possible de prendre l'autoroute A1 (vers Florence, sortie Orte, 85km).

orientation et circulation

Commerces, lieux de visite et d'animation se concentrent principalement dans la cité ancienne, entourée de remparts, dont les portes vous serviront de repères. Le cœur médiéval se situe au sud de l'axe Porta Verita-piazza Martiri d'Ungheria. Si vous êtes en voiture, un conseil : garez-vous piazza della Rocca (Porta Fiorentina), autour de la Porta Murata ou piazza M. d'Ungheria (accès par la Porta Faul) plutôt que de vous engager dans les ruelles étroites.

informations touristiques

Promotuscia *Via Filippo Ascenzi, 4 Tél. 0761 32 59 92 www.promotuscia.it Ouvert été : mar.-dim. 10h-13h et 15h-19h ; hiver : mar.-dim. 10h-13h et 15h-17h*

fêtes et manifestations

San Pellegrino in Fiore Le centre-ville s'anime et s'orne de fleurs. Marchés artisanaux, ventes de produits typiques, expositions… *www.sanpellegrinoinfiore.it Trois jours environ, vers le dernier week-end d'avril (et 1er mai)*
Ludika Fête médiévale dans le quartier de San Pellegrino : chœurs et danses, cracheurs de feu, diseuses de bonne aventure, artisanat, défilés… *www.ludika.it En juin*
Festival Barocco Concerts de musique baroque dans les églises et palais de la ville. *Tél. 0761 29 10 00 En juillet-septembre*
Trasporto della Macchina di Santa Rosa Cent porteurs dirigent à travers la ville plongée dans l'obscurité une tour lumineuse de 30m de haut. *Tél. 0761 34 82 99 Le 3 septembre*

DÉCOUVRIR

☆**Les essentiels** Le palais des Papes, la Villa Lante, les nécropoles de Tarquinia et de Cerveteri **Découvrir autrement** Visitez le parc surréaliste de Bomarzo, faites le tour du lac de Bolsena

Viterbe

Piazza Plebiscito C'est l'une des entrées monumentales dans la vieille ville, qui se prolonge par la via Cavour jusqu'à la piazza della Fontana Grande qui, comme son nom l'indique, est ornée en son centre d'une belle fontaine (XIIIe s.). Le **Palazzo dei Priori**, qui borde la place sur deux côtés, est le siège des institutions municipales depuis les premières années du XVIe siècle. Dans les salles, les magnifiques fresques sont l'œuvre de Baldassare Croce (fin du XVIe s.) En chemin vers la piazza San Lorenzo, jetez un coup d'œil à l'église Santa Maria Nuova et, à sa droite, au cloître lombard, très bel exemple d'art roman (1080).
Palazzo dei Priori *Tél. 0761 34 81 Ouvert lun.-sam. 9h-13h et 15h-18h, dim. 10h-13h et 15h-18h Accès libre*

☆**Palazzo dei Papi** En dépit des nombreux remaniements, cet ensemble de bâtiments est l'un des plus harmonieux de Viterbe. Le palais des papes a été bâti entre 1255 et 1267, à l'époque où Rome devenait un refuge incertain.

L'exil des papes en Avignon et l'abandon définitif de Viterbe se sont soldés par une longue période de décadence. La restauration entreprise au XIXe siècle a rendu ses caractéristiques à l'édifice, marqué par un mélange de lignes romanes et de fantaisie gothique, comme cette loggia qui semble brodée de marbre. Attenant, le **musée Colle del Duomo** présente une collection d'art sacré et de peinture du XIIIe au XVIIIe siècle. *Piazza San Lorenzo, 8/a Tél. 338 136 55 29 www.museocolledelduomo.com Ouvert hiver : mar.-dim. 10h-13h et 15h-18h ; été : mar.-dim. 10h-13h et 15h-20h Entrée 7€ (groupée avec Museo Colle del Duomo)*

Cattedrale di San Lorenzo La façade de la cathédrale a été quelque peu défigurée par les transformations opérées à la Renaissance, mais son campanile lui donne belle allure (style gothique toscan du XIIIe s.). À l'intérieur, vous remarquerez le beau plafond ainsi que les restes du pavement cosmatesque – cf. Glossaire (p.566) – du XIIe siècle. *Piazza San Lorenzo*

☺ **Quartier San Pellegrino** Ce lacis de ruelles qui cernent de beaux palais forme l'un des ensembles médiévaux les plus remarquables d'Italie. La vue de cette alliance d'arcs et de colonnes, de fenêtres en ogive, de décorations subtiles des portails donne l'impression que le temps s'est suspendu, le long de la via San Pellegrino et dans les rues adjacentes.

● Où boire un verre ?

Gran Caffè Schenardi L'un des plus anciens cafés de Viterbe (1818), aux airs de vieux salon de thé. N'hésitez pas à prendre un *espresso* dans la vaste salle, d'un grand classicisme avec son comptoir et ses miroirs dorés. *Corso Italia, 11/13 Tél. 0761 34 58 60 Ouvert tlj. midi, soir*

Les environs de Viterbe

Santuario della Madonna della Quercia La façade Renaissance de cette église austère ne laisse en rien deviner le très beau cloître du XVe siècle qu'elle recèle. Ce sanctuaire rendait grâce à la Vierge, apparue près d'un chêne (*quercia*). Dans la sacristie est conservée une collection d'ex-voto du XVIIe siècle. *À 2km de la Porta Fiorentina (au nord de Viterbe) Tél. 0761 30 34 30 Ouvert tlj. été 8h30-19h hiver 6h30-12h et 15h30-18h Accès libre*

☆ **Villa Lante** Toute l'exubérance de la Renaissance mise au service de la fantaisie du cardinal Gambara ! À voir ces jardins, on se dit que le prélat devait être un sacré farceur, doublé d'un rêveur sans limites. Imaginez deux pavillons jumeaux séparés par une cascade de buissons taillés à l'italienne, des jets d'eau, des fontaines... Gravissez toutes les terrasses : la vue n'est jamais la même. Si, au premier niveau, la nature semble domestiquée par l'homme, plus on monte, plus les figures des fontaines se font étranges, plus la végétation se libère et se déchaîne. Par ailleurs, Gambara avait conçu toute une série de "plaisanteries" aquatiques : par exemple, vous êtes assis au soleil sur un banc et vous vous faites arroser par une pluie inopinée, actionnée par les gardiens – qui ont désormais pris le relais du cardinal pour les farces... S'il n'y a pas beaucoup de monde, profitez-en pour vous faire guider par ces derniers. ***Bagnaia*** *À 5km de Viterbe sur la S204 Tél. 0761 28 80 08 Ouvert mars-mi-avr., mi-sept.-oct. : mar.-dim. 8h30-17h30 ; nov.-fév. : mar.-dim. 8h30-16h30 ; mi-avr.-mi-sept. : mar.-dim. 8h30-19h30 Entrée 5€*

Sacro Bosco di Bomarzo Si vous avez été séduit par la Villa Lante, il y a de fortes chances pour que vous aimiez aussi ce parc surréaliste (rendu célèbre, à juste titre, par Dalí). Adossé à une petite bourgade tranquille, le jardin du duc Vicino Orsini (1523-1584) est hanté de figures bizarres, de visages grotesques, d'animaux fantastiques. ***Località Giardino*** *Prendre la superstrada en direction de l'A1, vers Orte ; à 13km, bifurcation vers Bomarzo. Tél. 0761 92 40 29 Ouvert été : tlj. 8h30-19h ; hiver : tlj. 8h30-coucher du soleil (1h avant) Entrée 10€*

Lago di Bolsena La balade en voiture autour du lac, le cinquième d'Italie par sa taille mais le plus grand d'origine volcanique d'Europe, vaut vraiment la peine. L'itinéraire dessine une boucle de 80km environ au départ de Viterbe. Faites une halte à **Bolsena**, garez-vous à l'entrée ou au sommet du bourg médiéval et parcourez à pied les rues qui serpentent autour du palais en surplomb du lac. Pénétrez dans la basilique consacrée à sainte Christine, martyre chrétienne du IVe siècle, morte noyée dans les eaux du lac. **Capodimonte** et son château imposant sont aussi aux premières loges pour le panorama sur les eaux noires. D'ici, on distingue parfaitement les deux îlots, aujourd'hui propriétés privées, autrefois résidence des papes (Bisentina et Martana). À **Montefiascone**, les amateurs de vin goûteront l'Est ! Est ! Est !, dont la réputation n'est plus à faire (cf. encadré). Enfin, les bords du lac, plus ou moins aménagés, peuvent être l'occasion d'une sieste, d'un pique-nique, d'une baignade, d'une partie de pêche ou encore d'une promenade à cheval.

EST ! EST ! EST !
Le prestige de ce fameux vin de **Montefiascone**, au goût sec et équilibré, remonte au XIIe siècle, lorsqu'un archevêque charge son échanson de sélectionner les vins des meilleures caves pour l'empereur Henri V. Les portes des bonnes tavernes sont marquées du signe "Est !" et, à Montefiascone, l'échanson découvre un vin si exquis qu'il s'emballe et répète trois fois la formule !

Civita di Bagnoregio De Bolsena, en vous éloignant à peine de la via Cassia (S2), rejoignez **Bagnoregio** par des routes de campagne agréables et suivez la direction de Civita, "*il paese che muore*" ("le village qui meurt"). Et dire qu'autrefois les deux bourgs ne faisaient qu'un, situé stratégiquement entre la via Cassia et la via Flaminia, constituant un solide camp militaire et, au Moyen Âge, un centre administratif et religieux florissant. Puis, au XVIIe siècle, l'abandon et le déclin : inutile d'être géologue pour comprendre ce qui se joue sous nos yeux quand, du haut du belvédère de Bagnoregio, le regard tombe dans le vide, arrêté seulement par cette dent rocheuse, rongée de toute part. Civita n'est reliée à la nouvelle ville, Bagnoregio, que par un cordon ombilical de quelques dizaines de mètres, un pont piétonnier à l'histoire chaotique. Une couche de tuf volcanique friable, un socle argileux instable, quelques secousses telluriques, tels sont les ingrédients qui consument à petit feu Civita. L'antique place forte est en voie de réhabilitation grâce à l'activité de quelques irréductibles. Le palais communal a été transformé en trattoria rustique, quelques caves en bars à vins. *À environ 10km de Bolsena*

Tuscania À 25km à l'ouest de Viterbe, s'accroche une autre cité médiévale, surtout connue pour ses deux magnifiques églises romanes, mais aussi parce que le col sur lequel elle est bâtie, San Pietro, est depuis des temps immémoriaux un refuge pour l'homme. Les nombreuses nécropoles étrusques mises au jour ont apporté la preuve de ces implantations. En venant de Viterbe, vous trouverez d'abord la **basilique San Pietro** (juste avant l'entrée du bourg), l'un des édifices les mieux conservés du haut Moyen Âge (VIIIe s.). Les remaniements des XIe et XIIIe siècles et les aléas de l'Histoire n'ont pas eu raison de sa sobre splendeur, préservant encore les chapiteaux médiévaux sur ses colonnes, son pavement cosmatesque – cf. Glossaire (p.566) – et une crypte du XIe siècle. Le centre historique ne manque pas d'intérêt, même si la restauration entreprise après les dégâts du tremblement de terre de 1971 l'a quelque peu "muséifié". Les nécropoles de **Vulci**, ancienne capitale étrusque, situées à une trentaine de kilomètres, sont difficilement accessibles.

Santa Maria Maggiore Sur la route vers le centre de Tuscania, cette église, contemporaine de Saint-Pierre, renferme de magnifiques fonts baptismaux octogonaux (XIIIe s.) et des fresques de la même époque dans l'abside. *Ouvert tlj. 9h-13h30 et 15h30-18h30*

Museo Archeologico di Tuscania Il expose les découvertes issues des fouilles effectuées dans la région, mais il sera peut-être plus intéressant d'aller directement à Tarquinia (musée et nécropole) ou à Cerveteri (nécropole). *Piazza Madonna del Riposo Tél. 0761 43 62 09 Ouvert mar.-dim. 8h30-19h30 Entrée libre*

Le Latium antique

Musées

Sites

Profiter de sources thermales

Bagnaccio À 3km au nord-ouest de Viterbe, des eaux thermales surgissent autour de Bulicame (suivre "Parco Bulicame" sur la strada Bagni). La légende veut qu'à cet endroit Hercule ait montré sa force en enfonçant un pieu de fer que personne n'a été capable de retirer... excepté lui-même. Un jet d'eau bouillante jaillit alors des profondeurs ! De ces époques lointaines ne demeurent que quelques vestiges, mais les propriétés thérapeutiques de ces eaux, toujours aussi reputées (notamment contre l'arthrose et les rhumatismes), sont exploitées par plusieurs établissements. Vous pouvez aussi rechercher d'autres sources thermales, nichées dans des cavités naturelles d'argile accessibles librement. *Prendre la S2 puis à gauche la route pour Marta, strada Martana, continuer sur 800m et prendre le chemin de terre à gauche* **Piscina Carletti** *Prendre la strada Tuscanese sur 3km puis, à la bifurcation, la strada Bagni* **Masse di San Sisto** *À la sortie "Viterbe Sud" de la superstrada*

Se détendre au bord d'un lac

Lago di Martignano Outre la simple baignade – accès à la plage 5€/pers. en sem. et 7€ le week-end, gratuit pour les clients de l'*agriturismo* Casale di Martignano (p.211) –, vous pouvez pratiquer de nombreuses activités sur le lac et dans le parc naturel régional qui l'entoure. L'été, le cercle sportif ALFA loue des canoës, des kayaks (6€/h), des pédalos (8€/h) ; les enfants peuvent s'initier à la voile. Enfin, les petits curieux pourront visiter une ferme didactique afin de mieux connaître les travaux des champs et les animaux de la basse-cour.

Au sud de Viterbe

Caprarola À 520 mètres d'altitude, sur la route du lac de Vico, Caprarola est disposée en gradins le long de la rue centrale, la via Nicolai, qui la divise en deux bourgs, Sardegna et Corsica. *À 21km au sud de Viterbe*

Palazzo Farnese En haut de la rue Nicolai, le palais Farnese, joyau du village et de l'architecture Renaissance, domine la ville de toute son élégance. Si l'imposante bâtisse, construite sur les fondations d'une forteresse, épouse une forme pentagonale, l'intérieur est agencé autour d'une cour circulaire, puits de lumière pour les pièces qui s'ordonnent autour d'elle. Des cinq étages (et des 300 salles) qui composent la demeure, le visiteur n'accède (toujours accompagné d'un guide) qu'au plus prestigieux, le *piano nobile*, habité en son temps par le cardinal Alessandro Farnese, qui achète les terres de Caprarola en 1505 et fait construire le palais d'après les dessins de Vignola. En haut d'un bel escalier hélicoïdal (la Scala Regia) dessiné par l'architecte Vignola et soutenu par 30 colonnes, 13 pièces caractéristiques de la fin de la Renaissance témoignent du raffinement de l'art du XVIe siècle. Plusieurs salles recèlent des stucs et des peintures dues à Taddeo Zuccari (dont la prestigieuse Sala dei Fasti Farnesiani) et à son frère Federico, qui prend la relève entre 1566 et 1569. La visite s'achève dans la Sala del Mappamondo aux décorations géométriques, dédiée à l'astronomie et à la géographie. N'oubliez pas les beaux jardins, aménagés en 1573, selon des plans de Vignola. *Piazzale Farnese Tél. 0761 64 60 52 www.caprarola.org Ouvert lun.-ven. 8h30-18h30 une visite guidée chaque 30min (durée 1h), sam.-dim. horaire libre (en été à 10h, 12h, 15h et 17h) Entrée 5€*

Calcata Le petit bourg, perché sur un plateau rocheux, domine la vallée boisée du Treja. On rejoint le centre historique, entièrement piéton, en passant sous une porte monumentale, surmontée des murs crénelés du palais baronnial des Anguillara. Les ruelles, impasses et petites cours intérieures qui environnent la place centrale du village lui confèrent un charme fou. Renforcé par la présence d'artistes, parfois étrangers, et des petits magasins d'artisanat qu'ils animent. *À 50km au sud de Viterbe et à 24km du lac de Martignano*

☆ **Tarquinia** Si le nom vous dit quelque chose, c'est peut-être à cause de Marguerite Duras. *Les Chevaux ailés*, exposés au Musée archéologique, ont donné leur nom à l'un de ses romans, *Les Petits Chevaux de Tarquinia*, publié en 1953. Tarquinia est aujourd'hui la cité étrusque par excellence, à 45km de Viterbe et 95km de Rome. Pour avoir une mince idée de ce qu'a été la civilisation au mystérieux sourire apaisé, arrêtez-vous ici. Comptez un après-midi au moins (ou une bonne matinée) pour visiter le **musée** et vous rendre ensuite à la **nécropole étrusque**, appelée "l'Area del Calvario".
Museo Nazionale Tarquiniese Une des plus belles collections étrusques en dehors du musée de la Villa Giulia de Rome, installée dans le Palazzo Vitelleschi (XVe s.). Outre les célèbres chevaux de terre cuite, on y trouve des poteries qui attestent les liens étroits entre les Étrusques et les Grecs, des sarcophages, des sculptures, des tombes reconstituées... *Piazza Cavour Tél. 0766 85 60 36 www.tarquinia.net Ouvert mar.-dim. 8h30-19h30 Entrée 6€ (8€ avec la nécropole)*
Necropoli Etrusca Si les tombes ne sont pas toutes accessibles, les 14 qui sont ouvertes sont somptueuses, couvertes de fresques aux couleurs vives ressemblant à des tapisseries, représentant des scènes de banquet, de chasse, des courses de chevaux... Du haut du plateau, vers la tombe n°3, vous aurez une vue superbe sur la plaine alentour. *À 2km de Tarquinia Tél. 0766 85 63 08 Ouvert mar.-dim. 8h30 -1h avant le coucher du soleil Entrée 6€ (8€ avec le musée)*

☆ **Cerveteri** Cerveteri et sa nécropole (distante de 1km) comptent parmi les sites archéologiques étrusques les plus spectaculaires d'Italie. Si les tombes de Tarquinia sont certes plus "artistiques", à Cerveteri le site est très émouvant, à l'abri des pins. C'est une véritable "cité des morts", avec ses rues, ses places et ses tombes allant du VIIe au IIIe siècle av. J.-C. *Piazza della Necropoli À 90km de Viterbe (et à 50km de Rome) Tél. 06 994 00 01 Ouvert mar.-dim. 8h30-1h avant le coucher du soleil Entrée 6€ (nécropole + musée 8€)*

CARNET D'ADRESSES

Restauration

Malgré sa proximité avec Rome, le nord du Latium conserve des traditions gastronomiques bien ancrées. *Minestre* de toutes sortes (soupes aux haricots secs, aux pois chiches et châtaignes, aux fèves...), pâtes fraîches, lapin chasseur, champignons avec la polenta ou les viandes en ragoût, des fromages de brebis et de la charcuterie... À cette cuisine rustique fait écho un large éventail de vins...

prix moyens

Enoteca La Torre Pas moins de 1 500 étiquettes, 100 liqueurs et une soixantaine de vins au verre ! La cuisine n'est là que pour rehausser le plaisir de découvrir ces nectars. Menu 5 plats 65 €, 7 plats 80 €. *Via La Torre, 5* ***Viterbe*** *Tél. 0761 22 64 67 www.enotecalatorrevt.com Ouvert lun. et jeu.-sam. 12h30-14h30 et 19h30-22h30, dim. 12h30-14h30 Fermé 2 sem. en août*

LE LATIUM

La Zaffera Un menu dégustation intéressant (mais il faut avoir faim) dans un des meilleurs restaurants de la ville, installé dans un monastère du XVe siècle. *Piazza San Carluccio, 7* **Viterbe** *Tél. 0761 34 27 14 www.zaffera.it Ouvert mar.-dim. matin 12h-15h et 19h-23h*

Dans les environs

petits prix

Trattoria Da Picchietto Dans la vieille ville, une très bonne adresse pour goûter les célèbres anguilles du lac. En saison, des tables sont dressées dans une arrière-cour très agréable, ouverte sur des *palazzi* d'un autre âge. *Via Porta Fiorentina, 15* **Bolsena** *(env. 35km au nord de Viterbe) Tél. 0761 79 91 58 www.ristorantepicchiettobolsena.com Ouvert mar.-dim. 12h30-14h30 et 19h-22h Fermé 8 jan.-8 fév. et une sem. en sept.*

A Casa di Claudio Avant l'entrée dans la vieille ville, sur la droite, ce restaurant aménagé sur deux niveaux, est prolongé d'une terrasse qui jouit d'une vue spectaculaire sur la vallée. Parmi les *primi*, ne manquez pas les *fettuccine alla Falissa*, des *fettuccine* aux saucisses revenues dans du vin blanc, sauce aux champignons et aux tomates légèrement pimentées, le tout sauté avec du *pecorino romano* (9€), et parmi les *secondi*, l'*arista di maiale tartufata* (11€), un rôti de porc revenu dans du vin blanc et parfumé à la truffe. *Via degli Americani, 7* **Calcata** *Tél. 0761 58 74 01 Ouvert ven.-dim. 12h30-16h et 19h-0h Fermé 2 dernières semaines de jan.*

Hébergement

Ne comptez pas sur une hôtellerie de charme bon marché. À proximité, plusieurs centres thermaux ont bénéficié de l'implantation d'hôtels de luxe mais, en plein centre, il y a peu d'adresses.

petits prix

Casa per ferie Il Villino C'est l'accueil attentionné et souriant des quatre sœurs qui rend ce bâtiment neuf et sans caractère, situé hors des remparts de la ville (Porta Verità), absolument charmant. Pendant la période scolaire, quelques étudiantes de l'université de Viterbe y sont hébergées. Les 15 chambres, impeccablement tenues et toutes dotées d'une salle de bains, ne sont pas réservées aux jeunes filles, mais bien sûr les couples dormiront dans deux lits séparés. Très tolérantes sur le couvre-feu, les sœurs vous donnent même une clé de l'entrée si vous le demandez. Comptez 35€/pers. avec petit déjeuner. *Viale IV Novembre, 25* **Viterbe** *Tél. 07 61 34 19 00 www.ilvillinodiviterbo.it*

B&B Casa Re.Ale Le B&B occupe un palais du XVIe siècle du centre historique. Entièrement rénové en style Renaissance, il abrite une chambre douillette, un salon et dispose d'une

GAMME DE PRIX	RESTAURATION	HÉBERGEMENT
Très petits prix	moins de 15€	moins de 55€
Petits prix	de 15 à 25€	de 55 à 75€
Prix moyens	de 25 à 40€	de 75 à 110€
Prix élevés	de 40 à 60€	de 110 à 160€
Prix très élevés	plus de 60€	plus de 160€

LE LATIUM

belle terrasse sur le toit. Pensez à réserver un peu à l'avance. Comptez 70€ la double avec petit déjeuner. *Via dell'Orologio Vecchio, 35 Tél. 0761 34 02 43 www.bbcasareale.it*

Dans les environs

petits prix

B&B I Castagni Country House Si vous recherchez le calme et la tranquillité, ce B&B devrait répondre à vos attentes. Cette belle maison de campagne, entourée de 2 hectares de terrain fleuri planté d'oliviers, de châtaigniers et autres fruitiers, arbore un décor rustique et dispose également d'une piscine en contrebas. Le petit déjeuner se prend face au jardin, sous une pergola. Comptez 70€ la double avec petit déjeuner. *Strada Regagni, 6* ***Capranica*** *(à 14km de Caprarola) Tél. 0761 66 01 17 www.icastagni.com*

prix moyens

Il Casale di Martignano Au bord du lac de Martignano et au cœur du Parc naturel régional de Bracciano-Martignano, cet *agriturismo* propose de nombreuses activités (petite plage privée), idéales pour les familles cf. Se détendre au bord d'un lac (p.208). Comptez 80€ pour 2 pers., 120€ pour 4 pers. et 400€/2 pers. à la semaine. Le restaurant sert de bons plats traditionnels cuisinés avec les produits du jardin (ouvert 15 sept.-15 juin : sam. midi et soir, dim. midi ; 15 juin-15 sept. : mar.-ven. le soir et sam.-dim. midi et soir). Les propriétaires vendent également des produits de la région. **Accès** *À env. 25km de Rome, suivre la via Cassia bis et prendre la sortie Campagnano-Valle del Baccano, un chemin caillouteux conduit ensuite au lac ; de Viterbe, suivre la via Cassia bis en dir. de Rome, sortie Valle del Baccano Tél. 06 99 80 20 04 www.martignano.com*

La via Krupp (p.289), Capri.

GEOREGION

V

LA CAMPANIE

LAZIO
MOLISE
Campitello Matese
BOCCA DELLA SELVA 1 277 M
Pietraroia
Piedimonte Matese
Cusano Mutri
Pontelandolfo
Alife
Cerreto Sannita
Torrepalazzo
Dragoni
Telese Terme
Torrecuso
Camerelle
Sessa Aurunca
Caiazzo
Benevento
Avezzano
Carano
Sant' Angelo in Formis
VIA APPIA
Caserta
S. Agata dei Goti
S. Leucio del Sannio
San Leucio
Capua
Caserta Vecchia
Montesarchio
S. Maria Capua Vetere
Maddaloni
VOLTURNO
GOLFO DI GAETA
Castel Volturno
Aversa
Pomigliano d'A.
Nola
Avellino
Marano-di-Napoli
CAMPI FLEGREI
Napoli
VESUVIO 1 158 M
SOLFATARE
Agnano
Herculanum
Pompei
Cuma
Baia
Pozzuoli
Bacoli
Torre d. Greco
Scafati
Nocera
Torre Annunziata
Stabiæ
Cava de' Tirreni
PORTO VECCHIO
PALAU
Casamicciola Terme
ISOLA DI PROCIDA
Procida
Castellammare di Stabia
Gragnano
Vietri sul Mare
Cetara
Ravello
Forio
Ischia
MONTI LATTARI
ISOLA D'ISCHIA
Sant'Angelo
GOLFO DI NAPOLI
Sorrento
Positano
Amalfi
Sant'Agata s. Due Golfi
COSTIERA AMALFITANA
Anacapri
Capri
plan 19
CAGLIARI
I. STROMBOLI
PALERMO
ISOLA DI CAPRI
N
20 km
MER TYRRHÉNIENNE
ROMA
GARIGLIANO
Roma
L'Aquila
Bari
Napoli
Matera
Cosenza
Reggio

LA CAMPANIE

Les Pouilles
PUGLIA
La Basilicate
BASILICATA
CAMPANIA
Salerno
Potenza
Paestum
S. Bartolomeo in Galdo
Cerignola
BARI
FOGGIA
Ariano Irpino
Lavello
OFANTO
Vallata
M. VULTURE 1 326 M
S. Giorgio d. Sannio
Rionero in Vulture
Taurasi
Sant'Angelo dei Lombardi
Lapio
Lioni
Nusco
Sorbo Serpico
PSO DI CROCELLE
METAPONTO
Pontecagnano
Eboli
Battipaglia
GROTTE DI PERTOSA
M. ALBURNO 1 742 M
Polla
Marsico Nuovo
MONTE VOLTURINO 1 836 M
GOLFO DI SALERNO
Roccadaspide
Roscigno Vecchio
Capaccio Scalo
Certosa di San Lorenzo
Padula
PARCO NAZIONALE DEL CILENTO
Agropoli
Castellabate
Vallo d. Lucania
PUNTA LICOSA
Agnone
San Mauro Cilento
Ogliastro Marina
Acciaroli
Velia
Futani
LAGONEGRO, MARATEA, COSENZA, REGGIO
Sapri
Palinuro
GOLFO DI POLICASTRO
PUNTA DEGLI INFRESCHI
Marina di Camerota

LA CAMPANIE

★ NAPLES NAPOLI 80100

Sans jamais verser dans le passéisme, Naples s'est tournée délibérément vers son histoire. Depuis une quinzaine d'années, elle valorise son identité, sa gouaille et son peuple qui faisait auparavant presque honte aux affairistes du Nord. Affranchie, la ville a littéralement explosé. Elle affiche avec orgueil son appartenance à une civilisation méditerranéenne pluriséculaire, riche d'une variété de cultures et d'ascendances, des Grecs aux Bourbons. Des hommes et des femmes de bonne volonté ont retroussé leurs manches pour faire face à l'innommable saccage du paysage depuis l'après-guerre. Aucune éruption volcanique, aucun séisme n'avait jusque-là eu raison de la beauté du golfe. Dans une ville caractérisée de tout temps par la surpopulation, la spéculation immobilière s'était déversée telle une pieuvre de ciment. On a aussi dit de Rome, citant Fellini, qu'elle était "bonne mère", qu'elle vous prenait quand vous en aviez besoin et vous laissait partir quand l'heure était venue. Naples n'est pas bonne mère. Elle vous bouscule et vous secoue, elle vous prend à partie. Elle est susceptible et fière, et ne vous lâche plus.

LA RENAISSANCE DE LA VILLE Ville où rien ne fonctionne, où l'administration est corrompue, ville mafieuse, ville dangereuse, ville insalubre... Depuis l'opération *Mani Pulite* ("mains propres") et l'action du président de région Antonio Bassolino (maire de 1993 à 2000), qui ont su redonner confiance aux concitoyens, les idées reçues qui caractérisaient Naples sont en partie tombées en lambeaux. Aujourd'hui, on a le sentiment d'un immense chantier, notamment dans le centre historique. Échafaudages, machines, grues sont les signes d'une renaissance qui passe d'abord par la consolidation de ses racines. Il ne s'agit pas de rebâtir une autre Naples, mais de préserver celle qui a fait concurrence en d'autres temps à Londres ou à Paris (Naples était la troisième ville européenne en 1850), de faire en sorte que ses habitants la redécouvrent, enorgueillis par une beauté qui n'est plus seulement un mythe.

NAPOLETANITÀ La magie de Naples tient aussi et surtout à cette alliance, inédite ailleurs en Italie, entre la ville et ses habitants. On peut découvrir Rome ou Florence en faisant presque abstraction des Romains ou des Florentins ; c'est impossible à Naples (ou bien il vous manquera une clé essentielle). Pour apprécier le baroque napolitain et le comprendre, il faut l'associer à la ferveur religieuse de ses résidants, une croyance exubérante et renouvelée qui défie les catastrophes naturelles et se nourrit de superstitions morbides. On a dit de Rome que ses habitants étaient devenus presque indifférents à la beauté qui les entourait, comme pour se défendre d'une histoire écrasante. Les Napolitains ne peuvent pas se défaire de leur ville, ils sont en communion constante avec le paysage qui l'entoure, avec ses murs, ses sous-sols, les reliques de ses saints patrons.

Même dans les quartiers les plus populaires, transpire une conscience autoproclamée de la dignité, de ce que veut dire "être du Sud", être pauvre mais s'en sortir, être l'héritier d'une culture qui fait fi des nouvelles lois.

UNE TRADITION GASTRONOMIQUE Si l'idée que la cuisine d'une ville ou d'une région en dit beaucoup sur son histoire, c'est particulièrement vrai à Naples. Ancienne capitale d'un royaume, centre culturel foisonnant, Naples se heurte à une infinie variété de contrastes qui se traduisent surtout dans sa cuisine, mélange de recettes pauvres et de savoir-faire nobles, de produits du terroir et de traditions importées. L'une des conséquences massives et universelles de cette réussite est l'exportation, jusqu'aux horizons les plus lointains, des spaghettis (ou, pour être précis, dans le dialecte napolitain, des **maccheroni**) et de la pizza. Les sauces peuvent paraître simples, mais la qualité des produits locaux est telle qu'elles prennent ici une tournure exceptionnelle. Oubliés, les condiments sophistiqués et les recettes fantaisistes : les Napolitains n'ont cure de renouveler les saveurs ni de troquer les vieux classiques d'antan pour une nouvelle cuisine qui ne les rassasiera pas et les laissera nostalgiques des plats préparés par leur mère et leur grand-mère. Naître napolitain, c'est aimer manger. Cette évidence se double d'une autre, tout aussi prégnante : aimer manger, certes, mais vanter la cuisine napolitaine plus que toute autre au monde. Cette religion du *cibo* (la nourriture) gagne tous les quartiers, des ruelles sombres de Spaccanapoli aux hauteurs panoramiques du Vomero. Un conseil toutefois, pour dénicher un bon restaurant parmi toutes les *trattorie* et pizzerias que vous croiserez : ne vous fiez pas aux nappes blanches ni aux verres à pied. La plupart du temps, le manque d'investissement dans le cadre est compensé par une extrême générosité dans la confection des plats. Une bonne méthode consiste à demander conseil aux Napolitains, sans aucun doute les meilleurs experts en la matière.

MODE D'EMPLOI

accès

EN AVION

L'aéroport est à 7km du centre-ville, dans le quartier de Capodichino. Deux compagnies d'autobus desservent la ville. Achetez l'Artecard (p.220) ou un billet aux kiosques de l'aéroport.

Aeroporto di Capodichino (plan 10, B1) *Tél. 081 789 61 11 www.gesac.it*

ANM/Azienda Napoletana Mobilità Une ligne de bus (182) dessert la piazza

Tableau kilométrique

	Naples	Caserte	Pompéi	Sorrente	Amalfi
Caserte	35				
Pompéi	25	50			
Sorrente	48	74	27		
Amalfi	70	96	46	32	
Paestum	100	48	76	103	71

Garibaldi : gare centrale (plan 12, C2). Achat du billet au kiosque à journaux au prix de 1,20€. *www.anm.it Tlj. 5h30-0h puis service de bus de nuit*

Alibus Ce bus rapide dessert la gare ferroviaire (piazza Garibaldi) et la gare maritime (piazza Municipio). Départs toutes les 30min de 6h30 à 23h30. Achat du billet à bord (3€).

Taxi Comptez environ 30€ jusqu'à la piazza Municipio ; veillez à ce que le taximètre fonctionne. *À la sortie du terminal*

EN TRAIN

La Stazione Garibaldi, gare de Naples, se trouve à l'est, en bordure de la vieille ville. Elle est desservie par des trains rapides (Eurostar) en provenance des grandes villes du Nord et du Sud (Milan, Turin, Venise, Florence, Rome, Bari, Reggio Calabria). Pour gagner le centre-ville, prenez le métro (ligne 2) ou un taxi. Si vous voyagez léger et que votre hôtel est dans le centre historique, sachez qu'il vous faudra une petite demi-heure à pied pour gagner la piazza Dante.

Stazione Garibaldi (plan 12, C2) *Tél. 89 20 21 www.trenitalia.com*

EN CAR

La plupart des bus "longue distance" partent et arrivent piazza Garibaldi.

Sita (plan 12, B4) Cette compagnie assure des liaisons entre Naples et les villes de la région, ainsi que vers certaines grandes villes d'Italie du Nord et du Sud (Florence, Bari). *Porto Immacolatella (à proximité du Molo Beverello) Tél. 089 40 51 45 www.sitasudtrasporti.it*

EN VOITURE

Comptez 10h de Milan (780km) par l'autoroute A1, 2h30 de Rome (217km) par la même autoroute, 5h environ de Reggio di Calabria (470km) par l'A3, mal entretenue mais quasiment gratuite. De Bari, comptez 2h30 (270km) par l'A16 et l'A14. Composez le 840 04 21 21 pour des informations sur le trafic national (appel gratuit).

orientation

Seuls les belvédères permettent d'embrasser toute la ville du regard car, dans certains quartiers de Naples, les rues sont si étroites et les *palazzi* si hauts qu'il est difficile d'apercevoir les coupoles d'églises ou les places qui pourraient servir de points de repère. Pour vous orienter : sachez que la ville est pratiquement coupée en deux par la **via Toledo** avec, côté est, le centre historique, *"Napoli antica"* comme l'appellent les Napolitains, et, côté ouest, les quartiers espagnols, la colline du Vomero et, en bordure de mer, les quartiers de Chiaia, Mergellina et Posillipo. Dans le lacis de ruelles de la vieille ville, la manière la plus simple de se repérer est d'avoir en tête les *decumani* parallèles (majeur, inférieur et supérieur), où l'on retrouve les principaux monuments de la ville.

LES QUARTIERS

Le centre historique (plan 12) Le "ventre" de Naples, c'est une mosaïque d'églises et de palais à l'air décadent, posée sur les axes principaux de la ville antique.

Du Musée archéologique à la Sanità (plan 12) Au nord de la piazza Cavour, dominée par le Musée archéologique, s'étend la Sanità, l'un des quartiers les plus pauvres et les plus insolites.

Le centre monumental et les quartiers espagnols (plans 12-13) La via Toledo sépare les ruelles des quartiers espagnols du prestigieux triangle palais royal, piazza del Plebiscito, théâtre San Carlo.

La colline du Vomero (plan 13) Un quartier résidentiel, au sommet d'une

Plan 10 Naples, agglomération

colline, dominé par le complexe de la chartreuse de San Martino.

Le *lungomare* (plan 13) Plusieurs quartiers chics longent le front de mer de Naples : Santa Lucia, Chiaia, Mergellina et Posillipo.

Capodimonte (plan 10) La résidence des Bourbons est le centre de ce quartier bâti à flanc de colline, aux limites de la banlieue de Naples.

informations touristiques

Il y a plusieurs antennes touristiques en ville, mais l'essentiel de l'information que l'on vous fournira est rassemblé dans ***Qui Napoli***, un mensuel gratuit disponible dans les offices de tourisme ainsi que dans les hôtels, certains restaurants ou bars... Vous y trouverez la liste actualisée des associations effectuant des visites guidées (par exemple une visite du quartier populaire de la Sanità ou une visite du golfe par la mer en minicroisière).

Azienda Autonoma di Soggiorno, Cura e Turismo *Tél. 081 252 57 20 www.inaples.it* **Ufficio San Carlo (plan 12, A3)** *Piazza del Gesù Nuovo Tél. 081 551 27 01 Ouvert lun.-sam. 9h-19h, dim. 9h-14h* **Ufficio Gesù Nuovo (plan 13, C3)** *Via San Carlo, 9 Tél. 081 40 23 94 Ouvert sept.-juin : 9h-17h30*

Osservatorio Turistico Culturale (plan 13, C3) Le bureau touristique de la mairie réserve un accueil efficace et très chaleureux. *Piazza del Plebiscito, 12 (sous la colonnade) Tél. 081 795 61 61*

LA CAMPANIE

www.comune.napoli.it Ouvert lun.-ven. 9h-19h (août 9h-15h40) et sam. dim. en période de fête
EPT (plan 13, C3) *Piazza dei Martiri, 58 Tél. 081 410 72 11 www.eptnapoli.info Ouvert lun.-ven. 9h-15h30* **Ufficio Stazione Centrale (plan 12, C2)** *Tél. 081 26 87 79 Ouvert lun.-ven. 9h-15h30*

ABONNEMENTS
Artecard Depuis 2002, ce pass offre l'accès à une trentaine de sites de la région, la gratuité dans tous les transports en commun de la ville (y compris vers l'aéroport), ainsi que des billets demi-tarif pour la plupart des musées napolitains pendant trois jours. Le tout décliné en neuf formules : Napoli centro storico (5 musées, 12€), Napoli e Campi Flegrei (6 sites, 16€ et 10€ pour les 18-25 ans), Castelli di Napoli (4 sites, 12€), Napoli e Caserta (6 sites, 20€), Regge e siti borbonici (5 sites, 20€), Archeologia del golfo (6 sites, Naples, champs Phlégréens, Pompéi, Herculanum, etc., 30€), Cilento (6 sites, 13€), Tutta la regione (6 sites, 27€, 20€ pour les 18-25 ans, 30€ pour 7 jours). En vente dans les offices de tourisme, musées, gare, aéroport, grands hôtels, agences de voyages... *Tél. 800 60 06 01 www.artecard.it*

VISITES
Museo aperto "Le vie dell'arte" Les principaux axes du centre antique sont aujourd'hui des musées à ciel ouvert. Il s'agit des *decumani* (inférieur, majeur et supérieur) ainsi que d'une partie du centre monumental (de la piazza Plebiscito jusqu'à la piazza del Gesù Nuovo). Quatre parcours audioguidés relatent l'histoire des églises et des palais qui jalonnent la promenade. ***Renseignements et réservation de l'audioguide*** *Museo Diocesano di Napoli, église Santa Maria Donnaregina Nuova, Largo Donnaregina Tél. 081 557 13 65 www.museodiocesanonapoli.it www.comune.napoli.it Ouvert lun. et mer.-sam. 9h30-16h30, dim. 9h30-14h*

transports urbains

Le mensuel gratuit ***Qui Napoli*** renseigne sur les lignes qui desservent les musées. L'Artecard comprend la gratuité des transports en commun pendant 3 jours.
Ticket *UnicoNapoli* Valable sur tous les moyens de transport, il coûte 1,20€/90min ou 3,60€/jour (3€ le week-end). On l'achète dans les bureaux de tabac, les kiosques à journaux, les stations de funiculaire et de métro... Attention ! Pas d'achat de ticket à bord des bus, les points de vente sont généralement fermés en soirée et les dimanches, et la plupart des distributeurs ne rendent pas la monnaie.

MÉTRO ET TRAINS DE BANLIEUE
La **ligne 1** du métro relie le centre historique à la colline du Vomero ; elle sera prolongée (courant 2013...) pour raccorder l'aéroport à la gare centrale. La **ligne 2** unit le centre historique et la gare centrale aux quartiers de Chiaia et de Mergellina. La **ligne 6** connecte le quartier de Mergellina à celui de Fuorigrotta, prolongée elle devrait atteindre la piazza Municipio en 2013. Certaines lignes de type RER ou train de banlieue (la **cumana,** la **circumflegrea** et la **circumvesuviana**) permettent de gagner les environs, Pouzzoles ou Herculanum par exemple.

FUNICULAIRES
Les funiculaires sont d'agréables moyens de transport. Vous pouvez emprunter l'un des **quatre funiculaires** de la ville : celui de **Chiaia** circule entre Chiaia et la colline du Vomero, le **funicolare Centrale** relie

Plan 11 Naples, transports

la via Toledo au Vomero, celui de **Montesanto** la piazza Montesanto, dans les quartiers espagnols, au Vomero et celui de **Mergellina**, plus excentré, le quartier de Mergellina à Posillipo.

TRAMWAYS

Hérités des années 1930, quelques **tramways** fonctionnent encore. La ligne 1 relie efficacement Poggioreale : à l'arrière de la gare centrale (plan 12, C2), à la piazza Vittoria, au début de la Riviera di Chiaia (plan 12, C3).

BUS

Au départ de Piazza Municipio – via Medina (plan 12, A4) –, la **ligne 201** dessert le Musée archéologique national et Capodimonte, la **ligne R2** emprunte le Rettifilo jusqu'à la gare et la **ligne R3** mène jusqu'à Mergellina. Les lignes pour Posillipo sont de vrais tours panoramiques qui surplombent le golfe : prendre le **bus 140** au départ de la Riviera di Chiaia – piazza Vittoria (plan 12, C3). Le **152**, en direction de Pouzzoles, longe le bord de mer.

Citysightseeing Napoli (plan 12, C2) Cette compagnie propose 4 lignes de bus pour visiter Naples et ses environs. D'avril à octobre, la **ligne A** et la **ligne R** traversent le centre historique de la ville, la **ligne B** privilégie la vue panoramique sur le golfe. La **ligne C**, en service seulement le week-end en été (mai-sept.), part du centre de la ville pour rejoindre la colline du Vomero. En été, et seulement le dim., la **ligne D** propose une excursion de 5h à destination du Vésuve. ***Départ*** *de Largo Castello (piazza Municipio) Tél. 081 551 72 79 infonapoli@city-sightseeing.it www.city-sightseeing.it* ***Billet*** *(montée et descente à volonté pendant 24h) 22€ adultes, 11€ enfants, 66€ formule famille 2 adultes + 3 enfants (inclus écouteurs avec commentaires en français)*

TAXIS

Les taxis napolitains sont blancs et portent l'emblème de la ville sur leur portière. Ils sont tous équipés de taximètres et doivent afficher les tarifs. On trouve des stations dans la plupart des quartiers touristiques : piazza Garibaldi, piazza Municipio, piazza Vittoria, via Partenope, via San Carlo, piazza dei Martiri... Cinq coopératives se partagent le marché. La prise en charge se monte à 3€ en semaine et à 5,50€ le week-end et le soir après 22h ; 4,50€ pour une course minimale. S'ajoutent ensuite un certain nombre de suppléments (dim. et j. fériés, bagages, courses vers ou de l'aéroport, réservation...) que les chauffeurs peuvent avoir tendance à gonfler, soyez vigilant !

Consortaxi *Tél. 081 552 52 52*
La 570 *Tél. 081 570 70 70*
Radio Taxi Free Cooperativa Partenopea *Tél. 081 551 51 51*
Radio Taxi Napoli *Tél. 081 556 44 44*
R.T. La Partenope *Tél. 081 556 02 02*

circuler en voiture

Impossible d'envisager la visite de Naples au volant d'une voiture, au risque de subir le stress avant même d'être victime d'un accident. Si les mœurs routières se sont adoucies ces dernières années, elles n'en demeurent pas moins anarchiques pour un étranger : refus de priorité, irrespect de la signalisation, vitesse... Soyez excessivement vigilant et alerte. Prenez garde aussi à la sécurité de votre véhicule. Vous pouvez tenter de le laisser stationné à l'extérieur, mais sachez qu'il risque d'être désossé en quelques heures. Seule solution : un parking privé. Ils sont nombreux dans Naples, plus ou moins chers (négociez, surtout si c'est pour plusieurs jours). La plupart sont ouverts le dimanche et jusque tard le soir (0h-1h).

Garage Cavour (plan 12, A1) Bien situé, à deux pas du Musée archéologique national, au début de la via Foria. N'hésitez pas à négocier ; le prix est dégressif si vous y passez plusieurs jours. De 20€ à 25€ pour 24h. *Piazza Cavour, 34 Tél. 081 45 41 83*
Garage Turistico (plan 12, A4) À deux pas du port. *Via De Gasperi, 14 Tél. 081 552 54 42*

location de voitures

Pour pallier le risque de vol, les agences de location (à l'aéroport ou à proximité de la gare ferroviaire) vous proposent de parquer gratuitement votre véhicule dans un parking surveillé, ce qui constitue un gros avantage et une économie substantielle.

Europcar (plan 10, B1) *Aéroport de Capodichino Tél. 081 780 56 43*
Hertz Gare centrale (plan 12, C2) *Via G. Ricciardi, 7 Tél. 081 20 62 28*
Hertz Aéroport de Capodichino (plan 10, B1) *Tél. 081 780 29 71*
Avis Gare centrale (plan 12 n°C2) *Corso Novara, 5 Tél. 081 28 40 41*
Avis Aéroport de Capodichino (plan 10, B1) *Tél. 081 780 57 90*

banques

La majorité des banques sont désormais équipées de distributeurs automatiques acceptant la plupart des cartes internationales.

LA CAMPANIE

poste

Il est possible d'acheter des timbres dans les bureaux de tabac (0,85€ pour une lettre de moins de 20g pour l'Europe).

Posta Centrale (plan 12, A3) *Piazza Giacomo Matteotti, 1 Tél. 081 428 98 14 Ouvert lun.-ven. 8h25-19h10, sam. 8h25-12h35*

Internet

Pour ceux qui séjournent longuement à Naples, sachez que le wifi est assez répandu (hôtels, bars, etc.). Les autres se connecteront dans un café Internet.

Internet Bar (plan 12, A2) Un cybercafé également agréable pour boire un verre, 3€/h. *Piazza Bellini, 74 Tél. 081 29 52 37 Ouvert lun.-sam. 9h-2h, dim. 17h-2h*

presse

Les grands quotidiens internationaux sont disponibles à Naples dans les kiosques des quartiers touristiques. Le quotidien milanais *Corriere della sera* et *La Repubblica* (Rome) ont chacun un supplément napolitain.

Il Mattino Le quotidien napolitain indispensable pour connaître les informations locales (faits divers et événements culturels). *www.ilmattino.it*

urgences

Guardia Medica Médecins de garde. *Tél. 081 761 34 66 (de Chiaia à Posillipo) ou 081 578 07 60 (Vomero) Ouvert lun.-ven. 8h-20h, sam. 8h-10h*

vol à l'arraché

Faites attention au vol à l'arraché, dont Naples s'est fait une spécialité. Ça n'est malheureusement pas un mythe et, si cet argument pouvait vous convaincre, sachez que les Napolitains ne sont pas moins victimes des ***scippatori***. Seule façon de se prémunir, emporter le minimum, dans un sac en bandoulière ou une banane, éventuellement un sac à dos discret.

marchés et manifestations

Maggio dei Monumenti Le mois de mai est idéal pour découvrir la ville puisque, à l'occasion de cette manifestation, des dizaines de monuments habituellement fermés sont ouverts à la visite. Concerts, visites guidées, agenda des expositions... attirent bon nombre d'étrangers et de Napolitains. Renseignements dans *Qui Napoli*, le mensuel de l'office de tourisme, cf. informations touristiques (p.219).

Miracolo di San Gennaro La liquéfaction du sang de San Gennaro est signe de bon augure pour la population qui se rassemble dans le Duomo, le premier dimanche de mai et le 19 septembre (jour de la San Gennaro). Selon le temps que prend la liquéfaction (entre 2min et 1h), le présage varie et s'aggrave : désastres footballistiques, tremblement de terre, éruption volcanique..., cf. Le miracle de saint Janvier (p.235).

Festa di Piedigrotta Un symbole de la *napoletanità* : cérémonies religieuses, visite de la Crypta Neapolitana, chansons napolitaines, défilés de chars allégoriques, spectacles pyrotechniques. *Les 15 premiers jours de septembre Tél. 081 749 91 11 www.festadipiedigrotta.it*

Mercato dei presepi (plan 12, B2) Marché aux crèches de la via San Gregorio Armeno. *En décembre*

Luminaria Depuis 2007, se tient ce festival d'art contemporain axé sur des œuvres lumineuses intégrées à la ville. Un moyen de dynamiser le centre historique. *En décembre*

LA CAMPANIE

LA CAMPANIE

Plan 12 Naples, centre historique

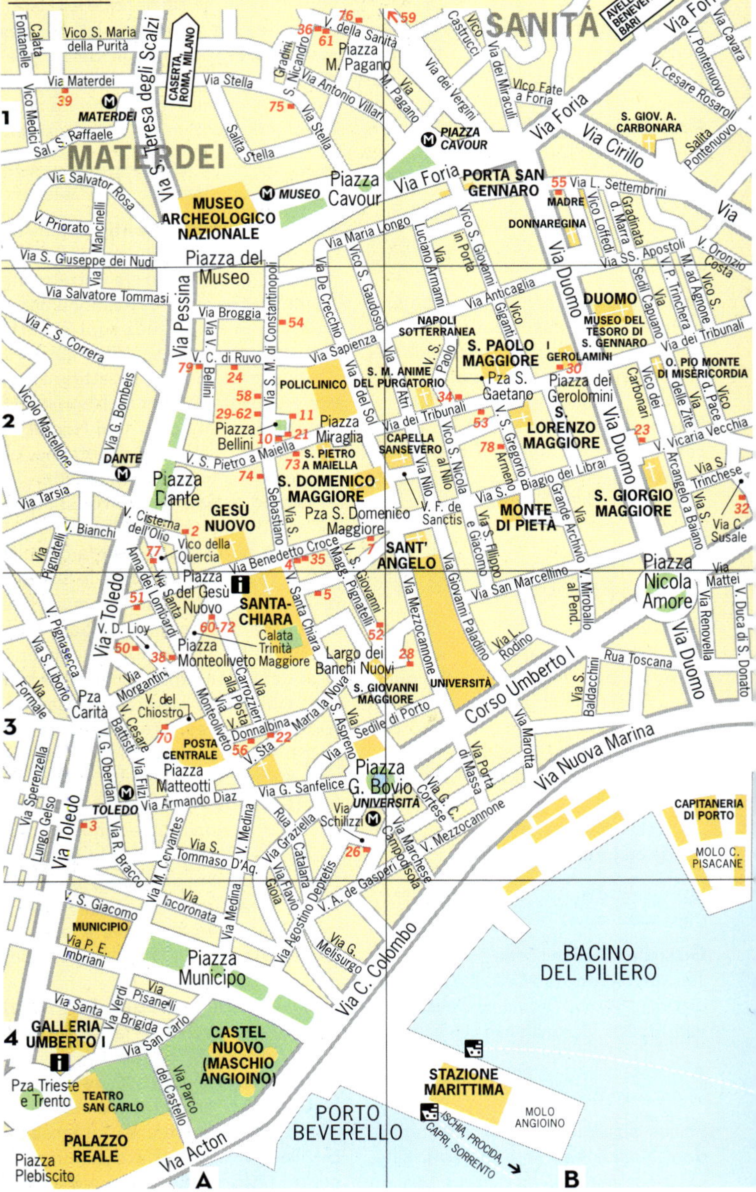

Pâtisseries, glaciers (n°1 à 7)

Attanasio* — 1 C2
Gallucci* — 2 A2
Gay Odin* — 4 A2
Gay Odin* — 3 A3
Perzechella* — 5 A3
Scaturchio* — 7 A2

Cafés (n°10 et 11)

Intra Moenia* — 11 A2
Perditempo* — 10 A2

Restauration (n°20 à 39)

Antica Osteria Pisano — 23 B2
Antica Pizzeria Da Michele — 32 B2
D'è Figliole — 31 C2
Da Corrado* — 20 B1
Di Matteo — 30 B2
La Cantina di Masaniello — 22 A3
La Stanza del Gusto — 29 A2
La Taverna dell'Arte — 28 B3
Lombardi a Santa Chiara — 35 A2
Mimì alla Ferrovia — 27 C2
Osteria Da Carmela — 24 A2
Osteria Il Garum — 38 A3
Pizzeria Oliva-Concettina — 36 A1
Sorbillo — 34 B2
Starita — 39 A1
Trianon — 33 C2
Un Sorriso Integrale — 21 A2

Hébergement (n°50 à 62)

B&B Carafa di Maddaloni — 51 A3
B&B Costantinopoli — 54 A2
B&B Donna Regina — 55 B1
Casa d'Anna — 59 B1
Casa del Monacone — 61 A1
Costantinopoli 104 — 58 A2
Hotel Piazza Bellini — 62 A2
Hotel Pignatelli — 52 A3
L'Alloggio dei Vassalli — 56 A3
La casa dell'Architetto — 60 A3
Six Small Rooms — 50 A3
Tribù B&B — 53 B2

Shopping (n°70 à 79)

Bar Santo Domingo* — 70 A3
Ferrigno* — 78 B2
Gastronomia Angela* — 79 A2
Legatoria Artigiana* — 72 A2
Libreria Colonnese* — 73 A2
Loveri* — 74 A2
Omega* — 75 A1
Pasquale Esposito e Figli* — 76 A1
Timpani e Tempura* — 77 A2

*À RETROUVER DANS LA PARTIE DÉCOUVRIR

DÉCOUVRIR
Le centre historique

☆ **Les essentiels** Le quartier de Spaccanapoli, l'église Santa Chiara, la chapelle Sansevero, la via San Gregorio Armeno **Découvrir autrement** Descendez dans la Napoli Sotterranea, prenez un verre au café littéraire Intra Moenia

Avant de vous engouffrer dans le "ventre" de Naples, un conseil : si vous disposez de temps et que votre curiosité n'est pas irrépressible, limitez-vous, surtout l'été, à des visites en **début de matinée** et en **fin d'après-midi**. D'abord parce que la plupart des sites ferment pour une longue pause à l'heure du déjeuner, mais surtout parce que se promener dans Naples n'a rien de reposant. On a beau être ému par tant de contrastes et de beauté, on n'en est pas moins soumis au bruit incessant et à la pollution (et, en été, à une chaleur humide et étouffante). Ménagez-vous et offrez-vous des pauses sur les terrasses. La promenade **à pied** (équipé de chaussures confortables) est sans aucun doute le meilleur moyen de visiter le centre de Naples.

☆ Spaccanapoli, le *decumanus* inférieur

La rue qui fend Naples porte le nom de l'ancien **decumanus inferior** (qui partait de la piazza del Gesù Nuovo pour arriver à l'emplacement actuel de la gare). Elle a donné son nom au quartier alentour et, par extension, à tout le centre historique mais, si l'on regarde Naples du haut du belvédère de la chartreuse de San Martino, on voit distinctement une tranchée (via Benedetto Croce et via San Biagio dei Librai) se dérouler du pied de la chartreuse presque jusqu'à la gare, traversant le centre de part en part. C'est le "ventre" de Naples, là où l'âme de la ville prend racine, là où elle se repaît de superstitions, là où s'épanche sa langue mélodieuse.

Piazza del Gesù Nuovo (plan 12, A3) L'un des lieux charnières de la ville : d'abord parce que la place sépare la partie gréco-romaine, l'ancienne *Neapolis*, qui s'étend à l'arrière, des aménagements modernes, engagés sous la maison d'Anjou puis par le vice-roi Pedro de Tolède au milieu du XVIe siècle. Ensuite parce qu'elle sert aux Napolitains et aux étrangers de repère dans la ville grâce à l'imposante **flèche de l'Immacolata**, achevée en 1751, qui s'y dresse. Haute d'une trentaine de mètres, elle fut élevée en mémoire des victimes de la peste de 1651 (un habitant sur sept).

Gesù Nuovo (plan 12, A2) L'étonnante façade en pointes de diamant de cette église raconte une partie de son histoire : elle était initialement destinée à un *palazzo nobile* appartenant à la famille Sanseverino (1470). Les Jésuites l'ont racheté en 1584 et transformé selon les canons de leur compagnie : l'intérieur déploie des prouesses artistiques du sol aux chapelles ; malgré le décor foisonnant (qui n'incite pas au recueillement), on ne se sent pas écrasé. Sur la droite, ne manquez pas la chapelle dévolue à Giuseppe Moscati (1880-

1927). Ce médecin napolitain a sacrifié sa vie au soin des plus pauvres et on lui attribue plusieurs miracles. Quotidiennement, des fidèles viennent déposer des fleurs, caresser sa statue... Un peu plus loin, toujours sur la droite, on a reconstitué l'appartement du médecin, de la chambre au cabinet. Les murs sont recouverts d'ex-voto et de lettres témoignant des miracles accomplis. *Tél. 081 557 81 11 www.gesuiti.it/moscati Ouvert tlj. 7h-13h et 16h30-19h30*

☆ **Santa Chiara (plan 12, A3)** Juste en face du Gesù Nuovo, cette église a retrouvé sa sobriété première du XIVe siècle, après les ravages des bombardements d'août 1943 ayant réduit en cendres les ajouts baroques du milieu du XVIIIe siècle. Cet ensemble conventuel a été bâti par Robert d'Anjou pour sa femme Sancia, très dévote, dans le plus pur gothique franciscain, afin d'accueillir les tombeaux de la famille angevine (encore visibles dans l'église). À gauche, on rejoint le **cloître**, chef-d'œuvre d'allégresse : Vaccaro, au XVIIIe siècle, avait imaginé un jardin rustique avec pergolas et bancs recouverts de **majoliques** bleues, jaunes et vertes. S'il n'y a pas trop de monde, c'est le lieu le plus poétique de Spaccanapoli. *Via Benedetto Croce Tél. 081 797 12 31* ***Église*** *Ouvert tlj. 7h30-13h et 16h30-19h* ***Cloître et musée*** *Ouvert lun.-sam. 9h30-17h30, dim. 10h-14h30 Entrée 6€*

Piazza San Domenico Maggiore (plan 12, A2) En cheminant vers la place San Domenico Maggiore, on longe des palais majestueux (si la porte est ouverte, jetez un coup d'œil aux cours intérieures) : au n° 45, le Palazzo Carafa della Spina et, au n° 3, le Palazzo Petrucci. La place, elle, est dominée par l'abside ocre de l'église et, surtout, par des terrasses de cafés, dont celle de Scaturchio (cf. encadré), sans doute l'une des meilleures pâtisseries traditionnelles.

San Domenico Maggiore (plan 12, A2) En dépit de ses allures de château médiéval, avec ses extrémités crénelées, cette église n'a quasiment rien conservé de sa forme primitive. Bâtie au XIIIe siècle, elle a fait l'objet de profonds remaniements. Plusieurs chapelles latérales (notamment la chapelle

Scaturchio, "la" pâtisserie napolitaine

Scaturchio (plan 12, A2 n°7) Quand Dominique Fernandez consacre un ouvrage au baroque (*La Perle et le Croissant*, 1995), son périple commence chez Scaturchio. Les propriétaires sont d'ailleurs fiers de vous montrer le passage du livre où l'établissement est cité. Sans aller chercher les références littéraires, les Napolitains considèrent Scaturchio comme le véritable artisan de la tradition pâtissière. À l'exception des *sfogliatelle*, à propos desquelles les querelles persistent, personne n'ose contester la première place à Scaturchio pour les autres spécialités, notamment le *babà* ou la *pastiera*. Goûtez aussi le *ministeriale*, un médaillon de chocolat noir avec une crème de liqueur, les granités au café ou au citron, le lait aux amandes fraîches.... *Piazza San Domenico Maggiore, 19 Tél. 081 551 69 44 Ouvert tlj. 7h30-20h30*

LA CAMPANIE

Brancaccio, la deuxième à droite) recèlent néanmoins quelques fresques de cette époque. À droite du transept, ne manquez pas la sacristie et sa galerie de 45 cercueils où reposent les vice-rois et vice-reines d'Espagne et des dignitaires de la cour. Le couvent adjacent a vu passer saint Thomas d'Aquin et le philosophe Giordano Bruno (1548-1600), qui a fini sur un bûcher à Campo de' Fiori à Rome. On raconte que le crucifix de la chapelle du même nom (7e chapelle à droite) aurait parlé à saint Thomas, lui demandant ce qu'il exigeait en récompense de ses écrits si fervents. Le saint aurait répondu en latin : "Rien d'autre que Toi, Seigneur." *Piazza San Domenico Maggiore Tél. 081 45 91 88 Ouvert tlj. 10h-13h et 17h-19h30*

☆ **Cappella Sansevero (plan 12, B2)** Cette chapelle illustre avec une exubérance toute baroque la ferveur napolitaine, qui relève parfois de la morbidité ! Bâtie en 1590 pour abriter les sépultures de la famille Di Sangro, elle est transformée vers la fin du XVIIIe siècle par l'un des descendants, Raimondo Di Sangro, qui commande des sculptures troublantes de réalisme (on ne se lasse pas de regarder l'incroyable transparence des voiles de marbre du **Christ voilé**, le détail des corps, les drapés...). Raimondo est aussi passé à la postérité pour l'expérience macabre à laquelle il s'est livré : on raconte qu'il est parvenu à pétrifier le sang de deux écorchés vifs (deux de ses jeunes domestiques). Les âmes sensibles auront été prévenues, les autres descendront dans la crypte pour jeter un coup d'œil au résultat. *Via F. de Sanctis, 19-21 Tél. 081 551 84 70 www.museosansevero.it Ouvert mer.-lun. 10h-18h (13h30 dim.) Entrée 7€*

Piazzetta Nilo (plan 12, B2) De la chapelle Sansevero, il faut redescendre vers le *decumanus* inférieur. À cet endroit, la via Benedetto Croce laisse place à l'effervescente via San Biagio dei Librai, encombrée d'étals d'antiquaires qui s'étirent jusque dans la rue. La piazzetta Nilo doit son nom à la statue allégorique du Nil qui s'y trouve. Dans l'Antiquité, la ville abritait une importante colonie alexandrine qui vénérait le fleuve égyptien. Retrouvée mutilée au XVe siècle, la statue a été restaurée et achevée en 1657. Placée au centre de Spaccanapoli, cette statue est considérée par les Napolitains comme "le corps de Naples". Entrez, si vous le pouvez, dans l'église **Sant'Angelo a Nilo**, connue aussi comme "chapelle Brancaccio", du nom du cardinal qui la fit construire à la fin du XIVe siècle. Son tombeau, achevé en 1427 par les artistes florentins Michelozzo et Donatello, est l'une des premières œuvres de la Renaissance napolitaine. **Église** *Piazzetta Nilo, 23 Ouvert lun.-sam. 9h-13h et 16h30-19h, dim. 9h-13h*

Via San Biagio dei Librai (plan 12, B2) Le long de la rue (dont le nom évoque la tradition libraire, à quelques pas de l'université), de nombreux palais ont été restaurés. En s'engageant dans la via Santi Filippo e Giacomo, sur la droite, on aboutit au monastère Santi Severino e Sossio, l'un des complexes bénédictins les plus importants de la ville (fondé au Xe s.), aujourd'hui occupé par les archives d'État. À l'angle du vico San Severino se dresse l'ancien **mont-de-piété**, institution mise en place au XVIe siècle pour secourir ceux qui étaient endettés. La chapelle, au fond de la cour, renferme *La Charité* et *La Fermeté*, deux sculptures troublantes du Bernin. À voir encore, au 121, le Palazzo Diomede Carafa et, au 39, le Palazzo Marigliano. Ces lieux ne se visitent pas ; si les portes sont ouvertes, jetez discrètement un coup d'œil.

☆ **Via San Gregorio Armeno (plan 12, B2)** À gauche de la via San Biagio dei Librai, vous remonterez une des rues les plus caractéristiques de Naples. Si vous êtes de passage en décembre, vous serez témoin d'un rituel napolitain extraordinaire : le **marché aux crèches**. Cet art traditionnel se déploie tout particulièrement dans ces échoppes et ateliers où s'empilent des centaines de santons de toutes tailles. Le reste du temps, la rue est tout de même animée et certaines enseignes valent le détour, cf. Les crèches de la via San Gregorio Armeno (p.229). Ne ratez pas l'**église San Gregorio Armeno**, peut-être la plus belle église baroque de Naples, foisonnante de stucs dorés et de fresques, de boiseries incrustées ou peintes. Par le vestibule, on accède au cloître du couvent, datant de la même époque (1580) et planté d'un verger d'agrumes. **Église** *Via San Gregorio Armeno, 44 Tél. 081 552 01 86 Ouvert tlj. 9h-12h*

San Giorgio Maggiore (plan 12, B2) Presque au bout du *decumanus* inférieur, à droite dans la via Duomo, se dresse l'église San Giorgio Maggiore, fondée à la fin du IVe siècle. Presque entièrement détruite par le tremblement de terre de 1640, elle fut rebâtie dans le style baroque. Les dernières traces de l'époque primitive sont encore perceptibles dans l'entrée (qui était autrefois l'abside), avec ses colonnes romaines aux chapiteaux corinthiens. *Via Duomo 237/a Tél. 081 28 79 32 Ouvert lun.-sam. 8h-12h et 17h-19h, dim. 8h-13h*

Palazzo Cuomo (plan 12, B2) En face de l'église San Giorgio Maggiore, vous remarquerez la façade austère du Palazzo Cuomo, siège du musée Filangieri. Le palais, bâti entre 1464 et 1490, était destiné à une famille d'artificiers florentins. Le bossage (rustique dans la partie inférieure, lisse dans la partie supérieure) rappelle d'ailleurs les palais de la cité toscane. La collection renferme de belles œuvres de Luca Giordano, Andrea Vaccaro, Federico Barocci… *Fermé pour travaux*

☆ Les crèches de la via San Gregorio Armeno

Ferrigno (plan 12, B2 n°78) Toute la rue San Gregorio Armeno vit dans l'attente du 8 décembre et de "l'ouverture" officielle de l'Avent. Ce jour-là, c'est à peine si on parvient à traverser la foule qui se déplace en famille pour acheter une nouvelle crèche ou compléter une ancienne. À Naples, les crèches de Noël sont un art à part entière et Ferrigno est l'un de ses plus fervents représentants. Ses *pastori* (santons) sont tous hérités du XVIIIe siècle, avec quelques figures propres à l'histoire de Naples (Totò, le *munaciello*, moine porte-bonheur qui hante les maisons, la "corne rouge" qui protège du mauvais œil…). Les *maestri*, Giuseppe et Marco, ainsi que leur famille peuvent aussi vous faire découvrir l'atelier-musée (se renseigner au préalable). Selon la taille et la facture, comptez de 2,50 à 500€ par santon ! *Via San Gregorio Armeno, 8-12 (deux autres boutiques au 10 et au 55) Tél. 081 552 31 48 Ouvert lun.-sam. 9h-19h, dim. 9h-13h30*

Où manger des chocolats, une glace ?

☺ **Gay Odin (plan 12, A2 n°4)** Le plus célèbre des chocolatiers napolitains confectionne des glaces considérées parmi les meilleures de la ville. Goûtez celle au chocolat noir, particulièrement délicieuse. *Via Benedetto Croce, 61 Tél. 081 551 07 94 www.gay-odin.it Ouvert tlj. 9h30-20h15*

Perzechella (plan 12, A3 n°5) Pina Andelora, magnifique fille de Naples, peignait à la main des boîtes de chocolats avant de se lancer dans la confection de bonbons. Tous évoquent une histoire, liée à celle de sa ville chérie : *Malafemmina*, dédiée à l'acteur Totò est aphrodisiaque, *Re Ferdinando*, né d'une visite au palais royal est fourré aux aubergines et aux écorces d'oranges (inspiré d'une antique recette de *parmigiana al cioccolato* : des aubergines nappées de chocolat fondant…). *Vico Pallonetto a Santa Chiara, 4 Ouvert lun.-sam. 10h-19h30*

Où acheter un *tamburiello*, un carnet ?

Loveri (plan 12, A2 n°74) Si vous rêvez d'emporter un *tamburiello* ou une mandoline pour jouer de la tarentelle ou chanter des airs napolitains, vous trouverez votre bonheur dans une des boutiques Loveri. La rue San Sebastiano est spécialisée en instruments de musique. Le conservatoire n'est pas loin et il n'est pas rare d'entendre les élèves répéter. *Via San Sebastiano, 8, 10, 66, 72 et 74 Tél. 081 29 67 54 www.loveri.com Ouvert lun.-ven. 10h-13h30 et 16h-20h, sam. 10h-13h30*

Legatoria Artigiana (plan 12, A2 n°72) Bien à l'abri au fond d'une cour paisible, un atelier de reliure à l'ancienne où les savoir-faire se transmettent de maîtres à apprentis. On y fabrique de jolis calepins aux couvertures de cuir (livres vierges, agendas, carnets des menus, du jardin, etc.), parfaits pour un petit souvenir fait main, et on y restaure des manuscrits précieux. *Palazzo Marigliano, via San Biagio dei librai, 39 Tél. 081 551 12 80 Ouvert lun.-ven. 9h-18h30, sam. 9h-13h*

Via dei Tribunali, le *decumanus* majeur

Paralèlle à la via Benedetto Croce, la via dei Tribunali suit le tracé de la voie antique est-ouest, le **decumanus maximus**.

Piazza Dante (plan 12, A2) Elle est véritablement à la frontière de la ville antique et des quartiers espagnols, qui grimpent à flanc de colline à l'arrière. Restaurée ces dernières années, elle a retrouvé la monumentalité austère qui caractérise l'immense structure semi-circulaire de Vanvitelli (milieu du XVIIIe s.). Sous la place, une station de métro ultramoderne a été aménagée. Hélas, en dépit de cet important dépoussiérage, elle est un peu désertée, au profit de sa voisine, la **piazza Bellini**, QG des étudiants des Beaux-Arts voisins (plan 12, A2).

San Pietro a Maiella (plan 12, A2) De la piazza Dante, les quelques pas qui vous séparent de cette église sont parmi les plus agréables à parcourir : on baigne dans une atmosphère d'un autre âge le long de la via Port'Alba, qui s'ouvre par un arc et aligne une série de librairies anciennes (dont Guida, fréquentée autrefois par Barthes, Ungaretti ou Sciascia). Au sortir de cette petite rue, selon l'heure, il se peut que vous soyez entraîné par quelques notes venues des étages alentour : le conservatoire de musique laisse échapper

UNE LIBRAIRIE À L'ANCIENNE

Libri e *altro*, c'est-à-dire non seulement des livres (anciens et neufs) mais aussi des cartes postales, des estampes, des photographies et, dans les bacs à l'extérieur, de vieux numéros des *Temps Modernes*... L'ambiance est un peu austère, mais le lieu a beaucoup de cachet. **Libreria Colonnese (plan 12, A2 n°73)** *Via San Pietro a Maiella, 32-33 Tél. 081 45 98 58 Ouvert lun.-sam. 9h-13h30 et 16h-19h30*

les gammes de ses élèves. Sur la gauche, la **piazza Bellini** et ses terrasses, devenues le point de repère d'une jeunesse bohème et branchée. Engagez-vous directement dans la via San Pietro a Maiella, qui entame le *decumanus* majeur. L'entrée de l'**église** est sur votre droite. Son nom rappelle le saint Pietro Angeleri, moine ermite des Abruzzes (la Maiella est l'une des montagnes de cette région). Élu pape sous le nom de Célestin V en juillet 1294, le saint homme renonça au pontificat en décembre de la même année pour retourner à la vie ascétique. Le sanctuaire qui lui est dédié a été bâti entre la fin du XIIIe et le début du XIVe siècle. S'il affiche encore de belles allures gothiques, c'est le plafond de la nef et du transept qui attirera votre attention avec ses importants cycles de toiles, œuvres de Mattia Preti du début du XVIIe siècle. Une petite recommandation : à droite de la via San Pietro a Maiella se trouve le Vicoletto, une rue où se regroupent les toxicomanes. À éviter, même en pleine journée. *Piazza Luigi Miraglia, 393 Tél. 081 564 13 10 Ouvert lun.-sam. 8h-13h30 et 7h30-12h*

Santa Maria delle Anime del Purgatorio (plan 12, B2) Cette église au nom éloquent ("Sainte-Marie-des-Âmes-du-Purgatoire") est un autre témoignage du **culte des morts** et de la manière vivace dont il s'exprime à Naples. Vous verrez les crânes de bronze au pied de l'escalier qui mène à l'église, souvent couverts de fleurs fraîches. Si c'est ouvert et que vous aimez ce genre d'ambiance, descendez voir l'**hypogée**, il rassemble encore de nombreux ossements. *Via dei Tribunali, 39 Tél. 081 45 93 12 Ouvert lun.-sam. 9h30-13h Visites du musée et de l'hypogée sam.*

À la découverte de la Naples souterraine

Napoli Sotterranea (plan 12, B2) Ce ne sont pas des catacombes, mais un parcours souterrain fascinant dans les entrailles de la ville antique. On descend jusqu'à 40m sous terre, où sont encore visibles les signes d'une ville qui a près de 2 400 ans. Ce réseau de galeries, citernes et carrières a été utilisé comme refuge par les Napolitains pendant les bombardements de la Seconde Guerre mondiale. Très instructif et émouvant, mais les claustrophobes s'abstiendront. En fin de parcours, le guide vous emmène voir les vestiges du théâtre romain, redécouverts sous des habitations populaires. *Visites en italien et en anglais Piazza San Gaetano, 68 Tél. 081 29 69 44 Ouvert tlj. 10h-18h (départs toutes les 2h) Entrée 9,30€*

San Lorenzo Maggiore (plan 12, B2) Un monument qui dit toute l'histoire de la ville : la première église paléochrétienne, consacrée à saint Laurent, a été élevée au VIe siècle sur le site de l'ancienne agora grecque, devenue par la suite le forum. Au XIIIe siècle, la famille d'Anjou revoit l'abside dans le pur style gothique français, puis la nef et le transept, en récupérant plusieurs éléments de l'Antiquité. Quelques séismes et catastrophes naturelles plus tard, on revoit encore l'église selon le canon baroque en vigueur au XVIIIe siècle. Ferdinando Sanfelice (1675-1748), auteur de quelques pièces architecturales audacieuses pour l'époque, aménage la façade en préservant le portail gothique. Au terme de tous ces remaniements, cette façade est restée baroque mais l'intérieur a retrouvé son style gothique, ce qui en fait l'un des espaces les plus solennels de la ville. Remarquez la série de tombeaux qui y sont conservés. Boccace raconte dans son *Décaméron* (1343) que c'est à San Lorenzo qu'il rencontra Marie d'Aquino, fille de Robert d'Anjou, mieux connue sous le nom de Fiammetta, dont il tombera amoureux. Son ami Pétrarque a, lui, été l'hôte du couvent voisin. *Piazza San Gaetano Tél. 081 45 49 48 Ouvert tlj. 8h-12h et 17h-19h* **Souterrains** Ceux qui veulent en savoir plus sur cette superposition architecturale si singulière seront servis ; sous le couvent franciscain, l'archéologie a fait parler les sous-sols jusqu'à mettre au jour un marché, une boulangerie, une teinturerie... tels qu'ils étaient il y a deux mille ans. *Tél. 081 211 08 60 Ouvert lun.-jeu. et sam. 9h30-17h, ven. 9h30-17h et 20h-22h, dim. 9h-13h30 Entrée 10€*

I Girolamini (plan 12, B2) Cette petite église baroque commencée à la fin du XVIe siècle témoigne des préceptes en vigueur chez les Oratoriens, disciples de saint Philippe Neri. La décoration intérieure, foisonnante, devait inspirer la méditation. On fit donc appel aux grands noms de l'époque : Pietro Da Cortona, Guido Reni, Luca Giordano et Francesco Solimena. *Piazza dei Girolamini, 107 Tél. 081 29 44 44 Ouvert lun.-ven. 10h-11h et 14h30-15h, sam.-dim. 10h-11h*

Convento dei Girolamini (plan 12, B2) Adjacent à l'église, il renferme deux cloîtres magnifiques du XIIIe siècle, l'un donnant accès à une bibliothèque monumentale (dont l'entrée est très réglementée) et l'autre à une pinacothèque remarquable, qui présente des œuvres du XVIe au XVIIIe siècle. **Pinacothèque** *Via Duomo, 142 Tél. 081 29 49 80 Ouvert jeu.-mar. 9h-14h30 Entrée 7€*

Oratorio Pio Monte della Misericordia (plan 12, B2) Amateurs du Caravage, précipitez-vous. Cette église octogonale, méconnue, abrite au-dessus de son autel central l'un des chefs-d'œuvre du peintre, *Notre-Dame de la Miséricorde* (1607). Le maître du clair-obscur, qui réside dans la cité de 1606 à 1607, y peint les sept œuvres de Miséricorde tout en faisant le portrait du peuple napolitain. Une galerie à l'étage présente près de 150 œuvres, représentatives du maniérisme méridional et témoins de l'influence du Caravage à Naples. Juste en face, sur la placette Riario Sforza, vous remarquerez la flèche consacrée à saint Janvier (san Gennaro), patron de la ville, la première d'une longue série de ce type. Celle-ci commémorait l'éruption du Vésuve en 1631. *Via dei Tribunali, 253 Tél. 081 44 69 44 Ouvert jeu.-mar. 9h-14h*

Castel Capuano (plan 12, C2) En bonne logique, la **via dei Tribunali** ("des tribunaux") aboutit au palais de justice, qui siège dans le Castel Capuano depuis le milieu du XVIe siècle. Cette imposante bâtisse, construite par les Normands en 1165, a été restaurée par la famille d'Anjou pour en faire sa résidence, occupée ensuite par la famille d'Aragon jusqu'au vice-roi Pedro de Tolède, qui lui assigne cette dernière fonction.

Porta Capuana (plan 12, C1-C2) Derrière le Castel Capuano, cette imposante porte, flanquée de deux tours colossales de péperin (tuf volcanique), vestiges de l'ancienne enceinte, a pris la forme d'un arc de triomphe de marbre blanc à la fin du XVIe siècle, selon la volonté du souverain Ferdinand Ier d'Aragon. Prolongement de l'effervescence de Spaccanapoli, ce quartier fourmille d'étals de vendeurs à la sauvette, d'échoppes...

Où faire son marché ?

Borgo di Sant'Antonio Abate (plan 12, C1) À deux pas de la Porta Capuana, se tient un immense marché, très coloré et peu cher. Seule précaution : attention à vos sacs, les pickpockets y sévissent. On y trouve de tout : des produits ménagers soldés, des imitations de cosmétiques de luxe, des copies de CD, des maillots de bain, de la lingerie, des vêtements de toutes sortes, des chaussures, et même des fruits et des légumes... *Via Sant'Antonio Abate, qui part de la via Foria, au niveau du jardin botanique et de l'Albergo dei Poveri, jusqu'au Castel Capuano, dans le centre historique Ouvert lun.-sam.*

Où acheter des souvenirs gourmands ?

Timpani e Tempura (plan 12, A2 n°77) À la fois traiteur et épicerie fine, cette adresse est renommée pour ses tartes, ses pâtés à l'ancienne et, surtout, ses beignets de fleurs de courgettes. *Vico della Quercia, 17 Tél. 081 551 22 80 www.timpanietempura.it Ouvert mar.-sam. 9h30-19h30, dim.-lun. 9h30-15h30*

Où déguster une pâtisserie, des chocolats ?

Attanasio (plan 12, C2 n°1) Près de la gare – pratique pour ceux qui veulent faire provision de pâtisseries napolitaines juste avant de partir. Très bonnes *sfogliatelle* qui ne font que confirmer l'adage en dialecte : *Napoli tre cose tiene belle : 'o mare, 'o Vesuvio, 'e sfugliatelle* ! "Naples compte trois belles choses :

☺ Les marchés de Naples

L'une des plus belles expériences de la vie quotidienne à Naples : les marchés en disent plus sur la ville et ses habitants que bien des longs discours. Il suffit de regarder le spectacle qui se joue : le marchandage, les litanies en dialecte qui interpellent le chaland... Et puis il y a les étals, colorés et débordant de produits locaux. De nombreux marchés de produits alimentaires sont quotidiens, tandis que d'autres, de vêtements par exemple, n'ont lieu qu'une fois par semaine. Attention, soyez vigilant et n'emportez sur vous que le minimum nécessaire. Noyé dans la foule mais repéré comme étranger, vous serez la proie des *borseggiatori* (pickpockets).

la mer, le Vésuve et les *sfogliatelle* ! " Ici servies tièdes, à pâte feuilletée ou à pâte brisée (excellentes toutes les deux, première version plus beurrée et plus croustillante). Attanasio est aussi réputé pour sa *pastiera napoletana*, gâteau traditionnel de Pâques, désormais préparé toute l'année, à la ricotta et parfumé à la fleur d'oranger. *Vico Ferrovia, 1-4 Tél. 081 28 56 75 www.sfogliatelleattanasio.it Ouvert mar.-dim. 6h30-20h Fermé 2 sem. en juil. et le 15 août*
Gallucci (plan 12, A2 n°2) Au sud de la piazza Dante, une chocolaterie traditionnelle, dirigée par la même famille depuis 1890, réalise de succulentes gâteries (plus de 60 goûts différents, sans conservateurs). *Via Cisterna dell'Olio, 6/c Tél. 081 551 31 48 Ouvert mai-sept. : lun.-sam. 9h-13h30 et 16h30-19h ; oct.-avr. : lun.-sam. 9h-20h, dim. 9h-14h Fermé juil.-août*

● Où prendre un espresso, un *shakerato* ?

Intra Moenia (plan 12, A2 n°11) Quand les éditions Intra Moenia (littéralement, "à l'intérieur des murs") sont créées en 1989 pour valoriser la culture napolitaine, un café littéraire s'installe dans le même temps sur la piazza Bellini, dans un quartier à l'époque abandonné le soir. C'est une réussite : on afflue de partout et le *gazebo* (sorte de kiosque) est envahi en toute saison. À tel point que d'autres bars ont depuis ouvert leurs portes sur la place – tous très agréables en fin de journée : le Caffè Arabo à gauche et le bar de la librairie féministe Evaluna à droite. Quand il fait froid, les salles intérieures d'Intra Moenia sont aussi plaisantes (surtout les tables en véranda). Jetez un coup d'œil à la partie librairie, vraiment soignée, avec de très belles cartes postales anciennes, des estampes... En hiver, renseignez-vous sur les soirées littéraires (lectures, signatures...). *Piazza Vincenzo Bellini, 70-72 Tél. 081 45 16 52 Ouvert tlj. 10h-2h*

● Où boire un verre le soir ?

Perditempo (plan 12, A2 n°10) "À bas les cadences infernales !": une banderole anarchiste annonce la couleur de ce microbar devenu point de convergence de la jeunesse bohème napolitaine. Une ambiance internationale, des livres sur les étagères, des disques, un DJ de temps à autre, de la musique électro d'avant-garde alternant avec de l'indie-rock, des serveurs sympathiques, des clients qui se sentent comme chez eux. Une deuxième adresse, plus grande et avec terrasse, est prévue à deux pas, Piazza Dante. *Via San Pietro a Maiella, 8 Tél. 081 44 49 58 Ouvert lun.-sam. 11h-0h Fermé en août*

Via Anticaglia, le *decumanus* supérieur

Certains monuments de ce quartier – réputé comme le moins dense des trois *decumani* –, parfois méconnus, comme l'église de Donnaregina ou celle de San Giovanni a Carbonara, valent le détour. Sur la première partie du parcours, vous croiserez quelques palais affichant encore leur grandeur et des églises discrètes, malheureusement souvent fermées.

Duomo (plan 12, B2) Du *decumanus* (à cet endroit, via San Giuseppe dei Ruffi), prenez à droite dans la via Duomo. De prime abord, la cathédrale de Naples n'a pas la monumentalité qu'on imaginait. Dans une ville où la ferveur religieuse se traduit tout en grandeur, on est presque déçu de découvrir sa façade du XIXe siècle encaissée entre des palais plutôt ordinaires. Son histoire chaotique, entre remaniements et catastrophes naturelles, lui a fait perdre l'harmonie gothique des origines (dont il ne reste en façade que les trois beaux portails) et ne laisse pas soupçonner toute la splendeur qui attend le visiteur à l'intérieur. Élevée sur un sanctuaire paléochrétien consacré à sainte Restituta (devenu aujourd'hui une splendide chapelle) puis à sainte Stefania au Ve siècle, la cathédrale compense son manque de hardiesse, dans l'architecture ou le décor, par des chapelles adjacentes d'une richesse peu commune. Avant de visiter le musée du trésor de San Gennaro, voisin du Duomo, ne négligez pas les autres chapelles, surtout celles du fond, de chaque côté du transept, qui ont conservé leur structure et leur décoration gothiques, notamment la **chapelle Minutolo** et la **chapelle Tocco**. Quelques traces des églises paléochrétiennes sont encore visibles dans la **chapelle Santa Restituta**, du IVe siècle (colonnes, fresques et fragments du pavement), ou dans le baptistère San Giovanni in Fonte, le plus ancien d'Europe (éléments orientaux et mosaïques de la fin du IVe siècle). De l'abside de gauche, on accède à un parcours archéologique sous la cathédrale (fermé pour travaux). *Via Duomo, 147 Tél. 081 44 90 97 Ouvert lun.-sam. 8h30-13h30 et 14h30-20h, dim. 8h30-13h30 et 16h30-19h30 Baptistère Entrée 1,50€*

Museo del Tesoro di San Gennaro (plan 12, B2) À droite du Duomo, ce musée occupant une partie de la sacristie de la chapelle San Gennaro rassemble les plus belles pièces d'orfèvrerie liturgique (crucifix, encensoirs, reliquaires...) offertes par les Napolitains à leur saint protecteur. Parmi ses joyaux, de nombreuses statues en bronze ou en argent, autrefois uniquement dévoilées en mai et en septembre, lorsque se perpétue le miracle de la liquéfaction du sang. La plus célèbre d'entre elles est un buste en argent doré datant du XIVe siècle, qui renferme le crâne du saint. Dans sa base, sont conservées les deux ampoules qui contiennent son sang. *Via Duomo, 149 Tél. 081 29 49 80 Ouvert lun.-ven. 9h30-16h30, dim. 9h-14h Entrée 5,50€*

Le miracle de saint Janvier

À droite à l'intérieur du Duomo, se trouve la chapelle San Gennaro (saint Janvier), patron vénéré de Naples. Les plus grands artistes de l'époque (de Lanfranco au Dominiquin) y ont travaillé, exécutant le vœu des Napolitains de voir le saint remercié à la fin d'une terrible épidémie de peste en 1527. Victime des persécutions de Dioclétien en 305, décapité à Pouzzoles, cet évêque de Bénévent a suscité un culte intense dès le VIIIe siècle, lorsque son corps a été transféré à Naples et que son sang s'est remis à couler et a été recueilli. Inexplicablement, il continue de se liquéfier, au moins deux fois par an (le premier dimanche de mai et le 19 septembre, jour de sa fête) : un bon augure pour la population.

Museo d'Arte Contemporanea Donnaregina/MADRE (plan 12, B1) La décoration des stations de métro de Naples annonçait déjà un goût prononcé de la ville pour l'art contemporain. Cet espace moderne, réalisé par l'architecte portugais Alvaro Siza dans l'ancien palais Donnaregina, vient confirmer ce penchant. Inauguré fin 2005, le musée offre une collection permanente qui rassemble des œuvres présentées auparavant à l'occasion d'expositions temporaires. Des installations monumentales d'artistes italiens et internationaux s'y côtoient : Mario Merz, Luciano Fabro, Janis Kounellis, Claes Oldenbourg, Anselm Kiefer. Ne manquez pas, juste avant l'agréable buvette et sa terrasse abritée, le captivant *Judith et Holopherne* de Richard Serra. *Via Settembrini, 79 Tél. 081 19 31 30 16 www.museomadre.it Ouvert lun. et mer.-sam. 10h30-19h30, dim. 10h30-23h Entrée 7€ (gratuit lun.)*
☆ **Chiesa Vecchia di Santa Maria Donnaregina** Le musée organise trois à quatre expositions temporaires chaque année, notamment dans cette église, désormais intégrée au musée. Reconstruite au XIVe siècle, après que le tremblement de terre de 1293 eut détruit l'église initiale (fondée à la fin du VIIIe siècle), elle renferme le mausolée de la reine Marie de Hongrie, qui en avait financé la reconstruction. Remarquez l'abside gothique et ses belles fenêtres géminées, ainsi que le plafond en bois peint. Au niveau supérieur, là où venaient prier les religieuses du couvent voisin, on peut encore admirer un **cycle de fresques** du XIVe siècle, attribué à Pietro Cavallini, l'un des plus connus et accomplis de Naples.

Santa Maria Donnaregina Nuova (plan 12, B1) Récemment transformée en Musée diocésain, cette église, au cycle décoratif florissant (marbres polychromes, fresque de Francesco Solimena *Le Miracle des roses de saint François*, au-dessus du presbytère), abrite une collection d'artistes actifs à Naples au XVIIe siècle : Aniello Falcone, Luca Giordano, Charles Mellin... Grâce à l'accès au balcon du premier étage, vous pourrez admirer de près les fresques et les dorures baroques. Pour les amateurs de sacré, ne manquez pas le reliquaire de San Leonzio (XIIe s.), conservant un morceau de la Vraie Croix. *Largo Donnaregina, 7 Tél. 081 557 13 65 Ouvert mer.-lun. 9h30-16h30, dim. 9h30-14h Entrée 6€*

San Giovanni a Carbonara (plan 12, B1) Très aimée des Napolitains, cette église, à la spectaculaire volée d'escaliers – œuvre de Sanfelice (1675-1748), architecte de nombreux palazzi et d'escaliers peu ordinaires du début du XVIIIe siècle –, se dresse au bout du *decumanus*. Le nom de cette rue rappelle qu'ici, au haut Moyen Âge, les ordures de la ville étaient incinérées. À l'initiative des Augustins, on entreprend, dès 1343, la construction d'une église et d'un couvent qui ne seront achevés qu'au début du XVe siècle, grâce à l'intervention du roi Ladislas, puis profondément remaniés au XVIIIe siècle et endommagés lors des bombardements de 1943. Au sommet, un portail gothique donne accès à la **chapelle Santa Monica**, qui renferme deux beaux tombeaux. L'entrée de l'église se fait à gauche de ce portail. L'intérieur se répartit entre plusieurs chapelles mais c'est le **monument funéraire de Ladislas** (1428), au fond du chœur, qui gagne tous les suffrages. Haut de 18m, il annonce les canons esthétiques de la Renaissance tout en étant essentiellement gothique. Passez entre les deux cariatides du mausolée pour découvrir le beau pavement de majoliques de la chapelle de Gianni Caracciolo. *Via Carbonara, 5 Tél. 081 29 58 73 Ouvert lun.-sam. 8h-12h et 16h30-20h30, dim. 8h-14h*

Les marchés napolitains

● Où aller au marché ?

Poggioreale (plan 10, B1) Amateurs de chaussures, à vos porte-monnaie : vous trouverez ici votre bonheur. Des dizaines de stands se sont installés dans ce qui était autrefois les abattoirs municipaux. Il faut savoir que Naples est quasiment la capitale italienne de la chaussure et que nombre de marques prestigieuses sous-traitent ici. Échantillons, surplus, collections des années précédentes… N'hésitez pas à négocier les prix. *Via Nuova Poggioreale (au nord-est de la gare, tramway en direction de Poggioreale) Ouvert ven.-dim., lun. matin*

Au sud du corso Umberto I

Rettifilo (plan 12, B3-C2) On appelle Rettifilo le **corso Umberto I**, la longue percée droite qui relie la gare (piazza Garibaldi) aux quartiers ouest de la ville (jusqu'à la piazza Bovio), depuis le début du XIXe siècle. Du point de vue touristique, c'est un axe passant et commerçant assez monumental, quasi haussmannien ! Il flanque l'université, une immense bâtisse néoclassique du début du XXe siècle qui englobe le collège des Jésuites (1593). Plus au sud, près de la mer, les nostalgiques des luttes révolutionnaires iront se recueillir sur la **piazza Mercato**, où a éclaté la révolte de Masaniello (plan 12, B3), le 7 juillet 1647. Aujourd'hui, la place n'est pas mise en valeur mais les alentours sont spécialisés dans le négoce de tissus et de linge de maison, avis aux amateurs d'étoffes *vintage* !

Santa Maria del Carmine (plan 12, C3) Côté mer, se dresse cette grandiose église gothique, qui fut habillée au milieu du XVIIIe siècle d'une riche couverture baroque-rococo. Jetez un coup d'œil aux deux pièces qui déchaînent la vénération des Napolitains : un crucifix en bois du XIVe siècle conservé dans un tabernacle et, surtout, la *Madonna bruna*, derrière l'autel central, petite icône de style byzantin de la même époque que le crucifix, associée à de nombreux miracles. *Piazza del Carmine, 2 Tél. 081 20 11 96 Ouvert tlj. 6h30-12h et 18h-19h30*

● Où faire son marché ?

Mercato di Porta Nolana (plan 12, C2) On s'attendrait à le voir sur le port, mais il se tient en réalité près de la gare : voici le marché aux poissons de Naples. Le 23 décembre, on y vient en famille faire ses provisions pour Noël et il reste ouvert toute la nuit. *À proximité de la piazza Garibaldi Ouvert lun.-sam. 8h-18h, dim. 8h-14h*

GEOPLUS

Trois jours à Naples

Trois jours pour goûter au charme de Naples : plus de 2 000 ans d'histoire affleurent le long des ruelles où le linge sèche toujours aux fenêtres.

Vendredi

Une journée dans le centre historique, à la fois millénaire et bigrement vivant, avant de se poser pour l'apéritif, près des voiliers du Borgo Marinaro.

MATINÉE

9h **Scaturchio** (p.227) *"Un cappuccino e una sfogliatella per favore !"* La journée doit commencer ainsi, sur la terrasse de la pâtisserie la plus célèbre du centre historique.
10h **San Domenico Maggiore** (p.227) Juste en face du café, une église aux allures de château fort, riche de fresques du XIVe siècle.
10h30 **Spaccanapoli** (p.226) Ancien decumanus inférieur, cette rue qui "casse Naples" en deux est bordée de monuments historiques. Là, palpite la réalité populaire de la ville.
11h **Cappella Sansevero** (p.228) La chapelle de la famille Di Sangro, où trône un émouvant Christ voilé et, dans la crypte, de terrifiants écorchés au sang pétrifié...
11h30 **Via San Gregorio Armeno** (p.229) Pour rester dans la ferveur napolitaine, empruntez la rue des presepi, les crèches de Noël, où les santons dressent le portrait de tous les petits métiers de la cité.
12h **Napoli Sotterranea** (p.231) Préparez-vous à un voyage d'1h, à 40m sous terre, dans les entrailles de la ville : carrières transformées en abris pendant la Seconde Guerre mondiale, théâtre romain...
13h30 **Sorbillo** (p.261) Une des meilleures adresses pour goûter à la vraie pizza napolitaine. Attention à la file d'attente !

APRÈS-MIDI

15h30 **Piazza del Gesù Nuovo** (p.226) L'impressionnante façade en pointes de diamant de l'église du Gesù Nuovo ne laisse personne de marbre. En face, se dresse la flèche baroque de l'Immacolata (30m).
16h **Gelateria Gay Odin** (p.230) Offrez-vous une glace dans cette institution du chocolat : au cacao amer, au lait d'amande, au *fior di latte*...
16h30 **Chiostro di Santa Chiara** (p.227) Évadez-vous un moment dans ce cloître entièrement recouvert de majoliques.
17h30 **Castel Nuovo** (p.244) L'ancienne forteresse angevine, devenue Musée municipal, est surnommée le Maschio Angioino (donjon angevin) par les Napolitains.
18h30 **Piazza Plebiscito** (p.245) Fermée par le Palais Royal, une place monumentale en arc de cercle devenue l'un des symboles de Naples.
19h **Le Bar** (p.257) Pause au bord de l'eau, au pied du Castel dell'Ovo (p.254).

SOIRÉE

20h30 **Trattoria Il Garum** (p.265) Pour déguster : calamars et poisson grillé, sur la charmante place Monteoliveto.
22h **Perditempo** (p.234) et **Intra Moenia** (p.234) Pour une sortie à la napolitaine sur la **piazza Bellini** ou de bar en bar.

Samedi

Les deux visages de Naples : populaire dans les quartiers espagnols et la Sanità, bourgeois sur la colline du Vomero et dans les bars à la mode de Chiaia.

MATINÉE

9h **Bar Santo Domingo** (p.249) Un petit bar tenu en famille, où l'on torréfie le café devant vous. Idéal pour ramener chez soi de quoi préparer l'onctueux nectar…
9h30 **Mercato della Pignasecca** (p.249) La meilleure porte d'entrée des quartiers espagnols : la gouaille des marchands, les étals de poissons ultrafrais, les tomates et le basilic qui sentent bon. N'hésitez pas à faire quelques provisions pour le pique-nique de demain à Pompéi.
10h **Quartiers espagnols** (p.248) Naples, pauvre, tenue par la pègre, mais chaleureuse et bien vivante. Ici le linge sèche aux fenêtres et l'on monte à trois sur les scooters…
10h30 **Via Toledo** (p.248) Après l'enchevêtrement de ruelles en pentes des *quartieri spagnoli*, débouchez sur cette vaste avenue piétonne, royaume du shopping.
11h **Funicolare centrale** (p.251) Pour monter sur la colline du Vomero, prenez le funiculaire à Augusteo et descendez à Piazza Fuga.
11h30 **Castel Sant'Elmo** (p.251) Arpentez le chemin de garde de la forteresse, pour des panoramas à couper le souffle. Et essayez de repérer la trouée de Spaccanapoli !
12h30 **Certosa di San Martino** (p.251) Remarquable pour son cloître, sa chapelle baroque et sa collection de *presepi* (crèches).
13h30 **Osteria Donna Teresa** (p.263) L'adresse préférée des habitants du Vomero : pâtes aux haricots, *parmigiana di melanzane* (gratin d'aubergines au parmesan)…

APRÈS-MIDI

15h **L'Azar Cafè** (p.253) Tout proche du restaurant Donna Teresa, un bar avec patio arboré pour déguster son café au calme. Dirigez-vous ensuite vers la station de métro Vanvitelli (piazza Vanvitelli) où la ligne 1 vous mènera à la station Museo en quelques minutes.
16h **Museo Archeologico Nazionale** (p.241) La plus grande collection d'antiquités du monde, concentrez-vous sur les fresques de Pompéi, pour préparer votre journée de demain.
17h30 **Sanità** (p.242) En sortant du musée, faites quelques pas dans ce quartier populaire.
18h30 **Pasquale Esposito e Figli** (p.243) Demandez un petit sachet de *taralli*, ces gâteaux secs aux amandes, au poivre et au saindoux.

SOIRÉE

20h **La Stanza del Gusto** (p.266) De la piazza del Museo, empruntez la rue S. M. Costantinopoli pour rejoindre cet excellent restaurant.
22h **Chiaia** (p.254) Descendez la via Toledo jusqu'à la via Chiaia, haut lieu des nuits branchées napolitaines : filles perchées sur hauts talons, voitures qui brillent, foule allant de bar en bar dans les alentours de la piazza dei Martiri, (S'Move, Enoteca Belledonne…).

GEOPLUS

Dimanche

Pompéi, puis retour à Naples pour flâner sur le *lungomare*.

MATINÉE

9h **Attanasio** (p.233) On prend des forces avant d'attaquer Pompéi en dégustant quelques *sfogliatelle* toutes chaudes, à 2min de la gare (Stazione Vesuviana).

10h **Pompéi** (p.313) Contrairement aux touristes qui suivent le parapluie de leur guide, flânez au fil des rues en renonçant à tout voir. Émotions garanties à la maison du Faune, à la villa des Mystères, au lupanar, aux thermes et à la maison du Navire Europe, où sont conservés des moulages d'habitants ensevelis par l'éruption. Pique-niquez sur place, les restaurants et gargotes que vous trouverez à la sortie de la gare sont chers et sans intérêt.

APRÈS-MIDI

15h30 ***Lungomare*** (p.254) De retour à Naples, à la gare, prenez le bus n° 1 jusqu'à la piazza Vittoria. Offrez-vous une pause sur les pelouses de la Villa Comunale ou sur les rochers blancs du front de mer, les pieds dans l'eau.

17h **Mergellina** (p.255) Au bout de la promenade, vous atteindrez le petit port de Mergellina et ses plages populaires.

18h **Chalet Ciro** (p.257) Un kiosque idéal pour déguster une glace ou un cocktail multicolore.

SOIRÉE

20h **Al Faretto** (p.268) Offrez-vous un dîner dans le petit port de Marechiaro.

Escapade à Capri

Si vous préférez la douceur des îles aux attraits de Pompéi...

8h35 **Molo Beverello** (p.287) C'est d'ici que partent les bateaux pour le golfe de Naples.

9h25 **Arrivée sur l'île** (p.287) Prenez le funiculaire, jusqu'au bourg de Capri.

10h **Alberto** (p.291) À la sortie du funiculaire, un café sur la terrasse de ce bar-pâtisserie s'impose.

10h30 **Capri** (p.288) Visitez son centre-ville, ses ruelles et ses boutiques chics.

11h **Villa Jovis** (p.292) Après avoir traversé tout le village, empruntez la route qui mène aux ruines de la villa de l'empereur Tibère.

13h **La Savardina da Edoardo** (p.293) Sur le chemin du retour, dégustez, en plein air, un plat de pâtes et un civet de lapin.

15h30 **Anacapri** (p.289) Faites un tour dans la rue principale de l'autre village de l'île. Ses boutiques sont touristiques mais l'église San Michele vaut le détour.

16h30 **Villa San Michele** (p.290) La villa au style éclectique du médecin suédois Axel Munthe.

18h **Buonocore** (p.291) De retour dans le bourg de Capri, dégustez une des meilleures glaces de Campanie.

19h10 **Marina Grande** (p.287) Embarquez pour Naples.

21h **Brandi** (p.262) Beaucoup de restaurants sont fermés le dimanche à Naples. Finissez sur une note simple avec une pizza margherita. Vous n'en goûterez pas d'aussi bonnes de sitôt !

Du Musée archéologique à la Sanità

☆ **Les essentiels** Le Musée archéologique national, les catacombes de San Gaudioso **Découvrir autrement** Goûtez aux fritures de chez Corrado

Légèrement en retrait du centre historique, on traverse des quartiers souvent délaissés par les circuits touristiques. Outre l'exceptionnel Musée archéologique national, on découvre des lieux insolites, notamment dans le quartier de la Sanità, enfant pauvre de Naples, mal aimé et malfamé et dans celui de Materdei.

☆ **Museo Archeologico Nazionale (plan 12, A1)** Il réunit sans conteste la plus grande collection d'antiquités classiques au monde. Le bâtiment qu'il occupe fut une caserne de cavalerie (1585) avant de devenir le siège de l'université (de 1616 à 1777). On doit à Ferdinand IV l'initiative d'un grand musée destiné à accueillir les trésors exhumés lors des fouilles de Pompéi et d'Herculanum, ainsi que la collection Farnèse, héritée de sa grand-mère. *Piazza Museo Nazionale, 19 Tél. 081 442 21 11 Ouvert mer.-lun. 9h-19h30 Entrée 6,50€*

Visite Le fonds se répartit sur quatre niveaux. Au sous-sol, la **section égyptienne** et l'**épigraphie**. Au rez-de-chaussée, la sculpture grecque et romaine, notamment les pièces incontournables de la **collection Farnèse** : la galerie des Tyrannicides, avec la stèle funéraire, *Harmodios et Aristogeiton* puis le *Doryphore* de Polyclète d'Argos, la *Vénus Callipyge*, dans la galerie des Carrache, *Hercule et le taureau Farnèse*... L'entresol est entièrement consacré aux **mosaïques de Pompéi** (dont le clou reste la *Bataille d'Alexandre*) et au **petit Cabinet secret**, autrefois interdit à la visite. Il est aujourd'hui accessible au public (en nombre limité) et sa récente restauration met en valeur ses incroyables pièces. Plus érotiques que pornographiques, elles montrent surtout que les Romains n'avaient pas de réserve quant aux représentations de leurs pratiques sexuelles. Les amateurs de numismatique ne manqueront pas les collections de médailles et de monnaies. Le premier étage rassemble, autour de l'imposante **Sala Meridiana**, les fresques conservées sous la lave du Vésuve après l'éruption de 79. Quelques précautions : la visite du musée est passionnante mais elle peut devenir vite fatigante, prenez votre temps. Ceux qui aiment les visites guidées utiliseront l'audioguide (disponible en français), didactique et interactif. Inscrivez-vous à l'entrée pour la visite guidée du Cabinet secret. Renseignez-vous aussi sur les salles qui sont fermées au public : en raison d'un manque de personnel, certaines pièces sont parfois inaccessibles.

SOUVENIRS GOURMANDS

À deux pas du Musée archéologique, un café-épicerie-traiteur, où tout est recommandé, de la charcuterie aux fromages en passant par les pizzas, les sandwichs, les beignets et les plats du jour. L'endroit a l'air anodin mais il est accueillant, toujours envahi d'une clientèle d'habitués, de gourmets et de cuisinières exigeantes. On vous fera des paquets de spécialités bien ficelés si vous voyagez.
☺ **Gastronomia Angela (plan 12, A2 n°79)** *Via Conte di Ruvo, 21/26 Tél. 081 549 96 60 Ouvert juil.-sept. : lun.-sam. 7h30-21h ; oct.-juin : lun.-sam. 7h30-21h, dim. 7h30-13h30*

Via Foria (plan 12, A1-B1) Cette rue sépare d'un côté le centre historique (à droite), de l'autre les quartiers des Vergini et de la Sanità, populaires et animés. Cet "axe rouge", toujours encombré de voitures, bruyant et pollué, n'est pas agréable à traverser. Plus que jamais, soyez vigilant : nombre de *scippatori* (voleurs à l'arraché) y opèrent en Vespa. Chemin faisant, vous croiserez la **Porta San Gennaro** sur votre droite, seule entrée septentrionale de la ville depuis la fondation grecque jusqu'au XVIe siècle. Plus en avant des églises (la plupart du temps fermées), se dresse une caserne.

Orto Botanico (plan 12, B1) Fondé en 1807, c'est l'un des plus riches d'Europe, par l'importance des collections et la grande variété des espèces cultivées. À voir : les cycadales (qui ressemblent à des palmiers mais qui n'en sont pas !), les palmiers, les innombrables plantes qui poussent même dans le désert, les fougères, la serre d'orchidées, les orangeraies... *Via Foria, 223 Tél. 081 253 39 37 www.ortobotanico.unina.it Ouvert lun.-ven. 9h-14h (téléphoner au préalable pour réserver ou demandez au gardien la permission de visiter le jardin)*

Albergo dei Poveri (plan 12, B1) Près du jardin botanique, sur le même trottoir, se dresse la façade monumentale de l'Auberge des pauvres (359m de long, sur les 600m prévus à l'origine !). Construite par Ferdinando Fuga à partir de 1751 sur ordre de Charles de Bourbon pour accueillir les pauvres du royaume, elle n'a jamais été achevée et profondément endommagée par le tremblement de terre de 1980. Elle accueille depuis 2010 des expositions temporaires et des manifestations événementielles.

☺ Quartier de la Sanità

Près du Musée archéologique, vous prendrez à droite la via dei Vergini pour entrer dans le quartier. Les rues principales n'y sont pas plus dangereuses qu'ailleurs, même si certains Napolitains s'émerveilleront de votre audace. Pourtant, contrairement à certains endroits "neutres" (entendre ceux qui ne sont pas sous la mainmise de la Camorra, la mafia locale), la Sanità est un quartier préservé, extrêmement animé et qui renferme quelques véritables perles. On y voit certes moins de touristes qu'ailleurs, mais considérez cela comme une chance : vous serez au plus près de la vie quotidienne des Napolitains et aurez la possibilité de visiter des catacombes ou des *palazzi* sans être pressé par la foule. Ouvrez l'œil : on croise à certains coins de rue des vendeurs ambulants de *granita* au citron ou des kiosques d'*acquaioli* (des vendeurs d'eau, de sirops, de jus de fruits...). Les habitants se vantent de posséder le quartier le mieux décoré au moment des championnats de football. Nulle part en ville vous ne verrez plus de drapeaux tricolores. À côté de ces détails anecdotiques prévaut une certaine noblesse. Ici comme à Spaccanapoli, le dénuement côtoie quotidiennement la beauté. Du marché coloré des *Vergini*, pénétrez dans le cortile du **Palazzo dello Spagnuolo** (au n° 19 du largo dei Vergini). Vous aurez un aperçu de la fantaisie zigzagante de Ferdinando Sanfelice : ses escaliers en "ailes de faucon" se répéteront dans toute la ville après 1735. Au bout de la via dei Vergini, là où la rue forme un Y, empruntez la rue de gauche, la via Arena alla Sanità. Au n° 2/6 se dresse l'autre bâtiment de Sanfelice, qui porte son nom. Là encore, admirez les deux *cortili* magnifiques (avec un beau jardin à l'arrière du second). Poursuivez le long de cette rue, jetez un coup d'œil à l'église **San Severo** et admirez l'église **Santa Maria della Sanità**. L'association qui gère l'accès aux catacombes propose des visites guidées du quartier. *Via Tondo di Capodimonte, 13 Tél. 081 744 37 14 www.catacombedinapoli.it Visites guidées dim. à 10h (durée 3h) Départ Basilica Buon Consiglio Tarif 15€*

Santa Maria della Sanità (plan 10, B1) Construite par les Dominicains entre 1602 et 1613, c'est l'une de nos églises préférées : pour ses dimensions équilibrées, son autel surélevé qui épargne astucieusement l'accès au sous-sol préexistant (chapelle de San Gaudioso) et, surtout, ses incroyables catacombes, cf. Les catacombes de San Gaudioso (p.243). En sortant de l'église, levez la tête et remarquez la belle coupole de majoliques vertes et jaunes. *Piazza della Sanità, 14 Tél. 081 544 13 05 www.catacombedinapoli.it Ouvert tlj. 10h-13h (départ pour les catacombes toutes les heure)*

LA CAMPANIE

● Où faire son marché ?

Mercato della Sanità (plan 12, A1-B2) De l'autre côté de la via Foria, à proximité du Musée archéologique national, bat son plein tous les jours un marché de quartier à l'image des alentours : effervescent et bigarré. Un bon prétexte pour pénétrer dans ce quartier réputé "chaud" mais qui recèle de petites merveilles *Via dei Vergini et via Sanità Ouvert tlj.*

● Où acheter des souvenirs gourmands ?

☺ **Pasquale Esposito e Figli (plan 12, A1 n°76)** La dynastie Esposito s'est spécialisée depuis un demi-siècle dans la fabrication de *taralli*, ces biscuits salés - les

☆ Les catacombes de San Gaudioso

☆ **Catacombe di San Gaudioso (plan 12, A1)** Moins connues que celles de San Gennaro, ces catacombes combinent l'ensemble des techniques d'inhumation. Leur origine est liée au culte voué à San Gaudioso, mort entre 451 et 452. On vous expliquera comment les corps étaient disposés dans l'attente de leur décomposition, on vous présentera des fresques et des mosaïques allant du Ve au XVIIIe siècle. Une des explications les plus insolites concerne une méthode du XVIIe siècle : les corps étaient descendus dans des niches, où ils demeuraient jusqu'à leur complet dessèchement. Ensuite, on les enterrait après avoir récupéré le crâne, qui était incrusté dans un mur. Sur ce mur, on peignait un costume censé représenter le défunt (une tenue d'avocat, une robe de grande dame...). Ceux qui veulent en savoir plus sur le culte des morts iront aussi visiter le cimetière des Fontanelle, tout près (via Fontanelle, 154) et les catacombes de San Gennaro (p.259). ***Entrée** par l'église Santa Maria della Sanità **Visites guidées** tlj. 10h-13h, départ toutes les heures Entrée 8€ (inclut les catacombes de San Gennaro)*

Napolitains en raffolent – dont la recette mêle saindoux, poivre et amandes. Goûtez aussi les *pagniottielli* (brioches rustiques). *Via della Sanità, 129/130 Tél. 081 45 49 06 Ouvert été : lun.-sam. 8h-20h30, dim. 8h-14h et 18h-20h30 ; hiver : lun.-sam. 8h-20h30, dim. 8h-14h30* **Autre adresse (plan 12, A1)** *Via Santa Teresa degli Scalzi, 130 Tél. 081 544 46 89 Ouvert tlj. 8h-20h*

● Où acheter des gants en cuir ?

Omega (plan 12, A1 n°75) Quatre générations de la famille Squillace se sont succédé depuis 1923 pour découper et coudre des gants à la main. Dans le show-room au fond de la cour ou au 3e étage, dans l'atelier où les ouvrières sont penchées sur leur ouvrage, vous pourrez dégoter le fin du fin. La maison fournit les plus grands couturiers européens en gants qui nécessitent plus de vingt opérations. Elle produit aussi des modèles plus simples, aux prix toujours imbattables (moins de 30€). *Via Stella, 12 www.omegasrl.com Ouvert lun.-sam. 9h-18h*

● Où manger sur le pouce ?

Da Corrado (plan 12, B1 n°20) En bordure du quartier de la Sanità, une authentique *friggitoria* à l'ancienne (beignets de fleurs de courgettes, de pommes de terre, d'aubergines...), encore en plein air. Si vous avez le temps, attablez-vous en terrasse et goûtez à la spécialité maison, la *zuppa di cozze*, assiette de moules et fruits de mer servis sur une *frisella* (sorte de biscotte de pain dur), rendue moelleuse par la sauce du plat... *Via Michele Tenore, 2 Tél. 081 45 06 81 Ouvert tlj. 13h-16h30 et 19h-0h*

Le centre monumental et les quartiers espagnols

☆ **Les essentiels** Le Castel Nuovo, la piazza del Plebiscito, le théâtre San Carlo, la galerie Umberto I, la via Toledo **Découvrir autrement** Perdez-vous dans les ruelles des quartiers espagnols

Avec les travaux engagés par la famille d'Anjou à la fin du XIIIe siècle pour construire une forteresse, qui deviendra la nouvelle résidence royale de la famille d'Aragon, le centre politique et architectural délaisse la vieille ville et se déplace vers la mer. Les pouvoirs se succèdent et rivalisent d'audace pour laisser leur empreinte sur la ville. Naples acquiert un autre visage qui lui permet d'être à la hauteur des grandes capitales européennes.

Piazza del Municipio (plan 12, A4) Défigurée (provisoirement) par les travaux du métro – au cours desquels ont été mis au jour des bâtiments grecs et romains –, cette immense place rectangulaire marque, depuis le XVe siècle, l'intersection entre l'ouest et l'est de la ville, entre la mer et la terre. Bordée de bâtiments imposants, dont le palais de l'hôtel de ville et le Castel Nuovo, elle ouvre sur le golfe de Naples et le Vésuve, qui se détache en toile de fond.

☆ **Castel Nuovo (plan 12, A4)** Les Napolitains l'appellent le **Maschio Angioino** ("donjon angevin"), ce qui éclaire sur les origines de ce château :

Charles Ier d'Anjou fait construire une forteresse entre 1279 et 1282 dont il ne reste que la chapelle Palatine. Plus d'un siècle et demi après, la famille d'Aragon élève un autre château qui servira de résidence royale officielle (délaissant le Castel Capuano). Les nombreux ajouts ultérieurs ont disparu après l'importante restauration du début du XXe siècle. C'est de la période aragonaise que date le magnifique arc de triomphe qui commémore la victoire d'Alphonse le Magnanime sur les Anjous en 1443.
Museo Civico À l'intérieur de la forteresse, outre les collections de peinture et de sculpture du XIVe au XXe siècle du musée municipal, ne manquez pas la remarquable salle des Barons, autrefois couverte de fresques de Giotto, où se sont tenues pendant longtemps les séances plénières du conseil municipal. Par la Torre del Beverello, on accède à une coursive qui fait le tour de la salle des Barons et conduit à une terrasse panoramique. *Piazza Municipio Tél. 081 795 58 77 Ouvert lun.-sam. 9h-19h (tour 9h30-16h) Entrée 6€*

Palazzo Reale (plan 13, C3) Ceux qui doutent encore que la cour napolitaine ait pu un jour rivaliser avec d'autres cours européennes trouveront dans ces fabuleux **appartements royaux** une réponse convaincante. Les travaux de construction, engagés par les vice-rois espagnols en 1600, ont été confiés à l'architecte Domenico Fontana, qui avait officié à Rome pour le pape Sixte V. Le corps principal a été achevé en quelques années, mais l'ensemble a été revu à maintes reprises (au milieu du XVIIIe siècle par les Bourbons et au XIXe siècle durant la période napoléonienne) et porte les traces de ces modifications tant dans le mobilier que dans la décoration. *Piazza del Plebiscito Tél. 081 40 05 47 Ouvert jeu.-mar. 9h-20h Entrée 4€*
Visite L'extraordinaire escalier d'apparat (1651) qui mène aux appartements vaut à lui seul la visite. Montesquieu en parlait comme du "plus beau d'Europe". À l'étage, les appartements surprennent autant par leurs dimensions et le nombre de leurs pièces (une trentaine) que par la richesse de l'ornementation. L'école napolitaine est bien représentée dans la collection de tableaux exposée (de Ribera à Giordano). Les fresques et les tapisseries sont tout aussi remarquables. À ne pas manquer : le Teatrino di Corte, petit théâtre privé dessiné par Ferdinando Fuga en 1768, magnifiquement restauré, la salle du Trône (et la vue sur le golfe), la salle de la Pudeur, le salon d'Hercule, la chapelle Palatine, la crèche napolitaine traditionnelle et la terrasse du Belvédère (si le gardien accepte de vous ouvrir), où de magnifiques jardins suspendus font face au Vésuve et à l'île de Capri, visible par beau temps. Le palais abrite également la Bibliothèque nationale.

☆ **Piazza del Plebiscito (plan 13, C3)** Le palais royal débouche sur une place monumentale, véritable mise en scène du pouvoir, conçue en 1809, à l'époque de Joachim Murat, maréchal de France devenu roi de Naples en 1808. L'immense église **San Francesco di Paola** (inspirée du Panthéon romain), encastrée dans une colonnade, fait face au palais royal. Sur les côtés, se dressent deux autres palais monumentaux : le palais Salerno, siège du commandement de la région militaire méridionale, et le palais de la préfecture, construit en 1815. La place n'a rien perdu de sa grandeur, en dépit de sa dégradation (graffitis et entretien sommaire) et des nombreux enfants qui ont trouvé là un terrain de jeux idéal.

Plan 13 Naples, Santa Lucia-Vomero-Lungomare

Pâtisseries, glaciers (n°1 à 8)

- Augustus* — 1 C2
- Chalet Ciro* — 6 A4
- Otranto* — 4 B1
- Pintauro* — 2 C3
- Remy Gelo* — 7 A4
- Sfogliatella Mary* — 8 C3

Restauration (n°20 à 37)

- Brandi — 37 C3
- Ciro a Santa Brigida — 30 C3
- Da Nonna Anna — 28 A4
- Frigittoria Vomero* — 21 B2
- La Bersagliera — 31 C4
- La Cantina di Triunfo — 33 A3
- La Cantinella — 34 C4
- La Chiacchierata — 29 C3
- La Mattonella — 24 C3
- La Sacrestia — 36 A4
- Napoli Mia — 20 B3
- Nennella — 22 C2
- Osteria Da Tonino — 26 B3
- Osteria Donna Teresa — 25 B2

Cafés, bars et lieux de sortie (n°40 à 50)

- Azar Café* — 49 B2
- Bar Mexico* — 47 B2
- Caffè del Professore* — 46 C3
- Caffè Gambrinus* — 45 C3
- Enoteca Belledonne* — 42 C3
- Gran Bar Riviera* — 48 B3
- Gran Caffè Cimmino* — 44 C3
- La Barrique* — 41 B3
- Le Bar* — 50 C4
- S'Move* — 43 C3
- Vintage Bar* — 40 B2

Hébergement (n°51 à 59)

- B&B Morelli — 51 C3
- Excelsior — 57 C4
- Hotel San Francesco al Monte — 56 C2
- Il Convento — 52 C2
- La Controra — 58 C1
- Ostello Mergellina — 53 A3
- Pinto-Storey — 54 B3
- Vesuvio — 59 C4
- Week-end a Napoli — 55 B1

Shopping (n°60 à 67)

- Amaltea* — 60 B2
- Antica Latteria* — 61 B3
- Arfé* — 62 B3
- Dolce Idea di Gennaro Bottone* — 63 C3
- Fusaro* — 67 C2
- Livio de Simone* — 64 C3
- Marinella* — 65 B3
- Nennapop* — 66 C3

*À RETROUVER DANS LA PARTIE DÉCOUVRIR

Piazza Trieste e Trento (plan 13, C3) La piazza del Plebiscito se prolonge naturellement au nord vers cette place connue pour trois raisons : d'un côté, le mythique Caffè Gambrinus (p.249), de l'autre, le non moins mythique théâtre San Carlo et, en face, la Galleria Umberto I. Bien que petite et irrégulière, la Piazza Trieste e Trento est un vrai carrefour qui s'anime dès les premières heures du jour. Avant le travail, on vient y acheter son journal, commenter le match de foot de la veille et, en fin de journée, on sirote un *bellini* en terrasse. L'endroit idéal pour prendre la température de la ville.

UN OPÉRA AU SAN CARLO
Un lieu mythique, une référence pour les amateurs d'art lyrique. Les puristes disent que "ce n'est plus ce que c'était", mais la programmation reste de haute volée. Les abonnés raflent toutes les places : en vous renseignant un peu à l'avance, vous aurez peut-être une petite chance (mettez-vous alors sur votre trente et un). Le "Box Office", situé dans la galerie Umberto I, vend des places de dernière minute. *Tél. 081 551 91 88 (billetterie) www.teatrosancarlo.it*

☆ **Teatro San Carlo (plan 13, C3)** À lui seul, le San Carlo cumule plusieurs records : érigé en moins de trois cents jours en 1737 (quarante ans avant la Scala de Milan), il est entièrement réduit en cendres après un terrible incendie le 12 février 1816. Il sera, là encore, reconstruit en moins d'un an. Aujourd'hui, la plus ancienne "salle à l'italienne" qu'est le San Carlo compte toujours parmi les plus grands théâtres, en termes de capacité d'accueil (3 000 places), et perpétue une tradition lyrique d'excellence. Sa programmation fait honneur à son fondateur, Charles de Bourbon, qui souhaitait mettre Naples à la hauteur des grandes capitales musicales italiennes, Milan et Venise. Deux possibilités pour visiter le théâtre : avoir la chance exceptionnelle d'assister à un spectacle (cf. encadré) ou se rendre à l'une des visites guidées. *Via San Carlo, 101-103 Tél. 081 797 23 31 ou 081 797 24 68 (réservation) www.teatrosancarlo.it Ouvert sept.-juil. : lun.-sam.* ***Visites guidées*** *sur réservation à 10h30, 11h30, 12h30, 14h30, 15h30, 16h30 Prix 6€*

☆ **Galleria Umberto I (plan 13, C3)** De l'autre côté du Teatro San Carlo, un lieu tout aussi empreint de magie : la galerie de fer et de verre, construite en 1887 pour imiter la galerie Victor-Emmanuel de Milan, symbolise la Belle Époque napolitaine. Son étonnante verrière atteint 57m de hauteur.

☆ **Via Toledo (plan 13, C1-C3)** Le long de la via Toledo (aussi appelée via Roma), la balade risque d'être chaotique, sauf en fin de soirée ou le dimanche matin : la principale artère commerçante est toujours extrêmement animée. Ouvrez l'œil et levez la tête ; entre les innombrables vitrines se détachent quelques entrées de *palazzi* dont les majestueux *cortili* font encore illusion. En son temps, quand le vice-roi Don Pedro de Tolède (1532-1553) la fit percer pour relier les nouveaux quartiers de l'ouest à la vieille ville, elle était décrite par les voyageurs comme l'une des plus belles rues d'Europe.

Quartieri Spagnoli (plan 13, C2) En remontant la via Toledo, vous remarquerez toutes les rues qui la coupent perpendiculairement sur la gauche. Elles forment le plan d'urbanisme raisonné mis en place par le même Pedro de Tolède pour faire face à l'explosion démographique et à l'accue troupes, d'où leur nom de quartiers espagnols. Les militaires ont laissé place aux familles les plus pauvres et les quartiers comptent aujourd'hui parmi les plus difficiles de la ville, cumulant les problèmes (chômage, insalubrité...). Pour le visiteur de passage, ces rues n'en restent pas moins fascinantes. La journée, soyez discret mais n'hésitez pas à vous engouffrer dans ces ruelles, jusqu'au cœur de Montecalvario.

● Où faire son marché ?

La Pignasecca (plan 13, C1-C2) Marché alimentaire caricatural de tout ce que Naples peut avoir d'exubérant et de généreux : les étals débordent, rappelant que la terre de la Campanie est prospère. Fruits, légumes, poissons et fruits de mer magnifiques (notamment une variété de calamars dont certains spécimens atteignent presque 30cm). *Via Pignasecca et Piazza Pignasecca (au pied des quartiers espagnols, à proximité de la station de funiculaire de Montesanto) Ouvert lun.-sam. 8h-20h, dim. 8h-14h*

● Où acheter des souvenirs gourmands ?

Gay Odin (plan 12, A3 n°3) Sa devanture Liberty est incontournable. Symboles de bon goût, les chocolats Gay Odin sont confectionnés à Naples depuis la fin du XIXe siècle par un confiseur suisse. *Via Toledo, 427 Tél. 081 551 34 91 www.gay-odin.it Ouvert lun.-sam. 9h30-20h (dim. 10h-14h en hiver)* ***Autre adresse*** *Via Toledo, 214 Tél. 081 40 00 63 Ouvert tlj. 10h-20h* **Fabrique (plan 13, C3)** *Via Vetriera, 12 Tél. 081 41 78 43 Ouvert oct.-mai sur rdv*

● Où trouver du café ?

Bar Santo Domingo (plan 12, A3 n°70) Les amateurs de café ont deux adresses de torréfacteur dans leur carnet : Mexico (p.253) et Santo Domingo. Torréfié à l'ancienne, au feu de bois, ce café embaumera votre cuisine et vous permettra d'emporter un peu de Naples dans votre valise. *Via del Chiostro, 5 Tél. 081 552 15 13 Ouvert lun.-ven. 6h30-19h, dim. 7h30-13h30*

● Où s'habiller à la mode napolitaine ?

☺ **Nennapop (plan 13, C3 n°66)** Mariagrazia Greco a ce talent de dénicher les petits créateurs qui montent. Privilégiant les goûts rétro, sa boutique est toute rehaussée de couleurs pop. Dans sa sélection, pointue, on trouve des créations italiennes – L'Autre chose, Monica Varga, Miki Thumb – très Liberty, ou suédoise, Odd Molly. *Via Nardones, 22 (Quartieri Spagnoli) Tél. 081 19 56 90 00 Ouvert lun.-sam. 9h30-13h30 et 16h30-20h* **Autre adresse (plan 13, C3)** *Via Bisignano, 25 (Chiaia) Tél. 081 716 95 45 Ouvert lun.-sam. 9h30-13h30 et 16h30-20h*

Fusaro (plan 13, C2 n°67) Après ou avant la cravate (cf. Marinella (p.256)), il faut passer chez Fusaro, créateur de chemises pour homme. Choix infini de tissus, de coupes, de cols... pour un prix très raisonnable. *Via Toledo, 276 Tél. 081 420 70 14 Ouvert lun.-sam. 9h-14h et 16h-20h*

● Où prendre un espresso, un *shakerato* ?

Caffè Gambrinus (plan 13, C3 n°45) Un lieu historique, un monument à lui seul : sous ses plafonds blancs ornés de stucs et de dorures, les grands de ce monde, de Verdi à D'Annunzio, sont venus siroter un café. Aujourd'hui, c'est l'endroit où l'on se donne rendez-vous pour un apéritif avant un opéra au San Carlo, ou pour faire une pause pâtisserie après une séance de shopping dans les rues voisines. Des rencontres culturelles y sont organisées de temps à autre. Terrasse agréable. *Via Chiaia, 1-2 Tél. 081 41 75 82 Ouvert dim.-jeu. 7h-1h, ven. 7h-2h, sam. 7h-3h*

Caffè del Professore (plan 13, C3 n°46) Cet établissement est recommandé pour son café à la noisette (*nocciola*) ou au chocolat. Évidemment, les puristes ne comprennent pas cet engouement. Le succès est tel que des copies ont fleuri partout à Naples. L'original est repérable à sa banderole : *"Il vero* (le vrai) *Bar del Professore"* ! *Piazza Trieste e Trento, 46 Tél. 081 40 30 41 www.ilverobardelprofessore.com Ouvert tlj. 6h-2h*

● Où déguster une pâtisserie, une glace ?

Pintauro (plan 13, C3 n°2) C'est à peine si l'on remarque cette petite pâtisserie le long de la via Toledo, enserrée entre mille et une boutiques de vêtements et de chaussures. Et pourtant, ce lieu est mythique pour ses délicieuses *sfogliatelle*. Les inconditionnels de Pintauro trouvent qu'elles sont inégalées, que la pâte feuilletée est croustillante et légère, que la crème est parfumée, sucrée bien à point. Vous en jugerez par vous-même. Ne vous en tenez pas là, les autres gâteaux (*babà* et biscuits secs) sont tout aussi goûteux. *Via Toledo, 275 Ouvert lun.-sam. 9h15-20h, dim. 9h15-14h Fermé août*

Augustus (plan 13, C2 n°1) Pâtisserie doublée d'une *tavola calda* (snack) où l'on trouve toute la déclinaison d'en-cas salés (pizzas, petits fromages épicés…) à manger au comptoir ou à emporter. Cette maison historique fondée en 1927 s'est taillé une bonne réputation grâce à ses tartelettes aux fraises et à ses gâteaux à la rose (en mai). *Via Toledo, 147 Tél. 081 551 35 40 Ouvert tlj. 7h-21h* **Autre adresse (plan 10, A2)** *Via Petrarca, 81/a (Posillipo) Tél. 081 575 47 82 Ouvert mar.-dim. 9h-14h et 16h30-21h*

Sfogliatella Mary (plan 13, C3 n°8) La plus petite mais sans doute la meilleure pâtisserie de Naples. L'odeur des *sfogliatelle* vendues encore tièdes et croquantes ne laissent pas indifférents les Napolitains qui font leur shopping dans la galerie Umberto. En toutes saisons, les habitués font patiemment la queue pour savourer les délicieux babas au rhum (1,50€). *Galleria Umberto I / Via Toledo, 66 Ouvert mar.-dim. 8h-20h30 Fermé 2 sem. en août*

Comment boire le café à Naples...

À Naples, on ne plaisante pas avec le café : d'où les déclamations péremptoires de certains Napolitains : *Noi Napoletani, siamo caffettieri* (Nous, Napolitains, peuple du café) ! Boire un petit verre avant de déguster son café fait partie du rite napolitain, alors qu'à Palerme on préfère le contraire. Ensuite, les usages varient : sucrer avant de verser le café dans la tasse, mélanger le sucre dans quelques gouttes de café, boire le café dans un petit verre... La plupart s'accordent pour dire que le café torréfié sur place est bien meilleur. Enfin, les rétifs à l'*espresso*, fort et serré, se replieront sur le large éventail de cafés : *shakerato* – frappé ! –, en *granita*, en cappuccino, parfumés à la noisette ou au chocolat...

La colline du Vomero

☆ Les essentiels Le Castel Sant'Elmo, la chartreuse San Martino **Découvrir autrement** Admirez la collection de crèches de la chartreuse de San Martino, goûtez l'authentique café napolitain du Bar Mexico et faites une pause shopping autour de la via Scarlatti

Sur les hauteurs de Naples, ce quartier résidentiel contraste avec l'incroyable densité et effervescence du centre historique. On se croirait presque dans une autre ville, bourgeoise, plutôt calme, s'animant seulement à l'heure de la *passeggiata*, lorsque tout le monde se retrouve via Scarlatti (zone piétonne) pour faire du lèche-vitrine ou déguster un cornet de glace. Aux abords du Castel Sant'Elmo, l'itinéraire offre de fabuleux points de vue.

ACCÈS
Pour vous rendre au Vomero, empruntez l'un des trois **funiculaires** qui gravissent les flancs de la colline. Vous pourrez redescendre à pied à Spaccanapoli par la rampe de la *pedamentina* (accès juste en face de l'entrée de la chartreuse de San Martino).

☆ **Castel Sant'Elmo (plan 13, C2)** En dehors des importantes expositions temporaires d'art qui se tiennent périodiquement dans ce décor exceptionnel, très bien restauré, le détour par le château vaut surtout pour la vue qui se dégage du haut de la piazza d'Armi (le toit du château). Forteresse bâtie au XIVe siècle sur le site d'une ancienne église vouée à Érasme (dont le nom finit par se résumer à Elmo), elle a été voulue par Robert d'Anjou qui avait saisi l'importance stratégique du site. Deux siècles plus tard, sous le vice-roi Pedro de Tolède, le bastion acquiert sa forme insolite, une étoile à six branches englobant l'ancienne construction. Elle devient alors une des citadelles les plus importantes du royaume. Ses cachots, encore en vigueur jusqu'au début des années 1960, ont été le lieu de détention des prisonniers célèbres, de Tommaso Campanella, de 1604 à 1608, aux révolutionnaires de la République napolitaine, réprimée au tout début du XIXe siècle. *Via Tito Angelini, 22 Tél. 081 229 44 01 Ouvert mer.-lun. 8h30-18h30 Entrée 5€*

☆ **Certosa di San Martino (plan 13, C2)** Le site, la richesse de la collection, l'histoire du lieu en font un musée complet. On doit à Charles d'Anjou cette monumentale entreprise pour l'ordre des Chartreux, engagée en 1325 et achevée en 1368. Quelques siècles plus tard, sous Pedro de Tolède, on remaniera l'ensemble selon les canons baroques, laissant peu de son passé gothique. L'Histoire fait le reste : l'occupation française (1806-1815) porte un coup d'arrêt à des siècles de développement artistique et culturel et démantèle le monastère. Les moines auront à peine le temps de retrouver leur chartreuse, pendant quelques décennies encore, avant d'être définitivement écartés par l'unification italienne, qui décide de dissoudre l'ordre et d'aménager un musée. *Piazzale San Martino, 5 Tél. 081 229 45 41 Ouvert jeu.-mar. 8h30-18h30 (billetterie ferme à 18h30) Entrée 6€*
Église Dans la cour, sur la gauche, elle représente à elle seule un petit musée de peinture et de sculpture napolitaines des XVIIe et XVIIIe siècles. Regardez attentivement chacune des **six chapelles**, notamment celle consacrée à saint

LA CAMPANIE

Bruno, fondateur de l'ordre (la 2e à gauche en entrant), ou les sculptures de G. Sanmartino dans les dernières chapelles à droite et à gauche. Les voûtes de la nef ont été peintes par Lanfranco (1638-1640). L'autel est en bois doré et peint en imitation du marbre, écho aux imbrications polychromes du pavement de Cosimo Fanzago. Vous traverserez la sacristie et ses armoires marquetées en noyer, puis un petit passage orné de fresques de Luca Giordano et de Stanzione, avant d'aboutir dans la chapelle du Trésor (peintures de Giordano sur la voûte et une *Pietà* de Ribera, 1637, sur l'autel).

Pinacothèque La pinacothèque se répartit en plusieurs sections : peinture napolitaine du XIXe siècle, images et mémoires de la ville (depuis la domination de la famille d'Anjou jusqu'à l'Unité italienne). À ce titre, ne manquez pas les toiles magnifiques de Domenico Gargiulo (mieux connu sous le nom de Micco Spadaro).

Grand cloître Rendez-vous au grand cloître de la chartreuse, l'un des plus beaux d'Italie, éclatant sous le soleil. Comme pour l'église, Antonio Dosio a dessiné l'ensemble à la fin du XVIe siècle et Fanzago l'a achevé, ajoutant des crânes sculptés au sommet des balustrades du cimetière des moines. Au fil de la visite du musée, vous découvrirez d'autres cloîtres, plus petits et très charmants.

Appartement du Prieur L'appartamento del Priore, ancienne autorité spirituelle de la chartreuse, dont le patrimoine a été dispersé après l'occupation française, renferme de belles pièces (un triptyque de Jean Bourdichon et un chef-d'œuvre du Bernin père). De cet endroit, vous devriez accéder aux **jardins** qui s'étagent en terrasses et offrent un panorama magnifique sur la baie. Enfin, ne manquez pas la spectaculaire section des **crèches traditionnelles**.

Villa Floridiana-Museo Nazionale della Ceramica (plan 13, B2) Savez-vous ce qu'est une union "morganatique" ? Il s'agit d'un mariage entre un prince et une femme de condition inférieure. Quand le roi Ferdinand Ier rentre à Naples après l'occupation française, en 1815, il ramène son épouse morganatique, la duchesse de Floridia, et lui offre une villa, aujourd'hui devenue l'un des espaces verts les plus agréables de Naples. Favori des promeneurs et des joggers, le parc abrite le musée national de la Céramique, réputé pour sa collection de pièces orientales, notamment chinoises, et ses porcelaines européennes du XVIIIe siècle. *Via Cimarosa, 77 Tél. 081 578 84 18* ***Jardin*** *Ouvert tlj. 8h30-coucher du soleil (1h avant) Entrée libre* ***Musée*** *Ouvert mer.-lun. 8h30-14h Entrée libre*

Où faire son marché ?

Il Mercatino di Antignano (plan 13, B1) Autrefois, ce marché ne vendait que des vêtements d'occasion. Aujourd'hui, on y trouve de tout et on peut y réaliser de bonnes affaires. *Entre la via Mario Fiore et la piazza degli Artisti Ouvert lun.-sam. matin*

Où trouver des bijoux, des fleurs en tissus ?

Amaltea (plan 13, B2 n°60) Rien que pour Maria Pia Cassese, il faudrait visiter sa boutique. Une Napolitaine comme on en rêve, amoureuse de sa ville et de sa culture. À tel point qu'elle a décidé de redonner vie à l'artisanat napolitain des fleurs artificielles. Mais à sa façon, ne travaillant que de la soie de San

Leucio (p.282), qu'elle met sous presse dans des moules en métal traditionnels. Naissent alors des broches multicolores de brocart, de damas, de feuilles en cuivre, toutes différentes. Elle sélectionne aussi d'adorables bibelots en fer blanc, en céramique... *Via Solimena, 92 Tél. 081 372 10 38 Ouvert lun.-sam. 10h-13h30 et 16h30-20h (fermé sam. ap.-m. en été) Fermé plusieurs semaines en août*

● Où déguster une glace ?

☺ **Otranto (plan 13, B1 n°4)** On monte surtout les collines du Vomero pour savourer les glaces d'Otranto. Certains parfums sont des best-sellers (noisette fondante, pistache bien présente, nougat...), mais le choix est tel que vous risquez d'hésiter longtemps, aussi faites-vous conseiller par les vendeurs ! Si vous êtes invité pour un repas chez des Napolitains, il est de bon ton d'apporter de la glace, surtout si elle vient d'ici. *Piazza Fanzago Tél. 081 19 81 03 03 www.gelateriaotranto.it Ouvert été : mar.-mer. et ven.-dim. 9h30-0h, lun. et jeu. 12h-0h ; hiver : mar.-dim. 10h-22h*

● Où prendre un espresso, un *shakerato* ?

☺ **Bar Mexico (plan 13, B2 n°47)** Les experts ne jurent que par le Mexico (prononcer Messico), bar-torréfacteur, faux modeste qui clame sur ses publicités qu'il est "l'un des meilleurs cafés au monde". On consomme debout au comptoir devant les garçons qui s'affairent, le tout dans une atmosphère parfumée de café moulu. Goûtez les mélanges spéciaux (Harem, au léger goût de chocolat, ou Moana) et faites vos provisions (paquets hermétiques ou boîtes). *Via Scarlatti, 69 Tél. 081 556 58 65 Ouvert lun.-sam. 7h-20h30, dim. 7h30-14h*

● Où prendre un verre, grignoter... ?

Azar Café (plan 13, B2 n°49) Au cœur de la zone piétonne du Vomero, à 10min du Castel Sant'Elmo, une cour arborée de palmiers, des fauteuils aux tons marron glacé, des parasols blancs, de la musique italienne ou *lounge*, selon l'heure, et un comptoir de 6m de long, où s'alignent pâtisseries – excellentes, goûtez leurs *sfogliatelle* –, salades, en-cas et amuse-bouches. Idéal pour un petit déjeuner, un brunch, un jus de fruits frais ou un apéritif. *Via Scarlatti, 139 Tél. 081 578 02 48 Ouvert tlj. 8h-1h*

● Où prendre l'apéritif ?

Vous verrez beaucoup d'*enoteche* et de *vinerie*, notamment à proximité des marchés. Ce sont à la fois des débits de vin, où vous pourrez faire provision de bonnes bouteilles, et des lieux où s'initier aux meilleurs crus de la région en prenant un apéritif.

Vintage Bar (plan 13, B2 n°40) Le dernier endroit à la mode du Vomero ! Un large choix de vins que l'on déguste avec de la charcuterie ou du fromage dans la salle du fond, plus intimiste. Au bar à cocktails, les danseurs se déchaînent. *Via G. Bernini, 37a Tél. 081 229 54 73 www.vintageweb.it Ouvert lun.-ven. 19h-1h, sam.-dim. 19h-3h*

● Où manger sur le pouce ?

☺ **Frigittoria Vomero (plan 13, B2 n°21)** Peut-être les meilleures fritures de Naples. Tout y est : le goût, la consistance (croustillante à l'extérieur, moelleuse à l'intérieur), la variété (beignets de pâtes, courgettes, fleurs de courgettes, aubergines, pommes de terre, oignons, potiron, beignets de riz farcis…). L'accueil est sec et sans chichi, mais qu'importe, on vient juste y chercher un sac de beignets chauds qu'on ira manger devant le Castel Sant'Elmo ou sur les pelouses de la Villa Floridiana, avec Naples étalée à ses pieds. *Via Cimarosa, 44 Tél. 081 578 31 30 Ouvert lun.-sam. 10h-14h30 et 17h-21h Fermé 3 semaines en août*

Le *lungomare*

☆ **Les essentiels** Les quartiers de Santa Lucia et de Mergellina **Découvrir autrement** Savourez une glace au Chalet Ciro, faites vos emplettes au marché du Posillipo le jeudi matin

L'éperon formé par le quartier de Santa Lucia, l'ancien Borgo Marinaro (le bourg maritime), qui se prolonge jusqu'au Castel dell'Ovo, entame une des plus belles portions du golfe de Naples. Cette beauté se révèle avec éclat depuis la mer ou bien du haut des promontoires qui dominent le rivage.

☆ **Quartier de Santa Lucia (plan 13, C4)** Santa Lucia a su conserver son esprit de quartier malgré l'invasion de bars et de restaurants à la mode. Le meilleur moment pour s'y rendre est l'heure de l'apéritif ou celle du dîner. Par temps clair ou au crépuscule, la promenade le long de la **via Partenope**, à l'ombre du **Castel dell'Ovo** et du chapelet d'hôtels de luxe qu'elle borde, est un moment délicieux. Le vieux bastion, lui, a encore fière allure : il a été construit sur une villa romaine par les Normands, agrandi par les Angevins et réaménagé à la fin du XVIIe siècle. Restauré dans les années 1970, il accueille des manifestations culturelles.

BAR DE QUARTIER Ouvert uniquement en soirée, ce bar de quartier s'anime à partir de l'apéritif ; le trottoir est alors aussi bondé que la salle intérieure. **S'Move (plan 13, C3 n°43)** *Vicolo dei Sospiri, 10a Tél. 081 764 58 13 Ouvert tlj. 19h-2h Fermé août*

Riviera di Chiaia-Villa Comunale (plan 13, B3) Pour nombre de Napolitains, son nom est synonyme d'élégance ou de jogging… Les vice-rois espagnols d'abord, puis Ferdinand IV, en 1778-1780, prennent l'initiative d'une promenade qui mènerait à une fontaine monumentale, en son centre. Longtemps, le site était "royal", les pauvres et les gens en haillons ne pouvaient y accéder. Inspirée des jardins des Tuileries à Paris, la Villa Comunale (nom du parc que longe la Riviera) a conservé son enceinte et les palais qui la bordent d'un côté n'ont rien perdu de leur superbe (palais des XVIIIe et XIXe s.). Au n° 200, vous remarquerez la **Villa Pignatelli**, belle demeure qui abrite des collections de mobilier, de porcelaines, d'arts décoratifs… Au centre de la Villa Comunale se trouve la *stazione zoologica*, aquarium réputé fondé en 1872. *Villa Comunale Tél. 081 761 11 31 Ouvert haute saison : tlj. 7h-0h ; basse saison : tlj. 7h-22h*

Palazzo delle Arti di Napoli/PAN (plan 13, B3) Peinture, sculpture, architecture, photographie, design, art vidéo, bande dessinée… Toutes les formes d'expression artistique contemporaine sont abordées dans l'immense palais Roccella di Carafa (6 000 m² répartis sur 3 niveaux). Ouvert depuis 2005, le musée organise plusieurs belles expositions temporaires par an et offre un grand espace de consultation d'archives. *Via dei Mille, 60 Tél. 081 795 86 05 ou 081 795 86 04 www.palazzoartinapoli.net Ouvert lun.-sam. 9h30-19h30, dim. 9h30-14h30 Entrée 5€ (variable)*

☆ **Quartier de Mergellina (plan 13, A4)** Les amateurs de balades en bord de mer apprécieront celle qui va de Mergellina jusqu'au Palazzo Donn'Anna, qui semble être posé sur pilotis. À gauche, le rivage, ses barques de pêcheurs, ses bateaux de plaisance. À droite, les nombreux "chalets", kiosques où savourer d'excellentes glaces, cf. Où manger une glace ? (p.257).

Parco Virgiliano Plus haut sur la colline (accès par une longue volée d'escaliers), vous pouvez vous recueillir sur la tombe de Virgile et, tout à côté, sur celle du poète Giacomo Leopardi. *Salita della Grotta, 20 Tél. 081 66 93 90 Ouvert tlj. 9h-18h*

Palazzo Donn'Anna Plus loin, dans le quartier résidentiel et verdoyant du Marechiaro, vous apercevrez un palais décrépit, dans des tons ocre qui rosissent à l'heure du crépuscule : ce palais, bâti dans le tuf en 1642 par Cosimo Fanzago (l'architecte de la chartreuse de San Martino) pour Donna Anna Carafa, a connu un destin tourmenté (il est d'ailleurs inachevé). La légende raconte que Donna Anna serait morte de chagrin après avoir été abandonnée par son époux. C'est une propriété privée mais, si vous êtes aimable et discret, il se peut que le gardien vous laisse jeter un coup d'œil à la vue qui se dégage depuis la terrasse.

● Se distraire en famille

Città della Scienza (plan 10, A2) En vous dirigeant vers Pouzzoles, vous tomberez sur un imposant centre aménagé dans les murs d'une ancienne usine au pied de la colline de Posillipo. Ce lieu veut mettre la science à la portée de tous, particulièrement des enfants, il y a même des ateliers pour les plus petits. La première section éclaire sur l'environnement, les phénomènes naturels inexpliqués, l'évolution... Suivent un planétarium et une section consacrée aux technologies de communication. *Via Coroglio, 104 (à l'ouest du centre de Naples, prendre la direction du stade San Paolo puis le viale Kennedy en direction de Coroglio) Bus R7 Tél. 081 735 22 02 www.cittadellascienza.it Fermé depuis l'incendie de mars 2013 Des travaux de reconstruction sont prévus*

● Où acheter des souvenirs gourmands ?

Dolce Idea di Gennaro Bottone (plan 13, C3 n°63) Vous aurez bien du mal à arrêter votre choix parmi la multitude de petits bonbons au chocolat ! Faites-vous conseiller ou, si vous êtes passionné, allez voir l'atelier (*laboratorio*) de préparation de toutes ces gourmandises. *Via Gennaro Serra, 78 Tél. 081 764 28 32 Ouvert lun.-sam. 9h30-14h et 16h-20h, dim. 10h-14h* **Atelier (plan 10, A1)** *Via Pietro Castellino, 132 (Metro Rione Alto) Ouvert lun.-ven. 9h30-20h, sam. 9h30-19h*

Arfé (plan 13, B3 n°62) Ceux qui veulent faire provision de spécialités locales sans se compliquer la vie iront chez Arfé, caverne d'Ali Baba qui entrepose une immense variété de charcuteries, de fromages, de vins, de pâtes (celles de Gragnano, fabriquées à l'ancienne à 40km de Naples)... *Via Santa Teresa a Chiaia, 45 Tél. 081 41 18 22 Ouvert lun.-sam. 8h-14h et 16h30-20h*

Antica Latteria (plan 13, B3 n°61) Une fois qu'on a goûté les *mozzarelle di bufala campana* (au lait de bufflonne, à la saveur plus prononcée) ou les *fior di latte* (mozzarella au lait de vache, au bon goût de lait frais), il est difficile de revenir à celles que l'on trouve dans nos supermarchés. Si vous prenez l'avion, il n'est pas impossible d'en emporter dans vos bagages, d'autant qu'on recommande de la conserver à température ambiante (mais il faut alors la consommer très rapidement). Sinon, dévorez-la sur place ! *Via San Pasquale, 20 Tél. 081 40 31 59 Ouvert lun.-mer. et ven.-sam. 8h-14h et 16h30-19h, jeu. 8h-14h*

Où aller chiner ou faire son marché ?

☺ **Il Mercatino di Posillipo (plan 10, A2)** Le marché le plus chic de Naples, celui qui contredirait presque tous les clichés sur la ville, où daignent faire leurs achats même les *signore* du quartier résidentiel voisin. Quelques étals de fruits et légumes couvrent l'immense allée bordée de pins parasols, mais tous ceux qui suivent sont exclusivement consacrés aux vêtements. Fripes, lingerie fine, linge de maison, maillots de bain... On y fait de véritables bonnes affaires (attention toutefois aux contrefaçons). De plus, le cadre, en surplomb de la mer, est magnifique. Après le shopping, allez déjeuner à la Trattoria da Cicciotto (p.268) à Marechiaro. *Viale Virgilio (direction Capo Posillipo) Ouvert jeu.*

Fiera Antiquaria Napoletana (plan 13, B3) Mobilier, peintures, estampes, crèches anciennes, bijoux... Grande brocante chic et kitsch qui mêle de belles pièces anciennes, quelques imitations bien travaillées et un certain nombre de bizarreries dont nous nous garderons de juger les qualités esthétiques. Se renseigner au tél. *Viale Dohrn Villa Comunale Tél. 335 621 27 23 www.fieraantiquarianapoletana.it En général, 3e et dernier w.-e. du mois 8h-14h Fermé août*

Où s'habiller à la mode napolitaine ?

Marinella (plan 13, B3 n°65) Une institution depuis 1914 : Marinella a noué les cravates de François Mitterrand et compte Jacques Chirac parmi ses clients. Don Eugenio, le fondateur, était un homme de principes : "C'est la somme de petits détails qui fait l'homme élégant." Deux tarifs : à partir de 95€ pour une cravate cousue, 120€ sur mesure ou pour le modèle 7 plis en cachemire. Sachez que l'échantillonnage de soies est renouvelé chaque semaine et qu'il faut compter quatre jours pour une cravate sur mesure. Si vous préférez être tranquille, venez dès l'ouverture, tôt le matin. *Riviera di Chiaia, 287a Tél. 081 245 11 82 www.marinellanapoli.it Ouvert lun.-sam. 6h30-13h30 et 15h30-20h, dim. 8h-13h Fermé 15 jours en août*

Livio de Simone (plan 13, C3 n°64) Depuis les années 1950, le plus emblématique des couturiers de la région est réputé pour ses pièces uniques, peintes à la main. Les robes et les tuniques, très colorées, font sensation à Capri et à Positano... *Via Domenico Morelli, 15 Tél. 081 764 38 27 Ouvert lun.-sam. 10h-13h30 et 16h30-20h Fermé 3 sem. en août*

Où faire une pause salée ou sucrée ?

Gran Bar Riviera (plan 13, B3 n°48) Près de la mer, devant le parc de la Villa Comunale, un café qui selon l'heure se transforme en bar, rôtisserie ou pâtisserie. Toujours ouvert, selon l'heure du jour ou de la nuit, il accueille une clientèle des plus diverses. Les petits choux sont une spécialité, les glaces sont bonnes, de même que tous les en-cas salés. Belle terrasse. *Riviera di Chiaia, 181/183 Tél. 081 66 50 26 Ouvert tlj. 24h/24*

Gran Caffè Cimmino (plan 13, C3 n°44) Situé dans la rue la plus passante de Chiaia, ce café qui, lui aussi, fait tantôt office de bar, de rôtisserie (snack-bar) ou de pâtisserie, possède une terrasse idéale pour déguster d'appétissantes pâtisseries tout en observant le va-et-vient des Napolitains qui avalent leur petit noir et leur croissant en quelques secondes. À l'heure de l'apéritif, la jeunesse envahit les lieux. *Via R. di C. G. Filangieri 12-13 Ouvert tlj. 7h-22h30*

● Où manger une glace ?

Chalet Ciro (plan 13, A4 n°6) Les habitués se pressent pour acheter un *gelato* de chez Ciro. La glace est bonne, crémeuse et très sucrée. L'endroit est aussi très fréquenté le soir, pour un *frullato*, un smoothie, un cocktail de fruits sans alcool, des petits snacks... *Via F. Caracciolo à l'angle de la via Orazio (face au funiculaire) Tél. 081 66 99 28 Ouvert jeu.-mar. 6h45-2h30*

Remy Gelo (plan 13, A4 n°7) À côté du marché couvert de la Torretta, ce glacier décline toutes les versions possibles, de la *granita* à la crème glacée en passant par la *cremolata* (sorte de *granita* avec des jus de fruits frais) en des dizaines de parfums. *Via Ferdinando Galiani, 29/a Tél. 081 66 73 04 Ouvert tlj. 7h-0h (20h le sam. basse saison)*

Bilancione (plan 10, A2) Une variété infinie de parfums, une glace crémeuse et sucrée à point, des sorbets fondants... En prime, la vue sur la ville et le golfe, de l'autre côté de la rue, offre le cadre rêvé pour savourer votre cône. *Via Posillipo, 238/b Tél. 081 769 19 23 Ouvert été : dim.-ven. 7h-1h, sam. 7h-2h ; hiver : mar.-ven. et dim. 7h-0h, sam. 7h-1h30*

● Où boire un verre de vin ou un cocktail ?

La Barrique (plan 13, B3 n°41) Ce bar qui affiche "association des amis du vin", avec ses assiettes de charcuterie, ses salades ou sa carte de *primi* et *secondi*, attire aussi les amis de la gourmandise. *Piazzetta Ascensione, 9 Tél. 081 66 27 21 Ouvert tlj. 9h-0h*

Enoteca Belledonne (plan 13, C3 n°42) Dans un coin de Chiaia où les bars ne manquent pas, c'est l'*enoteca* à la mode, envahie de "bobos" sirotant vins italiens ou venus du monde entier. *Vico Belledonne a Chiaia, 18 Tél. 081 40 31 62 Ouvert mar.-sam. 10h-13h30 et 17h-2h, dim.-lun. 19h-2h*

Le Bar (plan 13, C4 n°50) Juste au pied du Castel dell'Ovo, dans le quartier du Borgo Marinaro, découvrez cette immense terrasse aux accents orientaux, une liste de cocktails sans fin et une bande-son dans l'air du temps. Intérieur assez petit, très *lounge*. *Via Eldorado, 7 Tél. 081 764 57 22 Ouvert été : tlj. 19h-2h ; reste de l'année : mar.-dim. 19h-2h*

● Où aller danser ?

Arenile di Bagnoli (plan 10, A2) D'un côté, la mer, de l'autre, un corps de bâtiments industriels réaménagés qui donne un cachet incroyable à ce lieu littéralement pris d'assaut les soirs d'été. La journée, c'est un *lido*, une plage privée avec piscine tout équipée (du parasol à la chaise longue) baignée d'une musique légère, un *chill-out* relaxant au soleil et au bord de l'eau. Le soir, c'est un bar, une discothèque et une scène de concerts "transgenres" (du rock alternatif à la disco des années 1970). *Via Coroglio, 14 Tél. 081 019 91 56 www.arenilereload.com Ouvert mai-sept. tlj. 8h-3h*

● Profiter de la mer

Marechiaro (plan 10, A2) C'est l'un des endroits de Naples où la baignade est sûre. Il suffit de descendre dans la rade de Marechiaro : une barque vous conduira sur un rocher inaccessible à pied et viendra vous rechercher à heure dite. Vous pouvez aussi choisir de vous rendre dans un des *lidi*, ces clubs de bord de mer très bien équipés et bien fréquentés. Comptez alors entre 20€ et 30€ l'entrée. *À l'ouest de Naples après le quartier de Posillipo, bus n° 140 (arrêt piazza Marechiaro) puis 10min de marche vers la mer*

Capodimonte

☆**Les essentiels** Le musée de Capodimonte **Découvrir autrement** Pique-niquez dans le parc du musée

Aller à Capodimonte, c'est presque faire une *scampagnata*, une sortie à la campagne. Il s'agit de visiter le palais, la galerie et le parc (134ha !) d'une résidence voulue par Charles de Bourbon en 1734.

☆**Museo di Capodimonte (plan 10, A1)** Au-delà du pavillon de chasse adjacent au bois, le roi voulait un espace monumental apte à recevoir la collection qu'il avait héritée de sa mère, Élisabeth Farnèse. Les travaux s'engagent et durent près d'un siècle. La collection est exposée dès 1759, quand les douze premières salles sont aménagées. Joseph Bonaparte et Murat occupent le lieu pendant la parenthèse 1806-1815, privant Capodimonte de sa fonction de musée. En compensation, le palais est encore embelli, les appartements sont richement décorés. Il faudra attendre 1957 pour que le musée rouvre avec ses collections d'origine, notamment la pinacothèque Farnèse. *Via Miano, 2 (Porta Piccola) Via Capodimonte (Porta Grande) Tél. 081 749 91 11 www.museo-capidimonte.it Ouvert jeu.-mar. 8h30-19h30 (parc tlj. 7h-1h avant coucher du soleil) Entrée 7,50€ (6,50€ à partir de 14h)*

Visite Elle se déploie sur deux niveaux. Au premier étage, 32 salles consacrées à la **collection Farnèse**, qui rassemble les œuvres des grandes écoles italiennes et européennes du XVe au XVIIe siècle (Titien, Raphaël, Masaccio, Botticelli, le Greco, Bruegel...). Une autre trentaine de salles est consacrée aux **appartements royaux**, encore presque intacts : salle 37, la table est dressée comme si des convives venus d'un autre temps allaient arriver d'un moment à l'autre. Ne ratez pas l'adorable petit salon de porcelaine de la reine Marie-Amélie (salle 52). Au deuxième étage, d'autres chefs-d'œuvre du XIIIe au XVIIIe siècle : tapisseries, peintures du Caravage, de Mattia Preti, de Ribera, de Luca Giordano, de Solimena... Mention spéciale pour la toute nouvelle section d'**art contemporain**, dont l'essentiel est présenté sur une mezzanine au-dessus du deuxième étage. Elle est explosive à en juger le *Vesuvius* d'Andy Warhol, qui détonne dans ce paysage classique. Prévoyez éventuellement un panier pique-nique pour profiter du parc après la visite !

Catacombe di San Gennaro (plan 10, A1) Pour gagner les catacombes depuis la Sanità, rejoignez à l'ouest la via Teresa degli Scalzi et montez, montez... Nous vous conseillons le bus (n° 178 en direction de Capodimonte depuis les stations de métro Cavour ou Museo) ou le taxi, car la côte est rude. D'autre part, la longue volée d'escaliers (à partir du rond-point Capodimonte) censée représenter un raccourci vers le musée est dangereuse (vraiment malfamée). Les catacombes de San Gennaro, situées en surplomb de la ville, à côté d'une église plutôt laide (supposée imiter Saint-Pierre de Rome...), remontent au IIe siècle et s'étagent sur deux niveaux. Fresques et mosaïques paléochrétiennes à profusion, sarcophages... *Basilica del Buon Consiglio Via Tondo di Capodimonte, 13 Tél. 081 544 13 05 www.catacombedinapoli.it* **Visites guidées** *lun.-sam. 10h-17h, dim. 10h-13h, départ toutes les heures Entrée 8€* **Visites nocturnes théâtrales** *Tél. 081 744 37 14 À 20h sur réservation Entrée 12€*

CARNET D'ADRESSES

Restauration

La gastronomie napolitaine flatte tous les palais : recettes à base de poisson et de fruits de mer (moules, poulpes, crevettes...) ou à base de viande et de légumes (*minestra maritata* - soupe de légumes avec viande de porc, saucisses grillées et *friarielli* -, *parmigiana di melanzane*...). Cependant, n'oubliez pas de goûter la pizza, pièce maîtresse du savoir-faire napolitain.

très petits prix

Di Matteo (plan 12, B2 n°30) Quand vous marchez via dei Tribunali, il y a de fortes chances pour que l'odeur

Sortir "à la napolitaine"

Pas de recommandations particulières sur les habitudes noctambules des Napolitains, si ce n'est que ça commence très tard : on dîne vers 21h ou 22h, si on va au cinéma on choisit la dernière séance et on ne met pas les pieds dans une discothèque avant minuit... Tout au bout de la nuit, vers 5h, au lieu de finir la fête avec un *cornetto* (croissant), on peut aussi choisir de manger un morceau de pizza *al taglio* (à la coupe) ! Guettez les festivals et les événements recensés dans la presse locale. Entre la Riviera di Chiaia et la via dei Mille, les noctambules trouveront forcément des *locali* (bars de nuit) animés, fréquentés par la jeunesse dorée de la ville. Si vous voulez juste respirer l'air de la nuit napolitaine en compagnie des autochtones, rendez-vous piazza Bellini, Borgo Marinaro ou aux abords de Santa Lucia, près de la mer, ancien quartier de pêcheurs qui a été réaménagé ; passez de la piazza del Gesù Nuovo à celle de San Domenico Maggiore (toujours envahies), montez à la Certosa di San Martino pour le panorama sur la ville ou longez le *lungomare* (promenade du bord de mer) jusqu'à Mergellina.

de pain et d'huile d'olive vous attire devant cette pizzeria. C'est l'une des plus célèbres, au cœur de Spaccanapoli. Des tables en Formica à l'intérieur, d'autres à l'étage et, invariablement, une file qui attend d'emporter des pizzas chaudes et des chaussons frits. Les patrons racontent à l'envi qu'ils ont nourri Bill Clinton. ***Centre historique*** *Via dei Tribunali, 94 Tél. 081 45 52 62 Ouvert lun.-sam. 9h-0h Fermé 2 sem. août*

☺ **D'è Figliole (plan 12, C2 n°31)** Tout Napolitain qui se respecte connaît cette adresse en plein centre de Spaccanapoli : la seule, l'unique, l'inimitable *pizza fritta* des sœurs Apetino (Giuseppina, Immacolata et Carmela), dignes héritières de leur arrière-grand-mère qui s'est établie ici en 1860. À la base, la pâte est la même sauf qu'elle est farcie (d'un peu de lard gras ou de saindoux, de ricotta et de mozzarella) comme un *calzone* (chausson) et qu'au lieu d'être enfournée, elle est plongée dans l'huile bouillante (fermez les yeux sur les calories). On obtient alors une demi-lune dorée et gonflée qu'on engloutit debout dans la rue ou assis aux quelques tables disponibles. Vous pouvez demander des parts plus ou moins grandes et diversement farcies (y compris avec du Nutella !). ***Centre historique*** *Via Giudecca Vecchia, 39 Tél. 081 28 67 21 Ouvert lun.-ven. 9h30-21h30, sam. 9h30-0h Fermé 3 sem. août*

☺ **Antica Pizzeria Da Michele (plan 12, B2 n°32)** Depuis 1870, 5 générations de la famille Condurro, se sont succédé pour faire de ce modeste établissement le "temple de la pizza" ! Pas d'ingrédients fantaisistes : ici, c'est *margherita* (sauce tomate, mozzarella, basilic, huile d'olive) ou *marinara* (sauce tomate, ail, origan, huile d'olive). Ne vous laissez pas décourager par la queue à l'extérieur, il suffit de donner votre nom et on vous appellera quand ce sera votre tour : c'est toujours bondé mais ça va très vite (si vous recherchiez le cadre d'un dîner romantique en tête à tête, c'est raté). Des photos anciennes, le buste de saint Antoine, protecteur du feu et des pizzaïolos, un joyeux brouhaha et des serveurs d'une efficacité redoutable (pensez

La restauration "sur le pouce" à Naples

Pizza al taglio (à la coupe), *panini* sur mesure et beignets à emporter (rien à voir avec les *donuts*) tiennent le haut du pavé. À Naples, un arrêt dans l'une des nombreuses *friggitorie* ("friteries", littéralement des endroits où l'on frit les aliments – fleurs de courgettes, pommes de terre...) s'impose, pour l'incomparable légèreté des beignets (la pâte n'est qu'un mélange d'eau et de farine) et leur infinie variété : légumes (potiron, oignon, aubergine...), *arancini* (beignets de riz farcis avec de la mozzarella et/ou de la viande), croquettes de pomme de terre... Emballés encore fumants dans un papier de fortune, ils se mangent sur le pouce. Attention, les *friggitorie* qui ont pignon sur rue sont sans doute plus sûres que celles improvisées avec un chaudron et une huile dont la couleur est douteuse. Comptez de 3€ à 5€ selon la quantité de beignets, cf. Et aussi... (p.261).

à leur laisser un pourboire...). *Centre historique Via Cesare Sersale, 1 Tél. 081 553 92 04 www.damichele.net Ouvert lun.-sam. 10h-0h Fermé 2 sem. août*

Trianon (plan 12, C2 n°33) Une pizzeria qui doit sa célébrité à ses pizzas géantes, les "roues de carrosse" (*ruote*), que tout le gratin des artistes napolitains jouant au théâtre voisin venait savourer. Aujourd'hui, c'est plus touristique mais les pizzas sont restées excellentes. À consommer avec une bière ou de l'eau pétillante... *Centre historique Via Pietro Colletta, 42-46 Tél. 081 553 94 26 Ouvert tlj. 11h-15h et 19h-23h*

Sorbillo (plan 12, B2 n°34) Au commencement, il y avait Esterina, l'aînée de 21 frères qui ont, à sa suite, presque tous versé dans la pizza. La pizzeria, très aimée des étudiants, se résume à l'essentiel : une pièce assez grande pour contenir un four, un comptoir et quelques tables. Pas de distraction sur les murs : l'attention doit être tout entière vouée à la pizza ! Les amateurs de *calzoni* (pizza refermée comme un chausson) seront servis, ils sont délicieux. Attention, là aussi, préparez-vous à faire la queue, ou venez tôt. *Centre historique Via dei Tribunali, 32 Tél. 081 44 66 43 Ouvert lun.-sam. 12h-15h30 et 19h-23h30 Fermé 15 jours en août*

Lombardi a Santa Chiara (plan 12, A2 n°35) Un classique, près de l'église du Gesù Nuovo et du couvent de Santa Chiara. On s'y réunit pour fêter un événement, pour se retrouver entre amis ou en famille et, avant tout, pour manger de la pizza. Le service est efficace et accueillant et les non-adeptes trouveront une carte de spécialités (pâtes, viandes...) à leur mesure. Quelques fantaisies

Et aussi...

Manger sur le pouce

Pâtisseries, glaciers

Cafés, bars

Discothèque

sont bien réussies : goûtez à la pizza "Lombardi" (aux 8 parfums, toujours différents selon la saison). ***Centre historique*** *Via Benedetto Croce, 59 Tél. 081 552 07 80 Ouvert mer.-lun. 12h-15h30 et 19h-23h30 Fermé 2 semaines autour du 15 août*

Un Sorriso Integrale (plan 12, A2 n°21) Difficile de traduire ce jeu de mots italien, disons qu'il joue sur la proximité entre "sorriso" sourire et "riso integrale" riz complet... Les végétariens et ceux qui sont las des spécialités napolitaines trop riches se réjouiront de trouver cette association qui prépare chaque jour une cuisine méditerranéenne à base de produits bio. On a le choix entre une grande assiette composée et un ou deux plats. Une ambiance très décontractée (encens, plantes vertes...), un lieu de réunion écolo, une épicerie et une librairie thématique. *Primi* 4-5€, *secondi* 4-5€, plat unique 9€. ***Centre historique*** *Vico San Pietro a Maiella, 6 (angle piazza Bellini) Tél. 081 45 50 26 Ouvert tlj. 12h-16h et 19h-0h (lun.-sam. en été)*

Pizzeria Oliva-Concettina (plan 12, A1 n°36) Ceux qui pousseront la curiosité jusqu'aux ruelles populaires de la Sanità pourront faire une halte dans cette pizzeria à l'image du quartier. Décorée d'un autel et d'une *madonna* en façade, elle accueille ceux qui font l'école buissonnière et qui ont une petite faim, les travailleurs de l'aube, les gourmands attirés par la chaude odeur de pain... Tables en Formica de rigueur dans une salle toute nue mais animée et très bonnes pizzas. ***Sanità*** *Via Arena alla Sanità, 7bis Tél. 081 29 00 37 Ouvert lun.-sam. 10h-0h*

☺ **Starita (plan 12, A1 n°39)** Pour certains, la meilleure pizza et les meilleurs *fritti* de Naples. Depuis que *L'Oro di Napoli*, avec Sophia Loren, y a été tourné en 1954, toutes les stars de passage s'y rendent en pèlerinage. Impossible de résister aux spécialités maison : pizza *fiorilli e provola* (boutons de fleurs de courgettes et fromage fumé) et *angioletti fritti*, morceaux de pâte frite à la sauce tomate et au basilic, ou, en version dessert, au Nutella... ***Musée archéologique/Materdei*** *Via Materdei, 27-28 Tél. 081 557 36 82 Ouvert lun.-sam. 11h30-15h30 et 19h-0h, dim. 19h-0h Fermé 15 jours en août*

Brandi (plan 13, C3 n°37) Un épisode mille fois rapporté a fait la fortune de la pizza margherita et de cet établissement : en 1889, la reine Margherita de Savoie, en visite à Naples, fait venir au palais de Capodimonte le pizzaïolo Raffaele Esposito et sa femme, Rosa Brandi. Trois pizzas sont préparées : deux recettes anciennes - *alla mastunicola* (basilic, saindoux et fromage) et *alla marinara* (ail et origan) - et une nouvelle recette, patriotique, aux couleurs du drapeau italien. C'est celle-ci qui a gagné les faveurs de la reine : le pizzaïolo avait là un nom tout trouvé pour sa nouvelle pizza ! La pizzeria est toujours au même endroit et porte désormais le nom de jeune fille de Mme Esposito. La pizza est bonne (quoique bien plus chère qu'ailleurs) et, comme bien des monuments historiques, les lieux sont souvent envahis de touristes. ***Quartiers espagnols*** *Salita Sant'Anna di Palazzo, 2 (angle Via Chiaia) Tél. 081 41 69 28 Ouvert mar.-dim. 12h-15h et 19h-0h*

Nennella (plan 13, C2 n°22) Immersion dans l'atmosphère des quartiers espagnols : on se retourne quand vous entrez, on vous dévisage (surtout si vous êtes seul, surtout si vous êtes une femme) et puis on vous oublie, les pâtes n'attendent pas. Deux salles fonctionnelles : un néon, des tables, des chaises, et c'est à peu près tout. Mais la cuisine est généreuse et vous laissera de bons souvenirs : pâtes aux haricots ou aux pommes de terre et *provola*, saucisses grillées et *friarielli*, un verre de vin blanc léger, un fruit et éventuellement un petit verre de *limoncello* glacé (digestif à base de citron). Comptez 10€ (*primo + secondo*). ***Quartiers espagnols*** *Vico lungo teatro Nuovo, 103-105 Tél. 081 41 43 38 Ouvert lun.-sam. 11h-16h et 19h-0h Fermé en août*

☺ **Osteria Donna Teresa (plan 13, B2 n°25)** En position stratégique, à mi-chemin entre le métro Vanvitelli et les stations terminus des funiculaires Centrale, Chiaia et Montesanto, cette *osteria* est sans doute la meilleure adresse du Vomero. La *signora* prépare des spécialités de la cuisine familiale napolitaine : pâtes et haricots, pâtes et pois chiches, *parmigiana di melanzane* (aubergines en lasagnes), *pasta al forno* (gratin de pâtes), boulettes en sauce, paupiettes, morue, *alici in tortiera*... *Il signore* vous vantera les talents de madame, insistant chaleureusement pour que vous goûtiez au moins un *primo* (3-6€) et un *secondo* (5-8€). Menu complet 12€. **Vomero** *Via Kerbaker, 58 Tél. 081 556 70 70 Ouvert lun.-sam. midi et soir Rés. conseillée le soir Ouvert les 3 premiers dimanches de déc. Fermé en août*

Osteria Da Tonino (plan 13, B3 n°26) Autant être prévenu : il vous faudra de la patience. L'attente est longue, voire pénible, mais vous serez récompensé. Aujourd'hui c'est le fils de Tonino et sa femme qui tiennent une des *osterie* les plus courues de Naples. Non sans

La pizza, une spécialité napolitaine

À Naples, on ne plaisante pas avec la pizza. Si vous pensez être un expert en matière de bonnes pizzas, attendez d'avoir goûté celles de Naples, où jamais ce mélange anodin de farine, d'eau, de sel, de levain, d'huile d'olive et d'ingrédients simples ne vous aura paru aussi croustillant et savoureux. C'est d'abord une affaire de pâte, travaillée à la main, virevoltant devant le pizzaiolo dans une mise en scène spectaculaire. Ensuite, il y a la qualité des produits : les tomates de San Marzano, cultivées dans la région – à la pulpe dense et sucrée –, la mozzarella, l'huile d'olive et le basilic. Enfin, il y a le four en briques, rigoureusement alimenté avec du bois et de la sciure pour atteindre une température avoisinant les 500°C, dans lequel la pâte gonfle à peine enfournée. Voilà pour la théorie ; quant au savoir-faire, il est aussi bien gardé qu'un secret de famille. Une bonne pizza napolitaine est fine, avec un bord bien cuit (mais pas brûlé) et doit pouvoir se manger avec les doigts puisque, à l'origine, la pizza était un en-cas que l'on consommait debout dans la rue, à n'importe quelle heure du jour. C'est aussi pour cette raison que, contrairement à d'autres villes italiennes où la pizza est réservée au dîner, les pizzerias napolitaines sont souvent ouvertes en continu dès 10h du matin. Le dernier détail concerne son prix. Avec environ 5€ pour une pizza margherita, vous dépenserez difficilement moins pour déjeuner.

raison ! Les habitués viennent pour retrouver les saveurs incomparables de leur enfance dans une assiette de pâtes aux pois chiches ou aux lentilles, ou pour savourer de la morue ou du stockfisch. À midi *primi* 4-5€, *secondi* 6-7€ (les prix augmentent légèrement le soir...). ***Lungomare*** *Via Santa Teresa a Chiaia, 47 Tél. 081 42 15 33 Ouvert dim.-jeu. midi, ven.-sam. midi et soir Fermé 15 jours en août*

☺ **Da Nonna Anna (plan 13, A4 n°28)** Il vous faudra traverser les étals et les boutiques de maraîchers avant de dénicher cette cantine tout ce qu'il y a de plus modeste. On vous accueille dans cette trattoria comme un vieil ami. Toute la famille est là, les uns aux fourneaux, les autres au service en salle. La cuisine est à l'instar de l'ambiance, généreuse et simple : *zuppe* de légumes secs, pâtes au four, *gatò* de pommes de terre, anchois, calamars, poulpes (selon la pêche)... Pour peu, on se croirait dans une de ces gravures napolitaines du début de siècle, où les *scugnizzi*, jeunes garçons des quartiers populaires, engloutissent leurs *maccheroni* avec les mains. *Primi* 2,5-4€, *secondi* 2,5-4€. ***Lungomare*** *Via F. Galiani, 30 (dans le marché Torretta, à* ***Mergellina****) Tél. 081 68 28 44 Ouvert lun.-sam. midi Fermé 2 sem. août*

petits prix

☺ **La Cantina di Masaniello (plan 12, A3 n°22)** On raconte que ces anciennes écuries étaient celles de Masaniello, le frondeur des quartiers populaires de Naples qui osa défier les Espagnols en 1647. L'endroit s'est assagi et n'a conservé des écuries que la structure voûtée. Pour le reste, madame est en cuisine, monsieur en salle, toujours de très bon conseil, notamment pour les vins régionaux, excellents. Les recettes les plus traditionnelles, celles que les Napolitains rechignent à préparer désormais (parce qu'il faut du temps, de nombreux ingrédients...), sont encore à la fête ici : pâtes aux pommes de terre et à la *provola* (fromage légèrement fumé) ou aux haricots secs, viande braisée, poissons et fruits de mer grillés ou frits et desserts appétissants (*pastiera* de Pâques...). Comptez 20€ boissons non incluses. ***Centre historique*** *Via Donnalbina, 28 Tél. 081 552 88 63 www.lacantinadimasaniello.it Ouvert lun.-sam. midi et soir Fermé 2 der. sem. août*

Antica Osteria Pisano (plan 12, B2 n°23) Les Napolitains s'accordent pour trouver cette *osteria* idéale. Près du Duomo, dans un cadre sans prétention – mais agréable avec ses quelques tables en terrasse –, ils y dégustent les spécialités dont ils raffolent : des antipasti variés (légumes braisés ou à l'escabèche, anchois marinés...), des pâtes savoureuses, des plats mitonnés avec patience (ragoûts, morue...) par une famille très chaleureuse. Antipasti 3-5€, *primi* 4-8€, *secondi* 8-12€. ***Centre historique*** *Piazzetta Crocelle ai Mannesi, 1 (angle de la via Duomo) Tél. 081 554*

GAMME DE PRIX	RESTAURATION	HÉBERGEMENT
Très petits prix	moins de 15€	moins de 55€
Petits prix	de 15 à 25€	de 55 à 75€
Prix moyens	de 25 à 40€	de 75 à 110€
Prix élevés	de 40 à 60€	de 110 à 160€
Prix très élevés	plus de 60€	plus de 160€

83 25 Ouvert lun.-sam. 12h-16h et 19h-0h Fermé en août

Osteria Da Carmela (plan 12, A2 n°24) Pour ceux qui sortent du Musée archéologique national épuisés et affamés, cette *osteria* toute proche est l'adresse parfaite. D'abord parce que vous pourrez vous asseoir dans un cadre reposant, ensuite parce que ses spécialités napolitaines feront plus que vous rassasier : buffet d'antipasti, *primi* aux coques et moules ou à la sorrentine (tomates et mozzarella), bonne friture de calamars et de crevettes. ***Centre historique*** *Via Conte di Ruvo, 11-12 Tél. 081 549 97 38 Ouvert lun.-sam. 12h-16h et 18h30-23h30, dim. 19h-0h Fermé 1 semaine en août*

Osteria Il Garum (plan 12, A3 n°38) Une terrasse abritée sur une place un peu en retrait du chaos ambiant, où l'on sert du poulpe grillé, des gratins d'aubergines, des *paccheri cozze, caccio e pomodoro* (pâtes aux moules, fromage de brebis et tomates) et des poissons cuisinés au four ou à la braise... La salle intérieure en contrebas s'avère agréable, avec ses chaises en bois, ses gravures et ses appliques à l'ancienne. Antipasti 7-9€, *primi* 9-13€, *secondi* 9-21€. ***Centre historique*** *Piazza Monteoliveto, 2a Tél. 081 542 32 28 Ouvert tlj. 12h-15h30 et 19h-23h30*

La Mattonella (plan 13, C3 n°24) Les carreaux de céramique qui ornent les murs ont donné leur nom à cette trattoria traditionnelle qui occupe un ancien comptoir où l'on vendait de la morue. Aujourd'hui, ce poisson trône en bonne place sur la carte, au milieu d'autres spécialités dont les noms seuls devraient vous mettre l'eau à la bouche et vous faire chanter en napolitain : *ziti al ragù, spaghetti al sugo di calamari, pasta alle verdure, alici in tortiera* (anchois au four, parfumés aux graines de fenouil, avec du vin blanc), *polpetielli all'ischiana*... Besoin de traduction ? On aurait l'impression de lever le secret sur ces recettes. ***Quartiers espagnols*** *Via G. Nicotera, 13 Tél. 081 41 65 41 Ouvert lun.-sam. 12h-14h30 et 19h-23h, dim. 12h-15h Fermé 2 semaines en août*

prix moyens

Napoli Mia (plan 13, B3 n°20) Dans un décor design, journalistes et professeurs savourent des plats innovateurs aux parfums de la région, cuisinés par "la" chef Antonella Rossi. Délicieux millefeuille de gambas. Menu dégustation (6 plats) 50€. ***Centre historique*** *Riviera de Chiaia, 269a Tél. 081 552 22 66 www.ristorantenapolimia.it Ouvert mar.-dim. 13h-15h30 et 19h30-23h Fermé à Noël et en août*

Mimì alla Ferrovia (plan 12, C2 n°27) Où goûter la véritable *parmigiana di melanzane* (sorte de lasagnes d'aubergines, spécialité de toute *mamma* napolitaine qui se respecte) ? Chez Mimì, près de la gare ! C'est un classique, toujours bondé, envahi par des habitués chahuteurs venus déguster les plats de leur enfance, préparés avec des légumes fraîchement cueillis et les meilleurs produits locaux. La carte fait également la part belle aux fruits de mer et aux poissons. Difficile de réserver, donc attendez-vous à faire la queue (ou venez tôt). Antipasti 8-10€, *primi* 6-10€, *secondi* 8-13€. ***Centre historique*** *Via Alfonso d'Aragona, 19-21 Tél. 081 553 85 25 Ouvert lun.-sam. 12h-16h et 19h-0h*

La Taverna dell'Arte (plan 12, B3 n°28) Vous voulez savoir ce qu'on mangeait à la cour des Bourbons ? Qu'à cela ne tienne. La Taverna dell'Arte ferme sa porte une fois ses quelques tables occupées (pensez à réserver, les habitués sont assidus !) et traite ses convives comme des rois : *bucatini di ricotta e pecorino*, pâtes aux fèves ou aux artichauts, morue aux olives noires, pignons et raisins secs, calamars aux pommes de terre, saucisse farcie et grillée..., le tout dans un cadre très inspiré, qui laisse beaucoup d'intimité. En haute saison, les tables en terrasse sont prises d'assaut. Comptez 25€, sans le vin. ***Centre historique*** *Rampe San Giovanni Maggiore, 1/a Tél. 081 552 75 58 www.tavernadellarte.it Ouvert lun.-sam. 20h-0h*

La Chiacchierata (plan 13, C3 n°29) Littéralement, "le bavardage". Accessoirement, c'est aussi une trattoria tranquille qui mitonne de bons plats napolitains, paupiettes d'aubergines, *rigatoni* (pâtes courtes) à la sauce tomate mijotée avec de l'échine de porc, ragoût de poulpes et de calamars et douceurs maison (tartes aux fruits, babas, liqueurs d'agrumes...). Antipasti 7-10€, *primi* 7-10€, *secondi* 7-10€. ***Quartiers espagnols*** *Piazzetta Matilde Serao, 37 Tél. 081 41 14 65 Ouvert lun.-sam. midi et soir*

Ciro a Santa Brigida (plan 13, C3 n°30) Ciro, c'est presque un monument historique ! En 1932, la famille Pace déménage : de la via Foria, aux abords du Musée archéologique et du quartier populaire de la Sanità où elle préparait déjà de savoureuses pizzas, elle s'installe via Santa Brigida, flairant qu'à proximité de la via Toledo, du théâtre San Carlo et du port, la clientèle serait plus exigeante et aussi plus aisée. Le pari était le bon. En préparant une cuisine napolitaine traditionnelle, avec des produits d'une fraîcheur irréprochable, Ciro a vu défiler bien des artistes et des têtes couronnées de passage : Gabriele D'Annunzio, Luigi Pirandello, Vittorio Gassman, Totò, Sophia Loren, le roi Farouk, Ingrid Bergman... C'est encore un peu ça, le snobisme et les paillettes en moins. La cuisine est invariablement bonne et l'ambiance aussi chaleureuse. Antipasti 8-10€, *primi* 8-12€, *secondi* 12€. ***Quartiers espagnols*** *Via Santa Brigida, 71-74 Tél. 081 552 40 72 Ouvert lun.-sam. 12h30-15h30 et 19h30-0h30*

La Bersagliera (plan 13, C4 n°31) Situé juste à côté du Castel dell'Ovo, dans le *borgo marinaro* (bourg maritime) de Santa Lucia, ce restaurant avec vue sur la mer, ouvert en 1919, a fait se côtoyer aux mêmes tables intellectuels, artistes et hommes politiques, longtemps sous la baguette d'une femme, la *padrona*, Emilia del Tufo. Ses petits-enfants accueillent aujourd'hui une clientèle toujours aussi chic, pour une cuisine de tradition. Antipasti 8-12€, *primi* 8-25€, *secondi* 8-15€. ***Lungomare*** *Borgo Marinari, 10/11 Tél. 081 764 60 16 Ouvert mer.-lun. 12h-15h30 et 19h30-23h*

La Cantina di Triunfo (plan 13, A3 n°33) L'ancienne cave à vins est devenue une *osteria* raffinée, où la cuisine change tous les soirs selon l'inspiration et s'en tient à quelques plats (trois-quatre *primi*, trois-quatre *secondi*) ficelés avec talent : pâtes et petits haricots blancs, crevettes en feuille de citron, rascasse et seiches au jus... Réservez ou vous resterez dehors, l'établissement disposant de peu de tables. Antipasti 6-8€, *primi* 8-12€, *secondi* 14-20€. ***Lungomare*** *Riviera di Chiaia, 64 Tél. 081 66 81 01 Ouvert lun.-sam. 20h30-23h30 Fermé août*

prix élevés

La Stanza del Gusto (plan 12, A2 n°29) On pourrait soupçonner Mario Avallone, le fougueux chef de ce restaurant, d'aller à contre-courant des normes gastronomiques napolitaines par simple goût de la provocation. Pourtant, s'il invente des fromages, s'il revisite les recettes les plus classiques avec une fantaisie sans limites, il le fait avec une passion et un professionnalisme que ses plats ne contredisent pas. Exigeant (il se charge lui-même du marché), inventif (le menu change tous les jours), il a même osé inclure dans la carte des vins des crus australiens ou sud-africains. Osé ? Disons plutôt qu'il bouscule les habitudes et pousse à la découverte en privilégiant toujours la qualité. La décoration aussi joue les originales, avec des œuvres d'art au mur, des affiches dénichées aux quatre coins du monde et des objets design colorés. Le restaurant gastronomique se trouve au premier étage (plats 11-18€, menus dégustation 35 et 65€). Sur la rue, un *"cheese bar"* plus accessible (plats 9-15€). ***Centre historique*** *Via Santa Maria Costantinopoli, 100 Tél. 081 40 15 78 www.lastanzadelgusto.com Ouvert lun. soir, mar.-sam. midi et soir* **Cheese bar** *même horaires*

La Cantinella (plan 13, C4 n°34) Une des adresses les plus renommées en ville. C'est cher, certes, mais la cuisine

Les pâtisseries napolitaines

Dans aucune autre ville italienne on aime autant les gâteaux. Le matin, les bars et pâtisseries de la ville regorgent de petites brioches et, tard le soir, le dessert parachève souvent un bon dîner.
Babà napoletano Tout le monde connaît le baba au rhum mais personne ne sait qu'à Naples cette pâtisserie est une institution, au point que, selon certains, c'est là qu'elle aurait été inventée. En fait, la recette est sans doute d'origine polonaise, puis a transité par la France, ce qui explique qu'elle finisse à la cour du royaume de Naples. Débarrassez-vous des idées reçues au sujet du baba : ici, il est moelleux, au léger goût d'agrume, imbibé à point de rhum.
Mostacciuoli Biscuits secs confectionnés à Noël. À base de miel et d'épices, ils sont les lointains cousins de notre pain d'épice.
Pastiera Bien que ce soit un gâteau traditionnel pour Pâques, on le trouve maintenant toute l'année. Le fond est une pâte brisée et la farce est constituée de boulgour, de ricotta, de cédrat et d'orange confits, parfumée à l'eau de fleur d'oranger.
Sfogliatelle ricce e frolle La reine des pâtisseries napolitaines existe en deux versions, feuilletée (*riccia*) et brisée (*frolla*). La première est en forme de coquillage, de pâte feuilletée croustillante et légère. La seconde est un chausson rond de pâte brisée. La farce est la même : crème de *ricotta* parfumée à la vanille et à la cannelle, avec des fruits confits. Attention, la *sfogliatella* ne peut pas attendre. Elle est bien meilleure tiède et, dans tous les cas, elle ne se conserve pas plus de quelques heures.
Torta caprese Littéralement, "tarte de Capri". C'est la spécialité de l'île, une tarte moelleuse aux amandes et au chocolat noir.

est inspirée, mêlant les meilleurs produits locaux à une fantaisie qui ne dessert pas le savoir-faire traditionnel : sauce aux fleurs de courgettes et moules, calamars et chou, lotte à la crème de crustacés, poissons et fruits de mer à l'*acqua pazza* (court-bouillon relevé), filet de bœuf bardé de foie gras d'oie en croûte de chou... Préférez néanmoins les recettes les plus simples pour apprécier l'incroyable subtilité des saveurs. Antipasti 14-20€, *primi* 10-22€, *secondi* 22-28€, menus dégustation 50-65€. La **cave à vins** (la Mia Cantina) du restaurant, compte parmi les plus fournies de Naples. ***Lungomare** Via Cuma, 38/42 Tél. 081 764 86 84 Ouvert lun. soir, mar.-sam. midi et soir, dim. midi*

Trattoria Da Cicciotto (plan 10, A2) Parmi les restaurants qui se pressent en surplomb des eaux claires de Marechiaro, Cicciotto est le favori des Napolitains. La vue sur le golfe n'est pas aussi étendue que chez ses concurrents mais la cuisine les surpasse en authenticité et, à moins de n'avoir qu'une petite faim, on vous conseille de goûter aux antipasti de la maison (petits beignets et délices de la mer) avant de passer aux pâtes (au homard ou au crabe) et aux poissons, grillés ou frits (selon la pêche, espadon, calamars, daurade...). Un détail, et non des moindres : l'accueil, désormais assuré par les fils de Cicciotto est vraiment chaleureux. ***Lungomare** Calata del Ponticello a Marechiaro, 32 Tél. 081 575 11 65 www.trattoriadacicciotto.it Ouvert tlj. midi et soir*

Al Faretto (plan 10, A2) Sur le port de Marechiaro, romantique à souhait, les terrasses de restaurant avec petites bougies se suivent et se ressemblent. Celle du Faretto, un peu en surplomb, totalement ouverte sur la mer, avec un air de cabane de bord de plage toute de blanc vêtue, sort du lot et apporte une touche de simplicité très *radical chic*. On y prépare une très bonne friture de poissons et fruits de mer, les *primi* sont intéressants et le poisson grillé tout frais, évidemment. Un conseil, venir au coucher du soleil. Comptez 35-40€ pour un repas. ***Lungomare** Via Marechiaro, 127 Tél. 081 575 01 30 www.ristorantealfaretto.it Ouvert tlj. midi et soir*

'A Fenestella (plan 10, A2) "La petite fenêtre", mais quelle fenêtre ! Situé à Marechiaro (littéralement là où la mer est claire), ce restaurant surplombe la baie. Les Napolitains le connaissent aussi en raison d'une

Shopping

Alimentation

Artisanat

Livres, disques

Mode

chanson devenue célèbre, *A Marechiaro*, qui lui est liée. Comme on s'y attend, les spécialités de poisson sont toutes à conseiller, notamment les *linguine* (spaghettis plats) à la langouste ou au homard et les fritures de rougets ou de poissons de petit bateau. ***Lungomare** Calata Ponticello a Marechiaro, 25 Tél. 081 769 00 20 Ouvert mer.-lun. midi et soir*

La Sacrestia (plan 13, A4 n°36) La Sacrestia remporte tous les suffrages des critiques gastronomiques. Et pour cause, les chefs jonglent habilement avec les traditions et les meilleurs produits frais… *Orecchiette* (pâtes courtes et rondes en forme de petites oreilles) aux moules et aux courgettes, lasagnes aux fruits de mer et aux asperges, turbot farci, loup de mer aux petites tomates, tartelettes chaudes de pomme *annurca* (une variété très parfumée et juteuse, petite et rose, qui pousse dans la région) et agrumes glacés. La cave est à la hauteur de la cuisine. L'été, on peut faire des agapes en terrasse et jouir du magnifique panorama sur le golfe. Comptez 40-50€ pour un repas. ***Lungomare** Via Orazio, 116 Tél. 081 66 41 86 www.lasacrestia.it Ouvert lun.-sam. soir, dim. et j. fér. midi et soir Fermé 3 sem. en août*

Hébergement

Il a fallu attendre les années 1990 pour que Naples s'ouvre au tourisme et comble son retard en termes d'infrastructures hôtelières. Entre les lieux luxueux réservés à une certaine élite et les chambres spartiates, il était difficile de tirer son épingle du jeu. Depuis, de nombreux Bed & Breakfast ont ouvert, notamment dans le centre historique, de plus en plus coté, de mieux en mieux restauré. Ce principe a l'intérêt de vous mettre en relation avec des gens du cru, mais il peut aussi parfois se révéler onéreux. Le centre historique n'est pas le lieu le plus paisible pour se reposer. Si les quartiers du Vomero et de Chiaia ont l'avantage d'être plus calmes et de surplomber la baie (avec des vues spectaculaires), ils sont aussi plus éloignés. À chacun ses priorités !

très petits prix

Six Small Rooms (plan 12, A3 n°50) Une petite auberge de jeunesse privée, idéalement située entre la via Toledo et la piazza del Gesù, où la convivialité règne entre les voyageurs. En dortoir, 18€/pers. petit déj. compris ; double 65€. Pas de réservation pour les dortoirs. Une cuisine est à la disposition de tous les hôtes (inclus dans le prix). ***Centre historique** Via Diodato Lioy, 18 Tél. 081 790 13 78 www.6smallrooms.com*

☺ **La Controra (plan 13, C1 n°58)** Une auberge de jeunesse qui vous fera aimer les auberges de jeunesse : communautaire, propre, moderne (dans des murs anciens), accueillante, souriante, efficace, avec des petits dortoirs ou des chambres privées ouvrant sur l'immense jardin abrité des regards. Wifi, postes Internet, cuisine commune où se déroulent des cours de cuisine napolitaine, visites guidées hors des sentiers battus, concerts, petit salon coloré, tables dehors… PS : la *controra*, en dialecte, c'est l'heure de la sieste, chut… 16€/pers (dortoir)-30€/pers (double). ***Vomero/Salvator Rosa** Piazzetta Trinità alla Cesarea, 231 (au nord-est du Vomero) (impasse donnant sur la Via Salvator Rosa) Tél. 081 549 40 14 www.lacontrora.com*

Ostello Mergellina (plan 13, A3 n°53) Une auberge de jeunesse propre et bien desservie par les transports. Les chambres ont été refaites et sont décorées d'un mobilier très sobre. Quelques doubles disponibles 21€/ pers. Comptez 17€ la nuit en dortoirs de 4 ou 6, petit déj. compris. *Réservation conseillée en haute saison* ***Lungomare*** *Salita della Grotta a Piedigrotta, 23 Tél. 081 761 23 46 www.ostellonapoli.com*

petits prix

B&B Carafa di Maddaloni (plan 12, A3 n°51) Au premier étage d'un magnifique *palazzo* de Spaccanapoli du XVIe siècle, ce Bed & Breakfast romantique présente l'avantage d'être très bien situé et de posséder des chambres immenses pouvant loger 4 personnes (130€). Un piano à queue trône dans le salon et le jeune gérant, musicien, organise des répétitions ou de petits concerts entre amis. Double de 80 à 130€. Pour les plus petits budgets, une autre structure a ouvert ses portes sur la Piazzetta Arcangelo Scacchi (plan 12, B2), double 80€. ***Centre historique*** *Via Maddaloni, 6 Tél. 081 551 36 91 ou 347 652 15 62 www.bb-carafa.com*

Casa del Monacone (plan 12, A1 n°61) Un ancien couvent franciscain transformé, grâce à la vitalité de la paroisse du quartier Sanità (les mêmes qui gèrent les catacombes) et de l'architecte Riccardo Dalisi, en un B&B accueillant : hamac sur la terrasse, cuisine commune, meubles restaurés, majoliques... Double 70-80€. ***Sanità*** *Via Sanità, 124 Tél. 081 744 37 14 www.catacombedinapoli.it*

prix moyens

Hotel Pignatelli (plan 12, A3 n°52) Ciro Muscariello a aménagé 9 chambres dans le *palazzo* familial, ancienne propriété du gouverneur Pignatelli (XVIe s.), situé près de l'Université orientale. Le pari est réussi : les vastes pièces sont propres et ornées, pour certaines, de poutres peintes du XVIIIe siècle. L'homme est aux petits soins pour ses clients. Comptez de 70 à 90€ pour la double avec petit déjeuner. Détail non négligeable, l'hôtel peut recevoir les handicapés. ***Centre historique*** *Via S. Giovanni Maggiore Pignatelli, 16 Tél. 081 658 49 50 www.hotelpignatellinapoli.com*

☺ **Tribù B&B (plan 12, B2 n°53)** Une adresse d'exception ! Gaetano et Alessandra habitent le plus ancien *palazzo* de Naples, celui de l'empereur de Constantinople, élevé au XIIIe siècle sur le forum gréco-romain. Ce jeune couple d'architectes reçoit beaucoup d'artistes qui apprécient l'atmosphère qui règne dans les lieux. Les trois chambres, toutes différentes, ont été restaurées avec des biomatériaux (de 80 à 120€). Soucieux de promouvoir sa ville, Gaetano sera ravi de vous conseiller dans vos visites. ***Centre historique*** *Via dei Tribunali, 339 Tél. 081 45 48 38 www.tribunapoli.com*

☺ **B&B Costantinopoli (plan 12, A2 n°54)** Une adresse à part, qu'on voudrait donner comme un vrai cadeau à ceux qui sont décidés à découvrir Naples autrement que par la seule visite des monuments et les étapes gastronomiques. Deux chambres, immenses, avec beaucoup de charme et de très jolis meubles anciens, et la rencontre avec une famille exceptionnelle et cultivée... Le petit déjeuner autour de la table familiale (notez les céramiques anciennes au-dessus des fourneaux) donnera le ton de la journée, qui commence au son des plus belles mélodies napolitaines. *Sfogliatelle*, brioches, fruits frais, café maison... Selon l'inspiration et la disponibilité de la maîtresse de maison, on se coupera en quatre pour vous faire découvrir des spécialités. Si vous avez besoin de conseils, on saura vous guider vers les monuments incontournables à proximité et vers ceux, méconnus, qui méritent le détour. Si c'est complet, repliez-vous sur le Bed & Breakfast Donna Regina, il est tenu par la même famille. Comptez 90€ la double. Réservation obligatoire. ***Centre historique*** *Via Santa Maria di Costantinopoli, 27 Tél. 081 44 49 62 ou 333 613 59 27 www.discovernaples.net*

☺ **B&B Donna Regina (plan 12, B1 n°55)** Imaginez un ancien couvent du XIVe siècle, à quelques minutes du Musée archéologique, de la cathédrale, du centre historique, restauré avec passion et un goût infini par une famille d'artistes (dont les œuvres ornent les murs des lieux). Cinq chambres que se partagent des hôtes aux anges, soignés comme des coqs en pâte. Petit déjeuner somptueux, servi dans une petite chapelle qui fait office aujourd'hui de salle à manger. Une adresse incontournable ! Double à 93€. ***Centre historique*** *Via Luigi Settembrini, 80 Tél. 081 44 67 99 ou 339 781 92 25 www.discovernaples.net*

L'Alloggio dei Vassalli (plan 12, A3 n°56) En plein cœur du centre historique, dans une rue de caractère bordée de *palazzi* du XVIIIe siècle, ce Bed & Breakfast ne décevra pas les amateurs d'authenticité : en raison de sa situation mais aussi – et surtout – pour le charme qui s'en dégage, le soin et le goût qui ont été portés à sa restauration (céramiques traditionnelles, poutres apparentes, mobilier ancien...). Cinq chambres seulement pour une ambiance intime et préservée. L'hôtel offre depuis 2007 un centre de bien-être (massages, bains...). Double de 93 à 99€. Devant le succès grandissant, le propriétaire a ouvert à Spaccanapoli I Visconti, un Bed & Breakfast presque identique, qui vous sera recommandé si celui-ci est complet. ***Centre historique*** *Via Donnalbina, 56 Tél. 081 551 51 18 www.primanebula.it*

La casa dell'Architetto (plan 12, A3 n°60) Au calme, avec une vue imprenable sur la Piazza del Gesù Nuovo, un très grand appartement de famille transformé en B&B, au dernier étage de l'ancien Palazzo Pignatelli. Trois immenses chambres, plutôt des suites – 6m de hauteur sous plafond, poutres apparentes, une partie salon très confortable, une mezzanine ample pour la partie nuit, un petit réfrigérateur et de quoi se préparer son petit déjeuner –, où vous vous sentirez chez vous. La patronne, architecte, est charmante et prête à vous aider. Double 95€. ***Centre historique*** *Calata Trinità Maggiore, 4 Tél. 081 542 31 24 www.lacasadellarchitetto.it*

Hotel Piazza Bellini (plan 12, A2 n°62) Un nouvel hôtel à quelques mètres de la vivante piazza Bellini – dans le même patio que La Stanza del Gusto (p.266). Proportions généreuses (le palais du XVIe s.), luminosité naturelle, couleurs franches, meubles dessinés sur mesure et toute la signalétique conçue par un graphiste local : Cocchia, qui a inventé un petit person-

GAMME DE PRIX	RESTAURATION	HÉBERGEMENT
Très petits prix	moins de 15€	moins de 55€
Petits prix	de 15 à 25€	de 55 à 75€
Prix moyens	de 25 à 40€	de 75 à 110€
Prix élevés	de 40 à 60€	de 110 à 160€
Prix très élevés	plus de 60€	plus de 160€

nage très BD pour personnaliser chaque chambre et chaque espace. Double 80-170€, certaines avec terrasse. ***Centre historique*** *Via S. M. di Costantinopoli, 101 Tél. 081 45 17 32 www.hotelpiazzabellini.com*

B&B Morelli (plan 13, C3 n°51) Le Bed & Breakfast de Massimo Musella est une adresse chaleureuse, située tout près des bars à la mode et des boutiques de Chiaia. Air conditionné, double-vitrage, TV, mobilier en bois... Double 85€. ***Lungomare*** *Via Morelli, 49 (à deux pas de la piazza dei Martiri) Tél. 081 245 22 91 ou 338 357 63 14 www.bbmorelli49.it*

prix élevés

Casa d'Anna (plan 12, B1 n°59) Trois amis passionnés d'art, de cuisine et de décoration gèrent avec amour ce Bed & Breakfast intimiste qui propose 3 chambres aux accents Art déco (une plus design, tendue de blanc), un vaste salon commun aux murs teintés de rouge et au plafond en bois, des livres d'art, des conseils avisés, un petit déjeuner servi à table avec jus de fruits frais et pâtisseries maison... Intéressant aussi pour sa situation, en plein quartier de la Sanità, où noblesse et misère se mêlent. Très joli jardin suspendu. Double 112-140€. ***Sanità*** *Via Cristallini, 138 Tél. 338 573 54 42 ou 333 314 11 13 www.casadanna.it*

Il Convento (plan 13, C2 n°52) Un des rares hôtels des Quartieri Spagnoli. Les 14 chambres ont été aménagées dans un ancien couvent. Un lieu d'autant plus réussi qu'il a conservé son aspect patiné tout en étant très confortable. Une chambre est aménagée pour accueillir les handicapés. Double de 60 à 150€. ***Quartiers espagnols*** *Via Speranzella, 137/a Tél. 081 40 39 77 www.hotelilconvento.com*

Pinto-Storey (plan 13, B3 n°54) Une adresse très connue, pension Art déco favorite des intellectuels et artistes de passage, qui occupe depuis 1878 les deux derniers étages d'un *palazzo* près de la via Chiaia et de la via dei Mille. Les 16 chambres ont été restaurées, gardant tout leur caractère : profusion de plantes, vue panoramique pour certaines et atmosphère distinguée pour un prix raisonnable dans cette catégorie. Double 88-133€. ***Lungomare*** *Via Giuseppe Martucci, 72 Tél. 081 68 12 60 www.pintostorey.it*

☺ **Week-end a Napoli (plan 13, B1 n°55)** Dans leur villa Liberty du Vomero, Paolo et Patrizia mettent un point d'honneur à vous chouchouter : Paolo commande les taxis, loue les voitures, vous conseille les meilleurs itinéraires de la région, met à disposition deux bateaux pour sillonner le golfe, organise des ateliers de crèches napolitaines et donne des cours de cuisine ! Les 10 chambres et 2 suites (dont une dotée d'un Jacuzzi) bénéficient d'un confort exemplaire (clim., minibar, accès Internet, coffre, TV...) et le petit déjeuner est délicieux (pâtisseries préparées par le maître de maison). Ce lieu mêle la convivialité d'un Bed & Breakfast et la qualité de service d'un grand hôtel (taxi conventionné, baby-sitting...) : de quoi vous faire passer un séjour inoubliable. Double 133-164€. Et aussi plusieurs appartements à louer pour un minimum de 4 jours. ***Lungomare*** *Via Enrico Alvino, 157 Tél. 081 578 10 10 www.weekendanapoli.com*

prix très élevés

Costantinopoli 104 (plan 12, A2 n°58) Pour découvrir cette oasis de tranquillité située à quelques mètres seulement de la piazza Bellini, il faut pousser une lourde porte coincée entre deux boutiques d'antiquaires.

Dissimulée au fond de la cour, cette superbe villa du XIXe siècle est le seul hôtel du centre historique doté d'une piscine et d'un jardin. Pensez à réserver, les 19 chambres sont prises d'assaut. Double de 170 à 180€. ***Centre historique*** *Via Santa Maria di Costantinopoli, 104 Tél. 081 557 10 35 www.costantinopoli104.com*

Hotel San Francesco al Monte (plan 13, C2 n°56) Ce splendide couvent du XVIe siècle, emblématique pour nombre de Napolitains, est perché dans le quartier du Vomero. Il a été restauré et transformé en un hôtel de charme doté d'une piscine. Ses quelque 45 chambres et suites ont été aménagées dans les anciennes cellules du monastère franciscain, en surplomb de la baie, avec une vue spectaculaire. Comptez de 120 à 250€ la double, selon la saison et les offres promotionnelles. ***Lungomare*** Corso *Vittorio Emanuele, 328 Tél. 081 423 91 11 www.hotelsanfrancesco.it*

Excelsior (plan 13, C4 n°57) S'il ne fallait retenir qu'un seul établissement du long chapelet d'hôtels de luxe qui longent la via Partenope, en face du Castel dell'Ovo, ce serait celui-ci. Il n'affiche peut-être pas 5 étoiles mais reste une référence pour la jet-set et les têtes couronnées. Toutes les chambres sont différentes, mais inspirées par la Belle Époque, et la moitié d'entre elles bénéficient d'une vue spectaculaire en surplomb de la baie. Pour ceux qui séjournent à l'arrière, pas d'inquiétude : la *terrazza* sur le toit est accessible à tous et il est même possible d'y dîner (bonne cuisine méditerranéenne). Pas de piscine, mais possibilité d'accéder à celle de l'hôtel Vesuvio voisin (25€). Double 230-245€, suites 600-2 200€. ***Lungomare*** *Via Partenope, 48 Tél. 081 764 01 11 www.excelsior.it*

Vesuvio (plan 13, C4 n°59) L'un des grands palaces du front de mer : chambres néoclassiques ou émaillées de touches design, vues à couper le souffle, service irréprochable... Du restaurant du dernier étage, le Caruso – c'est dans cet hôtel que le plus grand ténor italien poussa son dernier soupir –, admirez la vue sur le golfe de Naples. Double 420€. ***Lungomare*** *Via Partenope, 45 Tél. 081 764 00 44 www.vesuvio.it*

CHAMPS PHLÉGRÉENS

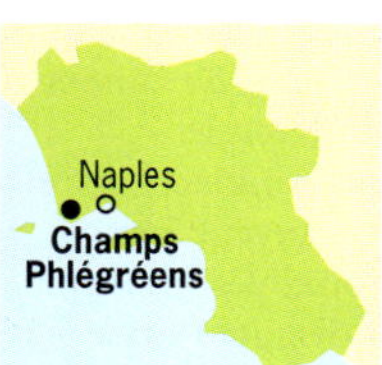

Connus dès l'Antiquité pour leurs sources thermales et leurs solfatares (vapeurs sulfureuses), les champs Phlégréens constituent une vaste zone volcanique. Les Grands Touristes qui ont parcouru les Campi Flegrei au XVIIIe siècle devaient partir à la recherche de la Sibylle de Cumes, espérant peut-être la voir surgir de ce paysage désolé et silencieux, au milieu des fumerolles... Pendant des décennies, tremblements de terre et gestion calamiteuse ont relégué ce site fabuleux en marge des itinéraires touristiques de la région. Depuis juin 2002, deux sites (Rione Terra à Pouzzoles et le Parc archéologique de Baïes) ont été ouverts, affirmant la volonté de valoriser les lieux.

L'histoire des champs Phlégréens

par **Vincent Jolivet**, chercheur au CNRS

Tandis qu'à l'est de Naples le paysage est dominé par la masse imposante et solitaire du Vésuve, à l'ouest, une intense activité volcanique a déterminé, depuis plus de 40 000 ans, la formation de nombreux cratères encore bien visibles de nos jours – on en recense au moins treize principaux.

En 1538, l'éruption la plus récente a brutalement fait surgir du sol une nouvelle hauteur, le Monte Nuovo, au cœur de cette zone que les Grecs baptisèrent du nom de champs Phlégréens, les "terres incandescentes", du fait des émanations de gaz – les fumerolles, particulièrement impressionnantes à la Solfatare, près d'Agnano –, des jaillissements d'eau sulfureuse et des poches de boue brûlantes qui caractérisent son paysage de tuf accidenté. Les géologues leur ont depuis donné raison, en identifiant l'origine du bradyséisme (du grec, le "lent séisme"), cette alternance de phases de soulèvement et d'abaissement de la côte qui résulte des violentes variations thermiques souterraines qui affectent cette région. Les colonnes du temple de Sérapis à Pouzzoles permettent de prendre la mesure de l'importance du phénomène : tantôt partiellement immergées, tantôt émergées, elles fonctionnent comme de véritables indicateurs de ces mouvements sismiques.

Une terre mythique et stratégique Bien faits pour frapper l'imagination des poètes, qui y placèrent l'entrée de l'Hadès (au lac d'Averne), les champs Phlégréens – où l'on situe parfois la terre des Lestrygons, ces géants cannibales qui réservèrent à Ulysse, selon Homère, un accueil particulièrement inamical – ne semblent guère avoir attiré l'homme avant le Néolithique. Ce n'est qu'à partir de la seconde moitié du Xe siècle av. J.-C. qu'une communauté stable s'installa sur le site de Cumes où fut fondée, au milieu du VIIIe siècle, la première colonie grecque d'Occident. La fondation de la ville marqua le début d'un formidable essor économique et culturel pour toute cette zone, où des Grecs fuyant Samos fondèrent non loin de là, en 531, Dicaearchia, la future Pouzzoles. En dépit des tentatives d'expansion grecques, la région, longtemps disputée aux Étrusques, fut progressivement conquise par les Samnites, qui s'emparèrent de Cumes en 421. Les Romains la ravirent à leur tour à ce peuple belliqueux, en achevant sa conquête au début du IIIe siècle. Leur colonie de Puteoli (Pouzzoles), fondée en 194, connut un développement rapide grâce à sa position privilégiée sur l'échiquier commercial de la Méditerranée. Son port devint crucial pour assurer le ravitaillement en blé de la capitale de l'Empire : un canal navigable – jamais réalisé – devait même relier directement Pouzzoles à Rome. À la fin du Ier siècle av. J.-C., un formidable port militaire fut aménagé non loin de là, en contrebas du promontoire de Misène.

La prospérité Parallèlement à cette activité économique et militaire, dès le début du Ier siècle av. J.-C., les champs Phlégréens devinrent un rendez-vous mondain très recherché par les élites romaines : Marius, Crassus, César, Cicéron, puis les empereurs Caligula, Claude, Domitien, parmi bien d'autres, attirés par la douceur du climat, par la beauté du paysage et par la présence de thermes raffinés, ont édifié dans ces terres, encore profondément imprégnées de culture grecque, de luxueuses résidences. Le grand général romain et prince des gourmets Lucullus en possédait même deux, l'une sur les hauteurs de Misène, l'autre sur l'île de Nisida. Mais l'*otium* (le loisir) y était mené de pair avec le *negotium* (les affaires), comme en témoigne notamment la figure singulière de l'entreprenant Sergius Orata auquel on attribue, au début du Ier siècle av. J.-C., l'invention de l'ostréiculture, mais aussi celle de l'hypocauste, ce sol suspendu sur des pilettes qui allait connaître un succès considérable pour la construction des salles chaudes durant tout l'Empire.

Le déclin Les phénomènes volcaniques qui avaient suscité l'engouement pour la région causèrent son déclin, à partir de la fin du Ier siècle ap. J.-C. Le bradysisme et les tremblements de terre entraînèrent en effet l'abandon d'une partie des grands thermes et des villas, ainsi que celui des ports de Pouzzoles et de Misène, dont les fonctions commerciale et militaire furent progressivement transférées à Ostie, aux portes de Rome. La vie ne cessa pas pour autant dans les champs Phlégréens, où l'habitat se concentra sur les sites de Cumes et de Pouzzoles, mieux défendus contre les pirates, et dont les eaux thérapeutiques étaient encore fréquentées au Moyen Âge et à la Renaissance. En dépit de la diffusion de la malaria, la zone conserva par la suite son importance militaire, comme l'atteste le château aragonais de Baïes, construit autour du milieu du XVIe siècle, tout comme sa fonction d'agrément, dont témoigne le pavillon de chasse édifié pour le roi de Naples Ferdinand IV, à la fin du XVIIIe siècle, au bord du lac de Fusaro.

Aujourd'hui En 2003, la création du parc régional des champs Phlégréens a marqué l'aboutissement de longs efforts de protection de ce qui demeure l'un des plus beaux paysages d'Italie, malheureusement victime d'une industrialisation sauvage et d'une spéculation immobilière effrénées à partir de l'immédiat après-guerre

MODE D'EMPLOI

accès

Si vous prévoyez de visiter plusieurs sites, l'idéal est de vous déplacer en voiture, les liaisons en transports en commun n'étant pas très pratiques.

EN MÉTRO, EN TRAIN
De Naples (station de Montesanto), empruntez la ligne ferroviaire **Circumflegrea**, pour Cumes, la **Cumana** ou le métro ligne 2 pour Pouzzoles. *www.sepsa.it www.trenitalia.com*

EN BUS
De Pouzzoles, empruntez le bus P pour rejoindre la Solfatare, le P12 pour Cumes et les bus EAV pour Baïes. *www.ctpn.it www.eavbus.it.*

EN VOITURE
Prenez la *tangenziale* qui contourne Naples en direction de Pouzzoles (30min s'il n'y a pas de trafic).

orientation

À l'ouest de Naples, les champs Phlégréens s'étendent sur 150km², de Fuorigrotta à Cumes, englobant notamment les sites de Pouzzoles et de Baïes. On peut commencer la visite par Pouzzoles, la première ville, bien desservie par le train et le métro, puis rallier les autres destinations en bus : lac d'Averne, Baïes, Bacoli, Misène et, enfin, Cumes, au nord-ouest.

informations touristiques

Sites accessibles avec l'Artecard "Archeologia del Golfo", "Napoli e Campi Flegrei" et "Tutta la regione" - cf. Artecard (p.220) - ou avec un billet multiple valable 2 jours pour l'ensemble des sites des champs Phlégréens, 4€
Azienda Turismo *Largo Matteotti, 1/a* ***Pouzzoles*** *Tél. 081 526 14 81 www.infocampiflegrei.it Ouvert lun.-ven. 9h-15h15*

DÉCOUVRIR

Les champs Phlégréens

☆ **Les essentiels** La Solfatare, le Parc archéologique sous-marin de Baïes, l'antre de la Sibylle dans le Parc archéologique de Cumes **Découvrir autrement** Relaxez-vous aux thermes d'Agnano

Pouzzoles

Au cœur de la région phlégréenne, Pouzzoles (Pozzuoli en italien) fut baptisée Dicaearchia (le juste gouvernement) par les Grecs au VIe siècle av. J.-C. Conquise par les Romains en 194 av. J.-C. (c'est leur première colonie), elle est renommée Puteoli et devient le plus important port de la région. Une réalité qui n'apparaît pas forcément aujourd'hui dans les rues de cette petite ville : les sites archéologiques étant éparpillés sur tout le territoire. La principale activité se concentre autour du port, qui assure des départs pour les îles d'Ischia et de Procida. ***Accès*** *par la ligne 2 du métro de Naples, par bateau, en train par la linea Cumana et par bus (n° 152 au départ de la gare de Naples) Tél. 199 60 07 00 www.metrodelmare.net*

Rione Terra Cet ancien quartier de Pouzzoles, évacué le 2 mars 1970 à cause de mouvements de terrain trop intenses ("bradyséisme", un phénomène ravageur de petits tremblements de terre continus qui frappent l'ensemble des champs Phlégréens), est voué depuis à d'inlassables fouilles archéologiques qui n'ont pas encore livré tous leurs secrets. Les premières découvertes sont visibles sous les fondations des édifices actuels : immense dédale de rues bordées d'auberges, de boutiques... qui prouvent l'importance de cette ville et lui ont valu le surnom de Pompéi souterraine. Autre curiosité récemment restaurée : la cathédrale, ancien *Capitolium* romain (ou Temple d'Auguste) transformé en église à l'époque paléochrétienne, elle sera rénovée au XVIIe siècle par Cosimo Fanzago. Malheureusement l'ouverture de l'ensemble du site n'est pas d'actualité. Se renseigner auprès la *Soprintendenza per i beni archeologici.* *Tél. 081 526 60 07*

Tempio di Serapide/*Macellum* À côté du port, ce temple, dit de Sérapis, n'était pas un lieu de culte égyptien comme a pu le laisser penser une statue de Sérapis trouvée sur place, mais l'un des plus beaux exemples de *macellum* (marché) qui nous soit parvenu. La zone archéologique ne se visite pas mais toute son étendue est parfaitement visible depuis la place moderne.

Anfiteatro Flavio Allez visiter le troisième amphithéâtre d'Italie par ses dimensions. Il pouvait accueillir jusqu'à 40 000 spectateurs ! Sa *cavea* et ses tribunes ont été éprouvées par les séismes, mais la structure souterraine est bien préservée et a révélé les techniques permettant le levage des cages qui contenaient les fauves destinés à entrer dans l'arène. *Tél. 081 526 60 07 Ouvert mer.-lun. 9h-coucher du soleil (1h avant) Entrée 4€ (accès à tous les sites des champs Phlégréens)*

☆ **Solfatara** Quand vous serez sur le bord du cratère de ce volcan, vous comprendrez pourquoi on l'appelle la soufrière : l'odeur de soufre prend à la gorge ! Ce paysage lunaire, animé çà et là par les borborygmes du magma encore actif (d'où ce bruit sourd et caverneux) et des fumerolles atteignant 160°C, justifiera aussi que les Anciens y aient vu l'entrée des Enfers. Amateurs d'émotions fortes, vous serez servi. C'est le site le plus spectaculaire des champs Phlégréens, situé à quelques kilomètres à peine du centre-ville de Pouzzoles. *Via Solfatara, 161* ***Agnano*** *À 11 km à l'ouest de Naples, au-dessus de Pouzzoles, Tangenziale sortie "Agnano-Solfatara" De Naples piazza Garibaldi, ligne 2 du métro (Arrêt Pozzuoli plus proche de la Solfatare que la station de train de la ligne Cumana) ou bus 152 pour Pouzzoles Correspondance en bus au départ de Pouzzoles (ligne P ou P6) ou à pied (1km env.) Tél. 081 526 23 41 Ouvert été : tlj. 8h30-19h ; hiver : tlj. 8h30-16h30 Entrée 7€*

Lago d'Averno Considéré par les Romains comme l'entrée des Enfers, le lac d'Averne, d'origine volcanique, fut relié à la mer par les Romains, en 37 av. J.-C, pour réaliser un immense chantier naval et port militaire. Ils percèrent également un tunnel pour le relier à Cumes (la grotta di Cocceio, fermée au public pour des raisons de sécurité). À l'est du lac, on peut encore découvrir une immense salle thermale de 38m de diamètre (soit à peine inférieur à celui du Panthéon de Rome), connue sous le nom de temple d'Apollon (I-IIe s). Sur les rives, quelques restaurants et pêcheurs du dimanche. *À 6km à l'ouest de Pouzzoles Arrêt de la linea Cumana Lucrino, puis 10min à pied.*

Se relaxer dans des thermes

Terme di Agnano Le cratère de l'ancien volcan était inondé jusqu'en 1870, formant un lac. Asséché depuis, ses anciennes sources ont rejailli et les vestiges antiques des aménagements thermaux romains sont apparus. De nos jours, un établissement thermal moderne et bien équipé soigne les maladies respiratoires et articulaires... et prodigue des soins esthétiques. ***En métro (ligne 2, station Campi Flegrei) puis bus C2 ou C6*** *Via Agnano Astroni, 24 Sur la Tangenziale sortie "Agnano" (à 7,5km à l'est de Pouzzoles) Tél. 081 618 91 11 www.termediagnano.com Ouvert toute l'année*

Baïes

Fondée par les Grecs, **Baiae** devient au temps de l'Empire romain un centre de villégiature réputé pour ses installations thermales. Le golfe est vanté par Horace et fréquenté par César, Pompée, Cicéron... L'affaissement du sol de la région a en partie englouti sous la mer les thermes publics et les riches villas patriciennes. Les ruines se visitent donc aussi bien sur la terre ferme que sous l'eau. *À 22km à l'ouest de Naples Bus EAV au départ de Pouzzoles (env. 10km)*

Parco Archeologico di Baia Faisant face à la Méditerranée, aménagés sur plusieurs terrasses accrochées à flanc de colline, les vestiges archéologiques de Baïes laissent imaginer le luxe et la douceur de vivre qui régnaient ici dans l'Antiquité. Attirée par ses sources d'eau chaude naturelles et ses puits de vapeurs de soufre, la noblesse romaine venait ici en villégiature. La famille impériale y établit sa résidence, impulsant une vague de constructions fastueuses (voir la coupole grandiose de la salle thermale dite Tempio di Mercurio, construite entre la fin du Ier siècle av. J.-C. et le début du Ier siècle ap. J.-C.). Lors de la visite, ne manquez pas le "complexe des terrasses", où s'érigeaient villas privées, thermes, fontaines et pièces couvertes de mosaïques ouvertes sur les jardins. Si les mouvements de terrain ont entraîné à partir de la fin du IIIe s. ap. J.-C. l'abandon progressif du secteur, la réputation des eaux de Baïes perdura jusqu'au XVIIe siècle. *Piazza Alcide De Gasperi Bus EAV au départ de Pozzuoli (demander au chauffeur de vous arrêter aux thermes, cela vous évitera de remonter depuis le port) Tél. 081 523 37 97 Ouvert mar.-dim. 9h -1h avant le coucher du soleil Entrée 4€ (billet cumulable)*

☆ **Parco Sommerso di Baia** Le premier **parc archéologique sous-marin** à avoir ouvert en Italie. Il permet de contempler les anciennes villas patriciennes, submergées après des siècles de bradyséisme. La visite s'effectue à bord d'un bateau à fond de verre, mais c'est en plongeant avec des bouteilles que l'on appréhende le mieux le site. Plusieurs sociétés privées organisent les plongées ou les tours en mer, mais on peut réserver directement auprès du *Centro Visite*. Attention, avant d'embarquer, renseignez-vous sur les conditions de visibilité. **Centro Visite** *Piazza Alcide De Gasperi Tél. 081 868 89 23 www.areamarinaprotettabaia.it*

Museo Archeologico dei Campi Flegrei Du milieu du XVIe siècle, le château aragonais (Castello Aragonese), perché sur le promontoire rocheux qui ferme le golfe de Baïes, offre des panoramas à couper le souffle. Il abrite un musée archéologique qui expose (mieux vaut vous renseigner pour savoir si toutes les salles sont bien ouvertes) les pièces exhumées lors de fouilles effectuées dans la région (Rione Terra, temple d'Auguste, fragments de sculptures des thermes de Baïes, *sacellum* des Augustales de Misène – sanctuaire des prêtres du culte impérial -, nymphée de Punta Epitaffio...). *Via Castello, 39 Tél. 081 523 33 10 Ouvert mar.-dim. 9h-15h Entrée 4€*

Lago di Fusaro Sur la route de Baïes à Cumes, faites une halte au bord du lac de Fusaro et jetez un coup d'œil à la charmante construction qui semble flotter sur l'eau. C'est la **Casina del Fusaro**, aussi appelée Casina Vanvitelliana, pavillon de chasse conçu par Vanvitelli en 1782 pour le roi Ferdinand IV. *Tél. 081 868 70 80 Ouvert sam. 16h-19h, dim. 10h-12h30 et 16h-19h (par prudence, téléphoner auparavant) Entrée 3€*

● Où frayer avec la jet set ?

Nabilah Si l'envie vous prend de côtoyer de près la jet set napolitaine, aventurez-vous au-delà de Pouzzoles : le must pour arriver au bar lounge Nabilah reste le bateau ! Tous les soirs de la semaine sont servis des apéritifs avec buffet à la milanaise, tandis que le week end s'ajoute la cuisine du restaurant. Des artistes de renommée internationale montent sur scène en seconde partie de soirée. À noter, la soirée la plus prisée est l'apéritif du dimanche soir. Parking à disposition pour les clients. ***Bacoli*** *(à 30km à l'ouest de Naples) Tél. 081 868 94 33 www.nabilah.it Ouvert mars-sept. : ven.-sam. 23h-3h, dim. 19h-2h Fermé en août*

Bacoli et Misène

Bacoli Ce joli village de pêcheurs recèle deux perles archéologiques, malheureusement difficilement accessibles au public. Les **Cento Camerelle**, gigantesque complexe de réservoirs d'eau construit sur deux niveaux (fermé pour des raisons de sécurité) et la **Piscina Mirabilis**, immense bassin creusé sous terre, à l'extrémité de l'aqueduc qui servait à alimenter en eau la flotte de Misène. Aujourd'hui vidée de son eau, on dirait une cathédrale souterraine, vouée à un dieu inconnu... Pour la visiter, il faut appeler une famille voisine qui en possède la clé et vous la fera visiter gratuitement. *À 10km de Pozzuoli, 28km de Naples (Bus EAV)* **Piscina Mirabilis** *Tél. 081 523 31 99 ou 333 685 32 78 Ouvert mar.-dim. 9h-coucher du soleil (1h avant)*

● Aller à la plage De Bacoli, vous pourrez poursuivre à pied, si vous êtes en forme, jusqu'à Misène (20min) et vous offrir un bain de soleil ou un plongeon dans la mer ! Plusieurs lidos privés et plages publiques se suivent entre Miseno et Capo Miseno, ponctués de restaurants de plage tout à fait valables.

Cumes

De Cumes et des origines de la cité, on ne sait pas grand-chose. Si ce n'est que la première colonie grecque d'Italie a été fondée vers 750 av. J.-C. par des colons déjà installés à Ischia. Son nom est associé à celui de la Sibylle, mythique prêtresse d'Apollon qui répandait la peur en distillant ses oracles proches du délire. *À l'extrême ouest du golfe de Naples, après Pouzzoles Tangenziale sortie n° 13 "Cuma"*

☆ **Parco Archeologico** Les Grecs choisirent cette colline offrant des vues dégagées sur le golfe de Pouzzoles pour fonder leur acropole. Les vestiges témoignent de l'utilisation successive du site par les Romains et les chrétiens. À gauche du tunnel d'entrée, vous pénétrez dans l'antre de la Sibylle, couloir de 130m de long sur 2,40m de large creusé dans le tuf. On peut émettre des doutes sur l'authenticité du lieu, mais on sait qu'il date du ve siècle av. J.-C. La construction est fascinante, entre un tunnel et des catacombes (il a d'ailleurs été utilisé comme cimetière par les chrétiens). Il aboutit, au fond de la galerie, à l'**antre de la Sibylle**, une vaste pièce voûtée creusée de trois niches, où elle aurait rendu ses oracles. En face, se trouve une crypte romaine. Des escaliers mènent d'abord au temple d'Apollon puis au temple de Jupiter, au sommet. Tous deux ont été transformés en basilique au v-vie siècle et seul le baptistère du temple de Jupiter abrite quelques mosaïques grecques. Du haut de l'acropole, on a une vue plongeante sur la partie basse de la cité, où se dressent les vestiges du forum et des thermes romains. *Via Nicol Cuma Montecuma 80070 Tél. 081 854 30 60 Ouvert tlj. 9h -1h avant le coucher du soleil (15h l'hiver) Entrée 4€*

● Où boire un verre, manger sur le pouce ?

Da Giona Posée sur le sable, cette paillotte propose des boissons et des snacks, mais on vous concocte aussi un frais et savoureux plat de pâtes aux fruits de mer en un rien de temps. Idéal avant d'aller bronzer sur la plage attenante. *Via Dragonara , 6 Tél. 081 523 46 59 Ouvert tlj. (Fermé mer. hors saison)*

CASERTE CASERTA *81100*

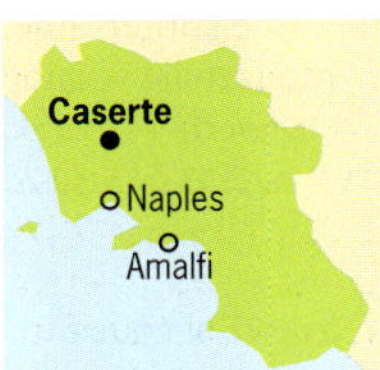

À une vingtaine de kilomètres au nord de Naples, Caserte se confond presque avec la banlieue napolitaine, qui a tendance à se dilater toujours davantage. Surtout connue pour la Reggia - le palais royal, un Versailles miniature voulu par Charles III, le premier Bourbon à régner sur la région -, la ville moderne a bien peu d'attraits. Et pourtant, c'est bien dans le Casertano que les Romains situaient la Campania Felix, terre prospère et fertile, grenier à céréales de l'Empire. De ce passé prestigieux subsistent quelques beaux témoignages - palais aristocratiques transformés par des héritiers dynamiques en maisons d'hôtes ou en restaurants... -, souvent oubliés des itinéraires touristiques et même méconnus des habitants.

MODE D'EMPLOI

accès

EN TRAIN

Plusieurs trains par jour desservent Caserte au départ de Naples (trajet 30min).
Trenitalia *Piazza Ferrovia Tél. 89 20 21 www.trenitalia.it*

EN BUS

Des compagnies de bus relient régulièrement Naples et Caserte. De Naples, départ piazza Garibaldi, devant la Stazione Garibaldi (la principale gare de Naples).

EN VOITURE

L'autoroute A1 dessert Caserte en provenance de Rome (à 200km) ou de Naples (à 33km).

informations touristiques

EPT *Piazza Gramsci Tél. 0823 32 11 37 Ouvert lun.-ven. 9h-16h, sam.-dim. 9h-13h*
Pro Loco *Piazza dei Giudici, 6* **Capoue** *Tél. 0823 96 27 29 Ouvert tlj. 8h30-13h et 15h30-21h*
Pro Loco *Largo Torricella* ***Sant'Agata dei Goti*** *Tél. 0823 95 36 23 Ouvert été : tlj. 17h-21h ; hiver : tlj. 10h-13h et 16h-19h*

fêtes et manifestations

Leuciana Festival Musique, théâtre et danse, dans le complexe monumental de San Leucio. *En juil. www.comune.caserta.it/leuciana*

LA CAMPANIE

DÉCOUVRIR

☆ **Les essentiels** La Reggia di Caserta, le complexe de San Leucio, l'église de Sant'Angelo in Formis **Découvrir autrement** Le lundi, goûtez aux *mozzarelle di bufala* du marché de Capoue

Caserte

☆ **Reggia di Caserta** Dire du palais royal de Caserte que c'est un petit Versailles n'est pas une figure de style, puisque le roi Charles III demanda en 1751 à l'architecte Vanvitelli de concevoir un palais qui rivaliserait avec le monument français, tout en étant l'expression du baroque napolitain. Vanvitelli ne verra pas le palais achevé, ni même Charles III, mais leurs enfants prendront la relève : Carlo Vanvitelli met la dernière pierre à l'édifice en 1774, poussé par Ferdinand Ier, fils de Charles. Au total, 1 200 pièces, 1 790 fenêtres (dont 143 sur la façade principale), un parc de 120ha... Le grandiose escalier d'honneur mène aux appartements, chapelle, salons, bibliothèque ainsi qu'à un petit théâtre, et il y a même une crèche traditionnelle. Marbres précieux, stucs et dorures à foison... *Via Douhet, 2 Tél. 0823 44 80 84 www.reggiadicaserta.beniculturali.it Ouvert mer.-lun. 8h30-19h30 Entrée 10,20€, avec jardin 13,20€ (+1€ réservation obligatoire)*
Jardins Ils sont le prolongement naturel du palais, témoignant du même esprit d'exubérance et de fantaisie. Perspectives et aménagements en terrasses interrompus par des fontaines mènent tout au fond à la Grande Cascade. À

droite de celle-ci, un ravissant jardin anglais dessiné à la demande de Marie-Caroline d'Autriche, épouse de Ferdinand IV (1751-1825). Attention aux horaires d'ouverture ; il serait dommage de manquer les jardins. *Ouvert mer.-lun. 8h30-coucher du soleil (2h avant) Entrée 3€ Navette dans le jardin 1,10€, bicyclettes 4€/h*

Les environs de Caserte

☆ **Complesso di San Leucio** C'est ici que prit forme l'une des utopies préindustrielles les plus originales, aujourd'hui protégée et mise en valeur par l'Unesco. Lorsque Ferdinand IV décide la réalisation de ce complexe monumental, on transforme le pavillon de chasse en résidence royale puis en atelier de soierie. L'apparent caprice royal était en fait un véritable projet d'investissement à long terme. Devant le palais, tout un quartier ouvrier avait été aménagé à l'intention des "canuts", qui bénéficiaient pour l'époque d'une charte professionnelle avant-gardiste : hauts salaires, éducation, soins gratuits, retraites, égalité hommes-femmes, maison avec potager offerte... ! De la fabrique, située en surplomb sur le col de San Leucio, on embrasse toute la plaine *casertana*, y compris les jardins de la Reggia di Caserta, en contrebas. La visite des appartements et de la soierie dévoile quelques curiosités (la salle de bains de la reine, par exemple, à la baignoire-piscine de marbre noir) et témoigne de la proximité des appartements royaux et des pièces consacrées au travail de la soie, devenue rapidement la référence d'excellence en Europe. À l'entrée, une cafétéria à l'agréable terrasse propose pâtisseries maison et excellent café, une aubaine dans ce bourg un peu désert. *À 3km environ de la Reggia di Caserta* ***Parking*** *possible à l'intérieur du complexe, face au musée Tél. 0823 30 18 17 Ouvert lun. et mer.-ven. 8h30-18h, sam.-dim.* ***Visites*** *à : 9h30, 10h45, 12h, 15h, 16h30 Entrée 6€ avec un guide spécialisé (+1€ pour visite en français) Réservation conseillée pour s'assurer la présence d'un guide francophone* ***Cafétéria*** *Ouvert mer.-lun. 8h30 et 18h*

Caserta Vecchia Ce bourg médiéval est l'une des destinations préférées des Napolitains pour les *scampagnate* (virées à la campagne), aussi attendez-vous à trouver les placettes bondées le soir ou les week-ends. Souvent négligée par les visiteurs de la Reggia, Caserta Vecchia mérite pourtant le détour (d'autant que la route en lacet qui y mène est particulièrement belle). Fondée au VIIIe siècle par les Lombards, elle a progressivement été délaissée pour la ville nouvelle, surtout après la construction du palais royal. La mise en scène un peu caricaturale du Moyen Âge n'enlève rien au charme de ses ruelles pavées. Après la visite de la cathédrale, passez devant la petite église de l'Annunziata, toute proche, avant de parvenir aux vestiges du château.

SOIERIES, DAMAS ET BROCARTS

L'atelier de soierie de San Leucio fournit toujours les cours royales et les institutions de toute l'Europe, mais vend aussi au détail ses étoffes, du plus classique au plus contemporain. **Antico opificio serico** *Piazza della Seta, 7/8* **San Leucio** *Tél. 0823 36 12 90 Ouvert lun.-ven. 9h30-12h30 et 15h-18h30, sam. 9h30-12h30*

LA CAMPANIE

Cattedrale La cathédrale, dédiée à San Michele Arcangelo, témoigne du croisement de cultures et d'influences artistiques : romane, elle a été fondée entre 1113 et 1153, mais a été remaniée un siècle plus tard dans un style arabisant. Le campanile et le dôme (XIIIe s.), remarquables, font alterner les couleurs de la pierre blanche, grise ou jaune. À l'intérieur, des colonnes à chapiteaux corinthiens divisent la nef principale en trois ailes. La décoration frappe par son raffinement, notamment le magnifique ambon, l'autel et le chandelier pascal. Se distinguent aussi quelques beaux tombeaux du XIVe siècle, comme celui de l'évêque Azzone di Parma. *Tél. 082 337 13 18 Ouvert lun.-ven. 9h-12h et 16h-18h, sam.-dim. 9h-13h et 16h-19h*

Capua Avec ses *palazzi* décrépits, son atmosphère douce et nonchalante, Capua (Capoue) a quelque chose de fascinant qui trahit une histoire noble dont témoigne le château de Charles V (XVIe s.). La Capua célèbre dans l'Antiquité (cf. encadré) était d'ailleurs située à quelques kilomètres de la ville actuelle (fondée par les Lombards au IXe s.). Si vous passez par là un lundi, arrêtez-vous au **marché**, haut en couleur, pour goûter les *mozzarelle di bufala. À 10km de Caserte*

Museo Provinciale Campano Une collection unique au monde : les *matres matutæ*, figurines votives en tuf datant du VIe au Ier siècle av. J.-C. destinées à remercier la déesse-mère pour une grossesse heureuse. Pour découvrir les autres pièces (céramiques étrusques et grecques, pièces lombardes, galerie de portraits des Bourbons et pinacothèque...), faites-vous accompagner

LA CAMPANIE

Santa Maria Capua Vetere, l'antique Capoue

Ce site témoigne de l'âge d'or que connut Capoue sous l'Antiquité, lorsqu'elle était la conclusion de la Via Appia. Lors de la seconde guerre punique (218-210 av. J.-C.), Capoue trahit les Romains et fait alliance avec les Carthaginois, qui seront défaits. Elle se verra alors sanctionnée par Rome, qui puisera dans ses greniers à blé, pourtant essentiels à sa survie. Au Ier siècle av. J.-C., grâce à son commerce et à son agriculture, Capoue était décrite comme "l'autre Rome" (Cicéron) et la ville la plus riche de la péninsule (Tite-Live). Un premier saccage est perpétré en 465 par les Vandales puis, en 856, les Lombards fondent une ville nouvelle, 4km au nord. L'amphithéâtre, sans doute le deuxième d'Italie par ses dimensions, après le Colisée de Rome, témoigne encore de cet âge d'or. Complétez la visite par le sanctuaire de Mithra, dieu persan garant des traités et des alliances dont les soldats de l'Empire s'étaient approprié le culte, et le musée de Capua Antica, assez didactique, qui présente des objets de l'âge du fer jusqu'à l'Empire, dont des vases et des cratères en parfait état. *À 6km à l'ouest de Caserte et à 4km au sud de Capua Entrée 2,50€ (les 3 sites)* **Amphithéâtre et Mithraeum** *Piazza 1° Ottobre Tél. 0823 79 88 64 Ouvert mar.-dim. 9h-coucher du soleil (1h avant)* **Musée** *Via Roberto d'Angiò, 48 Tél. 0823 84 42 06 Ouvert mar.-dim. 9h-19h* par l'un des gardiens, qui sera ravi de vous guider. *Via Roma, 68 Tél. 082 362 00 35 Ouvert mer. et ven.-sam. 9h-13h30, mar. et jeu. 9h-13h30 et 15h-18h, dim. 9h-13h Entrée 6€*

☆ **Basilica Sant'Angelo in Formis** Cette basilique, dédiée à l'archange saint Michel, est un véritable chef-d'œuvre de l'art roman. Bâtie sur les flancs du mont Tifata au Xe siècle, elle a été reconstruite et décorée au XIe siècle par des moines bénédictins du mont Cassin, alors sous l'autorité de l'abbé Didier (ou Desiderius). Les fresques (XIe s.) qui recouvrent les nefs sont un héritage de la tradition picturale byzantine, qu'elles parachèvent dans un style très touchant (vous remarquerez l'expression des visages). Elles illustrent plusieurs épisodes de l'Ancien (dans les nefs latérales) et du Nouveau Testament (au-dessus des arcades de la nef centrale). Dans l'abside centrale, admirez le magnifique Christ Pantocrator (en majesté) entouré des symboles des quatre évangélistes, tandis qu'au registre inférieur on reconnaît les trois archanges Gabriel, Michel et Raphaël avec, à gauche, l'abbé Didier tenant une maquette de l'église et, à droite, saint Benoît. Dans l'abside de droite, une Vierge à l'Enfant est représentée entre deux anges. Le *Jugement dernier* figure sur le revers de la façade. *Via Luigi Baia* ***Sant'Angelo in Formis*** *(5km à l'est de Capoue) Tél. 0823 96 08 17 Ouvert hiver : tlj. 9h30-12h et 15h30-18h30 ; été : tlj. 9h30-12h et 16h-19h*

Sessa Aurunca Ce village du nord de la Campanie, aux limites du Latium, fut fondé par les Aurunques, un peuple latin vaincu par les Samnites et les Romains. À environ 3km, le **Ponte degli Aurunci**, à 21 arches, est encore pavé d'immenses dalles volcaniques. *À 15km environ de Capoue*
Duomo Dans le charmant quartier médiéval, aux ruelles en pente, ne manquez pas la cathédrale, érigée au XIIe siècle avec des vestiges de l'Antiquité. À l'intérieur, son architecture témoigne d'un incroyable entrelacs de cultures et d'influences arabes et byzantines. *Ouvert tlj. 9h-12h et 15h-19h*
Teatro Romano Restauré en 2003, le théâtre romain, construit à l'époque d'Auguste (Ier s.), pouvait accueillir plus de 5 000 spectateurs. Il est possible d'admirer les vestiges de l'immense scène, ponctuée de statues et de colonnes (aux chapiteaux en marbre de Carrare et d'Athènes). *À l'entrée du bourg Tél. 0823 93 64 55 (soprintendenza) Ouvert uniquement sur demande*

Sant'Agata dei Goti À l'est de Caserte, en route vers Bénévent, le bourg de Sant'Agata dei Goti surgit sur un éperon de tuf où se serrent de vieux *palazzi* et les monuments hérités d'un passé mouvementé. Certains historiens pensent qu'il s'agit de la cité samnite de Saticula. Son nom rappelle l'invasion des Goths de 553, avant que ne déferlent les Lombards. Outre la cathédrale reconstruite au XVIIIe siècle – où subsistent des éléments hérités de l'église romane originelle –, ne manquez pas trois autres églises. Sant'Annunziata, bâtie au XIIIe siècle (remaniée par la suite), qui conserve de belles fresques dans l'abside (le *Jugement universel*, vers 1430). San Menna (XIIe s.), qui arbore deux lions encadrant son portail roman et renferme de belles colonnes, ainsi qu'une décoration cosmatesque sur la clôture et le pavement du chœur. Sant'Angelo in Munculanis (XIIe s.), qui témoigne des techniques d'inhumation de l'époque : on installait les défunts dans des niches souterraines (dans la crypte) en attendant que leur corps "coule" et se momifie. *À 20km de Caserte Prendre la Via Appia (SS7) vers Benevento, sortir à Maddaloni et poursuivre sur la S265 jusqu'à Sant'Agata dei Goti.*

CARNET D'ADRESSES

Restauration

prix élevés

Le Colonne Le restaurant chic et gastronomique de Caserte. Rosanna Marziale, jeune chef inspirée et estimée, imagine des amuse-bouches avant-gardistes (rituel étonnant qu'il ne faudrait pas dévoiler), juxtapose les cuissons, invente un hamburger de viande de buffle, souffle dans la ricotta... Env. 40€ (vin exclus). *Viale Giulio Douhet, 7-9* ***Caserta*** *Tél. 0823 46 74 94 www.lecolonnemarziale.it Ouvert mer.-jeu. et dim. uniquement midi, ven.-sam. midi et soir*

Dans les environs

prix moyens

Ex Libris La descendante de la famille Lanza vous invite dans son palais. À gauche, la librairie, où elle organise des ateliers d'écriture et des rencontres avec les auteurs... À droite, le restaurant, qui accueille des soirées culturelles drainant toute l'intelligentsia de la région, des cours de cuisine ou d'œnologie. À tel point qu'un prix littéraire a été lancé en 2010, le *premio Falerno*, du nom du vin de la région, récompensant un premier roman. Plus prosaïquement, on s'y restaure aussi, au fil d'une cuisine de saison comptez 15-30€. Décoration moderne qui reste en harmonie avec le style d'un *palazzo* du Quattrocento. *Corso Gran Priorato di Parma, 25 (cour du Palazzo Lanza)* ***Capoue*** *Tél. 0823 62 29 24 Ouvert mar.-mer. midi, jeu.-dim. midi et soir Fermé en août*

La Locanda delle Carrozze Les anciennes écuries du Palazzo Falco, ont été transformées en restaurant de charme. Des calèches et des carrosses montent la garde à l'entrée, tandis que les salles se succèdent, autour de l'ancienne cuisine à l'âtre ouvert. Dans le jardin, aux beaux jours, des tables sont dressées comme dans un magazine de décoration. Cuisine de saison assurée par le jeune chef Guerino Riccitelli, qui aime les produits locaux (cochon noir de Caserte, raviolis d'aubergines et *provola*, canard aux fruits des bois, champignons, asperges de montagne...). Comptez 25-35€. ***Carano di Sessa Aurunca*** *(à 44km au nord-ouest de Caserte) Tél. 335 579 63 91 www.locandadellecarrozze.com Ouvert juin : ven.-dim. soir ; juil.-mi-sept. : mar.-dim. soir ; reste de l'année sur rdv Réservation obligatoire*

GAMME DE PRIX	RESTAURATION	HÉBERGEMENT
Très petits prix	moins de 15€	moins de 55€
Petits prix	de 15 à 25€	de 55 à 75€
Prix moyens	de 25 à 40€	de 75 à 110€
Prix élevés	de 40 à 60€	de 110 à 160€
Prix très élevés	plus de 60€	plus de 160€

Hébergement

Dans les environs

Évitez Caserte, un peu triste (surtout la ville moderne). Dans les alentours, la campagne offre quelques adresses "agritouristiques" de haute volée.

prix moyens

Masseria GiòSole Arrivant de l'autoroute, juste avant d'entrer dans Capoue, la masseria GiòSole est l'ancienne résidence de campagne de la famille Pasca di Magliano. Les descendants ont restauré la villa en conservant son cachet rustique et son beau mobilier d'époque, tout en maintenant l'exploitation agricole qui produit de délicieuses confitures, jus de fruits, conserves de légumes, liqueurs, etc. Les 3 chambres sont spacieuses et agréables, de même que les 3 appartements destinés aux familles. La cuisine de saison (restaurant réservé aux clients de l'établissement, sauf dim. midi) suit les traditions locales (menu à 30€). Piscine, terrains de tennis et de volley-ball. Selon le nombre de nuits passées sur place, le tarif est dégressif. Double 120€. *Via Giardini, 31* ***Capoue*** *Tél. 0823 96 11 08 www.masseriagiosole.com Fermé 3 sem. à Noël*

Mustilli En plein cœur du village médiéval de Sant'Agata dei Goti, le palais Rainone Mustilli (XVIIIe s.) propose 6 chambres pleines de charme : papier-peints romantiques, fenêtres ovales, parquet qui grince, terrasse privée (pour certaines), mobilier d'époque... Les patrons sont producteurs de vins et amateurs de bonne chère. Un petit côté noblesse de campagne. *Piazza Trento, 4* ***Sant'Agata dei Goti*** *Tél. 0823 71 81 42 www.mustilli.com Fermé à Noël*

La Cavella "La petite carrière", hommage à la tradition de fabrication de la chaux dans la région. Un beau palais du XVIIIe siècle, restauré avec goût par le propriétaire, avocat, dans le respect de son histoire agricole (immense cave, puits de fabrication de la chaux...). Six vastes chambres, au mobilier chiné par cet amateur d'art et d'antiquités. Un restaurant devrait bientôt voir le jour. Au petit déjeuner : tartes maison et fruits du paysan voisin. Chambres naturellement fraîches. Terrasse, patio couvert. Double 65€. ***Avezzano di Sessa Aurunca*** *(à 43km au nord-ouest de Caserte) Tél. 0823 93 84 05 www.lacavella.it Fermé jan.-fév.*

★ ☺ CAPRI

80073

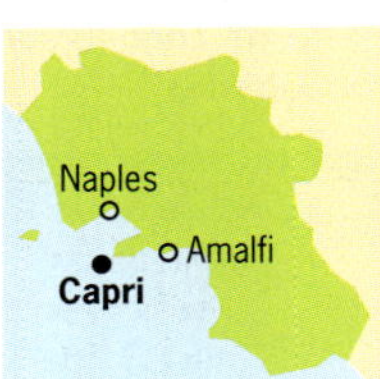

Vous avez peut-être déjà tout entendu à son sujet, le pire et le meilleur. Que l'été, on compte cinq touristes par habitant (soit 50 000 touristes sur une île longue de 6km et large de 3km), que Capri vous fait tout oublier (dixit Lénine), que Capri, c'est fini (dixit Hervé Vilard), que la grotte Bleue n'est qu'une immense supercherie destinée à renflouer les caisses municipales et à éloigner les hordes de touristes du centre historique pour quelques heures... Et pourtant ! Reléguez les idées reçues au placard et préparez-vous à vivre

l'une des plus belles découvertes du golfe napolitain. On le dit du bout des lèvres, pour ne pas brusquer les susceptibilités locales qui ont du mal à départager les trois îles, certains préférant Ischia ou Procida la sauvage, mais Capri est la perle du golfe, une île d'une beauté rare.

MODE D'EMPLOI

accès en bateau

L'île est très bien desservie au départ du **Molo Beverello**, le port d'embarquement pour les îles, en plein centre de Naples. Plusieurs compagnies assurent des liaisons vers les îles : il y a toujours un ferry ou un hydroglisseur sur le point de lever l'ancre (une trentaine par jour en été ; détail des horaires disponible dans *Qui Napoli*, le mensuel édité par l'office de tourisme, et dans le quotidien *Il Mattino*). Comptez 45min en hydroglisseur (env. 19€, supplément de 2€ pour une valise) et 1h20 environ en ferry. Les prix sont semblables d'une compagnie à l'autre, mais c'est moins cher en ferry (environ 13€). Il est aussi possible d'embarquer pour Capri au départ de **Mergellina** et même de Sorrente, d'Ischia ou de la côte amalfitaine. Se renseigner auprès des compagnies. Attention, certaines d'entre elles n'acceptent pas les cartes de crédit.

Caremar (plan 12, B4) *Tél. 199 116 655 ou de l'étranger 00 39 02 263 02 803 www.caremar.it*

Snav (plan 12, B4) *Molo Angioino Tél. 081 428 55 55 www.snav.it*

NLG (plan 12, B4) *Molo Beverello Tél. 081 552 07 63 www.navlib.it*

Metrò del Mare (plan 12, B4) *Tél. 199 60 07 00 www.metrodelmare.com*

orientation

L'île étant de taille moyenne, il est possible de découvrir de nombreux sites en une bonne journée. Les ferries et hydroglisseurs arrivent tous à **Marina Grande**, le port de la ville de Capri. Le funiculaire vous emmène ensuite en plein centre de Capri. De là, vous pouvez soit partir à pied vers la **Marina Piccola** en passant par la via Krupp, soit vers la **Villa Jovis,** ou prendre un bus pour Anacapri, l'autre ville de l'île, et sa **Villa San Michele**...

se déplacer sur l'île

À votre arrivée sur l'île, intégrez la file d'attente pour acheter des tickets valables sur tous les transports en commun de l'île (billet unique 1,80€ ou forfait d'une journée 8,60€). Le **funiculaire** vous dépose dans le centre de Capri. Les lignes de **bus** relient Capri à Anacapri et Marina Grande, mais il y a aussi des bus entre Marina Piccola et Anacapri. Évitez le taxi : les routes de l'île, en lacet, sont étroites et assez encombrées ; ce ne sera pas forcément un gain de temps (et, en plus, c'est assez cher). À Marina Grande, vous verrez aussi de nombreux **bateaux** amarrés qui proposent de faire le tour de l'île ou d'aller visiter la grotte Bleue (comptez environ 13€/pers.).

saison touristique

Évitez de visiter l'île en été, lorsque c'est noir de monde... Au printemps et au début de l'automne, cela reste chargé mais l'on parvient assez vite à semer la foule et à se réfugier au cœur d'un jardin parfumé qui sent l'agrume ou le jasmin. De novembre à fin mars, l'île semble hiberner. Quelques hôtels et restaurants restent ouverts, l'office de tourisme assure l'intérim et c'est peut-être l'unique occasion d'aller à la rencontre des vrais habitants et d'apprécier un café sur la Piazzetta.

informations touristiques

Azienda Autonoma di Soggiorno, Cura e Turismo (plan 14, B1) *Piazza Umberto I* **Capri** *Tél. 081 837 06 86 information@capri.it www.capritourism.com Ouvert été : lun.-sam. 8h30-20h30, dim. 9h-15h ; hiver : lun.-sam. 9h15-13h15 et 15h30-18h45*

Azienda Autonoma di Soggiorno, Cura e Turismo (plan 14, B1) *Marina Grande (dans le port) Tél. 081 837 06 34 Ouvert été : lun.-sam. 9h30-13h15 et 15h-18h45, dim. 9h-15h ; hiver : lun.-sam. 8h30-14h30*

Azienda Autonoma di Soggiorno, Cura e Turismo (plan 14, A1) *Via G. Orlandi, 59* **Anacapri** *Tél. 081 837 15 24 Ouvert été : lun.-sam. 9h30-15h30 ; hiver : lun.-sam. 9h-15h*

fêtes et manifestations

San Costanzo À Capri. *Le 14 mai*
Sant'Antonio di Padova À Anacapri. *Le 13 juin*

DÉCOUVRIR

L'île de Capri

☆**Les essentiels** La chartreuse San Giacomo, la Villa San Michele, la Grotta Azzurra **Découvrir autrement** Profitez de la balade qui mène de Villa Jovis au mont Tiberio, baignez-vous à Marina Grande ou Marina Piccola, dégustez le *limoncello* de Capri

Les villes de Capri et d'Anacapri

Une fois descendu du funiculaire qui relie Marina Grande à Capri, s'il y a du monde dans les parages de la Piazzetta (autre nom de la piazza Umberto I), cœur mondain et touristique de l'île, traversez rapidement le centre-ville et échappez-vous vers le sud. Prenez la direction de la via Vittorio Emanuele, à l'arrière de l'église Santo Stefano. En longeant tout droit cette artère commerçante, vous passerez devant l'hôtel Quisisana, un hôtel historique de l'île (et terriblement cher), ouvert en 1845 comme sanatorium. Parvenu au bas de la via Federico Serena (qui prolonge la via Vittorio Emanuele), vous apercevrez les murs de la chartreuse San Giacomo.

☆ **Certosa di San Giacomo (plan 14, B1)** Bâtie en 1371, quelques décennies après celle de San Martino, cette chartreuse est conçue sur le même principe que son aînée (une église, deux cloîtres et l'appartement du prieur). Victime d'une histoire chaotique (incendies, pirates...), elle a prospéré jusqu'à l'interdiction édictée par Napoléon Bonaparte en 1807. Aujourd'hui, une partie de ses espaces a été réaffectée (école, bibliothèque municipale...) tandis qu'une autre a été abandonnée. À l'entrée de la chartreuse, levez les yeux vers le fronton de l'église et sa fresque du XIVe siècle, puis pénétrez dans

Plan 14 Capri

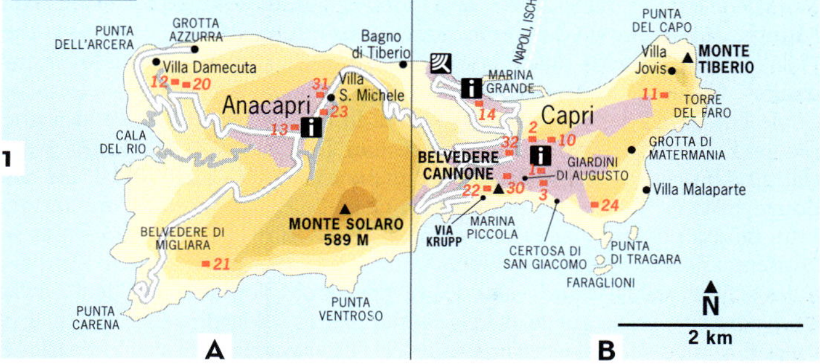

Pâtisseries, glaciers (n°1 à 3)
Buonocore* — 1 B1
Pasticceria Alberto* — 2 B1
Sfizi di Capri* — 3 B1

Restauration (n°11 à 14)
Da Paolino — 14 B1
Il Cucciolo — 12 A1
La Savardina da Edoardo — 11 B1
Materita — 13 A1

Hébergement (n°20 à 24)
Da Gelsomina alla Migliera — 21 A1
Hotel San Michele — 23 A1
Punta Tragara — 24 B1
Villa Eva — 20 A1
Villa Krupp — 22 B1

Shopping (n°30 à 32)
Carthusia* — 30 B1
L'Arte del Sandalo Caprese* — 31 A1
Limoncello di Capri* — 32 B1

*À RETROUVER DANS LA PARTIE DÉCOUVRIR

l'édifice pour voir son décor du XVIIe siècle. Vous y découvrirez également les œuvres romantiques et mystiques du peintre allemand Wilhelm Diefenbach (1851-1913), qui a vécu à Capri au début du XXe siècle. Considéré par certains comme le père de la musicothérapie, sa philosophie (il était végétarien, ascète, antimilitariste) transparaît à travers son œuvre. Longtemps dénigré, il intéresse de nouveau les cercles artistiques. Enfin, rejoignez le **parc**, qui sent le citron ou le pin, puis descendez au belvédère. La vue plonge jusqu'aux **Faraglioni**, trois rocs immenses emblématiques de l'île. Sachez qu'au cœur de ces roches se niche une espèce de lézard bleu unique au monde. *Viale Certosa* ***Capri*** *Tél. 081 837 62 18 Ouvert mar.-dim. 8h30-14h*

Giardini d'Augusto (plan 14, B1) De la chartreuse, rejoignez la via Matteotti qui mène, à l'ouest, vers ces jardins. Aménagés en terrasses, fleuris et foisonnants, les jardins sont situés plus haut que la chartreuse, ce qui fait que la vue du belvédère est plus impressionnante. À ce niveau, on voit très précisément le déroulé sinueux de la **via Krupp**. *Ouvert tlj. 24h/24 Entrée libre*

Anacapri (plan 14, A1) Vous aurez vite fait le tour du centre d'Anacapri, plutôt agréable avec ses placettes (devant l'église Santa Sofia, par exemple), ses villas (la Casa Rossa, bâtie à la fin du XIXe s. autour d'une tour aragonaise dans un style éclectique). *Accès en bus ou en taxi au départ de Capri*
San Michele Remarquez le sol entièrement pavé de majoliques de cette église du XVIIIe siècle. *Piazza San Nicola Ouvert oct.-mars : tlj. 10h-15h ; avr.-sept. : tlj. 9h-19h Fermé mi-jan.-mi-fév. Entrée 3€*

☆**Villa San Michele** De la piazza Vittoria, rejoignez la somptueuse Villa SanMichele en prenant la via Capodimonte, qui se prolonge par la via Axel Munthe. Médecin suédois éperdument amoureux de l'île, Axel Munthe (1857-1949) est sans doute le premier étranger à avoir déserté les mondanités du centre de Capri pour se retirer dans la campagne. Il consacre sa vie aux soins des plus pauvres et à la littérature, ce qui lui vaudra une reconnaissance internationale : son roman *Le Livre de San Michele* a été traduit dans plus de trente langues. Il rachète en 1876, sur le site d'une des douze villas de Tibère, les ruines de la chapelle San Michele et une ferme. Il lui faudra plus de quinze ans avant de voir son rêve réalisé. Les styles se croisent, faisant appel à des influences mauresques, mêlant des œuvres d'art à des sculptures classiques ou à des vestiges archéologiques de l'île. La villa a été conservée telle quelle, avec son mobilier et ses jardins fleuris, par une fondation suédoise qui y organise une série de concerts de musique classique en été, le vendredi à l'heure du crépuscule. La vue sur Marina Grande, à côté du sphinx égyptien qui borde une des terrasses, est digne d'une carte postale. Si vous longez la villa, vous pouvez rejoindre Marina Grande par l'escalier phénicien (la Scala Fenicia), qui est l'ancienne porte d'accès à Anacapri. Comptez 45min. *Via Axel Munthe, 34 Tél. 081 837 14 01 Ouvert oct. : tlj. 9h-17h ; nov.-fév. : tlj. 9h-15h30 ; mars-avr. : tlj. 9h-16h30 ; mai-sept. : tlj. 9h-18h Entrée 6€*

● Où dénicher des spécialités locales ?

Limoncello di Capri (plan 14, B1 n°32) Une des plus anciennes adresses, fondée par Nonna Vincenza Canale au début du siècle dernier. Ce digestif sucré à base de citron, qui se boit presque glacé, a gagné les tables de la péninsule et du monde entier. Nulle part ailleurs, il n'a le parfum et le goût de celui de Capri. *Via Roma, 85* ***Capri*** *Tél. 081 837 55 61 www.limoncello.com Ouvert mi-fév.-mi-jan. : tlj. 10h-14h30*

Carthusia (plan 14, B1 n°30) L'histoire veut que, en 1380, le prieur de la chartreuse San Giacomo, informé d'une visite à l'improviste de la reine Jeanne d'Anjou, ait cueilli un bouquet des plus belles fleurs de l'île. Au bout de trois jours, l'eau du vase était si parfumée qu'il est allé voir le moine alchimiste, qui identifia le mystérieux parfum comme celui du giroflier sauvage. Des siècles plus tard, en 1948, l'un des successeurs du prieur redécouvre les formules des parfums et les transmet à un chimiste piémontais, créant ainsi le plus petit laboratoire du monde. De nos jours, les parfums de Carthusia (qui veut dire "chartreuse") sont encore préparés selon les traditions anciennes. Notre préféré : Mediterraneo, à base de citron et de thé vert ! Autres boutiques dans le centre de Capri et à Anacapri. *Viale Parco Augusto, 2/c* ***Capri*** *Tél. 081 837 03 68 www.carthusia.it Ouvert mars-oct. : tlj. 9h-20h ; nov.-fév. : 9h et 17h*

La *torta caprese*

C'est la spécialité de l'île : un gâteau moelleux à base de chocolat noir et d'amandes (moulues et pilées, puis toastées). Il ne doit pas être sec mais uniformément cuit. Tout un art de la nuance que peu de pâtissiers maîtrisent !

L'Arte del Sandalo Caprese (plan 14, A1 n°31) Des centaines de modèles de sandales en cuir, à talons, multicolores, ornées de strass ou de fleurs. Antonio Viva les fabrique sur mesure à l'extérieur de la boutique pour attirer les touristes de cette rue très passante. *Via G. Orlandi, 75* ***Anacapri*** *Tél. 081 837 35 83 Ouvert tlj. mars-oct. : 8h-20h*

● Où déguster une glace, une pâtisserie ?

☺ **Buonocore (plan 14, B1 n°1)** Meilleurs pâtisserie et glacier de l'île, c'est également une bonne adresse pour manger sur le pouce (sandwichs copieux, chaussons variés, gratins de légumes...). Vous ne pouvez pas la rater, il y a toujours la queue ! *Via Vittorio Emanuele, 35* ***Capri*** *Tél. 081 837 78 26 Ouvert été : tlj. 8h-2h ; hiver : tlj. 8h-21h Fermé nov.-mars*

Pasticceria Alberto (plan 14, B1 n°2) Une belle entrée en matière puisqu'elle est située juste à la sortie du funiculaire. *Torte capresi* individuelles ou plus grandes (bon à savoir : elles se conservent trois ou quatre jours en dehors du réfrigérateur), à déguster en terrasse. *Via Roma, 9/11* ***Capri*** *Tél. 081 837 06 22 Ouvert avr.-oct. : tlj. 6h30-23h ; nov.-mars : mer.-lun. 6h30-20h30*

Sfizi di Capri (plan 14, B1 n°3) La boulangerie de Capri, où locaux et gens de passage se croisent autour d'une miche de pain croquante, d'une part de pizza à la coupe, de *taralli* tout frais (leur spécialité) ou de pâtisseries

☺ Une balade vers la villa de Malaparte

Cette promenade part de Capri (env. 1h) : de la Piazzetta, prendre la via Le Botteghe (en direction de la Villa Jovis) et, au croisement avec la via Sopramonte, suivre la via Matermania. Si vous voulez allonger l'itinéraire, faites un détour par le mont Tuoro, d'où la vue sur la côte est magnifique, particulièrement sur la Villa Malaparte au loin, et revenez sur la via Matermania. Quand la route fait une fourche, prenez à gauche vers l'**Arco Naturale**, une arcade colossale percée dans la roche au cœur d'un paysage paradisiaque. À droite, on accède à la **grotte de Matermania**, où l'on a retrouvé les traces d'un culte voué à la Magna Mater (Cybèle). La route se prolonge à travers bois jusqu'à la Punta Massullo, où s'élève la Villa de Curzio Malaparte, écrivain (1898-1957) qui décide en 1938 de se faire construire une villa sur ce promontoire battu par les vents. Il confie le projet à l'architecte rationaliste Adalberto Libera et corrige les plans du maître pour donner libre cours à sa fantaisie (on lui doit, paraît-il, l'escalier trapézoïdal visible sur le toit). À sa mort, selon ses nouvelles convictions, Malaparte lègue sa villa à la république populaire de Chine. Elle a été le décor d'un des films de Godard les plus réussis, *Le Mépris* (1963). Abritant aujourd'hui une fondation culturelle, elle ne se visite pas. Au lieu de revenir en arrière, continuer le long de la via Pizzolungo vers le belvédère de Tragara, juste au-dessus des Faraglioni, les trois rochers les plus célèbres de l'île. Prendre la via Tragara pour rejoindre le centre de Capri.

absolument délicieuses (*torta caprese*, biscuits secs...). *Via Canale Parroco Roberto, 3* **Capri** *Tél. 081 837 59 15 Ouvert lun.-sam. 6h30-13h30 et 16h-19h, dim. 7h-13h*

À la découverte de l'île

Villa Jovis-Monte Tiberio (plan 14, B1) La balade – très facile et incontournable – est une des plus belles de l'île (comptez 1h – aller – depuis la piazzetta), longeant des villas splendides, des jardins... Sortez du centre de Capri par la via Le Botteghe, que vous prolongerez tout droit jusqu'au croisement avec la via Sopramonte. Un peu plus en avant, remarquez la délicieuse chapelle de San Michele della Croce, qui date de la fin du XIVe siècle. Engagez-vous alors sur la via Tiberio jusqu'à la Villa Jovis. Approchez-vous (mais pas trop) du **Salto di Tiberio**, un promontoire haut de 297m d'où l'empereur jetait ses victimes à la mer. Du sommet du **mont Tiberio**, là où se dresse une église du XVIIe siècle, par temps clair, vous aurez une vue magnifique sur tout le golfe de Naples, de Sorrente jusqu'à Procida en passant par le Vésuve ! À droite, la pointe de terre ferme que vous voyez est la **Punta della Campanella**, qui sépare d'un côté le golfe de Sorrente et de l'autre la côte amalfitaine.

Villa Jovis Sur le promontoire, vous découvrirez les vestiges d'une des douze villas de l'empereur Tibère, qui a passé les dix dernières années de sa vie à Capri (de 47 à 37 av. J.-C.). Il reste bien peu de la grandeur qui caractérisait cet ensemble d'appartements et de thermes construits en terrasses (7 000m^{2}), mais le site demeure évocateur. On devine encore les salles thermales, les logements des serviteurs, les ruines de quatre immenses citernes (au centre), destinées à recueillir les eaux de pluie, et quelques vestiges de mosaïques. *Via Tiberio Tél. 081 837 06 34 Ouvert tlj. 11h-15h Entrée 2€*

Monte Solaro (plan 14, A1) C'est le point culminant de Capri, à 589m, d'où se dégage une vue impressionnante sur l'île, le golfe de Naples, le golfe de Salerne et, par temps clair, les massifs montagneux de la Calabre. Un télésiège qui part de piazza Vittoria vous mènera au sommet. Si vous préférez tenter l'ascension à pied, comptez une bonne heure. **Télésiège du mont Solaro** *Via Caposcuro, 10 Tél. 081 837 14 28 Ouvert mars-oct. : tlj. 9h30-17h30 ; nov.-fév. : tlj. 10h30-15h Billet aller-retour 10€*

☆ **Grotta Azzurra (plan 14, A1)** Vous pouvez rejoindre la Grotta Azzurra, la célèbre grotte Bleue, en bus, par la mer ou à pied. Du centre d'Anacapri, un bus dessert la grotte en passant par le site de la Villa di Damecuta, une autre villa voulue par Tibère (10min de trajet). Vous pouvez y accéder par bateau depuis Marina Grande. À pied, partez de la piazza Diaz en empruntant la via Cava puis la via Pozzo. Ensuite, il vous faudra gagner la côte le long de la via Vecchia Grotta Azzurra (comptez 50min). Une fois parvenu à proximité de l'entrée de la grotte, de petites barques (3 ou 4 passagers) emmènent les visiteurs à l'intérieur. La grotte, poule aux œufs d'or de l'île, a été découverte en 1826 par un pêcheur du coin et un artiste allemand répondant au nom de Kopisch. Vaut-elle vraiment une visite ? S'il n'y a pas trop de monde et que vous avez du temps, la balade est agréable, d'autant que cette lumière bleue est assez exceptionnelle. Tout à côté, allez voir les vestiges de la **Villa**

di Damecuta. Il reste encore moins de traces qu'à la Villa Jovis, mais le site a beaucoup de charme. *Ouvert tlj. 9h-17h (bateaux 9h-15h30) Fermé en cas de mauvaises conditions météorologiques*

Belvedere di Migliara (plan 14, A1) Pour ceux qui ne se lassent pas de marcher : d'Anacapri, la balade vers le belvédère de Migliara traverse le paysage le plus sauvage de l'île (comptez une bonne heure). La via Migliara démarre piazza Vittoria et descend tout droit au sud de l'île. En chemin, vous aurez une belle vue sur les flancs escarpés du **mont Solaro**.

Profiter de la mer

Via Krupp (plan 14, B1) Cette voie piétonne, construite par l'héritier des aciéries allemandes, colle à la roche et descend jusqu'à la mer en un long lacet. Restée longtemps fermée pour des raisons de sécurité, elle a été rénovée et est à nouveau ouverte au public.
Marina Piccola (plan 14, B1) Plusieurs *lidi* ont été aménagés pour la baignade dans cette crique que l'on atteint en bus à partir de Capri et d'Anacapri ou à pied de la via Krupp.
Marina Grande (plan 14, B1) Juste à côté du port, la plage offre quelques mètres de sable vierges de lido.

CARNET D'ADRESSES

Restauration

Hélas, comme souvent dans des lieux aussi touristiques, c'est cher et bien loin de la qualité des adresses familiales du centre historique de Naples.

prix moyens

La Savardina da Edoardo (plan 14, B1 n°11) Du centre, il faut marcher pendant 20min en direction de la Villa Jovis. Puis on s'installe à l'ombre des orangers et on savoure une délicieuse cuisine du terroir, où presque tous les ingrédients proviennent du potager familial. Essayez les raviolis, le lapin mijoté au vin blanc et la *parmigiana di melanzane* (aubergines gratinées avec de la mozzarella et de la sauce tomate). Comptez 20-35€. *Via Lo Capo, 8* ***Capri*** *Tél. 081 837 63 00 www.caprilasavardina.com Ouvert avr.-oct. : tlj. midi et soir*

Il Cucciolo (plan 14, A1 n°12) Conçu comme une terrasse sur le golfe de Naples, ce restaurant, isolé près de la Villa Damecuta, propose un service de navettes à partir d'Anacapri. Les antipasti et les *primi* (pâtes) sont tous réussis. *Fusillo fresco, fior di zucca e polipetti ; pennoni porcini e* cozze (pâtes fraîches aux fleurs de

GAMME DE PRIX	RESTAURATION	HÉBERGEMENT
Très petits prix	moins de 15€	moins de 55€
Petits prix	de 15 à 25€	de 55 à 75€
Prix moyens	de 25 à 40€	de 75 à 110€
Prix élevés	de 40 à 60€	de 110 à 160€
Prix très élevés	plus de 60€	plus de 160€

courgettes et poulpes ; aux cèpes et moules). Comptez 25€. *Via La Fabbrica, 52* ***Anacapri*** *Tél. 081 837 19 17 Ouvert mi-mars-oct. : tlj. midi et soir*

Materita (plan 14, A1 n°13) Pour goûter les spécialités *capresi* (salade tomates-mozzarella, raviolis, *torta*...) sur une terrasse de la place de l'église Santa Sofia, en plein cœur d'Anacapri. Le restaurant sert aussi des pizzas cuites au feu de bois. Comptez 15-30€. *Piazza Diaz* ***Anacapri*** *Tél. 081 837 33 75 Ouvert avr.-oct. : tlj. midi et soir ; nov.-mars : mer.-lun. midi et soir*

Da Paolino (plan 14, B1 n°14) Connu... mais devenu un peu cher. Ce restaurant a pour atout son cadre, un magnifique jardin de cédrats et de citronniers dont on se demande si ce sont ces fruits qui donnent l'excellent *limoncello* de la maison. Les antipasti sont très réussis, tout comme les plats de poisson ou de fruits de mer. *Via Palazzo a Mare, 11 Marina Grande Tél. 081 837 61 02 ou 340 400 03 04 Ouvert mi-avr.-mi-oct. : tlj. uniquement soir*

Hébergement

Si voulez visiter sans hâte, il vaut mieux passer une nuit sur place. Sachez toutefois que l'hôtellerie *caprese* est souvent de luxe et qu'il faut s'y prendre tôt pour avoir une chambre.

prix moyens

Villa Eva (plan 14, A1 n°20) Une excellente adresse, pour un prix très raisonnable. Eva et son mari Vincenzo, secondés par leur fils Carlo, ont aménagé une dizaine de chambres et une piscine au cœur d'un agréable jardin parfumé (cactus, arbres fruitiers...), près du littoral où se niche la Grotta Azzurra. Vous irez à pied visiter la Villa Damecuta, voulue par Tibère, et rejoindrez le centre d'Anacapri en 15min (également un bus). La personnalité, hors du commun, des propriétaires contribue beaucoup à la réussite du lieu. Double de 90 à 120€ (majoration de 6% pour paiement par carte de crédit). *Réservation conseillée Via La Fabbrica, 8* ***Anacapri*** *Tél. 081 837 15 49 www.villaeva.com Ouvert avr.-oct.*

prix élevés

Da Gelsomina alla Migliera (plan 14, A1 n°21) À une centaine de mètres du belvédère de la Migliera, au sud d'Anacapri, cette pension sympathique (avec piscine) surplombe le phare de la Punta Carena. La balade jusqu'au centre-ville d'Anacapri (30min) vaut la peine mais, si vous préférez épargner vos forces, une navette fait l'aller-retour toute la journée entre la piazza Caprile et la pension. Le restaurant propose une savoureuse cuisine familiale, arrosée par un vin maison rafraîchissant ! Double de 170 à 180€. *Via Migliara, 72* ***Anacapri*** *Tél. 081 837 14 99 www.dagelsomina.com Ouvert mars-déc.*

☺ **Villa Krupp (plan 14, B1 n°22)** Maxime Gorki et son ami Lénine y ont séjourné. L'ancienne maison du magnat de l'acier Krupp a été transformée en un hôtel de charme. En surplomb des fameux Faraglioni, rochers emblématiques de Capri, séparé de la mer par les jardins d'Auguste, l'hôtel est pris d'assaut l'été. Douze chambres seulement (avec clim.), à réserver le plus tôt possible. Ambiance familiale. Comptez de 140 à 190€. *Viale Matteotti, 12* ***Capri*** *Tél. 081 837 03 62 www.villakrupp.com Ouvert avr.-oct.*

prix très élevés

Hotel San Michele (plan 14, A1 n°23) À l'entrée d'Anacapri, tout près de la Villa San Michele, cet hôtel 4 étoiles jouit d'une splendide vue sur le golfe de Naples et sur le Monte Solaro. Le hall de réception, qui date de 1880, a connu les débuts du tourisme sur l'île. Aujourd'hui, l'hôtel se targue d'avoir la plus grande piscine de Capri. Double standard de 140€ à 180€. *Via Giuseppe Orlandi, 1/3/5* ***Anacapri*** *Tél. 081 837 14 27 www.sanmichele-capri.com Ouvert avr.-oct.*

Punta Tragara (plan 14, B1 n°24) Un des plus beaux hôtels de l'île ! Supervisé par Le Corbusier dans les années 1920 (c'était alors une villa privée), il jouxte le belvédère de Tragara dont la vue plonge à pic sur les Faraglioni. Churchill lui-même a été l'un des hôtes de la maison. Les 44 chambres ont été aménagées comme des minisuites qui s'ouvrent sur un balcon. On ne saurait trop vous recommander le coucher de soleil depuis la terrasse, les pieds dans l'eau chauffée des deux piscines… Double de 350 à 3 800€. *Via Tragara, 57* ***Capri*** *Tél. 081 837 08 44 www.hoteltragara.com Ouvert avr.-oct.*

ISCHIA

80700

Tout comme Capri ferme le golfe de Naples à la pointe de Sorrente, Ischia, précédée de Procida, le ferme à l'opposé, juste en face des champs Phlégréens. C'est d'ailleurs bien son origine volcanique qui la distingue de Capri et caractérise son paysage avec le mont Epomeo, volcan éteint culminant à 788m, et ses dizaines de sources thermales qui valent à l'île d'accueillir des milliers de curistes toute l'année. Capri la frivole, l'île de la jet-set, et, à l'opposé, Ischia l'allemande, avec ses eaux de jouvence pour soigner les rhumatismes ? Le contraste est un peu violent mais il n'est pas faux. En revanche, le grand avantage d'Ischia est sa taille : 46km² de superficie où chacun a sa place, y compris les plus jeunes puisqu'il y a des plages faciles d'accès pour la baignade. Elle a tout de même en commun avec Capri une végétation qui sent bon le pin, les agrumes et un climat presque idyllique onze mois sur douze. Ne désespérez pas de découvrir des sites magnifiques en une seule journée mais, si vous souhaitez prendre le temps, il vous faudra au moins deux ou trois jours. En saison, les Napolitains possédant un bateau à moteur vont souvent mouiller dans les parages de l'île, au bord de ses criques découpées. Vous serez étonné de voir alors le golfe comme une autoroute où se croisent des dizaines d'embarcations…

MODE D'EMPLOI

accès en bateau

Ischia est bien desservie au départ de Naples (Molo Beverello et Mergellina) et de Pouzzoles, à destination d'Ischia Porto ou Casamicciola Terme (1h30 en ferry et 45min en hydroglisseur). Il est possible d'embarquer les voitures.
Caremar (plan 12, B4) *Tél. 199 116 655 ou de l'étranger 00 39 02 263 02 803 www.caremar.it*

Snav (plan 12, B4) *Molo Angioino Tél. 081 428 55 55 www.snav.it*
Alilauro (plan 12, B4) *Molo Beverello Tél. 081 497 22 22 www.alilauro.it*

orientation

Ischia, la ville principale de l'île, est composée d'Ischia Porto et d'Ischia Ponte. Du port, comptez 45min à pied pour rejoindre le château aragonais situé à Ischia Ponte en empruntant la via Roma, une rue piétonne bordée de commerces et de bars-restaurants.

se déplacer sur l'île

BUS
Sur place, si vous êtes sans voiture, le meilleur moyen de se déplacer est le bus. Deux lignes à retenir : la *circolare sinistra* et la *circolare destra*. La première fait le tour de l'île dans le sens inverse des aiguilles d'une montre, d'Ischia Porto à Casamicciola, Lacco Ameno, Forio, Serrara, Fontana et Barano d'Ischia. La seconde ligne suit le même trajet dans l'autre sens. Des minibus desservent directement Forio au départ d'Ischia Porto, ou même Sant'Angelo. Munissez-vous de préférence de tickets avant de monter dans le bus (2,50€ à bord au lieu de 1,90€ dans les kiosques à journaux ou les bureaux de tabac).
EAV Bus (plan 15, B1) *Tél. 800 05 39 39 www.eavbus.it*

SCOOTERS
Une solution pratique et agréable. Plusieurs loueurs dans toutes les villes de l'île, comptez 25-30€ la journée. Demandez à votre hôtel, il pourra aussi vous organiser une location avec dépose et retrait à la réception.

BATEAU
Le tour de l'île peut aussi se faire en bateau. Plusieurs petites compagnies privées dans chaque port.

informations touristiques

Il n'existe pas d'office de tourisme officiel, les agences de voyage privées assurent ce service.

fête et manifestation

Santa Restituta Procession avec les reliques de la sainte patrone de Lacco Ameno jusqu'à la plage de San Montano. *Les 16 et 17 mai*

DÉCOUVRIR

Ischia

☆ **Les essentiels** Le château aragonais, le jardin de la Mortella **Découvrir autrement** Immergez-vous dans les eaux thermales des Giardini Poseidon ou dans les sources chaudes de Sorgeto

Ischia Porto-Ischia Ponte (plan 15, B1) Entre les incessantes manœuvres des bateaux et les façades des hôtels, qui se sont multipliés, on ne voit plus ce qui faisait le charme de ce port. À Ischia Ponte, la pression du tourisme est plus discrète et l'on peut profiter de quelques belles balades, au belvédère de Cartaromana mais surtout au château aragonais.
☆ **Castello Aragonese** Pour les amoureux d'Ischia, c'est “la” perle de l'île. Il fut construit au XVe siècle sur les vestiges de monuments antérieurs (cathédrale,

Plan 15 Ischia

Glacier, bar (n°1 et 2)
Bar Calise* — 1 B1
Cantina Pietratorcia* — 2 A2

Restauration (n°10 à 14)
Da Peppina di Renato — 11 A1
Dal Pescatore — 12 A2
Gennaro — 13 B1
Il Focolare — 14 B1
Pane e Vino — 10 B1

Hébergement (n°20 à 26)
Camping dei Pini Paluba — 20 B1
Hotel Punta Chiarito — 23 A2
Hotel Santa Lucia — 21 A1
Hotel Villa Campo — 26 A1
Il Monastero — 22 B1
La Villarosa — 24 B1
Villa Angelica — 25 A1

*À RETROUVER DANS LA PARTIE DÉCOUVRIR

églises et couvent). Du sommet, un panorama magnifique embrasse le golfe de Naples. *À l'extrême est d'Ischia Ponte, un ascenseur mène au sommet Tél. 081 99 19 59 www.castelloaragonese.it Ouvert été : tlj. 9h-20h ; hiver : tlj. 9h-17h Entrée 10€*

Monte Epomeo (plan 15, A1) Au sommet de ce volcan éteint (788m), la vue sur Naples et sur l'île est impressionnante. Attention ! ne vous laissez pas intimider par le panneau "*strada militare*" signalant que le sentier est fermé. C'est la seule voie d'accès pour le sommet et vous pouvez même l'emprunter en voiture pour vous rapprocher. La zone militaire commence après le bar-restaurant que vous croiserez en chemin. Là, il faut effectivement se garer et continuer à pied (3km, 40min) par le sentier qui monte à gauche du bar. *Accès par le village de Fontana*

Sant'Angelo (plan 15, A2) Une station balnéaire charmante et très courue à laquelle il est plus facile d'accéder par la mer que par la route. C'est aussi un charmant village de pêcheurs, perché sur un éperon rocheux qui sépare deux baies. Si vous ne pouvez pas vous y rendre par la mer, une route y descend entre Panza et Ciglio.

☆ **La Mortella (plan 15, A1)** Dans le village de Forio, ce jardin luxuriant qui abrite plus de 3 000 espèces de plantes du monde entier est le fruit des fantaisies les plus folles d'un couple anglo-argentin, arrivé là dans les années 1940. En haute saison, des concerts y sont organisés et il y a aussi un salon de thé très *british* et très agréable. *Via Calise, 39* ***Forio*** *À environ 3,5km au nord de Forio (à mi-chemin de Lacco Ameno) Tél. 081 98 62 20 www.lamortella.it Ouvert avr.-oct. : mar., jeu. et sam.-dim. 9h-19h Entrée 12€*

Punta Caruso (plan 15, A1) Quand on laisse derrière soi le gros bourg de Forio (et son église blanche, Santa Maria del Soccorso), la route vers Lacco Ameno traverse l'un des paysages les plus spectaculaires de l'île, avec le promontoire du mont Caruso à l'ouest. *Juste après la Mortella au nord*

Museo Archeologico di Pithecusa (plan 15, A1) À Lacco Ameno, au pied du mont Vico, dans la villa Arbusto, ce musée archéologique renferme des témoignages précieux de la colonie grecque de Pithécusses, implantée sur l'île au VIIIe siècle av. J.-C., entre autres la coupe dite "de Nestor", gravée d'une épigramme en trois vers faisant allusion à la célèbre coupe décrite dans l'*Iliade*. Il s'agit du seul exemple qui nous soit parvenu d'un morceau poétique dont l'écriture est contemporaine du poème d'Homère. *Corso Angelo Rizzoli, 210* ***Lacco Ameno*** *Tél. 081 90 03 56 Ouvert été : mar.-dim. 9h-13h et 14h-20h ; hiver : mar.-dim. 9h30-13h et 15h-18h30 Entrée 5€*

● Où boire un verre, manger une glace ?

Bar Calise (plan 15, B1 n°1) Une excellente adresse pour les fondus de pâtisseries, de sucreries, de confiseries, de chocolateries ! Très bonnes glaces. *Via Antonio Sogliuzzo, 69* ***Ischia Ponte*** *Tél. 081 99 12 70 Ouvert haute saison : tlj. 7h-2h ; basse saison : mer.-lun. 7h-23h30 Via Iasolino, 19* ***Ischia Porto*** *Ouvert haute saison : tlj. 6h-2h ; basse saison : jeu.-mar. 6h-23h30 Piazza Marina* ***Marina de Casamicciola*** *Ouvert haute saison : tlj. 6h-2h ; basse saison : mar.-dim. 6h-23h30*

● Où déguster le vin d'Ischia ?

Cantina Pietratorcia (plan 15, A2 n°2) Peut-être la meilleure *enoteca* de l'île d'Ischia : normal, son patron est l'un des viticulteurs les plus réputés d'Ischia. *Via Provinciale Panza, 311* ***Forio*** *Tél. 081 90 72 32 ou 338 349 71 96 www.pietratorcia.it Ouvert Pâques-mi-juin, mi-sept.-oct. : tlj. 10h-13h et 16h-20h ; mi-juin-mi-sept. : tlj. 17h30-tard dans la nuit Fermé nov.-Pâques*

● Aller aux thermes

☺ **Giardini Poseidon (plan 15, A2)** Ce sont des thermes magnifiques, immergés dans des jardins fleuris et soignés. Saunas, hammam, une vingtaine de piscines chauffées à des températures différentes, parcours Kneipp, une immense plage privée de sable blanc... Même les habitants d'Ischia sont amateurs. Comptez, selon la saison, de 30 à 33€/jour, incluant accès aux thermes, vestiaire, chaise longue, parasol, jets d'eau... Bonnet de bain obligatoire (en vente sur place). *Via Mazella* ***Spiaggia di Citara*** *Tél. 081 908 71 11 www.giardiniposeidon.it Ouvert avr.-sept. : tlj. 9h-19h ; oct. : tlj. 9h-18h30*

Negombo (plan 15, A1) Plus petits et plus chics que les Giardini Poseidon, les thermes Negombo bénéficient d'un cadre enchanteur : on se perd littéralement dans les vastes jardins (plus de 500 espèces végétales exotiques !). Descente privée jusqu'à la plage de San Montano. Comptez de 28 à 30€/jour (accès à toutes les piscines thermales, chaise longue). Restauration en harmonie avec les lieux : bar à fruits, bar à homards et trattoria typique. *Via di San Montano* ***Baia di San Montano*** *Tél. 081 98 61 52 www.negombo.it Ouvert mi-avr.-mi-oct. : tlj. 8h30-19h*

● Profiter de la mer Un des grands bonheurs d'Ischia est de pouvoir se baigner sur des plages magnifiques et faciles d'accès. Pour les plages de sable, il faudra aller entre Lacco Ameno et Forio soit, plus à l'ouest, à Chiaia, soit plus au sud, à Cava dell'Isola.

☺ **Spiaggia di San Montano (plan 15, A1)** La baie de Montano est sans doute la plus belle de toutes. La plage s'étire au creux d'un paysage naturel paradisiaque. Attention, la partie publique est minuscule. Le lido privé coûte env. 15€/jour (l'entrée aux thermes Negombo inclut l'accès à la plage privée).

Spiaggia di Citara (plan 15, A2) À 2km de Forio, exposée plein ouest, la plage dispose d'une partie publique assez large. Pour profiter du soleil jusqu'au dernier rayon.

Spiaggia dei Maronti (plan 15, A2) L'une des plages les plus populaires d'Ischia, sur la côte sud de l'île, entre Sant'Angelo et Barano. C'est la plage des "jeunes", envahie de Napolitains les week-ends. Autrefois, elle était très longue mais, aujourd'hui, le niveau de la mer ayant monté, elle s'en trouve réduite. On peut la rejoindre par bateau *via* Sant'Angelo (env. 2,50-3€)

● Se baigner dans des sources chaudes

Vasche di acqua termale di Sorgeto (plan 15, A2) Tout près du village de Panza, on peut se baigner dans les vasques naturelles de Sorgeto. En montagne, à la source, l'eau atteint 90°C mais, une fois parvenue plus bas, elle tourne autour de 32°C, ce qui n'est pas désagréable, notamment en hiver... *Situées dans l'ouest de l'île, à 2km de Torre Sant'Angelo, on y accède au départ de Panza (au bout de la route, des escaliers permettent de descendre dans l'eau) ou par bateau via Sant'Angelo (2,50-3€)*

CARNET D'ADRESSES

Restauration

petits prix

Pane e Vino (plan 15, B1 n°10) Cette excellente *enoteca* vous fera découvrir les vins de l'île avec des assiettes gourmandes bien préparées (pain maison, fromages, charcuterie...) et des plats du jour inspirés. Menu à base de poisson 25-35€. *Via Porto, 24* ***Ischia Porto*** *Tél. 081 99 10 46*

Ouvert hiver : mer.-lun. 11h35-15h et 19h-0h ; reste de l'année : tlj. 11h35-15h et 19h-0h

prix moyens

☺ **Il Focolare (plan 15, B1 n°14)** Riccardo d'Ambra, sa femme et leurs huit enfants, c'est toute l'âme de ce restaurant perché sur les hauteurs d'Ischia. Une île "de terre" comme aime à le prouver le patron. Ici, pas de pâtes aux fruits de mer, non, plutôt du *coniglio di fossa* (lapin de garenne), une spécialité locale redécouverte par ce membre de l'association Slow Food, tout comme les *fagioli zampognari* (une espèce de haricot autochtone) et d'autres recettes "des monts" (goûtez à leur *pancetta* maison !). Les deux fils sont aux cuisines, mais ils ont voyagé, comme leur père, et leurs plats trouvent parfois leur inspiration au-delà des limites de l'île (produits toscans, viande d'Angus..., selon les saisons, les envies et les découvertes). Grande terrasse et affiches de tous les films tournés à Ischia. Comptez 30-40€. *Via Cretajo al Crocefisso, 3* ***Casamicciola Terme*** *Tél. 081 90 29 44 www.trattoriailfocolare.it Ouvert nov.-mai : lun.-mar. et jeu. soir, ven.-dim. midi et soir ; juin-oct. : lun.-jeu. soir, ven.-dim. midi et soir Fermé 24-26 déc.*

Da Peppina di Renato (plan 15, A1 n°11) Le cadre de ces anciennes caves réaménagées est pour beaucoup dans la réussite du lieu, qui ne désemplit pas et fait l'unanimité des habitants. La cuisine est simple et toujours savoureuse : *bruschette* (pain de campagne grillé, accompagné de tomate, ail et origan ou d'autres ingrédients) et légumes braisés, viandes et crustacés préparés selon les recettes traditionnelles de l'île. Comptez env. 30€. *Via Montecorvo, 42* ***Forio*** *Tél. 081 99 83 12 www.trattoriadapeppina.it Ouvert juin-sept. : tlj. 19h30-2h ; mi-mars-mai, oct.-mi-déc. : jeu.-mar.*

Dal Pescatore (plan 15, A2 n°12) Sur la place du port de Sant'Angelo, ce restaurant familial à la vaste terrasse propose des pizzas au feu de bois, des poissons toujours frais et des desserts savoureux, spécialité de la maison. Également un bar-salon de thé, où l'on peut venir à toute heure goûter aux gâteaux enchanteurs de Donna Lucia. Comptez 25-35€. *Piazza Troia* ***Sant'Angelo*** *Tél. 081 99 92 06 Ouvert mars-déc. : ven.-mer. midi et soir*

prix élevés

Gennaro (plan 15, B1 n°13) Le restaurant le plus réputé de la "rive droite" d'Ischia (en français dans le texte). Gennaro montre avec fierté son pressbook personnel rempli de photos de stars (Sophia Loren, Claudia Cardinale, Vittorio Gassman...), venues, depuis 1965, déguster les poissons tout juste sortis des filets (comptez 40-45€). Pour ceux qui préfèrent la viande l'addition sera moins chère : 30-35€. *Via Porto, 59* ***Ischia Porto*** *Tél. 081 99 29 17 ou 333 489 89 20 www.ristorantegennaro.it Ouvert Pâques-7 jan. : tlj. midi et soir*

Hébergement

Procida n'est pas moins chère que Capri. L'île ayant une tradition d'établissements thermaux, il est difficile de trouver des adresses simples et économiques. Réservation indispensable.

camping

Camping dei Pini Paluba (plan 15, B1 n°20) Un camping agréable et bien équipé, au milieu des pins. Possibilité

LA CAMPANIE

de louer des bungalows à bon prix (90€/2 pers.) et des mini-appartements pour 3 à 6 pers. (110-190€). *Via Delle Ginestre, 38* ***Ischia Porto*** *Tél. 081 98 41 20 www.ischiacampingpaluba.it*

prix moyens

Hotel Santa Lucia (plan 15, A1 n°21) Installé en bord de mer, entre Forio et la plage de Citara, cet hôtel 3 étoiles est l'un des moins chers de la côte, peut-être parce qu'il n'a pas d'accès direct à la plage, mais ses 2 piscines (une intérieure) compensent cette lacune. Chambre de 75 à 110€ en août. *Via G. Mazzella, 84* ***Forio*** *Tél. 081 99 76 70 www.albergosantalucia.com Ouvert mars-nov.*

Hotel Villa Campo (plan 15, A1 n°26) Pour passer un séjour en famille à 70m de la mer. Chambres très simples mais spacieuses et confortables. Piscine thermale et jardin de l'hôtel à disposition. Accès wifi gratuit dans les salles communes. Arrêt d'autobus tout proche : commode pour rejoindre la plage ou les centres d'intérêt touristique. Double entre 64 et 120€, petit déj. inclus (entre 80 et 140€ en demi-pension, l'été uniquement) : cuisine locale et généreuse. Le plus, les animaux de petite taille sont acceptés. *Via Campo, 108* ***Lacco Ameno*** *Tél. 081 99 46 31 www.ischiahotelcampo.it*

prix élevés

Villa Angelica (plan 15, A1 n°25) Une gestion familiale depuis plus de quarante ans : le père, doux et aimable, à l'accueil et la fille au spa. L'hôtel possède sa propre source d'eau thermale et la piscine est accessible toute la journée. Piano à queue, musique douce, petit jardin, chambres avec petit balcon pour certaines. Très propre et tenu avec affection, cela se sent. Double 75€/pers. (90€/pers. en demi-pension). *Via IV Novembre, 28* ***Lacco Ameno*** *Tél. 081 99 45 24 www.villaangelica.it Ouvert avr.-oct.*

☺ **Il Monastero (plan 15, B1 n°22)** Une pension située dans un lieu d'exception, au cœur du château aragonais. La vue est magnifique. Double de 130 à 170€. *Castello Aragonese* ***Ischia Ponte*** *Tél. 081 99 24 35 www.albergoilmonastero.it Ouvert avr.-oct.*

prix très élevés

☺ **Hotel Punta Chiarito (plan 15, A2 n°23)** Un hôtel bénéficiant d'un site incroyable : d'un côté la baie de Sorgeto, de l'autre celle de Sant'Angelo ! Vingt-sept chambres confortables, piscines, Jacuzzi et soins. Double de 140 à 250€ (de 85 à 140€/pers. en demi-pension). Les patrons produisent leur propre huile d'olive et possèdent un potager immense dont on retrouve les légumes au restaurant. *Via Sorgeto, 51* ***Panza d'Ischia*** *Tél. 081 90 81 02 www.puntachiarito.it Fermé 10 jan.-20 mars*

☺ **La Villarosa (plan 15, B1 n°24)** Un hôtel de charme dans une ancienne

GAMME DE PRIX	RESTAURATION	HÉBERGEMENT
Très petits prix	moins de 15€	moins de 55€
Petits prix	de 15 à 25€	de 55 à 75€
Prix moyens	de 25 à 40€	de 75 à 110€
Prix élevés	de 40 à 60€	de 110 à 160€
Prix très élevés	plus de 60€	plus de 160€

villa privée. Dispersés dans un jardin verdoyant, 37 chambres et des bungalows décorés avec beaucoup de goût. Sur le toit, un restaurant avec vue sur la baie. Piscines et thermes restaurés. Double de 140 à 190€. *Via Giacinto Gigante, 5* **Ischia Porto** *Tél. 081 99 13 16 www.lavillarosa.it Ouvert avr.-oct.*

☺ PROCIDA

80079

À peine 4km² de superficie. En apparence, ce chiffre modeste dit bien peu de chose de la richesse de Procida. La plus petite des îles du golfe est la plus densément peuplée (10 000 résidants l'hiver, le double l'été), la plus méconnue aussi. Cette discrétion lui a permis de garder son authenticité, qui en fait la destination idéale de ceux qui cherchent le calme loin du tourisme balnéaire moderne. Il ne faut pourtant pas s'y tromper, Procida est couverte de maisons, sillonnée de rues étroites où la circulation n'est pas de tout repos pour les piétons. Mais, dans l'ensemble, il y flotte bel et bien quelque chose de magique, un charme envoûtant qui tient certainement à son architecture, à ses petites baies découpées, à sa cuisine, à la générosité de ses habitants, à la ferveur religieuse qui secoue l'île le vendredi saint et, peut-être, à sa végétation (on dit que, si l'on plante un petit bâton à Procida, il poussera un rosier ou un citronnier)...

PROCIDA, MUSE DES ÉCRIVAINS Lamartine, échoué par hasard sur l'île en 1811, tombe amoureux de la jeune Graziella. Au moment de son départ, il lui promet de revenir mais ne tient pas parole. La jeune fille meurt de tristesse et Lamartine écrit un roman, *Graziella*, qui raconte cet amour de jeunesse et sa découverte de Procida. Depuis, chaque année, on organise une fête pour élire la plus jolie Graziella de l'île. Après Lamartine, Elsa Morante : son roman *L'Île d'Arturo* (1957) gagne le Premio Strega, l'équivalent de notre Goncourt, avec le récit d'enfance d'un jeune garçon qui vit dans la solitude et grandit au contact de la nature de l'île. Pour beaucoup, Procida aura pour toujours les contours de ces personnages devenus mythiques.

MODE D'EMPLOI

accès en bateau

Procida est desservie au départ de Naples (Molo Beverello et Mergellina ; 30min à 40min en hydroglisseur, 1h en ferry), de Pouzzoles (30min à 40min en ferry) et d'Ischia.

Caremar (plan 12, B4) *Molo Beverello Tél. 199 116 655 ou 00 39 02 26 30 28 03 (de l'étranger) www.caremar.it*
Snav (plan 12, B4) *Molo Angioino Tél. 081 428 55 55 www.snav.it*
Procida Lines 2000 Liaisons par ferry avec Pouzzoles. *Tél. 081 896 03 28*

Medmar Liaisons par ferry avec Pouzzoles, Naples, Ischia. *Tél. 081 333 44 11 www.medmargroup.it*

se déplacer sur l'île

En une journée, il est possible de faire le tour de l'île à pied. Sachez qu'il existe quatre lignes de bus qui en desservent les principaux points d'intérêt, ainsi que des taxis avec lesquels vous pouvez négocier un tour de l'île (env. 10€/pers.). Il est possible de louer des vélos et des scooters (renseignez-vous à l'agence Graziella (p.303).

EAV (plan 16, B1) Compagnie de bus. *Tickets 1,10€ ou 1,40€ à bord Via IV Novembre, 3 Tél. 081 810 12 41*

Taxis (plan 16, B1) *À Marina Grande (port) Tél. 081 896 87 85*

informations touristiques

Pro Loco (plan 16, A2) Infos touristiques, mais aussi visites guidées dans les citronneraies de l'île et "movie-tours" sur les lieux de tournage célèbres... *Via Cavone, 4 Tél. 081 896 09 52 www.procida.it Ouvert tlj. 10h-12h et 15h-18h*

Graziella Travel (plan 16, B1) Une agence très efficace. Munissez-vous de leur plan de l'île. Location d'appartements, de maisons, de bateaux à voile, sorties en mer avec les pêcheurs... ***Marina Grande** Via Roma, 117 Tél. 081 896 95 94 www.isoladiprocida.it*

manifestation

Semaine sainte Particulièrement suivies, les célébrations débutent le jeudi après-midi avec la procession des apôtres. Le vendredi, une procession réunissant plus de 2 000 figurants en costumes parcourt l'île. Départ à 7h de Terra Murata.

DÉCOUVRIR
Procida

☆**Les essentiels** L'abbaye San Michele Arcangelo, le village de Marina Corricella **Découvrir autrement** Goûtez les recettes aux fruits de mer chez Gorgonia

Vous aurez vite fait le tour de l'île, mais certains sites valent qu'on s'y attarde. Traversez le port pour vous rendre, au bout de la via Roma, à l'église Santa Maria della Pietà (XVIIIe s.), avec une coupole que l'on dirait en sucre. Il faut ensuite monter le corso Vittorio Emanuele pour parvenir à **Terra Murata**, le bourg médiéval fortifié, fondé autour d'une première abbaye bénédictine au VIIe siècle. En chemin jusqu'au village, la vue sur la **baie de Marina Corricella** est magnifique. Vers la pointe des Moines, vous verrez les vestiges de l'émouvante église Santa Margherita Vecchia. Ensuite, allez découvrir les ruelles en escaliers de Marina Corricella, juste en bas de Terra Murata.

☆ **Abbazia di San Michele Arcangelo (plan 16, B1)** Fondée au XIe siècle en surplomb de la mer, l'abbaye a été profondément remaniée du XVIIe au XIXe siècle mais a conservé une belle architecture, notamment son sol en terre cuite du XVe siècle et son plafond en bois, à caissons et rosaces, orné

Plan 16 Procida

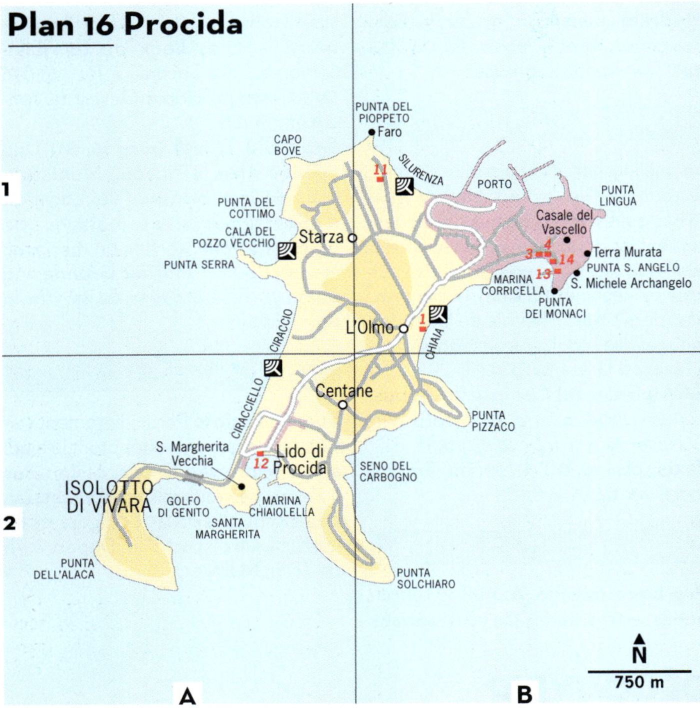

Restauration (n°1 à 4)

Gorgonia	**3** B1
La Conchiglia	**1** B1
Ristorante Caracalé	**4** B1

Hébergement (n°11 à 14)

Hotel Crescenzo	**12** A2
Hotel La Corricella	**13** B1
Hotel Tirreno	**11** B1
La Casa sul Mare	**14** B1

d'une toile de Luca Giordano (1699), représentant le triomphe de l'archange Michel. Ce saint patron de l'île aurait permis de repousser miraculeusement une attaque des Sarrasins, le 8 mai 1535. Remarquez les trappes menant à l'ossuaire et une ancre de la flotte ennemie conservée dans la première chapelle. L'abbaye possède aussi une magnifique bibliothèque riche de précieux manuscrits et d'ex-voto. *Via S. Michele, 1 Tél. 081 896 76 12 www.abbaziasanmichele.it Ouvert mar.-sam. 10h-12h45 et 15h-17h30, dim.-lun. 10h-12h45* **Visites guidées** *Tél. 339 763 59 59*

☆ **Marina Corricella (plan 16, B1)** Disposées en amphithéâtre sur la mer, les maisons se sont superposées les unes aux autres, avec leurs couleurs vives et leurs escaliers les reliant à la route au-dessus. On est sûr d'être en Méditerranée, mais où ? Il y a quelque chose de grec, voire d'oriental, dans ce paysage : aucune voiture, des petits bateaux de pêcheurs, quelques terrasses de restaurant, un calme absolu. La visite de Procida pourrait presque se résumer à ce petit port. C'est ici que le célèbre film *Il Postino* (*Le Facteur* tourné par le réalisateur Michael Radford, 1994) a été tourné. **Accès** *Du port, prendre la direction Terra Murata et redescendre de l'autre côté de la Punta dei Monaci.*

Profiter de la mer Procida est idéale pour le farniente au bord de l'eau. La découverte de ses plages de sable noir et de ses criques permet d'en faire le tour et de traverser ses villages colorés. Les amateurs de petites criques rocheuses iront se baigner sur la côte nord, au phare de la Punta del Pioppeto (plan 16, B1) – accès assez facile –, ou plus loin, à l'opposé, au sud-est, à la Punta Solchiaro (plan 16, B2).

Spiaggia della Silurenza (plan 16, B1) À deux pas du port, elle permet de prendre un dernier bain avant de rentrer à Naples. Son nom serait la déformation de sir Lawrence, l'ancien propriétaire du terrain, ou celui de Zia Lorenza, qui vendait là les légumes de son jardin il y a un siècle. *À partir du port, la première plage à l'ouest*

Cala del Pozzo Vecchio (plan 16, A1) À l'extrême ouest, peut-être la plus belle plage de l'île, a été rendue célèbre par le film *Le Facteur* de Michel Radford (1994).

Spiaggetta degli Innamorati (plan 16, A1) Juste à côté, au-delà de quelques rochers que les plus sportifs à la recherche d'isolement franchiront sans mal, s'étend la "petite plage des amoureux".

Spiaggia di Ciraccio (plan 16, A1) Plus au sud, sur ce versant de l'île, cette interminable plage est prolongée par celle de Ciracciello (plan 16, A2) et fait face à la petite baie de Chiaiolella (plan 16, A2). Bordées par des *lidi* (établissements balnéaires), bars, restaurants, pizzerias, ce sont les plages les plus animées de l'île. Elles donnent toutes sur l'**Isolotto di Vivara**, le petit îlot rattaché à Procida, qui est une réserve ornithologique.

Spiaggia di Chiaia (plan 16, B1-B2) En remontant vers le nord et au bout de 182 marches (suivre les panneaux *spiaggia*), cette longue plage est une merveille, sauf les week-ends. Attention, de ce côté, le soleil se cache dès le début de l'après-midi.

Spiaggia della Lingua (plan 16, B1) En remontant vers le port, vous trouverez cette agréable plage de sable.

La Campanie côté nature

Parcs naturels

Sites

Restaurants

Hébergement

CARNET D'ADRESSES

Restauration

prix moyens

☺ **La Conchiglia (plan 16, B1 n°1)** Pour goûter la cuisine locale sur la plage. Succulents *primi* et poissons. Vous pouvez vous baigner avant de passer à table. Paradisiaque. Comptez 25-40€. *Via Pizzaco, 10* ***Spiaggia di Chiaia*** *Tél. 081 896 76 02 ou 339 384 90 50 www.laconchigliaristorante.com Ouvert avr.-mi-nov. : tlj. midi et soir ; mi-mars-fin mars : tlj. midi*

Gorgonia (plan 16, B1 n°3) Fruits de mer et poissons presque encore frétillants ! Recettes rustiques mêlées à quelques fantaisies de bon goût. Goûtez les savoureux *fagioli con le cozze*, haricots secs aux moules, ou les spaghettis aux oursins (*ricci*). Comptez env. 30€. *Via Marina Corricella, 50 Tél. 081 810 10 60 Ouvert mars-oct. : mar.-dim. midi et soir*

Ristorante Caracalé (plan 16, B1 n°4) Voisin du Gorgonia, Caracalé déploie sa terrasse abritée de parasols sur les quais du charmant petit port de Marina Corricella. Voici l'un des meilleurs restaurants de l'île : fruits de mer, poissons, boulettes d'espadon et aubergines... Service efficace et très aimable. Comptez environ 30€. *Via* ***Marina Corricella****, 6 Tél. 081 896 91 92 Ouvert fév.-oct. : mer.-lun. midi et soir*

Hébergement

petits prix

Hotel Tirreno (plan 16, B1 n°11) Immergées dans un jardin de citronniers, à 100m du phare, des chambres conçues comme des micro-appartements, avec coin cuisine. Terrasses, solariums, série de forfaits sympathiques (massages, pêche, découverte des vins, de la cuisine...), service de navette. Bon rapport qualité-prix. Selon la saison, comptez de 50 à 100€ pour une double (avec petit déj.). Cet hôtel est géré par l'agence Graziella, qui possède aussi une résidence, Azzurro Mare, sur la plage de Ciraccio, plus indépendante (pas de réception, coin cuisine, idéal pour passer plusieurs jours en famille, en toute simplicité). *Via Faro, 34* ***Faro*** *Tél. 081 896 83 41 www.tirrenoresidence.it*

prix moyens

Hotel Crescenzo (plan 16, A2 n°12) Sur le port, un hôtel bien tenu, qui fait aussi restaurant (demi-pension ou pension complète de qualité). Comptez 120€ la double. *Via Marina Chiaiolella, 33 Tél. 081 896 72 55 www.hotelcrescenzo.it Fermé 20 jours nov.*

☺ **Hotel La Corricella (plan 16, B1 n°13)** Un hôtel familial ravissant au début de la baie de Marina Corricella. La bâtisse (rose aux volets verts) se

GAMME DE PRIX	RESTAURATION	HÉBERGEMENT
Très petits prix	moins de 15€	moins de 55€
Petits prix	de 15 à 25€	de 55 à 75€
Prix moyens	de 25 à 40€	de 75 à 110€
Prix élevés	de 40 à 60€	de 110 à 160€
Prix très élevés	plus de 60€	plus de 160€

dresse au-dessus de l'eau, juste devant les barques des pêcheurs. Du petit port, on le repère à l'enseigne de son restaurant *La Lampara*. Sur la terrasse, face à la mer, petit déjeuner avec croissants frais. Chambres spacieuses. Double (avec clim.) de 120€ à 140€. *Via* ***Marina Corricella****, 88 Tél. 081 896 75 75 www.procida.net/lacorricella Ouvert mars-oct.*

prix élevés

La Casa sul Mare (plan 16, B1 n°14) Un hôtel de charme installé dans une maison typique de Corricella. Les 10 chambres disposent d'un balcon privé avec vue sur la mer. L'idéal est de profiter des lieux en basse saison car les prix s'envolent en août. Le petit déjeuner, servi sur la terrasse fleurie, propose des pâtisseries fraîches. Double de 150 à 170€. *Via Salita Castello, 13* ***Marina Corricella*** *Tél. 081 896 87 99 www.lacasasulmare.it Ouvert mars-nov.*

☆ HERCULANUM ERCOLANO

Herculanum a connu le même destin tragique que sa voisine Pompéi, et, pourtant, les deux sites sont bien différents. D'abord par leur taille : Herculanum, en 79, était trois fois moins étendue que Pompéi. Cinq mille habitants y vivaient, sans doute pour beaucoup de la pêche, tandis que d'autres étaient venus s'y installer, attirés par la vue panoramique sur le golfe et par son climat favorable. La bourgade, plus modeste par sa superficie, ses activités de négoce ou son rôle public, possédait néanmoins de somptueuses villas résidentielles qui témoignaient d'un artisanat raffiné et d'un luxe aussi fastueux que ceux de Pompéi.

UN SÉISME LONG ET VIOLENT Le scénario de la catastrophe diffère entre Pompéi et Herculanum : alors que, le 24 août 79, une pluie de pierres ponces ensevelit quasi instantanément Pompéi, à Herculanum la tragédie commence à 13h, le 24 août, et ne s'achève que le matin du 25 août 79. Les poussières, les gaz et la vapeur d'eau, atteignant 400°C, émis par le Vésuve se déversent alors sur la ville, à une vitesse de près de 80km/h. Combinés entre eux, ils forment une boue brûlante, qui en se consolidant devient semblable à du tuf. Cette couche de matériau protégera le site de l'érosion (infiltrations d'eau) ou des pillages. On a retrouvé des centaines d'objets de la vie quotidienne encore intacts, des meubles, des vêtements et même de la nourriture. C'est peut-être cela qui rend la visite d'Herculanum si touchante : on a presque l'impression d'entrer chez des gens qui sont sur le point de revenir chez eux. Depuis les années 1980, on a aussi découvert près de 250 squelettes vers la plage : les habitants qui pouvaient encore fuir couraient vers le rivage dans l'espoir d'être sauvés par la mer.

MODE D'EMPLOI

accès

EN TRAIN

De Naples, le plus simple est d'emprunter la **Circumvesuviana**, ligne ferroviaire partant de la Stazione Vesuviana (plan 12, C2) qui dessert Ercolano en 20min (en semaine, un train toutes les 15min de 5h à 22h45, en direction de Sorrento ou Poggiomarino/Sarno). Le site archéologique est à 10min à pied de la gare (descendre la via IV Novembre).

Circumvesuviana *Tél. 081 772 24 44 ou 800 05 39 39 www.vesuviana.it*

EN VOITURE

Il faut prendre l'autoroute A3 en direction de Salerne et suivre les indications pour Scavi di Ercolano.

informations touristiques

Ufficio Turistico Brochures, plans du site. *Via IV Novembre, 82-84 (à côté de la gare) Tél. 081 788 12 43 Ouvert lun.-sam. 8h-18h*

informations pratiques

Visites À l'entrée, des guides officiels vous proposeront leurs services, certains en français. Selon les jours et la disponibilité des gardiens, toutes les maisons ne sont pas ouvertes.

Horaires *Ouvert avr.-oct. : tlj. 8h30-19h30 ; nov.-mars : tlj. 8h30-17h Dernière entrée 1h30 avant la fermeture*

Tarifs *Tarif journée 11€, tarif réduit 5,50€ Forfait (20€) valable 3 jours, inclut la visite des sites de Pompéi, de Stabies, d'Oplontis et de Boscoreale*

Coordonnées *(site très complet, en italien et en anglais) Corso Resina, 6 Tél. 081 857 53 47 www.pompeiisites.org*

orientation

La rampe qui surplombe l'ensemble du site archéologique permet de repérer les grands axes. Gardez en tête les principes de l'urbanisme romain : trois voies parallèles qui croisent deux autres voies, soit trois *cardi* et deux *decumani* qui forment des îlots d'habitations, les *insulæ* (huit au total, plus le quartier suburbain où sont situés les thermes). Le site qu'on visite aujourd'hui ne représente qu'une partie de la cité antique, une parcelle importante reste enfouie sous la ville moderne.

DÉCOUVRIR

☆ **Les essentiels** Les thermes d'Herculanum, le Vésuve **Découvrir autrement** Partez escalader le Vésuve

Herculanum

Barca Romana (plan 17, B1) À l'entrée du site, près de l'*antiquarium* (qui expose des objets issus des fouilles), un pavillon conserve la coque en bois d'une barque récupérée sur la plage, devant les portiques sous lesquels on a retrouvé les habitants d'Herculanum qui n'ont pas réussi à fuir. La barque était retournée, à cause du raz-de-marée provoqué par l'éruption.

Palestra (plan 17, B1) La palestre représentait autrefois un immense complexe destiné aux activités sportives. S'y déroulaient des jeux, des épreuves de natation, des exercices... On peut encore voir deux grandes piscines, dont celle creusée à même la roche au centre du péristyle, ornée d'une belle fontaine de bronze représentant une hydre à cinq têtes, monstre tué par Hercule.

Casa del Bicentenario (plan 17, A1) Découverte en 1938, l'année où l'on célébrait le bicentenaire du début des fouilles à Herculanum, d'où son nom. Sur deux niveaux, richement décorée, elle appartenait aux Calatorii, l'une des familles les plus puissantes de la ville.

Casa del Bel Cortile (plan 17, A1) Cette maison richement décorée présente un plan original : une pièce centrale surélevée entièrement pavée de mosaïques où un bel escalier monte à un étage en mezzanine.

Casa di Nettuno e Anfitrite (plan 17, A1) Elle tire son nom de la magnifique mosaïque colorée représentant Neptune et Amphitrite qui orne le nymphée à l'arrière de la maison. Dans cette maison à deux niveaux, le

Plan 17 Herculanum

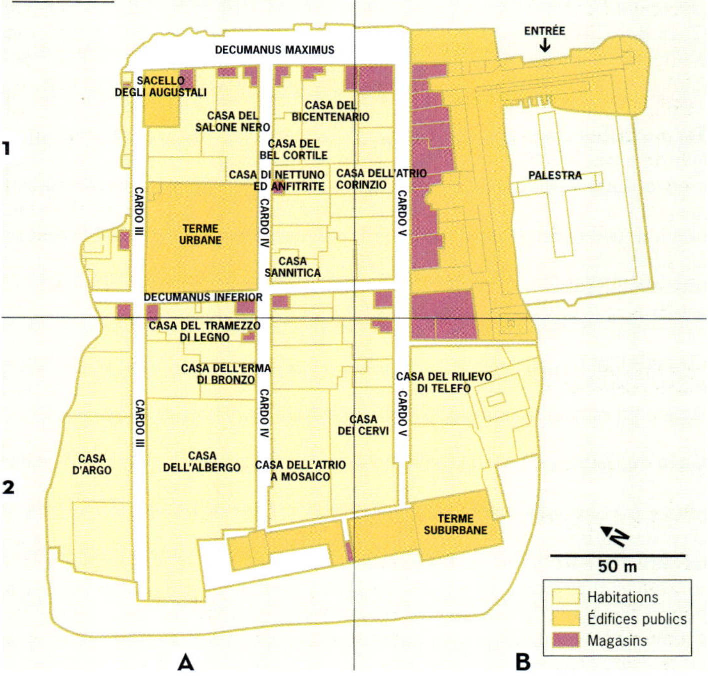

rez-de-chaussée était occupé par une taverne, la mieux conservée de la région (avec des amphores à vin sur les étagères).

Casa dell'Atrio Corinzio (plan 17, A1-B1) Les colonnes autour de l'impluvium central donnent une certaine élégance à cette maison. Marbre polychrome et fresques ornent encore les pièces principales. En continuant tout droit, vous croiserez le *decumanus* majeur, principal axe de la ville, où se tenait peut-être un marché (larges trottoirs et bornes fermant l'accès aux chariots).

Casa Sannitica (plan 17, A1) La maison samnite, au plan sobre typique des habitations samnites (peuple italique antérieur à la conquête romaine), présente une décoration très bien préservée et particulièrement soignée. Le portail est orné de beaux chapiteaux corinthiens et surmonté d'une galerie au premier étage.

Casa del Rilievo di Telefo (plan 17, B2) Cette maison originale devait aussi bénéficier d'une belle vue, sans pour autant gêner la maison voisine. Un bas-relief raffiné représente le mythe de Télèphe, fils illégitime d'Héraclès. Plus en avant, vous croiserez une série de bâtiments plus modestes qui abritaient des boutiques : à gauche, le **thermopolium** le mieux fourni de la ville, une épicerie qui vendait des boissons, des céréales et des légumes, et, à droite, le **pistrinum**, la boulangerie, qui a conservé son four et les meules qui devaient être actionnées par des mules.

Casa dei Cervi (plan 17, A2-B2) Cette élégante demeure jouissait autrefois d'une vue dégagée sur le golfe. Son nom provient des sculptures exposées dans le jardin, qui montrent un groupe de cerfs attaqué par des chiens.

Terme Suburbane (plan 17, B2) Après la billetterie, il vous faut descendre le long d'une rue bordée d'arbres et emprunter à gauche le tunnel d'accès creusé dans la lave (entrée discrète avant le kiosque des audioguides) jusqu'aux thermes suburbains, qui se trouvaient alors à proximité du bord de mer, en dehors du centre-ville proprement dit. C'est là qu'ont été exhumés les squelettes de près de 250 victimes ensevelies alors qu'elles étaient en train de fuir les coulées de lave. Les différentes pièces (atrium, frigidarium, caldarium...) ont gardé leurs belles décorations de stuc et de marbre.

Casa dell'Atrio a mosaico (plan 17, A2) Elle conserve de remarquables pavements en mosaïques et des salles ornées de belles peintures. Si elle est fermée, vous pouvez jeter un coup d'œil par le portail.

Casa dell'Albergo (plan 17, A2) C'était sans doute la maison la plus importante du quartier. Contrairement à ce que son nom laisse supposer, ce n'était pas un hôtel mais une vaste demeure, ouverte sur un très beau jardin panoramique avec un portique. Au moment de l'éruption du Vésuve, la maison était en travaux, peut-être pour transformer l'ensemble en un immeuble commercial – ce qui confirmerait la montée de la classe marchande –, ou alors simplement pour réparer les gros dégâts causés par un tremblement de terre une quinzaine d'années plus tôt (en 62). *Entrer par le numéro 18 du cardo IV inférieur et sortir sur le cardo III inférieur*

Casa d'Argo (plan 17, A2) Voici un autre exemple de maison patricienne très élégante. Son nom rappelle qu'ici se trouvait une fresque, aujourd'hui disparue, qui représentait le mythe d'Io et d'Argus.

Casa dell'Erma di bronzo (plan 17, A2) Son nom renvoie à la statue de bronze du maître de maison, qui accueille encore les visiteurs.

Casa del Tramezzo di legno (plan 17, A2) Sa façade est en très bon état et ses dimensions et sa décoration magnifiques reflètent la position de son propriétaire, sans doute un patricien. Son nom évoque la cloison de bois à trois portes qui sépare encore l'atrium du *tablinum* (la pièce où l'on négociait avec les clients ou les obligés).

☆ **Terme Urbane (plan 17, A1)** Les thermes sont divisés en deux parties, une pour les hommes et l'autre pour les femmes. Ces thermes sont magnifiquement conservés (surtout la partie réservée aux femmes, avec des mosaïques représentant le dieu Triton). Dans les vestiaires, remarquez les tablettes destinées à accueillir les vêtements des usagers.

Casa del Salone Nero (plan 17, A1) Cette riche demeure doit son nom aux fresques architecturales réalisées sur fond noir qui ornent plusieurs pièces. De nombreux objets en bois y ont été retrouvés. Au fond de l'atrium, une salle a conservé son faux plafond.

Sacello degli Augustali (plan 17, A1) Cet ancien temple des prêtes du culte impérial présente encore de belles fresques. Deux frères, A. Lucius Lulianus et A. Lucius Proculus, sont à l'origine de sa construction. Ils offrirent un banquet somptueux lors de l'inauguration.

Villa dei Papiri (hors plan) Le lieu de fouille le plus ancien (1750-1764). La villa doit son nom à la découverte de près de 2 000 rouleaux de papyrus, dont beaucoup comportent les œuvres philosophiques d'Épicure et de Philodème de Gadara, écrits en grec. C'est la seule bibliothèque antique que l'on ait retrouvée à ce jour. Elle appartenait au riche propriétaire (non identifié) de la villa et témoigne de la diffusion de la culture grecque dans les milieux aristocratiques du Ier siècle ap. J.-C. Les sculptures de marbre et de bronze qui ornaient la villa étaient d'un grand raffinement. Une centaine d'entre elles sont désormais conservées au Musée archéologique de Naples. Des fouilles récentes ont mis au jour des espaces décorés de fresques et de reliefs en stuc (en restauration). *À 200m de la zone archéologique*

Les environs d'Herculanum

Ville Vesuviane Le *miglio d'Oro*, "mille d'or", c'est le nom donné aux 122 villas baroques construites dans les alentours de l'*area vesuviana*, entre Herculanum et Torre del Greco, au XVIIIe siècle par la noblesse napolitaine suivant la cour des Bourbons. Leur magnificence perdure, contrastant avec le paysage industrialisé. Les ténors de l'architecture napolitaine (Sanfelice, Vanvitelli ou Fuga) se virent confier la réalisation de ces imposantes demeures. Il est possible de visiter villa Campolieto et le parc de la Villa Favorita à Herculanum ainsi que la villa delle Ginestre à Torre del Greco. *À 10min à pied des fouilles Tél. 081 732 21 34 www.villevesuviane.net* ***Visite des villas sur réservation*** *mar.-dim. 10h-13h (billetterie Villa Campolieto) Entrée 3€*

Villa Campolieto En dehors du site, mais en plein centre de la ville moderne d'Herculanum, elle abrite aujourd'hui l'organisme qui gère ces villas et y organise des concerts l'été. *Corso Resina, 283*

Villa Favorita Juste à côté, elle fut construite spécialement pour accueillir les noces du roi Ferdinand IV et de Marie-Caroline d'Autriche en 1768, elle est fermée au public, mais son parc planté d'essences tropicales reste une halte agréable en bord de mer. *Via G. D'Annunzio, 36*

Villa Ruggiero Plus haut dans Herculanum, cette ancienne propriété du baron Petti (vers 1750) possède une terrasse face au Vésuve. *Via A. Rossi, 40*

☆ Excursion sur le Vésuve

Parco Nazionale del Vesuvio
Le Vésuve est l'un des volcans les plus célèbres au monde, particulièrement intéressant du point de vue géologique. Assoupi, il ne s'est pas manifesté depuis 1944, mais les vulcanologues restent prudents, laissant planer un doute terrible sur les 700 000 habitants qui vivent à proximité. Ceux qui veulent s'approcher du cratère, découvrir les dépôts des éruptions antérieures et la flore particulière (plus de 600 espèces) qu'ont engendrés les diverses roches volcaniques devront suivre les sentiers tracés pour canaliser le flux des touristes (près de 200 000 par an), notamment à partir du village de San Sebastiano (là où sont basées les autorités du parc). Du sommet (1 158m), par temps clair, on embrasse tout le golfe, de Naples jusqu'à Sorrente et les îles. La vue du cratère est d'ailleurs très saisissante (600m de diamètre, 200m de profondeur !), de même que la couleur de la pierre, sur les flancs du volcan, qui prend des reflets argentés selon la lumière. La meilleure époque pour la montée au sommet est mai ou juin. Si vous n'êtes pas rassuré, prenez un guide, qui vous indiquera aussi les fumerolles. ***Sentier "Il gran cono"*** *menant au cratère* ***En voiture*** *Suivre les indications "Parco Nazionale del Vesuvio" à la sortie "Torre del Greco" ou "Ercolano" (A3)* ***En bus*** *Départ des navettes de Pompéi (55min de montée) et d'Herculanum (sous réserve). Bus EAV tlj. 8h-15h30 (dernier retour 17h40) Billet AR 10€ Tél. 081 865 39 11 www.vesuviopark.it* ***Parc*** *Ouvert tlj. 9h-coucher du soleil (1h avant) Entrée 10€*

★ POMPÉI POMPEI 80045

Le site archéologique incontournable et sans doute le témoignage le plus intéressant et le plus intime qui nous soit parvenu de l'Antiquité. Son destin tragique compte pour beaucoup dans cette appréciation : comme Herculanum, Pompéi a été protégé de l'érosion et des pillages pendant des siècles par l'éruption du 24 août 79, lorsqu'une pluie de pierres ponces s'abat sur la ville, au rythme de 15cm par heure. Des coulées de lave achèvent de recouvrir cette cité de 25 000 habitants, la vouant à des siècles d'oubli. Attendez-vous à être surpris, voire agacé, par "l'industrialisation" du lieu. Restaurants touristiques et hôtels se sont multipliés dans les parages, ainsi que boutiques de souvenirs et camionnettes de boissons et sandwichs. Il paraît que l'ancienne Pompéi apporte 70% de ses ressources à la ville moderne...

MODE D'EMPLOI

accès

EN TRAIN
Au départ de la Stazione Vesuviana (plan 12, C2) à Naples, la ligne de la **Circumvesuviana** dessert Pompéi en 35min (direction Sorrento, arrêt "Pompei Scavi").
Stazione Pompei Scavi (plan 18, C1) À quelques mètres de la billetterie.

EN BUS
Déconseillé en raison du trafic.
Sita Liaisons au départ de Naples via Pisanelli Varco Immacolatella (plan 12, A4), face au Maschio Angioino. *Tél. 089 40 51 45 www.sitasudtrasporti.it*

EN VOITURE
À 20km de Naples. Quittez l'autoroute A3 à Pompei Scavi et garez votre voiture dans un parking gardé (près de la Porta Marina). Sachez que, si vous avez loué votre véhicule à Naples, les agences de location ont souvent négocié pour vous un stationnement gratuit à Pompéi : renseignez-vous.

informations pratiques

Horaires *Ouvert avr.-oct. : tlj. 8h30-19h30 ; nov.-mars : tlj. 8h30-17h* **Billetterie** *ferme 1h30 avant la fin des visites*
Tarifs *Entrée 11€, tarif réduit 5,50€ Forfait (20€) valable 3 jours incluant la visite des sites de Pompéi, d'Herculanum, de Stabies, d'Oplontis et de Boscoreale*
Coordonnées *Via Villa dei Misteri, 2 Tél. 081 862 69 24*

informations touristiques

Office de tourisme (plan 18, A2) Vous y trouverez une documentation très bien faite (en plusieurs langues), dont un miniguide et une carte du site avec plusieurs propositions d'itinéraires, selon le temps dont vous disposez et votre intérêt. Ceux qui préfèrent être guidés peuvent se joindre à un groupe ou louer un audioguide (plusieurs langues disponibles). *À l'entrée du site Porta Marina Tél. 081 857*

L'histoire des fouilles d'Herculanum et de Pompéi

par **Pier Giovanni Guzzo**, *ex-soprintendente* de Pompéi

Près de Portici, aux portes de Naples, au début du XVIIIe siècle, on découvre des statues antiques dans un puits : ce sont les premières trouvailles faites à Herculanum. Lorsqu'en 1738, le roi de Naples Charles de Bourbon apprend que d'autres objets ont été mis au jour, il décide d'entreprendre des recherches plus systématiques.

Découverte d'Herculanum Au début du XVIIIe siècle, sous le bourg de Resina, on retrouve Herculanum, l'une des anciennes cités ensevelies par le Vésuve en 79 ap. J.-C., connue par les lettres de Pline le Jeune à Tacite. On creuse des galeries dans le tuf qui, lors de l'éruption, a recouvert la ville : on retire des marbres colorés, des éléments de décoration. Les fresques détachées des parois sont, avec les objets précieux, rassemblés dans le palais royal de Portici, qui devient le premier musée consacré aux fouilles. La discipline est sévère : les ouvriers sont inspectés au terme de leur journée pour éviter que rien ne soit soustrait à la collection royale. L'émergence d'une cité antique entière a alors un grand retentissement, ravivant l'intérêt pour l'Antiquité de tous les savants d'Europe. L'événement renforce la position du roi de Naples, désireux de s'affranchir de l'influence papale : pouvoir disposer d'antiquités, aussi importantes que celles trouvées à Rome, le pose en rival du pape. Alors qu'à Rome on a retrouvé peu de peinture antique, l'abondance du matériel exhumé à Herculanum fait naître l'espoir de mieux connaître cet aspect de l'art des Anciens. C'est dans ce but que l'historien de l'art Johann Joachim Winckelmann se rend à Naples.

Découverte de Pompéi Dans ce climat, la mise au jour, dans une vigne proche d'un quartier de Torre Annunziata appelé Civita, de peintures et de marbres ne passe pas inaperçue : dès mars 1748, les fouilles démarrent. Déjà en 1592, à quelques centaines de mètres plus au sud du même lieu, on avait retrouvé des inscriptions latines. Mais les temps n'étaient pas mûrs pour saisir l'importance de l'événement. Les travaux de 1748 mettent en évidence que l'ensevelissement d'Herculanum et celui de Pompéi ont été de nature différente. La première est enfouie sous vingt-cinq mètres de tuf, alors que la seconde gît sous une couche d'une demi-douzaine de mètres de pierres ponces et de fragments de lave. Si bien que l'on abandonne à Pompéi la technique des galeries : le sol instable les fait s'écrouler. L'identité de la ville mise au jour sous Torre Annunziata suscite de nombreuses polémiques. Certains pensent qu'il s'agit de Stabiae, d'autres de Pompéi. L'épigraphe retrouvée en 1763 les départagera en faveur de Pompéi.

La diffusion de la nouvelle L'étude des découvertes est réservée aux académiciens d'Herculanum, qui rédigent les catalogues de l'*Exposition des Antiquités d'Herculanum*. Ces luxueuses publications comprennent des textes explicatifs accompagnés de planches illustrées représentant les différents objets et décorations. Le roi les remet aux souverains étrangers, aux nobles et aux savants. Leur diffusion engendrera l'émergence du courant néoclassique, qui influencera l'architecture et les arts décoratifs, notamment en France et en Angleterre. Les antiquités retrouvées sont destinées aux collections royales ou, parfois, utilisées comme dons personnels du roi à d'autres monarques.

Le début du xixe siècle À Herculanum, après les découvertes de la villa des Papyrus – et de ses précieux papyrus grecs et latins – et du théâtre, les fouilles s'achèvent. À Pompéi, on relie les théâtres à la porte d'Herculanum, on exhume le forum et un segment de l'actuelle via dell'Abbondanza. Le roi Joachim Murat délimite l'extension du site, afin de procéder à l'expropriation des propriétés qui l'occupent. Les habitations privées récemment dégagées marquent particulièrement les esprits. Affublées de noms fantaisistes et environnées de boutiques, tavernes, boulangeries, ateliers d'artisanat, elles offrent une vision inédite de l'Antiquité classique. La sensibilité romantique de l'époque peut alors s'en donner à cœur joie dans la réinterprétation de la vie antique, comme dans le roman de Edward Bulwer-Lytton *Les derniers jours de Pompéi* (1834).

La seconde moitié du xixe siècle Elle est marquée par une approche scientifique et systémique, impulsée tout particulièrement par Giuseppe Fiorelli, directeur des fouilles à partir de 1860. C'est à lui que l'on doit l'appellation univoque de tous les monuments selon un "atlas des rues" toujours utilisé, la volonté de mettre au jour des édifices entiers – et non plus seulement ses parties les plus richement décorées – et un relevé topographique de la ville. Il est aussi sinon l'inventeur du moins le promoteur et le "perfectionneur" des moulages de Pompéiens tués par l'éruption, réalisés avec des injections de plâtre dans les cavités résultant de la dissolution de leur corps. On procède à des reconstitutions et à des restaurations : portiques du forum, propylée et colonnade du forum triangulaire et de nombreux édifices privés. La maison des Vettii, en 1895, sera la première restaurée entièrement, conservant à l'intérieur sa décoration de fresques et son mobilier. Parmi les dernières découvertes, on retiendra la villa des Mystères et la maison du Ménandre, avec son trésor d'argenterie. L'antique Pompéi d'aujourd'hui est donc le fruit de plus de deux siècles et demi de recherche qui encore maintenant se poursuivent

53 47 www.pompeiisites.org Ouvert avr.-oct. : tlj. 8h30-18h ; nov.-mars : tlj. 8h30-15h30

visite et conseil

Il faut compter une matinée bien remplie ou un bon après-midi pour en visiter les maisons et monuments principaux. La meilleure période est le mois d'avril ou **mai** et la fin de l'été, en **septembre**. S'il fait chaud et que le soleil brille, emportez impérativement une gourde (vous ne trouverez que quelques rares fontaines sur place) et un chapeau : il n'y a quasiment pas d'ombre. Pour vous sustenter, préférez l'option du pique-nique (si vous n'êtes pas trop chargé). Le site dispose d'une cafétéria et d'un self-service qui proposent une cuisine assez insipide. Les principales curiosités de Pompéi s'égrènent le long d'un itinéraire dans les rues de la ville, que nous détaillons ci-après. N'oubliez pas, à l'entrée, de vous munir d'un plan, du site ainsi que du petit guide de Pompéi, très bien fait, réalisé par la surintendance archéologique.

DÉCOUVRIR
Pompéi

☆**Les essentiels** Les peintures de la Casa dei Vettii et de la Villa dei Misteri **Découvrir autrement** Pique-niquez au soleil dans l'amphithéâtre

Porta Marina (plan 18, A2) C'est l'entrée principale, la plus grande des sept portes mais sans doute la moins fréquentée à l'époque. Son nom rappelle qu'elle se tenait à proximité du port, auquel elle était reliée par un canal. Ce débouché sur la mer comptait pour beaucoup dans le développement florissant de la cité – Pompéi était, en effet, un centre commercial important qui recueillait et redistribuait les marchandises provenant de l'arrière-pays campanien.

Tempio di Apollo-Basilica (plan 18, B2) À gauche de la Porta Marina s'élève le temple d'Apollon, l'un des plus anciens sanctuaires de Pompéi (VIe s. av. J.-C., remanié par la suite). Sur les côtés du portique, on voit encore les statues d'Apollon et de Diane en archers (copies en bronze, les originaux sont à Naples). Juste en face se dresse la basilique, à la fois tribunal et Bourse de commerce. Son plan, architectural rectangulaire à trois nefs a servi de modèle aux premières églises chrétiennes.

Foro (plan 18, B2) Les édifices de l'administration publique sont regroupés sur la droite du forum. C'est là que s'exerçait le pouvoir politique par le biais des élections municipales.
Edificio di Eumachia Jetez un coup d'œil à l'édifice d'Eumachie, qui abritait sans doute un grand marché de la laine et le siège de la corporation des drapiers, blanchisseurs et teinturiers (les *fullones*), très puissante à Pompéi – Eumachie était la patronne de cette corporation. Une jarre était murée à l'entrée du temple, où l'on pouvait uriner ou apporter son urine, qui servait à blanchir et dégraisser les étoffes.

Plan 18 Pompéi

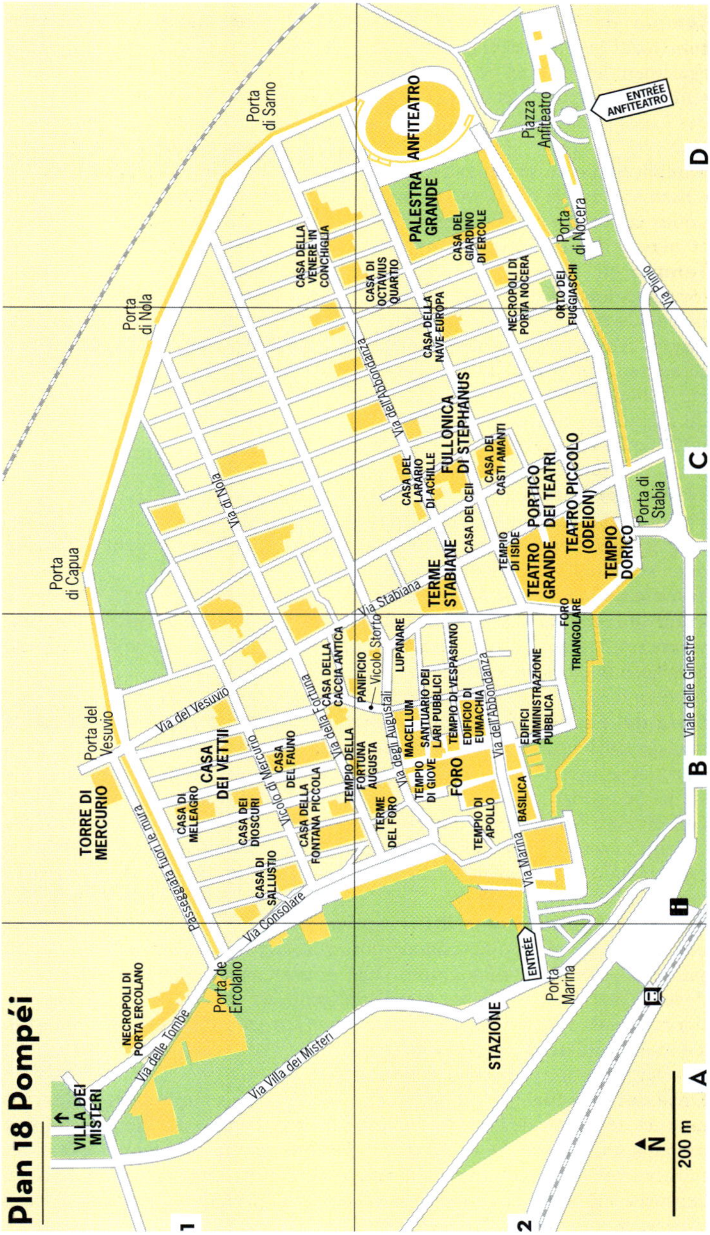

La Campanie antique

Tempio di Vespasiano et Santuario dei Lari Pubblici Remarquez également le bel autel de marbre du temple de Vespasien et le sanctuaire des Lares publics, dieux protecteurs de la cité.
Macellum À côté, se trouvait le principal marché de la ville, avec des boutiques et des tavernes sous portique et un marché aux poissons au centre.
Tempio di Giove Au nord du forum se dresse le temple de Jupiter, dédié à la triade capitoline (Jupiter, Junon, Minerve). Ce temple, qui remontait au IIe siècle av. J.-C., avait été sérieusement endommagé lors du tremblement de terre de 62 et n'était pas encore restauré lors de l'éruption du Vésuve en 79.
Terme del Foro Les thermes du Forum, relativement modestes par rapport aux standards romains, sont bien préservés. Ils étaient divisés en deux sections (pour hommes et pour femmes).
Tempio della Fortuna Augusta De l'autre côté de la rue s'élève le temple de la Fortune Auguste, consacré au culte de l'empereur par le *duumvir* (magistrat suprême), Marcus Tullius, qui avait peut-être fait placer sa statue dans la niche latérale, aux côtés de celles de la famille impériale.

Casa del Fauno (plan 18, B1) À proximité du forum, ne manquez pas la maison du Faune. C'était la plus grande maison de Pompéi (2 970m²), sans doute aussi l'une des plus richement décorées. Son nom provient de la statue de bronze qui se trouve au centre de l'impluvium, dont l'original est conservé au Musée archéologique national de Naples. C'est dans l'exèdre qu'on a retrouvé l'impressionnante mosaïque (plus d'un million de tesselles !) représentant la victoire d'Alexandre le Grand sur Darius, roi des Perses.

☆ **Casa dei Vettii (plan 18, B1)** Très prisée par les visiteurs (et donc toujours envahie), cette maison est connue pour ses magnifiques peintures illustrant plusieurs scènes mythologiques. Elle appartenait à de riches affranchis devenus marchands et illustre bien l'émergence de cette classe sociale, capable d'investir aussi bien que l'aristocratie pour l'ornementation de ses maisons. *De l'autre côté de la via della Fortuna*

Casa dei Dioscuri (plan 18, B1) Voici l'une des plus somptueuses et des plus grandes demeures de Pompéi, centrée autour d'un atrium corinthien couvert d'un toit soutenu par des colonnes. Ses fresques ont été réalisées par les artistes qui ont peint celles de la maison des Vettii. Plusieurs peintures sont aujourd'hui exposées au musée de Naples, mais il reste encore de beaux panneaux dans le péristyle.

Casa della Fontana Piccola (plan 18, B1) Elle abrite un délicat nymphée avec une fontaine, orné de sculptures et tapissé de mosaïques. Les murs du péristyle du jardin sont richement décorés de fresques représentant des paysages maritimes.

Casa di Sallustio (plan 18, B1) Une des plus anciennes maisons de la ville. Elle a peut-être été transformée en auberge quelque temps avant la catastrophe et conserve une partie de sa décoration.

Necropoli (plan 18, A1) Sur la via Consolare, la porte d'Herculanum ouvrait la route vers la cité voisine. À côté, le long de la via delle Tombe, la nécropole témoigne d'une époque où les demeures des morts avoisinaient celles des vivants, en bordure de ville. Entre le Ier siècle av. J.-C. et le Ier siècle ap. J.-C., les défunts étaient incinérés et leurs cendres recueillies dans une urne qu'on murait dans leur tombe.

☆ **Villa dei Misteri (plan 18, A1)** La Villa des Mystères renferme un cycle de fresques qui compte parmi les plus beaux qui nous soient parvenus. Bâtie à la périphérie de la ville, elle était rattachée à une exploitation agricole mais correspondait plus à un havre de paix où les classes aisées aimaient se retirer. La fresque qui a donné son nom à la maison orne le triclinium ; elle représente un "rite à mystères", un rite d'initiation féminine au mariage. Outre le quartier d'habitation qui donnait sur la mer, la villa comprenait un quartier réservé aux serviteurs, près du pressoir à raisin.

Casa della Caccia Antica (plan 18, B1) La maison de la Chasse antique est un exemple classique de maison "à atrium", totalement organisée selon un axe entrée-atrium-*tablinum* très richement décoré, ce qui permettait au visiteur de saisir d'emblée l'importance sociale du maître de maison. Les fresques ne sont pas toutes extrêmement bien conservées mais elles sont très variées.

Panificio (plan 18, B2) Dans la "ruelle tordue", cette boulangerie possède un four à bois et des meules de pierre actionnées par des mules. Elle appartenait sans doute à N. Popidius Priscus, qui habitait juste à côté au n° 20. L'absence de comptoir de vente indique que le boulanger était probablement un grossiste ou qu'il confiait son pain à des vendeurs ambulants. On a retrouvé 34 boulangeries à Pompéi. C'est au IIe siècle av. J.-C. que la consommation de pain s'est répandue.

Lupanare (plan 18, B2) Celui-ci était le bordel le mieux organisé de Pompéi, avec des latrines et dix chambres réservées aux clients. Sur les murs, des illustrations représentant les différentes positions font figure de "mode d'emploi" ; on peut lire aussi des graffitis laissés par les clients rapportant les compétences de certaines prostituées.

Terme Stabiane (plan 18, C2) Les thermes stabiens sont bien plus grands que les thermes du Forum, qui intégraient aussi une palestre (espace d'activités sportives). Dans certaines pièces, les décorations en stuc polychromes sont bien conservées.

Foro Triangolare (plan 18, B2-C2) Le forum triangulaire jouxte un vaste ensemble de temples et de théâtres, dont un temple dorique du VIe siècle av. J.-C. et le temple d'Isis.
Teatro Grande Remontant au IIe siècle av. J.-C., agrandi et décoré de sculptures et de fontaines au Ier siècle ap. J.-C., ce théâtre de plein air pouvait accueillir 5 000 spectateurs.
Teatro Piccolo À l'origine couvert, il possédait un riche pavement de marbres colorés à l'orchestre et était destiné à des concerts ou des déclamations poétiques. Sur ses balustrades latérales, admirez les deux télamons (atlantes).

Casa dei Ceii (plan 18, C2) Elle est décorée avec des fresques évoquant les paysages égyptiens, selon les tendances des dernières années précédant la catastrophe. Juste à côté, arrêtez-vous à la *fullonica* de Stephanus (à la fois filature, teinturerie et "pressing"...) et à la maison du Laraire d'Achille, délicatement ornée.

Casa dei Casti Amanti (plan 18, C2) L'avant de la maison des Chastes amants est occupé par la boutique et le fournil d'un boulanger : on y voit un four et des meules. À l'arrière, l'étable, dans laquelle on a rétrouvé les squelettes des animaux qui actionnaient les meules, et une salle décorée de fresques où sont représentées avec soin et vivacité des scènes de banquets qui se tenaient effectivement dans cette pièce. *Visite guidée sur réservation*

Casa della Nave Europa (plan 18, C2) La maison du Navire Europe est dotée d'un magnifique jardin potager où poussaient des fèves, des oignons, des choux, de la vigne, des arbres fruitiers... Vous pourrez voir à côté le **jardin des Fugitifs** (Orto dei Fuggiaschi), l'une des découvertes les plus émouvantes du site puisqu'on y voit les corps moulés de quelques victimes qui tentaient de chercher une issue.

Anfiteatro (plan 18, D2) Avant de regagner la sortie, allez admirer l'amphithéâtre, qui pouvait accueillir 20 000 spectateurs, et la grande palestre, gymnase destiné aux associations pour la jeunesse créées par Auguste. Les quelques maisons qu'il vous reste à découvrir sont encore différentes des précédentes, avec des jardins originaux, jalonnés de tonnelles et de petits bassins (maison du jardin d'Hercule ou du Parfumeur ; maison de D. Octavius Quartio), ou des fresques d'une fantaisie inégalée (maison de la Vénus dans une coquille). Vous pourrez sortir par la piazza Anfiteatro, à proximité, ou parcourir le chemin inverse vers la via dell'Abbondanza, qui mène à la Porta Marina.

Les environs de Pompéi

Villa di Oplontis Une des villas les plus somptueuses et les mieux conservées de la région. Enseveli comme Pompéi et Herculanum en 79, le site a été redécouvert en 1833, sous le règne des Bourbons. Il semblerait que la villa ait été la résidence de Poppée, seconde épouse de Néron : une typique villa d'otium (de loisirs), où l'on venait se ressourcer, en bord de mer (proche à l'époque), dans un climat sain. On circule librement d'une pièce à l'autre, de l'atrium décoré de fresques aux tons vert et rouge parfaitement conservées et pavé de mosaïques, à un long couloir, ouvrant sur plusieurs chambres. La visite se poursuit par le *caldarium* (thermes chauds), la cuisine, la salle à manger, les chambres des hôtes, les latrines et la piscine. *Via Sepolcri, 10* ***Torre Annunziata Accès en train*** *Circumvesuviana Arrêt Torre Annunziata Oplontis (10min à pied en descendant la Via Sepolcri) Tél. 081 857 53 47 Ouvert avr.-oct. : tlj. 8h30-19h30 ; nov.-mars : tlj. 8h30-17h Fermé 1er jan., 1er mai, 25 déc. Entrée 5,50€ ou billet cumulé (Pompéi, Herculanum, Oplontis, Stabia, Boscoreale) valable 3 jours 20€*

Boscoreale Un exemple intéressant de *villa rustica*, ou villa de campagne, où l'on produisait du vin en grandes quantités. Accolé, un *antiquarium* expose des objets des fouilles au contenu intéressant (vie quotidienne, commerce, agriculture, statues, moulages...), mais mal mis en valeur. *Via Settetermini, 15 (località Villa Regina)* ***Boscoreale Accès en train*** *Circumvesuviana Arrêt Boscoreale (puis env. 1km à pied)* ***En voiture*** *sortir à Pompéi ouest si vous venez de Naples Ouvert avr.-oct. : tlj. 8h30-19h30 ; nov.-mars : tlj. 8h30-17h Fermé 1er jan., 1er mai, 25 déc. Entrée 5,50€ ou billet cumulé (Pompéi, Herculanum, Oplontis, Stabia, Boscoreale) valable 3 jours 20€*

LA CAMPANIE

☆ SORRENTE SORRENTO 80067

Quand on laisse derrière soi l'autoroute A3 qui va vers Salerne, pour s'engager sur les petites routes en lacet de la péninsule sorrentine, on découvre l'un des plus beaux paysages de la Campania Felix, la Campanie fertile et paradisiaque louée depuis l'Antiquité. C'est véritablement le Grand Tour des XVIIIe et XIXe siècles qui a fait la fortune de Sorrente, dont l'élégance perdure dans ses palaces perchés sur la falaise. La cité balnéaire – son centre-ville et les bourgs voisins, comme Marina Grande – se visite en quelques heures à peine, mais la promenade est agréable, surtout en raison de ses belvédères exceptionnels (notamment la terrasse de la Villa Comunale) et de l'atmosphère surannée de ses rues, encore empreinte de l'élégance de la Belle Époque. Mais pour cela, il faudra vous éloigner un peu du centre, mis à mal par le tourisme de masse et les boutiques de souvenirs de pacotille. La route panoramique qui longe la mer est magnifique, surplombant tout le golfe de Naples.

LES VERGERS DE LA RIVIERA SORRENTINE Les oliviers centenaires et les plantations d'agrumes (particulièrement celles de citrons, dont la variété locale est très prisée pour le *limoncello*, digestif qui se boit glacé) se cultivent en terrasses, modelant le paysage de la région selon des techniques ancestrales : les arbres sont abrités sous des pergolas, protégés ainsi du vent de la mer ou du soleil trop vif par des toiles que l'on retire au gré des saisons, ce qui permet d'avoir des fruits toute l'année. Certains *limoneti* (vergers de citronniers) séculaires se visitent comme des monuments classés et leurs fruits ont désormais obtenu un label (une DOP, Dénomination d'origine protégée).

MODE D'EMPLOI

accès

EN TRAIN

Sorrente est le terminus de la **Circumvesuviana** (ligne ferroviaire au départ de la Stazione Vesuviana, à Naples). *www.vesuviana.it*

EN VOITURE

Il n'y a pas d'alternative à la S145, route nationale sinueuse et pentue qu'on emprunte à la sortie de l'autoroute A3 Naples-Salerne, à Castellammare di Stabia. Les panneaux indiquent très clairement la direction de la péninsule. Comptez plus de 1h30 de Naples (plus encore s'il y a du trafic). Sachez que c'est la seule route qui dessert la péninsule mais que, pour beaucoup, c'est aussi la voie d'accès à la côte amalfitaine. Les dizaines de bus qui s'y engouffrent provoquent des bouchons dont on met parfois des heures à sortir.

EN BATEAU

Ferries et hydroglisseurs relient Naples à Sorrente (35min) ou Capri à Sorrente (20min).

Alilauro *Molo Angioino Tél. 081 497 22 22 www.alilauro.it*

Caremar *Tél. 199 116 655 ou de l'étranger 00 39 02 263 02 803 www.caremar.it*

Snav (plan 12, B4) *Molo Angioino Tél. 081 428 55 55 www.snav.it*

Metrò del mare *Molo Beverello Tél. 199 60 07 00 www.metrodelmare.net*

EN CAR

Citysightseeing Des bus touristiques pratiques pour découvrir les environs. *Départ Piazza De Curtis Avr.-oct. : tlj. 9h30, 11h30, 13h30, 15h30 Billet 12€, valable 6h*

orientation

La vieille ville, construite sur la falaise, surplombe deux petits ports qui se rejoignent par des escaliers très raides : à l'ouest, **Marina Piccola**, où débarquent les hydroglisseurs, et, à l'est, **Marina Grande**, où se concentrent bars et restaurants. De la piazza Tasso, on rejoint le centre historique qui regorge de boutiques de souvenirs. Le soir, le corso Italia, qui traverse Sorrente, est fermé à la circulation et devient le lieu privilégié de la *passeggiata* (promenade de fin de journée).

informations touristiques

Azienda Autonoma di Soggiorno Assez efficace, cet office de tourisme dispose de listes d'appartements à louer et peut vous aider à trouver un hôtel. *Via Luigi de Maio, 35 Tél. 081 807 40 33 www.sorrentotourism.com Ouvert oct.-juin : lun.-ven. 8h30-16h30 ; juil.-sept. : lun.-sam. 8h30-16h30*

location de scooter

Autonoleggio Sorrento *Corso Italia, 210/p Tél. 081 878 13 86 www.sorrento.it Ouvert lun.-sam. 9h-13h et 16h-19h30*

DÉCOUVRIR

☆ **Les essentiels** Le musée de la Marqueterie, la vallée des Moulins de Gragnano **Découvrir autrement** Parcourez en scooter la route panoramique qui longe la côte du golfe de Naples

Sorrente

San Francesco d'Assisi Cette église borde un jardin sur un côté. Son couvent attenant ouvre sur un joli cloître du XIVe siècle. *Via San Francesco (près de la Villa Comunale) Tél. 081 878 12 69 Ouvert tlj. 8h-13h et 16h-19h*

Piazza Tasso La première chose que vous apprendrez en arrivant à Sorrente est que le Tasse (1544-1595) y est né. Auteur d'une fresque monumentale en vingt chants, *La Jérusalem délivrée*, l'écrivain, qui a subi les foudres de la Contre-Réforme, a donné son nom à la place la plus célèbre de la ville, située en plein cœur de la cité.

Via della Pietà Cette rue, qui relie la piazza Tasso au Duomo, aligne de beaux palais médiévaux, au n° 24, le **Palazzo Correale** (actuel conservatoire de musique) et, au n° 14, le **Palazzo Veniero,** qui témoignent de la fin de la période byzantine et arabe.

Duomo Cette cathédrale du XVe siècle renferme quelques beaux détails, comme les marqueteries (chœur, portes d'entrées, nef), typiques de l'artisanat sorrentin. *Corso Italia Tél. 081 878 22 48 Ouvert tlj. 8h-12h30 et 16h30-20h30*

Museo Correale di Terranova On y découvre des peintures d'artistes locaux des XVIIIe et XIXe siècles, des pièces archéologiques, du mobilier, des objets de la vie quotidienne ou de la vaisselle. Ces collections, qui ont été données par les comtes de Terranova, sont intéressantes pour saisir l'évolution de la cité, mais c'est surtout le jardin qui mérite le détour, planté de citronniers et de camélias surplombant la mer. *Via Correale, 50 Tél. 081 878 18 46 Ouvert mars-déc. : mar.-sam. 9h30-18h30, dim. 9h30-13h30 Entrée 7€*

☆ **Museobottega della Tarsialignea** Au XIXe siècle, la marqueterie était la spécialité de Sorrente et les meilleurs artisans d'Italie y fabriquaient des meubles très appréciés des cours européennes. Ce musée de la Marqueterie, œuvre d'une fondation privée, regroupe plusieurs centaines d'objets, d'estampes et de photos d'époque. Faites-vous accompagner d'un employé du musée, il vous ouvrira les tiroirs secrets des secrétaires. La section contemporaine et la petite boutique témoignent de la vivacité de cette tradition. *Via San Nicola, 28 Tél. 081 877 19 42 Ouvert hiver : lun.-sam. 9h30-13h et 16h-20h ; été : lun.-sam. 9h30-13h et 15h-19h Dim. sur rdv Entrée 8€*

● Où manger une glace ?

Gelateria Davide En plein cœur de Sorrente, dans une rue qui mène à la place principale : le meilleur glacier de la ville, réputé pour ses parfums à la noix de Sorrente, aux agrumes ou aux mûres. *Via P. R. Giuliani, 39 Tél. 081 878 13 37 Ouvert avr.-oct. : tlj. 9h30-23h (2h juil.-août)*

● Où boire un verre dans une ambiance Belle Époque ?

Grand Hotel Excelsior Vittoria Peut-être le seul endroit héritier de la grande époque de Sorrento la romantique. Le ténor Caruso vécut ici sa dernière année, Richard Strauss ou Sophia Loren séjournèrent dans ses murs. Du jardin d'hiver et des salons en enfilade émanent toute une ambiance Belle Époque. Profitez de la terrasse panoramique ouvrant sur le Vésuve et le golfe de Naples, ponctuée de tables en fer forgé aux coussins blancs, pour une pause hors du temps. Restaurant réputé et spa palace. *Piazza Tasso, 34 Tél. 081 877 71 11 www.exvitt.it Ouvert tlj. 10h-0h*

La riviera sorrentine

La riviera sorrentine comprend la partie occidentale de la péninsule qui sépare les golfes de Naples et de Salerne. Principales étapes : Sorrente, bien sûr, les cités balnéaires du littoral, mais aussi l'arrière-pays, notamment Gragnano, capitale des *maccheroni*, ou les villages comme Sant'Agata sui Due Golfi, qui surplombent les deux baies. Le scooter est peut-être le meilleur moyen de profiter de la côte si l'on veut éviter les embouteillages, cf. Autonoleggio Sorrento (p.322).

☆ **Gragnano (plan 19, B1)** Gragnano est située à quelques kilomètres de Castellammare di Stabia, sur une route traversant la péninsule par le massif des monts Lattari. La bourgade porte encore les traces du tremblement de terre de 1980. C'est à Gragnano que la technique de fabrication des pâtes sèches a vu le jour, notamment grâce à un microclimat idéal (un vent constant qui souffle à une température douce) et à la qualité de l'eau qui descend du mont Faito. Certaines fabriques sont ouvertes à la visite (sur rendez-vous) et vous pouvez faire provision de pâtes dans les boutiques attenantes, cf. Pastai Gragnanesi (p.326). La "vallée des Moulins", à l'arrière de la ville, au cœur

La fabrication des *maccheroni*

Depuis la fin du XIXe siècle, on fabrique à **Gragnano** des *maccheroni*. Vous verrez peut-être en ville des photos anciennes où l'on voit la rue principale, la via Roma, envahie de cannes de bambou sur lesquelles les pâtes séchaient. La ville comptait autrefois jusqu'à 70 fabricants ; il en reste cinq aujourd'hui. Le procédé artisanal s'appuie sur un savant mélange d'eau et de farine et sur l'utilisation de moules en bronze, qui permettent d'obtenir des formes de pâtes légèrement rugueuses. Le séchage doit être très lent (près de 50h, contre 30min à peine pour Barilla) et ne pas excéder une certaine température, pour ne pas éliminer les bactéries de fermentation qui donnent leur goût aux pâtes.

Plan 19 Péninsule sorrentine

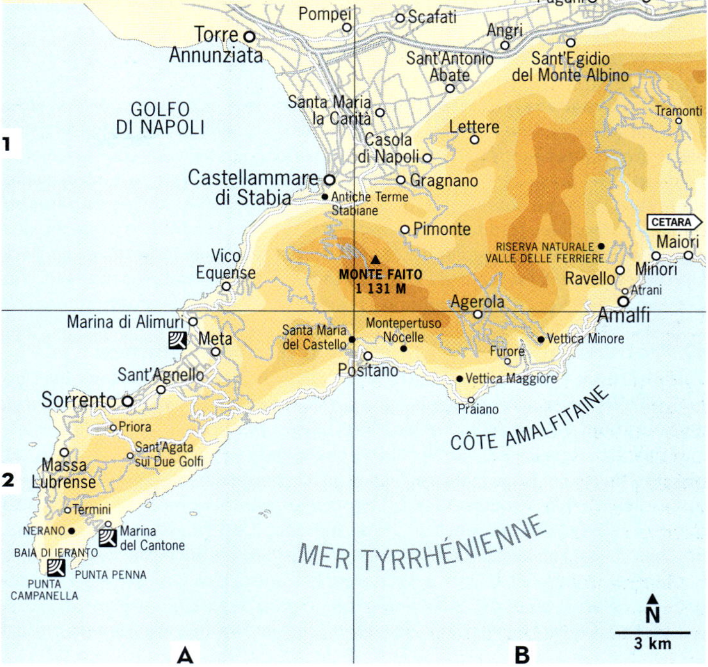

d'un paysage bucolique et rafraîchissant, compte encore quelques vestiges en bon état qui témoignent de l'ancienne activité (la farine provenait de ces moulins). *Sortir de l'A3 à Castellammare di Stabia, direction Sorrente. Prendre ensuite à droite la route vers Gragnano.*

Scavi di Castellamare di Stabia (plan 19, A1) Non loin de Sorrente se trouvent deux sites, distants de quelques centaines de mètres, méconnus et désertés par les touristes, et qui méritent pourtant qu'on s'y rende : la **Villa di Arianna** et la **Villa di San Marco**. Bâties sur un promontoire, ces deux villas étaient des résidences patriciennes donnant sur la mer. Elles étaient organisées comme de petites cités autonomes avec des thermes, des jardins, des nymphées, des piscines et des pièces somptueusement décorées. Le paysage urbain actuel qui s'étale en contrebas des villas est bétonné, tissé d'immeubles sans âme frappés par le tremblement de terre de 1980 et remis sur pied sans guère de moyens. Cette vision contraste d'autant plus avec la délicatesse de l'architecture antique et la préciosité de certaines fresques. Les gardiens, n'étant pas assaillis par les visiteurs, se prêtent volontiers au jeu de la visite guidée. *Sortir de l'A3 à Castellammare di Stabia. Prendre à droite vers Gragnano puis suivre l'indication "Passeggiata Archeologica".* **Sites archéologiques** *Via Passeggiata Archeologica* **En train** *Descendre à Castellammare di*

Stabia Tél. 081 871 45 41 Ouvert tlj. 8h30-coucher du soleil (1h avant) Entrée libre
Azienda di cura soggiorno e turismo (office de tourisme) *Piazza Giacomo Matteotti Tél. 081 871 13 34*

● Où acheter les meilleures pâtes artisanales ?

☺ **Pastai Gragnanesi (plan 19, B1)** Dans la ville où le procédé des pâtes sèches a été mis au point, une coopérative soucieuse de qualité produit peut-être les meilleures pâtes sèches au monde. Prenez rendez-vous si vous souhaitez jeter un coup d'œil au savoir-faire (le directeur, Antonio Marchetti, est intarissable sur le sujet). Juste à côté, une boutique vend les différentes sortes de pâtes au détail. Les modèles traditionnels en voie de disparition sont nos préférés : les *paccheri* (lisses et rectangulaires), les *lumaconi* (de gros escargots), les *occhi di lupo* (littéralement, les "yeux de loup", sorte de *penne* lisses et plus rondes)... *Via Giovanni Della Rocca, 20* **Gragnano** *Tél. 081 801 29 75 www.pastaigragnanesi.it*

● Prendre un téléphérique et partir en randonnée

Téléphérique Du centre de Castellammare, il suffit de quelques minutes de *funivia* (téléphérique) pour atteindre le sommet du **Monte Faito** (1 050m). De là, plusieurs randonnées sillonnent les Monti Lattari (les monts laitiers, souvenir de leur passé pastoral), alternant forêts de châtaigniers et de sapins. En quelques minutes, on rejoint le piazzale dei Capi d'où l'on peut admirer le golfe de Naples et ses îles : Ischia, Procida, Capri. Un premier parcours mène au sanctuaire San Michele (1 278m) en environ 2h de marche. Il est possible, en gravissant un chemin un peu ardu, d'atteindre le Monte San Michele, dit aussi Molare (1 444m) en 75min. De là, vue à 360° jusqu'à Punta Licosa, à l'extrême sud du golfe de Salerne. *Billet AR 7,60€ Entrée par la gare de la Circumvesuviana Castellammare Ouvert avr.-oct. : tlj. 7h25-19h15 (penser à vérifier l'horaire du retour)*

Vers la pointe de la péninsule sorrentine

Ceux qui aiment la randonnée trouveront des kilomètres de sentiers (22 itinéraires recenséscf. Pour préparer vos randonnées (p.326)) traversant des paysages isolés, qui embaument le parfum des essences méditerranéennes (maquis, agrumes et oliviers). Autour de Massa Lubrense, le territoire triangulaire formé par la pointe de la péninsule constitue sans doute la plus belle réserve de paysages naturels des environs : la **terre des Sirènes**. La légende

Pour préparer vos randonnées

Pro loco (plan 19, A2) L'office de tourisme de Massa Lubrense fournit une carte très détaillée de la côte, où tous les sentiers de randonnée sont signalés. Les hôtesses étant bénévoles, les horaires sont susceptibles de changements improvisés... *Viale Filangieri, 11* **Massa Lubrense** *Tél. 081 533 90 21 www.massalubrense.it www.comunemassalubrense.gov.it Ouvert hiver : lun.-ven. 9h-13h, sam. 9h-13h et 16h-19h ; été : tlj. 9h-13h et 16h-19h* raconte que cette portion de côte était la demeure des sirènes qui ont envoûté Ulysse de leur chant. Hésitant entre le golfe de Sorrente et celui de Salerne, de l'autre côté, la pointe de la péninsule se tourne alternativement vers l'un ou l'autre site, plus vert et boisé côté Sorrente, plus aride et sauvage côté Amalfi. Rens. à l'office de tourisme de Massa Lubrense, cf. encadré.

● Partir en excursion

☺ **De Termini vers Punta Campanella (plan 19, A2)** L'un des plus beaux parcours de la région reste accessible même aux petits marcheurs. Cette balade mène face à Capri, à l'extrême pointe de la côte sorrentine, aujourd'hui protégée comme réserve naturelle (2h AR).

Nerano Cantone (plan 19, A2) D'autres balades sont à faire, vers Nerano Cantone, où une des seules plages de la péninsule est aisément accessible, à **Marina del Cantone** (et gratuite de surcroît), ou alors vers celle de **Capitiello**, dans la magnifique **baie de Jeranto** (accessible à pied en 45min par un sentier qui part de l'église de Nerano Cantone, ou alors par la mer). *À 12km au sud de Sorrente*

Convento Il Deserto (plan 19, A2) De Sant'Agata sui Due Golfi, un site qui porte bien son nom, suivez les indications pour le couvent Il Deserto, tenu aujourd'hui par des religieuses bénédictines un peu récalcitrantes à l'idée de laisser monter les visiteurs sur la terrasse (préférez l'après-midi). En général, en échange d'une petite offrande en espèces sonnantes et trébuchantes contribuant à l'entretien des lieux, elles ouvrent plus volontiers la porte. La vue est spectaculaire, surtout au crépuscule (mais à cette heure-là, vous risquez vraiment de déranger). *Départ de la randonnée à 9km au sud de Sorrente*

CARNET D'ADRESSES

Restauration

petits prix

Sant'Antonino (plan 19, A2) Difficile de choisir entre les différents restaurants du centre de Sorrente, qui proposent tous le même choix de plats traditionnels. Ici, en été, on dîne sous une pergola d'orangers, le service est rapide et la cuisine généreuse. *Via Santa Maria delle Grazie, 6* ***Sorrente*** *Tél. 081 877 12 00 Ouvert mars-oct. : tlj. midi et soir ; nov.-fév. : jeu.-mar. midi et soir*

Dans les environs

Aucune autre région italienne ne concentre autant d'étoiles et de restaurants gastronomiques classés. Il s'agit d'un tourisme de qualité mais extrêmement cher, voire luxueux. Certains restaurants n'hésiteront pas à vous facturer 150€ pour un repas qui ne vous laissera en bouche que le souvenir salé de sa note. Surtout, et l'on ne saurait insister davantage, privilégiez les *agriturismi*, qui préparent une cuisine authentique.

petits prix

Da Michele (plan 19, A2) Sur le petit port de la Marina della Lobra, commencez par un apéritif à l'Angelo's bar, assis aux côtés des pêcheurs et des plaisanciers. Tout en savourant, un coucher de soleil : on est ici à la pointe de la péninsule, orientée plein ouest. Installez-vous ensuite chez Da Michele. L'immense terrasse couverte est vite remplie, on vous apporte de petites bouchées frites en amuse-bouche, les plats de pâtes sont impeccables (*scialatelli* faits main aux coques et cèpes, *orecchiette* brocolis et saucisse...) et on choisit son poisson au chariot. Délicieux desserts maison (goûtez la *torta caprese* au citron !). *Via Fontanella, 12* ***Massa Lubrense*** *Tél. 081 878 98 71 www.ristorantedamichele.net Ouvert mi-mars-oct. : mer.-lun. midi et soir*

prix moyens

La Conca (plan 19, A2) Vu de la rue, rien ne distingue ce lido de ses voisins de la Marina di Alimuri. Pourtant, son restaurant ne désemplit pas d'amateurs de délices de la mer et de bon vin. On y croise autant de familles venues passer la journée à la plage que d'hommes d'affaires. ***Marina di Alimuri*** *Tél. 081 532 14 95 www.ristorantelaconca.net Ouvert mi-juin-mi-sept. : tlj. midi et soir ; basse saison : mar.-sam. midi et soir, dim. midi Fermé nov.-fév.*

prix élevés

Da Maria Grazia (plan 19, A2) Depuis trois générations, on sert dans ce restaurant de plage une savoureuse cuisine à base de produits locaux. Antipasti variés, viandes et poissons grillés sont au menu, à côté de la *pasta con i cucuzzielli*, une recette qui a fait la renommée de la trattoria : courgettes et fromage frais sont les deux ingrédients de base mais, pour le reste, tout est dans le tour de main. En dessert, une tarte moelleuse aux amandes ou un délicieux *babà* maison, le tout arrosé de digestifs aromatiques. Comptez de 35 à 50€. *Marina del Cantone Località Nerano Cantone* ***Massa Lubrense*** *Tél. 081 808 10 11 www.ristorantemariagrazia.com Ouvert mai-sept. : tlj. midi et soir ; basse saison : tlj. midi Fermé mi-déc.-mi-jan.*

La Torre del Saraceno (plan 19, A1) Gennaro Esposito et sa femme Vittoria se consacrent à leur passion depuis de nombreuses années avec un talent désormais remarqué. Dans une ancienne tour sarrasine rénovée dans un esprit épuré et chic (chaises de cuir noir et marron, murs ouvrant leurs arcs blancs sur la mer), ils proposent des mariages originaux mais toujours de bon goût (soupe tiède de ricotta aux rougets et oursins, raviolis à l'espadon sauce aux anchois, etc.). Comptez de 70 à 110€. *Via Torretta, 9 Marina di Seiano* ***Vico Equense*** *Tél. 081 802 85 55 www.torredelsaracino.it Ouvert mar.-sam. midi et soir, dim. midi Fermé mi-fév.-mi-mars*

Taverna del Capitano (plan 19, A2) Ce restaurant aménagé dans une ancienne maison de pêcheurs est une autre adresse renommée de la région. La famille Caputo au complet donne son avis quand il s'agit de créer de nouvelles recettes, toujours inspirées du savoir-faire et des traditions de la *nonna*. Le menu change tous les jours, au gré des saisons et de la pêche.

GAMME DE PRIX	RESTAURATION	HÉBERGEMENT
Très petits prix	moins de 15€	moins de 55€
Petits prix	de 15 à 25€	de 55 à 75€
Prix moyens	de 25 à 40€	de 75 à 110€
Prix élevés	de 40 à 60€	de 110 à 160€
Prix très élevés	plus de 60€	plus de 160€

Località Marina del Cantone Piazza delle Sirene, 10/11 **Massa Lubrense** *Tél. 081 808 10 28 www.tavernadelcapitano.it Ouvert été : tlj. midi et soir ; basse saison : mer.-dim. midi et soir Fermé 8 jan.-8 mars*

Hébergement

Nous n'avons pas été convaincus par l'idée de séjourner dans ces stations balnéaires courues où les établissements sont chers ; donc nous avons souvent opté pour des *agriturismi* en dehors des sentiers balisés, moins onéreux et plus authentiques, réellement au cœur du paysage et des traditions culinaires.

très petits prix

Ostello Le Sirene (plan 19, A2) Indubitablement l'adresse la moins chère de Sorrente ! Ambiance très auberge de jeunesse. Comptez de 20 à 25€ par pers. en dortoirs de 4 à 8 lits et 75€ la chambre double (petit déj. inclus). *Via degli Aranci, 160* **Sorrente** *Tél. 081 807 29 25 www.hostellesirene.com*

petits prix

Hotel Elios (plan 19, A2) Établissement d'un très bon rapport qualité-prix, bien tenu et accueillant, situé à 15min à pied du centre-ville de Sorrente, mais tout près des plages aménagées. Seul souci, garer votre voiture ! Demandez conseil aux propriétaires, ils sauront vous indiquer les places libres. La propriétaire met à disposition la cuisine et propose parfois ses délicieuses confitures au citron. Terrasse et chambres avec vue sur la mer. De 80 à 85€ la double (sans petit déj.). Pas de carte de crédit. *Via Capo, 33* **Sorrente** *Tél. 081 878 18 12 www.hotelelios.it Ouvert Pâques-nov.*

Dans les environs

petits prix

A' Priula/La Pergola (plan 19, A2) Nicola D'Esposito et ses quelques animaux de basse-cour vous reçoivent dans ce domaine biologique, planté de citronniers, d'orangers, de noyers et d'oliviers. Cet *agriturismo* traditionnel, bien équipé, propose plusieurs chambres (50€) et même de petits appartements (62€). *Località Trarivi Via Tommaso Astarita, 80* **Meta** *Tél. 081 808 32 40*

prix moyens

La Ginestra (plan 19, A2) Dans une villa de campagne du XVIIIe siècle, 8 chambres situées en surplomb du golfe, sur la colline. Cette adresse ravira ceux qui veulent profiter de la côte tout en échappant à l'hôtellerie moderne des stations balnéaires. L'*Agriturismo* prépare, en outre, une savoureuse cuisine du terroir... Comptez 80€ la double, 90€ en demi-pension. *Via Tessa, 2* ***Santa Maria del Castello*** *À 9km de Vico Equense (suivre Monte Faito puis Santa Maria del Castello) Tél. 081 802 32 11 www.laginestra.org*

Le Tore (plan 19, A2) La "ferme-auberge" Le Tore, un *agriturismo* biologique, est tenu par une armada de jeunes femmes dynamique. On est en pleine campagne, la mer est de chaque côté et les sentiers de randonnée partent directement de là. Le corps de bâtiment est une *masseria* ancienne restaurée, avec des chambres simples et spacieuses (un peu froides en hiver), parfois ouvertes sur une terrasse. Tout autour, citronniers, oliviers et un potager qui fournit la table de la maison. Un conseil, choisissez la demi-pension.

Tout est succulent, préparé avec le plus grand soin. Vous vous rappellerez longtemps leurs recettes de pâtes et leur viande grillée et vous pourrez faire provision de confitures, miel, huile d'olive et conserves en partant. Réservez. Comptez 110€ la double (+ 35€/pers. en demi-pension). *Via Pontone, 43* ***Sant'Agata sui Due Golfi*** *Tél. 081 808 06 37 www.letore.com*

Fattoria Terranova (plan 19, A2) Si Le Tore est complet, à quelques mètres, une autre "ferme-auberge" agréable. Grand restaurant avec terrasse et vue sur la mer, piscine, dégustation de fruits et légumes de leur production (citrons, oranges, figues, olives, etc.). De 80 à 89€ la double. *Via Pontone, 10* ***Sant'Agata sui Due Golfi*** *Tél. 081 533 02 34 www.fattoriaterranova.it Fermé 4 nov.-8 mars*

prix élevés

La Conca del Sogno (plan 19, A2) La "Conque des rêves", table réputée dans la région, propose également 7 belles chambres situées au bord de l'eau, devant l'une des rares petites criques de la région. Comptez 150€ la double. Ne manquez pas le restaurant (à partir de 40€) et sa spécialité, le poisson en meringue de sel... Les habitués arrivent par la mer, mangent en terrasse et profitent de la plage aménagée. *Baia di Recommone Località Nerano Cantone Via San Marciano, 9* ***Massa Lubrense*** *Tél. 081 808 10 36 www.concadelsogno.it Fermé nov.-Pâques*

Villa Erca (plan 19, A2) Pour les séjours un peu plus longs et pour ceux qui préfèrent se sentir vraiment chez eux, la Villa Erca, charmante demeure du XIXe siècle, propose 4 appartements en surplomb de la mer, dans le petit village qui vient juste après Sorrente. Belle piscine dans un jardin luxuriant. Comptez 600-1100€/sem. pour deux. Attention : seuls les véhicules de petit gabarit peuvent accéder à la villa, les autres devront se garer dans le village. *Via del Rosario, 2* ***Massa Lubrense*** *Tél. 081 808 96 20 www.ercachiena.com Fermé fin nov.-fin mars.*

☆AMALFI

84011

Les premiers épisodes de l'histoire d'Amalfi semblent chaotiques : romaine puis lombarde, elle se soulève en 839 et, se détournant définitivement d'un arrière-pays difficile à exploiter, elle instaure la première république maritime d'Italie. Jusqu'au XIe siècle, elle exercera son pouvoir sur toute la Méditerranée, frappe sa monnaie, édicte des lois (les *tavole amalfitane*, code nautique du Xe siècle exposé au Musée municipal) qui servent de modèle aux autres républiques maritimes (Pise, Gênes, Venise). Au XIe siècle, elle commencera à décliner face à la concurrence de Gênes et de Pise et aux effets de l'invasion normande en Italie du Sud.

MODE D'EMPLOI

accès

EN VOITURE

La S163 longe la côte amalfitaine de Sorrente à Salerne. Vous pouvez couper par la S366 qui traverse les monts Lattari (de Gragnano à Positano), mais vous n'épargnerez guère de temps : trop de virages ! Il est vrai que la route est magnifique (en dépit des tournants), permettant de découvrir les villages ou le golfe, mais reste impraticable quand il y a du trafic.

EN CAR

Évitez les cars entre Amalfi et Naples (c'est trop long) ; limitez-vous aux lignes qui desservent la côte.

Sita *Tél. 089 40 51 45 www.sitasudtrasporti.it*

Citysightseeing Ces bus touristiques, en formule minibus décapotables, assurent deux trajets au départ d'Amalfi, l'un vers Ravello, l'autre vers Minori et Maiori. ***Départ*** *Piazza Flavio Gioia Août-sept. tlj. 10h-16h Billet 3€ ou 10€ valable 1 jour (4 trajets)*

EN BATEAU

D'avril à septembre, une ligne du Metrò del Mare (association de plusieurs compagnies) dessert Naples (Molo Beverello), Positano, Amalfi et Salerne. En haute saison, également, liaisons avec Capri.

Metrò del Mare *Tél. 199 60 07 00 www.metrodelmare.com*

Alicost *Billetterie d'Amalfi Tél. 089 87 33 01 www.alicost.it*

EN TRAIN

Les trains n'arrivent pas jusqu'à la côte amalfitaine, mais, à Naples, vous pouvez prendre la **Circumvesuviana** jusqu'à Sorrente puis le bus qui dessert Amalfi.

Circumvesuviana *Tél. 081 772 24 44 ou 800 05 39 39 www.vesuviana.it*

orientation

Amalfi se découvre assez rapidement au hasard de ses ruelles en escalier et de ses passages couverts. L'animation se concentre autour de la piazza Duomo et de la rue qui monte jusqu'au musée du Papier.

stationnement

La circulation est réservée aux résidants et aux clients des hôtels, qui doivent justifier de leur réservation auprès des policiers qui gardent l'accès au centre-ville. Laissez votre véhicule sur le grand parking du port.

informations touristiques

Azienda Autonoma di Soggiorno e Turismo *Corso delle Repubbliche marinare, 27* ***Amalfi*** *Tél. 089 87 11 07 Ouvert haute saison : lun.-sam. 9h-13h et 15h-19h, dim. 9h-12h ; basse saison : lun.-sam. 9h-13h et 15h-17h30, dim. 9h-12h*

Azienda Autonoma di Soggiorno e Turismo *Via Roma, 18bis* ***Ravello*** *Tél. 089 85 70 96 www.ravellotime.it Ouvert tlj. 9h-19h*

manifestations

Regata delle Antiche Repubbliche marinare Chaque année, le premier dimanche de juin, Pise, Gênes, Venise et Amalfi, les quatre républiques maritimes d'Italie, jouent leur honneur en tentant de remporter cette régate qui se court en costume sur des embarcations fidèles à celles du XIIe siècle. Tour à tour, chaque ville organise les festivités. *À Amalfi en 2016*

Il Ravello Festival Depuis plus de cinquante ans, Ravello accueille chaque été, dans les jardins de la Villa Rufolo et depuis 2010 dans l'Auditorium dessiné par Oscar Niemeyer, un festival de musique classique des plus renommés. *info@ravellofestival.com www.ravellofestival.com*

DÉCOUVRIR

☆ Les essentiels Amalfi, les bourgs de Vettica, Cetara et Ravello **Découvrir autrement** Profitez du paysage sur le promontoire du Capo Sottile, visitez la Villa Rufolo à Ravello

☆ Amalfi

Ancienne république maritime, Amalfi se love au creux d'une gorge qui grimpe vers la montagne. De petites maisons aux couleurs pastel alternent avec de beaux palais, témoins de sa gloire passée. La place de la cathédrale, à l'entrée du village, et les premiers mètres de la rue principale sont souvent bondés, mais il suffit de s'en écarter pour trouver un peu de paix.

Duomo d'Amalfi Bâtie au IXe siècle puis remaniée aux XIIIe et XVIIIe siècles, la cathédrale témoigne de l'histoire de la ville, notamment dans les influences orientales de son campanile ou les arcs arabes du **cloître du Paradis**, auquel on accède par l'atrium. Ancien cimetière des familles riches d'Amalfi, il fut réalisé entre 1266 et 1268. Notez ses arcs croisés soutenus par cent vingt petites colonnes. Entrez ensuite dans la chapelle du Crucifix (flanc gauche du Duomo), cathédrale primitive d'Amalfi (596), qui héberge le **Musée diocésain**. Sa collection comporte des fresques et des objets de culte, dont certains particulièrement précieux : la mitre de la famille d'Anjou du XIIe siècle, toute d'or et de pierres précieuses et un calice du XIVe siècle. Pour aller du cloître à la cathédrale, vous traverserez la crypte somptueusement baroque, qui conserve dans l'autel central les reliques de saint André. *Tél. 089 87 10 59 Ouvert mars-déc. : tlj. 7h30-19h30 ; jan.-fév. : tlj. 7h30-12h et 16h-19h30 Entrée 3€*

Museo della Carta Ce musée du Papier témoigne de la tradition, héritée du XIIIe siècle et toujours poursuivie jusqu'à nos jours, de la fabrication du papier à Amalfi. Au cours de la visite, vous apprendrez l'élaboration du papier à partir de tissus et comment la pâte à papier peut être travaillée pour rendre

Se déplacer sur la côte amalfitaine

Les localités se succèdent au bord d'une route en lacet (la S163) : d'ouest en est, Positano, Vettica, Amalfi, Atrani, Ravello, Minori, Maiori et Cetara. Trois solutions pour se déplacer : la voiture, les bus (reliant la plupart des villes entre elles), le bateau (le plus agréable et le plus rapide). Dans l'idéal, il faudrait éviter l'été et les fins de semaine entre avril et septembre.

la feuille brute ou douce... Visite guidée d'env. 20min, petite boutique. *Via delle Cartiere, 23 Tél. 089 830 45 61 www.museodellacarta.it Ouvert tlj. 10h-18h30 Entrée 4€ (visites guidées en italien, anglais, français...)*

● Où trouver de l'artisanat local ?

La Scuderia del Duca Ce joli magasin, situé à mi-distance entre le port et le centre (Duomo) d'Amalfi, est à la fois une librairie-papeterie et un antiquaire. Le propriétaire a du goût, il saura vous orienter dans l'achat d'un cadeau-souvenir raffiné. Affiches, cartes postales, papier à lettres, accessoires de bureau, carrelages anciens, livres sur l'histoire d'Amalfi. *Largo Cesareo Console, 8 Tél. 089 87 29 76 Ouvert haute saison : tlj. 9h30-21h ; basse saison : lun.-sam. 9h30-19h*

● Où goûter une pâtisserie, des fruits confits ?

Pasticceria Andrea Pansa Des citrons et des amandes, en veux-tu en voilà. La maison est la spécialiste de ces fruits locaux, qu'elle prépare en gâteaux, en liqueurs ou en fruits confits. Le goût du fruit est conservé comme par enchantement (douze opérations sont nécessaires pour confire comme il se doit les citrons de leur propriété). La maison est aussi réputée pour ses gâteaux à la ricotta et aux poires, pour son dôme à la crème de citron et chantilly au citron... Pause café en terrasse fort bienvenue. *Piazza Duomo, 40* ***Amalfi*** *Tél. 089 87 10 65 Ouvert haute saison : tlj. 7h30-1h ; basse saison : tlj. 7h30-22h*

★ La côte amalfitaine

La côte amalfitaine comprend la partie orientale de la péninsule sorrentine tournée vers le golfe de Salerne. Les petits villages entre Positano et Amalfi se suivent et se ressemblent : bourgs de pêcheurs typiques, moins envahis par la foule mais cherchant à capter ces touristes qui ne font que passer vers des stations balnéaires plus courues. Plus chic que le versant sorrentin, cette côte est beaucoup plus spectaculaire que sa jumelle péninsulaire. Son paysage découpé de falaises tombant à pic dans des eaux turquoise, avec ses bourgs colorés agrippés au flanc des monts Lattari, est vraiment singulier. Là est peut-être le secret de la richesse de cette presqu'île qui offre tant de contrastes sur quelques kilomètres à peine. Cette portion de littoral est restée relativement isolée jusqu'à l'après-guerre. Mais, ici aussi, il faut s'interroger sur les conditions et les motifs de son séjour. Vous pouvez très bien faire cette excursion en une seule journée. Vous pouvez aussi décider de séjourner dans l'arrière-pays, à la campagne, à l'abri de la foule pour découvrir la côte à pied, par les nombreux sentiers de randonnée, cf. Sorrente (plan 19).

Atrani (plan 19, B1) En route vers Ravello, faites halte à **Atrani**, autrefois "banlieue chic" d'Amalfi. Les doges de la république maritime y étaient intronisés et enterrés dans la petite église San Salvatore dei Bireto, achevée en 940 mais largement transformée au XIXe siècle. Autrefois, elle était ornée de portes en bronze venues de Constantinople en 1087, aujourd'hui conservées dans la collégiale Santa Maria Maddalena. **Collégiale** *Ouvert dim. matin pour la messe*

☆ **Vettica Maggiore et Praiano (plan 19, B2)** L'église de Vettica, consacrée à saint Janvier, se dresse fièrement avec son campanile et son dôme recouverts de majoliques, comme c'est la tradition dans la région. Au passage, profitez du beau paysage formé par Vettica Maggiore et Praiano, qui se partagent le promontoire du Capo Sottile. *À 10km au sud d'Amalfi* **Église** *Ouvert haute saison : tlj. 8h-10h et 18h30-20h ; basse saison : tlj. 8h-10h et 17h30-20h*

La Campanie en amoureux

La Campanie rime avec séduction : soirée à l'opéra, excursion à Capri, visite d'un site antique, farniente dans un hôtel de charme...

Lieux romantiques

Hébergement

Maiori et Minori (plan 19, B1) Après Maiori, on quitte la côte amalfitaine : l'atmosphère yachts de luxe et restaurants hors de prix semble déjà s'éloigner. Voici à nouveau l'ambiance toute italienne de ces villes balnéaires populaires, certes abîmées par un front de mer bétonné dans les années 1960, mais à la large promenade longeant la plage prise d'assaut à toute heure. L'activité se concentre Corso Reginna et sur les lidos privés. Maiori peut s'avérer une bonne base pour visiter la région sans se ruiner. Séparée par un simple tunnel, Minori, plus petite, a conservé son atmosphère villageoise. Elle s'étire le long de sa rue principale, toute tortueuse. Attention, le parking coûte 2€/h à Minori et 3€/h à Maiori (sam.-dim.). *À 5km à l'est d'Amalfi* **Azienda Autonoma di Soggiorno e Turismo** *Corso Reginna, 73* **Maiori** *Tél. 089 87 74 52 www.aziendaturismo-maiori.it Ouvert été : tlj. 9h-13h et 14h-18h ; hiver : lun.-sam. 9h-13h et 14h-18h* **Santa Maria de Olearia** Une abbaye rupestre fondée en 973 par des moines bénédictins qui y installent un moulin à huile, d'où son nom d'*Olearia*. Totalement creusée dans la roche, elle se compose de trois chapelles superposées. Dans l'antichambre de la plus souterraine, dite Cappella delle Catacombe ou Cripta, le mur est décoré des fresques les mieux conservées du complexe : la *Vierge aux Saints* et, dans l'abside, un Christ en pied et deux archanges byzantins. *Visites gérées par l'Associazione Amici dei Musei Costa d'Amalfi* **Maiori** *Tél. port. 339 580 34 86 Visite sur rdv. Entrée libre (dons bienvenus)*

Tramonti (plan 19, B1) En pénétrant de quelques kilomètres dans les terres, on saisit une autre réalité. Loin de l'effervescence de la côte, on découvre des paysages d'un vert intense, faits de jardins de citronniers, puis de forêts de châtaigniers au fur et à mesure que l'on gagne en altitude. Les coteaux sont couverts de vignes, produisant des vins extraordinaires, dont du Tintore, un cépage qui a survécu à la crise du phylloxera (fin XIXe s.) ! On admire donc dans les champs des pieds centenaires et l'on goûte des crus sans comparaison possible, sans référence. *À 7km au nord de Maiori*

☆ **Cetara (plan 19, B1)** Ce petit village de pêcheurs n'a aucun attrait du point de vue touristique... et c'est précisément ce qui fait son charme. Ici, la vie continue, indifférente aux flux des cars qui s'engouffrent vers Amalfi. L'économie locale n'est pas portée sur les citrons mais sur les anchois, et plus particulièrement sur une spécialité héritée de l'Antiquité, le *garum* (dont le goût s'apparente au *nuoc-mân* vietnamien), qui a quasiment disparu ailleurs. *À 16km d'Amalfi*

● Où trouver du *garum* ?

Sapori Cetaresi Cette boutique près du port, le long du corso Garibaldi, vend des anchois au sel, mais aussi la spécialité de Cetara, la *colatura di alici*, sorte de *garum* local (intestins et restes de poisson macérés avec du sel). Attention, c'est fort en goût ! Goûtez aussi au thon et à l'autre spécialité locale, le *pesto con colatura*, mêlant câpres, pignons, anchois et une pointe de *colatura di alici*... Idéal sur un plat de pâtes artisanales achetées à Gragnano ! *Corso Garibaldi, 44* ***Cetara*** *Tél. 089 26 20 10 Ouvert été : tlj. 9h-13h30 et 16h-23h ; hiver : mar.-dim. 10h-13h et 16h-19h*

● Où faire une pause salée ou sucrée ?

Sal De Riso Les habitants de la côte amalfitaine ne manqueraient pour rien au monde une halte à la terrasse de cette pâtisserie pour déguster la *deliziosa*, gâteau à base de citron, ou encore l'*anastasia*, crémeux et au chocolat. À l'heure du déjeuner, les vacanciers cherchent l'ombre sous le parasol pour une salade ou une focaccia et, le soir, s'y attardent pour l'apéritif (DJ live le week-end). À noter, bonne viennoiserie pour le petit déjeuner. Comptez à partir de 3€ une pâtisserie et 12€ pour un déjeuner complet, café compris. *Piazza Cantinella, 1* ***Minori*** *Tél. 089 85 36 18 www.salderiso.it Ouvert mars-jan. : tlj. 8h-2h Fermé 2 sem. en nov.*

● Où boire du Tintore ?

Tenuta San Francesco Gaetano Bove, vétérinaire de campagne, s'est reconverti dans le vin. Il organise des dégustations dans la véranda de son domaine, aux pierres apparentes. Grande tablée, repas concoctés par sa femme en toute simplicité et discussions avec les autres associés. Ils vous renseigneront aussi sur tous les délices de la région. Deux chambres sont à disposition des hôtes (env. 80€ la nuit) *Via Solficiano, 18* ***Tramonti*** *Tél. 089 87 67 48 ou port. 335 667 08 54 www.vinitenutasanfrancesco.it Ouvert sur rendez-vous*

☆ Une échappée à Ravello

À 7km d'Amalfi, Ravello (plan 19, B1) est la destination la plus élégante de la côte, reflet d'une histoire jumelle de celle d'Amalfi. En surplomb de la vallée du Dragone, du Xᵉ au XIIIᵉ siècle, de riches marchands commerçaient avec l'Orient et la Sicile et ont laissé dans les murs de leur cité l'empreinte de cette ouverture vers la Méditerranée. Une fois son déclin entamé, Ravello ne s'est pas reconvertie et, pendant des siècles, a été préservée dans ses contours du Moyen Âge qui font aujourd'hui tout son charme. Vous serez surpris des contrastes opposant Ravello aux stations balnéaires de la côte. Ce paysage a convaincu maints artistes (de Wagner à Graham Greene) d'y rester un temps. La bourgade de l'arrière-pays est rarement étouffante comme peuvent l'être Positano ou Amalfi.

Duomo C'est le premier monument à témoigner des relations étroites qui liaient Ravello à l'Orient : le portail de bronze sculpté par Barisano da Trani en 1179 trahit une influence grecque (et ressemble à celui de l'église San Salvatore dei Bireto d'Atrani). Jusqu'aux années 1980, l'intérieur de la cathédrale était encore recouvert d'une décoration baroque indigeste, enlevée pour laisser place à la sobriété propre à sa forme primitive. La chaire (1272) et l'ambon (1130) sont les deux pièces les plus intéressantes, en marbre sculpté et incrustées de mosaïques. Sur l'ambon, vous remarquerez la scène de Jonas avalé et rejeté par la baleine, symbole de la mort et de la résurrection. *Piazza del Duomo Tél. 089 85 83 11 Ouvert été : tlj. 8h-12h et 17h30-21h ; hiver : tlj. 8h-12h et 17h30-19h*
Museo del Duomo Dans la crypte, un musée recèle des objets précieux, notamment un buste en marbre aux traits délicats (XIIIe siècle) de l'épouse du patricien Nicola Rufolo, commanditaire de la chaire. *Ouvert été : tlj. 9h-19h ; hiver : tlj. 9h-18h Entrée 3€*
Cappella di San Pantaleone À gauche de l'autel central, la chapelle Saint-Pantaléon renferme une fiole de sang, relique du saint, qui se liquéfie chaque année, en théorie le 27 juillet, comme celui de saint Janvier à Naples.

☺ **Villa Rufolo** Elle doit son nom à ses propriétaires du XIIIe siècle, les Rufolo, riche famille de banquiers qui, en pleine ère gothique, pouvaient se permettre quelques excentricités "orientalisantes" (notamment le cloître). Au terme d'héritages et de reventes malheureuses, la villa passe de main en main et sera progressivement abandonnée, jusqu'à son rachat en 1851 par le botaniste écossais Francis Neville Reid. Il la confie à Michele Ruggiero, futur directeur des fouilles de Pompéi, et, ensemble, dessinent un fabuleux jardin, parcours extraordinaire entre vestiges antiques, formes mauresques et parterres fleuris qui surplombent le golfe. C'est de ce jardin dont Wagner, hôte de la villa en 1880, s'inspirera pour celui de Klingsor dans son opéra *Parsifal*. Restaurée, la villa reste sans doute le monument incontournable de la côte amalfitaine. *Piazza del Duomo Tél. 089 85 76 21 www.villarufolo.it Ouvert été : tlj. 9h-20h ; hiver : tlj. 9h-coucher du soleil Entrée 3€*

Villa Cimbrone L'endroit est insolite avec son mélange d'éléments anciens et modernes. Rachetée au début du XXe siècle par lord Grimthorpe (l'architecte de Big Ben), elle a accueilli ce que l'Angleterre comptait d'intellectuels et d'écrivains, Virginia Woolf entre autres. La villa abrite aujourd'hui un hôtel. Les jardins sont plantés de camélias et de roses le long de pelouses et d'allées

Randonnées dans les Monte Lattari

À Ravello, passez à l'office de tourisme (p.331) retirer la carte des sentiers, dont plusieurs traversent Ravello ou en partent, permettant de magnifiques promenades entre mer et montagne.

Valle delle Ferriere (plan 19, B1) À l'arrière de Ravello, partez découvrir cette réserve naturelle, autrefois fournisseur des papeteries d'Amalfi. ***Ravello*** *www.valledelleferriere.com*

qui mènent à l'extrême contrefort de Ravello, sur un belvédère où la vue embrasse le golfe de Salerne. Du centre de Ravello, la promenade pour y accéder, le long de la via San Francesco, est agréable. On y croise l'église San Francesco, dont la construction aurait été décidée par saint François lui-même. Remaniée, elle conserve un joli cloître gothique. *Via Santa Chiara, 26 À 15min à pied du centre Tél. 089 85 74 59 Ouvert été : tlj. 9h-20h ; hiver : tlj. 9h-coucher du soleil Entrée 6€*

● Où trouver du *limoncello* ?

I Giardini di Ravello Liqueurs artisanales et huile d'olive. *Via Civita, 14* ***Ravello*** *Tél. 089 87 22 64 www.igiardinidiravello.it Ouvert lun.-sam. 9h-12h30 et 16h30-19h30*

● Où assister à un concert ?

☺ **Auditorium** En 2010, l'Auditorium dessiné par Oscar Niemeyer a été inauguré. Une salle de concerts couverte pour le festival estival, devenue aussi le point de convergence de tous les amateurs d'architecture contemporaine. Un œil noir incrusté dans une vague blanche de béton au contour parfaitement dessiné scrute la vallée. Magnifique esplanade penchée sur le panorama et salle assez petite mais à l'acoustique, paraît-il, formidable. *Via della Repubblica* ***Ravello*** *Tél. 089 85 71 22 (mairie) www.auditoriumoscarniemeyer.it*

CARNET D'ADRESSES

Restauration

Certaines tables d'hôtes indiquées pour la péninsule sorrentine valent aussi pour la côte amalfitaine (p.327). Sur place, beaucoup de restaurants chers et parfois peu goûteux.

prix moyens

Lido azzurro La terrasse ouvre sur le petit port d'Amalfi : les clapotis des bateaux ajoutent un peu de poésie à une atmosphère déjà magique. Le restaurant est l'un des plus recherchés de la région, le poisson y étant d'une extrême fraîcheur. Les spaghettis aux palourdes sont excellentes, pour le *secondo*, laissez-vous conseiller en fonction de la pêche du jour. Service efficace et attentif. Ne passez pas à côté du *tiramisù* au chocolat. Comptez 40€ vin compris. *Via lungomare dei Cavalieri, 5* ***Amalfi*** *Tél. 089 87 13 84 Ouvert mars-déc. : mar.-sam. midi et soir*

prix élevés

Da Ciccio "Cielo, Mare e Terra" (plan 19, B1) Une adresse sans prétention où l'on prépare d'excellents spaghettis aux coques en papillote, des poissons au four sur lit de pommes de terre (16-20€), etc. Comptez env. 40€ pour un repas complet. Menu dégustation 45-60€. *Via Augustariccio, 17* ***Amalfi*** *(sur la route entre Positano et Amalfi) Tél. 089 83 12 65 www.ristorantedaciccio.com Ouvert mer.-lun. midi et soir Fermé nov.-20 déc.*

Eolo (plan 19, B1) Une adresse qui conjugue savoir-faire, traditions et tentations fantaisistes. Les tables en terrasse sont agréables et surplombent la plage. Comptez 80€. *Via P. Comite, 3* ***Amalfi*** *Tél. 089 87 12 41 www.eoloamalfi.it Ouvert avr.-oct. : mer.-lun. midi et soir*

Dans les environs

prix moyens

Acqua Pazza (plan 19, B1) L'"eau folle", c'est le nom d'un court-bouillon très pimenté qui sert à cuire les poissons ou les fruits de mer, simplement arrosés d'un filet d'huile d'olive. L'endroit est toujours pris d'assaut (il n'y a que 10 tables...). Les antipasti sont excellents et le poisson considéré comme le plus frais de la côte. Réservez bien à l'avance. Repas 50€, hors boissons. *Corso Garibaldi, 38* ***Cetara*** *Tél. 089 26 16 06 www.acquapazza.it Ouvert juin-sept. : tlj. midi et soir ; nov.-fév. : jeu.-dim. midi et soir ; mars-mai : mar.-dim. midi et soir*

San Pietro (plan 19, B1) Le premier restaurant à avoir ouvert à Cetara (1981), suivant la vogue du tourisme gastronomique attiré ici par la découverte de la *colatura di alici*. Agréable terrasse surplombant la rue principale, salle couverte et une cuisine inventive orchestrée par Francesco Tammaro : dégustation d'antipasti maison (pommes de terre et thon fumé, petites ricottas au citron et émulsion d'huile d'olive et de *colatura*), *pasta e fagioli* (pâtes et haricots) aux moules, soupe de poissons... Le menu change tous les 15 jours. Comptez 25-45€. *Piazzetta San Francesco, 2* ***Cetara*** *Tél. 089 26 10 91 www.sanpietroristorante.it Ouvert haute saison : tlj. midi et soir ; basse saison : mer.-lun. midi et soir Fermé 25 jours mi-jan.-début fév.*

Cumpà Cosimo (plan 19, B1) La seule adresse bon marché de Ravello. La cuisine est honnête, en particulier les *secondi* et les viandes, notamment les bonnes saucisses au fenouil... Cependant, évitez les pâtes pour une fois ; elles ne sont pas à la hauteur. La patronne est caricaturale à force de jovialité, surtout avec la clientèle américaine qui envahit l'endroit. Comptez env. 25-30€. *Via Roma, 44* ***Ravello*** *Tél. 089 85 71 56 Ouvert tlj. midi et soir*

Cucina Antichi Sapori (plan 19, B1) Monsieur en cuisine, madame en salle et, au menu, des extravagances liées à la tradition, aux produits locaux. Dans une salle campagnarde chic. Comptez 30-35€. *Via Chiunzi, 72* ***Tramonti*** *Tél. 089 87 64 91 www.cucinaantichisapori.it Ouvert juin-sept. : tlj. midi et soir ; oct.-mai : lun. et mer.-sam. midi et soir Fermé dernière sem. jan.*

Hébergement

Les adresses de la péninsule sorrentine (p.329), notamment les *agriturismi*, valent pour la côte amalfitaine. Souvent situées à mi-chemin entre Sorrente et Positano, elles sont au calme et dans la nature et un peu moins chères. Notez que l'hôtellerie de la côte amafiltaine est expérimentée, luxueuse, onéreuse... et envahie.

GAMME DE PRIX	RESTAURATION	HÉBERGEMENT
Très petits prix	moins de 15€	moins de 55€
Petits prix	de 15 à 25€	de 55 à 75€
Prix moyens	de 25 à 40€	de 75 à 110€
Prix élevés	de 40 à 60€	de 110 à 160€
Prix très élevés	plus de 60€	plus de 160€

prix moyens

Amalfi (plan 19, B1) Le meilleur rapport qualité-prix dans cette catégorie. Aménagé dans une ancienne fabrique de pâtes construite en tuf, l'hôtel est situé en plein centre d'Amalfi. Les 40 chambres sont simples et meublées sans prétention, mais restent confortables. Accueil chaleureux. Selon la saison, de 100 à 170€. Parking payant. *Via dei Pastai, 3* ***Amalfi*** *Tél. 089 87 24 40 www.hamalfi.it Ouvert toute l'année*

Dans les environs

petits prix

Il Raduno (plan 19, B1) Un *agriturismo* tout en modestie, 2 mansardes accueillantes comme des chambres d'amis, une tonnelle couverte de vigne, une terrasse où déguster les pizzas au feu de bois du patron ou les petits plats de la maîtresse de maison. Demandez-leur de vous indiquer les petits producteurs de la région (fromage, charcuterie...). Comptez 60€ la double. *Via de Matteis, 11 Frazione Capitignano* ***Tramonti*** *Tél. 089 85 61 02 www.ilraduno.it*

Agriturismo Sant'Alfonso (plan 19, B2) Une ferme du XVIe siècle est revenue à la vie grâce à Michaela et à son mari Nicola, qui y produisent du vin, des fruits (délicieuses confitures) et des légumes. Très belles chambres avec lit en fer forgé, poutres apparentes, tomettes au sol. Terrasse panoramique sur le golfe. Deux points forts : quand il fait trop chaud près de la mer, ici il fait toujours un peu plus frais, et le sentier des Dieux passe juste au-dessus. Comptez 90€ la double. *Via Sant'Alfonso, 6* ***Furore*** *(à 8km au sud-ouest d'Amalfi) Tél. 089 83 05 15 www.agriturismosantalfonso.it*

prix élevés

Villa Amore (plan 19, B1) La meilleure adresse de Ravello dans cette catégorie. Les 12 chambres propres et lumineuses donnent sur le golfe et les villages du bord de mer. Petit jardin à l'arrière agréable. Le restaurant offre une cuisine traditionnelle et familiale. De 100 à 160€ la double. Parking 15€/jour *Via dei Fusco, 5* ***Ravello*** *Tél./fax 089 85 71 35 www.villaamore.it Ouvert toute l'année*

POSITANO

84017

"C'est un endroit de rêve", disait John Steinbeck. À l'instar de l'écrivain américain, plusieurs artistes tombés sous le charme de Positano s'y installent après la guerre. Depuis, ce village blotti autour d'une crique, avec ses maisons pastel qui colonisent la falaise, n'a jamais cessé de fasciner. Son architecture aurait été influencée par le commerce avec le Moyen-Orient, qui fut son activité principale du XVIe au XVIIe siècle. Dans les années 1960, son esprit bohème s'exprime à travers les vêtements d'été tissés sur place qui influencent la mode dans toute l'Italie. Aujourd'hui, c'est le village le plus visité de la côte et le touriste (fortuné) y est roi.

MODE D'EMPLOI

accès

EN TRAIN

Les trains n'arrivent pas jusqu'à Positano, mais vous pouvez prendre la Circumvesuviana jusqu'à Sorrente puis le bus qui dessert Positano.
Circumvesuviana *Tél. 081 772 24 44 www.vesuviana.it*

EN BUS

À éviter en raison des embouteillages en haute saison et le week-end. L'été, un bus fait chaque jour le trajet aller-retour entre Rome et Positano.
Marozzi *Tél. 080 579 01 11 www.marozzivt.it*

EN VOITURE

L'unique voie d'accès est la SS163 qui longe la côte entre Salerne et la presqu'île. À son approche, la route réserve de magnifiques points de vue sur Positano, mais la patience est de mise les jours d'affluence. *À 15km d'Amalfi*

EN BATEAU

D'avril à septembre, le Metrò del Mare navigue entre Naples, Positano, Amalfi et Salerne. En haute saison, également, des liaisons avec l'île de Capri.
Metrò del Mare *Tél. 199 60 07 00 www.metrodelmare.net*
Alicost *Billetterie de Positano Tél. 089 81 19 86 www.alicost.it*

orientation et stationnement

Le centre, tout au fond de la crique, est interdit à la circulation. Plusieurs parkings (très chers, entre 3 et 5€ de l'heure) sont situés à l'entrée du village, au croisement de la via Pasitea et de la via dei Mulini, la rue principale, commerçante, qui descend à la grande plage où débarquent les bateaux. Les plus audacieux se garent en haut, le long de la route en lacet, et descendent à pied.

informations touristiques

Azienda Autonoma di Soggiorno e Turismo Brochures, dépliants sur la ville. *Via del Saracino, 4 Tél. 089 87 50 67 www.aziendaturismopositano.it Ouvert juin-oct. : lun.-sam. 9h-19h, dim. 9h-14h30 ; nov.-mai : lun.-sam. 9h-19h, dim. 9h-14h30*

fêtes et manifestations

San Vito Fête patronale. *Le 15 juin*
Festival De Sica Rencontre de cinéma qui honore des metteurs en scène. *Début juillet*

DÉCOUVRIR

☆ **Les essentiels** L'église Santa Maria Assunta **Découvrir autrement** Prélassez-vous sur la plage du Fornillo, échappez-vous pour quelques heures de randonnée sur le sentier des Dieux

Positano

À Positano (plan 19, B2), comme souvent dans les stations balnéaires les plus en vue, deux mondes se côtoient : celui des privilégiés séjournant dans les palaces et les villas, à l'abri des regards, et celui de ceux qui rêvent d'être à leur place. Mis à part la flânerie dans le dédale des ruelles et la baignade, il y a peu de distractions. Du belvédère de la route de Sorrente, la vue sur Positano est encore ce qu'il y a de plus beau. Dans le centre-ville, arrêtez-vous à l'☆**église Santa Maria Assunta** pour son dôme couvert de majoliques. Afin de ne pas repartir déçu, ne vous attardez pas dans le centre-ville, descendez la via dei Mulini, bordée de boutiques de vêtements (un peu kitsch) qui ont fait la fortune de la station balnéaire dans les années 1960. **Église** *Tél. 089 87 54 80 Ouvert tlj. 8h-12h et 16h-20h*

● Où trouver des spécialités au citron ?

Sapori di Positano Une boutique entièrement dédiée au citron (savons, bougies, shampoings, crèmes corporelles, bonbons, chocolats et objets de décoration…) qui propose de la liqueur maison. *Via dei Mulini, 6 Tél. 089 81 20 55 Ouvert mars-nov. : tlj. 9h-21h*

● Où s'habiller à la mode de Positano ?

La Bottega di Brunella Toujours taillés dans des tissus de qualité (lin ou soie) et dans des tons naturels, les modèles de Brunella sont assurément les plus harmonieux de Positano. *Via Pasitea, 72 Tél. 089 87 52 28 www.brunella.it Ouvert été : tlj. 9h-21h ; hiver : tlj. 9h-13h30 et 15h-20h*

● Où déguster une pâtisserie ?

La Zagara Le lieu est toujours envahi, mais comment résister à cette magnifique vitrine de gâteaux et à la belle terrasse fleurie qui surplombe la baie ? Tout est fait maison, des glaces aux babas, et l'on ne saurait vous conseiller un parfum plutôt qu'un autre… *Via dei Mulini, 8 Tél. 089 87 59 64 Ouvert haute saison*

● Aller à la plage En partant de la place principale, prenez la via Positanesi d'America (chemin piéton) et marchez jusqu'à la **spiaggia del Fornillo**, une jolie crique que surplombent deux tours de guet. Du centre, vous arriverez plus facilement à la **grande plage**, mais elle manque de charme, avec tous les bateaux arrivant de Capri ou partant pour des excursions à la découverte des criques.

● Randonner sur le sentier des Dieux

☺ **Sentiero degli Dei** Les vrais randonneurs devraient tenter ce parcours, quasi suspendu sur les flancs des monts Lattari, entre Positano et Agerola : il traverse les plus beaux paysages de la côte et des villages épargnés par le tourisme (comme Nocella), serpente entre garrigue et forêt, et offre les plus beaux panoramas sur la côte amalfitaine et Capri. Munissez-vous d'une carte des sentiers. Plusieurs options : partir de Nocella en direction d'Agerola, ou le contraire, et prévoir l'aller ou le retour en bus. La randonnée, aller, dure 3h. *Rens. office de tourisme*

CARNET D'ADRESSES

Restauration

petits prix

C'era una volta Vous trouverez ce restaurant, à la salle claire et la grande terrasse, sur votre droite juste avant la descente vers le centre de Positano. Cette trattoria joue la carte des plats du pauvre (délicieux *paccheri* aux pommes de terre et espadon) pour raconter l'histoire des pêcheurs de ce village devenu tellement bling-bling. Sublimes tartes de l'épouse du chef (*crostata* poires et amandes, *pastiera napoletana* aux gouttes de chocolat). Comptez 20-25€. *Via Guglielmo Marconi, 127* ***Positano*** *Tél. 089 81 19 30 www.ristoranteceraunavolta-positano.com Ouvert mai-oct. : mer.-lun. midi et soir, mar. soir ; hiver : mer.-lun. midi et soir Fermé en déc.*

prix moyens

Il Ritrovo Trattoria rustique, située un peu à l'écart de la foule, à Montepertuso, dans un petit bourg dépendant de Positano. On y mange très bien, été comme hiver, en terrasse ou près d'un feu de cheminée. Les produits locaux, des légumes aux volailles de la campagne ou aux poissons pêchés dans le golfe, sont les principaux composants de cette cuisine généreuse. Réservez. Menus dégustation 30 et 40€. *Via Montepertuso, 77* ***Positano*** *(à 5km du centre) Tél. 089 81 20 05 www.ilritrovo.com Ouvert haute saison : tlj. midi et soir ; basse saison : jeu.-mar. midi et soir Fermé jan.-fév.*

prix élevés

Le Tre Sorelle En bord de mer, en face de la grande plage, ce restaurant s'est fait connaître avec une recette toujours aussi réussie : les pâtes aux fruits de mer (*calamarata tre sorelle*, des pâtes en forme de calamars avec calamars et fruits de mer). L'endroit n'est pas désagréable, mais bondé en haute saison. Comptez 30-40€. *Via del Brigantino* ***Positano*** *Tél. 089 87 54 52 Ouvert Pâques-oct. : tlj. 9h-23h30 ainsi que Noël et Épiphanie*

Hébergement

prix moyens

Maria Luisa L'adresse la moins chère de Positano est absolument charmante. Les chambres, simples et propres, offrent des vues plongeantes sur la plage du Fornillo qui valent celles des palaces. Une grande pièce commune baignée de lumière, avec des réfrigérateurs, est mise à votre disposition, ainsi que le wifi et une belle terrasse. Réservez. Comptez de 70 à 80€ pour une double. Petit déjeuner 5€/pers. *Via Fornillo, 42* ***Positano*** *Tél. 089 87 50 23 ou port. 333 535 49 79 www.pensionemarialuisa.com Ouvert mars-oct.*

GAMME DE PRIX	RESTAURATION	HÉBERGEMENT
Très petits prix	moins de 15€	moins de 55€
Petits prix	de 15 à 25€	de 55 à 75€
Prix moyens	de 25 à 40€	de 75 à 110€
Prix élevés	de 40 à 60€	de 110 à 160€
Prix très élevés	plus de 60€	plus de 160€

prix élevés

Hotel Reginella Tout en haut de la *scalinatella*, une ruelle en escalier qui mène sur la place de l'église. Des chambres, on jouit d'une vue imprenable sur les maisons pastel du village et le camaïeu azur de la mer. Le prix de la double reste très raisonnable par rapport à la qualité des prestations (clim. dans toutes les chambres). Comptez de 130 à 190€. *Viale Pasitea, 154/156* ***Positano*** *Tél. 089 87 53 24 www.reginellahotel.it Ouvert avr.-oct.*

Casa Cosenza Un joli B&B, bien situé (en bas de la *scalinatella)* et tenu avec beaucoup de goût et d'élégance. Onze chambres toutes différentes, ce qui implique aussi que les prix varient beaucoup selon le standing. Double de 130 à 150€. Un appartement pour 4 personnes à 2 300€ par semaine. *Via Trara Genoino, 18* ***Positano*** *Tél. 089 87 50 63 www.casacosenza.it Ouvert Pâques-oct.*

La Fenice Vous serez accueillis dans une magnifique villa accrochée à la roche, légèrement à l'écart du centre. Mobilier ancien, céramiques traditionnelles, terrasses en surplomb de la mer, une délicieuse piscine d'eau salée ainsi qu'un accès pentu à une petite plage privée. Les chambres se répartissent dans la villa ainsi que dans de petits cottages à proximité. Beaucoup de charme et de simplicité ! Comptez 155€ la double. Garage 16€/j. Pas de carte de crédit. *Via G. Marconi, 8* ***Positano*** *Tél. 089 87 55 13 www.lafenicepositano.com*

prix très élevés

Hotel Savoia Cette ancienne villa privée est géré depuis 1936 par la même famille. Situé en plein centre de Positano, à deux pas de la piazza dei Mulini, où se serrent restaurants et boutiques de vêtements, il est bien équipé et certaines chambres ont une jolie vue sur la mer (à 5min à pied) ou sur le versant opposé du bourg. Comptez de 120 à 170€ la double. *Via C. Colombo, 73* ***Positano*** *Tél. 089 87 50 03 www.savoiapositano.it*

Dans les environs

petits prix

☺ **Nino's B&B (plan 19, B2)** Antonino, après avoir vécu à Heidelberg, est revenu sur ses terres. Les 3 chambres qu'il a aménagées, au premier étage de sa maison, offrent les plus belles vues du monde sur la côte amalfitaine et l'île de Capri. À l'entrée, 3 chiens, compagnons bienveillants, dans son jardin, des salades, des tomates, des figues et, au petit déjeuner, du sucré et du salé, héritage nordique. Comptez env. 85€ la double. *Via Nocelle, 62* ***Nocelle*** *(à 7km au nord-est de Positano, par Montepertuso) Tél. 089 87 58 94 ou port. 338 730 65 97 www.ninobb.moonfruit.com*

Casa Cuccaro B&B (plan 19, B2) À Nocelle, les B&B ont fleuri comme par miracle. Pas surprenant : le village domine la côte amalfitaine, jouissant des plus beaux paysages, sans avoir à pâtir de la circulation, de la foule et des tarifs pratiqués ailleurs. Ici, on est à l'abri, et au début du sentier des Dieux. Double 85€. *Via Nocelle, 28* ***Nocelle*** *(à 7km au nord-est de Positano, par Montepertuso) Tél. 089 87 54 58 www.casacuccaro.it Ouvert mars-oct. et premiers jours de novembre*

Vue sur les Faraglioni du haut des Giardini d'Augusto (p.289), Capri.

Les quartiers espagnols (p.248), Naples.

DA
84809

Le golfe de Naples, dominé par le Vésuve (p.312).

Paysage avec *trulli* (p.460), Alberobello.

La Villa Rufolo (p.336), Ravello.

Ange jouant du luth **(p.127),** fresque de Melozzo da Forlì, pinacothèque du Vatican.

Le Corno Grande (2 912 m), parc national du Gran Sasso (p.395).

La sortie des musées du Vatican (p.125), par un escalier hélicoïdal de 1932.

Vue de Vieste (p.450), parc du Gargano.

Fresque de Pompéi (p.313), Musée archéologique de Naples.

Marina Corricella (p.304), Procida.

Le théâtre San Carlo (p.248), Naples.

Capo Vaticano (p.545), Calabre.

Miglionico (p.506), une petite ville au sud de Matera.

SALERNE SALERNO

84050

Une étape à Salerne demeure une vraie bonne surprise. À la fois ville industrielle, port de commerce et bourg médiéval, elle recèle un certain nombre de perles méconnues qui feront le bonheur de ceux ayant choisi d'y faire halte. Le front de mer a été réhabilité et le lungomare Trieste est aujourd'hui l'une des promenades les plus agréables de la ville.

MODE D'EMPLOI

accès

EN BATEAU
D'avril à octobre, liaisons avec Naples, à partir du Molo Beverello, et la côte amalfitaine.
Metrò del Mare *Tél. 199 60 07 00 www.metrodelmare.com*

EN TRAIN
Liaisons régulières en train au départ de Naples.
Trenitalia *Tél. 89 20 21 ou 0900 30 03 00 ou 89 20 21 (Numéro vert) www.trenitalia.com*

EN CAR
Sita Liaisons régulières en bus entre Naples (départ du port : Varco Immacolatella) et Salerne (gare centrale). *Tél. 089 40 51 45 www.sitasudtrasporti.it*

EN VOITURE
Par l'autoroute A3, Salerne est à 55km de Naples (comptez plus de 1h !).

orientation

De la gare, le corso Vittorio Emanuele, très commerçant et piéton, se prolonge par la via dei Mercanti, d'où l'on atteint le Duomo, au cœur du centre historique. Le port touristique se trouve à quelques minutes à pied de la gare.

informations touristiques

Ente Provinciale per il Turismo *Lungomare Trieste, 9* ***Salerne*** *(place de la gare) Tél. 089 23 14 32 www.turismoinsalerno.it Ouvert lun.-sam. 9h-13h et 15h-19h*
CTA (Centro Turistico Acli) *Piazza Matteotti 84019* ***Vietri sul Mare*** *Tél. 089 21 12 85 www.comune.vietri-sul-mare.sa.it*

DÉCOUVRIR

☆ **Les essentiels** Le Duomo, l'abbaye de la Santissima Trinità à Cava de' Tirreni **Découvrir autrement** Promenez-vous sur le lungomare Trieste, visitez les ateliers de céramique de Vietri

Salerne

☆ **Duomo** Une des grandes découvertes du sud de l'Italie. Par chance, cette magnifique cathédrale porte encore la signature de son fondateur, le Normand Robert Guiscard (1015-1085), qui la fit élever pour célébrer sa victoire sur les Lombards. Très endommagée par le tremblement de terre de 1688, elle a été restaurée, à l'époque, dans un style baroque lourd que les remaniements successifs s'empresseront de faire disparaître pour lui rendre ses allures romanes. *Piazza Alfano I Tél. 089 23 13 87 Ouvert lun.-sam. 9h30-18h, dim. 13h-18h*

Extérieur On remarque d'abord la belle porte des Lions, en haut du grand escalier, encadrée par deux sculptures qui sont de véritables joyaux de l'art roman méridional. L'atrium, cerné d'une colonnade antique, est rythmé par une série d'arcades orientales soutenant une belle loggia polychrome.

Intérieur Une fois franchi le lourd portail de bronze (fondu à Constantinople en 1099), on est saisi par l'aspect dépouillé de l'édifice qui met en valeur quelques pièces exceptionnelles, comme ces deux ambons du XIIe siècle, le candélabre pascal ainsi que la clôture et le pavement du chœur. Les nefs latérales abritent elles aussi quelques éléments remarquables, comme le mausolée de la reine Margherita Durazzo, morte en 1412 (nef w). La crypte a conservé sa décoration baroque de marbres polychromes et de fresques encadrant les reliques de saint Matthieu.

ENVIE DE DOUCEUR
Ne ratez pas cette pâtisserie qui régale les Salernitains de ses fruits confits et gâteaux à la crème depuis 1868.
Pasticceria Pantaleone
Via dei Mercanti, 75
Tél. 089 22 78 25

Museo Diocesano Le Musée diocésain renferme la plus vaste collection de tablettes d'ivoire du Moyen Âge chrétien, qui narrent 69 scènes de l'Ancien et du Nouveau Testament dans un style très influencé par l'art byzantin. *Piazza Plebiscito, 12 Tél. 089 23 91 26 Ouvert été : mer.-lun. 9h30-20h30 ; hiver : mer.-lun. 8h30-19h30 Entrée libre*

Museo Archeologico Provinciale Ce musée aménagé dans la splendide ancienne abbaye de San Benedetto (qui comptait 36 couvents !) présente une collection de pièces illustrant l'histoire de la ville et de sa province, de la préhistoire jusqu'à la fin de l'Empire romain. *Via San Benedetto, 28 Tél. 089 23 11 35 ou 089 22 55 78 Fermé pour travaux*

Via dei Mercanti La rue des Marchands est la plus pittoresque de la ville, aujourd'hui bordée de boutiques chics aménagées dans les *palazzi* décrépits du Moyen Âge.

Pinacoteca Provinciale Le Palazzo Pinto (XVIIe s.) abrite une pinacothèque très intéressante, aux œuvres allant de la Renaissance à la première moitié du XXe siècle. Les travaux de restauration effectués sur certaines d'entre elles font l'objet d'une présentation très précise. Expositions temporaires thématiques de qualité. *Via dei Mercanti, 63 Tél. 089 258 30 73 Ouvert mar.-dim. 9h-19h45 Entrée libre*

Giardino della Minerva Un jardin utilisé au Moyen Âge pour l'instruction des étudiants. Aujourd'hui restauré, on y découvre une infinité d'espèces, organisées selon les principes de la médecine médiévale (les quatre humeurs : sang, flegme, bile jaune et bile noire). Les plates-bandes cultivées en étage, irriguées par un système élaboré de canalisations et de fontaines, sont reliées par un magnifique escalier (XVIIIe s.), scandé de colonnes cruciformes et couvert d'une pergola. On y jouit de magnifiques points de vue sur Salerne et sur sa baie... Une association gère une petite "tisanière", agréable bar avec terrasse où l'on sert des breuvages concoctés avec les plantes du jardin. *Via Ferrante Sanseverino, 1 Tél. 089 25 24 23 www.giardinodellaminerva.it Ouvert été : mar.-dim. 10h-13h et 17h30-20h ; hiver : ven.-dim. 9h-13h30, mar.-jeu. 9h-13h30 et 15h-17h30 Entrée 2€*

● Où trouver de l'artisanat contemporain ?

Bottega Bossa Si vous êtes las des spartiates aux lanières en strass de Capri ou de Positano, ici, vous ne trouverez que des sandales en beau cuir, aux lignes souples et essentielles. Semelle plate, attaches simples ou rehaussées d'étoffe de soie (de la récupération de cravates). À mi-chemin entre une tradition bien maîtrisée et des formes plus actuelles. On trouve aussi des accessoires en maroquinerie. *Via Duomo, 14 Tél. 089 23 80 78 Ouvert lun.-sam. 9h-13h et 16h-20h*

Les environs de Salerne

☆ **Abbazia della Santissima Trinità** Sur la route de Naples à Salerne, un court détour par Cava de'Tirreni vous fera découvrir cette abbaye bénédictine située à 4km du centre du bourg moderne (suivre les indications à la sortie de l'autoroute). Fondée en 1011 par Alferio Pappacarbone, devenu moine à

La Campanie gourmande

Elle est aussi riche et variée que les paysages : la *mozzarella di bufala* ; les pâtes artisanales de Gragnano ; l'huile d'olive du Cilento ; les *sfogliatelle* de Scaturchio et les beignets de fleurs de courgettes à Naples...

Glaciers, pâtisseries

Gay Odin ____ 230
Scaturchio ____ 227
Attanasio ____ 233
Buonocore ____ 291
Pasticceria Andrea Pansa ____ 333

Shopping

Timpani e Tempura ____ 233
Arfé ____ 255
Pastai Gragnanesi ____ 326
Tenuta Vannulo ____ 378
Al Frantoio ____ 379

Enoteche

Cantina Pietratorcia ____ 298
Taverna Paradiso ____ 385

Restaurants

D'è Figliole ____ 260
Starita ____ 262
La Stanza del Gusto ____ 266
La Cantinella ____ 267
La Sacrestia ____ 269
Il Focolare ____ 300

60 ans après son passage à Cluny (et mort, dit-on, à 120 ans !), elle se dresse au cœur d'un paysage verdoyant et sauvage, adossée à la roche. À l'époque, sa puissance s'étendait de Rome à Palerme, contrôlant près de 150 abbayes et 300 églises, relayée par une flotte qui commerçait avec l'Orient. L'église a perdu son aspect roman sous la décoration baroque qui a été ajoutée au XVIIIe siècle, mais conserve des pièces médiévales de grand intérêt, comme l'ambon cosmatesque – cf. Glossaire (p.566) – du XIIe siècle. Vous remarquerez les majoliques de la salle capitulaire, les sarcophages romains du cloître et les fragments de fresques dans le cimetière lombard situé dans la crypte. Au **musée**, attardez-vous un instant sur le magnifique petit coffret en ivoire du Xe siècle. *Via Morcaldi* ***Cava de' Tirreni*** *À 13km au nord-ouest de Salerne Tél. 089 46 39 22 www.cavaturismo.sa.it Ouvert tlj. 8h30-11h30 et après-midi. sur rdv Entrée 3€*

Museo Provinciale della Ceramica N'hésitez pas à visiter le musée de la Céramique, qui raconte l'histoire de cet art, passé des poteries usuelles à la création contemporaine. Les collections vont de l'Antiquité aux formes résolument modernes de la période dite "allemande" (1929-1947), pendant laquelle des céramistes fuyant le nazisme se sont installés à Vietri, y trouvant un cadre de vie enchanteur (parfums des fleurs d'oranger, paysages, vie des pêcheurs) dont l'influence se ressent dans leurs créations. Collections de céramiques religieuses, domestiques et artistiques. Deux bâtiments à visiter : la tour et le palais. *Torretta di Villa Guariglia Raito di Vietri sul Mare* ***Vietri sul Mare*** *À 4km à l'ouest de Salerne Tél. 089 21 18 35 Ouvert mar.-dim. 9h-15h Entrée libre*

Où acheter de la céramique de Vietri ?

Ceramica Artistica Solimene Juste à l'entrée de Vietri, ne ratez pas cet atelier et ses céramiques colorées. La vaisselle est bon marché et vous changera de la porcelaine. *Via Madonna degli Angeli, 7* ***Vietri sul Mare*** *À 4km à l'ouest de Salerne Tél. 089 21 02 43 www.solimene.com Ouvert lun.-ven. 9h-20h, sam. 9h-14h et 16h-20h, dim. 9h-14h*

CARNET D'ADRESSES

Restauration

petits prix

Antica Pizzeria del Vicolo della Neve La plus ancienne pizzeria de Salerne. La pizza est délicieuse, tout comme leur spécialité : la morue (*baccalà*) aux pommes de terre, servie dans un plat de terre cuite tout chaud. Autour de vous, des tablées animées, des lambris patinés, des voûtes en briques... Comptez 25-30€. *Vicolo della Neve, 24* ***Salerne*** *Tél. 089 22 57 05 Ouvert jeu.-mar. uniquement soir Fermé 24-26 déc.*

prix moyens

Mare Nostrum Cette table plutôt huppée, au poisson ultrafrais, s'est installée dans les chantiers navals, avec vue sur l'eau et la proue des bateaux. Terrasse particulièrement plaisante, salle intérieure au décor très "maritime". Comptez 30-40€. *Cantiere Soriente Via Porto, 31* ***Salerne*** *Tél. 089 22 15 59 Ouvert tlj. midi et soir*

Dans les environs

prix moyens

La Lucertola La cuisine de ce restaurant d'hôtel cf. La Lucertola (p.374) est peut-être la meilleure de la ville. Terrasse surplombant les eaux du golfe et salle immaculée. Comptez 30-40€. *Via C. Colombo, 29* ***Vietri sul Mare*** *Tél. 089 21 02 55 www.hotellalucertola.it Ouvert avr.-sept. : tlj. midi et soir*

Hébergement

prix moyens

☺ **Villa Avenia** Pénétrez au cœur d'un palais salernitain : plafonds à 8m de hauteur, succession de salons, sols irréguliers. Ce B&B possède 4 chambres doubles très romantiques, aux murs colorés, et une terrasse de 1 000 m^2 (avec Jacuzzi et sauna...) où est servi le petit déjeuner aux beaux jours. Les propriétaires possèdent des vignes et des oliviers dans les environs et vous proposeront de goûter à leurs productions biologiques. Belle vaisselle, mobilier d'époque, tableaux de famille... Double 90€. *Via Porta di Ronca, 5* ***Salerne*** *Tél. 089 25 22 81 ou 340 361 18 13 www.villaavenia.com Ouvert avr.-jan.*

Hotel Montestella Situé au cœur du corso Vittorio Emanuele, la rue principale et commerçante du centre et la promenade préférée des Salernitains, un établissement accueillant aux chambres fraîchement restaurées. Petit déjeuner servi sur le toit-terrasse. Double 84€. *Corso Vittorio Emanuele, 156* ***Salerne*** *Tél. 089 22 51 22 www.hotelmontestella.eu*

Dans les environs

prix moyens

La Lucertola Vietri est la dernière étape de la côte amalfitaine, juste avant Salerne. Si elle n'a pas le cachet des villages perchés sur la falaise, elle est moins chère... Les chambres de cet hôtel sont confortables et son restaurant est réputé le meilleur de la ville. Gestion familiale et vue sur la mer dans toutes les chambres. Double 120€, suite de 150 à 170€. *Via C. Colombo, 29* ***Vietri sul Mare*** *Tél. 089 21 02 55 www.hotellalucertola.it*

☆ PAESTUM

Le site archéologique de Paestum est l'une des plus belles expressions de la Magna Grecia dans la péninsule. Fondée au VIIe siècle av. J.-C. par des Grecs venus de Sybaris (aujourd'hui en Calabre, face au golfe de Tarente), la colonie, baptisée Poseidonia, dut évoluer rapidement si l'on considère les dimensions des monuments élevés à cette époque. À la fin du Ve siècle, elle passe entre les mains des Lucaniens, peuple italique, puis devient une colonie latine qui prend le nom de Paestum en 273 av. J.-C. La malaria affaiblira durement la cité au Ier siècle ap. J.-C., qui essaie de se développer grâce à une petite industrie locale de parfum à base d'extrait de rose, avant de succomber définitivement sous le Bas-Empire.

MODE D'EMPLOI

accès

EN TRAIN

Les trains desservent régulièrement Paestum, sur la ligne Naples-Salerne-Reggio di Calabria. De là, une navette vous conduira au site archéologique situé à 4km à peine.
Trenitalia *Tél. 89 20 21 (Numéro vert) www.trenitalia.com*

EN VOITURE

Par l'autoroute A3 jusqu'à Salerne puis par la S18 à Battipaglia, gros carrefour autoroutier. Attention, la route est mal entretenue et encombrée de camions. Prudence donc ! À environ 37km de Salerne.

EN CAR

La compagnie CSTP dessert Paestum au départ de Salerne environ toutes les heures, de 6h30 à 19h30.
CSTP *Piazza Matteo Luciani, 33 et piazza Vittorio Veneto* ***Salerne*** *(devant la gare) Tél. 800 01 66 59 www.cstp.it*

informations touristiques

Azienda Autonoma Soggiorno e Turismo Sur le site archéologique de Paestum, cet efficace bureau de l'office de tourisme mettra à votre disposition des dépliants sur la région et vous indiquera les itinéraires les plus intéressants. *Via Magna Grecia Tél. 0828 81 10 16 www.infopaestum.it Ouvert tlj. aux horaires du site*

DÉCOUVRIR

☆ **Les essentiels** Les temples de Cérès et de Neptune, la tombe du plongeur, le parc naturel de Punta Licosa **Découvrir autrement** Savourez la *mozzarella di bufala* à la Tenuta Vannulo, logez dans un *agriturismo* dans la région du Cilento (cf. Carnets d'adresses)

Paestum

Il faut arriver au crépuscule, quand se découpe la silhouette des trois temples de Paestum, pour comprendre pourquoi le site était l'un des points d'orgue du Grand Tour, avec Pompéi, en Italie méridionale. L'ensemble est progressivement absorbé par une lumière rougeoyante où l'ocre de la pierre se confond avec la lumière du ciel. Du point de vue historique, son exceptionnel état de conservation et le fait que le site n'ait pas été "reconverti" ou supplanté par des installations ultérieures le rendent particulièrement important. On explique aussi cette "désaffection" par la malaria qui frappait régulièrement ses habitants. Cette superposition de cultures et d'architectures rend la visite vraiment enrichissante... mais aussi confuse, dans la mesure où aucun panneau ne vous informera sur le site. Mieux vaut l'aborder par le nord (à droite de l'entrée), par le temple dit de Cérès (Athénaion). *Via Magna Grecia Tél. 0828 81 10 23 ou 0828 72 26 54 (Billetterie) Ouvert tlj. 8h45 -1h avant le coucher du soleil Entrée 6€ (site + musée 7€)*

☆ **Tempio di Cerere** Commencez votre visite par le **temple de Cérès** (Athéna), construit vers 500 av. J.-C., tout en lignes doriques (sauf quelques détails, comme une colonnade interne de style ionique). Comme ce fut souvent le cas, le temple a été réutilisé comme cimetière chrétien puis comme église au Moyen Âge.

Agora Plus au sud, l'agora, où se tenaient l'*héroon* et l'*ekklesiasterion*. Le premier était un sanctuaire dédié au fondateur mythique de la cité ; il fut épargné par les futurs occupants, qui respectaient les lieux sacrés. Le second accueillait l'assemblée des citoyens, qui votait les lois et élisait les magistrats. Avec l'occupation romaine, l'agora disparut et fut remplacée par un quartier d'habitation.

Foro À l'époque romaine, le **forum**, juste un peu plus au sud, prit le relais des fonctions civiques. Il cumulait les attributs architecturaux classiques, dont de nombreux vestiges témoignent encore : un amphithéâtre (aujourd'hui coupé en deux par la route), le trésor public flanqué du *comitium* (assemblée des magistrats), sur lequel un temple de la Paix a été construit, des boutiques, un laraire (petit sanctuaire domestique), une basilique et un *macellum* (marché). À l'arrière du temple de la Paix (connu aussi comme Temple italique), le long de la via Sacra, la piscine est le monument le plus intéressant du *gymnasium*.

☆ **Tempio di Nettuno** Vient ensuite le plus beau temple, dit "de Neptune", imposant par ses dimensions (près de 25m sur 60m), et peut-être, en fait, consacré à Apollon. Il a été bâti au milieu du Ve siècle, quand la cité connaissait une période florissante. L'équilibre des proportions et la maîtrise parfaite de la matière en font l'exemple le plus abouti.

Basilica À côté, le temple d'Héra, aux lignes plus lourdes, connu comme la basilique, est le plus ancien des trois temples (vers 530 av. J.-C.). On a longtemps cru qu'il s'agissait d'un édifice civil (le fronton s'était écroulé).

Museo Attardez-vous au musée, surtout pour trois ensembles : juste après l'entrée, les métopes du Grand Temple et les métopes du Trésor, bas-reliefs qui ornaient le sanctuaire d'Héra, à l'embouchure du fleuve Sélé, et illus-

☆ La tombe du plongeur

Les peintures de la Tomba del Tuffatore représentent, à ce jour, l'unique exemple de décoration picturale grecque répertoriée en Grande-Grèce dans la première partie du Ve siècle av. J.-C. On a identifié dans leur style des analogies avec la peinture funéraire étrusque. Les scènes des parois latérales décrivent un banquet se déroulant au son d'une flûte. Sur la dalle du couvercle, le personnage du plongeur a été interprété comme le symbole du passage de la vie à la mort, comme d'un plongeon on passe de l'air à l'eau. Il est possible que les Lucaniens, plus tard, aient pris des Grecs l'habitude de décorer leurs sépultures de manière analogue.

traient des chapitres grandioses de la mythologie grecque, comme les travaux d'Héraclès ou le suicide d'Ajax. Les peintures funéraires de la **tombe du Plongeur** (p.376) et d'autres tombeaux lucaniens constituent l'autre attrait du musée. Les scènes de banquet et de jeux étaient censées rendre la route du défunt vers l'au-delà plus agréable. Vous remarquerez la collection des ex-voto dédiés à Héra (symbolisant la fécondité). En 2010, le cratère d'Assteas (vase à figures rouges représentant le rapt d'Europe, décoré par Assteas, peintre actif à Paestum de 350 à 320 av. J.-C.) a été récupéré par le musée, après des décennies passées au Getty Museum de Malibu. Une salle entière lui est consacrée. *Ouvert tlj. 8h30-19h30 Entrée 4€ (site + musée 7€)*

Les environs de Paestum

La région du **Cilento**, qui s'étend au sud de Salerne jusqu'au golfe de Policastro, est quasiment entièrement placée sous la protection du parc national du Cilento. Méconnue, elle a pour grand atout d'être particulièrement sauvage, préservée de l'industrie du tourisme. Et pourtant, son littoral n'a rien à envier à celui du golfe de Naples ! L'arrière-pays, plus vallonné, fait se succéder contreforts rocheux – venant mourir au bord de côtes découpées où l'eau est cristalline – et petits villages pittoresques qui surplombent la plaine de Paestum.

Parco Nazionale del Cilento Institué en 1991, ce parc naturel comprend 1 800km de sentiers, 1 800 espèces végétales et de nombreuses espèces animales rares, dont la martre des pins et le chat sauvage. **Ente Parco Nazionale del Cilento e Vallo di Diano** *Piazza Santa Caterina, 8* ***Vallo della Lucania*** *Tél. 0974 71 99 11 www.cilentoediano.it Ouvert lun., mer. et ven. 8h-14h, mar. et jeu. 8h-14h et 14h30-17h30*

☆ **Punta Licosa** Au sud d'Agropoli, à proximité d'Ogliastro Marina, les quelques kilomètres de côtes du parc naturel protégé de Punta Licosa méritent d'être découverts. Tenue secrète par quelques privilégiés qui y ont bâti d'imposantes villas, la côte rocheuse s'étend devant une mer turquoise. "Forcez" le portail situé à l'entrée du parc ; en basse saison, on vous laissera passer en voiture ; en haute saison, il faudra entrer à pied ou à vélo (prévoyez un pique-nique, mais restez discret et engouffrez-vous sous les pins, dans le maquis méditerranéen qui borde les criques). *À 29km au sud de Paestum Suivre les panneaux* ***Ogliastro Marina*** *puis continuer tout droit jusqu'au portail*

Velia L'arrière-pays de Paestum, avec ses villages perchés, est un enchantement. Le site de Velia conserve encore de beaux témoignages de son histoire grecque, notamment la Porta Rosa, bel arc en plein cintre qui ouvre la muraille antique, un complexe thermal, un théâtre et un temple. La cité était renommée dans l'ensemble du monde classique pour son école philosophique (Xénophane, Zénon et Parménide) et son école de médecine. *À 42km au sud de Paestum*

Certosa di San Lorenzo (di Padula) Inscrite depuis 1998 sur la liste du patrimoine mondial de l'humanité de l'Unesco, la chartreuse San Lorenzo, également appelée chartreuse de Padula, a été fondée en 1306 par le comte de Marsico, Tommaso Sanseverino, qui en fit don à l'ordre des moines cartusiens. Au fil des siècles, de nombreux agrandissements vont faire de la chartreuse l'un des édifices religieux les plus imposants de toute l'Italie du Sud (50 500m²) et un chef-d'œuvre de l'architecture baroque. Au début du XIXe siècle, la suppression des ordres religieux entraîne le pillage de son richissime patrimoine liturgique. La chartreuse ne sera déclarée monument national qu'en 1882. *À 99km à l'est de Paestum Viale Certosa, à la sortie de Padula en direction de l'A3 Tél. 0975 77 85 49 ou 0975 777 45 Ouvert mer.-lun. 9h-19h Entrée 4€*

Visite Elle démarre par une imposante façade maniériste, au-delà de laquelle s'étend un cloître gigantesque (plus de 15 000m² !) entouré de 24 cellules de moines dotées chacune d'un couloir, de deux chambres et d'un petit verger. Vous déambulerez dans un interminable enfilement de chapelles, salles de prières et appartements, tous savamment ouvragés comme la porte en cèdre du Liban du XVIe siècle dans l'église San Lorenzo, la cheminée de la cuisine ornée de majoliques et les 36 stalles du chœur des Pères, décorées de scènes tirées du Nouveau Testament ou de l'histoire des martyrs de l'Église. Elle se termine par un escalier particulièrement théâtral, le *scalone*, donnant sur les jardins, la vallée et la ville de Padula au loin.

● Où acheter de la mozzarella ?

☺ **Tenuta Vannulo** Vannulo, "qui ne vaut rien", était le nom de ce lieu-dit marécageux. Cela n'a pas effrayé Antonio Palmieri, qui y a fondé en 1988 cette belle exploitation de bufflonnes. La maison est exigeante en matière de qualité : ici, les bufflonnes sont nourries au foin et soignées à l'homéopathie. Imaginez qu'à 13h, les 300kg de fromage confectionnés chaque matin sont déjà écoulés. Vannulo ne livre pas les restaurateurs. On y sert juste ceux qui viennent de bon matin (ou qui ont commandé). Jamais à court d'idées, Vannulo fabrique aussi des yaourts et des glaces à base de lait de bufflonne. Ne manquez pas la visite guidée, belle occasion de découvrir les différentes étapes d'élaboration d'un fromage quasi emblématique de l'Italie ! Bonne nouvelle : un B&B est en cours d'aménagement. *Via G. Galilei, 10* ***Capaccio Scalo*** *(le long de la S18) Tél. 0828 72 47 65 www.vannulo.it* ***Visites guidées*** *le mat. (se renseigner une semaine avant)*

La *mozzarella di bufala*

Des troupeaux de buffles et de bufflonnes paissent dans les plaines du Cilento. Leur lait, une fois caillé puis travaillé à la main, file comme une pâte élastique qui est ensuite *mozzata* (coupée) pour donner les fameuses *mozzarelle* (les vraies, pas celles des supermarchés, sur lesquelles pèsent parfois des soupçons de fraudes...). La mozzarella que vous mangerez à Paestum et dans les environs possède une saveur inimitable, pour la bonne et simple raison que la "*vera*" *mozzarella di bufala* entre difficilement dans le carcan de normes de l'Union européenne (conservateurs, etc.). L'idéal consiste à ne pas la réfrigérer, sachant cependant qu'elle supporte mal les températures dépassant 12°C.

Où acheter de l'huile ou des figues blanches ?

☺ **Al Frantoio** Prenez un peu de temps pour visiter le pressoir (*frantoio*) et découvrir les procédés de fabrication de l'huile. Après des années de ténacité, l'huile du Cilento a décroché une DOP (Dénomination d'origine protégée) qui lui vaut de se faire remarquer pour son parfum et sa finesse. Goûtez également les figues blanches, elles aussi distinguées par une DOP ! *Località Ortale* ***San Mauro Cilento*** *Tél. 0974 90 32 39 www.cilentoverde.com*

Profiter de la côte En basse saison, les plages sont sauvages, désertes, libérées des établissements saisonniers qui s'installent en été avec leurs chaises longues, parasols, bars... Évitez le mois d'août. Aussi bien à **Palinuro** qu'à **Marina di Camerota**, vous devriez pouvoir trouver des gens disposés à vous faire découvrir en barque la côte par la mer jusqu'à la **Punta degli Infreschi**, plus au sud. **Pro Loco** *Piazza Virgilio, 1* ***Palinuro*** *Tél. 0974 93 81 44*

Randonner dans le parc du Cilento

Montanari Ripe Rosse Une association organise des excursions et des visites à pied ou en bateau à travers le Parc national du Cilento. *Stands d'information à* ***Agnone*** *(sur la route nationale) et via Porto* ***Acciaroli*** *Tél. 0974 96 44 88 punto verdeblu@libero.it www.cilentoverdeblu.it*

CARNET D'ADRESSES

Restauration, hébergement

prix moyens

Gelso d'Oro da Nonna Sceppa C'est la seule adresse honnête de Paestum. La cuisine est rustique et savoureuse, à des prix raisonnables. *Via Laura, 53* ***Paestum*** *Tél. 0828 85 10 64 Ouvert été : tlj. midi et soir ; oct.-Pâques : lun.-mer. et ven. midi, sam. midi et soir*

Azienda Agricola Seliano À la sortie de Capaccio Scalo, à 3km à peine des vestiges des temples, cette exploitation agricole est tenue de main de maître par une baronne et son associé belge. Le site est un peu retiré de la route nationale, en pleine nature, entre champs d'artichauts et étables pour les bufflonnes de la maison (près de 800 têtes !). Le corps principal, un ancien manoir (XVIIIe-XIXe s.), a été restauré avec goût et toutes les chambres donnent sur le jardin. En haute saison, la piscine découverte est une aubaine (même si la mer n'est pas loin). Les produits du terroir (des *mozzarelle* aux légumes du potager) servent à confectionner une cuisine généreuse. Attention, si vous n'êtes pas ami des chiens, vous risquez d'être embarrassé... Double de 80 à 115€ (120 à 150€ en demi-pension). *Via Seliano* ***Capaccio Scalo*** *Tél. 0828 72 36 34 www.agriturismoseliano.it Ouvert avr.-oct.*

Dans le Cilento

Évitez les établissements touristiques qui défigurent la côte au profit des fermes-auberges, où la cuisine traditionnelle est à l'honneur.

prix moyens

☺ **Al Frantoio** Partie intégrante d'un projet de développement durable, cette coopérative pourra vous mettre en contact avec plusieurs *agriturismi* ou hôtels adhérents éparpillés dans tout le Cilento, de Santa Maria Castellabate à Marina di Camerota. La femme d'Antonio Marrocco (gestionnaire de la coopérative) a décidé de remettre au goût du jour les traditions culinaires du terroir : pâtes fraîches aux haricots secs, aux fèves, aux pommes de terre... Le tout délicatement assaisonné de la merveilleuse huile locale (comptez 20€). *Dans un village perché à 800m, au pied du mont Stella (qui culmine à 1 131m). Località Ortale* ***San Mauro Cilento*** *Tél. 0974 90 32 39 ou 0974 90 32 43 www.cilentoverde.com*

Il Cefalo Au centre de la petite marina d'Ogliastro, cet hôtel-restaurant sert une très bonne cuisine locale sur une terrasse romantique léchée par les vagues. Avant de partir, prenez un dernier verre au piano-bar. Les quelques chambres sont vite louées, téléphonez à l'avance. Double 65€/pers. *Via Mons. Passaro, 14* ***Ogliastro Marina*** *Tél. 0974 96 30 19 ou 339 711 22 13 www.ilcefalo.it Ouvert toute l'année ; en hiver sur réservation*

Antica Trattoria Valentone Situé sur la place de l'église de Marina di Camerota, ce restaurant traditionnel est le plus renommé des environs. Fidèle aux recettes typiques du Cilento, il propose une bonne cuisine de la mer mais aussi des spécialités de la campagne. Menu 22€. À la carte, comptez 35-40€. *Piazza San Domenico, 3* ***Marina di Camerota*** *Tél. 0974 93 20 04 Ouvert avr.-sept. : tlj. midi et soir*

Le Favate Deux bâtisses du XVIIe siècle, très bien restaurées, accueillent les adeptes des vacances vertes dans un océan de verdure situé à 20min de route de la mer. Cet *agriturismo* très confortable dispose d'une piscine, d'une salle de sport avec sauna... et même d'une chapelle privée. La cuisine typique du Cilento est élaborée à partir de productions "maison" : vin, huile d'olive, primeurs, miel. Treize chambres, de 110 à 140€ la double et de 80 à 95€/pers. en demi-pension, et 10 appartements (pour 3 à 5 pers.) de 700 à 900€/semaine. ***Ascea*** *Lieu-dit Terradura Contrada Favate, à 5km de la sortie Ceraso de la SS18 Tél. 0974 97 73 10 www.favate.it Ouvert mars-oct.*

Villa Cosilinum Cet hôtel 4 étoiles se niche dans le centre historique de Padula. Vingt chambres confortables, décorées selon une thématique "antique" (Padula s'appelait jadis Cosilinum). Possibilité de dîner ou de petit-déjeuner sur la terrasse qui surplombe l'édifice... 100€ la double avec petit déjeuner (18€/pers. pour la demi-pension). *Corso Garibaldi, 77* ***Padula*** *Tél. 0975 77 86 15 ou 331 522 06 01 www.villacosilinum.it*

prix élevés

Grand Hotel Punta Licosa Un des rares hôtels implantés à proximité du parc protégé de Punta Licosa. Rien que pour cette raison, il mérite d'être mentionné. En été, il ressemble plus à une résidence (envahie d'anglophones) qu'à un hôtel, les familles venant y passer leurs vacances. Le reste du temps, c'est plus calme. Très bon équipement (piscine, court de tennis). L'entrée du parc est à quelques mètres à peine. Il vous faudra séjourner 3 jours minimun. Double de 120 à 190€. *Strada Provinciale* ***Ogliastro Marina*** *Tél. 0974 96 37 82 ou 081 598 05 70 (réservations) www.aurumhotels.it Ouvert fin mars-oct. et Noël*

BÉNÉVENT BENEVENTO 82100

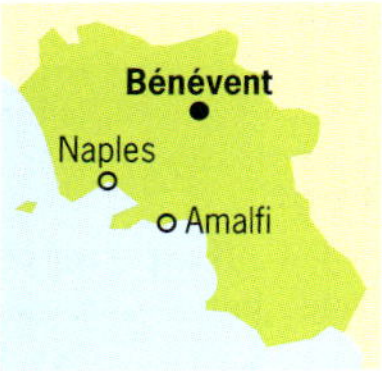

Proche du massif du Matese, Bénévent ressemble à beaucoup d'autres villes du sud de l'Italie : des abords industrieux et peu attrayants qui enserrent un centre historique méconnu et souvent magnifique, à l'écart des itinéraires touristiques. Vous en ferez le tour en quelques heures, mais la ville peut s'avérer une étape agréable, point de départ d'excursions dans les environs.

UNE HISTOIRE TOURMENTÉE De catastrophes naturelles (tremblement de terre de 1688) en bombardements (en 1943), les monuments de Bénévent ont souffert des aléas de l'Histoire. Les Romains ne s'y étaient pas trompés, quand ils la rebaptisèrent Beneventum pour défier les mauvais augures liés au nom samnite de Maleventum. Avec le prolongement de la Via Appia, Bénévent acquiert un rôle de "passeur" entre Rome et l'Orient. Entre 571 et 1033, elle est à la tête du duché lombard puis devient possession papale jusqu'à l'Unité de l'Italie (1860).

MODE D'EMPLOI

accès

EN TRAIN
Liaisons régulières avec Naples.
Trenitalia *Tél. 89 20 21 (Numéro vert) www.trenitalia.com*

EN BUS
Une compagnie assure des liaisons avec Naples et Rome.
Marozzi Ligne Bari-Rome. *Tél. 080 579 01 11 www.marozzivt.it*

EN VOITURE
À 68km au nord-est de Naples et à 50km à l'est de Caserte. Empruntez l'A1 jusqu'à Caserte puis la Via Appia (S7). Possibilité de sortir avant Caserte, à Caianello, où l'on prend la S372.

orientation

Bénévent est une petite ville dont le centre historique et les monuments à visiter se parcourent aisément à pied, en quelques heures. De la gare, remontez le viale Principe di Napoli et franchissez le pont au-dessus du Calore pour gagner le corso Garibaldi, qui traverse la ville de part en part. Les quartiers les plus récents se sont étendus autour de ce noyau central.

informations touristiques

Ente Provinciale per il Turismo Très efficace pour la promotion de la province, l'office de tourisme vous fournira cartes et dépliants. *Via Nicola Sala, 31 Tél. 0824 31 99 11 www.eptbenevento.it Ouvert lun.-ven. 8h-14h et 14h30-18h, sam. 9h-12h*

fêtes et manifestations

Benevento Città Spettacolo Un festival renommé grâce à une programmation assez pointue (musique, théâtre, danse...). *Deux 1res semaines de sept.*

DÉCOUVRIR
Bénévent

☆ **Les essentiels** L'arc de Trajan **Découvrir autrement** Goûtez le *torrone*, le nougat traditionnel, et la liqueur locale à base d'herbes, la Strega

☆ **Arco di Traiano** L'arc de Trajan a été édifié en 114 ap. J.-C. Il est sculpté de reliefs très raffinés relatant l'histoire de Bénévent et les hauts faits de l'empereur romain.

Duomo Peu d'éléments médiévaux ont survécu aux dommages de 1943. La façade et le campanile datent du XIIIᵉ siècle. Remarquez la belle rosace, surmontée de sculptures d'animaux. *Piazza Duomo Ouvert tlj. 7h-12h et 16h30-19h30*

Teatro Romano Inauguré par Hadrien, puis agrandi par Caracalla en 210, ce théâtre accueillait près de 20 000 spectateurs dans la *cavea*, surlignée par une série de 25 arcades qui se répétait sur trois niveaux (seuls le premier et une partie du deuxième ordre nous sont parvenus). Au Moyen Âge, de nombreuses pièces (colonnes, chapiteaux) ont été remployées pour la décoration d'autres monuments (l'église Santa Sofia par exemple). *Piazza Caio Ponzio Telesino Tél. 082 44 72 13 Ouvert tlj. 9h-coucher du soleil (1h avant) Entrée 2€*

Santa Sofia Achevée en 760 par le prince lombard Arechis II, l'église faisait partie d'un monastère bénédictin important. Très abîmée en 1688, elle est restaurée mais ses fresques disparaissent sous l'habit baroque (il n'en reste que quelques fragments dans les deux absides latérales). Elle retrouve son aspect original après une importante restauration dans les années 1950. L'intérieur est particulièrement singulier, associant un plan semi-circulaire à un plan semi-étoilé, ce qui lui confère des formes et des volumes différents selon les angles. *Piazza Santa Sofia*

Museo Archeologico del Sannio Aménagé à côté de l'église, dans les murs de l'ancienne abbaye. Outre la collection permanente (des pièces extraites des fouilles effectuées dans la région), ne manquez pas le magnifique cloître roman du XIIᵉ siècle : les chapiteaux des 47 colonnes qui l'entourent sont tous différents les uns des autres. *Piazza Santa Sofia Tél. 082 42 18 18 Ouvert mar.-dim. 9h-17h Entrée 4€*

ARCOS Le dédale de caves voûtées du palais de la préfecture a été transformé en 2005 en Musée d'art contemporain. Il propose plusieurs expositions par an, alternant photo, peinture et installations d'artistes italiens et étrangers. Les collections du musée augmentent au fur et à mesure des expositions, grâce à une politique d'acquisition progressive. *Corso Giuseppe Garibaldi, 1 Tél. 0824 31 24 65 ou 0824 210 79 Fermé pour réorganisation*

● **Où trouver du *torrone* et de la Strega ?** Impossible de quitter la ville sans avoir fait provision de *torrone*, le **nougat** traditionnel. Les spécialistes

vous expliquent qu'il ne s'agit pas seulement de savoir-faire, mais que le miel local et les noisettes de la région sont pour beaucoup dans le parfum de cette douceur. Bénévent est aussi connue pour son digestif, la **Strega**, une liqueur locale à base d'herbes et d'épices que l'on trouve désormais de Milan à Palerme.
Pasticceria Ambrosino En plein centre, à quelques pas de l'université, ce café classique est toujours envahi par une foule d'étudiants et de touristes. Là aussi, délicieuses pâtisseries, confiseries – chocolats et *torrone* – et glaces, le tout fait maison. *Corso Garibaldi, 111 Tél. 349 129 49 03 Ouvert tlj. 7h30-22h30*
Alberti La maison Alberti, à l'origine de la célèbre Strega, tient boutique quasiment en face de la gare. On y trouve bien sûr la liqueur jaune conditionnée sous toutes les formes (petites et grandes bouteilles), mais aussi les spécialités de la maison, notamment de succulents petits carrés de nougat dur, aromatisé à la Strega et enrobé de chocolat noir. Sachez que la Strega a donné son nom, depuis 1947, au prix littéraire italien le plus prestigieux (l'équivalent du Goncourt), remporté par Alberto Moravia, Elsa Morante ou Umberto Eco. *Piazza V. Colonna, 8 Tél. 0824 501 02 www.strega.it Ouvert lun.-sam. 8h30-13h et 16h-20h*

Les environs de Bénévent

Avellino et la région de l'Irpinia

Avellino Presque entièrement détruite par le tremblement de terre de 1980 (des milliers de morts et quasiment tous les villages de la région touchés), Avellino a pâti d'une volonté de reconstruction à la fois hâtive et peu concertée. Le centre-ville jouit toutefois d'une atmosphère de petite ville de province apaisante, les bons restaurants attirent même les Napolitains en sortie le week-end et ses environs foisonnent de petits villages coiffés de châteaux lombards. *À 16km au sud de Bénévent*

Taurasi Le village qui a donné son nom au vignoble qui produit un des meilleurs vins de Campanie. *À 28km au sud-est de Bénévent*
Castello À visiter : le château de Gesualdo d'Este (1566-1613), l'un des maîtres du madrigal, où a été installé un musée du vin au parcours sensoriel très bien conçu. *Tél. 0827 747 57 www.comune.taurasi.av.it Ouvert tlj. 9h-13h et 16h-19h Entrée libre*

Abbazia del Goleto Fondée par saint Guillaume de Vercelli en 1133, cette abbaye fut célèbre pour la sainteté de ses religieuses. Le couvent s'enrichit considérablement, jusqu'en 1348, année de la peste noire, avant de connaître une lente décadence. De 1515 à 1807, il sera occupé par des moines, puis déserté jusqu'en 1973. Malgré des années d'abandon, de vandalisme et de tremblements de terre, la Torre Febronia (1152), toujours debout, demeure un chef-d'œuvre d'art roman réutilisant les bas-reliefs d'un mausolée romain. Ne manquez pas, sur la droite, la chapelle Saint-Luc et ses fresques du XVIe siècle : on y accède par un escalier extérieur à la rampe en pierre sculptée d'une tête de serpent mordant une pomme. L'église principale a été très endommagée, mais ses proportions, même privées de toit, demeurent éloquentes. La confrérie des petits frères de Jésus Caritas, qui s'inspire de l'enseignement de Charles de Foucauld (1858-1916), a redonné vie aux lieux. Une aile est ouverte aux personnes désirant effectuer une retraite. ***Sant'Angelo dei Lombardi*** *À 53km à l'est d'Avellino Contrada San Guglielmo Tél. 0827 244 32 www.goleto.it Ouvert tlj. 9h-coucher du soleil Entrée libre*

● ☺ **Où déguster d'excellents vins ?** Caractérisée généralement par des goûts et des couleurs intenses, la région compte nombre d'appellations et de vignerons éminents : Taurasi, Greco di Tufo, Fiano di Avellino, Falanghina... Pour les goûter, autant aller directement chez les producteurs ; ils sont nombreux à ouvrir leurs caves.

Cantine Antonio Gaggiano Un ancien géomètre devenu gentleman-viticulteur. Il a mis en scène sa cave comme un décor de théâtre. Jeux de lumières, œuvres d'art, labyrinthe plaisant. Il vous expliquera sa vision de l'appellation Taurasi et vous dira comment ses terres sont travaillées, ses grappes de raisin triées sur pied pour plus de concentration d'arômes et ses propriétés recentrées autour du village pour produire un vin totalement en accord avec son terroir (terre argileuse, pays venteux aux hivers rudes). Il ne cultive que des cépages Aglianico di Taurasi. *Il est conseillé d'appeler pour prendre rendez-vous Contrada Sala* ***Taurasi*** *Tél. 0827 747 23 ou 338 982 00 74 www.cantinecaggiano.it*

Feudi di San Gregorio Une réalité à l'opposé de celle des petits producteurs locaux. Les chais ont été construits par l'architecte japonaise Hikaru Mori, et rien que pour cela le site mérite une visite ! Les plus sérieux se concentreront sur les explications techniques du guide, fier des inventions brevetées de cette marque pour le moins innovante. Les autres apprécieront le charme du jardin aromatique, de sa rosière suspendue, et la renommée du Marennà, restaurant haut de gamme à la cuisine toute vitrée. *Località Cerza Grossa* ***Sorbo Serpico*** *À 50km au sud de Bénévent Tél. 0825 98 66 83 www.feudi.it Réserver* ***Visite et dégustation de 3 vins*** *(1h30) 10-15€* ***Visite, repas et dégustation de 3 vins*** *(env. 3h) 60-80€*

Clelia Romano Une femme du vin, aux crus élaborés en famille, primés chaque année, et partout admirée pour son Fiano, un blanc fleuri et minéral. À 550m d'altitude, dans une région sèche et ventilée. *Contrada Arianiello* ***Lapio*** *À 30km au sud de Bénévent Tél. 0825 98 21 84 www.collidilapio.it*

● **Où trouver de la charcuterie ?** La région de Bénévent et Avellino est réputée pour ses charcuteries. Zone montagneuse et fraîche, elle possède le climat idéal pour les salaisons et une tradition vantée dans tout le pays. Comment ne pas succomber au fumet des *sopressata, capocollo* et autres saucisses ?

Il Salumiere di Via Terminio Un charcutier de quartier pour se fournir en spécialités locales avant le départ, vendues avec le sourire par le patron, Ciro Stramaglia. *Via Terminio, 56* ***Avellino*** *Tél. 0825 32 029 Ouvert lun.-mer. et ven.-sam. 7h-14h et 16h30-20h30, jeu. 7h-14h*

Vers les monts du Matese

Ils culminent à 2 050m avec le mont Miletto, à la frontière avec le Molise, et constituent une belle échappée, particulièrement au printemps et au début ou à la fin de l'été. En basse saison, vous ne croiserez personne. Rejoignez Piedimonte Matese et suivez la route qui mène à la Bocca della Selva (littéralement, "la bouche de la forêt sauvage" !). Redescendez *via* Pietraroia, Cusano Mutri et Cerreto Sannita. *À 45km au nord-ouest de Bénévent*

CARNET D'ADRESSES

Restauration

La cuisine de Bénévent est réputée pour ses pâtes fraîches, sa charcuterie, ses vins et ses fromages du massif voisin du Matese.

petits prix

Da Nunzia Dans le quartier médiéval, un restaurant à l'ambiance familiale et au décor simple et chaleureux pour goûter toutes les spécialités régionales : *candelle alla genovese* (pâtes fraîches aux oignons), *scarpariello* (spaghettis tomates basilic et fromage), charcuteries et fromages locaux, haricots, cardons, morue, *ammugliatielli* (paupiettes aux abats d'agneaux)... Comptez 25-30€. *Via Annunziata, 152* ***Bénévent*** *Tél. 0824 294 31 Ouvert lun.-sam. midi et soir Fermé 3 sem. en août*

Taverna Paradiso Aux commandes de cette *enoteca* gastronomique, Carmen, énergique Australienne mariée à un Italien (Rosario), vous recommandera les vins qui se marient le mieux avec les succulentes charcuteries et les fromages renommés de la région. Mais aussi une vraie carte de spécialités régionales (soupe de cardons, etc.). Comptez 15-25€. *Via M. La Vipera, 31/33* ***Bénévent*** *Tél. 0824 429 14 Ouvert mer.-lun. midi et soir, mar. midi Fermé 1 sem. en août*

Cotton Club Un établissement considéré, comme l'une des *osterie* les plus *cosy* de Bénévent. Quelques tables seulement et des plats qui varient selon l'humeur du chef et des saisons. En hiver, essayez la morue et, en dessert, la fondue au chocolat. *Via G. De Vita, 14/16* ***Bénévent*** *Tél. 349 382 72 26 Ouvert lun.-sam. soir*

Dans les environs

prix moyens

Gino e la Giraffa Une des bonnes adresses d'Avellino, pour laquelle certains Napolitains font le voyage. Une salle colorée, avec lambris de bois, des peintures, des photos, animée par le patron et sa femme. Au menu, mozzarella et charcuteries de la région, pâtes variées et plats de viande à tomber (ce jour-là, de la poitrine de porc confite au four...), mais aussi du poisson (et notamment de la morue, leur spécialité). Comptez 20-30€. *Via conservatorio, 16* ***Avellino*** *Tél. 0825 376 36 Ouvert sept.-juin : lun.-sam. midi ; juil. : lun.-ven. midi et soir*

prix élevés

☺ **La Locanda di Bu** Une de ces bonnes surprises que la campagne réserve parfois. Au détour d'une ruelle du joli petit village de Nusco (palais du XVIIe s. témoignant d'une richesse révolue), le chef Antonio Pisaniello, invité fétiche des émissions culinaires, concocte une cuisine à "km zéro" de haut vol : amuse-bouches à base de ricotta fouettée, *sottobosco* (un plat en ardoise avec divers produits du sous-bois présenté comme une toile abstraite – champignons, truffes...), agneau de Carmaciano, une localité voisine. Le tout dans une salle au design moderne, aux tables blanches et aux bouteilles de vin apportant de la couleur, tandis que la cuisine se niche derrière un immense mur courbe rouge. Quand il y a peu de monde, le chef assure le service, et il n'est pas avare de commentaires alléchants ! Comptez env. 40€. *Vicolo Dello Spagnuolo, 1* ***Nusco*** *(à 50km au sud de Bénévent) Tél. 0827 646 19 Ouvert jeu.-sam. midi et soir, dim. midi sur réservation*

Hébergement

prix moyens

Le Stanze del Sogno Créées à l'initiative d'une association qui dispose de plusieurs appartements, les chambres de cet *albergo diffuso* constituent un point de chute idéal, en plein centre-ville. Elles disposent toutes de TV avec parabole et lecteur DVD, l'une d'elles est accessible aux handicapés. Double 75€ (petit déjeuner en "self-service" : thé, café, bouilloire à la disposition des hôtes), climatisation 6€. *Piazza De Martini, 3* ***Bénévent*** *Tél. 0824 439 91 ou 338 460 33 59 www.lestanzedelsogno.it*

prix élevés

Villa Traiano À quelques pas de l'arc de Trajan, cette villa du début des années 1900, longtemps abandonnée, a été réhabilitée pour devenir le plus bel hôtel de Bénévent. La décoration et les meubles respectent le style rétro, mais les équipements sont actuels et le service très professionnel. L'établissement propose également 15 nouvelles chambres "de luxe", avec des sdb plus spacieuses et des baignoires multifonctions. Double 150€ (petit déjeuner et garage inclus). *Viale dei Rettori, 9* ***Bénévent*** *Tél. 0824 32 62 41 www.hotelvillatraiano.it*

Dans les environs

très petits prix

Le Camerelle Un *agriturismo* amusant, où l'ont dort, à la spartiate, dans des chambres aux murs de pierres nues. Malgré l'apparente rudesse des lieux, le confort est bien là, la modernité aussi (wifi dans les chambres). Agréable terrasse où paresser et déguster les petits plats maison à base de produits de la ferme (huile d'olive, haricots, etc.). Également un centre équestre. Comptez 30€/pers. ***Contrada Camerelle*** *(à 10km au nord de Bénévent) Tél. 0824 31 14 26 ou 334 866 16 29 www.lecamerelle.it*

petits prix

Masseria Frangiosa Ferme pédagogique bio (tomates, huile d'olive, vin, vaches, lapins...) perchée sur une colline qui évoque (de loin) la Toscane. Accueil familial, chambres soignées, au mobilier en bois, sans recherche particulière. Le charme du lieu tient davantage à l'activité des fermiers. Au dîner, toute leur production se

GAMME DE PRIX	RESTAURATION	HÉBERGEMENT
Très petits prix	moins de 15€	moins de 55€
Petits prix	de 15 à 25€	de 55 à 75€
Prix moyens	de 25 à 40€	de 75 à 110€
Prix élevés	de 40 à 60€	de 110 à 160€
Prix très élevés	plus de 60€	plus de 160€

retrouve sur la table : *sott'oli* (légumes conservés dans l'huile), charcuteries (*sopressata, capocollo*...), accompagnées de leur vin, et des plats typiques. Repas env. 25€. Nuit 25€/ pers. ou 84€ pour une famille avec deux enfants. *Contrada Torrepalazzo* ***Torrecuso*** *(à 17km au nord-ouest de Bénévent) Sur la SS 372 "Telesina", prendre la direction Campobasso et, rapidement, sortir à Torrepalazzo Z.I. puis suivre les indications Tél. 0824 87 45 57 www.masseriafrangiosa.it*

B&B Taurasi Le tourisme est encore balbutiant dans la région de Taurasi. Et pourtant c'est un point de départ idéal pour des séjours œnogastronomiques à la campagne. Voici un petit B&B très bien tenu, avec des attentions dignes d'un grand hôtel. Une microcuisine où tout est mis à disposition pour se préparer un copieux petit déjeuner. Sinon, le bar du village (conventionné) sert aussi des croissants sortis du four... À deux pas du château. Double 70€. *Via Progresso, 7* ***Taurasi*** *Tél. 0827 740 54 ou 393 331 97 92 www.bbtaurasi.it*

prix élevés

Aquapetra Une douce folie... Un ancien hameau restauré par le propriétaire architecte et décoré par sa femme architecte d'intérieur. Spa, deux piscines (intérieure et extérieure), restaurant, bar, promenade dans l'oliveraie et aucun bruit autour, si ce n'est la musique d'ambiance relaxante diffusée discrètement à certains endroits du parc. Double à partir de 250€, 60€ entrée du spa pour les clients extérieurs à l'hôtel (gratuit pour les hôtes). ***Telese Terme****, 1 (28km à l'ouest de Bénévent) Tél. 0824 94 18 78 www.aquapetra.com*

Santa Maria di Leuca (p.487), Pouilles.

Château aragonais (p.296), Ischia.

LES ABRUZZES ET LE MOLISE

V

HE
Ascoli Piceno
M. VETTORE 2476 M
Martinsicuro
Alba Adriatica
Corropoli
Tortoreto
RAVENNA
Civitella del Tronto
Giulianova
Acquasanta Terme
Campli
Roseto
Teramo
Canzano
Pineto
MONTI DELLA LAGA
Guardia Vomano
Silvi Marina
Atri
Città S. Angelo
Pescara
Campotosto
L. DI CAMPOTOSTO
Pietracamela
Isola del Gran Sasso d'It.
Penne
Spoltore
Prati di Tivo
Castelli
Loreto Aprutino
PARCO NAZIONALE DEL GRAN SASSO
CAMPO IMPERATORE
VELINO
Civitella Casanova
Assergi
Chieti
Alanno
Santo Stefano di Sessanio
Calascio
Casalincontrada
L'Aquila
S. Demetrio ne' Vestini
Abbazia S. Clemente a Casauria
Bominaco
Tocco da Causaria
Rocca di Cambio
Popoli
Caramanico Terme
Rocca di Mezzo
M. VELINO 2487 M
Ovindoli
APPENNINO ABRUZZESE
Corfinio
PARCO NAZIONALE DELLA MAJELLA
Massa d'Albe
Abbazia di Santo Spirito
Pacentro
Celano
Aielli
Alba Fucens
Rosciolo dei Marsi
Cocullo
Sulmona
Tagliacozzo
Avezzano
Anversa degli Abruzzi
ROMA
GOLE DEL SAGITTARIO
PIANA DEL FUCINO
Gioia dei Marsi
Pescocostanzo
Scanno
Rivisondoli
MONTI SIMBRUINI
VAL ROVETO
PARCO NAZIONALE D'ABRUZZO
Roccaraso
Villetta Barrea
Castel di Sangro
Pescasseroli
Opi
Civitella Alfadena
Alfedena
Fiuggi
Sora
LA META
LAZIO
ROMA
Anagni
Alatri
S. Vincenzo al Volturno
Ferentino
Isola del Liri
Abbazia di Casamari
Colleferro
Frosinone
Le Latium
Abbazia di Montecassino
Pozzilli
Ceprano
Venafro
Cassino
Sermoneta
S. Vittore d. Lazio
NAPOLI

MER ADRIATIQUE
L'Aquila
Roma
Bari
Napoli
Matera
Cosenza
Reggio
Francavilla al Mare
Ortona
Marina di S. Vito
Rocca S. Giovanni
Lanciano
Guardiagrele
Vasto
Marina di Vasto
Marina di Montenero
Termoli
S. Salvo
Petacciato Marina
Campomarino
ABRUZZO
Lama dei Peligni
L. DI SANGRO
MONTI DEI FRENTANI
TRIGNO
SINARCA
Montenero di Bisaccia
Guglionesi
FOGGIA
Palata
S. Martino in Pensilis
Serracapriola
Montefalcone nel Sannio
Castiglione Messer Marino
Acquaviva Collecroce
LAGO DI LISCIONE
Ururi
Larino
SACCIONE
CIGNO
Capracotta
Civitacampomarano
Sta Croce di Magliano
PUGLIA
Agnone
Trivento
Pietrabbondante
Provvidenti
FORTORE
BIFERNO
Petrella Tifernina
Castelnuovo d. Daunia
Carovilli
Pietracupa
Forlì del Sannio
Torella del Sannio
MOLISE
L. DI OCCHITO
Les Pouilles
Isernia
Campobasso
VOLTURNO
Frosolone
Colli a Volturno
Castelpetroso
Gildone
Riccia
Volturara Appula
MONTI DEL SANNIO
Cantalupo nel Sannio
Vinchiaturo
Bojano
MONTI DEL MATESE
S. Bartolomeo in Galdo
Altilia Saepinum
Campitello Matese
CAMPANIA
La Campanie
N
10 km
S16
A14
S652
S86
S650
S16ter
S87
S647
S17
S158
S85
S645
S369

L'AQUILA

67100

Quatre-vingt-dix-neuf, ce nombre revêt une importance symbolique à L'Aquila. Ne dit-on pas que la fondation de la ville en 1254 résulte de l'alliance de 99 villages sous le règne de l'empereur Frédéric II ? Que "L'Aigle" (*aquila* en italien), à sa naissance, comptait 99 églises et autant de places ? Aujourd'hui, l'immense fontaine à 99 bouches perpétue la tradition, comme la cloche de la Torre Civica qui sonne 99 coups à la nuit tombée. Située dans la vallée de l'Aterno, à l'ombre du Gran Sasso, la capitale des Abruzzes fait tout pour se dérober à son environnement montagneux. Ses ruelles médiévales en pente se faufilent entre des *palazzi* masquant toute perspective sur le massif le plus élevé des Apennins. Même le *corso* principal ne ménage aucune échappée entre les hautes demeures. Étrangement, la basilique Santa Maria di Collemaggio, chef-d'œuvre du roman abruzzais, se dresse à l'extérieur du cœur historique, comme le château, exemple abouti de l'architecture militaire du XVIe siècle.

TREMBLEMENT DE TERRE D'AVRIL 2009 Lors du terrible séisme (indice 5,8 sur l'échelle de Richter) survenu dans les Abruzzes en avril 2009, 150 personnes ont été tuées et 1 500 autres blessées. À L'Aquila, particulièrement touchée, tout le centre historique demeure impraticable : les autorités ont décidé la création d'une "zone rouge" (*zona rossa*) qui en interdit l'accès. Début 2013, le dispositif est maintenu, mais l'on peut désormais accéder à certains secteurs du centre, dont le *corso* principal et la piazza Duomo, ce qui permet de voir plusieurs monuments de l'extérieur.

MODE D'EMPLOI

accès

EN VOITURE
À 76km au nord-ouest de Sulmona par des routes sinueuses, à 119km à l'est de Rome par l'A24, à 100km à l'ouest de Pescara.

EN TRAIN
Liaisons avec Rome *via* Terni, avec Pescara et Chieti *via* Sulmona.
Stazione La gare se trouve en périphérie de la ville (à 3km du centre) : un bus urbain (AMA) fait la navette avec le centre-ville. *Piazzale della Stazione*

EN CAR
Plusieurs liaisons par jour avec Rome et les autres villes de la région.
Stazione degli autobus Un escalier mécanique relie la gare routière au centre historique. *Via Caldora (terminal Collemaggio)*
ARPA *Tél. 800 76 26 22 www.arpaonline.it*

informations touristiques

IAT *Parcheggio Stadio Rugby Via Amleto Cencioni Tél. 0862 41 08 08 presidio.aquila@abruzzoturismo.it Ouvert lun.-sam. 9h-13h et 15h-18h*

orientation et stationnement

Le quartier ancien occupe la partie haute de la ville circonscrite par des remparts. Le *corso* principal se structure autour d'un axe nord-sud et il est interdit à la circulation à certaines heures. Le château et l'église Santa Maria di Collemaggio, à l'écart, restent aisément accessibles à pied. Garez-vous de préférence autour des jardins de la Villa Comunale.

fête et manifestation

Perdonanza Celestiniana Cette fête religieuse commémore l'indulgence plénière accordée par le pape Célestin V lors de son couronnement en 1294 dans l'église Santa Maria di Collemaggio. Chaque année, entre le 28 et le 29 août, une procession franchit la porte sacrée de la basilique. Cette célébration se double d'un festival qui dure toute la semaine. De son vrai nom Pietro da Morrone, Célestin V, un ancien ermite, a beaucoup marqué l'imagination de ses contemporains en abdiquant six mois après son intronisation pour retourner à la vie ascétique.

DÉCOUVRIR

☆ **Les essentiels** La basilique Santa Maria di Collemaggio et la fontaine des 99 bouches à L'Aquila, le Campo Imperatore dans le parc du Gran Sasso, l'abbaye de Bominaco **Découvrir autrement** Effectuez une randonnée dans le Parc national du Gran Sasso

L'Aquila

Castello Ce château fort, bâti par les Espagnols en 1532, compte parmi les plus importants ouvrages de l'architecture militaire italienne. Il forme un quadrilatère massif ceint de larges fossés et flanqué de bastions. Sa réalisation a été confiée à l'architecte Pirro Luigi Escribà, artisan du Castel Sant'Elmo de Naples. Il fut érigé à la suite du soulèvement de la population locale, exaspérée par les exactions de la garnison espagnole. Sa position élevée permet d'embrasser les environs, barrés par un cirque montagneux. Au pied du château s'étend un agréable jardin public.

Tableau kilométrique

	L'Aquila	Sulmona	Scanno	Chieti	Isernia
Sulmona	76				
Scanno	105	30			
Chieti	93	58	85		
Isernia	153	76	79	133	
Termoli	200	164	191	109	100

Museo Nazionale d'Abruzzo Le château renferme un musée conservant des œuvres de peintres abruzzais. Parmi celles-ci : une *Vierge à l'Enfant* (1465) attribuée à Andrea De Litio, un triptyque de Beffi du début du XVe siècle influencé par l'école de Sienne, enfin des scènes de la vie de San Giovanni da Capestrano exécutées par un artiste inconnu. Dans un tout autre registre, la section de paléontologie présente le squelette d'un mammouth retrouvé dans un village voisin en 1954 et daté du début du quaternaire (1,5 million d'années). Le seisme de 2009 a provoqué des écroulements au troisième étage et rendu dangereux le pont qui donnait accès au château. *Interdit au public depuis le tremblement de terre de 2009*

Basilica di San Bernardino Étonnante vision que celle de l'église San Bernardino. L'extérieur de la basilique (1525) a été littéralement plaqué sur l'édifice, provoquant un effet de collage regrettable, mais quelle façade ! Sur trois niveaux, ouvertures et colonnettes composent un ensemble symétrique parfaitement harmonieux. L'escalier monumental qui mène à la façade participe à cette mise en scène. L'église a été reconstruite après le tremblement de terre de 1703 selon les canons baroques de l'époque, comme l'atteste le plafond en bois et or, d'une grande beauté. Il forme avec les orgues récemment restaurées un ensemble grandiose. La chapelle de saint Bernard de Sienne abrite l'élégant mausolée du saint, réalisé en 1505 par un disciple de Donatello. Le clocher s'est écroulé lors du dernier tremblement de terre (2009), qui a aussi endommagé la coupole et plusieurs chapelles latérales. *Piazza San Bernardino Interdit au public depuis le tremblement de terre de 2009*

☆ **Basilica di Santa Maria di Collemaggio** L'édifice le plus important des Abruzzes, tant par son histoire que par son architecture, déploie une façade rectangulaire ornée de dessins géométriques polychromes sur laquelle se détache une superbe rosace, exemple représentatif du gothique fleuri. On franchit un portail gothique à voussures du XVe siècle, flanqué de niches, avant de pénétrer dans le sanctuaire, divisé en trois nefs séparées par une série de piliers octogonaux et d'arcs brisés. Des fragments de fresques subsistent sur les murs latéraux, notamment une *Madone à l'Enfant* du XVIe siècle de Francesco da Montereale, disciple de Raphaël. L'ensemble a retrouvé son style épuré originel après une restauration réussie, à l'exception du transept, occupé par des autels baroques. Au fond de la nef de droite, le tombeau de Célestin V (qui date de 1517) est inspiré par la Renaissance lombarde. Ce pape, qui est à l'origine de la fondation de la basilique en 1287, y sera d'ailleurs intronisé en 1294. Il est honoré chaque année lors de la Perdonanza Celestiniana (p.393). La voûte de l'abside s'est écroulée lors du séisme de 2009. *Viale di Collemaggio (au sud-est de la ville, à 1,2km du Duomo) Ouvert au public, mais en travaux*

☆ **Fontana delle 99 Cannelle** La légende veut que 99 villages aient participé à la fondation de la ville. La fontaine reprend ce nombre symbolique à son compte : l'eau en jaillit de 99 bouches. Construite en 1272, elle est installée le long de murs en marbre blanc et rose qui rappellent la façade de la basilique Santa Maria di Collemaggio. *À environ 1km à l'ouest de la piazza Duomo Accès libre*

Les environs de L'Aquila

Le Parc naturel du Gran Sasso

Parco Nazionale del Gran Sasso Créé en 1991, le Parc du Gran Sasso, fort de ses 150 000ha, rassemble les plus hautes cimes des Apennins. Malgré son envergure, il éprouve des difficultés à imposer son identité face à son célèbre voisin, le Parc national des Abruzzes. Mais ses hauts plateaux rocheux balayés par les vents présentent des paysages singuliers qu'il ne faut manquer à aucun prix. Les plus impressionnants s'admirent au Campo Imperatore (p.395), surnommé *il piccolo Tibet*. **Siège du parc et bureau d'information** *Parco del Gran Sasso e Monti della Laga Via del Convento, 1* ***Assergi*** *(à 18km au nord-est de L'Aquila sur la route du Campo Imperatore) Tél. 0862 605 21 www.gransassolagapark.it Ouvert juin-sept. : lun.-jeu. 10h-13h et 14h-18h*

● Faire le tour du Gran Sasso en voiture

Tour du Gran Sasso Cette boucle d'une centaine de kilomètres permet de traverser une grande variété de paysages. Entre Assergi et Valico delle Capannelle, le massif revêt un aspect pierreux et aride coloré d'un maigre manteau herbeux. Hormis les troupeaux de moutons, on ne rencontre pas âme qui vive sur ces étendues. Ensuite, lorsque l'on pénètre dans la vallée du Vomano, la végétation se densifie et le relief devient plus accidenté. Dans un étroit défilé rocheux prospère une intense végétation d'un vert sombre qui masque le cours tumultueux du Vomano, gonflé par les torrents de montagne. Plusieurs villages s'égrènent dans ce canyon. Itinéraire de 120km. *De L'Aquila, direction Campo*

☆ Campo Imperatore, la perle du parc

Cette vaste étendue à plus de 1 500m d'altitude accueille en été des troupeaux de moutons, de vaches et de chevaux qui paissent dans des prés au pied du Corno Grande (2 912 m). Il offre un fabuleux panorama sur la "Grande Corne" et sa vertigineuse paroi verticale qui dépasse tous les autres sommets du massif du Gran Sasso. Derrière elle, se déploie le Calderone, le glacier le plus méridional d'Europe. C'est sur ce site extraordinaire qu'en septembre 1943 Mussolini, assigné à résidence à l'hôtel Campo Imperatore, fut libéré par une escouade de parachutistes allemands et emmené à bord d'un planeur au terme d'une périlleuse opération. Un observatoire astronomique, doublé du plus grand laboratoire de physique souterrain au monde, a été installé dans ces lieux désolés, afin d'étudier le Soleil et ses particules. En hiver, les skieurs viennent prendre le relais des alpinistes et dévaler les quelques pistes au départ de la station. *À 37km de L'Aquila par la S17bis ou l'A24, direction Campo Imperatore. À Fonte Cerreto, on peut emprunter un funiculaire (11€ aller-retour) rejoignant la station du Campo Imperatore ou bien y accéder par une route en lacet de 17km qui offre de belles vues panoramiques*

Imperatore À Fonte Cerreto, prendre à gauche en direction de San Pietro puis, à Valico delle Capannelle, prendre la SS80 sur la droite en direction de Teramo, puis l'A24 pour retourner à L'Aquila

● **Skier dans les Abruzzes** Une myriade de stations de taille modeste, fréquentées par une clientèle familiale, accueille les amateurs de sports d'hiver. Celle du Campo Imperatore, au pied du Corno Grande, est la plus connue. Elle comporte huit pistes de ski alpin et une de ski de fond. Le domaine de ski de fond le plus vaste de la région se situe autour de Santo Stefano di Sessanio, à l'extrémité orientale du Campo Imperatore. Moins réputé mais tout aussi agréable, le Campo Felice, sur le massif du Velino, à une trentaine de kilomètres au sud de L'Aquila, compte une quinzaine de pistes de descente.
Centro Turistico Gran Sasso *Fonte Cerreto* ***Assergi*** *Tél. 0862 60 61 43 info@ilgransasso.it www.ilgransasso.it Ouvert lun.-sam. 8h-13h30 et 14h30-16h30*
Mairie de Rocca di Cambio *Tél. 0862 91 81 00 (Rens. sur Campo Felice)*

Au nord de L'Aquila

☺ **Castelli** Ce bourg pittoresque juché sur les pentes du Gran Sasso est célèbre dans toute l'Italie pour ces céramiques raffinées, aux nuances chaudes à dominantes bleue et jaune orangé. L'art de la céramique est pratiqué dans les Abruzzes depuis des siècles, mais c'est à partir de la Renaissance que Castelli développe sa production. À cette époque, ses majoliques décorent les salles de banquet et les salons des cours princières de toute l'Europe. La tradition se perpétue aujourd'hui, Castelli continue à produire des céramiques et compte un grand nombre de magasins d'artisanat. Un musée est dédié à cet art, mais les pièces les plus représentatives se trouvent au musée Acerbo de Loreto Aprutino (p.416). Sur les hauteurs de Castelli, la petite église **San Donato** conserve un magnifique plafond recouvert, entre 1615 et 1617, de carreaux de faïence sur environ 100m². *À 50km au nord de L'Aquila par la A24*

Teramo Chef-lieu de la province la plus septentrionale des Abruzzes, cette cité fut régulièrement détruite au cours de son histoire (incendies, tremblements de terre...). La vieille ville s'organise de part et d'autre du corso Cerulli, artère vivante et commerciale occupée en son milieu par la **cathédrale** Santa Maria Assunta e San Berardo, le plus beau monument de la ville. Commencée en 1158 et remaniée au cours du XIVe puis du XVIIIe siècle, elle mêle harmonieusement les styles roman et gothique. Elle recèle un devant d'autel en argent dû à Nicola da Guardiagrele, l'un des orfèvres majeurs de l'Italie du XVe siècle, et le polyptyque de Sant'Agostino réalisé par le Vénitien Jacobello del Fiore au XIVe siècle. *À 50km au nord de L'Aquila par la A24 http://turismo.provincia.teramo.it*

Campli Aux pieds des monts Gemelli, ce bourg tranquille fut un temps l'un des villages les plus importants de la région, abritant même le siège de confraternités d'artisans et de commerçants du Moyen Âge à la Renaissance. Dans le centre, ne manquez pas les églises de San Francesco et de Santa Maria in Platea, construites vers 1300. *À 12km au nord de Teramo par la SS81*

Scala Santa Le saint escalier se trouve au coin de la place principale, derrière le palais Farnese. Bien moins célèbre que celui de Saint-Jean-de-Latran à Rome, il est pourtant l'un des mieux conservés d'Italie. Ses 28 marches étroites en bois de chêne sont encadrées de six monumentales peintures qui illustrent la Passion du Christ. Riche en symboles, le monument conduit le fidèle à revivre symboliquement les souffrances de Jésus sur son chemin de croix. Il doit ainsi gravir ces marches à genoux, afin d'obtenir l'absolution de ses péchés.

Civitella del Tronto Repérable à son monumental complexe fortifié, le village perché de Civitella del Tronto présente tous les aspects d'une cité forteresse. De ses étroites venelles pavées à ses robustes demeures bourgeoises, tout conserve une empreinte résolument médiévale. Il abrite également l'une des curiosités d'Italie : la *ruetta*, ruelle de 40 centimètres de large qui serait la plus étroite du pays ! *À 18km au nord de Teramo par la SS81*
Fortezza et Museo delle Armi Les remparts de la forteresse couronnent la colline. Avec ses 25 000m², elle compte parmi les constructions militaires les plus importantes d'Europe. Remplaçant d'anciennes fortifications médiévales, elle fut érigée au XVIe siècle par les Espagnols, à la frontière qui séparait alors le royaumes de Naples des États pontificaux. La construction se divise en deux zones : l'une purement défensive, l'autre réservée aux habitations des militaires. La visite permet de découvrir les bastions, les anciennes casernes, les ruines du palais du Gouverneur ainsi que le musée des Armes. Ce dernier comprend une importante collection de cartes géographiques, de documents d'archives et, bien sûr, d'armes... *Tél. 0861 91 83 21 www.fortezzacivitella.it Ouvert juin-août : tlj. 10h-20h ; sept., avr.-mai : tlj. 9h-19h ; oct., mars : tlj. 10h-18h ; nov.-fév. : tlj. 10h30-16h Entrée 6€*

Au sud de L'Aquila

☺ **Rosciolo dei Marsi** De Rosciolo, un sentier de 3km mène, à travers champs, à la gracieuse petite église de **Santa Maria in Valle Porclaneta**. Construit peu après l'an 1000, au pied des pentes raides du Velino, ce charmant édifice roman affiche une grande simplicité. Dans cette terre de bergers, dont la vie était rythmée par les transhumances, les églises isolées le long des voies de communication étaient courantes. Ne manquez pas sa remarquable fresque du XVe siècle surmontant le portail et les trois éléments datant de 1150 : la tribune, l'iconostase et le ciboire. Pour la visiter, renseignez-vous au bar de la placette centrale de Rosciolo dei Marsi. *À 49km au sud de L'Aquila par la A25 et la A24*

Alba Fucens Le sommet du Velino sert de décor aux vestiges de la plus importante ville romaine des Abruzzes, fondée en 303 av J.-C. Les ruines du forum, de l'amphithéâtre et des thermes suivent l'axe de l'antique Via Tiburtina Valeria. En haut d'un chemin de terre, la modeste église romane San Pietro (XIIe s.) surplombe la cité romaine. Édifiée sur les restes d'un temple d'Apollon (IIIe s. av. J.-C.) et maintes fois reconstruite depuis, elle conserve une clôture du chœur et un ambon – cf. Glossaire (p.566) – de toute beauté, incrustés de mosaïques aux tesselles multicolores. *À 50km au sud de L'Aquila par la A25 et la A24, suivre Albe, Massa d'Albe. Tél. 0871 631 37 www.albafucens.info Ouvert tlj. 9h-coucher du soleil Entrée libre*

☺ **Tagliacozzo** Une jolie ville dont les demeures à dominante Renaissance évoquent parfois celles de Rome. Son centre historique gravite autour de la piazza dell'Obelisco, entourée de beaux palais aux façades patinées par le temps. La "ville d'art", comme on la surnomme, compte plusieurs édifices religieux, comme l'église **San Francesco** (XIVe s.), à la remarquable rosace. Le **Palazzo Ducale** se dresse à ses côtés. Construit au XIVe siècle pour la famille Orsini, le palais Renaissance passera ensuite aux mains des Colonna et des Barberini, qui enrichirent ses salons d'une fresque illustrant la vie du Christ. Il ne se visite pas. *À 55km au sud de l'Aquila par l'A24*

Celano L'imposante silhouette du Castello Piccolomini, fondé en 1392 par le comte Pietro di Celano, se découpe sur les hauteurs de Celano. En 1463, lorsque le fief passe à la famille Piccolomini, ils complètent sa construction par l'ajout de tours angulaires le long des remparts et de quelques loges suspendues, détruites plus tard dans le tremblement de terre de 1915. L'une des promenades les plus appréciées des habitants de la ville borde le flanc du château, d'où l'on embrasse la vaste plaine du Fucino. Ne manquez pas l'église **San Giovanni Battista** (XIIIe s.) et ses fresques d'école siennoise et, hors les murs, **Santa Maria in Valleverde** aux fresques du XVe siècle. *À 75km au sud de L'Aquila*
Museo d'Arte Sacra della Marsica Le Castello Piccolomini abrite désormais un musée, riche d'une intéressante collection (VIe-XIXe s.) de peintures, de sculptures et d'objets d'art sacré provenant des églises endommagées par le tremblement de terre de 1915. *Tél. 0863 79 29 22 www.museodellamarsica.beniculturali.it Ouvert mar.-ven. 9h-18h30, sam.-dim. 10h-18h Entrée 2€*

À l'est de L'Aquila

☆ **Abbazia di Bominaco** La minuscule bourgade de Bominaco veille sur l'un des bijoux des Abruzzes. Sous les pinèdes de la colline, un peu à l'écart du village, se dressent les silhouettes discrètes de deux splendides églises qui firent autrefois partie d'une abbaye bénédictine. La façade dépouillée de l'**Oratorio di San Pellegrino** (1263) ne présage en rien des fastes de son intérieur, entièrement recouvert de superbes fresques médiévales figurant des épisodes de l'Ancien et du Nouveau Testament, ainsi que des scènes de la Passion du Christ. Plus loin, se trouve un magnifique calendrier, peint à même le mur pour l'usage liturgique de la communauté des moines. Derrière l'oratoire, l'église **Santa Maria Assunta** (XIe-XIIe s.) représente peut-être l'une des plus belles expressions de l'art roman des Abruzzes. L'intérieur, d'une grande simplicité, dévoile une chaire soutenue par quatre colonnes travaillées, ainsi qu'un candélabre sculpté en un seul bloc et posé sur le dos d'un lionceau. Pour la visiter, appelez le numéro de téléphone indiqué sur le portail ou renseignez-vous au village. *À 32km au sud-est de L'Aquila par la SS17*

Santo Stefano di Sessanio Transformer un village en hôtel (p.400)… Le projet fut mûrement réfléchi par Daniele Kilhgren, séduit par l'harmonie de ce bourg préservé, abandonné depuis la Seconde Guerre mondiale. L'initiative du Milanais a redonné vie – dans le plus grand respect des traditions – à Santo Stefano, parangon de village des Abruzzes : une bourgade millénaire accrochée à un sommet, souvent surmonté d'un château, et piquée de maisons en pierre de taille adossées les unes aux autres. Les minuscules rues surmontées d'arcades serpentent entre de modestes demeures aux plafonds noircis par la fumée. *À 27km à l'est de L'Aquila par la SS17*

☺ **Rocca Calascio** Immergé au cœur du parc du Gran Sasso, ce bourg médiéval (1 460m), qui surplombe le village de Calascio (1 210m), est dominé par les ruines de sa forteresse fondée vers l'an 1000 et dotée à la fin du XVe siècle de quatre puissantes tours cylindriques. Celles-ci se dressent à 1 512m de hauteur, ce qui les place parmi les plus hautes tours fortifiées d'Europe. L'endroit servit de décor à de nombreux films, dont *Le Nom de la rose*, en 1986. La *rocca* est désormais convertie en hôtel (p.399) aux allures de refuge, prisé des randonneurs. *À 5,5km (10min) de Santo Stefano di Sessanio sur la SP7*

CARNET D'ADRESSES

Restauration, hébergement

Depuis le séisme de 2009, les établissements situés dans le centre historique de L'Aquila sont fermés au public, nous vous proposons des solutions de repli dans les environs. N'oubliez pas les Bed & Breakfast et les *agriturismi* (tourisme vert) qui, nichés au cœur des vallées, peuvent s'avérer une bonne alternative (www.bed-and-breakfast.it)

petits prix

Enoteca centrale Ce bar à vins, l'une des adresses les plus animées de Teramo, propose une belle sélection de plats à la carte, de la région ou d'ailleurs : antipasti de *burrata* (mozzarella crémeuse des Pouilles) et *jamón serrano* espagnol (10€), *pappardelle* aux cèpes ou hamburger de veau aux truffes (10€)... Belle terrasse en été, prisée à l'heure de l'apéritif. De petites assiettes de dégustations sont servies avec le premier verre de vin. *Corso Cerulli, 24-26* ***Teramo*** *Tél. 0861 24 36 33 Ouvert lun.-sam. 7h-0h*

prix moyens

Rifugio della Rocca Plus modeste que l'Albergo Sextantio (ci-après), cet *albergo diffuso* (14 chambres sont éparpillées sur la Rocca Calascio, cet ancien village déserté depuis l'après-guerre) n'est pas dénué de charme, ni de confort. Il compte également un dortoir de 16 lits (entre 20 et 23€) et un **restaurant** apprécié des randonneurs. Possibilité de louer des VTT et des équipements de ski cross-country. Comptez 90€ pour la double avec petit déjeuner. *Rocca Calascio Tél. 338 805 94 30 ou 340 469 69 28 www.roccacalascio.it www.rifugiodellarocca.it*

prix élevés

Hotel Castello Un hall spacieux conduit à une cinquantaine de chambres parfaitement confortables et très calmes. Sa situation, à courte distance du centre historique et du château, est également appréciable. Comptez 120€ la double avec petit déjeuner. *Piazza Battaglione Alpini* ***L'Aquila*** *Tél. 0862 41 91 47 www.hotelcastelloaq.com*

☺**Albergo Diffuso Sextantio** Les habitants de la région ont participé à la reconversion de Santo Stefanio di Sessanio en *albergo diffuso*. Dans les 29 chambres disséminées dans le village tout est d'époque ou savamment reconstitué : plafond en bois patiné, parquet qui craque, meubles en chêne, couvertures de laine cousues à la main (les *tarante*)... L'authenticité n'a en outre rien cédé au confort, et les salles de bains sont étincelantes et design. Peut-être la vraie incarnation du luxe... ou ce qu'on appelle, de toute façon, un lieu d'exception. Également un **restaurant** qui met à l'honneur les traditions culinaires de la région. Comptez 200-1 000€ la double avec petit déjeuner. *Via Principe Umberto* ***Santo Stefano di Sessanio*** *Tél. 0862 89 91 12 reservation@sextantio.it www.sextantio.it*

SULMONA

67039

Vous l'imaginiez suspendue sur une hauteur ? Elle s'étend nonchalante dans la plaine. Vous la supposiez austère et sombre ? Tout ici n'est que douceur et lumière. Sulmona prend le contre-pied des autres villes abruzzaises. Ses ruelles ne sont ni tortueuses ni pentues. Elles débouchent sur de vastes places aérées qui laissent les massifs de la Maiella (ou Majella) se découper clairement à l'arrière-plan. Sa longue histoire florissante lui a permis, au fil des siècles, de se doter d'un patrimoine varié d'églises, de palais et de demeures patriciennes. Sulmona a vu naître le poète Ovide, mais elle est aujourd'hui surtout connue pour sa production de dragées (*confetti*), que l'on offrent à l'occasion des mariages et des baptêmes. Une pratique que n'aurait pas reniée l'auteur de *L'Art d'aimer*.

MODE D'EMPLOI

accès

EN VOITURE
À 70km au sud-ouest de Pescara, à 76km au sud-est de L'Aquila par des routes sinueuses.

EN TRAIN
Liaisons fréquentes avec les différents chefs-lieux des Abruzzes – Teramo, Terni, Pescara, L'Aquila, Chieti – et avec Rome.
Stazione La gare ferroviaire, située à 2km du centre, est desservie par un bus urbain. *Tél. 0864 21 10 41*

EN CAR
ARPA Liaisons fréquentes avec Rome et Scanno. *Tél. 800 76 26 22 www.arpaonline.it*

orientation et circulation

Le corso Ovidio traverse le cœur historique selon une ligne nord-ouest/sud-est, entre la Villa Comunale et la Porta Napoli. Cet axe est interdit à la circulation automobile et au stationnement, à moins d'avoir un *pass* délivré par un hôtel. Plusieurs parkings ont été aménagés sur la *circon-*

vallazione et autour des jardins de la Villa Comunale. Le centre se parcourt tranquillement à pied en suivant le corso.

informations touristiques

Ufficio Servizi Turistici Comunale *Piazza Santissima Annunziata* ***Sulmona*** *Tél. 0864 21 02 16 www.comune.sulmona.aq.it Ouvert tlj. 9h-12h30 et 15h30-19h*

IAT *Piazza Santa Maria della Valle, 12* ***Scanno*** *Tél. 0864 743 17 Ouvert 15 juin-15 sept. : lun.-sam. 9h-13h et 16h-19h, dim. 9h-13h ; basse saison : lun.-sam. horaires plus restreints*

fêtes et manifestations

Settimana Santa Reconstitution de la Passion du Christ : la ferveur atteint son paroxysme le vendredi saint avec la procession du Christ mort qu'accompagnent des choristes chantant un *Miserere*. Autre temps fort, le dimanche de Pâques, quand la Vierge découvre son fils ressuscité. *À Sulmona*

Festa di San Domenico L'isolement géographique et culturel dans lequel ont été tenus pendant des siècles les villages des Abruzzes explique la persistance de traditions païennes et de croyances populaires qui ont fortement influencé les fêtes religieuses. La procession des chasseurs de serpents (*processione dei Serpari*), le 1er jeudi de mai à **Cocullo**, à l'occasion de la fête de saint Dominique, est caractéristique de ce syncrétisme. La statue en bois du saint est recouverte de serpents et transportée en liesse à travers la ville. Ce rite remonte au culte d'une déesse, Angizia, qui était censée guérir des morsures de serpent. Le don a été ensuite attribué à saint Dominique.

DÉCOUVRIR

☆ **Les essentiels** L'abbaye San Clemente a Casauria, la réserve naturelle des Gorges du Sagittaire, le village de Scanno **Découvrir autrement** Goûtez les *confetti* (dragées) de la maison Pelino, randonnez dans la vallée de l'Orfento (parc de la Majella)

Sulmona

Palazzo dell'Annunziata Le plus élégant palais de la ville résume à lui seul quatre siècles d'art à Sulmona. La première pierre en fut posée en 1413, mais son style gothique d'origine fut bientôt atténué par des ajouts Renaissance puis baroques. Les influences vénitiennes se manifestent dans une ravissante fenêtre trilobée et deux autres ouvertures géminées. L'église sur le côté a été entièrement reconstruite après le tremblement de terre de 1706. L'édifice civil abrite le Museo Civico. *Corso Ovidio Tél. 0864 21 02 16 Ouvert mar.-dim. 9h-13h et 15h30-18h30 Entrée 3€*

☺ **Corso Ovidio** En suivant le corso Ovidio, on longe la piazza XX Settembre, où trône la statue d'Ovide, illustre citoyen de la ville, avant de déboucher sur la **piazza Garibaldi**. L'ancienne piazza Maggiore est bordée par un aqueduc médiéval qui repose sur 21 puissantes arcades ogivales. Sur la droite, seul le portail gothique, très raffiné, de l'église de San Francesco della Scarpa a traversé le temps sans encombre. Des demeures patriciennes entourent la place, où se déroule chaque été la *Giostra Cavalleresca*, un tournoi médiéval, devant une magnifique toile de fond montagneuse. Le *corso* s'achève à la Porta Napoli, ornée d'emblèmes angevins et de bas-reliefs romains.

● Où s'approvisionner en produits locaux ?

Soldo di Cacio La gastronomie des Abruzzes est réputée pour sa charcuterie, notamment ses délicieuses salaisons artisanales. Jambon de pays, saucissons et saucisses sèches s'étalent en vitrine aux côtés d'étagères débordant de bocaux de confiture, de champignons séchés, de safran et des fameuses lentilles de Santo Stefano di Sessanio, cultivées à 1 400m d'altitude. Côté fromages, le *pecorino di Rocca Pia*, le *caciocavallo d'Agnone* et les *scamorze* se disputent la préséance. *Piazza Plebiscito, 7 Tél. 0864 540 26 www.soldodicacio.it Ouvert lun.-sam. 8h30-12h30 et 15h-19h30*

● Où acheter des dragées ? Depuis des décennies, les dragées (*confetti*) qui ornent les tables italiennes lors des grands événements familiaux proviennent de Sulmona, capitale des *confetti*. Les boutiques du corso Ovidio ne manquent pas d'imagination pour attirer le chaland en proposant, outre les boîtes métalliques traditionnelles, des bouquets de fleurs en plastique dont les pétales sont des dragées enveloppées dans un papier coloré.

Confetti Pelino Parmi les confiseurs, cette maison fondée en 1783 est une valeur sûre. Elle affiche à son palmarès 36 médailles d'or, 66 titres honorifiques et autres grands prix. On peut visiter la fabrique et le petit musée consacré à cette confiserie. *Via Stazione Introdacqua, 55 (à la sortie de Sulmona, en direction de Scanno) Tél. 0864 21 00 47 www.pelino.it Ouvert lun.-sam. 8h-12h30 et 15h-18h30*

Les environs de Sulmona

Au nord de Sulmona

Abbazia di Santo Spirito al Morrone Ses fondations rectangulaires (de 119m de large sur 140m de long) font de Santo Spirito al Morrone l'une des abbayes les plus imposantes d'Italie. Son histoire est intimement liée à celle de Pietro Angeleri, qui avait été ermite dans une grotte du mont Morrone, avant d'être élu pape en 1294 et de décider de sa construction. Le tremblement de terre de 1706 la détruit presque intégralement. Elle sera reconstruite en style baroque en suivant les plans de l'édifice original. À l'intérieur de l'église, ne manquez pas, dans la **Cappella Caldora**, un précieux sarcophage, un cycle de fresques du XVe siècle retraçant des épisodes de la vie de Jésus et l'autel en marbre vert de Pietro Angeleri. La forme allongée de l'abside témoigne du grand nombre de moines qui l'habitaient (près de 80) et priaient à cet endroit. L'abbaye devient centre pénitentiaire en 1870 (les cellules monastiques se prêtant parfaitement à l'enfermement des prisonniers...), jusqu'en 1993. Depuis 2002, son intérieur est progressivement rénové. *À 9km au nord de Sulmona Suivre la direction Badia Tél. 0864 328 49 Ouvert lun.-ven. 9h-12h30 (visite avec un guide des Beni Culturali)*

Castello dei Cantelmo Au pied du massif de la Majella, les tours élancées du château des Cantelmo surveillent le bourg médiéval de **Pacentro**. Construit sur les pentes du mont Morrone, il fut, sous la domination des Cantelmo, l'un des points stratégiques de défense de la Valle Peligna. La tour la plus ancienne remonte au XIe siècle, les trois tours à base carrée furent construites au XIVe et les trois tourelles cylindriques au XVe siècle. Aujourd'hui restauré, c'est un bel exemple de château Renaissance. *À 11km à l'est de Sulmona, non loin de l'abbaye de Santo Spirito Tél. 0864 412 42 (Réservation) ou 347 50 27 506 ou 0864 411 02 (Infos) Visite pour un groupe de 5 personnes minimum Tarif 1,50€*

Popoli Située sur la route de la laine, entre Florence et Naples, cette petite ville jouit d'un emplacement stratégique dès le XIIe siècle. Charles d'Anjou la confie au XIVe siècle aux Cantelmo, noble famille de guerriers qui l'avait accompagné dans la conquête du royaume de Naples. *À 18km au nord de Sulmona par la SS17*
San Francesco Attestée dès 1334, cette église fut certainement édifiée sur volonté de la famille Cantelmo, seigneurs de Popoli. Sa structure est romane, mais l'édifice fut remanié à la Renaissance (XVe s.). *Piazza della Libertà*
Castello Le château occupe une position stratégique importante car il domine les voies de communication entre la Valle Peligna et le Val Pescara. Sa tour la plus ancienne remonte à 1015, mais la forteresse sera agrandie par les Cantelmo en 1269. S'ensuit la construction de la tour de guet pentagonale, encerclée de murailles fortifiées de forme triangulaire.
Taverna Ducale L'arrivée de cette puissante famille signe la construction de cet élégant édifice gothique. Caché dans une ruelle reliée à la piazza della Libertà, il présente une façade ornée de blasons et de lions sculptés (symboles de la famille). Initialement conçu pour entreposer le produit de la dîme, il finit par accueillir les voyageurs de passage. *www.tavernaducalepopoli.beniculturali.it*

☆ **Abbazia di San Clemente a Casauria** L'enceinte et le jardin filtrent les bruits et ne retiennent que le décor montagneux où s'inscrit cet extraordinaire témoignage de l'art roman abruzzais. Un portique découpé en

Ovide : de Sulmona à Constanza

Si Publius Ovidius Naso naît à Sulmona en 43 av. J.-C., c'est à Rome qu'il part étudier la rhétorique. Membre de nombreux cercles littéraires, il se consacre à l'écriture et à une vie oisive. C'est à cette période dorée de sa vie qu'il rencontre le succès, avec des recueils de poèmes sensuels comme *L'Art d'aimer*, *Les Remèdes à l'amour* ou *Les Héroïdes*, lettres fictives de femmes délaissées. À 40 ans, il abandonne la poésie érotique pour écrire *Les Métamorphoses*, long poème de 15 livres qui reprend les récits de la mythologie grecque et romaine. Pour une raison inconnue, en 8 ap. J.-C. Auguste l'envoie en exil à Tomis (l'actuelle Constanza, en Roumanie), sur les bords de la mer Noire. C'est là, en 17 ap. J.-C., que le poète, autrefois éloquent et sociable, meurt isolé et déprimé, trois ans après Auguste.

trois arcades ouvragées précède le portail central. Sur les lourdes portes en bronze de ce dernier sont reproduits les châteaux soumis aux Bénédictins. Dans la lunette, des scènes sculptées retracent le transfert des reliques de saint Clément à l'abbaye et montrent le saint bénissant un sanctuaire miniature que lui tend l'abbé Leonate. Ce prêtre fut l'artisan de la renaissance de l'abbaye, dévastée à plusieurs reprises depuis sa fondation, en 871 : d'abord par les Sarrasins au Xe siècle puis par les Normands en 1078. Leonate en prend la charge en 1152 et, sous son administration, Saint-Clément atteint son plus grand rayonnement. Après sa mort, le déclin de l'abbaye s'amorce. À l'intérieur, le regard est attiré par le magnifique ciborium du XIIIe-XIVe siècle dans lequel repose un sarcophage paléochrétien utilisé comme autel. L'ambon (chaire), dans la nef centrale, surpasse en raffinement tous ceux de la région. Dans le marbre sont ciselées des roses délicates symbolisant l'épanouissement de l'âme chrétienne. La crypte, intacte, témoigne de l'édifice originel du IXe siècle. ***Castiglione a Casauria*** *(34km au nord de Sulmona par la SR17) Tél. 0858 88 51 62 www.sanclementeacasauria.beniculturali.it Ouvert été : tlj. 8h-20h ; hiver : tlj. 8h-17h*

Au sud de Sulmona

Parco Nazionale della Majella Dans cette région riche en parcs naturels, celui de la Majella est le second en superficie (75 000ha) après celui du Gran Sasso d'Italia. De la station thermale de Caramanico Terme, perchée à 700m d'altitude, part un sentier menant à la réserve naturelle de la **vallée de l'Orfento**, dont l'accès est gratuit mais sur réservation. En érodant la montagne, l'Orfento a creusé une vallée où la biodiversité se révèle extrêmement riche. Des itinéraires de longueurs différentes, mais sans difficultés particulières, permettent d'explorer toutes les facettes de la réserve. *À 39km au nord de Sulmona* ***Centro Visitatori del Parco Nazionale della Majella*** *Via del Vivaio* ***Caramanico Terme*** *Tél. 085 92 23 43 Ouvert juin-sept. : tlj. 9h-13h et 15h-19h ; oct.-mai : tlj. 9h-13h Carte des sentiers 6€*

☆**Riserva Naturale Gole del Sagittario** Des paysages saisissants ont été façonnés par l'érosion du massif du Sagittario pendant plusieurs millions d'années. La route serpente en corniche dans un défilé rocheux très profond et très étroit sur une vingtaine de kilomètres, jusqu'aux abords du lac de Scanno. Si vous disposez d'un peu de temps, choisissez d'explorer ce canyon à pied. Le village d'Anversa degli Abruzzi est à la jonction de plusieurs sentiers de randonnée qui conduisent soit au torrent, où une aire de pique-nique et de jeux a été aménagée, soit sur les hauteurs, d'où l'on aura les meilleurs points de vue sur la nature sauvage. Les bons marcheurs pourront emprunter le sentier qui relie Anversa (660m) au bourg de Castrovalva (900m), isolé sur un pic. *À 15km au sud-ouest de Sulmona en direction de Scanno, à Anversa degli Abruzzi* ***Carte des sentiers*** *Office de tourisme de Sulmona*

☆**Scanno** Perché à plus de 1 000m d'altitude, Scanno est l'archétype du village des Abruzzes. Les maisons se serrent les unes contre les autres le long de ruelles pentues et étroites, formant de loin une tache claire au sommet d'une colline. Seuls quelques campaniles émergent au-dessus des toits enche-

PANORAMA Sur les hauteurs de **Scanno**, du bourg de Frattura, vous jouirez d'une vue magnifique sur le lac de Scanno, en forme de cœur.

vêtrés. Cette masse compacte se détache du manteau vert sombre qui enveloppe les montagnes alentour. Scanno tire aussi son charme d'une longue tradition touristique. Depuis le début du XXe siècle, c'est un lieu de villégiature apprécié pour son climat. L'hiver, on y vient en famille dévaler à skis les pentes du Monte Rotondo (1 877m) et, l'été, on profite du lac d'altitude, aux eaux d'un bleu dense, et de la beauté sauvage des Gole del Sagittario (ci-dessus). Le bourg a su malgré tout conserver ses traditions et il n'est pas rare de croiser de vieilles femmes, sur le pas de leur porte, vêtues du costume noir traditionnel du pays. *À 30km au sud de Sulmona par les gorges du Sagittaire (Gole del Sagittario)*

☺ **Pescocostanzo** D'origine médiévale, le bourg de Pescocostanzo est détruit par le tremblement de terre de 1456. Mais sa position centrale sur la route commerciale des Abruzzes, le long de la chaîne des Apennins, lui assurera une reconstruction rapide. Son centre historique est caractérisé par de larges ruelles pavées et de beaux édifices Renaissance et baroques (XVIe-XVIIIe s.), dont la remarquable collégiale Santa Maria del Colle. *À 31km de Sulmona par le haut plateau des Cinque Miglia*

Où acheter des cœurs en or ?

Trine d'Oro Roberto Colamarino, autodidacte, réalise, suivant des modèles traditionnels, des bijoux en filigrane et lamelles d'or. L'un des plus appréciés est la *presentosa*, broche dont le centre recèle deux cœurs en argent entrelacés, entourés d'une couronne de petits cœurs en or. *Via O. Colecchi, 35* ***Pescocostanzo*** *Tél. 0864 64 00 41 www.trinedoro.it Ouvert tlj. 9h-13h et 16h-20h*

Skier dans les Abruzzes Dans les environs de Sulmona, la station dynamique de **Campo di Giove**, sur le massif de la Maiella, gère un domaine skiable de 20km. Tandis que **Pescocostanzo** se convertit en petite station de ski en hiver : des pistes sont tracées entre le village (1 395m) et le mont Calvario (1 743m). Le télésiège et les deux téléskis desservent 15km de pistes de difficultés variables.

CARNET D'ADRESSES

Restauration

prix moyens

Hotel-ristorante Gino Pour un repas de famille, un déjeuner d'affaires, une initiation à la gastronomie régionale, on vient généralement chez Gino. Son succès, il le doit à sa cuisine fondée sur d'authentiques recettes des Abruzzes avec une attention particulière aux produits du terroir, souvent bio : *scamorza* grillée (fromage fumé), *carrati con fiori di zucchina* (pâtes aux fleurs de courgettes) et grillade de viandes. Les plats sont généreux, le service véloce et l'atmosphère joyeusement décontractée. Autour de 30€. Un petit hôtel (4 chambres) a été aménagé au-dessus du restaurant en 2009 (double 80€ sans petit dej.). *Piazza Plebiscito, 12* ***Sulmona*** *Tél. 0864 52 28 89 www.lalocandadigino.it Ouvert lun.-sam. 12h30-15h*

Dans les environs

petits prix

Ristorante-Pizzeria La Porta Cette adresse près de la Porta della Croce présente un excellent rapport qualité-prix. La carte se réduit à quelques plats typiques des Abruzzes, comme la *scamorza arrosto*, les *spaghetti alla chitarra* ou une assiette de charcuterie locale, servis dans une petite salle à l'ambiance familiale. Addition env. 15€. *Via Ciorla, 31* ***Scanno*** *Tél. 0864 74 72 80 Ouvert mer.-lun. midi et soir*

La Fiaccola Rien de prétentieux, que de l'authentique dans ce petit restaurant familial du village d'Anversa (300 habitants). Le chef se fournit en produits bio dans une coopérative agricole : saucissons et fromages de brebis au lait cru, ricotta fumée, jambon... Les *antipasti della casa* ne se composent que de spécialités de la région, et, en hiver, les gnocchis de pommes de terre à la crème de fromages locaux rencontrent un franc succès (8€). *Via Duca Degli Abruzzi, 6* ***Anversa degli Abruzzi*** *Sur l'autoroute A25 Rome-Pescara, prendre la sortie Cocullo et suivre les indications Anversa degli Abruzzi Tél. 0864 49 47 4 Ouvert tlj. midi et soir*

prix moyens

☺ **Taverna dei Caldora** Une belle maison en pierre juchée à flanc de colline où, depuis 1975, Carmine et Teresa Cercone tiennent un restaurant gastronomique avec le même enthousiasme. Deux salles, dont une très lumineuse, ouverte sur la Valle Peligna, où l'on se régale de riches antipasti (10€) composés de ricotta de fromage de chèvre frais, de légumes de saison marinés, de charcuteries locales ou de morue fraîche au basilic, sans oublier les délicieuses *chitarrine* (spaghettis carrés) aux truffes et au safran. *Piazza Umberto I, 13* ***Pacentro*** *Tél. 0864 41 13 9 www.tavernacaldora.it Ouvert lun. et mer.-sam. midi, dim. midi*

Ristorante da Paolino L'une des tables historiques de Pescocostanzo. Sa réputation repose sur la polenta, plat montagnard qui, bien accommodé, peut se révéler un véritable délice. La tonalité terroir se reflète dans les plats à la carte : *tagliolini cacio e pepe con tartufo* (pâtes fraîches au fromage, poivre et truffe), saucisson de sanglier, ricotta ou fromages locaux comme le *marcetto* ou le *canestrato*. Cadre classique et service irréprochable. Compter 25€. *Strada Vulpes, 34* ***Pescocostanzo*** *Tél. 0864 64 00 80 www.ristorantedapaolino.com Ouvert été : tlj. midi et soir ; hiver : mar.-dim. midi et soir Fermé 15 jours en juin*

Hébergement

prix moyens

Hotel Armando's Légèrement à l'écart du vieux Sulmona, que l'on rejoint à pied par la Porta Napoli, une grande maison récente au cœur d'un quartier résidentiel. Les 21 chambres assurent un confort moderne irréprochable et donnent sur un grand jardin à disposition des clients. Comptez 85€ la double avec le petit déjeuner. *Via Montenero, 15* ***Sulmona*** *Tél. 0864 21 07 83 www.hotelarmandos.it*

Santa Lucia Un B&B de caractère installé dans un ancien monastère de bénédictins. Il propose 4 chambres, dont une suite, une double, décorée de meubles de famille, et deux autres aux tons pastel, de style plus moderne. Comptez de 90 à 100€ la double avec petit déjeuner. *Corso Ovidio, 13* ***Sulmona*** *Tél. Tél. 0864 21 06 16 ou 348 705 38 50 bebs.lucia@ libero.it www.granciadeicelestini.it*

Dans les environs

petits prix

☺ **Rocca Lorenizo** Une superbe bâtisse en pierre de taille (XIIe s.), où Mimmo Gaudieri, originaire de Bologne, a aménagé ce B&B dans la résidence de campagne familiale. Certaines des 5 chambres, louées au prix d'une double, sont d'authentiques suites équipées d'un salon et d'un coin télé. Sans oublier la piscine, creusée au milieu d'un élégant jardin entouré d'oliviers. L'un des meilleurs rapports qualité-prix de la région. Comptez 40€/pers. avec petit déjeuner. *Via del Carro* ***Pacentro*** *Tél. 346 399 77 18 domenico. gaudieri@gmail.com www.roccalore nizo.it Ouvert avr.-oct.*

Hotel Pace Depuis 1903, cet hôtel accueille les vacanciers venus respirer l'air pur de la montagne. Un siècle après son ouverture, il reste une valeur sûre et le garant d'un séjour au calme à l'entrée de Scanno. Les 22 chambres, spacieuses et décorées avec soin, s'ouvrent pour certaines sur des paysages montagneux. Comptez autour de 72€ la double avec petit déjeuner (72€ sans). *Viale del Lago, 128/130* ***Scanno*** *Tél. 0864 743 15 Fax 0864 746 40*

La Rua Une adresse chaleureuse, juste à côté de la piazza Municipio. Les chambres, simples et confortables, jouissent pour la plupart d'une jolie vue sur les toits d'une partie du bourg historique. Excellent petit déjeuner composé de confitures et de miel bio, de douceurs faites maison, fromages, jus de fruits frais... Comptez de 75 à 110€ la double avec petit déjeuner. *Via Rua Mozza, 1-3* ***Pescocostanzo*** *Tél. 0864 64 00 83 info@larua.it www.larua.it*

prix moyens

B&B Le Rocce di Scanno Superbe maison enchâssée dans les roches, au pied d'un des téléskis de Scanno. Ce bijou architectural aux allures de chalet de montagne est entouré d'un jardin ombragé de pins. Le bon goût – digne d'un magazine de décoration – règne, tant dans les 4 chambres (salle de bains dans chacune) que dans les parties communes, agencées sur 6 niveaux. Comptez de 105 à 160€ la double, petit déjeuner inclus. *Via Pescara* ***Scanno*** *Tél. 0864 74 77 77 ou 345 371 56 59 www.leroccediscanno.it*

prix très élevés

Il Gatto Bianco L'un des plus beaux hôtels de Pescocostanzo. Un mini-

GAMME DE PRIX	RESTAURATION	HÉBERGEMENT
Très petits prix	moins de 15€	moins de 55€
Petits prix	de 15 à 25€	de 55 à 75€
Prix moyens	de 25 à 40€	de 75 à 110€
Prix élevés	de 40 à 60€	de 110 à 160€
Prix très élevés	plus de 60€	plus de 160€

spa ultramoderne, des bains turcs, un sauna, une douche aromatique et des Jacuzzi sont à la disposition des clients. Une oasis de détente avant de se lover dans les lits les plus confortables des Abruzzes. Comptez 180€ la double avec petit déjeuner (suite pour 2 personnes 250€). *Viale Appennini, 3* **Pescocostanzo** *Tél. 0864 64 14 66 www.ilgattobianco.it*

★ PARC NATIONAL DES ABRUZZES

PARCO NAZIONALE DEGLI ABRUZZI

Emblème du parc, l'ours brun marsicano (*orso marsicano*) attire chaque année des centaines de milliers de visiteurs. Sur ce territoire vivent une quarantaine de spécimens qui ne se laissent pas facilement apercevoir, car ces omnivores imposants sont de grands solitaires. Tout aussi misanthrope, le loup des Apennins – dont la population est estimée à une centaine – hante ces hauteurs. Au fil des années, le parc est devenu un sanctuaire de la faune locale, qui, partout ailleurs, est en voie d'extinction. D'où son exceptionnelle richesse et l'attachement que lui vouent les Italiens. Chamois, lynx, renards, cerfs, chevreuils habitent ses sous-bois et ses pentes pierreuses. Au total, on recense 300 espèces d'oiseaux, 60 types de mammifères et 40 reptiles différents dont la très rare vipère d'Orsini. Cette biodiversité se caractérise aussi par une flore très variée comprenant 150 espèces endémiques. Des sentiers de randonnée quadrillent les 40 000ha du parc, auxquels s'ajoute une zone tampon de 60 000ha allant des Abruzzes jusqu'aux marches du Latium et du Molise. Dans ce vaste paysage montagneux, des zones boisées composées de hêtres, de pins noirs et d'érables alternent avec des parois rocheuses acérées et dénudées.

MODE D'EMPLOI

accès

EN VOITURE
À 99km au sud de L'Aquila et à 64km au sud de Sulmona par des routes en lacet.

EN TRAIN
Liaisons Rome-Avezzano, Sulmona-Avezzano et Pescara-Avezzano, correspondances en bus pour Pescasseroli et Civitella Alfedena. Liaisons Naples-Castel di Sangro, correspondances en bus pour Pescasseroli et Civitella Alfedena.

EN CAR
Aucune liaison directe avec Sulmona et les autres grandes villes des Abruzzes, vous devrez changer à Castel di Sangro ou Avezzano.
ARPA *Avezzano Tél. 800 76 26 22 www.arpaonline.it*

orientation

Pescasseroli se situe sur le versant occidental du parc, alors que Civitella Alfedena est posté aux limites orientales. Ces deux villages, distants entre eux de 15km, font office de points d'entrée dans le parc car ils rassemblent les structures d'hébergement et sont au départ de plusieurs sentiers de randonnée.

informations touristiques

IAT *Via Principe di Napoli* ***Pescasseroli*** *Tél. 0863 91 04 61 Ouvert été : lun.-sam. 9h-13h et 16h-19h, dim. 9h-13h ; hiver : lun.-sam. 9h-13h et 15h-18h, dim. 9h-13h*

Centro Natura Renseigne et organise des excursions en petits groupes dans les montagnes. Vente de la carte des sentiers du parc (12€). *Via Colli dell'Oro* ***Pescasseroli*** *Tél. 0863 911 32 21 www.parcoabruzzo.it*

Centro di Visita et Museo del Lupo Le bureau d'information du parc. *Via Santa Lucia* ***Civitella Alfedena*** *Tél. 0864 89 01 41 www.parcoabruzzo.it Ouvert été : tlj. 10h-13h30 et 15h-18h30 ; hiver : tlj. 10h-13h30 et 14h-17h30*

visites guidées

Ecotur Cette coopérative de guides propose des excursions, notamment pour y observer l'ours brun. Formules originales et possibilité de passer une nuit dans un refuge. *Via Piave, 9* ***Pescasseroli*** *(1er étage) Tél. 0863 91 27 60 informazioni@ecotur.org Ouvert sept.-juin : lun.-sam. 9h-13h et 15h30-19h ; juil.-août : tlj. 9h-13h et 15h30-19h*

DÉCOUVRIR

Le Parc national des Abruzzes

☆ **Les essentiels** La vallée di Rose, la réserve naturelle de la Camosciara
Découvrir autrement Séjournez dans le village de Civitella Alfedena

Pescasseroli Cette bourgade rassemble la plupart des hébergements du parc et connaît une forte expansion autour d'un centre historique charmant. L'été, les vacanciers viennent y profiter de la nature et de l'air pur.

Museo Naturalistico et Parco Faunistico La capitale du parc renferme également un musée où sont présentés la faune et la flore locales ainsi que quelques animaux en captivité, dont trois ours bruns. Le prix d'entrée est toutefois élevé au regard du faible nombre d'animaux. *Via Colli dell'Oro Tél. 0863 911 32 21 Ouvert été : tlj. 10h-13h30 et 15h-18h30 ; hiver : tlj. 10h-17h30 Entrée 6€*

Civitella Alfedena Ceux qui cherchent le dépaysement avant tout préféreront séjourner dans ce village préservé. Ramassé sur une colline, il se fond dans la nature environnante et domine le lac de Barrea. De la place du village partent plusieurs sentiers parmi les plus représentatifs du parc.

● **Skier dans les Abruzzes** Dès les premières neiges, **Pescasseroli** revêt ses habits de petite station de sports d'hiver comptant 20km de pistes de ski alpin sur le Monte Vitelle (1 945m) et le Valico Aceretta (1 785m).

Sur les chemins de randonnée du parc

☆ **Val di Rose** Nous vous conseillons vivement cette promenade qui traverse des paysages très variés. En été, elle n'est autorisée qu'avec un guide du parc afin de ne pas perturber les animaux vivant dans la zone. Du village de Civitella Alfedena, un sentier escarpé et pierreux conduit à une vaste forêt de chênes et de hêtres, puis gravit les pentes recouvertes d'un maigre manteau herbeux jusqu'à la ligne de crêtes. La vue sur la vallée boisée de la Camosciara, au nord, et sur les falaises calcaires du mont Petroso (2 249m), au sud, récompense à elle seule de la rude montée. Près des sommets se tiennent souvent des groupes de chamois que l'on peut approcher assez facilement. Pensez à vous munir de jumelles. Les ours se font malheureusement plus discrets, mais le guide vous montrera quelques traces de leur passage. La descente s'effectue par la Valle Risione puis Jannanghera, où l'on fait généralement halte auprès d'une source d'eau vive. Les groupes sont limités à 25 personnes et vous devrez prévoir un pique-nique. Tarif 15€/pers., rendez-vous au petit matin devant le Museo del Lupo à Civitella. ***Durée*** *6h* ***Dénivelé*** *700m* ***Centro di Visita*** *Civitella Alfedena Tél. 0864 89 01 41 Ouvert été : tlj. 10h-13h30 et 15h-18h30 ; hiver : tlj. 10h-13h30 et 14h-17h30* **Musée du loup** *Civitella Alfedena Entrée 3€*

☆ **Riserva Naturale della Camosciara** Des aménagements étaient devenus indispensables pour la préservation du site : ne vous étonnez donc pas d'y trouver un parking payant ainsi qu'un sentier asphalté et des loueurs de vélos. La réserve est formée d'une dense hêtraie où coulent un torrent et de merveilleuses cascades au pied d'un massif en forme d'amphithéâtre. De ces cascades, on peut, en 1h de marche, gagner le refuge Belvedere della Liscia, d'où l'on profite de la vue panoramique. On peut aussi rejoindre la Camosciara à pied de Civitella, par le sentier L2. *À 5km de Civitella Alfedena par la S83, direction Pescasseroli* ***Parking*** *4€ la journée*

Monte Meta Aux confins méridionaux du parc, dans le Molise, ce sommet dresse ses parois rocheuses et dénudées à 2 242m. À défaut d'escalader la cime, la randonnée vous permet d'en admirer les flancs orientaux. L'itinéraire débute au Rifugio Campitelli, accessible en voiture. Le sentier L1 traverse une hêtraie avant de déboucher sur un plateau d'altitude. Au Passo dei Monaci (1 967m), point culminant de l'itinéraire, vous redescendrez par le sentier M1 qui emprunte le Val Pagana, passe devant une source avant de déboucher sur la route conduisant au refuge. Cette excursion, inscrite au programme des randonnées proposées par les guides du parc, peut se faire sans accompagnement. *À 27km de Civitella Alfedena, rejoindre Barrea, puis Alfedena par la S83 et tourner à droite, direction Pizzone par la S158. Sur la droite, une petite route indique le Rifugio Campitelli* ***Durée*** *5h* ***Dénivelé*** *500m*

CARNET D'ADRESSES

Restauration

petits prix

Ristorante e Pizzeria Il Picchio Pris d'assaut aussi bien par les locaux que par les touristes, ce restaurant doit sa réputation à son assiette pantagruélique d'*antipasti misti* (13€), qui décline presque exhaustivement les produits abruzzais. Charcuteries, fromages et assortiment de légumes s'accumulent sur la table tant et si bien qu'il ne reste plus le moindre espace pour poser son verre. Sauf en cas d'appétit démesuré, il est préférable de commander une assiette pour deux. Grillades, pâtes et pizzas complètent la carte. *Via Lungo Sangro* ***Pescasseroli*** *Tél. 0863 91 23 33 Ouvert tlj. 12h15-14h30 et 19h30-22h*

prix moyens

☺ **Plistia** Ce que la tradition a de meilleur se retrouve à la table de Plistia. Les produits sont rigoureusement sélectionnés et préparés selon les antiques recettes. Agneau au four ou aux poivrons, *patate maritate* (gratin de pommes de terre au pecorino et persil), escalope de veau aux champignons, pâtes *alla chitarra* aux aubergines et tomates... chaque jour, les plats changent au gré de l'humeur de la cuisinière et des arrivages du marché. Ils sont servis dans un cadre soigné et intimiste. Menu dégustation, hors boissons, environ 35-40€. *Viale Principe di Napoli, 28* ***Pescasseroli*** *Tél. 0863 91 07 32 Ouvert haute saison : tlj. midi et soir ; basse saison : mar.-dim. midi et soir Réservation conseillée*

Trattoria Pitone Une bonne adresse où déguster une cuisine rustique et savoureuse à prix raisonnables. L'espace est si réduit que vous échangerez forcément quelques mots avec vos voisins de tables ! Les spécialités régionales sont servies généreusement dans une ambiance familiale. Découvrez les *fettuccine* aux artichauts en *primo* et en *secondo* le filet au vin rouge ou le canard à l'orange. Comptez 30€ vin de la maison inclus. *Via Colli dell'Oro, 22* ***Pescasseroli*** *Tél. 086 391 27 69 Ouvert mar.-dim. midi et soir*

Hébergement

prix moyens

Albergo Antico Borgo La Torre Deux bâtisses rustiques se partagent une trentaine de chambres au mobilier fonctionnel. Elles jouissent d'une situation idéale, au cœur du parc des Abruzzes, dans un bourg plein de caractère. Aux beaux jours, elles sont investies par les amateurs de randonnées. Comptez 60€ la double ; la demi-pension, 50€/pers., est une bonne solution. *Via Castello* ***Civitella Alfedena*** *Tél. 0864 89 01 21 ou 338 25 25 793 www.albergolatorre.com*

Il Duca degli Abruzzi Ce *garnì* reste notre meilleur souvenir de Pescasseroli. Les chambres en petit nombre (8 seulement), aménagées avec goût, créent une atmosphère familiale. Sa situation au centre du village, dans une rue pittoresque, et l'accueil plein de sincérité font le reste. Comptez 90€ la double. Si vous souhaitez découvrir la cuisine des Abruzzes, optez pour la demi-pension, car la table est réputée. Entre 67 et 75€/pers. selon la saison. Réservation impérative. *Piazza Duca degli Abruzzi* ***Pescasseroli*** *Tél. 0863 91 10 75 www.ilducadegliabruzzi.it*

☺ **Hotel Cristiania** Ce chalet de 10 chambres seulement se trouve aux confins du bourg de Pescasseroli. En haute saison, installés dans les chaises longues du jardin, face aux montagnes, vous apprécierez le calme de cet hôtel. Aux premiers froids, les convives se retrouvent autour de la grande cheminée du salon. Les randonneurs trouveront auprès du propriétaire des conseils éclairés. Pour la double avec petit déjeuner, comptez 80€. *Via Collacchi, 5* **Pescasseroli** *Tél. 0863 91 07 95 www.hotelcristiania.com*

CHIETI

66100

Contrastant avec les côtes de l'Adriatique – gagnées par une modernité effrénée –, Chieti, ville de l'arrière-pays affalée sur une colline, semble profondément endormie. Derrière la piazza G. B. Vico, les trois petits temples du Ier siècle ap. J.-C., dédiés à Jupiter, Minerve et Junon, rappellent qu'à l'époque romaine Teate (Chieti) constituait déjà un important centre urbain. Avant de repartir, rendez-vous piazza Vittorio Emanuele II pour jeter un coup d'œil à l'imposante cathédrale San Giustino, construite au XIe siècle puis remaniée aux XVIe et XXe siècles. Dans l'ancien amphithéâtre romain a été aménagé un musée archéologique, qui ménage une belle vue panoramique sur les environs.

MODE D'EMPLOI

accès

EN VOITURE
À 69km au nord-est de Sulmona par l'A25. À 16km au sud de Pescara par l'A25. À 95km à l'est de L'Aquila par la SR17.

EN TRAIN
Liaisons fréquentes avec les autres chefs-lieux des Abruzzes – Teramo, Pescara, L'Aquila – et avec Rome.
Stazione Chieti Scalo La gare ferroviaire se trouve en contrebas de la ville. *Tél. 89 20 21 www.trenitalia.it*

EN CAR
ARPA Liaisons fréquentes avec Pescara et Teramo. *Tél. 800 76 26 22 (Numéro vert) www.arpaonline.it*

orientation

Chieti, située sur une colline abrupte, à 330m au-dessus du niveau de la mer, se trouve à 15km de l'Adriatique. Le corso Marrucino, très animé, traverse son cœur historique de part en part. Le centre-ville étant essentiellement piétonnier, il est préférable de se garer sur les hauteurs de Chieti, où un grand parking a été aménagé.

informations touristiques

Abruzzo Promozione Turismo *Via B. Spaventa, 47 Tél. 0871 636 40 www.infochieti.it Ouvert haute saison : lun., mer. et ven.-sam. 9h-13h, mar. et jeu. 9h-13h et 15h-18h ; basse saison Horaires plus restreints*

fête et manifestation

Festa del bue di San Zopito Une fête typiquement paysanne, emblématique de la ruralité des Abruzzes. Elle met en scène un enfant vêtu de blanc, installé à califourchon sur un bœuf paré de rubans et de colifichets. La légende raconte que, le long du cortège accompagnant les reliques de San Zopito, un paysan qui labourait son champ ne s'arrêta pas de travailler. Mais le bœuf s'agenouilla et la famille l'offrit en cadeau à la fête. L'étrange procession s'arrête devant l'église San Pietro. *À Loreto Aprutino Le lundi suivant la Pentecôte.*

DÉCOUVRIR

☆**Les essentiels** Le Musée archéologique national d'Abruzzes de Chieti
Découvrir autrement Le long de la côte, au sud de Pescara, observez les *trabocchi*, ces étranges filets de pêche

Chieti

☆**Museo Archeologico Nazionale d'Abruzzo** Des vestiges du riche passé romain de la ville transparaissent à travers les collections du Musée archéologique abrité dans les jardins de la Villa Comunale. Ses portes s'ouvrent sur une statue d'Hercule en marbre du Ier siècle av. J.-C. retrouvée parmi les ruines d'Alba Fucens. Mais la pièce la plus exceptionnelle est sans nul doute le **Guerrier de Capestrano** (VIe s. av. J.-C.), de haute taille. Outre ses proportions harmonieuses, il apporte un précieux témoignage sur les rites funéraires italiques. L'artiste a reproduit avec minutie les armes, offrandes et ornements personnels du guerrier. Parmi ceux-ci, un mystérieux couvre-chef dont on suppose qu'il était posé sur la tête des défunts d'un certain rang. À l'étage, vous ne manquerez pas la statuette en bronze d'Hercule, d'une rare finesse d'exécution. *Via G. Costanzi Villa Comunale Tél. 0871 33 16 68 www.archeoabruzzo.beniculturali.it Ouvert mar.-ven. 9h-20h, sam.-dim. 9h-19h Fermé 25 déc., 1er jan., 1er mai, 15 août Entrée 4€*

Museo d'Arte C. Barbella En revenant sur le corso Marrucino, arrêtez-vous dans ce musée, près de la piazza Valignani. À l'intérieur de ce palais néoclassique, une pinacothèque rassemble des œuvres d'artistes abruzzais du XVe siècle à nos jours. Une *Madone à l'Enfant* d'Andrea De Litio est exposée dans l'entrée. La section moderne à l'étage, plus riche, recèle des tableaux de Giorgio De Chirico, de Marino Marini et des peintres espagnols Joan Mirò et José Ortega. *Palazzo Martinetti-Bianchi Via C. de Lollis, 10 Tél. 0871 33 08 73 Ouvert mer. et ven.-sam. 9h-13h, mar. et jeu. 9h-13h et 15h-18h 1er dim. du mois 9h-12h Entrée libre*

● **Grimper sur un belvédère** La position élevée de Chieti ménage d'agréables points de vue sur les montagnes environnantes. On observe le plus beau panorama du haut de la Civitella, la zone qui entoure l'amphithéâtre romain.

Les environs de Chieti

Sur la côte adriatique

Pescara Cet important port de l'Adriatique est aussi la principale agglomération des Abruzzes. Dans la vieille ville, se résumant à trois petites ruelles parallèles et piétonnes, n'hésitez pas, après une visite de la maison natale de Gabriele D'Annunzio (p.414), à vous installer dans l'une des nombreuses trattorias du centre. Pour dormir, en revanche, rien de bien sympathique, mais plutôt des barres d'hôtels alignées face à la plage, le long de l'imposant front de mer. *À 16km au nord de Chieti*

Casa Natale di Gabriele D'Annunzio Le musée occupe le premier étage de la maison natale du poète. D'Annunzio s'est occupé lui-même de la préservation de cette demeure du XIXe siècle, véritable sanctuaire à ses yeux car intimement lié au souvenir de sa mère, à laquelle il vouait une réelle dévotion. La visite se déroule dans les cinq pièces principales de la maison, restées quasiment en l'état depuis le décès de Luisa de Benedictis (mère de D'Annunzio), qui y vécut jusqu'en 1917. Les salles suivantes rassemblent des documents d'archives : photos, moulages, livres, souvenirs divers... *Corso Manthonè, 116 Tél. 085 603 91 www.casadannunzio.beniculturali.it Ouvert tlj. 9h-13h30 Horaires variables en juil.-août Entrée 2€*

Gabriele d'Annunzio (1863-1938)

L'écrivain naît à Pescara en 1863. À 16 ans, il publie *Primo Vere*, son premier recueil de poèmes (1879), avant d'entamer des études littéraires à l'université de Rome. Son premier roman, *Il Piacere*, dans lequel il met de son propre aveu "une bonne part de lui-même, ses excès et ses désordres", paraît en 1889. En 1910, criblé de dettes, le poète se réfugie en France, où il se lie d'amitié avec la plupart des écrivains français de l'époque. Mais lorsque la Grande Guerre survient, l'écrivain égocentrique cède la place à l'homme d'action. Il rentre en Italie, s'engage dans l'aviation et perd l'usage d'un œil dans un accident aérien. C'est à cette époque, convalescent, qu'il écrit *Notturno* (1916), souvent considéré comme son chef-d'œuvre. La Première Guerre renforce ses idées nationalistes ; il fait alors campagne pour que l'Italie devienne une puissance européenne de premier plan. En 1919, il chasse les troupes d'occupation alliées et s'empare, en Istrie, de la ville de Fiume, qu'il offre à l'Italie. Deux ans après ce coup d'éclat, il se retire dans sa maison du lac de Garde et consacre les dernières années de sa vie à l'écriture. Bien que nationaliste, il ne prend pas part au gouvernement de Mussolini (au pouvoir dès 1923), avec lequel il entretient des relations complexes. À sa mort, en 1938, le pouvoir fasciste lui accordera néanmoins des funérailles nationales.

Vasto La ville médiévale et moderne a été construite sur les ruines de la cité romaine d'Histonium (IIe s. ap. J.-C.). Les lignes courbes de la place principale, piazza Rossetti, gardent ainsi l'empreinte de l'amphithéâtre romain. Un imposant château du XIIIe siècle domine le bourg et le golfe de Vasto. Tandis que Santa Maria Maggiore, une élégante église médiévale (XIe s.), remaniée au XVIIIe siècle, conserve une épine de la couronne du Christ, offerte par le pape Pie IV à Alfonso d'Avalos. *À 76km à l'est de Chieti par la A14* **IAT** *Piazza del Popolo, 18 Tél. 0873 36 73 12*

Musei Civici di Palazzo d'Avalos Le palais d'Avalos s'élève au-dessus du bourg, telle une majestueuse sentinelle. Édifié sur les ruines d'un édifice du XIVe siècle, il est agrandi en 1427 par Giacomo Caldora, qui y installe sa demeure. Remanié après l'incendie de 1566, il abrite désormais plusieurs musées dont le **Museo Archeologico** qui rassemble les vestiges de la ville antique et une intéressante **pinacothèque** qui présente les œuvres des peintres abruzzais de la fin du XIXe siècle. Le palais est flanqué d'un superbe jardin napolitain, juché à pic sur la mer et aménagé suivant des plans architecturaux de la fin du XVIIIe siècle. *Piazza L. V. Pudente Tél. 0873 36 77 73 www.museipalazzodavalos.it Ouvert mi-juin-août : tlj. 10h30-12h30 et 18h-0h ; sept. : tlj. 10h30-12h30 et 18h-22h ; oct.-mi-déc., jan.-mi-juin : sam.-dim. 10h30-12h30 et 16h-19h ; mi-déc.-fin déc. : tlj. 10h30-12h30 et 16h-19h Entrée 5€ (palais et musées)*

● Où goûter au *brodetto* ?

Cibo Matto Vasto et Termoli se disputent la recette originale du *brodetto*, soupe de poissons copieuse et savoureuse, servie avec des poissons de roche entiers. Les différences sont pourtant minimes : il est cuisiné dans une sauce tomate aux poivrons à Vasto, sans poivrons à Termoli... À déguster tranquillement car les poissons, délicieux, n'en sont pas moins bourrés d'arêtes. À la fin, le chef ajoute des cheveux d'ange à la sauce restante, pour ne rien perdre du délicieux potage. Comptez de 30 à 35€. *Via F. Crispi, 36* ***Vasto*** *(au pied de l'arc de Portanuova, l'une des entrées de la vieille ville) Tél. 0873 37 06 25*

● Dénicher les plus belles plages des Abruzzes

Riserva Naturale Punta Aderci Oubliez Pescara et le défilé ininterrompu de marinas sans charme qui longent la côte et piquez vers le sud en direction de Vasto, où le littoral est émaillé de *trabocchi*, cf. *I trabocchi*, les carrelets de l'Adriatique (p.415). La réserve naturelle de Punta Aderci, forte de ses 285ha, entre l'embouchure du fleuve Sinello et Punta della Penna, offre des plages

I trabocchi, les carrelets de l'Adriatique

En longeant la côte adriatique – entre Ortona et Vasto –, impossible de ne pas s'interroger sur ces drôles d'araignées géantes en bois, posées sur la mer au bout d'un long ponton. Ce sont les *trabocchi*, curieuses plateformes de pêche dont l'usage pourrait remonter au XIIIe siècle. On y installe de larges filets carrés, que l'on descend dans l'eau pour y capturer les poissons.

de sable fin bordées de dunes herbeuses et de petites falaises. Une oasis de nature sur une côte bétonnée. *À 10km au nord de Vasto sur la S16 Tél. 334 629 05 93 ou 345 337 85 75 www.puntaderci.it*

À l'intérieur des terres

Loreto Aprutino On accède au centre historique de ce bourg médiéval par la Porta Castello. Non loin, un imposant château (IXe s.), qui a connu de nombreuses transformations au fil des siècles, abrite aujourd'hui un Relais&Château. Au bout de la via del Baio, flanquée de beaux hôtels particuliers du XIXe siècle, se trouve l'église abbatiale **San Pietro Apostolo**. Dans l'une de ses chapelles latérales, un buste d'argent (XVIIIe s.) contient les reliques de San Zopito Martire, saint patron de la ville, que l'on honore le lundi suivant la Pentecôte à l'occasion de la procession du bœuf (p.413). *À 30km au nord-ouest de Chieti par la SS81*
Museo Acerbo delle Ceramiche di Castelli La plus importante collection de céramiques de Castelli (p.396). Au XXe, le baron Giacomo Acerbo, riche collectionneur, rassemble près de 600 pièces d'exception (XVIe-XIXe s.). À noter : une brique du plafond Renaissance de l'église San Donato de Castelli, l'une des plus anciennes pièces de la collection. *Via G. Acerbo, 1 Tél. 085 829 15 89 www.museiciviciloretoaprutino.it Ouvert mi-juin-mi-sept. : mar.-dim. 9h30-12h30 et 17h-19h ; mi-sept.-mi-juin : sam.-dim. 9h30-12h30 et 15h30-17h30 Entrée groupée avec le Museo dell'Olio 6€ (parcours guidé des musées et du village, 2h)*
Museo dell'Olio Les conditions climatiques idéales font de la culture de l'olivier l'une des plus importantes activités de la région. Un joli petit musée présente, à l'intérieur d'un bâtiment néogothique, les différents types de pressoirs utilisés au cours des siècles. *Via C. Battisti Tél. 085 829 15 89 www.museiciviciloretoaprutino.it Horaires et billet communs avec le Museo Acerbo Entrée 6€*
Santa Maria in Piano Cette abbatiale (XIIIe s.) recèle, sur le mur du fond de l'église, l'une des plus belles fresques des Abruzzes (XVe s.). Elle représente un *Jugement dernier* exécuté en partie selon la technique de l'encaustique, connue pour offrir une patine exceptionnelle aux couleurs. *À la sortie du village, tourner à droite après 1,3km*

Penne Les étroites ruelles pavées de ce minuscule bourg conduisent à de nombreux édifices religieux. Si ses églises médiévales ont été remaniées en style baroque, la cathédrale, échappant aux déprédations des Sarrasins et aux tremblements de terre, conserve, en partie, son aspect d'origine du IXe siècle. Dans les Abruzzes, l'abondante production de laine favorise l'art du tissage ; les tapisseries de Penne sont réputées d'excellente facture. *À 8km à l'ouest de Loreto Aprutino par la SR151*
Museo Archeologico e Diocesiano Il retrace l'histoire du territoire suivant un parcours chronologique qui va du paléolithique au Moyen Âge. Il comprend deux sections, l'une dédiée à l'archéologie (fruit des fouilles du baron Leopardi) et une autre vouée à l'art sacré des Abruzzes. *Piazza Duomo Tél. 085 821 17 27 Ouvert mar.-dim. 10h-13h et 15h30-18h30 Fermé 25 déc., 1er jan. Entrée 3,50€*

Atri Cette minuscule cité d'art ne s'atteint qu'au bout d'une montée sinueuse et interminable à travers des paysages arides où l'érosion de la terre argileuse

crée des *calanchi*, de profondes entailles assez spectaculaires. Faites un tour dans la ville et montez jusqu'au belvédère afin de contempler le paysage qui s'étend à perte de vue, dont les curieuses "calanques" d'argile. *À 49km au nord-ouest de Chieti*
Cattedrale Nichée sur un promontoire, Atri renferme une cathédrale du XIIIe siècle caractéristique du style roman des Abruzzes. Son austère façade rectangulaire est rehaussée par un portail à voussures délicatement sculpté et chapeauté par un élégant campanile datant de 1502. Le chœur abrite un important cycle de fresques (1481-1489) dues à Andrea De Litio. Les plus poignantes illustrent des épisodes de la vie de la Vierge, notamment la *Fuite dans le désert*. Vous pourrez également jeter un coup d'œil sur les fragments de mosaïques romaines du sol et, en sortant par le cloître (XIIe s.), descendre dans une ancienne citerne romaine transformée par la suite en lieu de culte chrétien, comme l'attestent ses fresques colorées. Un musée capitulaire rassemble quelques objets sacrés et des céramiques locales. *Via Roma Tél. 085 879 81 40 www.cattedraleatri.it Ouvert été : tlj. 10h-12h et 15h30-19h ; printemps, automne : jeu.-dim. 10h-12h et 15h-17h ; hiver : ven.-dim. 10h-12h et 15h-17h Entrée cloître 2€ (cloître et musée 5€)*

Guardiagrele C'est une petite ville médiévale située au pied du versant oriental de la Majella, entourée d'un grand nombre de villages caractéristiques des Abruzzes – les usines de pâtes "de Cecco" se trouvent non loin, vers Fara San Martino. Capitale de l'artisanat du cuivre et du fer forgé dans les Abruzzes. Le fer forgé est destiné à la production de têtes de lit, de lustres, de balustrades et d'autres ustensiles servant à l'aménagement du foyer. Avec le cuivre, on fabrique avant tout des casseroles, des poêles mais aussi les inimitables *conche*, ces grands vases utilisés autrefois par les femmes pour transporter l'eau. Elle abrite aussi le siège du parc national de la Majella. Notez, l'église San Francesco (XIIIe s.), prolongée par un joli cloître médiéval. *À 27km au sud-est de Chieti par la SS81*
Duomo La cathédrale Santa Maria Maggiore, construite (XIIe-XIVe s.) selon les canons de l'art roman, abrite également un musée d'art sacré : collection d'objets de culte, de parements et de statues du haut Moyen Âge (XVe s.).
Museo del Duomo *Visites sur demande Tél. 0871 831 44 ou 348 362 02 21 Ouvert juil.-mi-sept. : sam.-dim. 16h-19h30*

CARNET D'ADRESSES

Restauration

petits prix

Nino è ristorante Chez Nino, on sert de délicieuses pizzas tous les soirs (5-6€), filets de morue le mardi et différents types de poissons le vendredi. L'agneau rôti au four accompagné de pommes de terre sautées (l'une des spécialités) est en revanche toujours au menu. *Via Principessa di Piemonte, 7* ***Chieti*** *Tél. 0871 637 81 www.ninoristorante.it Ouvert mar.-sam. 12h-15h et 19h-22h, dim. 12h-15h Fermé dernière semaine de juil. et première d'août*

Grotta del Cavallone La salle est assez froide, mais à l'heure du coup de feu, elle s'emplit des conversations animées des clients, réunis autour d'un duo de l'Adriatique (espadon, anchois marinés) ou des *sagnacce chietine* – des pâtes au ragoût de viande saupoudrées de parmesan et de petits piments. L'agneau est la viande reine, qu'accompagne à merveille un Cerasuolo d'Abruzzo DOC, un rouge vif et sec. Autour de 25€. *Largo Barbella, 7* **Chieti** *(dans une rue du centre historique parallèle au corso Marrucino) Tél. 0871 33 02 12 Ouvert haute saison : tlj. 12h-15h30 et 19h-23h30 ; basse saison : mar.-dim. 12h-15h30 et 19h-23h30*

Dans les environs

prix moyens

Osteria La Lumaca Le carpaccio de bœuf ou les viandes braisées ont fait la réputation de La Lumaca... Les gourmands couronneront sûrement le repas d'un savoureux dessert maison comme la *pannacotta* au chocolat... Jolie carte de vins. Comptez environ 25-30€. *Via delle Caserme, 51* ***Pescara*** *Tél. 085 451 08 80 Ouvert lun.-ven. 12h30-14h30 et 18h30-23h30, sam. 18h30-23h30*

Taverna 58 L'une des meilleures tables de Pescara se trouve à quelques pas du musée D'Annunzio. Au menu, produits traditionnels, saupoudrés d'une touche de fantaisie. L'*antipasto* comprend des charcuteries et des fromages locaux, comme le fromage au lait cru de Rivisondoli et le *pecorino marcetto*. Parmi les *primi*, la *chitarrina* aux champignons et truffes d'Aquila, une délicieuse variante des macaronis *alla chitarra* (la *chitarra* comptant parmi les ustensiles les plus caractéristiques des maisons abruzzaises, utilisé pour préparer des macaronis carrés). Et, en dessert, ne pas manquer le sabayon chaud au marsala. Belle carte des vins. Comptez environ 25-35€. *Corso Manthonè, 46* **Pescara** *Tél. 085 69 07 24 www.taverna58.it Ouvert lun.-jeu. 12h30-14h30 et 18h30-23h30, ven.-sam. 18h30-23h30 Fermé août*

Ristorante Santa Chiara Ce restaurant reputé propose des recettes composées exclusivement de produits issus du parc national de la Majella. Vous y trouverez donc des pâtes accommodées de "légumes oubliés" (panais, courges...) ou d'autres délices frais aux noms intraduisibles. Comptez environ 30-35€. *Via Roma, 10* ***Guardiagrele*** *Tél. 0871 80 11 39 www.parks.it/ris/santa.chiara Ouvert mer.-lun. 10h30-15h30 et 18h-23h*

Hébergement

Dans les environs

petits prix

B&B Il Cerchio e la Botte Les chambres fraîches de cette belle maison rurale bâtie au XIXe siècle se prolongent d'une grande terrasse commune qui offre une vue splendide sur les collines de Francavilla et sur une petite piscine en contrebas.

GAMME DE PRIX	RESTAURATION	HÉBERGEMENT
Très petits prix	moins de 15€	moins de 55€
Petits prix	de 15 à 25€	de 55 à 75€
Prix moyens	de 25 à 40€	de 75 à 110€
Prix élevés	de 40 à 60€	de 110 à 160€
Prix très élevés	plus de 60€	plus de 160€

Comptez 40€/pers. *Contrada Santa Cecilia, 36* **Francavilla al Mare** *(à 16km au nord-est de Chieti, à 2km de la sortie Pescara sud-Francavilla de l'A14) Tél. 0854 91 90 89 ou 335 42 51 38 www. ilcerchioelabotte.it Ouvert mars-déc.*

ISERNIA

86170

"È un paese molto tranquillo", vous répond-on quand vous vous étonnez du calme qui règne sur le corso Marcelli d'Isernia. Il ne se passe peut-être pas grand-chose dans cette ville mais, de par sa situation, au cœur du Haut-Molise, elle offre un parfait point de départ pour découvrir les richesses méconnues de ce territoire montagneux : la magnifique abbaye bénédictine de San Vincenzo, la cité samnite de Pietrabbondante, l'antique Sæpinum romaine. Quelle que soit votre destination, vous traverserez des paysages sauvages, des villages hors du temps et plusieurs *tratturi*, d'anciennes voies de transhumance qui quadrillent le pays.

LES SAMNITES, UN PEUPLE GUERRIER Leur bravoure forçait l'admiration des Romains, auxquels ils avaient fait subir une cuisante défaite lors de la bataille des Fourches Caudines. Ce peuple italique divisé en quatre tribus régnait sur le sud des Abruzzes, le Molise et une partie de la Campanie entre le VIe et le IIIe siècle av. J.-C. Parmi eux, les Pentri s'étaient installés dans le Haut-Molise, où ils fondèrent leur capitale sur les pentes du Caraceno, cf. Santuario di Pietrabbondante (p.421). Plusieurs guerres les opposèrent à Rome au début de son expansion territoriale. Soumis définitivement vers 290 av. J.-C., ils se soulevèrent en masse lors de la guerre Sociale (90-82 av. J.-C.), durant laquelle les peuples italiques du Sud se coalisèrent contre la puissance romaine. Peine perdue, Sylla les écrasa en 82 av. J.-C.

MODE D'EMPLOI

accès

EN VOITURE
À 76km au sud de Sulmona, à 100km à l'ouest de Termoli et à 112km à l'est de Naples.

EN TRAIN
Quelques trains directs pour Rome et Naples, train régional pour Sulmona et Termoli (*via* Campobasso).

EN CAR
Réseau étendu. Départ devant la gare, sur la piazza della Repubblica.
Autoservizi Cerella Pour Naples et Rome. *Tél. 0873 39 11 68 www.autoservizicerella.it*
ATM Dessertes locales (Campobasso, Termoli...). *Tél. 0874 650 50 www.atm-molise.it*

orientation

La ville s'est développée tout en longueur sur une colline bordée par deux rivières. Le centre ancien est traversé par le corso Marcelli.

informations touristiques

AAST *Piazza Bega* ***Termoli*** *(près de la gare) Tél. 0875 70 39 13 Ouvert mar. et jeu.-ven. 8h-14h, lun. et mer. 8h-14h et 15h-18h,*
EPT *Via Farinacci, 9* ***Isernia*** *Tél. 0865 39 92 Ouvert lun.-sam. 8h-14h*

fêtes et manifestations

Sagra dei Misteri C'est la fête la plus connue du Molise. Elle consiste en une longue procession de tableaux vivants représentant des événements sacrés et des miracles. Les participants, costumés, sont suspendus à des structures métalliques dans des compositions définies au XVIIIe siècle. *À Campobasso Jour de la Fête-Dieu (juin)*
La Ndocciata Dans ce village du Haut-Molise, les hommes défilent à Noël en portant sur leurs épaules d'immenses flambeaux (les *ndocce*) réalisés avec des branchages de sapin, jusqu'à l'église Saint-Antoine. *À Agnone Le 24 décembre*

DÉCOUVRIR

☆ **Les essentiels** L'abbaye San Vincenzo al Volturno, la cité romaine d'Altilia Sæpinum **Découvrir autrement** Admirez la crypte de l'abbaye San Vincenzo al Volturno, visitez le site samnite de Pietrabbondante

Isernia

Meurtrie par des tremblements de terre et par les bombardements de la Seconde Guerre mondiale, Isernia a perdu la majeure partie de ses monuments anciens, mais elle s'enorgueillit du titre de "plus vieux site d'occupation humaine connu en Europe" depuis la découverte de l'*Homo æserniensis*.

Museo Nazionale del Paleolitico Hébergé dans un ex-monastère bénédictin, ce musée expose la fabuleuse découverte paléontologique faite en 1979 à la lisière d'Isernia. Des travaux de voirie ont mis au jour un site préhistorique témoignant d'une présence humaine vieille de 730 000 ans. Les ustensiles et os d'animaux exhumés ont permis de reconstituer le milieu et les conditions de vie de notre ancêtre, l'*Homo erectus*. Une partie de ces précieuses "reliques" a été transférée dans ce musée. La zone de fouilles, au lieu-dit La Pineta, est également ouverte à la visite, mais elle n'est signalée par aucun panneau. Suivre la via Giovanni XXIII après la voie de chemin de fer sur la droite. *Corso Marcelli Tél. 0865 41 05 00 Ouvert mar.-dim. 9h-19h Entrée 2€* **Site** *La Pineta Tél. 0865 41 35 26 (visites sur demande)*

Les environs d'Isernia

Museo Storico della Campana Les origines de la fonderie pontificale Marinelli remontent au Moyen Âge quand, en 1339, Nicodemo Marinelli réalise la première cloche pour l'église du village. Depuis, dans la famille Marinelli, on est fondeur de père en fils. L'entreprise propose la visite guidée de l'atelier de fabrication et d'un musée dédié à la cloche. Plus de 500 exemplaires, d'époques différentes, sont exposés avec leurs bons de commande, parfois très anciens. Aux murs, une série de photos rappelle la visite de Jean-Paul II à la fonderie et sa bénédiction de la cloche du jubilé au Vatican. *Via Felice d'Onofrio, 14* ***Agnone*** *(à 44km au nord d'Isernia) Tél. 0865 782 35 www.campanemarinelli.com* ***Visites guidées uniquement*** *(sur réservation) tlj. : août 11h, 12h, 16h, 17h et 18h ; le reste de l'année : 12h et 16h (dim. seulement 12h) Entrée 5€*

☆ **Abbazia di San Vincenzo al Volturno** Au XIIe siècle, un moine du nom de Giovanni rédige une chronique dans laquelle il raconte l'incroyable histoire de l'un des plus importants monastères de l'époque carolingienne : San Vincenzo al Volturno. Ce récit débute aux premières années du VIIIe siècle, quand trois nobles pieux décident de fonder un monastère bénédictin à la source de la rivière Volturno, sur les ruines d'une villa romaine. Charlemagne, en 787, leur accorde une série de privilèges qui favorisent l'essor d'une véritable cité monastique. Le sanctuaire d'origine est transformé en lieu de résidence pour les moines et la construction d'une plus grande église, San Vincenzo Maggiore, est engagée. En 881, une attaque inattendue des Arabes réduit en cendres l'abbaye, mais, au siècle suivant, les moines relèvent les ruines et le complexe monastique connaît un second âge d'or jusqu'en 1070. L'excellent état de conservation de cette abbaye plantée en pleine nature donne à sa visite un réel intérêt. *À 25km au nord-ouest d'Isernia Tél. 339 697 28 03* ***Crypte*** *Visite guidée sur rdv uniquement Entrée libre*
Visite Chaque pièce (cuisine, réfectoire, cellier...) a conservé de nombreux témoignages de son utilisation d'origine. Mais le plus grand trésor concerne la crypte dite d'Epifanio, du nom de l'abbé (824-842) qui porta le monastère à son apogée. La crypte est entièrement décorée de fresques du IXe siècle encore d'une grande fraîcheur. Elles relatent la lapidation de saint Stéphane, la mort sur le gril de saint Laurent et la crucifixion de Jésus. L'abbé Epifanio est représenté à genoux devant la Croix. Les archéologues vous guideront si vous prenez rendez-vous. Avant de repartir, allez faire un tour au village voisin de San Vincenzo, au caractère authentique. Perché sur une colline, il offre une vue ravissante sur la vallée, un lac artificiel et le massif des Mainarde.

☺ **Santuario di Pietrabbondante** Dans les environs de Pietrabbondante, sur le mont Caraceno, vous pourrez admirer les ruines enchanteresses d'un important site samnite fondé au milieu du IIIe siècle av. J.-C., qui aurait été le centre politique et sacré de ce peuple italique, avant d'être détruit par Hannibal en 217 av. J.-C. Les temples et le théâtre que vous voyez datent d'une époque ultérieure. Le **théâtre** (IIe s. av. J.-C.), dont la forme est inspirée de l'architecture grecque, retient l'attention. Épousant la pente de la colline, il est composé de cinq rangées circulaires de gradins. Mais, à la différence du modèle antique, il s'appuie sur un mur de remblai en arc de cercle. Les Samnites ne profitèrent pas très longtemps de son acoustique et de son panorama sur la plaine : ils seront écrasés par le général romain Sylla en 82 av. J.-C. lors de la guerre Sociale. ***Pietrabbondante*** *(à 30km au nord d'Isernia) Tél. 0865 761 29 Ouvert mar.-dim. 10h-15h30 Entrée 2€*

☆ **Altilia Sæpinum (Sepino)** On s'attend à pénétrer en un lieu désolé, aux ruines muettes, et c'est tout le contraire. Des paysans continuent d'habiter sur le domaine de l'ancienne cité romaine du Ier siècle av. J.-C. et d'y entretenir des vergers. Les époques se juxtaposent et parfois s'entremêlent. Des bâtisses médiévales construites avec des pierres et des fragments de colonnes provenant du site antique sont postées à proximité des anciennes portes de la ville et du forum. Le théâtre, qui pouvait accueillir 3 000 personnes, est bordé par un long corps de ferme du XVIIIe siècle épousant la forme elliptique de la *cavea*. L'antique Sæpinum romaine fascine car elle a toujours été habitée. Bâtie au pied de la colline de Terravecchia, sur les vestiges d'un site samnite à la jonction d'importantes voies de communication, cette cité prospère vivait du commerce et des échanges. L'enceinte, qui comprenait 29 tours de guet, a été élevée au Ier siècle ap. J.-C. et percée de quatre portes d'entrée monumentales. Le forum, au croisement du *decumanus* et du *cardo maximus*, occupe un immense espace de 1 400m². Il suffisait de traverser la rue pour se rendre aux thermes. Le côté nord-ouest est fermé par la basilique, dont il subsiste une série de colonnes. Ce lieu bucolique s'apprécie surtout en fin de journée, quand une lumière mordorée éclaire la pierre. *À 46km au sud-est d'Isernia Ouvert hiver : mar.-dim. 9h-14h et 14h30-16h30 ; été : mar.-dim. 10h-15h et 15h30-18h Accès libre* **Musée** *Tél. 0874 79 02 07 Entrée 2€*

Sur la côte adriatique

☺ **Termoli** Cet ancien village de pêcheurs posté sur un promontoire rocheux s'est métamorphosé en une station balnéaire très prisée. Si les constructions modernes ont poussé comme des champignons sur le front de mer, le quartier historique, autour du château et du port de pêche, a été heureusement épargné. Le château a été fortifié au XIIIe siècle par Frédéric II, qui fut aussi l'instigateur du rempart entourant la vieille ville. Au XVIe siècle, des modifications permirent de l'adapter aux nouvelles techniques militaires. À deux pas, dans un écheveau de ruelles tortueuses, se dresse la façade, d'un blanc éclatant, du **Duomo**. Fondé au XIIIe siècle, celui-ci emprunte de nombreux éléments à l'art roman des Pouilles. Sur la lunette du portail central est sculptée la *Présentation au Temple* de la Vierge. Le sanctuaire est dédié à saint Basso, fêté le 3 août par une procession sur la mer. En contournant ce rocher fortifié surplombant l'Adriatique, vous arriverez au port où les touristes embarquent pour les îles Tremiti (p.456). *À 100km au nord-ouest d'Isernia*

● **Aller à la plage en Molise** Au nord de Termoli, se déroulent de longues plages de sable épargnées par les lidos et les constructions. Juste avant d'arriver à Petacciato Marina, une pinède fait écran à la route et plante un décor agréable pour la baignade. *Entre Termoli et Petacciato Marina (direction principale : Vasto)*

CARNET D'ADRESSES

Restauration

petits prix

Osteria del Paradiso Au pied de la cathédrale, sa façade rustique augure du contenu des assiettes : les recettes sont préparées à partir de produits traditionnels, comme le *misto Patraterne* (Père éternel) composé de charcuteries (saucisses sèches, jambon, lardons...), d'asperges frites, d'oignons d'Isernia (grande spécialité locale) et de fromages du cru (5€). *Via Occidentale, 2* ***Isernia*** *Tél. 0865 41 48 47 Ouvert lun.-sam. 12h30-15h et 20h-23h, dim. 12h30-15h*

Dans les environs

prix moyens

Osteria dentro le Mura À l'écart du flux compact des promeneurs, cette *osteria* du Borgo Vecchio dresse quelques tables dans une petite cour à proximité de la cathédrale. Sur l'ardoise, le choix se limite à deux ou trois plats. L'accent est mis sur les poissons et les fruits de mer, toujours d'une grande fraîcheur. La cuisine est simple et savoureuse. Comptez environ 35-38€. *Via Marinucci, 36* ***Termoli*** *Tél. 0875 70 59 51 Ouvert été : lun.-sam. 20h-23h ; hiver : lun. 20h-23h, mar. et jeu.-sam. 12h30-14h30, dim. 12h30-14h30*

Bar Ristorante da Casciano Ici, on ne fait pas de manières et tout se joue dans l'assiette, pas dans le cadre. Ainsi, on déjeune d'un risotto à la truffe locale, d'une poêlée de cèpes cueillis dans les sous-bois ou d'une *scamorza* grillée au *prosciutto* fabriquée à Agnone. *Via Marconi, 26* ***Agnone*** *(près du musée des Cloches) Tél. 0865 78 311 Ouvert mer.-lun. midi et soir Fermé 1 sem. en oct.*

Miseria e Nobiltà Au pied du Castello Monforte, dans un cadre mariant la pierre aux poutres, ce restaurant élégant propose une cuisine inventive. Les mélanges de saveurs salées-sucrées et les légumes, généralement les parents pauvres de la cuisine de terroir, sont au programme. Bref, cette adresse satisfera tous ceux qui ont envie de découvrir de nouveaux horizons. *Via Sant'Antonio Abate, 16* ***Campobasso*** *Tél. 0874 942 68 www.ristorantemiseriaenobilta.it Ouvert lun.-sam. 12h45-14h30 et 19h45-22h30 Fermé dernière sem. de juil. et première sem. d'août*

Hébergement

petits prix

Antica Dimora 191 Parmi les beaux palais qui jalonnent le corso Marcelli, la rue principale de la ville, celui du n°191 accueille quelques unes des 12 chambres de cet ancien B&B, devenu *albergo diffuso* (hôtel

GAMME DE PRIX	RESTAURATION	HÉBERGEMENT
Très petits prix	moins de 15€	moins de 55€
Petits prix	de 15 à 25€	de 55 à 75€
Prix moyens	de 25 à 40€	de 75 à 110€
Prix élevés	de 40 à 60€	de 110 à 160€
Prix très élevés	plus de 60€	plus de 160€

"diffus", "éparpillé"). Douillettes, décorées dans un style classique, elles sont résolument charmantes. Comptez 75€ pour une double. Petit déjeuner inclus à consommer dans l'un des quatre cafés conventionnés. *Corso Marcelli, 191* ***Isernia*** *Tél. 0865 41 05 47 ou 348 524 85 27 www.antica dimora191.com*

Residenza Sveva Encore un *albergo diffuso*. Coquet et moderne, il dispose de 21 chambres, éparpillées dans 5 palais du centre. Comptez 140€ la double avec petit déjeuner. Accès à une plage privée de juin à septembre inclus dans le prix. *Piazza Duomo, 11* ***Termoli*** *Tél. 0875 70 68 03 www.residenzasveva.com*

Dans les environs

petits prix

Locanda La Campana Cette belle maison en pierre du centre historique d'Agnone, édifiée sur deux niveaux, propose 2 chambres. Chacune d'elle, décorée simplement, peut accueillir jusqu'à 4 personnes. Le style est à la fois rustique et moderne, sans rien sacrifier au confort. Comptez 80€ pour une double avec petit déjeuner (réduction de 10% pour séjours supérieurs à 3 nuits). *Vicolo Polito, 15/17* ***Agnone*** *Tél. 338 843 59 67 www.locandalacampana.com*

prix moyens

Locanda Alfieri Cet *albergo diffuso* dispose de 10 chambres, 4 dans le bâtiment principal et 6 autres disséminées à l'entrée du petit centre historique – 4 d'entre elles ont été rénovées dans un style résolument frais et méditerranéen et disposent d'une vue sur la mer. Comptez de 95 à 115€ la double avec petit déjeuner. *Via Duomo, 39* ***Termoli*** *Tél. 0875 70 81 12 www.locandalfieri.com*

GAMME DE PRIX	RESTAURATION	HÉBERGEMENT
Très petits prix	moins de 15€	moins de 55€
Petits prix	de 15 à 25€	de 55 à 75€
Prix moyens	de 25 à 40€	de 75 à 110€
Prix élevés	de 40 à 60€	de 110 à 160€
Prix très élevés	plus de 60€	plus de 160€

LES POUILLES

V

Roma
L'Aquila
Bari
Napoli
Matera
Cosenza
Reggio
PESCARA
S16ter
S16
Serracapriola
ISOLE TREMITI
Lesina
Poggio Imperiale
I. PIANOSA
Apricena
L. DI LESINA
S. Severo
Sannicandro Garganico
Torre Mileto
PARCO NAZIONALE DEL GARGANO
S160
Lucera
Troia
S. Marco in Lamis
L. DI VARANO
S89
Rodi Garganico
Cagnano Varano
Foggia
CANDELARO
TAVOLIERE
A14
S90
S. Giovanni Rotondo
Peschici
Vico d. Gargano
Manacore
San Leonardo di Siponto
Monte S. Angelo
FORESTA UMBRA
S655
CERVARO
Santa Maria di Siponto
Manfredonia
P52
Vieste
NAPOLI
S544
Mattinata
P53
TESTA DEL GARGANO
PUGLIA
Zapponeta
BAIA DELLE ZAGARE
A16
S545
S159
GOLFO DI MANFREDONIA
Cerignola
SALINE
OFANTO
Margherita di Savoia
Canosa di Puglia
Canne
MER ADRIATIQUE
Minervino Murge
S98
Barletta
S97
Andria
Spinazzola
Castel d. Monte
Trani
S170
Corato
Bisceglie
S16b
Ruvo di Puglia
Molfetta
S378
Giovinazzo
S96
Gravina in Puglia
LE MURGE
Bitonto
Altamura
Bari
Bitetto
Modugno
DUBROVNIK
S99
S171
Cassano d. Murge
Matera
Adelfia
S634
BRINDISI, LECCE
BAR
S271
Casamassima
S7
Santeramo in Colle
A14
TARANTO
S100
Rutigliano
Mola di Bari
N
20 km

LES POUILLES

BARI

70100

Chef-lieu de la région Pouilles, Bari a longtemps souffert d'une mauvaise image. Elle serait d'abord, après Naples, l'agglomération la plus dangereuse d'Italie – titre qu'elle doit à la présence d'une délinquance mafieuse. Ensuite, tels d'autres ports de la côte est, elle sert de zone de transit à des milliers de *boat people* en provenance d'Albanie, du Kurdistan ou d'Afrique du Nord. Pourtant, vous découvrirez ici un lieu étonnamment agréable. Un important désenclavement autoroutier, vers Naples et vers le nord, a accompagné la réhabilitation de certains secteurs désertés, valorisant ainsi un patrimoine culturel unique. Aujourd'hui, Bari peut se targuer d'avoir transformé un centre historique jusque-là négligé en l'un des quartiers les plus prisés des Baresi. Ses ruelles tortueuses contrastent avec la ville moderne, tout aussi plaisante, dont les artères coupées au cordeau sont l'héritage de Joachim Murat en 1813, vice-roi napoléonien.

L'HÉRITAGE DES CROISADES Ouverte sur l'Adriatique, tournée vers l'Orient, Bari est héritière de la tradition des croisades, engagées sur son sol dès le XIe siècle. Le 9 mai 1087, 62 marins de retour de Myra (Asie Mineure) rapportent les précieuses reliques de saint Nicolas, ancien évêque de la ville au IVe siècle, qui se voit alors ériger une cathédrale à Bari. Cet événement n'est pas exceptionnel à une époque où nombre de villes maritimes se lancent dans le commerce avec l'est, sous l'emblème de leur saint patron. Aujourd'hui, Bari cultive encore ce rôle de "passeur" entre Orient et Occident et organise chaque année en septembre, depuis 1930, une grande foire commerciale : la Fiera del Levante.

MODE D'EMPLOI

accès

EN AVION

L'aéroport de Bari assure plusieurs vols quotidiens pour Rome et Milan. Pour vous rendre dans le centre-ville, vous pouvez prendre un taxi (environ 30-40€) ou une navette jusqu'à la gare centrale (Autobus Tempesta, tarif 4,20€) ou un bus local, Amtab

Tableau kilométrique

	Lucera	Bari	Trani	Alberobello	Ostuni
Bari	153				
Trani	109	51			
Alberobello	214	64	115		
Ostuni	230	81	131	32	
Lecce	301	151	202	112	76

n°16 (0,90€), qui rejoint aussi le centre-ville, mais c'est plus long.
Aeroporto di Bari-Palese *À 11km au nord de Bari Tél. 080 580 02 00 www.aeroportidipuglia.it*

EN TRAIN

Bari est reliée aux principales villes italiennes et des Pouilles.
Stazione FS (plan 20, A4-B4) *Piazza Aldo Moro www.trenitalia.com*

EN CAR

Autolinee Marino (plan 20, A4-B4) Liaisons avec Barletta, Trani... *Piazza Aldo Moro, 15 Tél. 080 311 23 35 ou 199 80 01 00 www.marinobus.it*
Autolinee Marozzi (plan 20, B4) Liaisons Lecce, Brindisi, Otrante, Gallipoli...*(billets en vente à l'agence ATS derrière la gare) Via Giuseppe Capruzzi, 224/c Tél. 080 556 24 46 www.marozzivt.it*
Autolinee Scoppio (plan 20, B4) Liaisons pour Brindisi, Lecce, Tarente, Foggia... (départs et arrivées à Bari, place de la gare). *Via Giuseppe Capruzzi, 290 Tél. 080 542 82 80 www.autolineescoppio.it*

EN VOITURE

L'A14 relie Bari au nord de l'Italie (*via* Foggia) et s'achève, au sud, à quelques kilomètres de Tarente. L'A16 relie Naples à Canosa di Puglia, à une soixantaine de kilomètres au nord de Bari.

orientation

La gare, piazza Aldo Moro (plan 20, A4-B4), limite d'un côté la ville moderne, quadrillée, tandis que le corso Vittorio Emanuele (plan 20, A2-B2) l'enserre de l'autre côté. Au nord de ce dernier, débute le centre historique, en forme de triangle.

marché et fête

Festa di San Nicola Des processions ont lieu sur la mer et à travers les rues pour le patron de Bari, dont les reliques sont conservées dans la basilique San Nicola. *Les 7-9 mai*
Mercato (plan 20, B2) Un marché de quartier déploie ses étals du lundi au samedi sur la piazza del Ferrarese.

informations touristiques

Puglia Promozione (plan 20, B4) *Piazza Aldo Moro, 33/a (face à la gare) Tél. 080 524 23 61 www.viaggiareinpuglia.it Ouvert été : lun.-sam. 9h-19h, dim. 9h-13h ; hiver : lun.-sam. 9h30-13h et 16h30-19h, dim. 9h-13h*
Info Point (plan 20, B4) Un kiosque d'informations touristiques, face à la gare. *www.infopointbari.com Ouvert été : tlj. 9h-19h ; hiver : tlj. 9h-13h et 16h-19h*

taxis

Radio Taxi Nuova *Tél. 080 554 33 33*
Apulia Taxi *Tél. 080 534 66 66*

poste

Poste (plan 20, B4) *Piazza Umberto I, 31-33 (à côté de l'université) Ouvert lun.-ven. 8h45-19h10, sam. 8h25-12h35*

DÉCOUVRIR

☆**Les essentiels** La basilique Saint-Nicolas, la cathédrale Saint-Sabin, le bourg de Conversano **Découvrir autrement** Rendez-vous en barque à la Grotta Palazzese de Polignano a Mare

Bari

La vieille ville

☺ **Centro Città (plan 20, A2-B2)** La promenade la plus charmante de Bari. Commencez votre balade, face à la mer, le long du mur d'enceinte qui relie le fortin Sant'Agostino au château. On y accède par la piazza Mercantile, le centre commerçant de jadis, désormais sympathique rendez-vous des jeunes gens à la nuit tombée. La place est bordée de quelques insignes *palazzi* : le bâtiment de la Douane et, surtout, le Palazzo del Sedile dei Nobili, qui accueillait le conseil municipal au début du XVIIe siècle (aujourd'hui propriété privée). À côté du Sedile se dressent une colonne et un lion sculpté (la "colonne infâme" et le "lion de la Justice") : ils rappellent qu'on ligotait ici bandits, ruinés et usurpateurs.

☆ **Basilica di San Nicola (plan 20, A1-B1)** La basilique, bien plus importante que la cathédrale, a été construite pour accueillir les reliques du saint patron, Nicolas, rapportées de Myra (Asie Mineure) en 1087 par 62 marins de Bari. La crypte a été consacrée en 1089, mais l'ensemble ne sera achevé que plus d'un siècle plus tard, en 1197. Exemple le plus emblématique du style roman apulien, l'édifice mêle plusieurs influences architecturales. L'imposante façade à trois portails se dresse dans la cour de l'ancien palais du gouverneur byzantin (Corte del Catapano), en fonction à Bari du Xe au XIIe siècle. Aux trois portails répondent trois nefs intérieures, dont la sobriété n'est rompue que par un plafond doré ajouté au XVIIe siècle. Remarquez le ciborium et, derrière, le magnifique trône épiscopal d'Élie (du nom du premier évêque), daté de 1105 et très influencé par l'art byzantin, tout en marbre, posé sur un "tapis" de mosaïque. Les absides latérales renferment quelques beaux tableaux des écoles toscanes et ombriennes du XVe siècle, tandis que l'abside centrale est dominée par le tombeau de Bona Sforza di Polonia, duchesse de Bari (fin du XVIe s.). Dans la crypte, vous observerez de près les détails des chapiteaux des colonnes (romans et byzantins). Un autel de pierre garde les reliques de saint Nicolas, vénérées par de nombreux pèlerins venant même des Balkans ou de Russie, notamment à l'occasion de la fête de saint Nicolas, du 7 au 9 mai.
Piazza San Nicola Tél. 080 573 71 11 Ouvert lun.-sam. 7h-20h30, dim. 7h-22h

LA LÉGENDE DE SAINT NICOLAS
Inspirateur du personnage du père Noël, saint Nicolas est avant tout le protecteur des enfants (il aurait ressuscité trois enfants coupés en morceaux et mis au saloir par un boucher), mais aussi celui des femmes à marier et des marins.

☆ **Duomo di San Sabino (plan 20, A2)** La cathédrale San Sabino, édifiée entre 1170 et 1178 sur les vestiges de l'ancienne cathédrale byzantine, a retrouvé son style roman d'origine après une restauration qui a effacé les ajouts baroques ultérieurs. La première église avait été entièrement rasée par Guillaume le Mauvais, en réponse à un mouvement de rébellion des habitants. De l'église primitive, subsistent une chaire reconstituée et un trône épiscopal derrière le ciborium. La crypte conserve, outre les reliques de saint Sabin (autre saint patron de Bari), l'icône byzantine de la Madone Odegitria ("celle qui montre le chemin"), probablement rapportée d'Orient au VIIIe siècle. Levez les yeux et partez à la recherche du bestiaire étrange (monstres, dragons à écailles, serpents, sphinx...) ornant la façade, les fenêtres (notamment celle de l'abside), la rosace et les portails. *Piazza dell'Odegitria Tél. 080 521 06 05 Ouvert tlj. 8h-12h30 et 16h-19h30*

Museo del Duomo (plan 20, A2) Le palais épiscopal abrite un musée de la Cathédrale, connu pour sa remarquable collection de parchemins, en particulier l'*Exultet* (lu à Pâques), qui atteste une tradition en vigueur dans tout le sud de l'Italie entre les Xe et XIIIe siècles : le parchemin, richement illustré et coloré, était déroulé depuis le haut de l'ambon par le diacre qui lisait le texte, écrit à l'envers par rapport aux illustrations, celles-ci restant visibles pour les fidèles. *Largo San Sabino, 7 Tél. 080 521 00 64 Ouvert tlj. 9h30-12h30 et 16h30-19h30*

Castello (plan 20, A2) On doit à Frédéric II (1220-1250) d'avoir fortifié la côte des Pouilles, depuis le promontoire du Gargano jusqu'à Otrante. Ce roi bâtisseur était davantage porté sur les châteaux forts que sur les cathédrales, au grand dam de l'Église, qui l'excommuniera après qu'il a failli à sa promesse de partir en croisade une fois couronné ; il finira par céder aux injonctions de l'Église et gagnera la Terre sainte en 1228. Quadrilatère posé au bord de la mer depuis le XIIIe siècle, le château a été élevé sur les vestiges d'une ancienne citadelle normande. Au début du XVIe siècle, la duchesse Isabelle d'Aragon en fait sa résidence, l'agrandit et le renforce de bastions aux angles et de remparts. Avec les Bourbons, commence une longue période de décadence, qui voit le château servir d'abord de caserne, puis de prison. Aujourd'hui, il abrite une glyptothèque, qui conserve les moulages en plâtre des plus importants monuments régionaux, conçus pour l'Exposition universelle de Rome de 1911. *Piazza Federico II di Svevia Tél. 080 528 62 60 www.castellipuglia.org Ouvert jeu.-mar. 8h30-19h30 Entrée 3€*

● Où acheter des biscottes *pugliesi* ?

Antico Panificio Fiore (plan 20, B2 n°30) À deux pas de l'église du Gesù, à l'ombre d'un arc, ce *forno* occupe les murs d'une ancienne église datée de l'an 1000. Vous pourrez y acheter des pains de toutes sortes (y compris les fameuses biscottes *pugliesi*, que l'on mouille avant de les assaisonner d'un filet d'huile d'olive et de sel), des fougasses... *Via Palazzo di Città, 38 Tél. 080 523 62 90 Ouvert lun.-mer. et ven.-sam. 8h-14h et 17h-20h30, jeu. 8h-14h Période de Noël ouvert tlj.*

La ville moderne

Le corso Vittorio Emanuele (plan 20, A2-B2) trace la frontière de deux univers : d'un côté le labyrinthe des ruelles de la vieille Bari, de l'autre un échiquier presque parfait de rues, *palazzi* Liberty (Art nouveau), boutiques chics... Le Borgo Nuovo, ou Borgo Murattiano, voulu par Joachim Murat au début du XIXe siècle, porte aussi l'empreinte de l'architecture néoclassique (vers la fin du XIXe s.). Quelques bâtiments sont à voir : à la sortie de la gare (plan 20, B4), après la piazza Aldo Moro, s'ouvre la piazza Umberto I, avec l'Ateneo (1887), siège de l'université, et le **Musée archéologique** (fermé

Plan 20 Bari

PORTO NUOVO
Piazzale C. Colombo
Molo S. Vito
DOGANA
SANTA SCOLASTICA
Piazza S. Pietro
PORTO SEN. ANTONIO DE TULLIO
SAN FRANCESCO DELLA SCARPA
S. MARIA DEL BUON CONSIGLIO
CAMPANILE DELL' ANNUNZIATA
Lungomare Imperatore Augusto
MER ADRIATIQUE
S. CHIARA
S. GREGORIO
Piazza S. Nicola
BASILICA SAN NICOLA
Largo Abate Elia
S. MARCO DEI VENEZIANI
Corso Antonio de Tullio
Strada S. Vito
CENTRO STORICO
DUOMO SAN SABINO
CHIESA DEL GESÙ
30
Corso V. Veneto
CASTELLO
Piazza dell'Odegitria
Largo S. Sabino
FORTINO SANT'AGOSTINO
Molo Sant'Antonio
14
Piazza Mercantile
PALAZZO DEL SEDILE DEI NOBILI
FARO SANT'ANTONIO
Piazza Federico II
S. TERESA DEI MASCHI
Via S. Francesco d'Assisi
S. MICHELE
Lung. Imperatore Augusto
PORTO VECCHIO
Piazza Massari
S. BENEDETTO
PALAZZO DEL GOVERNO
Largo Chiurlia
10
Piazza del Ferrarese
Via Villari
TEATRO MARGHERITA
PIAZZA GARIBALDI
Piazza Libertà
Corso Vittorio Emanuele
Molo S. Nicola
Corso Vittorio Emanuele
TEATRO PICCINNI E MUNICIPIO
Largo IV Novembre
13
22
23
Via Niccolò Piccinni
Via Andrea da Bari
Via Sparano da Bari
Via Argiro
Via Melo
31
Via B. Cairoli
Via Roberto da Bari
Via A. Gimma
Piazza Eroi del Mare
PINACOTECA PROVINCIALE
Via Quintino Sella
Via de Rossi
Via A. Gimma
Lungomare Nazario Sauro
Via Calefati
Corso Cavour
Via 24 Maggio
Via Calefati
SAN FERNANDINO
TEATRO PETRUZZELLI
Via Marchese di Montrone
Via Calefati
1
Via Putignani
Via S. Cognetti
Via Abbrescia
11
Via Putignani
Via Putignani
Via Principe Amedeo
Via Principe Amedeo
Via de Giosa
V. G. Bozzi
Via M. R. Imbriani
Via Principe Amedeo
Via Dante Alighieri
Via Dante Alighieri
Via Cardassi
Via A. Beatillo
Via Nicolai
Via de Rossi
Via Nicolai
ATENEO
Piazza Umberto I
POSTA CENTRALE
Via Marcello Celentano
Via Davanzati
Piazza Cesare Battisti
Via Garruba
Via Garruba
MUSEO ARCHEOLOGICO
Via Sparano da Bari
Corso Cavour
Via Gian Giuseppe Carulli
Via P. Petroni
Piazza Balenzano
Via Quintino Sella
Via Crisanzio
Via Crisanzio
20-21
Via de Rossi
Via Supra
Via N. dell'Arga
S. ANTONIO
Piazza Luigi di Savoia
Piazza A. Moro
Corso Italia
Corso Italia
Via Caduti di Via Fani
Ponte 20 Settembre
Via Dieta di Bari
TARANTO
BRINDISI, LECCE
N
75 m
MOLFETTA
Via Giuseppe Capruzzi
A
B
1
2
3
4

pour restauration, il rouvrira au nord du centre historique). Les amateurs de foot iront voir (en périphérie, strada Torrebella) le **Stadio San Nicola**, dessiné par Renzo Piano pour le Mondial en 1990 et ressemblant à une soucoupe volante (58 000 places).

Teatri Trois théâtres dessinent un triangle entre le corso Cavour et le corso Vittorio Emanuele. L'un est le prestigieux **Teatro Petruzzelli** (1898-1903), sur le corso Cavour (plan 20, B3), dont la façade rouge pourpre a été ravagée par un incendie en 1991. Juste à l'entrée du vieux port, le **Teatro Margherita** (1914) affiche un style Liberty (plan 20, B2), et, sur le corso Vittorio Emanuele, le **Teatro Piccinni** (1854), encore actif, partage ses locaux avec l'hôtel de ville (plan 20, A3).

Lungomare Nazario Sauro (plan 20, B3) Le long du front de mer, quelques édifices illustrent l'architecture fasciste des années 1920-1930 : le Palazzo dell'Acquedotto Pugliese (1921), derrière le Teatro Petruzzelli, le Palazzo della Provincia (1935) – qui abrite la pinacothèque – et les pavillons de la Fiera del Levante (360 000m²), à l'ouest.

Pinacoteca provinciale (plan 20, B3) Musée très complet d'art et d'histoire des Pouilles, la pinacothèque de Bari couvre une longue période allant du Moyen Âge au début du XXe siècle. On y verra quelques belles toiles de Bellini, des frères Vivarini, de Véronèse, de Luca Giordano, du Tintoret... des sculptures, une vaste salle consacrée aux écoles napolitaine et méridionale du XIXe siècle ainsi qu'une pièce entière dédiée aux costumes (XVIIIe-XIXe s.) et aux vases et poteries de la manufacture de Grottaglie (fin XVIIIe-début XIXe s.). *Palazzo della Provincia Via Spalato, 19 Tél. 080 541 24 22 Ouvert mar.-sam. 9h-19h, dim. 9h-13h Fermé j. fér. Entrée 2,58€*

Où acheter des pâtes, du vin de la charcuterie ?

Il Salumaio (plan 20, A3 n°31) Cette épicerie fine rassemble les meilleurs produits de la *Terra di Bari* : vins, huiles, pâtes, fromages, charcuterie... Les pâtes artisanales sont conditionnées sous vide, ce qui vous permettra de les rapporter chez vous. *Via Niccolò Piccinni, 168 Tél. 080 521 93 45 www.ilsalumaio.it Ouvert lun. et mer.-sam. 8h-14h et 16h30-21h, mar. 8h-14h*

Où boire un verre, déguster une pâtisserie ?

Stoppani (plan 20, A3 n°1) Les vieilles dames et les enfants viennent chez Stoppani savourer gâteaux, confiseries et biscuits depuis 1860. À l'heure de l'apéro, le lieu se transforme en un bar très coté. *Via Roberto da Bari, 79/81 Tél. 080 521 35 63 Ouvert lun.-sam. 7h30-13h et 16h30-20h, dim. 7h30-13h30*

● Où manger sur le pouce une douzaine d'oursins ?

Mercato del Molo di San Nicola (plan 20, B3 n°14) Au marché pardi ! Juste à deux pas de la Città Vecchia, les pêcheurs y ouvrent oursins et moules tous les matins. Le *nec plus ultra* des saveurs des Pouilles. *Fermé en mars et juin (mois de reproduction des oursins)*

Les environs de Bari

À l'ouest de Bari

Bitonto Le centre historique, enchevêtrement de ruelles et de places, est émaillé d'églises et de bâtiments Renaissance. La cité doit également sa renommée aux oliviers, qui produisent une huile fameuse. *À 17km au nord-ouest de Bari par la S98*

S'INFORMER Très bien équipé, un point d'information touristique propose des visites guidées gratuites en italien des villages alentour. **IAT** *Palazzo Rogadeo Via G. Rogadeo, 52* ***Bitonto*** *Tél. 080 225 45 81 Ouvert lun.-sam. 8h30-20h30*

Cattedrale di Bitonto La cathédrale de Bitonto est, avec celles de Trani et de Bari, l'une de nos préférées, en raison de sa situation au cœur de l'un des centres historiques les mieux préservés des Pouilles. Consacrée à saint Valentin et inspirée de San Nicola de Bari, elle remonte au XIIIe siècle. Influences normandes, bénédictines et orientales se conjuguent ici dans une belle harmonie, où tranchent quelques audaces architecturales comme la loggia qui court tout le long des arcades sur les côtés. À l'intérieur, l'ambon, exécuté par Nicolaus en 1229, est l'un des chefs-d'œuvre du genre : le bas-relief serpentant sur le flanc de l'escalier représente sans doute Frédéric II et sa famille prêts à partir en croisade (la sixième, en 1228-1229). L'aigle sculpté avec raffinement dans la partie supérieure de l'ambon symbolise à la fois saint Jean et le pouvoir impérial. Un ensemble de monstres et d'animaux fantastiques orne les chapiteaux des colonnes de la crypte. *Tél. 080 375 21 00 Ouvert ven.-mer. 9h30-12h et 16h-19h, jeu. 16h-19h*

☺ **Galleria Nazionale della Puglia** Le palais Renaissance Sylos Calò, érigé en 1529, abrite une exceptionnelle collection : plus de 220 tableaux et 180 dessins allant du XVIe au XIXe siècle, dont quelques toiles de grands maîtres – Le Greco, Véronèse, Poussin, Delacroix, Luca Giordano... *Via Giandonato Rogadeo, 14* ***Bitonto*** *Tél. 080 09 97 08 www.gallerianazionalepuglia.beniculturali.it Ouvert jeu.-mar. 9h-20h Entrée libre*

Bitetto Outre l'impressionnant lacis de ruelles étroites de son centre historique, ce village est surtout connu pour abriter une très belle cathédrale romane. Sur sa façade sont gravées des scènes de la vie du Christ, similaires à celles que l'on peut observer à Altamura (p.435). *À 15km à l'ouest de Bari par la S96* **Cathédrale** *Ouvert tlj. 9h-12h et 16h30-19h*

Convento di Beato Giacomo À l'entrée du village, vous pourrez vous rendre à ce sanctuaire (1453), où vivent encore vingt frères. La dépouille de Giacomo le Bienheureux repose dans une chapelle à côté de l'église, du cloître et d'un

LES POUILLES

très joli jardin, tous ouverts à la visite. *Via Beato Giacomo, 2 Tél. 080 992 10 63 Ouvert lun.-sam. 7h-12h30 et 16h-21h30, dim. 7h30-12h45 et 16h-22h*

Altamura Abritant la seule cathédrale construite par l'empereur Frédéric II, Altamura mérite qu'on s'y arrête. Fondée à l'âge du bronze, la cité tombe sous le joug des Sarrasins ; c'est un souverain souabe qui la refonde en 1230, rassemblant à l'abri de ses hautes murailles (d'où son nom) une population de confessions diverses. *À 46km à l'ouest de Bari par la S96*

Cattedrale Commencée en 1232 sur le site de l'ancienne acropole, la cathédrale trahit plus ses origines angevines que souabes : elle dut être reconstruite après le séisme de 1316 et fut remaniée au XVIe siècle. De cette époque, datent les deux campaniles de pierre brune qui encadrent une rosace à quinze rayons (XIVe siècle). Observez les innombrables détails qui entourent le portail sculpté (XIVe-XVe siècle), représentant des scènes du Nouveau Testament et flanqué de deux lions, animaux caractéristiques du bestiaire artistique apulien.

LES POUILLES

Gravina in Puglia Comme un avant-goût de Matera, ville creusée dans la roche, Gravina se hisse au sommet d'un ravin troué de grottes. Elle est riche de nombreuses habitations troglodytiques reliées entre elles par des escaliers extérieurs, de jardins, où l'on croise des tombeaux, ainsi que de dizaines d'églises ornées de fresques. *À 61km au sud-ouest de Bari par la S96*

Cattedrale Cette somptueuse cathédrale romane du XIe siècle a été reconstruite au XVe siècle dans un style Renaissance. Admirez sur sa façade principale une rosace à 24 rayons puis, côté sud, le portail surmonté des figures sculptées de saint Pierre, saint Paul et du Christ ressuscité. Sous la cathédrale, se trouve l'église Santa Croce, connue sous le nom de *succorpo della Cattedrale*, qui a conservé des tombeaux (XVIe-XIXe s.) ainsi que des restes de fresques du XVe siècle. *Ouvert tlj. 9h-12h30 et 16h-19h Horaires variables, se renseigner auprès de l'association Benedetto XIII (cf. encadré)*

VISITES

L'**Association culturelle Benedetto XIII** gère les visites de la cathédrale et de l'église rupestre San Michele delle Grotte. *Piazza Notar Domenico* ***Gravina di Puglia*** *Tél. 080 325 11 46 ou 338 567 80 17 www.benedetto13.it Ouvert tlj. 9h-12h30 et 16h-19h*

San Michele delle Grotte Cette église, divisée en cinq nefs par des rangées de piliers, offre un très bel exemple de lieux de culte que choisirent les anachorètes et ascètes de rite grec orthodoxe. *Ouvert sur réservation auprès de l'association Benedetto XIII (cf. encadré)*

Fondazione Pomarici Santomasi Ettore Pomarici Santomasi, riche notable de Gravina ayant au cours de sa vie perdu ses trois fils, a fait don à sa mort en 1917 de tout ce qu'il possédait : calèches du XIXe siècle, majoliques des Abruzzes et de Campanie (XVIIe-XVIIIe s.), costumes de style Empire, mobilier baroque, armes et uniformes, 263 peintures de différentes écoles, 2 000 pièces archéologiques et préhistoriques retrouvées sur la colline de Botromagno, face à Gravina, et une bibliothèque de plus de 40 000 volumes ! Visite accompagnée d'un guide (italien, anglais). *Via Museo, 20 Tél. 080 325 10 21 www.fondazionesantomasi.it Ouvert lun.-ven. 9h-13h et 16h-19h, sam. 9h30-12h30 et 16h-19h, dim. 9h30-12h30 Entrée 3€*

Au sud de Bari

Mola di Bari Avec ses 25 000 habitants et ses milliers d'émigrés à New York, Mola c'est un peu "Brooklyn on mare", surtout lorsque les Italo-Américains débarquent en août ! Vous pourrez y flâner dans ses ruelles ou, le soir, sur son port envahi par les terrasses des trattorias. Mola possède deux importants monuments du XIIIe siècle, le **Castello Angioino**, construit pour résister aux attaques des pirates, et la très belle église **San Nicola di Bari** qui, remaniée au XVIe siècle, offre aujourd'hui un remarquable exemple d'architecture Renaissance. *À 23km au sud-est de Bari par la S16*

☆ **Conversano** C'est l'une des plus jolies bourgades des Pouilles. La **cathédrale**, juste à côté du monastère San Benedetto (XIe s.), remonte à la fin du XIe et au début du XIIe siècle. Si l'on doit aux Normands de l'avoir commencée, elle a subi de profonds remaniements au cours des siècles – agrandissements ou restaurations à la suite d'incendies. Dans la nef de gauche, jetez un coup d'œil à l'icône de la Madone de la Fontaine (XIIIe siècle), patronne de la ville. Dans celle de droite, remarquez le crucifix en bois du XVIe siècle. *À 33km au sud-est de Bari sur la S634, ou par la belle route du littoral S16 via Mola di Bari*

Castello et Pinacoteca Quelques familles vivent encore dans le château de Conversano et, lorsque vous visiterez les salles de la pinacothèque, vous entendrez peut-être le son d'un piano se mélanger aux cris des oiseaux. Possession des comtes de Conversano durant sept siècles, cet édifice militaire, qui conserve une tour carrée et une tour cylindrique, a été transformé en résidence entre le XVIIe et le XVIIIe siècle. La galerie de peinture consacrée à Paolo Finoglio (1544-1645) abrite le cycle de *La Libération de Jérusalem*, constitué de dix grands tableaux. *Piazza Castello Tél. 080 495 10 27 /65 17 Ouvert mar.-ven. 10h-12h30 et 17h30-20h, sam.-dim. 10h-12h30 et 18h30-21h Entrée 7€*

☺ **Polignano a Mare** Une des stations balnéaires les plus prisées des Pouilles... et l'on comprend pourquoi ! Au bord de la falaise (70m de haut), les maisons dominent une succession de grottes creusées dans la roche, dont la plus belle est la **Grotta Palazzese**, à laquelle on peut accéder à pied (par une série d'escaliers creusés dans la roche) ou en barque. Cette bourgade aux couleurs méditerranéennes est aussi la patrie de Domenico Modugno (1928-1994), chanteur des années 1960 qui s'est distingué avec son célèbre "*Volare, oh oh, cantare, oh oh oh oh, nel blu, dipinto di blu...*" ainsi que de Pino Pascali (1935-1968), artiste lié au mouvement Arte Povera, auquel Polignano a consacré un musée. *À 39km au sud-est de Bari par la S16*

☺ **Monopoli** L'Italie aux maisons blanches et volets verts où l'on surprend un fumet de *pasta al scoglio* (pâtes aux fruits de mers) au hasard des venelles... Une cinquantaine de bateaux de pêcheurs y travaillent, garantie de fraîcheur pour les nombreuses trattorias de cette très belle ville posée sur un éperon rocheux face à la mer. Bâtie sur le site romain de Dirium, Monopoli est dotée d'un solide patrimoine. Vous pourrez y visiter le château polygonal, bâti en tuf au XVIe siècle, ainsi que l'imposante cathédrale, à l'origine romane (1107) mais baroquisée au XVIIIe siècle. Parmi les nombreuses places, passages voûtés, églises et monastères, ne manquez pas l'église **Santa Maria Amalfitana**, construite au XIIe siècle après que des marins d'Amalfi furent sauvés par la Sainte Vierge. Sa façade baroque cache un intérieur roman, agrémenté de beaux chapiteaux. *À 45km au sud-est de Bari par la S16* **Office de tourisme** *Piazza Garibaldi Tél. 080 549 45 91 Ouvert lun.-ven. 8h30-13h et 15h-18h (infos téléphoniques)*

Gioia del Colle Petite ville dans les terres, stratégiquement située à mi-chemin entre Bari et Tarente et donc entre les mers Ionienne et Adriatique, Gioia conserve une imposante **forteresse**. Bâtie au XIe siècle, elle sera remaniée en 1230 par l'empereur du Saint-Empire Frédéric II qui en fait une de ses résidences. Remarquez les arches d'inspiration arabe, en forme de croissant, qui ouvrent des passages au départ de la cour principale. Au rez-de-chaussée du château, un musée archéologique présente des objets trouvés dans la nécropole du mont Sannace : vases et poteries figuratives, armes en bronze, statuettes et outils en terre cuite. *À 43km au sud de Bari par l'A14* **Château** *Piazza dei Martiri Tél. 080 348 13 05 Ouvert tlj. 8h30-19h15 Entrée 2,50€*

LES POUILLES

● **Où acheter des *fischietti* ?** Ces sifflets en terre cuite, typiques des Pouilles, sont la spécialité de **Rutigliano**, située à quelques minutes de Bari sur la S634. Les plus traditionnels représentent des coqs (symboles de virilité), mais l'on trouve aussi une multitude de personnages (de 1,50 à 70€ selon le modèle). Le 17 janvier, jour de la Saint-Antoine, l'usage veut que l'on offre à sa dulcinée un sifflet qui portera bonheur à son amour.
Atelier Filippo Lasorella *Via Vincenzo Chiaia, 67* ***Rutigliano*** *Tél. 080 476 27 27 ou 347 093 40 77 Ouvert lun.-sam. 8h-13h et 15h-19h*

CARNET D'ADRESSES

Restauration

petits prix

Vini e Cucina (plan 20, B2 n°10) Dans cette *osteria antica* (auberge à l'ancienne), une ancienne écurie, la seule concession faite à la modernité a été l'introduction, sous une voûte en pierre, d'un réfrigérateur pour les boissons fraîches. On partage les tables entre plusieurs convives, le menu est imposé, le digestif offert et les prix imbattables : antipasti 4€, *primi* 5€, *secondi* 6€. *Via Vallisa, 23* ***Bari*** *Tél. 330 43 30 18 Ouvert tlj. 12h-15h et 19h-0h*

prix moyens

☺ **Terranima (plan 20, A3 n°11)** Une des meilleures tables de Bari. La cuisine, attentive au savoir-faire d'antan, ajoute un soupçon de fantaisie au gré des saisons et de la pêche. Commencez avec un surprenant *carpaccio* de courgettes relevé au *grana* (variété de parmesan, plus salée) et poursuivez avec l'un des succulents *primi* de pâtes fraîches, *al ragù* de poulpes ou *pasta al forno* (*fusilli* en papillote). Comptez environ 30-35€. Accueil très agréable. *Via Putignani, 213/215* ***Bari*** *Tél. 080 521 97 25 ou 334 660 86 18* *www.terranima.com Ouvert lun.-sam. 12h-15h30 et 19h-0h, dim. 12h-15h30 Fermé dernière sem. de juil. et première sem. d'août*

La Locanda di Federico (plan 20, B2 n°13) Cette table prolongée d'une agréable terrasse sert une cuisine locale et copieuse, arrosée d'un bon vin des Pouilles (carte bien fournie 10-300€). Antipasti *tipici* 13€, *primi* terre et mer (*pasta al ragù* de cheval ou aubergines et moules) 7-15€, entrecôte et espadon grillé entre 12 et 15€. *Piazza Mercantile, 63-64* ***Bari*** *Tél. 080 522 77 05 www.lalocandadifederico.com Ouvert tlj. 13h-15h et 20h-0h*

Dans les environs

petits prix

La Grigliata Dans les Murges, une poignée de "bouchers-traiteurs" perpétue la tradition de faire cuire la viande dans un fourneau en pierre. Michele Pastore fait partie de ces éleveurs qui débitent, vendent et cuisinent leurs propres viandes. Calé entre les palmiers du patio et le *fornello* en action, vous y ferez un festin : carpaccio à la roquette sauvage, filet de cheval fourré au parmesan, hamburger maison, fromages et vin *della casa*, fruités et parfaits. Menu fixe à 15€. *Via Ciro Menotti, 57* ***Acquaviva delle Fonti*** *(à 32km au sud de Bari par l'A14) Tél. 080 75 76 77 ou 349 560 77 50 bracerialagrigliata.it Ouvert lun.-sam. 19h-1h*

Hébergement

petits prix

Pensione Giulia (plan 20, A4 n°20) Cette pension d'une dizaine de chambres pratique des tarifs très compétitifs : 70€ la double sans sdb et 80€ avec sdb et petit déjeuner. Demandez une chambre sur cour, la rue est bruyante. Parking gardé payant en face de l'hôtel (15€/j.). *Via Crisanzio, 12* ***Bari*** *Tél. 080 521 82 71 www.hotelpensionegiulia.it*

prix moyens

Hotel Costa (plan 20, A4 n°21) À proximité de la gare, cet hôtel 3-étoiles de 27 chambres (avec clim.) est un peu moins cher que les autres et bien tenu. Double à partir de 90€, petit déjeuner (7€). *Via Crisanzio, 12* ***Bari*** *Tél. 080 521 90 15 www.hotelcostabari.com*

☺ **Hotel Boston (plan 20, A3 n°23)** À deux pas du centre historique, voici la meilleure adresse de Bari. Confortable et accueillant, cet établissement propose 69 chambres aux standards internationaux. Convention avec un parking privé à 50m de l'hôtel (17€/j.). Comptez de 90 à 125€ la double. *Via Niccolò Piccinni, 155* ***Bari*** *Tél. 080 521 66 33 www.bostonbari.it*

prix élevés

Best Western Hotel Executive (plan 20, A3 n°22) Cet hôtel ultramo-

GAMME DE PRIX	RESTAURATION	HÉBERGEMENT
Très petits prix	moins de 15€	moins de 55€
Petits prix	de 15 à 25€	de 55 à 75€
Prix moyens	de 25 à 40€	de 75 à 110€
Prix élevés	de 40 à 60€	de 110 à 160€
Prix très élevés	plus de 60€	plus de 160€

derne et fonctionnel, situé à l'extrémité du corso Vittorio Emanuele, non loin de la piazza Garibaldi, bénéficie d'un emplacement très commode. De 130 à 180€ la double avec clim. Parking payant à proximité (15€/j.). *Corso Vittorio Emanuele, 201* ***Bari*** *Tél. 080 521 68 10 www.executivebusinesshotel.it*

Dans les environs

prix moyens

B&B dei Serafini Neuf maisons du centre de Polignano ont été réaménagées pour accueillir des chambres et appartements pouvant loger de 2 à 5 pers. Voûtes en pierre ou terrasse avec vue, toutes ces demeures de charme sont joliment décorées et presque toutes possèdent un coin cuisine. Le petit déjeuner est servi dans un café, avec vue sur la mer, appartenant aux propriétaires. À partir de 85€ pour 2 pers. en haute saison. *Piazza Vittorio Emanuele, 43* ***Polignano a Mare*** *Tél. 080 424 75 62 ou 349 577 60 33 www.bebdeiserafini.com*

TRANI

70059

En fin d'après-midi, quelques pêcheurs vendent sur le port les prises de la journée, sous l'œil attentif des ménagères qui marchandent les prix et font repeser chaque poisson. Derrière cet attroupement, se profile le campanile blanc de la somptueuse cathédrale romane qui semble s'avancer sur la mer. À deux pas, s'élèvent les hautes murailles d'un puissant château souabe. Trani, vous l'aurez compris, compte parmi les cités les plus séduisantes du littoral apulien.

STATUTI MARITTIMI DI TRANI Publiés avant les *Tabulae Amalphitanae* (célèbre code maritime d'Amalfi), ces statuts maritimes furent signés à Trani en 1063. Considéré comme le code maritime le plus ancien de Méditerranée, il témoigne de la prospérité économique de la ville au XIe siècle. Ce code, qui prévoit les droits et obligations des marins ou de leur maître d'équipage, apporta une grande contribution au droit maritime italien.

MODE D'EMPLOI

accès

EN VOITURE

À 50km à l'ouest de Bari par la S16, à 79km au sud-est de Manfredonia (porte du parc du Gargano), à 90km à l'est de Foggia par l'A14.

EN TRAIN

Une liaison par heure avec Bari et Foggia. Pour vous rendre à Peschici, rejoignez Foggia puis changez à San Severo pour prendre le *trenino* del Gargano.

Stazione FS *Piazza XX Settembre Tél. 0883 58 88 01*

EN CAR
Liaisons Trani-Molfetta-Bari et Trani-Andria (départ de la gare).
STP *Tél. 080 975 26 11 ou 800 09 11 55 www.stpspa.it*

orientation

Le centre ancien rayonne autour du port, l'élément structurant de la ville. Dans son prolongement occidental, la cathédrale et le château marquent la fin de la vieille ville, alors qu'à l'est le *lungomare* longe un bord de mer rocheux, jusqu'à un promontoire.

informations touristiques

Puglia Promozione *(Palazzo Palmieri, 1er étage) Piazza Trieste, 10* ***Trani*** *Tél. 0883 58 88 30 www.viaggiareinpuglia.it Ouvert lun.-ven. 9h-12h30 et 15h30-18h30, sam. 9h-12h30*
IAT *Corso Garibaldi, 204-206* ***Barletta*** *Tél. 0883 33 13 31 Ouvert lun.-ven. 9h30-13h et 16h30-19h30, sam. 9h30-13h et 15h-20h, dim. 10h-13h et 15h-20h*

fête et manifestation

La Disfida di Barletta Cette évocation historique commémore le "défi" que lancèrent en 1503 des nobles de Barletta à des chevaliers français. Accusés par les Français d'être à la solde des Espagnols, treize braves gentilshommes, offensés dans leur honneur, combattirent victorieusement un nombre égal de Français. *En septembre À Barletta*

DÉCOUVRIR

☆ **Les essentiels** La cathédrale, le château souabe de Frédéric II, Castel del Monte **Découvrir autrement** Baignez-vous sur les plages au sud-est de Trani

Trani

Palais anciens et églises romanes sont à découvrir dans l'écheveau de ruelles qui innervent les quartiers du port. Sur la via Ognissanti, l'église d'Ognissanti (ou dei Templari), qui appartenait à l'ordre des Templiers, est un bijou de l'art roman du XIIe siècle. Admirez les petites colonnes ornées de chapiteaux précédant le portail. Juste à côté, sur la piazza Sedile San Marco, l'église Santa Teresa, avec sa façade richement ouvragée, reflète le goût baroque en vogue au XVIIIe siècle. Piazza della Libertà, l'église San Francesco (ou de la Santissima Trinità) affiche un style, assez rare, de roman *pugliese* agrémenté de coupoles qui lui confèrent un petit air oriental.

☆ **Cattedrale** Trani, l'"Athènes des Pouilles", est connue pour sa cathédrale blanc et rose, qui, tel un vaisseau amarré au port, reste l'une des plus parfaites réalisations de l'art médiéval. Pour sa construction, on a utilisé un splendide marbre local, de couleur ivoire, parcouru de veines jaunes et rouges. Consacrée à saint Nicolas le Pèlerin (pèlerin de Dalmatie mort en 1094 après avoir été martyrisé), elle s'élève à l'écart de la vieille ville, semblant presque coupée du monde. Elle se distingue par son **campanile** vertigineux, atteignant presque 60m. Posé sur un arc d'où l'on voit la mer, il exprime une grande légèreté malgré sa taille. Édifiée dès 1097 sur une ancienne église, la cathédrale ne sera achevée que plus d'un siècle plus tard (en 1250). L'entrée se fait aujourd'hui par l'une des deux cryptes : la première ressemble à une forêt de colonnes ornées de chapiteaux tous différents et la seconde, sous la nef, témoigne de l'église paléochrétienne originelle (mosaïques du VIIe siècle). En **façade**, les bas-reliefs figurent des cohortes de monstres et d'animaux étranges entremêlés. Les anciens vantaux en bronze de la porte, travaillés à la byzantine comme des panneaux en ivoire, œuvres de Barisano da Trani en 1180, ont été restaurés et sont exposés à l'intérieur de l'église. *Piazza Duomo Tél. 0883 49 42 10 Ouvert tlj. 9h-20h*

☆ **Castello Svevo** Posté en vigie sur la côte, à deux pas de la cathédrale, ce château, commandé en 1233 par Frédéric II, adopte la configuration classique des ouvrages militaires souabes de l'époque. Les quatre tours, en forme de quadrilatère, n'ont rien perdu de leur puissance, tout comme les hautes et épaisses murailles baignées par la mer de la façade nord. La place forte a été transformée en prison au XIXe siècle. En 1974, les dernières cellules ont été fermées et l'édifice, restauré, est désormais ouvert au public. Les amateurs d'architecture défensive glaneront au fil de la visite des explications sur l'évolution du bâtiment au cours des siècles. *Piazza Manfredi Tél. 0883 50 66 03 Ouvert tlj. 8h30-19h30 Entrée 3€*

Sinagoghe Deux petites synagogues témoignent de l'établissement d'une communauté juive à Trani, entre le XIIe et le XVIe siècle. L'une d'elles, devenue l'église Sant'Anna (via la Giudea), conserve une inscription hébraïque qui date sa construction en 1247. La seconde, un temps transformée en église Santa Maria Scolanova (via Scolanova), affiche une façade du XIIIe siècle, d'une grande simplicité. *Tél. 0883 95 06 39* ***Visite*** *Sur demande*

Chiesa e Monastero di Santa Maria Colonna L'église et le monastère sont fondés entre le XIe et le début du XIIe siècle par les Bénédictins. La façade principale de l'église est ornée d'éléments typiques de l'architecture romane : un bel arc travaillé, soutenu par des fines colonnes, surmonté d'une rosace ajourée et d'une architrave de belle facture. L'église conserve un crucifix

Une pierre belle comme du marbre

La cathédrale, les églises, les pavements... l'architecture *tranese* se caractérise par l'usage du marbre de Trani, comme on appelle la roche calcaire que l'on retrouve sur tout le territoire. Le bassin de Trani recèle en effet le plus vaste gisement calcaire des Pouilles. Le terme *marmo* (marbre) indique la qualité de cette pierre lisse et blanc-ivoire, veinée de jaune ou de rouge, dont l'origine remonte au crétacé. L'usage de ce matériau a vu son apogée dans l'art roman et baroque, preuve que les marbres apuliens possèdent des caractéristiques techniques exceptionnelles... De nombreux bâtiments célèbres l'ont utilisé à des fins décoratives, à l'image de l'hôtel Danieli à Venise.

(XVe s.), qui considéré comme miraculeux est vénéré des habitants de Trani. À côté, l'ancien couvent, dont la structure n'est pas d'origine, appartint à une communauté bénédictine, qui la cédera aux Franciscains en 1427 ; ils y demeureront jusqu'en 1867. La visite du couvent, posté à pic sur la mer, est saisissante au coucher du soleil. *À près de 2km vers le sud de Trani, en direction de Bisceglie, le long du littoral* **Monastère** *Tél. 0883 58 16 94 Fermé pour travaux* **Église** *Ouvert uniquement pendant les offices*

● **Se baigner sur la côte** La commune de **Trani** a aménagé une plage de sable au bout du *lungomare* Cristoforo Colombo, mais la vase n'incite pas à la baignade. Suivez plutôt la côte en direction de **Bisceglie**, où les plages sont plus propres et l'eau plus claire.

Les environs de Trani

Sur la côte

Bisceglie Des murailles aragonaises encerclent le centre historique de ce petit port de pêche. La ville, moins bien conservée que Giovinazzo, est néanmoins riche d'une intéressante **cathédrale** normande (XIe-XIIIe siècle), dont le portail central semble posé sur les deux griffons (lions à tête d'aigle) de sa façade. De l'époque normande, subsistent également les trois grosses tours quadrilatères du château élevé par le comte Pietro au XIe siècle. *À 10km au sud-est de Trani par la S16b*

Molfetta Le petit centre historique de cet important port de pêche présente une forme d'ellipse. Datée de la fin du XIIe siècle, la **cathédrale** (Duomo Vecchio) se distingue par ses trois coupoles pyramidales coiffant la nef centrale et par ses deux hauts campaniles, à l'arrière. *À 18km au sud-est de Trani par la S16b*

Giovinazzo Le bourg médiéval de la *Città dell'olio* (ville de l'huile) s'enroule autour du port de pêche. Les ruelles entrelacées du centre historique conduisent à plusieurs palais (comme le palais Vescovile, à côté de la cathédrale) et à la cathédrale, magnifique exemple de l'art roman apulien. *À 29km à l'est de Trani par la S16b*
Cattedrale La cathédrale dédiée à Santa Maria Assunta in Cielo se cache à l'extrémité nord du centre historique. Le 6 décembre 1113, la princesse Constance de France, veuve du prince Bohémond de Hauteville, la fait construire en sa mémoire. Les travaux s'achèvent en 1180, mais l'édifice sera puissamment modifié au XVIIIe siècle. Seul le splendide portail porte témoignage de ses origines du XIIe siècle.

Salina di Margherita di Savoia Entre les provinces de Bari et de Foggia, les salines de Margherita di Savoia (rebaptisées ainsi en hommage à la première reine d'Italie, en 1879) sont les plus vastes d'Europe. À la fin de l'été, durant la récolte (près de 500 000t, soit la moitié de la production nationale), le paysage bourgeonne de dizaines de hautes collines de sel, qui, le crépuscule venu, reflètent toutes les nuances du ciel. *À 30km au nord-ouest de Trani par la S16 et à 18km de Barletta*

Barletta

Un joli port de l'Adriatique, qui connut son heure de gloire entre le XIe et le XIIe siècle lorsque la ville fut un point de départ important des croisés se rendant en Terre sainte. *À 13km au nord-ouest de Trani par la S16* **IAT** *Corso Garibaldi, 204-206* ***Barletta*** *Tél. 0883 33 13 31 Ouvert lun.-ven. 9h30-13h et 16h30-19h30, sam. 9h30-13h et 15h-20h, dim. 10h-13h et 15h-20h*

Les Pouilles médiévales

Cathédrales, basiliques

Châteaux, forteresses

Villes

Cattedrale Santa Maria Maggiore Romane dans sa première partie, la cathédrale a été achevée dans un style gothique (presbytère et abside) au XIVe siècle. L'intérieur, divisé en trois hautes nefs, est baigné d'une lumière douce que filtrent d'étroites ouvertures. Dans le chœur, le ciborium (XIIe-XIIIe s.) est orné de chapiteaux où des mascarons, des feuilles d'acanthe, des arabesques de marbre ont été délicatement ciselés. Leur style laisse à penser que les sculpteurs venaient de Jérusalem. Les cinq chapelles ouvrant sur le déambulatoire renferment les emblèmes des familles nobles de Barletta qui financèrent l'édifice. *Via Duomo Tél. 0883 34 55 22 Ouvert tlj. 8h-12h et 16h-20h*

Castello/Museo Civico De la cathédrale, on aperçoit, au centre de la Villa Comunale, le château fortifié, qui n'a rien à envier à celui de Trani. Au fil des conquêtes, Normands, Souabes, Angevins et Aragonais s'y installèrent, jusqu'à ce que Charles Quint, au XVIe siècle, décide de faire construire une nouvelle forteresse flanquée d'un double ordre de casemates. Vous aurez tout le loisir de vous perdre dans les galeries et de grimper sur le chemin de ronde. *Piazza Fratelli Cervi Tél. 0883 57 86 21 ou 0883 57 86 12 www.barlettamusei.it Ouvert été : mar.-dim. 9h-20h ; hiver : 9h-19h Entrée 6€*

Palazzo della Marra Il abrite la pinacothèque Giuseppe De Nittis (1846-1884), l'enfant du pays. On y visitera une série de peintures et d'aquarelles (réunies grâce à une donation) de ce peintre talentueux, mort à 38 ans à Saint-Germain-en-Laye. Ami de Manet et Degas, il est considéré comme une figure majeure de l'impressionnisme italien. *Via E. Cialdini, 74 Tél. 0883 53 83 72 www.barlettamusei.it Ouvert été : mar.-dim. 10h-20h ; hiver : mar.-dim. 9h-19h Entrée 4€*

Basilica del Santo Sepolcro Les pèlerins embarquant pour la Terre sainte faisaient halte dans cette église du XIIe siècle qui conjugue style gothique et éléments de l'art roman pugliese. Parmi les reliques figure la très grande "Croce Patriarcale", dans laquelle seraient incrustés des fragments de la sainte Croix. À quelques mètres de l'entrée se tient **il Colosso**, une statue de bronze haute de plus de 5m. Elle représente l'empereur d'Orient Héraclius (610-640). Dans la main gauche, il tient un globe terrestre symbolisant sa domination sur le monde et, dans la droite, une croix. *Sur le corso Garibaldi Tél. 0883 53 17 82 Ouvert tlj. 9h-11h et 17h30-20h*

À l'intérieur des terres

Andria Deuxième ville de la province de Bari par sa population, Andria a conservé quelques beaux monuments. Sa cathédrale date du début du XIIe siècle, bien qu'elle ait été réaménagée au XVe siècle et récemment restaurée. Elle abrite, dans sa crypte (IXe-Xe s.), les tombeaux des épouses de Frédéric II, Yolande de Brienne (morte en 1228) et Isabelle d'Angleterre (morte en 1241). *À 13km au sud-ouest de Trani par la SP130*

☆ **Castel del Monte** Fascinant octogone posé sur le plateau des Murges, le château de Frédéric II n'a rien d'une banale forteresse. Conçu par l'empereur à la fin de sa vie (vers 1240), il ne possède ni fossé, ni pont-levis, ni souterrain... Aujourd'hui dépourvu de sa décoration originelle (pavements de mosaïques arabisantes, marbres), le château n'en offre pas moins une vision grandiose, particulièrement au crépuscule, quand sa silhouette se découpe à l'horizon. Expositions temporaires. *À 34km à l'ouest de Trani Tél. 0883 56 99 97 Ouvert avr.-sept. : tlj. 10h15-19h45 ; oct.-mars : 9h-18h30 Entrée 5€*

Le sens mystérieux du château de Castel del Monte

Toutes les hypothèses ont été émises à ce sujet. Certains y voient un pavillon de chasse monumental ou encore le lieu où Frédéric II pouvait se consacrer à sa passion, la fauconnerie. Pour d'autres, il s'agit en fait d'un projet idéal, sans autre enjeu particulier que celui de concrétiser le rêve d'un souverain imprégné d'ésotérisme.
L'architecture du château semble en effet décliner le chiffre 8 à l'infini : l'octogone de la structure est lui-même ponctué de 8 tours octogonales ; on trouve 8 chambres à chacun des deux étages, dont le couloir suit un parcours octogonal... Cette omniprésence du 8 aurait plusieurs origines possibles. Elle dérive peut-être de l'étoile musulmane à 8 branches qui fait référence à l'équilibre des cosmogonies, au mouvement continu de l'univers. À moins qu'il ne s'agisse de la somme des chiffres de la naissance de Frédéric II (26 décembre 1194) ou du nombre de lettres de son prénom. Ce pourrait être encore le 8e jour des chrétiens, après les six premiers de la Création et le samedi, jour de la résurrection du Christ et des hommes et commencement de la vie éternelle.

Canosa di Puglia L'antique Canusium revendique un passé prestigieux. *À 36km au sud-ouest de Trani par la SS93*
Ipogei Lagrasta Trois hypogées (IVe s. avant J.-C.), se succèdent le long de la via Luigi Cadorna. Ces édifices souterrains, utilisés par un peuple indigène comme lieu de culte, font partie des complexes funéraires les plus importants de la région. *Tél. 0883 66 40 43 Ouvert mars-oct. : mar.-dim. 9h-13h et 16h-18h ; nov.-fév. : mar.-dim. 8h-14h Accès libre*
San Sabino La cathédrale érigée au début du XIIe siècle, a subi plusieurs dégradations, dont celle occasionnée par le tremblement de terre de 1689 ; elle a été reconstruite au début du XIXe siècle. Son magnifique trône épiscopal (fin du XIe s.), est façonné dans une pierre polychrome qui a, hélas, perdu ses nuances avec le temps. Comme dans d'autres monuments de ce type, c'est le bestiaire imaginaire qui fascine. Ici, les deux éléphants stylisés soutenant le trône sont indéniablement inspirés de l'art musulman. Du transept, une porte s'ouvre sur le tombeau de Bohémond de Hauteville, héros de la première croisade, mort à Antioche le 7 mars 1111. L'architecture de sa chapelle rappelle l'histoire du personnage : la coupole, posée sur une structure de plan carré, évoque le petit temple qui surplombe le Saint-Sépulcre de Jérusalem. Les influences orientales se mêlent au style pisan dans une belle harmonie, y compris sur la porte de bronze (fin du XIe s.). Les ruines de cette basilique paléochrétienne sont visibles en sortant du village sur la droite, dans la direction d'Andria. Édifiée sur un temple romain, on peut y admirer quelques belles mosaïques à motifs géométriques. *Tél. 0883 66 47 16 Visite guidée sur demande*

Ruvo di Puglia La petite ville, située au cœur d'une zone traditionnellement agricole, entourée d'oliveraies et de vignobles, se déploie autour de son centre médiéval. *À 23km au sud-est de Trani par la SP86*

La bataille de Cannes

Canne della Battaglia Canne della Battaglia est le site de la bataille de Cannes, où s'affrontèrent Hannibal et les Romains, le 2 août 216 av. J.-C. Sous les ordres du général carthaginois : 40 000 hommes d'infanterie lourde, 6 000 d'infanterie légère et 8 000 cavaliers. Dans le camp romain : 80 000 hommes, dont 5 000 cavaliers. Grâce à une manœuvre en tenaille encore enseignée dans toutes les écoles de guerre (où la cavalerie joue un rôle majeur), Hannibal défait l'armée romaine. C'est un épouvantable massacre qui anéantit l'élite de la chevalerie romaine (50 000 morts, dont 2 700 cavaliers). Chef-d'œuvre de tactique militaire, cette victoire fut pourtant inexploitée par Hannibal. Carthage fut finalement vaincue par Rome, selon le vœu de Cicéron qui clôturait chacun de ses discours par la célèbre adresse : *Delenda est Carthago* (Carthage doit être détruite...). Sur le site, les ruines du village antique, surmontées des vestiges d'une nécropole, d'une basilique et d'un château du Moyen Âge. *À 12km au nord-ouest de Trani Tél. 0883 51 09 93 Accès libre*

Cattedrale di Ruvo di Puglia Cette cathédrale (Xᵉ-XIIIᵉ siècle) est un exemple abouti du roman apulien. Sa façade lisse et grise n'est interrompue que par une belle rosace à douze rayons et trois portails, dont celui du centre qui est encadré par deux lions. Le **campanile**, un peu à l'écart, remonte à l'an 1000. Il fit d'abord office de tour défensive puis de prison.
Museo Archeologico Nazionale Jatta Le musée rassemble une importante collection de vases et d'amphores (VIIᵉ-IVᵉ s. av. J.-C.), trouvés dans la nécropole de Ruvo, mais aussi à Canosa et Tarente. Il s'agit essentiellement de pièces de production locale, à l'exception de quelques spécimens venus de Grèce. Le **cratère de Talos**, vase noir à figures rouges (Vᵉ s. avant J.-C.), qui représente Castor et Pollux capturant le géant de Crète, trône dans la dernière salle. Le musée appartient à la famille Jatta, dont l'un des descendants vit encore dans les appartements privés du 1er étage. *Piazza Bovio, 35 Tél. 080 361 28 48 www.palazzojatta.org Ouvert ven. et dim.-mer. 8h30-13h30, jeu. et sam. 8h30-19h30 Accès libre*

Dolmen della Chianca Au milieu des champs d'oliviers, s'élève le plus célèbre dolmen de la région – qui en compte cinq –, dont l'origine remonte à l'époque néolithique (1700 av. J.-C.). Il s'agit probablement de la sépulture d'une famille puissante de l'époque. Un long couloir d'accès de 7m de long mène à une cellule funéraire abritée sous la dalle du mégalithe. Arrêtez-vous si vous rayonnez dans la région, mais un long détour n'est pas justifié. *À 14km au sud-est de Trani, à 5km au sud de Bisceglie, par la route de Corato Accès libre*

CARNET D'ADRESSES

Restauration

À Trani, préférez les restaurants du centre à ceux qui bordent le port...

petits prix

Trattoria U' Vrascir Ce restaurant propose divers menus intéressants, dont le menu *sapori di terra* (saveurs de terre) qui comprend les antipasti *della casa*, un *primo* (plat de pâte), un *secondo* (une viande), un fruit, un dessert et une boisson (18€). Les risottos et pizzas à la carte satisferont les plus petits appétits. À la belle saison, petite terrasse aménagée dans une cour ombragée. *Piazza C. Battisti, 9* ***Trani*** *Tél. 0883 49 18 40 www.uvrascir.it Ouvert mer.-lun. 12h-15h30 et 19h-0h*

Al Buco Preferito Les sympathiques pizzaïolos du "trou préféré" préparent parmi les meilleures pizzas du moment à Trani. On les déguste en salle ou sur la délicieuse terrasse, face au port... *Via Banchina al Porto, 4* ***Trani*** *Tél. 0883 50 60 83 Ouvert mar.-dim. 19h30-0h*

prix moyens

Osteria Ai Platani La simplicité du cadre, la cuisine savoureuse, l'ambiance conviviale expliquent l'engouement des Tranesi pour cette *osteria*. L'été, quelques tables sont dressées dans une rue tranquille qui rejoint le *lungomare*. Au menu, des grillades de poissons pêchés au large des côtes ainsi que des fruits de mer. Les pâtes sont préparées chaque jour selon une recette différente. Autour de 30€ (boissons incluses). *Via Elena Comneno, 16* ***Trani*** *Tél. 0883 48 24 21 Ouvert fév.-déc. : mar.-dim. midi et soir*

Dans les environs

prix moyens

Osteria Al Duomo Dans ce restaurant situé à 30min de la cathédrale, on déguste les produits de la mer dans une salle climatisée ou à l'extérieur, où sont disposées quelques tables : les petites seiches sont tendres, les crevettes fraîches et la chair du bar est délicate. Autour de 30€. *Via Duomo, 29* ***Barletta*** *Tél. 0883 33 28 16 Ouvert tlj. midi et soir*

U.p.e.p.i.d.d.e. RistorArte U.p.e.p.i.d.d.e. pour "unico posto esclusivo per individui di doppia esigenza" ou, en français "le seul endroit exclusif pour individus particulièrement exigeants"... Avec un nom pareil, le restaurant se devait d'être à la hauteur. C'est le cas, grâce à une cuisine élaborée, préparée à partir de produits simples et de qualité. Les spécialités de grillades au feu de bois (environ 10€), accompagnées de légumes de saison, sont servies sous de belles voûtes soutenues par des murs en pierres apparentes. Remarquable carte des vins, de la région ou d'ailleurs. *Vico Sant'Agnese, 2 (angle Corso Cavour, au bas du quartier historique)* ***Ruvo di Puglia*** *Tél. 080 361 38 79 www.upepidde.it Ouvert mar.-dim. midi et soir Fermé 10 juil.-20 août*

Hébergement

petits prix

Albergo Lucy Une dizaine de chambres seulement, aménagées avec beaucoup de goût dans un ancien *palazzo*, idéalement situé à deux pas du vieux port et de la Villa Comunale. Spacieuses et éclatantes de blancheur, elles offrent un bon confort. Préférez celles qui donnent côté cour, plus calmes. Comptez 75€ la chambre double. L'hôtel ne sert pas de petit déjeuner. *Piazza Plebiscito, 11* ***Trani*** *Tél. 0883 48 10 22 www.albergolucy.com*

☺ **B&B Centro Storico** Dans l'ancien quartier juif, Rolando Savona a réhabilité un couvent de clarisses. Cet amoureux des belles pierres propose des chambres. Au Bed & Breakfast Centro Storico 2, son épouse propose, elle, des mini-appartements. Le petit déjeuner se prend dans un jardin suspendu qui embaume le citronnier. Comptez 60€ la double, petit déjeuner inclus. Parking payant (5€/j.). *Pas de carte de crédit Via Leopardi, 29* ***Trani*** *Tél. 0883 50 61 76 www.bbtrani.it*

prix élevés

Marè Resort & Spa Le nouvel endroit "In" de Trani (2009) aux dires de ses habitants, admiratifs du travail effectué dans ce palais classé (1761). L'ancien musée des carrosses a cédé la place à un espace zen et moderne

GAMME DE PRIX	RESTAURATION	HÉBERGEMENT
Très petits prix	moins de 15€	moins de 55€
Petits prix	de 15 à 25€	de 55 à 75€
Prix moyens	de 25 à 40€	de 75 à 110€
Prix élevés	de 40 à 60€	de 110 à 160€
Prix très élevés	plus de 60€	plus de 160€

pourvu de chambres lumineuses. Cerise sur le gâteau : le petit-déjeuner est servi sur le toit-terrasse, face aux bateaux de pêche du port. Comptez de 140 à 180€ la chambre double avec petit déjeuner. Petite coquetterie : l'établissement ne comporte pas d'indications sur la façade. Parking gardé (20€/j.), convention avec deux établissements balnéaires, accessibles à pied ou avec une navette (gratuite), en 5 min. Prêt de vélos. *Piazza Quercia, 8* ***Trani*** *Tél. 0883 48 64 11 www.mareresort.it*

Dans les environs

prix élevés

S. Martin Hotel Un couvent du XIe siècle rénové et converti en 4-étoiles. Ce petit havre de paix s'organise sur 3 paliers, disposés autour d'une cour intérieure. Une salle de lecture fait face à une première terrasse, plus intime que la superbe terrasse solarium du toit, qui offre une vue plongeante sur la mer et le petit port de Giovinazzo. D'un style classique, les vingt chambres sont douillettes et tout confort. Comptez 120 à 160€ la chambre double avec petit déjeuner. *Via Spirito Santo, 44* ***Giovinazzo*** *Tél. 080 394 26 27 www.smartinhotel.it*

PARC NATIONAL DU GARGANO

PARCO NAZIONALE DEL GARGANO

Ce promontoire, qui se détache des Pouilles vers l'est pour former un éperon rocheux, constitue presque une île tant il se distingue du territoire contigu, la plaine du Tavoliere. Socle de calcaire troué de grottes et déformé par des montagnes abruptes, il était autrefois entièrement recouvert de végétation. Aujourd'hui, la Foresta Umbra n'en occupe plus qu'une toute petite portion (moins de 15%), mais quelle forêt : les hêtres peuvent y atteindre 40m de haut ! Sur la côte, pins d'Alep, chênes-lièges, chênes verts et oliviers s'agrippent à la roche qui dévale dans la mer. Le littoral sud est jalonné de falaises, d'arches naturelles et de grottes marines. La Baia delle Zagare et la Baia San Felice comptent parmi ses plus beaux sites. Au nord, le relief s'adoucit, les plages s'allongent et le sable remplace les galets jusqu'aux lacs de Lesina et de Varano, qui composent un espace lagunaire fréquenté par les oiseaux aquatiques.

MODE D'EMPLOI

accès

EN TRAIN

De Foggia ou Bari rejoindre la gare de San Severo, d'où part un omnibus pour Peschici (en 2h).
Ferrovie del Gargano *Tél. 0882 22 14 15 www.ferroviedelgargano.com*

EN BUS

Les Ferrovie del Gargano disposent également d'une flotte d'autobus qui relie les différentes communes du Gargano, notamment Vieste et Peschici.
Stazione degli autobus *Piazza Manzoni* ***Vieste*** *Tél. 0882 22 14 15*

EN VOITURE

Si vous arrivez **par le nord** (A14), sortez à Poggio Imperiale, puis prenez la voie rapide du Gargano, qui conduit à la côte nord. Si vous arrivez **par le sud**, empruntez la sortie Cerignola-Est et suivez la direction Manfredonia. De **Manfredonia**, au sud du Gargano, à Vieste, la ville touristique de référence du Gargano, comptez 59km et 1h de route côtière splendide (SP53). De **Vieste** à **Peschici**, comptez 24km par la P52. Une autre route coupe par le centre du promontoire, mais elle n'est pas plus rapide. Elle passe par Manfredonia, Monte Sant'Angelo puis se dédouble, un segment rejoignant alors Vieste, l'autre Peschici (env. 60km).

orientation

L'éperon calcaire recouvre 2 015km². **Rodi Garganico** en est la porte d'entrée septentrionale, **Manfredonia** son pendant au sud. Si vous avez peu de temps à consacrer à ce parc national, le mieux est d'arriver par le sud et d'emprunter la route entre **Mattinata** et **Vieste** pour longer le littoral, bordé de falaises blanches à pic, et de revenir par l'intérieur en traversant la **Foresta Umbra**.

informations touristiques

Parco Nazionale del Gargano *Via Sant'Antonio Abate, 121* ***Monte Sant'Angelo*** *Tél. 0884 56 89 11 www.parcogargano.it*
Puglia Promozione *Piazza Kennedy* ***Vieste*** *Tél. 0884 70 88 06 Ouvert été : tlj. 8h-23h ; hiver : tlj. 8h-20h*

accès Internet

Point Internet *Via Chirurgo dell'erba, 16* ***Vieste*** *Tél. 0884 70 89 03 Ouvert été : lun.-sam. 9h-13h et 16h30-22h*

LES POUILLES

DÉCOUVRIR

☆**Les essentiels** La Foresta Umbra, le mont Sant'Angelo, la cathédrale de Troia **Découvrir autrement** Observez les oiseaux migrateurs dans les lagunes de Lesina et de Varano

Le Parc national du Gargano

☆**Foresta Umbra** Le poumon vert du Gargano s'étend sur une surface de 10 000ha. Défrichée au cours des siècles, cette forêt multiséculaire, qui recouvrait autrefois l'ensemble du promontoire, a considérablement diminué, mais elle offre aujourd'hui une aire protégée abritant une faune et une flore diversifiées, tels les orchidées endémiques et les chevreuils qui se cachent sous les frondaisons. Pour découvrir la forêt, rendez-vous au Centro Natura d'où partent plusieurs sentiers. La singularité de la Foresta Umbra réside dans son grand nombre de hêtres, qui prospèrent ici à basse altitude alors que l'on trouve habituellement cet arbre dans les massifs montagneux. *À 27km de Peschici et 29km de Vieste jusqu'à la Casa Forestale*

Centro Visitatori/Centro Natura Le bureau d'information, où l'on peut retirer la carte des sentiers de randonnée du parc (2,50€) et louer des VTT. ***Monte Sant'Angelo*** *Tél. 0884 56 54 44 www.ecogargano.it Ouvert Pâques-oct. : tlj. 9h30-19h ; reste de l'année sur réservation*

Lagune di Lesina e di Varano Les marches septentrionales du Gargano sont occupées par des lagunes. Outre leur grande biodiversité, ces zones humides sont sur les trajectoires empruntées par les oiseaux migrateurs entre l'Europe et l'Afrique. Derrière un rideau de roseaux, vous pourrez observer un martin-pêcheur ou un héron, surprendre l'envol d'un groupe de canards ou d'oies sauvages, reconnaître des cigognes, des grues ou des aigrettes… Des sentiers jalonnés de points d'observation sont aménagés sur les langues de terre qui séparent la mer des zones lagunaires. Du village de Lesina, des pêcheurs font traverser le lac pour les rejoindre (en saison). Munissez-vous de jumelles. *À 55km au nord de Foggia*

Vieste Cerné de toutes parts de constructions nouvelles, le cœur médiéval de Vieste, une station balnéaire suspendue au-dessus de la mer, dévoile tout son charme à la nuit tombée, quand ses maisons blanches enchevêtrées se détachent dans l'obscurité. *À 59km de Manfredonia, à 97km de Foggia et à 174km au nord-ouest de Bari (2h30 de trajet, car les routes sont très sinueuses)*

Padre Pio (1887-1968)

Né le 25 mai 1887, Francesco Forgione aurait eu ses premières visions mystiques vers l'âge de 5 ans. En 1911, alors qu'il officie depuis un an à Santa Maria degli Angeli de Pietrelcina (Campanie), le jeune prêtre signale à son confesseur l'apparition de traces rouges et de douleurs vives aux mains et aux pieds. Dès 1918, les plaies seraient si importantes qu'il se voit obligé de cacher celles-ci sous des mitaines. Plus tard, il remarque également l'apparition de plaies sanguinolentes sur le thorax. Très vite, la nouvelle se répand. Les fidèles crient au miracle. De nombreux médecins de provenances et de croyances diverses se sont penchés sur son cas, sans pouvoir conclure à un phénomène naturel. Un grand nombre de guérisons et de miracles lui sont attribués, ce qui lui vaut une immense ferveur populaire. Padre Pio da Pietrelcina meurt le 23 septembre 1968 à **San Giovanni Rotondo**, où il avait officié pendant plus de 50 ans. Après sa mort, son corps ne présentait aucune cicatrice et aucun signe de mutilation. Il fut canonisé en 2002 par le pape Jean-Paul II.

Peschici De taille plus modeste et moins touristique, Peschici s'ordonne autour d'un lacis de ruelles qui convergent vers un château moyenâgeux surplombant la mer. En contrebas, le port abrite une plage de sable qui se déroule sur plusieurs centaines de mètres jusqu'à la falaise. *À 77km au nord de Manfredonia*

San Giovanni Rotondo Ce village, perché au-dessus de Manfredonia, accueille chaque année des milliers de fidèles, venus honorer la mémoire de Padre Pio (cf. encadré). *À 24km au nord de Manfredonia*
Parcours du pèlerin L'itinéraire commence à Santa Maria delle Grazie, petite église où Padre Pio a célébré la messe pendant plus de 50 ans. En 1959, une extension est construite, à droite de l'ancienne église, où le prêtre officiera jusqu'à la veille de sa mort en 1968. À droite de cet édifice, un parcours-musée conduit à l'ancienne sépulture du père – sa dépouille y fut exposée dans un cercueil transparent pendant plus d'un an en 2008 –, à sa modeste cellule et au crucifix devant lequel il ressentit les premiers stigmates. Le long des couloirs, des textes et objets liés à sa vie permettent d'édifier le visiteur.
San Pio L'église trône en contrebas du musée. Cette immense cathédrale réalisée par l'architecte Renzo Piano, en 2004, est dominée par une croix de 40m de haut. Sous son vaste toit ou sur son large parvis, 7 000 fidèles peuvent se recueillir. Le corps de saint Pio repose désormais dans la crypte, dans un cercueil d'argent finement ciselé, entouré de mosaïques. *Entrée libre*

● Visiter les grottes marines

Grotte Marine C'est en bateau que l'on admire le mieux les baies paradisiaques et la côte découpée qui se déroule entre **Vieste** et **Mattinata**. Les grottes qui émaillent le littoral sont peuplées d'une faune et d'une flore précieuses, qui ont conduit à leur classement en réserve marine protégée. *Renseignements au port de Vieste Environ 15€/pers.*

● Admirer un panorama

Testa del Gargano Cette vieille tour de guet offre un point de vue magnifique sur la **Baia di San Felice** et permet d'admirer l'*architiello*, une arche naturelle creusée par la mer. Le regard porte sur la côte découpée jusqu'à Vieste, dont les maisons semblent dévaler dans la mer. Le vert tendre des pins d'Alep, la roche blanche qui tombe à pic dans les eaux turquoise composent un fabuleux tableau coloré. *À 8km au sud de Vieste, après la Baia di San Felice*

☆ Monte Sant'Angelo

On atteint ce village, perché à 796m d'altitude, après une longue route sinueuse offrant des panoramas de toute beauté sur la plaine du Tavoliere et le relief tourmenté du Gargano. Le **château** qui se dresse sur la colline la plus haute fut successivement bâti par les Normands, les Souabes et les Aragonais. Non loin de là, la basilique fait l'objet d'un fervent pèlerinage : l'archange saint Michel serait apparu à plusieurs reprises dans une grotte, sur laquelle a été érigé le sanctuaire. L'histoire raconte que lorsque l'évêque de Siponte décida de la construction d'un édifice religieux dans la cavité miraculeuse, on y découvrit un autel surmonté d'une croix et, sur un rocher, l'empreinte d'une main d'enfant laissée là par l'archange en signe de son passage. Le culte prit son essor pendant les croisades, les chrétiens et les chevaliers en route vers la Terre sainte s'arrêtant à la basilique. *À 18km au nord de Manfredonia*

Basilica Après avoir descendu un escalier de 86 marches, vous pénétrerez dans la grotte par une porte en bronze du XIe siècle richement ouvragée par des artistes byzantins. Près de l'autel se dresse une statue en marbre de l'archange, sculptée par Sansovino en 1507. Plusieurs fois remanié, l'édifice présente à l'extérieur une façade gothique et un campanile octogonal que l'on doit aux Angevins. *Tél. 0884 56 11 50 www.santuariosanmichele.it Ouvert juil.-sept. : lun.-sam. 7h30-19h30, dim. 7h-20h ; avr.-juin, oct. : lun.-sam. 7h30-12h30 et 14h30-20h ; nov.-mars : lun.-sam. 7h30-12h30 et 14h30-17h, dim. 7h-13h et 14h30-19h Crypte 2€*

Complesso Monumentale di San Pietro À quelques mètres seulement du sanctuaire, vous verrez une église romane de forme octogonale coiffée d'une

Les plus belles plages du Gargano

Si vous recherchez des criques au pied des falaises, des plages au cœur de pinèdes ou des calanques secrètes, éloignez-vous de Vieste et de Peschici. Même dans les recoins les plus sauvages, vous ne pourrez échapper, en été, à la foule. La portion de littoral la plus magique s'étire entre la Baia di San Felice, à 8km au sud de Vieste, et Mattinata. La côte, accidentée, ménage des baies aux eaux cristallines bordées par des pins d'Alep et de fines bandes de galets, à l'ombre de vertigineuses parois calcaires. Malheureusement, les endroits les plus beaux ne sont pas toujours autorisés au public. La Baia di San Felice, avec son arche naturelle creusée dans la falaise, est ainsi réservée à la clientèle d'un *villaggio* (camping). Entre Vieste et Peschici, le relief, moins tourmenté, rend l'accès aux plages plus facile. Elles s'étendent généralement entre deux promontoires rocheux sur plusieurs centaines de mètres et sont principalement sablonneuses. Celles de Sfinalicchio (à 9,5km de Vieste) et Zaïana (à 12km) sont les plus fréquentées. L'office de tourisme de Vieste a édité une *cartina turistica* qui signale les plages publiques et privées et leurs conditions d'accès.

Porto Greco Sur la route de Pugnochiuso, à 13km au sud de Vieste, à 500m à peine après la deuxième tour de guet, un sentier conduit à cette plage de galets perdue dans la végétation.

Cala della Pergola Dans cette calanque à 18km de Vieste, il est certes malaisé d'étendre sa serviette sur les rochers, mais l'eau est transparente et la nature luxuriante.

Vignanotica Si vous préférez le confort, rendez-vous 24km plus au sud. Un littoral de galets s'étire sur 400m le long d'une falaise. *Parking environ 3€*

coupole, vraisemblablement élevée sur un baptistère du XIIe siècle. Elle abrite la tombe de Rothari, un roi lombard. Une scène de la Passion est gravée au-dessus du portail. *Tél. 0884 56 55 20 (Pro Loco di Monte S. Angelo) Ouvert tlj. 9h-13h et 14h30-19h30*

Santa Maria Maggiore À côté, cette église présente un autre exemple du style roman apulien du XIIe siècle. Derrière un portail finement travaillé, vous découvrirez des fragments de fresques d'où se détache la figure de l'archange saint Michel, d'inspiration byzantine. *Ouvert tlj. 9h-13h et 14h30-19h*

Les environs du parc

☆ **Cattedrale di Troia** Attention chef-d'œuvre ! Troia, ce village anodin, possède la plus belle cathédrale romane (1039) des Pouilles. La rosace est sublime : ses onze branches rayonnent sur un treillis de pierre qui n'est pas sans évoquer les moucharabiehs arabes. Au niveau supérieur, des grotesques jaillissent de la façade. Beaucoup plus sobre, l'étage inférieur est rythmé par une série d'arcades aveugles ornées de motifs géométriques. Cette expression de l'art pisan se mêle aux influences byzantines, visibles notamment sur l'architrave du portail central, fermée par une porte en bronze (1119) – œuvre d'Oderisio da Benevento – sur laquelle des dragons tiennent dans leur gueule les heurtoirs. Avant de pénétrer dans la cathédrale, faites-en le tour pour admirer le revers de l'abside et la porte de la façade droite. Les trois nefs sont soutenues par des colonnes aux chapiteaux délicatement sculptés. Remarquez la scène qui orne le bas-relief de l'ambon (1169) : un lion s'élançant sur une brebis est mordu au passage par un chien. Ce dessin symbolise la défense de la parole de Dieu et la chasse à l'hérésie. *À 24km au sud-est de Foggia Tél. 0881 97 00 64 Ouvert tlj. 8h-13h et 16h-20h*

La procession des *fracchie* de San Marco in Lamis

Le soir du vendredi saint, une longue procession parcourt la rue principale de San Marco in Lamis (11km de San Giovanni Rotondo), village perché du Gargano.
Les *fracchie*, gigantesques torches coniques (jusqu'à 5-6m de longueur), enserrées dans de larges cercles de fer, sont saturées de rameaux et de brindilles et embrasées de l'intérieur. Elles pèsent parfois si lourd que les habitants les transportent horizontalement dans des carrioles rudimentaires qui précèdent la *Madonna Addolorata* (Vierge des Douleurs). Si la tradition remonte au XIXe, voire au XVIIIe siècle, elle a pris de l'ampleur depuis la Première Guerre mondiale. Petites à l'origine, les *fracchie* laissent désormais lieu à une sorte de saine compétition entre jeunes, qui rivalisent d'imagination pour réaliser les *fracchie* les plus irréprochables : parfaitement coniques, spectaculairement grandes, mais le plus aptes à brûler correctement, et pendant longtemps.

LES POUILLES

☺ Lucera

Dans la plaine du Tavoliere surgit l'enceinte monumentale du château de Lucera, dressé sur les hauteurs d'une colline solitaire. Cette ville séculaire possède un riche patrimoine qui remonte à l'époque romaine, durant laquelle elle fut le chef-lieu de l'Apulie et du Molise. *À 12km à l'est de Foggia* **IAT** *Piazza Nocelli, 6 (à 200m du Duomo) Tél. 0881 52 27 62 Ouvert avr.-sept. : mar.-dim. 9h-14h et 15h-20h ; oct.-mars : mar.-dim. 9h-14h*

Anfiteatro Parfaitement conservé, cet amphithéâtre constitue un brillant témoignage de la prospérité de Lucera au Ier siècle av. J.-C. Construit à l'écart de la ville moderne, il dessine une ellipse de grande taille. On y accédait par deux portes triomphales, aux extrémités, dont les décorations subsistent. Les cyprès et les pins qui l'entourent confèrent une grande sérénité au lieu. *Viale Augusto Tél. 800 76 76 06 ou 0881 52 27 62*

Cattedrale Autre monument d'importance, la cathédrale du XIVe siècle, en brique ocre, est l'un des sanctuaires gothiques de l'époque angevine les mieux conservés des Pouilles. Elle s'élève sur le site d'une ancienne mosquée que Charles d'Anjou détruisit après sa victoire sur les Sarrasins. Son intérieur, sobre, se scinde en trois nefs séparées par des arcades ogivales reposant sur des piliers en marbre. À noter, le crucifix en bois du XVe siècle et son Christ très expressif. *Piazza Duomo Tél. 0881 52 08 80 /82 Ouvert lun.-sam. 7h-12h et 17h-19h, dim. 7h-13h*

Castello À 15min à pied de la cathédrale, sur la partie la plus élevée de la ville, se dresse le château édifié par Frédéric II au XIIIe siècle. Il abritait une colonie sarrasine que l'empereur avait transférée de Sicile. Avec la bénédiction impériale, la communauté musulmane prospéra et marqua fortement la cité, appelée *Luceria Saracenorum* jusqu'à sa conquête par Charles d'Anjou. Ce dernier fortifia l'ouvrage de son prédécesseur en lui adjoignant de puissantes murailles. L'enceinte, mesurant 900m, est jalonnée par 22 tours de guet ! Elle seule a traversé le temps. *Tél. 800 76 76 06 ou 0881 52 27 62 Ouvert été : mar.-dim. 9h-14h et 15h15-18h45 ; hiver : mar.-dim. 9h-14h Entrée libre*

CARNET D'ADRESSES

Restauration

petits prix

Pizzeria Piazzetta Petrone Bon accueil dans cette pizzeria du centre dominant la mer. Si vous dînez en plein air, vous apprécierez la très agréable brise marine. Les pizzas sont excellentes et la cuisine locale offre un grand nombre de spécialités de poissons. *Via Palma, 41* ***Vieste*** *Tél. 0884 70 64 53 Ouvert avr.-sept. : tlj. midi et soir*

Osteria al Duomo Ici, deux possibilités s'offrent à vous : dîner sous les voûtes fraîches du restaurant ou sur de petites tables en extérieur. Disposées de chaque côté d'étroits escaliers, elles encadrent une ruelle de la vieille ville. Vous y trouverez les spécialités de Vieste, dont les fameux *troccoli* (6€), sortes d'épais spaghettis creux à la semoule servis ici avec de la ricotta et de la sauce tomate. *Via Alessandro III, 23* ***Vieste*** *Tél. 0884 70 82 43 www.osterialduomo.it Ouvert mi-mars-oct. : tlj. midi et soir*

prix moyens

Ristorante Fra' Stefano À la carte, quelques plats de pâtes, de poissons et de mollusques (seiches et poulpes), pêchés localement, et, pour les irréductibles, un plat de viande. Les poissons, d'une fraîcheur irréprochable, sont apportés à votre table et découpés devant vous. Parmi les *primi*, les *cavatelli* aux fruits de mer sont une réussite. Autour de 26€. *Via Forno, 8* ***Peschici*** *Tél. 0884 96 41 41 Ouvert mars-déc. : tlj. midi et soir*

Osteria degli Archi Sous une voûte de pierre se déguste une savoureuse cuisine de la mer. Large choix d'antipasti : espadon fumé, poulpes aux tomates et aux crevettes. Goûtez, ensuite, aux plats de poissons simplement grillés et accompagnés d'une assiette de légumes de saison. Le pain, les pâtes fraîches et les gâteaux sont faits maison. Une des meilleures adresses de la localité. Comptez 30-35€. *Via Ripe, 2* ***Vieste*** *Tél. 0884 70 51 99 www.osteriadegliarchivieste.it Ouvert avr.-oct. : tlj. midi et soir*

Trattoria Li Jalantùumene Personnage haut en couleur, Gegé est intarissable sur la cuisine et les *sapori* du Gargano. Véritable historien de la gastronomie locale, il parcourt les villages à la recherche de recettes traditionnelles, qu'il adapte aux canons de la cuisine d'aujourd'hui. Les goûts sont affirmés, les portions petites et la dégustation a pour cadre une charmante placette à l'écart de la foule qui se rend au sanctuaire. La maison propose un menu végétarien. Environ 40€. *Piazza de Galganis, 5* ***Monte Sant'Angelo*** *Tél. 0884 56 54 84 ou 348 797 63 21 www.li-jalantuumene.it Ouvert fév.-déc. : tlj. midi et soir ; basse saison : mer.-lun. midi*

Hébergement

très petits prix

Camping Villaggio Baia di Campi À 10km au sud de Vieste en direction de Pugnochiuso, ce village de vacances a été aménagé dans un site splendide. À l'arrière d'une plage de graviers qui se déroule sur 400m, des bungalows sont disséminés dans une forêt de pins et d'oliviers. Pour planter une tente, comptez environ 16€ pour 2 pers. en haute saison, louer un bungalow revenant à 854€ la semaine en août. Restaurant, bar et animations en soirée. *Località Campi* ***Vieste*** *Tél. 0884 70 00 00 www.baiadicampi.it Ouvert 1 avr.-30 sept.*

petits prix

Hotel Peschici Ce bloc de béton disgracieux compte 14 chambres et 6 studios qui n'ont rien d'exceptionnel. Simples et sans charme particulier, ils bénéficient toutefois d'une belle vue sur l'immensité bleue. Le centre-ville n'est qu'à 5min à pied. Parking réservé pour la clientèle. Plage à 600m (navette de l'hôtel gratuite) : parasol et 2 chaises-longues (10€/j.). Comptez 85€ la chambre double, petit déjeuner inclus. *Via San Martino, 31* ***Peschici*** *Tél. 0884 96 41 95*

B&B Rocca sul Mare L'adresse est courue, car ce B&B bénéficie d'un emplacement de choix dans la vieille ville et en bord de mer. Ne négligez pas le petit déjeuner (léger) : il est servi sur une terrasse au-dessus de la mer. Toutes les chambres disposent de la climatisation. Le propriétaire vous proposera de visiter son activité agricole (production d'huile d'olive). Comptez de 45 à 75€ la double en haute saison (supplément pour les chambres avec terrasse). *Via Mafrolla, 32* ***Vieste*** *Tél. 0884 70 27 19 www.roccasulmare.it*

prix moyens

Hotel Punta San Francesco À l'extrême pointe du centre historique de Vieste, cet hôtel profite d'une vue sans partage sur la mer, qui vient lécher les rochers au pied de la bâtisse. Blanche aux volets verts, celle-ci ne manque pas de cachet, en revanche, la décoration des 14 chambres est plus fade. L'établissement est souvent complet l'été. Comptez pour une chambre double de 90 (mars-juin) à 125€ (août), petit déjeuner inclus. *Via San Francesco, 2* ***Vieste*** *Tél. 0884 70 14 22 www.hotelpuntasanfrancesco.it*

Al Castello Près du château, cette *pensione* perchée sur un éperon rocheux propose des chambres sobres donnant sur la mer. Celles du dernier étage disposent d'une magnifique terrasse ; ce sont aussi les plus soignées. De 100 à 120€ la double, demi-pension 80-90€/pers., pension complète 100-110€/pers. Climatisation et parking gratuit. *Via Castello, 29* ***Peschici*** *Tél. 0884 96 22 54 www.peschicialcastello.it*

Zia' Ni Cette belle maison moderne, bâtie dans le respect de l'écologie (panneaux solaires) au cœur de 6ha d'oliviers est tenue par un couple italo-sud-africain (Mario et Lynsey). Au bas du domaine familial, 4 suites identiques tout confort ouvrant chacune sur un petit balcon, décorées dans des tons beiges, et disposant toutes d'un lit ergonomique. Dans la maison, on prend le petit déjeuner sur le long comptoir en zinc de la cuisine ou sur la grande terrasse qui surplombe la vallée. Comptez 100-130€ avec petit déjeuner. À noter : Mario, fin cuisinier, tient le restaurant le Trabucco da Nini', à 3km (Baia di San Nicola), réputé dans la région. *Località Sant'Elia* ***Peschici*** *À 3km de Peschici sur la gauche en prenant la direction Vieste (attention, ne pas suivre Vieste litoranea) Tél. 348 518 04 29 ou 340 003 46 72 www.ziani.it*

LES POUILLES

☺ LES ÎLES TREMITI LE ISOLE TREMITI

Au large de l'Adriatique, cinq îles, comptant 350 habitants sur 3,5km², émergent à 20km de la côte du Gargano : San Domino, San Nicola, Caprara, Cretaccio et La Vecchia. Méconnues, laissées aux seuls amoureux de la nature (l'archipel a été classé "réserve marine protégée"), les îles Tremiti fournissent le prétexte à une échappée inoubliable. En une journée, vous aurez tout le loisir de faire le tour des îles en barque, de découvrir quelques-unes des plus belles grottes ou de lézarder au soleil.

MODE D'EMPLOI

accès en bateau

Rejoignez les ports de Termoli par l'A14, de Rodi Garganico, Vieste, Peschici ou Manfredonia par la S89. Plusieurs compagnies (Tirrenia et Navigazione libera del Golfo) effectuent la desserte des îles Tremiti en ferry ou en hydroglisseur, mais c'est de Termoli que partent le plus grand nombre de bateaux. La traversée dure de 50min (de Termoli, en hydroglisseur) à 2h (de Vieste, en ferry). Si vous êtes en voiture, sachez que vous devrez la laisser au port (parkings gardés à proximité). Le ferry débarque sur l'île San Nicola ; de là, vous devrez prendre une barque pour rejoindre San Domino, juste en face.
Biglietteria Navigazione libera del Golfo *Billetterie du port* ***Termoli*** *Tél. 0875 70 48 59 www.navlib.it*
Bisanum Viaggi *Via Santa Maria di Merino, 22* ***Vieste*** *Tél. 0884 70 40 00*

orientation

La plus "grande" des îles Tremiti – elle mesure moins de 4km^2 ! –, **San Domino**, est recouverte d'une pinède. Elle est séparée de l'île voisine, **San Nicola**, par un mince chenal. Des barques effectuent la traversée dans les deux sens et permettent aussi de rejoindre les autres îles.

informations touristiques

Ufficio turistico del comune Idéal pour trouver quelques chambres disponibles en Bed & Breakfast, notamment sur l'île San Nicola, dépourvue d'hôtel. *Piazza Castello* ***Isola San Nicola*** *Tél. 0882 46 30 63 Ouvert lun.-sam. 8h30-14h*

DÉCOUVRIR

Les îles Tremiti

☆ **Les essentiels** Les îles San Domino et San Nicola **Découvrir autrement** Faites de la plongée autour du rocher de Caprara, savourez des recettes typiques chez Nonna Sisina

☆ **Isola San Domino** Si votre temps est compté, le mieux est d'embarquer sur l'un des bateaux proposant le tour de l'île (2,8km sur 1,7km). Vous pourrez alors prendre la mesure de l'archipel, en découvrir les plus belles plages, voir la grotte des Violettes (Grotta delle Viole), **des Hirondelles** (Grotta delle Rondini)... À moins que vous ne préfériez gagner directement l'une des plages *via* la **forêt de pins d'Alep**, pour y sortir vos palmes et votre tuba (pas de harpon, la pêche est interdite !) ou lézarder au soleil.

☆ **Isola San Nicola** En fin de journée, allez jeter un coup d'œil au village fortifié de l'île San Nicola (1,6km sur 450m). Centre administratif de l'archipel, cette dernière abrite, hormis son vieux château des XIVe et XVe siècles, une ancienne abbaye fortifiée du IXe siècle (inaccessible) s'agrippant à la roche.

● Profiter de la mer

Spiaggia del Villaggio del Touring Club Italiano Avec ses rochers garnis de terrasses en bois, la plage du village du Touring Club Italien est une bonne option hors saison. Ailleurs, c'est moins confortable, mais nettement plus isolé, et donc moins fréquenté en haute saison. N'oubliez pas d'emporter des chaussures en plastique pour marcher dans l'eau (gare aux oursins !) et faites attention au ressac. *Sur l'île San Domino*

● Faire de la plongée Autour des côtes rocheuses de l'archipel, prospèrent une faune et une flore sous-marines d'une extrême diversité. Depuis 1989, une réserve marine a été instituée pour protéger cet environnement fragile. Les plongées les plus intéressantes s'effectuent autour du rocher de Caprara (où pêche et navigation sont interdites) et entre Punta Secca et Punta Provvidenza, sur San Domino. Les clubs de plongée sont installés à San Domino.
Marlin Club Diving Center *Hotel Eden* ***San Domino*** *Tél. 0882 46 37 65 www.marlintremiti.it Ouvert avr.-mi-nov.*
Tremiti Diving Center ***San Domino*** *Tél. 337 64 89 17 www.tremitidivingcenter.com Ouvert toute l'année*

CARNET D'ADRESSES

Restauration

prix moyens

Il Torrione da Nonna Sisina Le restaurant le plus authentique de l'île. La patronne cuisine avec passion et générosité les recettes traditionnelles des Tremiti : laissez-vous guider ! Terrasse très prisée. Réservation conseillée. *Piazza Castello* ***Isola San Nicola*** *Tél. 347 550 14 33 ou 0882 46 32 04 Ouvert Pâques-mi-nov. : midi et soir*

Il Pirata Trop fréquenté en été, ce restaurant, posé sur le sable, est considéré comme le meilleur de l'île. Cuisine exclusivement à base de poisson et de fruits de mer. *Cala delle Arene* ***Isola San Domino*** *Tél. 0882 46 34 09 Ouvert Pâques-nov. : tlj. midi et soir*

Hébergement

prix élevés

San Domino Un trois-étoiles qui en vaut 4 : 25 chambres avec climatisation dans une belle villa toute blanche, à l'écart du centre de San Domino. Dépaysement et calme garantis. Double de 86 à 170€ (demi-pension obligatoire en été, comptez 150-230€). *Via Matteotti, 1* ***Isola San Domino*** *Tél. 0882 46 34 30 www.hotelsandomino.com Ouvert fév.-nov.*

GAMME DE PRIX	RESTAURATION	HÉBERGEMENT
Très petits prix	moins de 15€	moins de 55€
Petits prix	de 15 à 25€	de 55 à 75€
Prix moyens	de 25 à 40€	de 75 à 110€
Prix élevés	de 40 à 60€	de 110 à 160€
Prix très élevés	plus de 60€	plus de 160€

Il Gabbiano Une adresse classique au centre du bourg : ce trois-étoiles tout confort propose 40 chambres dans un ensemble de bâtiments qui s'intègre parfaitement au paysage (de 140 à 220€ la double et 170-250€ avec la demi-pension). Le restaurant offre une cuisine simple mais savoureuse, à base de spécialités de la mer. *Piazza Belvedere Isola San Domino Tél. 0882 46 34 10 www.hotel-gabbiano.com Ouvert mi-mars-mi-déc.*

★ALBEROBELLO

70011

Classée au patrimoine mondial de l'humanité depuis 1996, la bourgade d'Alberobello a fait l'objet d'intenses actions de préservation, au point d'avoir perdu quelque peu son authenticité. Aujourd'hui, la *zona dei Trulli* – cf. GEOPlus (p.460) – regorge de boutiques de souvenirs et de cartes postales qui ont pris la place des anciens occupants. Aux alentours s'étend la vallée d'Itria, une terre fertile où s'épanouissent vignes, oliviers et amandiers.

MODE D'EMPLOI

accès

EN TRAIN

La ligne privée des Ferrovie del Sud-Est qui relie Bari à Tarente dessert régulièrement Alberobello, Martina Franca et les autres localités de la vallée d'Itria.

Ferrovie del Sud-Est *Tél. 800 07 90 90 (Numéro vert) www.fseonline.it*

EN VOITURE

À 55km au sud de Bari et 60km à l'ouest de Brindisi, Alberobello est desservie par des routes nationales bien entretenues. La S172, appelée la *strada dei Trulli*, relie Ostuni à Putignano en traversant la zone des *trulli*.

orientation et stationnement

La capitale du pays des *trulli* est divisée en deux quartiers – Monti et Aia Piccola –, séparés par le largo Martellotta. Le premier, davantage touristique, est entièrement piétonnier. Vous pouvez stationner sur le largo Martellotta.

manifestation

Festival della Valle d'Itria Le festival renommé de musique lyrique de Martina Franca. *Mi-juil.-début août Tél. 080 480 51 00 www.festivaldellavalleditria.it*

informations touristiques

IAT Office de tourisme. *Tél. 080 432 28 22 (Pro Loco) www.viaggiareinpuglia.it Ouvert tlj. 8h-20h*

GEOPLUS

Les *trulli* des Pouilles

par **Carole Saturno**, journaliste

Dans la vallée d'Itria, autour d'Alberobello, la campagne est constellée d'étonnantes constructions appelées *trulli* (du latin *turris* ou *turricula*, "petite tour", ou du gréco-byzantin torullos, "coupole"), sortes de petites maisons chaulées aux toits coniques.

Historique L'origine de cette architecture, circonscrite à cette minuscule région, est incertaine. Quelques-uns y ont vu la trace évidente des liens qui unissaient les Pouilles au Moyen-Orient au temps des croisades, d'autres rappellent une anecdote liée au seigneur Giovanni Acquaviva d'Aragona : en 1635, ce dernier aurait incité les paysans installés sur son fief à bâtir "à sec", c'est-à-dire sans ciment, pour éviter de payer l'impôt sur les nouvelles constructions au royaume de Naples. Les maisons étaient ainsi rapidement démontables en cas d'inspection du gouvernement. Aujourd'hui, si les *trulli* sont devenus quelque peu artificiels, en particulier à Alberobello, le paysage a gardé toute sa singularité et sa féerie.

Principes de construction La structure de base d'un *trullo* est presque toujours identique : chaque pièce est surmontée d'un toit conique (qui pouvait servir de grenier), les murs et le toit composant un ensemble parfaitement isolant, aussi bien du bruit que des variations de températures. Tout comme les symboles peints à la chaux sur les toits (croix ansées, candélabres à sept branches, œil ou cœur dans un triangle, symboles de divinités, roues solaires, lunes...), les différents types de pinacles renvoient à des origines sacrées (chrétienne, grecque, hébraïque) ou à la superstition populaire. On en voit ainsi en forme de croix, d'étoile, de boule, de triangle, etc

☺ Dormir dans un *trullo*

Trullidea Si vous devez séjourner à Alberobello, pourquoi ne pas opter pour l'un des 10 *trulli* situés au cœur de la *zona dei Trulli* ? Toutes les formules sont possibles : Bed & Breakfast, demi-pension, pension complète, location à la semaine, pour un couple ou pour une famille allant jusqu'à 5 ou 6 personnes... Chaque *trullo* a été restauré dans les règles de l'art. Garez votre voiture au bas du quartier. La nuitée dans un *trullo* pour deux personnes revient entre 99 et 140€ petit déj. inclus. *Via Monte San Gabriele, 1* ***Alberobello*** *Tél. 080 432 38 60* *www.trullidea.it*

DÉCOUVRIR

☆ **Les essentiels** Les quartiers des *trulli*, la ville de Martina Franca, les grottes de Castellana **Découvrir autrement** Baladez-vous dans le bourg médiéval de Ceglie Messapica

Alberobello

☆ **Quartiere Monti** Bon nombre d'habitants ont délaissé les *trulli* au profit de pavillons spacieux et modernes. Ici, ce sont près de 1 000 *trulli* qui se serrent à flanc de colline sur une superficie de 15ha. Outre le *trullo* siamois (dont la légende raconte qu'il était partagé par deux frères épris de la même jeune fille), ne manquez pas de visiter le *trullo* souverain (*trullo sovrano*) : à l'autre bout de la ville, derrière le sanctuaire de saint Côme et saint Damien, c'est le seul *trullo* de la ville à deux étages.

☆ **L'Aia Piccola** La zone, moins vaste que Monti (seulement 400 *trulli*), est davantage épargnée par la déferlante touristique. Sur la piazza del Popolo, de la terrasse, vous embrasserez d'un seul coup d'œil, sur la droite, les deux quartiers : remarquez les différents pinacles qu'arbore chaque petite maison chaulée.

Museo del Territorio À l'entrée de l'Aia Piccola, la visite de ce musée s'avère passionnante. Les dix *trulli* qui le composent invitent à une découverte du mode de vie des anciens dans ce type de construction. *Piazza XXVII Maggio Tél. 380 411 12 73 Ouvert juil.-sept. : lun.-ven. 10h-20h, sam. 10h-23h ; reste de l'année : mar.-dim. 10h-13h et 15h30-19h Visites guidées en français Entrée 4€ (avec Museo dell'Olio)*

● Où déguster du vin ?

Museo del Vino Situé sous les voûtes de la cantina Albea, prestigieuse cave d'Alberobello, ce musée du vin vous permettra de découvrir les vieilles presses, tonneaux et *capasoni*, ces grands sacs de cuir qui contenaient jadis le vin, jusqu'aux techniques de vinification les plus récentes. Possibilité de goûter le vin. *Cantina Albea Via due Macelli, 8 Tél. 080 432 35 48 ou 340 808 77 23 Ouvert haute saison : tlj. 9h-13h et 15h30-18h30 ; basse saison : lun.-sam. 9h-13h et 15h30-18h30 Entrée 4€*

Les environs d'Alberobello

Locorotondo Petit bourg parfaitement circulaire (d'où son nom, "lieu rond"), Locorotondo apparaît tel un mirage au sommet d'une petite colline. Serrées le long de rues concentriques, ses maisons blanches tranchent avec les couleurs de la campagne environnante, dont les vignes produisent un vin blanc réputé du même nom – cf. Cantina del Locorotondo (p.462). L'église gothique Santa Maria della Greca, construite vers 1100 par le prince de Tarente, Pirro del Balzo, vaut également le détour. *À 9km d'Alberobello par la S172*

☆**Martina Franca** Perle baroque, Martina Franca se distingue de l'architecture traditionnelle de la vallée d'Itria. Ici, les *trulli* sont restés à la lisière du bourg. Fondée en 1300 par Philippe d'Anjou, la ville ne connaît véritablement son apogée qu'aux XVIe et XVIIe siècles. Soutenue par la famille Caracciolo, elle devient un centre culturel important où se réfugient artistes et humanistes de l'époque. Sur la piazza Roma, le magnifique **palais ducal** (1668), qui abrite aujourd'hui l'hôtel de ville, renferme près de 300 pièces, dont trois salles peintes de fresques et un théâtre (ne se visite pas). Entre la piazza Roma et la piazza Plebiscito, des *palazzi* baroques se succèdent. *À 14km au sud d'Alberobello par la S172*

ENVIE DE DOUCEUR Le café Tripoli, qui a pignon sur rue depuis 1911, est connu pour ses glaces artisanales et ses irrésistibles *bocconotti alla crema di amarena*, gâteaux farcis à la crème pâtissière et aux cerises. **Caffè Tripoli** *Via Garibaldi, 25* ***Martina Franca*** *Tél. 080 480 52 60 Ouvert été : tlj. 6h-1h ; hiver : ven.-mer. 6h-21h*

Basilica San Martino L'imposante façade (42m de haut) a retrouvé sa blancheur originelle après une restauration soigneuse. De la première construction gothique, il ne subsiste que le **campanile** (à droite), le reste de l'édifice remontant aux années 1747-1775. Soyez attentif au **portail** sculpté, un chef-d'œuvre où l'on voit saint Martin à cheval, patron de la ville, offrant son manteau à un indigent. *Tél. 080 430 65 36 www.basilicasanmartino.it Ouvert été : tlj. 8h-12h et 16h-22h ; hiver : tlj. 8h-12h et 16h-20h*

Bosco delle Pianelle La réserve naturelle de la forêt des Pianelle s'étend sur 1 205ha au sud Martina Franca. Vous n'y verrez plus de bandits comme au XIXe siècle, lorsque les bois leur servaient de repaire, mais plutôt des belettes, des blaireaux, des renards et une flore méditerranéenne : genièvre, myrte, néfliers et orchidées sauvages. *À 15km de Martina Franca sur la route de Massafra Tél. 080 440 09 50 ou 080 483 62 04 www.riservaboscopianelle.it Entrée libre*

Ceglie Messapica Posté à l'extrémité méridionale de la vallée d'Itria, le village de Ceglie Messapica est boudé des touristes. Pourtant, sa campagne luxuriante fournit ses meilleurs produits à la gastronomie apulienne – cf. Restauration (p.463). Ce joli bourg médiéval est marqué par sa tour crénelée du XIe siècle et son église du XVIe siècle, à coupole, qui lui donne un air oriental. La ville actuelle occupe l'antique Cælia, cité messapienne s'étant développée aux IVe et IIIe siècles av. J.-C., indépendamment des colonies de la Grande-Grèce, jusqu'à ce que l'Empire romain la soumette. *À 30km au sud d'Alberobello par la S172 et la S345*

Où acheter du vin ?

Cantina del Locorotondo Depuis 1969, la coopérative du Locorotondo rassemble près de 1 300 producteurs. Un vaste choix s'offre au visiteur : du plus connu, le blanc Locorotondo DOC, aux vins rouges, pétillants, mousseux et grappas. *Via Madonna delle Catena, 99* **Locorotondo** *Tél. 080 431 16 44 www.locorotondodoc.com Ouvert lun.-sam. 8h-13h et 14h30-19h*

Suivre un parcours guidé dans des grottes

☆**Castellana Grotte** Découvertes en 1938, les grottes de Castellana composent un fabuleux dédale de stalactites et de stalagmites. Il existe deux parcours guidés pour visiter les grottes : le premier, long de 1km, dure environ 50min ; le second, qui aboutit à la grotte Blanche (70m de profondeur), est long de 3km et prend près de 2h. À l'aller, vous descendrez un escalier de 265 marches, tandis qu'au retour un ascenseur se chargera de vous ramener à la lumière du jour. Les grottes portent des noms rappelant les formes étranges ou les couleurs prises par la pierre : "grotte Noire", "caverne des Monuments", "caverne de la Chouette", "grotte de la Crèche". *Piazzale Anelli* **Castellana Grotte** *(à 20km à l'ouest d'Alberobello, sur la S172) Tél. 080 499 82 11 ou 800 21 39 76 (Numéro vert) www.grottedicastellana.it Ouvert mi-juil.-août : tlj. 9h-20h ; oct., Noël-début jan., fin mars : tlj. 9h30-16h30 ; nov.-mi-mars : tlj. 9h30-12h30 ; avr.-mi-juil., sept. : tlj. 9h-19h Entrée 10€ pour le circuit de 1km (visite normale), 15€ pour le circuit de 3km* ***Visites guidées*** *(départs toutes les heures) Attention : visites guidées en français uniquement sur rés.*

CARNET D'ADRESSES

Restauration

prix moyens

Trullo d'Oro L'endroit peut sembler touristique, mais les gens du coin le tiennent pour l'une des valeurs sûres d'Alberobello. La cuisine est savoureuse : excellents antipasti (*bruschette*, légumes braisés, fromages...), dégustation de plusieurs *primi* (*orecchiette* maison, purée de fèves et chicorée amère...) et grillades (agneau, brochettes, saucisses...). Antipasti 6-18€, *primi* 9-13€, *secondi* 9-18€. *Via Felice Cavallotti, 27* **Alberobello** *Tél. 080 432 18 20 www.trullodoro.it Ouvert mar.-sam. midi et soir, dim. midi Fermé 7-23 jan.*

La Cantina Voici du sérieux. On peut le constater de *visu*, car la cuisine s'ouvre sur la salle du restaurant et le personnel est nombreux à s'activer derrière les fourneaux. Goûtez les antipasti, qui font la part belle aux charcuteries locales, et les *orecchiette* aux poulpes. Quant aux brochettes, elles sont inoubliables. Antipasti 6-15€, *primi* 8-10€, *secondi* 7-14€ *Vico Lippolis, 9* **Alberobello** *Tél. 080 432 34 73 Ouvert mer.-lun. midi et soir Fermé 2 sem. période av. Pâques et 2 sem. fin juin-début juil.*

prix élevés

☺ **Il Poeta Contadino** Auréolé du label "Ristorante del Buon Ricordo" (cuisine traditionnelle de haute tenue), ce restaurant est le meilleur de la ville. Les spécialités de poisson et de fruits de mer ont fait sa renommée : paupiettes d'aubergines à la lotte et crevettes sur velouté de moules, loup de mer en croûte de pommes de terre, le tout dans un cadre très suggestif. Comptez environ 60€ (menu dégustation 65€). *Via Indipendenza, 21* **Alberobello** *Tél. 080 432 19 17 www.ilpoetacontadino.it Ouvert mar.-dim. midi et soir Fermé 2 sem. en jan.*

Dans les environs

La région est réputée pour ses bonnes tables, tenues par de grands chefs régulièrement récompensés. Si une dégustation gastronomique vous tente, n'hésitez pas à vous rendre à Ceglie Messapica.

petits prix

Rosticceria Pizzeria Ricci Le soir, la boucherie du centre se métamorphose en restaurant. Pour se régaler d'une belle grillade ou de brochettes, l'endroit est tout indiqué. Autour de 16€ le repas complet à base de viande, boissons comprises. *Piazza Plebiscito, 10-12* ***Martina Franca*** *Tél. 080 480 55 34 Ouvert tlj. 19h-0h*

prix moyens

Ai Portici Le succès de ce restaurant abrité par les arcades de la piazza Immacolata tient beaucoup à son emplacement : en été, il est très agréable de manger en plein air dans le décor baroque du centre ancien. Beaucoup de spécialités de viandes *allo spiedo* (à la broche), mais aussi du poisson. Autour de 30€. *Piazza Immacolata, 6* ***Martina Franca*** *Tél. 080 321 58 01 Ouvert tlj. midi et soir*

Cibus L'une des meilleures tables de Ceglie Messapica, joliment installée sous les voûtes d'un petit *palazzo* du centre : spaghettis de Kamut à la *burrata* (mozzarella très crémeuse) et tomates, côtes de porc à la crème d'oignons rouges... Très bon rapport qualité-prix : *antipasto* 10€, *primi* 8-12€, *secondi* 10-18€. *Via Chianche di Scarano, 7* ***Ceglie Messapica*** *Tél. 0831 38 89 80 www.ristorantecibus.it Ouvert mer.-lun. midi et soir Fermé dernière sem. de juin*

prix élevés

☺ **Al Fornello da Ricci** Plusieurs fois étoilé, ce restaurant est situé à l'écart du vieux bourg de Ceglie Messapica. La famille Ricci y met à l'honneur les meilleurs produits locaux, fournis par les *masserie* (fermes) des environs : fleurs de courgettes panées au fromage frais, melon et ricotta de chèvre salée... Suivent les *primi* : *lasagnette* aux anchois et aux olives et *tagliolini* aux champignons de la pinède. Les amateurs de viande grillée se réserveront pour l'agneau (exceptionnel) ou les saucisses. L'accueil est convivial et on vous conseillera volontiers, notamment pour les vins, dont la cave, creusée à même la pierre, est l'une des plus exigeantes de la région. Menus dégustation à 60€. *Contrada Montevicoli (vers les grottes de Montevicoli)* ***Ceglie Messapica*** *Tél. 0831 37 71 04 Ouvert haute saison : tlj. midi et soir ; hiver : lun. et mer.-sam. midi et soir, dim. midi Fermé 2 dernières sem. de septembre*

La Fontanina-Ristorante Piccolo Hotel Cet établissement 4 étoiles, proche de Ceglie Messapica, sur la route de Francavilla Fontana, est réputé pour la qualité de son accueil mais aussi pour la succulente cuisine de son restaurant, aux mains de la même famille depuis deux générations. "Week-ends du goût" avec dégustation de spécialités (vins, fromages...). Autour de 45€. *Contrada Palagogna (strada provinciale Ostuni-Francavilla, km 9)* ***Ceglie Messapica*** *Tél. 0831 38 09 32 www.lafontanina.it Ouvert lun.-ven. soir, sam. midi et soir, dim. midi*

Hébergement

Séjourner dans un *trullo* est assurément une expérience à tenter. Des particuliers et des associations ont restauré avec soin et simplicité certaines de ces habitations, cf. GEO-Plus Les *trulli* des Pouilles (p.460) et notamment les coordonnées de l'association Trullidea (www.trullidea.com).

petits prix

Hotel Lanzillotta Situé sur la place principale d'Alberobello, cet hôtel de 30 chambres est aménagé dans un beau *palazzo* blanc. Si les chambres n'ont pas l'originalité des *trulli*, elles sont calmes et bien tenues. Quelques aménagements récents ont permis à l'établissement de gagner une quatrième étoile. Double de 70 à 110€ (1/2 pension + 15€/pers.). *Piazza Ferdinando IV, 31* ***Alberobello*** *Tél. 080 432 15 11 www.hotellanzillotta.it*

prix moyens

Residence Giardino dei Trulli Si Trullidea (p.460) est au complet, vous pouvez toujours vous replier sur cette agence qui fournit le même type de prestations. Restaurés et meublés, les 8 *trulli* qu'elle propose sont tout équipés et disposent, pour certains, d'un petit jardin. Comptez 550€ le *trullo* pour une semaine pour deux de juin à septembre et 650€ en juillet-août. Possibilité de réserver à la nuitée, 90€ pour 2 pers. *Via XXIV Maggio, 15* ***Alberobello*** *Tél. 080 432 13 30 www.giardinodeitrulli.it Ouvert toute l'année*

prix élevés

Hotel dei Trulli Sur les hauteurs du quartier Monti, un véritable village de *trulli* du XIXe siècle a été reconverti en hôtel de charme avec piscine. C'est cher, mais très reposant. Les 19 appartements, pouvant accueillir 2 à 6 pers. (avec sdb, terrasse...), sont disséminés dans une pinède, loin de tout. Comptez 80-100€ la double avec petit déjeuner et 120€/pers. en demi-pension. *Via Cadore, 32* ***Alberobello*** *Tél. 080 432 35 55 hoteldeitrulli.com Ouvert avr.-nov.*

À Martina Franca

petits prix

Hotel Giardino degli Aranci À 2km de Martina Franca en direction de Tarente, cet hôtel moderne en retrait de la route a bénéficié d'une profonde rénovation : il propose maintenant 20 chambres confortables au calme et décorées avec goût dans des tons clairs et sobres. Le rapport qualité-prix est indiscutable. L'hôtel est aussi connu sous le nom de son fondateur : Hotel Da Luigi. Autour de 90€ la double avec petit déjeuner. *Via Taranto (sur la SS172)* ***Martina Franca*** *Tél. 080 485 60 66 www.giardinodegliaranci.biz*

prix moyens

Villaggio In Pour découvrir les palais baroques de Martina Franca et rayonner dans la région, pourquoi ne pas louer un appartement en ville ? Cet *albergo diffuso* propose une quarantaine de logements : du studio aux 4 pièces et à l'appartement de prestige. Location à la semaine (420€) ou à la nuitée : comptez alors 75€ pour un studio, petit déjeuner inclus. *Via Arco Grassi, 8* ***Martina Franca*** *Tél. 080 480 59 11 www.villaggioin.it*

TARENTE TARANTO 74100

Tarente constitue, avec Bari et Brindisi, un triangle industriel qui devrait offrir un contrepoids à la toute-puissance du nord de la péninsule. La sidérurgie, le pétrole et la cimenterie étant les activités principales, ces choix ont été lourds de conséquences pour le paysage... La visite de la ville prend quelques heures à peine, mais se justifie pour le centre ancien et le Musée archéologique.

HISTORIQUE Fondée par des colons de Sparte sur une ancienne implantation messapienne, l'antique Taras, alors capitale de la Magna Grecia, était renommée pour sa production de pourpre (colorant extrait des murex, sorte d'escargots de mer, qui servait à teindre les tissus royaux), ainsi que pour ses nombreuses écoles philosophiques. En 276 av. J.-C., la cité tombe sous le joug de l'Empire romain et devient Tarentum, un modeste port de province, après avoir été une métropole de près de 300 000 habitants ! Goths et Sarrasins l'anéantissent et l'empereur byzantin Nicéphore Phocas la fait reconstruire en 967. Une longue période de décadence prend fin avec l'unification italienne, qui voit l'Arsenal militaire s'installer à Tarente.

MODE D'EMPLOI

accès

EN TRAIN
Les trains nationaux de Trenitalia et ceux de la compagnie régionale Ferrovie del Sud-Est desservent la ville depuis le nord (Bari, Naples, Rome...).
Stazione FS *Piazza della Libertà* ***Taranto*** *Tél. 89 20 21 (Numéro vert) www.trenitalia.it*
Ferrovie del Sud-Est *Via Galese-* ***Taranto*** *Tél. 800 07 90 90 www.fse online.it*

EN CAR
Autolinee Marozzi Liaisons vers Rome, Foggia... ***Taranto*** *Tél. 080 579 02 23 www.marozzivt.it*

EN VOITURE
Par l'A14, qui vient du nord (*via* Bari), puis par la Via Appia (S7), qui traverse Tarente et aboutit à Brindisi. À l'ouest, la S106 va jusqu'à Reggio di Calabria.

informations touristiques

APT Après le Ponte Girevole. *Corso Umberto I, 113* ***Taranto*** *Tél. 099 453 23 92 www.viaggiareinpuglia.it Ouvert lun.-sam. 9h-18h30*

orientation

La "ville aux trois visages", tel pourrait être le surnom de Tarente : le centre historique, isolé sur une île, la ville moderne et la zone industrielle.

marchés

Mercato del Pesce Les pêcheurs vendent les prises de la journée. *Via Cariati Ouvert tlj.*

DÉCOUVRIR

☆**Les essentiels** Le Musée archéologique national, le sanctuaire de la Madonna della Scala, à Massafra **Découvrir autrement** Visitez les ateliers de céramique de Grottaglie

Tarente

Centro Città À moins que vous ne veniez du sud, vous aborderez sans doute Tarente par la vieille ville. Celle-ci occupe une île, reliée par deux ponts à la ville nouvelle d'un côté et à la zone industrielle de l'autre. Elle sépare elle-même le Mare Grande du Mare Piccolo, deux lagunes. De l'époque faste de la Grande-Grèce, seules demeurent, dans la via Duomo à l'arrière du château, quelques colonnes doriques, vestiges d'un temple dédié à Poséidon datant du VIe siècle av. J.-C.

Duomo Cœur de l'île, la cathédrale est consacrée à San Cataldo, un moine irlandais, saint patron de la ville. Construite au XIe siècle, c'est l'une des plus anciennes églises romanes de la région, que plusieurs ajouts baroques sont venus modifier. S'il ne reste ainsi aucune trace de l'édifice originel sur sa façade, redessinée en 1713, ses flancs trahissent encore le style roman. À l'intérieur, admirez l'exubérante chapelle de San Cataldo, ornée de fresques, statues et marbres polychromes. La nef principale se distingue par son plafond à caissons du XVIIe siècle, tout en contrastes avec la pierre brute des murs et des colonnes (que l'on dit provenir de temples païens de l'Antiquité). Au sol, près de l'autel, des fragments de pavement en mosaïque de la première église sont encore visibles. La crypte renferme des fragments de fresques des XIIIe et XIVe siècles et les tombeaux des archevêques de Tarente. *Via del Duomo Ouvert tlj. 8h-12h et 16h30-19h30*

PONT TOURNANT Dans l'une des tours du château, se trouve le système d'ouverture mécanique du fameux Ponte Girevole, devenu le symbole de Tarente. Inauguré en 1887, il est constitué de deux parties qui, jusqu'à ce qu'il soit électrifié en 1958, pouvaient s'ouvrir sous l'effet de turbines alimentées par un grand réservoir d'eau aménagé dans le castello. Le pont enjambe le chenal reliant le Mar Grande au Mar Piccolo, unissant ainsi la Città Vecchia à la ville nouvelle

Chiostro San Domenico À quelques mètres du Duomo, dans un enchevêtrement de ruelles tortueuses et sombres où poussent de minuscules places, se trouve un cloître construit à la moitié du XIVe siècle. Au centre du cloître, ceint de quatre ailes à arcades supportées par des colonnes octogonales, vous pourrez remarquer les restes d'un temple grec datant du VIe siècle avant J.-C., mis au jour sous la cour. *Ouvert tlj. 8h30-19h30 Entrée libre*

Castello Aragonese Également appelé Castello Sant'Angelo, ce château quadrangulaire a été érigé sous le règne de Ferdinand Ier d'Aragon, entre 1481 et 1492, sur d'anciennes fortifications byzantines. Reconverti en prison à la fin du XVIIIe siècle, il appartient aujourd'hui à la marine italienne. Sa visite guidée (env. 1h) permet de pénétrer dans les entrailles du château jusqu'au quatrième niveau, d'où l'on jouit d'une vue panoramique sur la mer Ionienne. *Piazza Municipio, 4 Tél. 099 775 34 38 www.castelloaragonesetaranto.it* ***Visite*** *tlj. à heure fixe 9h30, 11h30, 14h, 16h, 18h, 20h, 22h30, 0h Réservation lun.-ven. 9h-12h Entrée libre*

☆ **Museo Nazionale Archeologico di Taranto/Marta** Le musée est hébergé dans le couvent dei Frati Alcantarini (ou di San Pasquale). Ses collections, qui vont du IVe siècle av. J.-C. à l'époque impériale, permettent de saisir l'importance de Tarente à l'époque de la Magna Grecia. Parmi son fonds antique, l'un des plus beaux d'Italie, ne manquez pas les nombreux vases – où l'on observe l'évolution de la céramique grecque, apulienne et romaine –, ainsi que les "**ors de Tarente**", une fabuleuse collection de bijoux et de parures funéraires mise au jour dans des nécropoles des environs (IVe-Ier siècle av. J.-C.). À voir encore, la **collection de figurines en terre cuite**, exceptionnelle par sa richesse (près de 400 000 pièces !). Réalisées en série, elles représentent parfois des muses dansantes (les tanagras), ou encore des déesses dont elles seraient les ex-voto. *Via Cavour, 10 Tél. 0099 453 21 12 www.museotaranto.it Ouvert tlj. 8h30-19h30 Fermé 1er jan., 1er mai, 25 déc. Entrée 5€*

Les environs de Tarente

Massafra Entre les Murges et le Salento, la portion de territoire qui s'étend de Grottaglie jusqu'à Matera semble un immense tapis criblé de grottes et de ravins. Massafra s'agrippe au bord d'un "canyon" spectaculaire, la Gravina di San Marco. Le site est surtout connu pour ses cryptes de saint Basile. *À 15km au nord de Tarente sur la S7*

☆ **Santuario della Madonna della Scala** À 1km, juste à la sortie du bourg, ce sanctuaire, construction baroque édifiée en 1731 sur une crypte primitive du VIIIe siècle, offre un spectacle surprenant : l'église se dresse au bord du canyon, face à des dizaines de grottes, en haut d'un bel escalier (125 marches) de la même époque. *Entrée 10€ (visite de 3 églises rupestres) Visite sur réservation auprès* ***Ufficio Comunale*** *Piazza Garibaldi (juste après le pont à l'entrée du centre) Tél. 099 880 46 95 ou 338 565 96 01 Ouvert été : lun.-sam. 10h-12h30 et 16h-18h30 dim. sur réservation ; hiver : tlj. 15h30-17h30*

Mottola Dans ce très ancien village, l'église rupestre San Nicola, creusée au IXe-Xe siècle, doit son surnom de "chapelle Sixtine des sanctuaires rupestres" à la finesse de ses fresques. La visite des cryptes Santa Margherita et San Gregorio est tout aussi digne d'intérêt. **Ufficio Turistico** *Via Jonio* ***Mottola*** *(à 37km au nord de Tarente par la S7) Tél. 0998 86 76 40 Visite guidée seulement (téléphoner au préalable) Entrée 3€ (+ rémunération du guide)*

Grottaglie Le village est fameux pour ses céramiques et pour ses grottes – *grottaglie* en langue locale. N'oubliez pas de jeter un coup d'œil au beau portail roman de la Chiesa Matrice (XIe-XIIe s.) et à l'église San Francesco de Geronimo (1832), dont on peut admirer la coupole en majoliques et un intérieur richement décoré par les œuvres de maîtres locaux. *À 15km à l'est de Tarente, sur la Via Appia (S7)*

Museo della Ceramica Le château, construit par les évêques de Tarente au XVe siècle, domine le quartier des céramistes et abrite dans ses anciennes écuries le musée de la Céramique. *Largo Immacolata* ***Grottaglie*** *(dans le château) Tél. 800 54 53 33 (Numéro vert) www.comune.grottaglie.ta.it Ouvert été : tlj. 10h-13h et 17h-22h ; hiver : tlj. 9h30-12h30 et 16h-19h Entrée libre*

● **Où acheter de la céramique de Grottaglie ?** Il reste une soixantaine d'ateliers, tous concentrés à l'est du village. Jarres et amphores en terre cuite, vaisselle, faïences, céramique artistique... Chaque atelier a sa spécialité.

Ceramiche Nicola Fasano Grand choix et très bon rapport qualité-prix. Incontournable : le service traditionnel du sud de l'Italie, de style rustique, avec un coq au centre de l'assiette. *Via Crispi, 6 Tél. 099 566 10 37 www.fasanocnf.it Ouvert tlj. 9h-13h et 15h30-20h*

Francesco Fasano Ce céramiste confectionne des jarres en série pour les producteurs des environs et propose quelques pièces exceptionnelles, conçues notamment par le designer Antonio Annicchiarico. *Via Leone XIII, 15* ***Grottaglie*** *Tél. 099 56 28 85 Ouvert lun.-ven. 8h30-13h et 14h30-18h*

La Ceramica Vincenzo del Monaco Les touristes viennent même du Japon pour visiter cet atelier et choisir sur pièces un service de table ! Vous pourrez aussi faire réaliser une vaisselle à votre emblème familial. *Via Santa Sofia, 2/4* ***Grottaglie*** *Tél. 099 566 10 23 www.ceramistidigrottaglie.it/delmonaco Ouvert tlj. 8h-13h et 16h-20h*

CARNET D'ADRESSES

Restauration

prix moyens

Al Canale Ancien officier de marine, le propriétaire des lieux a effectué une reconversion très réussie dans la restauration. Au bord du canal séparant le centre ancien de la ville moderne, côté presqu'île, cet établissement excelle dans la friture de seiches, de calamars et de poulpes. Quant aux poissons, ils sont cuits au four, au gril ou dans une croûte de sel. Le restaurant possède une très agréable terrasse ouvrant sur le canal. Autour de 40€. *Discesa Vasto* ***Taranto*** *Tél. 099 476 42 01 Ouvert lun.-sam. midi et soir, dim. midi Fermé 10 jours début nov.*

La Fattoria Ce restaurant a beau s'appeler "la ferme", c'est le poisson qui est ici à l'honneur. On annonce le menu à haute voix, puisqu'il change presque tous les jours, selon l'arrivage. Moules gratinées, *spaghetti alle vongole* (palourdes), poisson frais grillé, frit ou en papillote... Environ 30€, sans le vin. *Via Abruzzo, 9* ***Taranto*** *Tél. 099 736 25 60 www.ristorantelafattoriataranto.it Ouvert lun.-sam. midi et soir, dim. midi Fermé 2 semaines en août*

☺ **Le Vecchie Cantine** Située à quelques kilomètres au sud-est du centre historique en empruntant la route du littoral, cette *masseria* du XVIIIe siècle est une adresse exceptionnelle. D'abord pour le charme du lieu, mais surtout pour la cuisine, véritable démonstration du savoir-faire et des spécialités locales : risotto aux oursins, cassolette de riz, pommes de terre et moules, *cavatelli* (pâtes fraîches) aux fruits de mer... Comptez environ 30€. Réservation conseillée. *Frazione Via Girasoli, 23 Lama* ***Taranto*** *Tél. 099 777 25 89 Ouvert juil.-sept. : lun.-sam. soir, dim. midi et soir ; oct.-juin fermé lun.*

Dans les environs

petits prix

La Cantina di Papà Giro Mobilier rustique en bois de noyer et pavement de pierre conservé du *palazzo* originel (1350) donnent tout de suite le ton de cette trattoria. Authenticité et convivialité sont les maîtres mots du lieu, valeurs que l'on retrouve dans la cuisine : *tagliolini* (pâtes fraîches longues) au potiron et aux cèpes, *cavatelli* (pâtes fraîches courtes) aux fèves et poitrine de porc, paupiettes et boulettes de viande de cheval... Menu complet 25€, pichet de vin compris. *Via Chiesa Matrice, 4* ***Grottaglie*** *Tél. 099 562 39 98 www.papagiro.it Ouvert lun. et mer.-sam. midi et soir, dim. midi*

prix moyens

☺ **Santa Sofia** Dans une ancienne fabrique de céramique à l'abandon, Antonio Annicchiarico, designer talentueux, a réinterprété à sa manière l'histoire de la région. Les 400m² de salles voûtées accueillent sur les murs des tapis insolites "tissés" en mosaïque. Le patio est également orné d'un "tapis" d'Orient, dont les tesselles de couleur proviennent des ateliers voisins. Concerts (jazz, world music...), *enoteca* pour déguster les meilleurs vins régionaux... Quant à la cuisine, elle décline des recettes traditionnelles aux accents méditerranéens. Comptez autour de 25€ pour dîner. *Via Leoncavallo, 58 (à l'angle de la via Santa Sofia)* ***Grottaglie*** *Tél. 328 453 45 32 Ouvert mer.-lun. 19h-2h*

☺ **Falsopepe** Une adresse magique dans le dédale blanc du centre de Massafra. Posez-vous sur une des petites terrasses en face de la vallée et du château. Ici, on soigne autant la carte des vins, impeccable, que celle des plats. Carpaccio d'espadon à la confiture de citron, gnocchis à la crème de courgettes et flocons de *burrata*, calamar fourré aux aubergines avec glace à la pomme de terre expriment une cuisine créative, généreuse, sans fausse note. *Primi* 8-10€, *secondi* 10-14€, desserts env. 4-6€. *Via II Santissimi Medici, 45* ***Massafra*** *Tél. 099 880 46 87 www.falsopepe.it Ouvert déc.-oct. : jeu.-sam. soir, dim. et j. fér. midi*

Hébergement

très petits prix

Ostello della Gioventù "La locanda" Au bout de la Città Vecchia, juste au niveau du Ponte di Pietra, une auberge de jeunesse tenue tambour battant par un jeune de Tarente. Les chambres (2-4 pers.) et

GAMME DE PRIX	RESTAURATION	HÉBERGEMENT
Très petits prix	moins de 15€	moins de 55€
Petits prix	de 15 à 25€	de 55 à 75€
Prix moyens	de 25 à 40€	de 75 à 110€
Prix élevés	de 40 à 60€	de 110 à 160€
Prix très élevés	plus de 60€	plus de 160€

les dortoirs (de 6 à 8 lits) sont simples, propres et fonctionnels. Comptez 20€/pers. en dortoir et 30€/pers. en chambre avec air conditionné. Possibilité de déjeuner et dîner dans le petit restaurant attenant pour 13€. *Vico Civitanera **Taranto** Tél. 099 476 00 33 www.ostellolalocanda.it Fermé entre 13h et 16h*

prix élevés

Hotel Akropolis Dans une ruelle étroite de la Città Vecchia, ce 4-étoiles installé dans une bâtisse médiévale possède quelques sérieuses armes de séduction. Vous pourrez y dîner ou prendre le petit déjeuner sur le toit-terrasse dominant la ville. Les 14 chambres, très confortables, ont heureusement conservé leur sol de mosaïques anciennes. Comptez 120€ pour une double. *Vico I Seminario, 3 **Taranto** Tél. 099 470 41 10 www.hotelakropolis.altervista.org*

Dans les environs

petits prix

Casa Camilla Quatre chambres fleuries et confortables vous attendent sur les hauteurs du centre de Massafra. Attention, celles donnant sur rue peuvent être bruyantes, réservez plutôt l'une des trois donnant sur cour. Sur le toit, une magnifique terrasse domine la vallée et, au loin, la mer. Coin cuisine à la disposition des hôtes et tarifs conventionnés avec des restaurants du secteur. Double 60€. *Via Messapia, 84 **Massafra** Tél. 328 969 83 12 www.casacamilla.eu*

★ ☺ OSTUNI

72017

De préférence, essayez d'arriver le plus tard possible, même à la nuit tombée, pour voir la “cité blanche” apparaître tel un mirage. Édifiée sur trois collines, elle se distingue par son bourg médiéval, dont les maisons blanches serrées le long de ruelles tortueuses s'échelonnent jusqu'à la cathédrale, perchée au sommet. L'une des plus belles surprises du sud de l'Italie.

SOUS LE SIGNE DE L'OCCUPATION Le territoire d'Ostuni était déjà habité il y a près de 50 000 ans. Les traces d'implantation urbaine les plus précises remontent aux Messapiens, au Ve siècle av. J.-C. Après la chute de l'Empire romain, commence une période de décadence qui voit la cité saccagée par les Lombards puis les Sarrasins. Au Xe siècle, les Byzantins en font un diocèse, avant que les Normands ne s'en emparent, laissant le château fort en héritage (XIIe s.). La maison d'Aragon, initiatrice d'un nouvel essor économique et culturel, succède enfin aux Souabes et aux Angevins.

MODE D'EMPLOI

accès

EN TRAIN

Ostuni est située sur la ligne ferroviaire Lecce-Brindisi-Bari.
Stazione Ostuni Des navettes la desservent, toutes les 30min, au départ de la piazza della Libertà. **Ostuni** *À 3km du centre-ville en direction de la mer, sur la route de Villanova. Tél. 0831 54 91 11 ou 89 20 21 (Numéro vert)*

EN CAR

STP Liaisons avec Brindisi. **Ostuni** *Tél. 0831 54 92 45 ou 800 23 20 42 (Numéro vert) www.stpbrindisi.it*

EN VOITURE

Légèrement en retrait par rapport au littoral, Ostuni est à 35km au nord de Brindisi. Préférez la *superstrada* qui longe la mer (route bien entretenue à plusieurs voies) et relie Lecce à Bari (S379 et S16). À Ostuni, garez-vous à proximité de l'office de tourisme (très central...).

orientation

Sur une hauteur, le centre ancien se découvre de préférence à pied en raison de son étroitesse.

informations touristiques

IAT Le guide (gratuit) de la "route de l'huile" (*Strada dell'Olio*) vous permettra de découvrir les différentes *masserie* des environs se consacrant à la production de l'huile d'olive "Collina di Brindisi" (label de qualité de la Communauté Européenne). *Corso Mazzini, 8* **Ostuni** *Tél. 0831 30 12 68 Ouvert été : tlj. 8h30-14h30 et 15h30-23h ; basse saison : tlj. 10h-20h*

fête

Festa di Sant'Oronzo On honore le patron d'Ostuni en souvenir des miracles accomplis en 1657, lorsqu'il sauva les habitants de la peste. Les 25, 26 et 27 août

DÉCOUVRIR

Ostuni

☆ **Les essentiels** Le centre historique, le musée des Civilisations préclassiques de la Murgia méridionale **Découvrir autrement** Promenez-vous la nuit dans Ostuni, la cité blanche

☆ **Centro Storico** Piazza della Libertà, remarquez d'abord la haute flèche dédiée à Sant'Oronzo (1771, 21m de haut), saint patron d'Ostuni joyeusement fêté en août. En suivant la via Cattedrale, on grimpe au sommet de la colline, à 200m au-dessus du niveau de la mer.

Cattedrale La cathédrale (1469-1495) a été construite dans un style gothique tardif : en façade, trois portails en ogive, dont celui du centre, surmonté d'une magnifique rosace à 24 rayons. L'intérieur, remanié des siècles plus tard, se signale par son plafond recouvert de toiles du XVIIIe siècle. *Largo Trinchera Tél. 0831 30 11 77 Ouvert tlj. 9h-13h et 15h-19h*

☆ **Museo delle Civilizzazioni Preclassiche della Murgia Meridionale** Aménagé dans un ancien couvent, ce musée présente de riches collections préhistoriques, tel le squelette de la femme d'Ostuni (vieux de 25 000 ans), dénommée Delia lors de sa découverte en 1991 : les ossements de cette femme d'une vingtaine d'années et du fœtus qu'elle portait, parvenu presque à terme, ont été retrouvés dans une grotte à Agnano. *Via Cattedrale, 15 Tél. 0831 33 63 83 ou 0831 30 39 73 Ouvert été : tlj. 10h-13h et 18h-23h ; hiver : mar.-ven. 10h-13h, sam.-dim. 10h-13h et 16h-19h Entrée 5€*

● Où boire un verre en soirée ?

☺ **Riccardo Caffè** Le point de repère incontournable des 30-40 ans d'Ostuni et des environs. Le lieu est particulièrement suggestif puisqu'il s'agit d'un ancien moulin à huile construit au XIIe siècle. Notez les jeux de lumières sur la pierre blanche typique de la ville. Des poufs colorés sont disposés dans toutes les salles et sur les terrasses qui ouvrent sur les ruelles caractéristiques du centre. Les cocktails (à partir de 8€) se sirotent sur un fond de musique lounge. *Via Gaetano Tanzarella Vitale, 63 Tél. 0839 130 60 46 www.riccardocaffe.com Ouvert déc.-oct. : tlj. 18h-2h*

Les environs d'Ostuni

Fasano Fasano est née au Xe siècle lorsque les habitants d'Egnazia, fuyant les attaques des pirates, partirent se réfugier dans les terres. C'est aujourd'hui une petite ville élégante, entourée du paysage typique des Pouilles : *masserie*, oliviers séculaires et murets en pierre sèche. La vie agricole et artisanale y reste bien ancrée. *À 24km au nord d'Ostuni*
Chiesa Matrice Dans le centre, vous pourrez admirer cette église dédiée à saint Jean Baptiste (1595-1599), à la belle rosace ornant sa façade fin Renaissance. Arrêtez-vous piazza Ignazio Ciaia, où se dressent de remarquables palais (XIVe et XVIIIe s.) : Palazzo del Municipio, Palazzo Brandi et Palazzo Gaito.

Egnazia Egnazia est l'héritière de Gnathia, ancienne cité messapienne (Ve s. av. J.-C.). Sous l'Empire romain, elle connaît une période d'essor (IIIe s. av. J.-C.) et devient un important centre portuaire à la croisée des routes entre Rome, Brindisi et l'Orient. Aujourd'hui, elle est surtout connue pour ses **vases noirs**, ornés de scènes quotidiennes ou de décors végétaux. *À 28km d'Ostuni par la S379 ou la S16*
Museo Archeologico Nazionale Ce musée archéologique conserve une précieuse collection, enrichie de parures funéraires et de mosaïques romaines. Le billet d'entrée du musée donne accès à un "parc archéologique"... *Savelletri di Fasano Via degli Scavi, 84 Tél. 080 482 90 56 Ouvert nov.-mars : tlj. 8h30-16h30 ; avr.-sept. : tlj. 8h30-19h15 ; oct.-oct. : tlj. 8h30-17h30 Entrée 3€ (parc et musée)*

San Vito dei Normanni On accède à cette petite ville après une succession de vastes vignobles, de champs d'amandiers, d'oliviers, séparés par de longs murs en pierre sèche. San Vito a été fondée en 963 par des Slaves venus de Croatie. Vous pourrez y admirer un château à l'imposante tour carrée (XIe s.), l'église San Giovanni, dotée d'une très belle façade baroque, et la basilique Santa Maria della Vittoria, qui offre un bel exemple d'architecture du XVIe siècle. *À 14km à l'est d'Ostuni*

Profiter de la mer D'Egnazia à Ostuni, le littoral déploie de belles plages, souvent de sable fin, certaines encore préservées. Au nord d'Ostuni, **Savelletri** est incontestablement la plus chic. Longue de 3km, la plage d'Ostuni, **Rosa Marina**, est bien équipée (accès libre et kiosques avec parasols et chaises longues), mais prise d'assaut en été.

CARNET D'ADRESSES

Restauration

prix moyens

Osteria del Tempo Perso Cette *osteria*, au cœur d'Ostuni, propose des recettes traditionnelles et généreuses. Creusées à même le tuf, les deux salles restent toujours fraîches, même l'été. Au menu, *orecchiette* aux feuilles de raves, purée de fèves et chicorée sauvage, cardes à l'étouffée et croûtons, blé concassé et tomates fraîches, paupiettes en sauce, cuissot de chevreau au four... Comptez 35€, sans le vin. *Via G. Tanzarella Vitale, 47* ***Ostuni*** *Tél. 0831 30 33 20 www.osteriadeltempoperso.com Ouvert juin-août : lun.-sam. soir, dim. et j. fér. midi et soir ; sept.-mai : mar.-dim. midi et soir*

prix élevés

Porta Nova Du haut de cette tour aragonaise construite au XVe siècle, la vue sur le golfe d'Ostuni est à couper le souffle. Dans cette atmosphère très romantique, le poisson est roi. Les gourmets seront aussi séduits par le contenu de l'assiette, des *antipasti* jusqu'aux desserts ! En *primo, le trofie* à l'encre de seiche se distinguent même si le chef fait preuve d'originalité pour tous les plats proposés. Pour le *secondo*, le filet de dorade ou la soupe de poissons sont très savoureux. Très large choix de vins. Ne ratez pas les desserts si frais, si bons ! Comptez 40€. *Via Gaspare Petrarolo, 28* ***Ostuni*** *Tél. 0831 33 89 83 www.ristoranteportanova.com Ouvert tlj. midi et soir*

Dans les environs

prix moyens

Osteria Cantone Cette table est aménagée dans une belle *masseria* du XVIIIe siècle, à 20km d'Ostuni. La cuisine, à base de produits des champs, varie au fil des saisons : blé concassé et champignons, minestrone de fèves, chevreau au four... Environ 30-40€, sans le vin. *Rés. obligatoire* ***Contrada Fantese*** *(à la sortie de Cisternino en direction de Martina Franca sur la S172) Tél. 080 444 69 02 Ouvert été : mar.-dim. soir ; hiver : sam. soir, dim. midi*

Hébergement

petits prix

Orchidea Nera Un établissement 2 étoiles d'une trentaine de chambres, campé au bord du centre historique, aux tarifs corrects. L'hôtel a été complètement restauré en 2005. Double autour de 80€ sans petit déjeuner. *Corso Giuseppe Mazzini, 118* ***Ostuni*** *Tél. 0831 30 13 66*

LES POUILLES

prix très élevés

☺ **Il Frantoio** Un mas au centre d'une oliveraie pluriséculaire, et entouré d'orangers, citronniers, cédratiers... Son nom rappelle qu'un pressoir (*frantoio*) souterrain du XVIe siècle est à l'origine de cette construction. Aujourd'hui, l'huile d'olive produite sur place (DOP) parfume l'une des meilleures cuisines de la région. Recettes anciennes variant au gré des saisons, herbes sauvages et fleurs en salade, produits biologiques... Huit chambres ont été aménagées dans l'aile XVIIIe siècle : toutes différentes et décorées d'un mobilier d'époque. Double de 219 à 249€, 59€ le repas (32€ pour les enfants). Tarifs préférentiels avec 4 établissements balnéaires à proximité. Réservation obligatoire. ***Ostuni*** *À 5km d'Ostuni, au km 874 sur la S16 en direction de Fasano, chemin sur la gauche Tél. 0831 33 02 76 www.masseriailfrantoio.it*

Dans les environs

Si vous disposez d'un véhicule, pourquoi ne pas opter pour l'une des fermes-auberges des environs, appelées *masserie* : elles sont à quelques kilomètres à peine d'Ostuni et d'un excellent rapport qualité-prix.

prix moyens

Masseria Lo Spagnulo Une immense propriété entourée d'oliviers. Un dignitaire espagnol, la fit construire vers 1600. Aujourd'hui, l'ensemble est voué à l'hôtellerie, parallèlement à une activité agricole permettant de fournir des produits utilisés en cuisine. Les chambres, spacieuses et agréables, sont meublées simplement mais avec goût. Le lieu, victime de son succès, affiche un air de club de vacances. En haute saison, une navette dessert la plage de Rosamarina à 4km. Bon marché (40€/pers. en B&B, 55€ en demi-pension). ***Contrada Spagnulo*** *(à 4km d'Ostuni sur la S16 en direction de Fasano) Tél. 0831 33 37 56*

Masseria Maccarone Dans cette ferme fortifiée, vous pourrez visiter un pressoir souterrain du XIIe siècle, une petite église baroque et assister aux différentes phases de production de l'huile d'olive (de novembre à mars ; dégustation sur réservation). L'immense "villa patronale", qui date de 1754, est une résidence privée ; les hôtes sont logés dans une dizaine de petits appartements aménagés très simplement. Prix raisonnables : 140€ l'appartement pour 4 pers., 150€ pour 6 pers. *Contrada da Carbonelli, 29* ***Fasano*** *(à 25km d'Ostuni, à Fasano, suivre la direction Savelletri, la masseria est signalée sur la gauche) Tél. 080 482 93 00 www.masseriamaccarone.it*

Tenuta Deserto Il faut traverser une vaste plaine plantée de chênes centenaires, de pins et d'oliviers pour arriver à cette *masseria* qui appartient à la même famille depuis la fin du XVIIe siècle. Tout est là : une chapelle, un *trullo*, une ancienne écurie transformée en musée équestre, une pis-

GAMME DE PRIX	RESTAURATION	HÉBERGEMENT
Très petits prix	moins de 15€	moins de 55€
Petits prix	de 15 à 25€	de 55 à 75€
Prix moyens	de 25 à 40€	de 75 à 110€
Prix élevés	de 40 à 60€	de 110 à 160€
Prix très élevés	plus de 60€	plus de 160€

cine et une série de chambres et d'appartements dotés d'une déco fleurie et agréable. Le domaine est constitué de 80ha cultivés et de 5km de parcours balisés pour des balades. Double 120€ avec petit déjeuner, 650-1 050€/sem. l'appartement pour 2 pers., 850-1400€ pour 4 pers., 1200-1 600€ pour 8 pers. *De **San Vito dei Normanni** prendre la SP30 en dir. de Ceglie Messapica, après 3km, un panneau indique de tourner à droite et de suivre le chemin sur 300m Tél. 347 914 10 45 ou 348 171 10 26 www.tenutadeserto.it*

prix très élevés

Masseria Marzalossa Cette *masseria* dispose de 6 chambres doubles et 5 suites (dont une de 150m² !) aménagées avec beaucoup de goût dans un immense corps de bâtiment datant du XVIIe siècle. Vergers d'orangers et de citronniers entourent une belle piscine. La mer est toute proche et il vous sera même possible de jouer les propriétaires terriens en vous promenant en calèche dans l'oliveraie. Au restaurant, cuisine savoureuse à base de produits bio (40€ boissons non incluses). De 218 à 248€ la double, de 270 à 500€ la suite. *Contrada da Pezze Vicine, 65 **Fasano** (2km avant Fasano en venant d'Ostuni, route sur la gauche) Tél. 080 441 37 80 www.masseriamarzalossa.com Fermé 5-30 nov.*

BRINDISI

72100

Chef-lieu de province situé sur le littoral, Brindisi a toujours servi de point de passage entre l'Orient et l'Occident. Cité de fondation messapienne, elle se développe sous l'Empire romain, qui en fait le terminus de la Via Appia et de la via Traiana. Elle joue encore son rôle de carrefour pendant les croisades, mais subit ensuite une longue période de décadence qui ne s'achèvera qu'au XIXe siècle avec l'ouverture du canal de Suez et la reprise du commerce avec l'Orient. Principal port d'embarquement de l'Adriatique pour la Grèce, Brindisi voit affluer en été les touristes en transit.

MODE D'EMPLOI

accès

EN AVION

Vols pour Rome, Milan et Venise.

Aeroporto del Salento *À 18km au nord de Brindisi Tél. 0831 411 74 47 www.aeroportidipuglia.it*

STP Toutes les 30min, une navette part de l'aéroport et rejoint le centre-ville de Brindisi en 15min environ (tarif 1,50€). *Tél. 800 23 20 42 www.stpbrindisi.it*

EN BATEAU

Des bateaux relient Brindisi à plusieurs ports de Grèce (Patras, Corfou...). Le nouveau terminal d'embarquement et les bureaux des compagnies de ferries se trouvent à Costa Morena, à 4km du centre-ville. Une

navette gratuite effectue le trajet au départ de la *stazione marittima* et de la gare toutes les 30min.
Hellenic Mediterranean Lines *Corso Garibaldi, 8 Tél. 0831 52 85 31*

EN TRAIN
Dessertes nationales et liaisons régulières avec Lecce (environ 35min de trajet) et Bari (1h30).
Stazione *Piazza Crispi Tél. 89 20 21*

EN CAR
Nombreuses liaisons avec le reste de l'Italie.
Agenzia Perrino Liaisons avec Lecce, Tarente, Naples *Corso Garibaldi, 109 Tél. 0831 56 06 78 www.perrinoviaggi.it*

Agenzia Grecian Travel Liaisons avec Rome, Turin, Milan. *Vico De' Lubelli, 8 Tél. 0831 59 78 84*

orientation

Le centre-ville forme un renflement sur la mer, se déployant à l'est de la gare. Le corso Garibaldi, qui débouche sur le front de mer, est piétonnier. Les bateaux partent désormais de Costa Morena, à l'extérieur de la ville, cf. En bateau (p.476).

informations touristiques

APT *Lungomare Regina Margherita, 44 Tél. 0831 56 21 26 Ouvert lun.-sam. 9h-13h et 15h-17h*

DÉCOUVRIR

Brindisi

☆ **Les essentiels** Le Musée archéologique, l'église Santa Maria di Borgo del Casale **Découvrir autrement** Allez admirer les remparts du château souabe, baignez-vous à Torre Guaceto

Castello Svevo Construit par Frédéric II au début du XIIIe siècle sur la rive ouest du bord de mer, le **château souabe** ne se visite pas, car il est occupé par le commandement de la marine militaire. Toutefois, vous pourrez apercevoir sa structure carrée et son mur d'enceinte flanqué de tours cylindriques.

Duomo Cette cathédrale romane datée de 1100 dut être reconstruite après le tremblement de terre de 1743. De l'époque originelle ne demeurent que quelques mosaïques. *Piazza Duomo*

☆ **Museo Archeologico** Tout à côté de la cathédrale, ce musée est renommé pour ses bronzes des IVe et IIIe siècles av. J.-C., retrouvés pendant l'été 1992 dans les fonds marins à proximité de Brindisi. Six itinéraires thématiques sont proposés aux visiteurs. *Piazza Duomo, 7 Tél. 0831 56 55 01 ou 0831 56 55 08 Ouvert tlj. 9h30-13h30 et 15h30-18h30 Entrée libre*

Colonna Romana Ce vestige de l'occupation romaine s'élève en bord de mer, près de la capitainerie, pour signaler la fin de la Via Appia. Elle est couronnée d'un chapiteau sculpté à l'effigie des dieux Neptune, Jupiter et Mars. Sa sœur jumelle s'effondra au XVIe siècle et, curieusement, fut transférée à Lecce. Elle y trône aujourd'hui sur la piazza Sant'Oronzo.

Santa Maria degli Angeli C'est le moine capucin Giulio Cesare Russo, futur San Lorenzo de Brindisi, qui fit construire cette église (dite aussi San Lorenzo) de 1609 à 1619. Admirez son portail décoré de feuilles en bois à l'effigie de sainte Claire, saint François d'Assise et des évangélistes Jean et Matthieu ; ainsi que son plafond baroque en trompe l'œil. *Via San Lorenzo da Brindisi Horaires variables*

San Benedetto Cette église romane (1080) présente, sous une élégante voûte à croisée d'ogives, trois nefs séparées par des colonnes. Elle a conservé un imposant clocher et un cloître (XIe s.) aux beaux chapiteaux zoomorphes. Dans la sacristie, vous pourrez admirer une statue de la Madone de la Neige du XVe siècle. *Piazza Duomo, 12 Ouvert tlj. 8h30-12h et 17h30-19h*

Santa Lucia Élevé au XIe siècle, cet édifice roman (également dénommé Chiesa della Santissima Trinità) est connu pour ses fresques des XIIIe et XIVe siècles, tant dans l'église supérieure que dans la crypte du VIIIe siècle. *Via Santa Lucia, 12 Ouvert tlj. 7h20-12h et 16h30-19h*

☆ **Santa Maria del Casale** Une magnifique église romane construite en 1320 par Philippe d'Anjou. Outre la façade, remarquez les fresques intérieures peintes au XIVe siècle dans la plus pure tradition byzantine, notamment le *Jugement universel* de Rinaldo da Taranto, dans la lunette du portail central. *À 3km au nord du centre historique, sur la route de l'aéroport*

● Louer une bicyclette

Longo bike & service À vélo, les journées de plage, les balades au milieu des champs de blé ou des oliviers prennent toute leur saveur... Tarif à la journée, 10€ pour un VTT ou citybike (5€ enfant), 40€/sem. *Via E. Trinchera, 28 Tél. 0831 30 23 18 ou 329 617 34 91 www.longobikes.it Ouvert lun.-sam. 8h30-13h et 16h30-20h30*

Les environs de Brindisi

Mesagne Petite ville fondée par les Messapiens entre le IVe et le IIIe siècle av. J.-C., Mesagne conserve une structure urbaine médiévale. Au XVIIe siècle, la ville se couvre d'édifices baroques : l'église Sainte-Anne, la Chiesa Matrice, à la façade ornée d'une profusion de statues et la Chiesa del Carmine, à la porte richement décorée de fruits et de motifs végétaux. *À 15km au sud-ouest de Brindisi* **IAT** *Via Castello www.comune.mesagne.br.it Ouvert mar., jeu. et sam.-dim. 10h-12h et 19h-21h, lun., mer. et ven. 19h-21h*
Castello et Museo del Territorio Le château initial, construit sous le règne de Frédéric II de Souabe (1090-1147), protégeait le tronçon de la Via Appia allant de Tarente à Brindisi. Remanié au XVe siècle, il sera transformé en demeure seigneuriale au XVIIe siècle. En témoigne une succession d'élégantes pièces ornées de fresques. Ne manquez pas, près de l'entrée principale, le passage souterrain menant aux citernes à huile. Au rez-de-chaussée et au premier étage, un musée du Territoire a été installé. Il expose les objets trouvés dans des nécropoles antiques (du VIe au IIe s. av. J.-C.) : poteries, vases, pièces

de monnaie et un petit cheval en terre cuite, le *Tintinnabulum*, devenu le symbole du musée. *Via Castello Tél. 0831 77 60 65 Ouvert mar.-dim. 10h-12h et 18h-21h30 Entrée 3€*

Profiter de la mer

Au nord de Brindisi, **Specchiola** et **Pilone** sont deux belles plages de sable blanc. Mais c'est à **Torre Guaceto** que la mer est la plus transparente : le littoral y a d'ailleurs été classé "réserve naturelle et aire marine protégée". *À 20km de Brindisi sur la S379 Sortir à Torre Guaceto*

CARNET D'ADRESSES

Restauration

très petits prix

Romanelli Sur le pouce, debout ou assis sur les bancs mis à disposition devant l'enseigne, vous dégusterez les meilleures *fritte* de la région : une forme de *calzone* (pizza repliée) à la pâte croquante à l'extérieur et tendre à l'intérieur, farcie de mozzarella et sauce tomate. Un régal, tout simplement ! Comptez 1,50€ pièce. *Via Santa Lucia, 3* ***Brindisi*** *Tél. 0831 59 04 96 Ouvert tlj. 6h-0h*

petits prix

☺ **Vecchia Brindisi** Si vos exigences en matière de pizzas sont très élevées, n'hésitez pas à parcourir les ruelles étroites du vieux Brindisi jusqu'à ce restaurant voisin de l'église San Giovanni. En haute saison, sa terrasse se déploie sur la place devant le sanctuaire du XIIe siècle. Dans ce décor d'exception, sont servies les meilleures pizzas (3,50-8€) de la ville. En entrée, les gros appétits peuvent partager une gargantuesque assiette d'*antipasti misti* (12€). *Via San Giovanni al Sepolcro, 5/7* ***Brindisi*** *Tél. 0831 52 84 00 Ouvert mar.-dim. soir Fermé 1 sem. en jan. et sept.*

☺ **Bar Betty** À l'heure du déjeuner, Gaetano et Betty servent des *panini*, des plats du jour (poisson, viande, pâtes) ainsi que des salades. Jusque tard dans la nuit, les habitués s'y rendent pour déguster les délicieuses glaces faites maison. L'endroit est renommé aussi pour ses viennoiseries et ses pâtisseries. Jardin intérieur et terrasse vue sur mer. Environ 12€ le déj. *Viale Regina Margherita, 6* ***Brindisi*** *Tél. 0831 56 34 64 Ouvert haute saison : tlj. 7h-1h ; basse saison : jeu.-mar. 7h-1h*

prix moyens

Trattoria Pantagruele Ne faites pas l'impasse sur les antipasti de la maison, axés sur les produits de la mer : risotto épicé aux crevettes, fines tranches de poisson mariné, poulpes à la catalane... La suite - nettement plus classique - décline poissons grillés, viandes d'agneau et de bœuf. Cadre raffiné. Comptez 25-40€ sans le vin. *Via Salita di Ripalta, 1/3* ***Brindisi*** *Tél. 0831 56 06 05 Ouvert lun.-ven. midi et soir, sam. soir Fermé 15 jours fin août-début sept.*

Dans les environs

prix moyens

Arrosteria del Vicoletto Lieu accueillant et cuisine régionale honnête. Spécialités de viande

LES POUILLES

qu'il faut aller choisir au comptoir du boucher. Goûtez aux *bombette*, sortes de paupiettes (panées ou non) de porc ou de veau. Une fois assis, pour patienter l'*antipasto* de charcuteries variées est très bon. L'été, les quelques tables disposées sur le trottoir sont prises d'assaut. Comptez 25€. *Via Giulio II, 16* ***Cisternino*** *Tél. 080 444 80 63 Ouvert tlj. soir Fermé 15 jours en sept.*

Hébergement

très petits prix

Ostello della Gioventù Carpe Diem L'auberge de jeunesse compte 60 places en dortoirs et 4 chambres doubles. Comptez autour de 17€ la nuit avec le petit déjeuner en dortoir et 23€/pers. la double. Vous trouverez sur place des machines à laver et un poste Internet. Pour vous rendre dans le centre-ville, vous devrez prendre le bac qui traverse le chenal. Le propriétaire viendra vous chercher à la gare si vous lui communiquez votre horaire d'arrivée. À la gare, les bus n^{os}3 et 4 desservent l'auberge. Ouvert toute l'année. *Via Nicola Brandi, 2* ***Brindisi*** *Tél. 338 323 55 45 www.hostelcarpediem.it*

petits prix

Hotel Torino Sur une place très tranquille du centre-ville, cet établissement a un air de pension de famille : sur deux étages, se répartissent 13 chambres spacieuses et lumineuses, mais un tantinet austères. Les parties communes sont plus chaleureuses. Accueil attentionné. De 50 à 75€ la double avec petit déjeuner. *Largo Pietro Palumbo, 6* ***Brindisi*** *Tél. 0831 59 75 87 ou 0831 21 44 51 www.hotelbrindisi.it/torino*

prix moyens

Hotel Regina La réception arbore une décoration des années 1970 que l'on ne retrouve pas dans les 43 chambres, plus sobres. Un accueil fonctionnel vous attend dans cet hôtel central. Comptez autour de 80€ la chambre double avec petit déjeuner et air conditionné. *Via Cavour, 5* ***Brindisi*** *Tél. 0831 56 20 01 www.hotelreginabrindisi.it*

Dans les environs

petits prix

B&B Federico II Dans un beau palais du centre de Mesagne, à deux pas des monuments principaux, ce B&B possède quatre spacieuses chambres aux tons chaleureux. Essayez d'obtenir, celles qui donnent sur cour pour éviter le bruit du trafic dans la rue. Accueil très agréable. Comptez 70€ la double avec petit déjeuner. *Via Federico II Svevo, 134* ***Mesagne*** *Tél. 388 478 99 98 www.bbfedericosecondo.it*

GAMME DE PRIX	RESTAURATION	HÉBERGEMENT
Très petits prix	moins de 15€	moins de 55€
Petits prix	de 15 à 25€	de 55 à 75€
Prix moyens	de 25 à 40€	de 75 à 110€
Prix élevés	de 40 à 60€	de 110 à 160€
Prix très élevés	plus de 60€	plus de 160€

★LECCE

73100

Fondée par les Messapiens qui s'établirent dans le Salento aux VIIIe-VIIe siècles av. J.-C., Lecce a alterné des périodes d'apogée et de décadence, mais l'extraordinaire engouement de ses élites pour le baroque, au XVIIIe siècle, a définitivement transformé le visage de la cité. De cette époque, datent la plupart des prouesses architecturales qui la font comparer à Florence. Le baroque *leccese* se singularise surtout par le matériau utilisé – une variété de calcaire tendre qui prend en vieillissant une couleur chaude et dorée. Facile à modeler, cette pierre est à la source de l'exubérance des artistes, qui ont fait de Lecce un musée à ciel ouvert.

MODE D'EMPLOI

accès

EN TRAIN
Lecce est le terminus des lignes de trains et de bus venant du nord *via* Bari et Brindisi.
Stazione FS (plan 21, A2) *Viale Oronzo Quarta, 38 Tél. 0832 30 34 03 (Numéro vert)*

EN CAR
Pugliairbus Navette reliant l'aéroport de Brindisi au centre de Lecce en 40min (6€). *Tél. 0832 25 61 24 pugliairbus.aeroportidipuglia.it*
Mazzini Viaggi (plan 21, B2) Cette agence, partenaire de plusieurs compagnies de cars (Marozzi, Miccolis, Marino), propose des départs vers toutes les grandes villes de la péninsule. Une navette fait la liaison entre Lecce et l'aéroport de Brindisi : un départ toutes les 40min. *Piazza Mazzini, 78 Tél. 0832 30 19 26*

EN VOITURE
Lecce est desservie par une *superstrada* en bon état (la S613, qui part de Brindisi). Elle se prolonge pendant une trentaine de kilomètres et permet de pénétrer le Salento, plus au sud. La route de la côte, au départ de San Cataldo (la S611, puis la S173), à 12km de Lecce, longe presque tout le Salento. Si vous êtes pressé, empruntez la S275 pour rejoindre Marina di Leuca.

orientation

Le centre de Lecce se découvre à pied, l'on ira de palais en églises baroques en remontant les *vie* Giuseppe Libertini et Giuseppe Palmieri. Le soir, les rues s'animent autour de la piazza Sant'Oronzo.

informations touristiques

Puglia Promozione (plan 21, A1-A2) *Via Vittorio Emanuele, 16 Tél. 0832 33 24 63 www.pugliaturismo.com Ouvert lun.-sam. 9h-14h et 15h30-20h*

fêtes et manifestations

Trois événements pour découvrir la tarentelle (p.484).
Festa di San Paolo À Galatina. *Le 29 juin*

Festa di San Rocco À Torre Paduli, près de Ruffano. *Le 15 août*

La Notte della Taranta Le plus grand festival dédié à la *pizzica*, une variante de la tarentelle, et à ses rencontres avec d'autres musiques (rock, world, jazz...). Il a lieu dans plusieurs villes et villages du Salento, et se termine en un grand concert donné à Melpignano, face à des milliers de spectateurs. *Du 15 au 31 août www.lanottedellataranta.it*

DÉCOUVRIR

☆ **Les essentiels** La place du Duomo, la basilique Santa Croce, la ville d'Otrante **Découvrir autrement** Goûtez les pâtisseries locales à base de pâte d'amandes, baignez-vous dans les criques de Marina Serra ou à la plage de Santa Cesarea

Lecce

En démarrant de la Porta Rudiae (plan 21, A1), bâtie au XVIIIe siècle, empruntez la via Giuseppe Libertini, riche de palais et d'églises baroques, dont l'exubérante Chiesa del Rosario (ou San Giovanni Battista). Arrivé piazza Duomo (plan 21, A2), poursuivez par la via Giuseppe Palmieri. En son centre, ne manquez pas la piazzetta Ignazio Falconieri, bordée de trois magnifiques palais et, plus loin, l'élégant théâtre Paisiello. Elle aboutit Porta Napoli (plan 21, A1), érigée au XVIe siècle en l'honneur de Charles Quint.

Piazza Sant'Oronzo (plan 21, B2) Cette place n'est peut-être pas le centre géographique de la ville, mais elle en est véritablement le cœur. Jusqu'au début du XVe siècle, époque du commerce avec la république de Venise, elle était bordée de beaux palais du XIIIe siècle. Une fois les *palazzi* démolis pour faire place à la Banque d'Italie, on a découvert les vestiges de l'amphithéâtre romain contigu. Au centre, la **colonne Sant'Oronzo** a donné son nom à la place : remarquez surtout la partie inférieure, qui se trouvait originellement à Brindisi, où elle marquait la fin de la Via Appia. Offerte à Lecce en 1528, elle a servi de socle à la statue du saint qui la surmonte, datant de 1739. Quelques beaux monuments encadrent la place : le Sedile, construit en 1592, et la chapelle Saint-Marc, à côté, élevée par la colonie de marchands vénitiens établis à Lecce au XVIe siècle.

Anfiteatro Romano (plan 21, B2) Il jouxte la piazza Sant'Oronzo, qu'il envahit partiellement. Son état de conservation en fait un précieux témoignage de l'Antiquité romaine dans le Salento. Édifié entre le Ier et le IIe siècle ap. J.-C., il pouvait accueillir près de 25 000 spectateurs. Redécouvert au début du XXe siècle, il n'a pas été entièrement exhumé : seules sont visibles une partie des gradins et l'arène. Le reste de l'amphithéâtre gît plusieurs mètres sous terre, sous la place et l'église Santa Maria delle Grazie (1590-1606).

☆ **Piazza del Duomo (plan 21, A2)** Bel exemple de place italienne, elle a été conçue comme le salon d'un immense *palazzo nobile* qui conserverait, derrière ses grilles, quelques joyaux baroques ou un décor de théâtre. À l'ouest, le

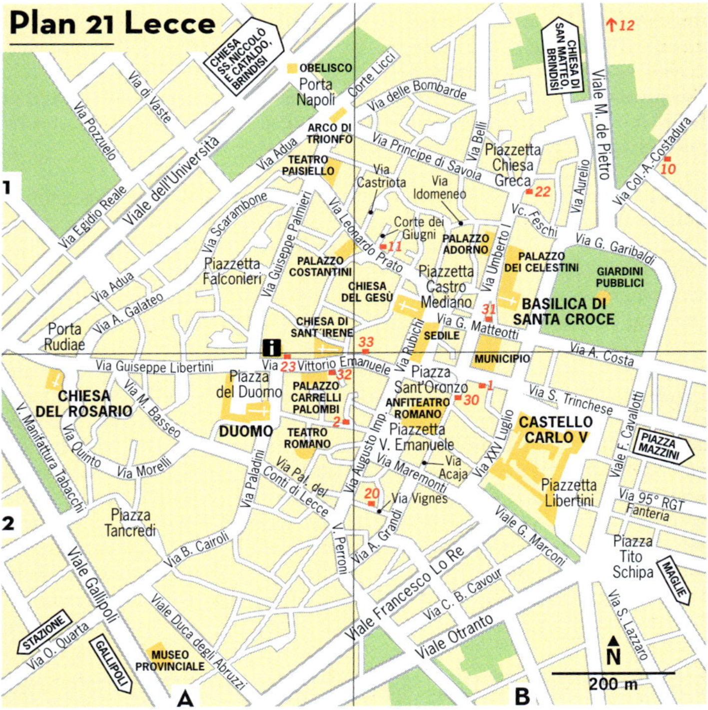

Bar, glacier (n°1 et 2)
Pasticceria Natale* ______ **1** B2
Tipografia* ______ **2** A2

Restauration (n°10 à 12)
Alle Due Corti ______ **11** B1
La Puccia ______ **12** B1
Le Zie Trattoria Casareccia ______ **10** B1

Hébergement (n°20 à 23)
B&B Centro Storico ______ **20** B2
B&B Chiesa Greca ______ **22** B1
B&B Palazzo Rollo ______ **23** A2

Shopping (n°30 à 33)
Il Fornaio* ______ **30** B2
La Casa dell'Artigianato Leccese* ______ **31** B1
Liberrima nel Cortile* ______ **32** A2
Mercatino dell'antiquariato* ______ **33** B2

*À RETROUVER DANS LA PARTIE DÉCOUVRIR

séminaire prolonge le palais épiscopal, œuvre de Giuseppe Cino au début du XVIIIe siècle. À l'intérieur, un cloître baroque renferme un beau puits.

Campanile Imposant, le clocher de cinq étages, un des plus hauts d'Europe (il atteint près de 70m), reconstruit par Giuseppe Zimbalo entre 1651 et 1682, domine la place. Au sommet, l'artiste a imaginé une loggia chapeautée d'une coupole.

Duomo La cathédrale, qu'il jouxte, a été élevée sur une fondation normande de 1114. C'est également à Zimbalo qu'échut le remaniement complet de l'édifice entre 1650 et 1670. Exceptionnellement, la façade principale est plutôt sobre, et c'est la façade latérale (vue par le passant qui entre sur la place) qui attire l'attention : digne de la réputation du baroque *leccese*, tout en exubérance, elle arbore une fausse balustrade et une statue de sant'Oronzo sous une arche ; tout est fait pour renforcer la mise en scène et tromper l'œil du promeneur. À l'intérieur, admirez le beau plafond à caissons de bois peint. *Ouvert tlj. 8h30-12h30 et 16h-19h30*

Vescovato Au fond de la place se trouve l'évêché, construit entre 1420 et 1428, le long duquel court une galerie d'arcades surmontée de bustes de personnages célèbres.

☆ **Basilica di Santa Croce (plan 21, B1)** C'est l'expression la plus aboutie du baroque *leccese*. Œuvre de trois architectes successifs (Gabriele Ricciardi, Cesare Penna et Francesco Zimbalo), sa construction se poursuit tout au long du XVIIe siècle (commencée en 1549, elle est consacrée en 1582 mais ne sera achevée qu'en 1689). Conçue en même temps que le monastère voisin (aujourd'hui occupé par la préfecture) à l'initiative des Frères célestins, elle est abandonnée en 1807 quand les ordres sont supprimés. Il faut attendre près d'un siècle et demi pour que des restaurations soient entreprises dans les règles – la dernière en date, dans les années 1980, a rendu toute sa blancheur à la façade. La lecture du monument n'est pas évidente, tant les détails abondent : le **niveau inférieur**, jusqu'à la balustrade, est rythmé par six colonnes dont les chapiteaux figurent un bestiaire fantastique. La **travée**, au-dessus, aligne des divinités marines et des figures féminines nues d'un côté, des anges au centre et des lions de l'autre côté, symbolisant la foi. Treize personnages (Hercule, un griffon, la louve de Remus et Romulus...), destinés à porter le poids du balcon, surmontent l'ensemble. Le **deuxième niveau** est marqué par une rosace, flanquée de chaque côté par saint Pierre et saint Benoît, et par les allégories de la Force et de la Foi. L'intérieur, à trois nefs,

La tarentelle

À la fin des années 1950, Ernesto De Martino, anthropologue, part étudier un phénomène typique du Salento : le "tarentisme", ou "tarentulisme", frappant des personnes victimes d'une piqûre d'araignée ou de serpent. Ces personnes tombent dans une profonde hébétude dont seule peut les tirer la *tarantella*, ou *pizzica*, une musique saccadée et répétitive, lancée au rythme du *tamburiello* (grand tambourin) et du violon. Après avoir prié saint Paul à Galatina, elles dansent jusqu'à entrer en transe et tomber de fatigue. Considéré comme la première étude d'ethnopsychiatrie, le travail de De Martino, devenu une référence, montre que le tarentisme ne désigne rien d'autre que ce qu'on appelle aujourd'hui la dépression. Inconsciemment, les *tarantolati*, généralement des femmes à la vie éprouvante ou des jeunes gens déstabilisés par un choc, exprimaient leur mal de vivre au travers de cette "piqûre", réelle ou non. Si le tarentisme est tombé en désuétude, la musique qui lui servait d'accompagnement a fait l'objet d'une redécouverte : on parle désormais de "néotarentisme". Au-delà de la volonté de préserver les traditions salentines, la tarentelle cherche à exorciser les nouveaux malaises des sociétés modernes.

se distingue par l'**autel** consacré à saint François de Paule (1641), œuvre de Francesco Zimbalo, orné de douze panneaux sculptés racontant des épisodes de la vie du saint. *Via Umberto I Ouvert tlj. 9h-12h et 17h-20h*

Palazzo dei Celestini (plan 21, B1) Également appelé Palazzo della Provincia, cet imposant palais baroque (1659), occupé par la préfecture, jouxte la basilique Santa Croce. En traversant sa très belle cour carrée dotée d'arcades, vous atteindrez les Giardini, les jardins publics de la ville, agrémentés de pins maritimes et de palmiers. **Giardini** *Ouvert tlj. lever du soleil-coucher du soleil*

Santi Niccolò e Cataldo (hors plan) S'élevant au nord de la ville, à côté du cimetière, cette église est un autre bel exemple de syncrétisme architectural. À l'origine, il s'agissait d'une église normande construite en 1180. Sur le **portail**, arabesques et motifs géométriques dénotent une indéniable inspiration orientale, tandis que l'arc supérieur est festonné d'un feuillage de style classique. La **coupole**, d'influence byzantine, est cachée par une façade baroque remodelée en 1716 par Cino, qui y ajouta des statues mais prit le parti de conserver le portail roman. L'**intérieur**, sobre, recèle encore quelques fragments de fresques des XIVe et XVe siècles. À côté, l'**ex-couvent des Olivétains**, aujourd'hui occupé par l'université de Lecce, présente deux beaux cloîtres baroques dont l'un abrite un puits surmonté d'un baldaquin. *Viale Cimitero Ouvert dim. matin*

Museo Provinciale (plan 21, A2) Il renferme des témoignages de grande valeur portant sur la culture messapienne, qui rayonna dans le Salento jusqu'à la conquête romaine au IIIe siècle av. J.-C. Dans l'**antiquarium** sont exposés une multitude d'objets qui ont été donnés au musée. Ils voisinent avec une somptueuse collection de vases antiques, notamment messapiens. Le dernier étage, consacré à la peinture, rassemble des œuvres des écoles vénitienne, napolitaine et romaine, ainsi que quelques tableaux de gloires locales. Des sculptures rescapées du théâtre romain ornent le rez-de-chaussée. *Viale Gallipoli, 28 Tél. 0832 68 35 03 Ouvert lun.-sam. 9h-13h30 et 14h30-19h30, dim. 9h-19h30 Entrée libre*

● Où trouver une brocante ?

Mercatino dell'antiquariato (plan 21, B2 n°33) Élégamment abrité dans la cour du Convento dei Teatini, ce petit marché aux antiquités vous plongera dans les secrets des vieilles demeures du Salento : pots à eau, miroirs, vieilles commodes, cartes postales anciennes et bijoux de famille. *Via Vittorio Emanuele II, 34 Tél. 333 576 33 34 Ouvert août : tlj. 10h-13h et 16h30-22h et le 2e w.-e. de chaque mois hors saison*

● Où acheter du vin ?

Liberrima nel Cortile (plan 21, A2 n°32) Cette librairie-*caffè enoteca ristorante* propose des dégustations des différents vignobles des Pouilles plus poétiques que techniques et possède en outre un choix honnête de bouteilles et autres spécialités locales (vin cuit au chocolat, liqueurs, biscuits, *crostini*, confitures, huile d'olive...). "Ti racconto il vino" : tous les jeudis soirs, présentation de l'histoire d'un domaine et dégustation de son vin (30€ avec un plat et 4 vins testés).

Également un café et une librairie généraliste. *Corte dei Cicala, 1 (entrée par via Vittorio Emanuele) Tél. 0832 24 26 26 www.liberrima.it www.passionebarocca.it Ouvert juil.-mi-sept. : tlj. 10h-0h ; basse saison : lun.-ven. 10h-21h, sam.-dim. 10h-0h*

● Où dénicher des figurines en papier mâché ?

La Casa dell'Artigianato Leccese (plan 21, B1 n°31) Lecce est renommée pour ses personnages en *cartapesta* (papier mâché), et cette boutique en propose un vaste choix. Outre cet artisanat, on y trouve des céramiques, du bois sculpté. *Via G. Matteotti, 20 (angle via Umberto I) Tél. 0832 30 66 04 ou 347 100 51 41 www.artigianatoleccese.com Ouvert hiver : lun.-sam. 9h30-13h30 et 17h-21h30 ; reste de l'année : tlj. 9h30-13h30 et 17h-21h30*

● Où acheter des souvenirs gourmands ?

Il Fornaio (plan 21, B2 n°30) Chez ce *fornaio* (boulanger) de Lecce, on vient acheter un bon pain aux olives et aux oignons cuit au feu de bois. On peut aussi passer commande de *murfettate*, de *sospiri della cummare* et de *brufichi*, de délicieux petits gâteaux locaux à base de pâte d'amandes. On vous les emballera avec beaucoup de soin pour qu'ils arrivent intacts chez vous. *Piazza Sant'Oronzo, 23 Tél. 0832 30 00 64 Ouvert lun.-sam. 7h-13h30 et 16h30-20h, dim. 7h-13h30*

● Où déguster une glace ?

Pasticceria Natale (plan 21, B2 n°1) Pignons, petits morceaux d'amandes grillées, fragments de cacao amer, brisures de noisettes… viennent relever des glaces aux parfums plus délicieux les uns que les autres : tout Lecce se précipite à l'heure de la *passeggiata* chez ce glacier-pâtissier de renom. *Via Trinchese, 7 Tél. 0832 25 60 60 Ouvert tlj. 8h30-12h*

● Où prendre l'apéritif ?

Tipografia (plan 21, A2 n°2) À deux pas du *duomo*, ce *lounge* bar, installé sous les voûtes d'un *palazzo* et sur la petite piazza Orsini, a adopté un décor *seventies*. Une adresse gentiment branchée pour siroter un verre de Primitivo ou tout simplement un *mojito*, la spécialité de Marco, le barman. Les deux tiers de la sélection de vin proviennent des Pouilles. Vous pourrez accompagner votre verre de vin d'un *misto della tipografia*, à composer soi-même parmi ces ingrédients : *tortilla*, *bruschetta*, *bresaola*, chocolat, chèvre, jambon cru… Plats 5-15€, cocktails 5€, vins au verre 3,50€. *Via degli Ammirati, 14 Tél. 0832 52 37 70*

Les environs de Lecce : le Salento

Les gens vivant ici se disent *salentini* avant même de se dire *pugliesi* ou, a fortiori, italiens. Ici, le dépaysement est total. Après avoir découvert Lecce, la "Florence du Sud", capitale d'un baroque aussi riant que le soleil du Sud, d'Otrante à Gallipoli, partez explorer la côte, où la mer baigne des criques et des plages encore préservées du tourisme. Le Salento, riche de ses traditions, de sa langue, qui a conservé les accents grecs de son passé ancien, et de sa gastronomie savoureuse saura vous captiver.

Nardò La ville s'est construite autour de la piazza Salandra, rebaptisée "la plus belle place baroque du sud de l'Italie" : levez les lieux vers les balcons, loggias et portails ouvragés. Sur la place se trouve le palais du Sedile, siège du gouvernement civil entre le XVe et le XVIIe siècle. Les ornements rococo, ajoutés à la fin du XVIIe siècle, comprennent notamment les statues des saints patrons de la ville : San Gregorio Armeno, saint Michel et saint Antoine de Padoue. Autour de la place, la pierre locale, dans les tons d'or jaune, illumine partout les églises et palais de cet exceptionnel centre historique du Salento. *À 28km au sud-ouest de Lecce par la SS101*

● Où acheter de la *pasta fresca* ?

Pastificio Artigianale Paníco Les pâtes fraîches, une des spécialités incontournables du Salento, sont ici conditionnées sous vide ; elles supporteront donc sans mal votre trajet de retour grâce à l'emballage soigneux de Rosa Panico, la maîtresse des lieux. *Orecchiette, sagne, maccheroncini*... toutes les formes traditionnelles sont représentées. *Piazza Santa Lucia* ***Tricase*** *(à 53km au sud de Lecce) Tél. 0833 54 17 52 Ouvert lun.-mer. et ven.-sam. 8h-13h30 et 16h-20h, jeu. 8h-13h30, dim. 8h-12h*

☆ Otrante

Point le plus oriental de l'Italie, Otranto apparaît telle une cité fortifiée hors du temps. Prise d'assaut en été, elle est devenue une destination recherchée et sélecte, un tantinet snob – mais ne la dédaignez pas pour autant. Romaine, byzantine, normande, aragonaise, elle a été convoitée, occupée, saccagée, reconstruite... L'épisode le plus marquant remonte à 1480, lorsque les Turcs s'en emparent, l'assiégeant pendant plus d'un an, laissant alors à Lecce tout le loisir de prendre l'avantage. Le centre historique narre cette évolution, au détour de ses ruelles entrelacées et de ses maisons blanches qui évoquent

Les plus belles plages du Salento

Si l'on parcourt l'extrême sud du talon de la botte, on découvre deux côtes bien distinctes qui se rejoignent au cap **Santa Maria di Leuca** : à l'ouest, de Leuca à Gallipoli, des plages de sable fin, souvent bien équipées et privilégiées par les familles ; à l'est, d'Otrante à Leuca, de petites criques souvent difficiles d'accès, baignées par une eau turquoise et transparente. C'est évidemment le paysage le plus sauvage et le plus beau - encore faut-il savoir bien nager ! Nos préférées : la plage de **Porto Badisco** (facilement accessible), celles de **Santa Cesarea** (où jaillissent aussi des eaux sulfureuses utilisées par les établissements thermaux voisins), celle de **Castro Marina** (si la mer est calme, louez des barques pour caboter d'une grotte à l'autre), l'**Insenatura dell'Acquaviva** à Diso (gorge profonde de 200m : attention, l'eau y est fraîche !) et la plus belle, **Marina Serra**, au sud de Tricase (criques rocheuses moins accessibles mais plus sauvages).

un peu la Grèce. *À 45km de Lecce par la côte (S543 vers San Cataldo puis la route du littoral S611) ou par la superstrada intérieure (S16), voie rapide sans intérêt* **IAT (Informazioni e Attenzione al Turista)** *Piazza Castello Tél. 0836 80 14 36 /80 49 54 Ouvert été : tlj. 8h30-13h30 et 15h30-20h ; hiver : lun.-sam. 8h30-13h30 et 15h-18h*

Cattedrale Fabuleux témoignage de l'époque normande voulu par Robert Guiscard en 1088, elle a supporté ses réaménagements ultérieurs sans que son harmonie ne soit dénaturée. L'immense "livre" de mosaïque recouvrant le sol, long de 54m et large de 28m, est l'œuvre du moine Pantaleone (1166). Il illustre des épisodes de la vie quotidienne des saints, ainsi que des légendes, le tout autant inspiré par les textes sacrés que par les superstitions. Près de 600 000 tesselles ont été nécessaires à la réalisation de ce chef-d'œuvre. *Piazza Basilica Tél. 0836 80 27 20 Ouvert tlj. 7h-12h et 15h-19h*

Cripta Près de la nef, un passage mène à la crypte, une superbe construction demi-circulaire dotée de trois absides et cinq nefs, soutenue par 42 colonnes en marbre brut ou poli ayant probablement appartenu à un temple préchrétien.

Cappella dei Martiri En remontant sur votre droite, ne manquez pas la chapelle des Martyrs, qui renferme les ossements des 800 habitants de la ville tués en 1480 par les Turcs pour avoir refusé de se convertir à l'islam après la chute de leur ville.

LA FÊTE AU CHÂTEAU...

Le **festival Alba dei popoli** célèbre le lien des Pouilles avec les cultures méditerranéennes : un événement qui rassemble chaque année des figures de la musique et du spectacle tels que Mario Biondi, Pino Daniele ou Lou Reed... *Fin déc.-déb. jan.* ***Castello Aragonese*** *Tél. 080 430 11 50 www.albadeipopoli.it*

Castello Aragonese Face à la mer, dans la partie orientale de la vieille ville, se trouve le château aragonais construit en 1485-1498 par Ferdinand Ier d'Aragon. On y pénètre par une vaste cour d'où l'on accède à une coursive donnant sur la mer. Le meilleur panorama s'admire du haut du belvédère situé à gauche de l'entrée. Expositions temporaires. *Piazza Castello Tél. 199 15 11 23 www.castelloaragoneseotranto.it Ouvert haute saison : tlj. 10h-13h et 15h-22h ; basse saison horaires réduits Entrée 2€*

San Pietro À quelques pas, cette église, un petit bijou byzantin (xe-xie s.) malheureusement souvent fermée, abrite quelques fresques émouvantes de la même époque, dont une belle représentation de la Cène. *Piazza San Pietro*

Où faire du shopping ?

Rebus Les trois frères et sœur – Alessandra, Antonio et Carlo Tamburini – ont choisi de perpétrer les savoir-faire du Salento en travaillant la pierre *leccese*, la céramique, le cuir et la pâte de verre. Leurs réalisations – sacs et pochettes en cuir, lampes en forme d'oursin dépoli, poteries en raku et bijoux – se démarquent nettement du tout-venant des boutiques du centre historique. Les prix restent très abordables : lampes 50-700€, sacs 25-300€, bijoux 20-100€. *Piazza del Popolo, 9 Tél. 320 073 03 69 Ouvert été : tlj. 9h30-13h30 et 16h-19h ; hiver : jeu.-mar. 9h30-13h30 et 16h-19h*

Aller à la plage

Baia dei Turchi Une magnifique baie de sable blanc bordée de bosquets touffus où se mêlent chênes et pins. On marche quelques minutes à travers des sentiers troués de-ci de-là par des accès à la plage – immense et séparée en plusieurs anses. D'Otrante, une piste cyclable permet de rejoindre cette partie de la côte (également accessible en voiture). Parking 2,50€, douches et bars de plage dans certaines parties du littoral. *À 5km au nord d'Otrante par la SP366*

Pédaler jusqu'à une réserve naturelle

Riserva Naturale dei Laghi Alimini Au départ d'Otrante, une piste cyclable rejoint la réserve naturelle des lacs Alimini. Un écosystème unique de plus de 1 000ha : dunes, lacs, marécages et forêts de pins où vous pourrez faire des balades, lézarder au soleil, vous baigner ou admirer une faune et une flore particulièrement diverses. Le lac Alimini Piccolo, alimenté par une source souterraine d'eau douce, communique par un canal avec le lac Alimini Grande, qui est lui salé et séparé de la mer par une langue de sable et de dunes. *À 5km au nord d'Otrante*

Gallipoli

À l'opposé d'Otrante, du côté du littoral ionien, voici *Kalè Polis*, la "belle cité" des anciens Grecs. Comme Otrante, elle est devenue ces dernières années une destination chic, où il fait bon flâner le long du *lungomare* rebaptisé ici *riviera*... La vieille ville se serre, telle une île, au pied d'un imposant **château** du XVIe siècle. L'âge d'or de Gallipoli tourne autour des XVIIe et XVIIIe siècles. Entre la ville moderne et le bourg médiéval, la **fontaine hellénistique**, vestige de la période de la Magna Grecia, reconstruite en 1560, a été restaurée. *Au départ de Lecce, 40km de superstrada bien entretenue (S101)* **Puglia Promozione** *Via Antonietta De Pace, 82 Tél. 0833 26 25 29 Ouvert lun.-sam. 8h-20h, dim. 10h-13h et 16h-20h*

Cattedrale Sant'Agata Elle est conçue, dans sa partie supérieure, par l'architecte baroque Giuseppe Zimbalo (1617-1710), qui a travaillé également au Duomo de Lecce. À l'intérieur, plusieurs tableaux des écoles napolitaine et salentine. *Via Duomo Tél. 0833 26 19 87 Ouvert été : tlj. 8h-12h et 16h-21h ; hiver : tlj. 8h-12h et 15h30-18h30*

Santa Maria della Purità Érigée en 1664, cette église se voit depuis la mer. En façade, remarquez le beau triptyque en majoliques. À l'intérieur, une abondante décoration en bois et marbre, ainsi que de nombreuses peintures d'artistes locaux (XVIIIe s.). *Sur la riviera Nazario Sauro Tél. 0833 26 16 99 Fermé pour travaux*

Palazzo Granafei Il abrite dans ses caves deux immenses pressoirs à huile datant du XVe et du XVIIIe siècle : Gallipoli était un important centre de fabrication et de commercialisation de l'huile, utilisée pour l'éclairage jusqu'à l'avènement du gaz et de l'électricité. *Via Antonietta De Pace, 87 (à côté de la piazza Duomo) Tél. 0833 26 42 42 Ouvert été : tlj. 10h-13h et 16h-19h (juil.-août 10h-0h) ; hiver sur rdv Entrée 1,50€*

Museo Civico Emanuele Barba Constitué des donations de plusieurs personnalités érudites de la ville, ce musée municipal né en 1899 possède une collection éclectique qui mérite la visite. Vous passerez des lampes à huile antiques aux céramiques noires (IVe s. av. J.-C.), de vaisselle en majolique polychrome à une série d'amphores issues de fouilles marines, d'un squelette de baleine à une collection d'oiseaux, de tortues et de mammifères empaillés, de stalactites et de poissons étranges à une salle de pathologies fœtales, humaines et animales, conservées dans des bocaux... *Via Antonietta De Pace, 108 Tél. 0833 26 42 24 www.museocivicogallipoli.it Ouvert été : tlj. 10h-13h et 18h-21h (août jusqu'à 0h) ; hiver : mar.-ven. 9h30-12h30, sam.-dim. 9h30-12h30 et 15h30-18h30 Entrée 1€, 3€ avec la salle des fœtus*

Les Pouilles côté nature

Sur la côte adriatique, l'éperon rocheux du Gargano réserve des paysages somptueux entre ciel et mer, tandis que dans le talon de la botte, la côte du Salento se fait sauvage entre Otrante et Marina di Leuca.

Aller se baigner En quittant Gallipoli vers Santa Maria di Leuca, longez **Lido San Giovanni**, une grande plage de sable fin aux fonds cristallins. Quelques rochers de-ci de-là : les enfants y font des châteaux de sable, les adultes trouvent des coins pour pêcher, on y a pied longtemps. Au nord de Gallipoli, s'étire la très belle anse de **Lido Conchiglie**. En poussant une vingtaine de km plus loin, vous arrivez à **Torre Squilace**, tour de guet (XVIe s.) à l'impressionnant escalier à arcades. Une petite anse de sable fin se trouve au pied de la tour bordée, en général, de rochers où la mer est très facile d'accès. Plus loin encore vous atteignez la **marina de Porto Cesareo**, qu'il vaut mieux laisser pour, quelques kilomètres plus tard, s'arrêter à **Torre Chianca** ou **Torre Lapillo**, immenses plages aux fonds bleu-vert, envahies en août... *Torre Squilace est mal indiqué, en venant de Gallipoli par la SP286, prendre les accès vers la mer env. 3km après Sant'Isodoro*

CARNET D'ADRESSES

Restauration

très petits prix

La Puccia (plan 21, B1 n°12) La *puccia* est un petit pain rond à l'huile typique de la région de Lecce. Il est utilisé pour faire les *panini* et se farcit de spécialités locales : olives, fromage, tomates séchées. Si les murs ne paient pas de mine, la qualité est au rendez-vous pour satisfaire les envies les plus simples. À partir de 3, 50€. *Viale Giacomo Leopardi, 36* **Lecce** *Tél. 0832 39 09 01 Ouvert tlj. 10h-1h*

prix moyens

Le Zie Trattoria Casareccia (plan 21, B1 n°10) Comme son nom l'indique, c'est la cuisine familiale qui est ici à l'honneur : de savoureuses recettes salentines préparées avec générosité depuis 60 ans, qui en font l'une des adresses préférées des habitants. Pâtes maison à la farine d'orge, pâtes et pois chiches, fèves et chicorée, calamars farcis, paupiettes de cheval... Comptez de 25 à 25€ pour un repas. Réservation conseillée. *Via Col. A. Costadura, 19* **Lecce** *Tél. 0832 24 51 78 Ouvert mar.-sam. midi et soir, dim. midi Fermé Noël, Pâques et fin août-déb. sept.*

☺ **Alle Due Corti (plan 21, B1 n°11)** À mi-chemin entre la Porta Napoli et la piazza Sant'Oronzo, cette jolie trattoria du centre offre une excellente occasion de découvrir les recettes les plus anciennes de Lecce et de sa région : *taieddha, cocule te maragiane allu sucu, rrecotta fritta*... Rassurez-vous, la carte, écrite en dialecte, est traduite en anglais ! La meilleure adresse de Lecce pour découvrir la cuisine de terroir. Comptez entre 20 et 25€. *Corte dei Giugni, 1* **Lecce** *Tél. 0832 24 22 23 www.alleduecorti.com Ouvert mar.-sam. midi et soir, dim. midi Fermé première sem. jan.*

Dans les environs

petits prix

☺ **Aria Corte** À quelques kilomètres de Castro Marina, Aria Corte est le royaume des *antichi sapori* ("saveurs du passé"), valorisées avec passion et générosité par Virgilio Verdicchia, le patron. Au menu, blé concassé préparé avec des champignons ou des fruits de mer, *orecchiette* à la sauce tomate et à la *ricotta forte* pour les *primi*. En *secondo piatto*, espadon grillé, petites brochettes d'agneau, crevettes et seiches grillées... Le tout arrosé d'un Salice Salentino, vin rouge puissant de la région. Comptez 20-25€. *Via Roma, 30* ***Marittima*** *(à 49km au sud-est de Lecce) Tél. 0836 92 02 72 Ouvert haute saison : tlj. midi et soir ; basse saison : mar.-dim. midi et soir Fermé 3 sem. nov.*

Rua de li Travaj Non loin de Marina di Leuca, dans le joli village de Patù, ce restaurant n'est pas de ceux que l'on déniche par hasard, au détour d'une route. Sans les indications des habitués, on ne serait jamais arrivé jusqu'ici. *Pizzica* en musique de fond, spécialités typiques de *lu capu* ("du chef" en dialecte) servies généreusement et ambiance conviviale. Comptez environ 20€ par personne. Réservation obligatoire. *Via Felice Cavallotti (près de la piazza Indipendenza), 44* **Patù** *(à 64km au sud de Lecce) Tél. 349 058 45 31 Ouvert haute saison : tlj. soir ; basse saison : lun.-mar. et jeu.-ven. soir, dim. et j. fér. midi*

La Bella Idrusa En été, la queue pourrait décourager les meilleurs volontés : et pas de réservation possible... Selon votre appétit, optez pour un *antipasto* de fritures (très bonnes) mais attention les savoureuses pizzas sont au format XXL ! Les plats à base de poissons sont tout à fait honnêtes et le service rapide et efficace. Bon rapport qualité prix. À partir de 4€ la pizza. *Via Lungomare degli Eroi, 1* **Otrante** *Tél. 0836 80 14 75 Ouvert déc.-oct. : tlj. soir*

prix moyens

Acmet Pascià Dans une ville aussi touristique qu'Otrante, ce restaurant tire bien son épingle du jeu. Le cadre est agréable, on dîne face à la mer et la cuisine, à base de poissons et de fruits de mer, adapte avec bonheur les recettes traditionnelles (risotto aux crevettes et au curry, *linguine* aux oursins...). Antipasti env. 12€, *primi* 8-15€, *secondi* 10-23€. *Via Lungomare degli Eroi* **Otrante** *(à 46km au sud-est de Lecce) Tél. 0836 80 12 82 ou 339 693 39 46 Ouvert haute saison : tlj. midi ; basse saison : mar.-dim. midi*

Ristorante Dal Baffo Ce restaurant de poisson installé sur le front de mer d'Otrante bénéficie d'une excellente réputation. La friture y est croquante et les pâtes, délicatement préparées, embaument de saveurs marines. Ce savoir-faire a un prix : autour de 35€ (menu dégustation ou à la carte). Le soir, la brise qui souffle sur la terrasse rafraîchit l'air agréablement. *Lungomare Terra d'Otranto* **Otrante** *(à 46km au sud-est de Lecce) Tél. 0836 80 60 14 ou 389 063 70 59 Ouvert été : tlj. midi et soir ; reste de l'année : mar.-dim. midi*

Masseria Gattamora Cette belle *masseria* (ferme) est aussi un bon endroit pour goûter une cuisine de terroir à base de produits de la mer et de la campagne. Le lieu est un peu guindé, surtout le samedi soir, mais ça n'est pas déplaisant (chandelles, jolies tables dressées dans le jardin). Autour de 35€. *Via Campo Sportivo, 33* **Uggiano La Chiesa** *(à 45km au sud de Lecce) Tél. 0836 81 79 36 Ouvert mar.-ven. soir, sam.-dim. midi*

La Puritate Une des tables courues de Gallipoli, joliment située sur la Riviera, au pied de l'église Santa Maria della Purità. Dans un décor soigné, la carte décline tous les produits de la mer Ionienne, avec comme spécialités *linguine alla palamita* (au thon, tomates et piments frais) et homards préparés au sel de mer. Comptez 11€ pour un *primo* et entre 15 et 25€ pour un *secondo*. *Via Sant'Elia, 18* **Gallipoli** *Tél. 0833 26 42 05 Ouvert été : tlj. midi et soir ; hiver : jeu.-mar. midi et soir Fermé oct.*

Hébergement

Privilégiez l'hébergement en Bed & Breakfast à l'hôtel classique, car ils sont tous aménagés avec beaucoup de goût dans de nobles demeures du centre ancien.

prix moyens

B&B Centro Storico (plan 21, B2 n°20) C'est le plus ancien B&B de Lecce. Depuis, le concept a fait florès, et ils sont devenus très nombreux. Celui-ci, aménagé dans un *palazzo* du XVIe siècle, a pour lui une magnifique terrasse (solarium au-dessus des toits) et un propriétaire efficace et accueillant. Les chambres sont toutes différentes, certaines seulement ont une sdb privée mais toutes disposent d'un accès Internet. Notre préférence

GAMME DE PRIX	RESTAURATION	HÉBERGEMENT
Très petits prix	moins de 15€	moins de 55€
Petits prix	de 15 à 25€	de 55 à 75€
Prix moyens	de 25 à 40€	de 75 à 110€
Prix élevés	de 40 à 60€	de 110 à 160€
Prix très élevés	plus de 60€	plus de 160€

va au ravissant studio installé sur les toits. Parking gratuit. Entre 60€ (double avec sdb commune) et 180€ (suite avec sdb) la nuit. Pass (inclus) pour pouvoir se garer dans la rue. *Via Andrea Vignes, 2/b* **Lecce** *Tél. 0832 24 27 27 ou 338 588 12 65 www.bedandbreakfast.lecce.it*

B&B Chiesa Greca (plan 21, B1 n°22) Plus que de simples chambres, ce sont 5 mini-appartements qui ont été aménagés avec beaucoup de goût près de la Chiesa Greca, dans un authentique palais (XIVe-XVIe s.) de la vieille ville. Trois d'entre eux se partagent une terrasse qui domine tout Lecce. Entre 80 et 110€ pour 2 pers., petit déj. inclus. Pass (inclus) pour pouvoir se garer dans la rue. *Piazzetta Chiesa Greca, 11* **Lecce** *Tél. 393 222 60 30 ou 335 534 46 44 www.chiesagreca.it*

B&B Palazzo Rollo (plan 21, A2 n°23) En plein centre, à quelques mètres du Duomo, cette magnifique demeure (XVIe s.) envahie par la vigne vierge ne fait pas qu'attirer les badauds. Elle propose également 6 chambres raffinées (et 1 suite) et 3 appartements plus fonctionnels mais tout aussi élégants. Une immense terrasse-jardin (avec ping-pong et baby-foot) plonge sur la vieille ville et ses églises. Entre 85 et 95€ pour les doubles et 125€ pour les suites. Parking (7€/j.), wifi. *Via Vittorio Emanuele II, 14* **Lecce** *www.palazzorollo.it*

Dans les environs

prix moyens

Masseria Gattamora Située à 3km des eaux cristallines de Porto Badisco, cette *masseria*, mentionnée pour sa cuisine de terroir (p.492), répond à toutes vos attentes. Les 11 chambres sont aménagées dans un cadre exceptionnel. Celles du rez-de-chaussée occupent un ancien pressoir. De 75 à 110€ la double. Rajoutez 28€/pers. pour la demi-pension. *Via Campo Sportivo, 33* **Uggiano La Chiesa** *(à 45km au sud de Lecce) Tél. 0836 81 79 36 www.gattamora.it*

Adriatico À 250m de la gare du paisible village de Tricase, cet établissement modeste propose une vingtaine de chambres. Comptez entre 80 et 100€ la double et 62€/pers. en demi-pension. Entre Otrante et Marina di Leuca, cette localité permet de tester chaque jour de nouvelles plages. *Via G. Tartini, 34* **Tricase** *(à 53km au sud de Lecce) Tél. 0833 54 47 37 www.hotel-adriatico.com*

La Plancia Ce bloc rose posé à la lisière du village ne se distinguerait guère de ses homologues s'il ne bénéficiait pas d'un environnement agréable, au bord d'une ravissante crique. Il suffit de traverser la route pour se baigner et s'étendre sur le sable. Les 18 chambres sont agréables et fraîchement rénovées. Comptez 60€ la double (140€ en août), avec petit déjeuner. Parking gratuit. *Via Antonio Sforza, 1/7* **Otrante** *(à 46km au sud-est de Lecce) Tél. 0836 80 12 17 www.hotel-laplancia.it*

La Riviera B&B Situé sur le front de mer, au pied de la plage de Gallipoli, ce petit hôtel coquet, décoré de fresques pastel, propose 6 chambres dont 4 avec vue sur la mer. L'établissement sert le petit déjeuner dans un café-restaurant, sous les parasols face à la mer. Double de 80 à 130€ avec petit déjeuner. *Riviera Nazario Sauro* **Gallipoli** *Tél. 0833 26 10 96 www.bedandbreakfastlariviera.it*

B&B A palazzo Au premier étage d'un palais du XIXe siècle, ce B&B

propose 6 chambres : 3 standard et confortables avec salle de bains privative, une autre dotée d'une terrasse et, enfin, une suite disposant d'une simple et d'une double. L'ensemble des espaces possède une décoration très raffinée. Accès internet et parking. De 60 à 130€ la double, selon la saison, petit déj. inclus. **Gagliano del Capo** *(à 70km au sud de Lecce) Tél. 0833 54 71 44 www.apalazzo.org*

prix élevés

Rosa Antico Sur les hauteurs d'Otrante, cet hôtel élégant a été aménagé dans une villa du XVIe siècle entourée d'une orangeraie. Les 25 chambres, de belles dimensions, sont décorées avec goût dans un style ancien. L'établissement dispose aussi d'un solarium et d'un jardin. Attention, les tarifs ont tendance à passer du simple au double selon la saison... De 90 à 160€ la double, petit déj. inclus. *À l'entrée d'Otrante en venant de Lecce, sur la S16* **Otrante** *(à 46km au sud-est de Lecce) Tél. 0836 80 15 63 www.hotelrosaantico.it*

Orsa Maggiore Design fonctionnel et confortable, cet établissement d'une trentaine de chambres tournées vers la mer cumule bien des avantages : situé sur la route du littoral entre Castro Marina et Santa Cesarea Terme, c'est l'endroit idéal pour ceux qui veulent se reposer sans être trop à l'écart. Double de 100 à 150€ avec petit déjeuner. Demi-pension ou pension complète possibles (20€/pers. par repas). *Via Litoranea per Santa Cesarea Terme 303* **Castro Marina** *(à 48km au sud-est de Lecce) Tél. 0836 94 70 28 www.orsamaggiore.it Ouvert toute l'année*

Hotel Terminal En plein centre de Santa Maria di Leuca, sur la promenade face à la mer, cet hôtel moderne propose 55 chambres confortables et bien équipées. Plage privée et accès aux services de la chaîne d'hôtels Caroli. Comptez de 150 à 170€ la double et 110€/pers. la demi-pension. *Lungomare Cristoforo Colombo, 59* **Santa Maria di Leuca** *(à 70km au sud de Lecce) Tél. 0833 75 82 42 www.attiliocaroli.it*

GEOREGION

LA BASILICATE

V

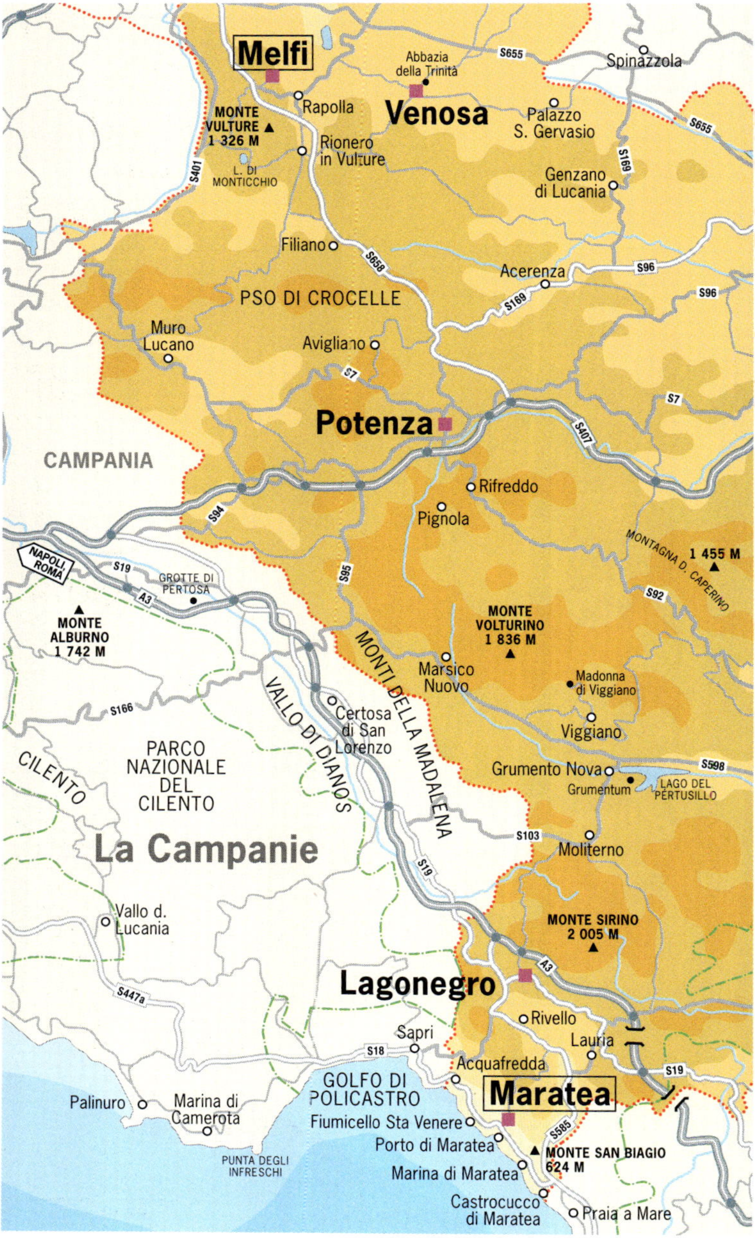
Melfi
Abbazia della Trinità
Venosa
Spinazzola
S655
Rapolla
MONTE VULTURE 1 326 M
Rionero in Vulture
Palazzo S. Gervasio
L. DI MONTICCHIO
S401
S169
Genzano di Lucania
Filiano
S658
Acerenza
S96
S169
PSO DI CROCELLE
Muro Lucano
Avigliano
S7
Potenza
S407
CAMPANIA
Rifreddo
Pignola
S94
MONTAGNA D. CAPERINO
1 455 M
NAPOLI, ROMA
S19
GROTTE DI PERTOSA
A3
S95
S92
MONTE ALBURNO 1 742 M
MONTE VOLTURINO 1 836 M
MONTI DELLA MADALENA
Marsico Nuovo
Madonna di Viggiano
S166
VALLO DI DIANO
Certosa di San Lorenzo
Viggiano
PARCO NAZIONALE DEL CILENTO
CILENTO
Grumento Nova
Grumentum
S598
LAGO DEL PERTUSILLO
S103
Moliterno
La Campanie
Vallo d. Lucania
MONTE SIRINO 2 005 M
Lagonegro
S447a
Rivello
Sapri
Lauria
S18
Acquafredda
GOLFO DI POLICASTRO
Maratea
Palinuro
Marina di Camerota
Fiumicello Sta Venere
Porto di Maratea
S585
PUNTA DEGLI INFRESCHI
MONTE SAN BIAGIO 624 M
Marina di Maratea
Castrocucco di Maratea
Praia a Mare

Les Pouilles
LE MURGE
L. DI SERRA DEL CORVO
Altamura
Gravina in Puglia
Irsina
Matera
PARCO DELLE CHIESE RUPESTRI DEL MATERANO
La Martella
Grassano
Tricarico
L. DI S. GIULIANO
Miglionico
Montescaglioso
BRADANO
PUGLIA
Ferrandina
Accettura
BASENTELLO
Bernalda
Tavole Palatine
Metapontum
Metaponto
Craco
Pisticci
BASILICATA
Aliano
Santa Maria d'Anglona
Scanzano Ionico
Policoro
AGRI
SINNI
LAGO DI MONTE COTUGNO
Nova Siri Stazione
Chiaromonte
CALABRIA
PARCO NAZIONALE DEL POLLINO
Terranova di Pollino
Viggianello
Rotonda
La Calabre
CAPO SPULICO
GOLFO DI TARANTO
Trebisacce
MONTE POLLINO 2 248 M
Morano Calabro
COSENZA, REGGIO
CROTONE
BARI
TARANTO
VIA APPIA
N
20 km
Roma
L'Aquila
Bari
Napoli
Matera
Cosenza
Reggio

★ ☺ MATERA

75100

On entre dans la vieille ville de Matera comme on entrerait dans une casbah, tant semble impénétrable son lacis de grottes troglodytiques d'où émergent les coupoles des églises. La ville moderne, ordinaire et sans charme, s'étire à ses côtés. Comme dans une coupe géologique, on voit la ville se superposer à la ville, l'histoire à l'histoire. Les *sassi*, ces quartiers troglodytiques, hier encore laissés à l'abandon et insalubres, aujourd'hui en voie de réhabilitation, composent un étonnant tableau minéral. Bien qu'inscrite sur la liste du patrimoine mondial de l'humanité, Matera reste largement méconnue, une chance pour les touristes qui s'apprêtent à la découvrir.

MODE D'EMPLOI

accès

EN TRAIN

Une compagnie privée de chemins de fer, les Ferrovie Appulo-Lucane, dessert Matera au départ de Bari (entre 1h et 2h de trajet selon la ligne, plus d'une vingtaine de trains/jour).

Ferrovie Appulo-Lucane (plan 22, A2) *Piazza Matteotti Tél. 199 811 811 ou 0835 38 81 92 www.fal-srl.it*

EN CAR

Les compagnies de bus Marino et Marozzi, présentes sur tout le territoire, desservent aussi Matera plusieurs fois par semaine (piazza Matteotti, devant la gare centrale ou devant celle de Villa Longo) au départ ou à destination de Turin, Milan, Bologne, Parme, Naples...

Autolinee Marino *Tél. 080 311 23 35 www.marinobus.it*

Autolinee Marozzi *www.marozzivt.it*

Ferrovie Appulo-Lucane (plan 22, A2) La compagnie de chemins de fer dispose également de lignes de bus vers Bari ou Potenza. *Piazza Matteotti Tél. 199 811 811*

EN VOITURE

De Tarente (70km), accès par la Via Appia (S7), ou par les S96 puis S99 de Bari *via* Altamura (63km). Vous pouvez aussi descendre en voiture jusqu'au cœur des *sassi* et trouver une place où vous garer (suivre les indications).

Tableau kilométrique

	Rivello	Maratea	Matera	Metaponto	Melfi
Maratea	18				
Matera	232	246			
Metaponto	128	155	48		
Melfi	190	205	142	151	
Venosa	196	211	99	157	23

orientation

Lieu de rencontre préféré des habitants à l'heure de la *passeggiata* (promenade du soir), la place Vittorio Veneto (plan 22, A2), flanquée du palais des gouverneurs, surplombe le Sasso Barisano et constitue un bon repère dans la ville. De là, la plupart des chemins descendent vers la via Fiorentini, rue qui partage ce *sasso* en deux et où se concentrent hôtels, restaurants, cafés... Pour se rendre au Duomo, suivez la via delle Becchiere et continuez dans la via Duomo. Pour rejoindre le Sasso Caveoso, suivez la via del Corso jusqu'à la piazza Pascoli.

informations touristiques

Ufficio Turismo Matera (plan 22, A2) *Via De Viti De Marco, 9 Tél. 0835 33 19 83 Ouvert mar.-mer. et ven. 9h-13h, lun. et jeu. 9h-13h et 16h-18h*

Cooperativa Amici del Turista (plan 22, B2) Cette institution propose des visites guidées dans les *sassi* (70€ pour groupes de 10 pers. maximum), de la documentation, des cartes postales... *Via Fiorentini, 28/30 Tél. 0835 31 22 94 www.amicidelturista.it Ouvert tlj. sur rdv*

Circolo La Scaletta (plan 22, B2) Ce cercle culturel a en charge la visite (sur rdv) de l'église San Nicola dei Greci et de la crypte du Péché originel. *Via Sette Dolori, 10 Tél. 0835 33 67 26 ou 0835 23 62 33 info@lascaletta.net www.lascaletta.net*

Oltre l'Arte (plan 22, B3) Cette association gère la visite guidée des églises rupestres. *Via Cappuccini, 15 Tél. 3459 39 16 58 ou 0835 31 43 69 info@oltrelartematera.it www.oltrelartematera.it*

Arte Zeta (plan 22, A1) L'association s'occupe de l'organisation des visites de la crypte du Péché originel. *Via Cappelluti, 28 Tél. 320 535 09 10 info@artezeta.it www.artezeta.it*

fêtes et manifestations

Festa della Madonna Bruna Pendant plusieurs mois, des artisans préparent un char orné de personnages en papier mâché qui est acheminé au Duomo par huit mulets, avant d'être réduit en miettes par les habitants. Une tradition qui remonte au XIVe siècle, lorsqu'une statue de la Vierge est apparue sur la charrette d'un paysan : les villageois l'ont alors détruite pour en conserver une pièce. *Le 2 juillet www.festadellabruna.it*

Lo sposalizio degli alberi À Accettura, dans les Dolomites lucaniennes, on célèbre un rite païen et séculaire de fertilité. Le jour de l'Ascension, le plus beau chêne de la forêt est abattu, élagué et écorcé, puis "marié" sur la place du village avec une branche de houx greffée à son sommet. *Mi-mai*

DÉCOUVRIR

☆ **Les essentiels** Le quartier des *sassi*, le parc des églises rupestres du Materano, les ruines des Tavole Palatine de Métaponte **Découvrir autrement** Savourez les traditionnelles *orecchiette al tegamino*, régalez-vous au restaurant Il Terrazzino en admirant la vue

Matera

Duomo (plan 22, B2) Le plus bel accès à la cathédrale est la via Duomo, qui suit le tracé des anciens murs du Moyen Âge. Voulue par l'évêque de Matera, la cathédrale a été construite entre 1230 et 1270 avec la pierre locale de la carrière de Vaglia. Ce bel édifice a conservé son style roman apulien d'origine (un style régional mêlant plusieurs influences : lombarde, normande et même orientale). L'intérieur, totalement remanié aux XVIIe et XVIIIe siècles, a cédé aux pressions baroques : la structure en croix latine a été maintenue (trois nefs), mais l'ensemble a renoncé à la sobriété originelle. Plusieurs chapelles latérales renferment quelques belles pièces, dont des fragments de fresques médiévales, tel le *Jugement universel*, à droite après l'entrée, ou, à gauche, la belle statue de la *Madonna della Bruna*, patronne de la ville. Juste après, une crèche en pierre, datant de 1534, abrite de belles figures polychromes représentant la vie rurale de l'époque. *Piazza Duomo Tél. 0835 33 29 08 Fermé pour travaux*

PANORAMA SUR LES SASSI
Sur la piazza Duomo, une porte monumentale permet d'accéder à un beau panorama sur le Sasso Barisano.

Museo Nazionale d'Arte Medievale e Moderna della Basilicata (plan 22, B3) Le quartier du Piano (autour de la piazza Pascoli) recèle plusieurs monuments de style Renaissance et baroque, tel le **Palazzo Lanfranchi**. Cet ancien séminaire, construit entre 1668 et 1672, abrite aujourd'hui un remarquable musée. L'une de ses trois sections est consacrée aux peintures de Carlo Levi. La collection D'Errico réunit quelques belles toiles de l'école napolitaine des XVIIe et XVIIIe siècles. Dans la troisième section, sont exposées des œuvres d'art religieux (sculptures, pièces d'orfèvrerie) provenant de toute la Basilicate. *Piazza Pascoli, 1 Tél. 0835 25 62 62 Ouvert jeu.-mar. 9h-20h Entrée 2€*

Museo Archeologico Nazionale Domenico Ridola (plan 22, B3) Installé dans l'ancien monastère de Santa Chiara (XVIIe s.), ce musée fondé en 1910 porte le nom d'un des premiers donateurs, par ailleurs archéologue et directeur des fouilles de la région. Il conserve d'importantes parures funéraires des nécropoles explorées dans la région (datées du VIe-IVe s. av. J.-C.), des céramiques (remarquables vases rouges), des objets décoratifs en bronze... Des découvertes récentes dans les environs ont permis d'enrichir les vitrines. Le musée organise ponctuellement des expositions. *Via Ridola, 24 Tél. 0835 31 00 58 Ouvert lun. 14h-20h, mar.-dim. 9h-20h Entrée 2,50€*

MUSMA/Museo della Scultura Contemporanea (plan 22, B2) Dans une remarquable adéquation entre la pierre de Matera et les œuvres présentées (plus de 400), le musée de la Sculpture contemporaine investit le Palazzo Pomarici (XVIIe s.), également connu sous le nom de Palazzo delle Cento Stanze, “le Palais aux cent pièces”. Vingt salles accueillent une très belle collection de sculptures italiennes et internationales de la fin du XIXe siècle à nos jours, ainsi que des dessins et des gravures. *Palazzo Pomarici, Sasso Caveoso Tél. 0835 33 05 82 www.musma.it Ouvert avr.-sept. : mar.-dim. 10h-14h et 16h-20h ; oct.-mars : 10h-14h Entrée 5€*

Plan 22 Matera

Restauration (n°1 à 4)

Don Matteo	**2** B2
Il Terrazzino	**1** A2
Le Botteghe	**4** B2
Trattoria Lucana	**3** A2

Hébergement (n°10 à 13)

Hotel in Pietra	**13** A2
Le Grotte della Civita	**12** B2
Locanda di San Martino	**11** A2
Sassi Hotel	**10** B2

Shopping (n°21)

Geppetto*	**21** B2

*À RETROUVER DANS LA PARTIE DÉCOUVRIR

☆ Les quartiers des *sassi*

Les deux *sassi* qui occupent la vieille ville se situent chacun sur un versant du ravin (Gravina di Matera) : au nord, le **Sasso Barisano**, au sud, le **Sasso Caveoso**. Pour commencer l'exploration de la ville, le mieux est de vous rendre sur la **piazza Pascoli** (plan 22, B3), d'où vous pourrez apprécier toute la sédimentation architecturale. Ensuite, vous pourrez parcourir la **strada Panoramica** (plan 22, B2), ou surplomber les *sassi* depuis la **piazza Vittorio Veneto** (plan 22, A2). Point de jonction entre la ville moderne et le centre historique, cette place est flanquée de quelques beaux monuments comme l'ancien couvent de l'Annunziata de 1734 (plan 22, A2), qui abrite aujourd'hui la bibliothèque provinciale (ne se visite pas). *Visites guidées des sassi*, cf. informations touristiques (p.499)

Chiese Rupestri Près de 130 églises rupestres sont recensées à Matera. Elles sont situées pour la plupart dans le Sasso Caveoso et quelques-unes seulement sont accessibles au public. *Tél. 3459 39 16 58 www.oltrelartematera.it Ouvert avr.-oct. : lun. 14h30-19h, mar.-dim. 10h-19h ; nov.-mars : mar.-dim. 10h30-13h30 (Madonna de Idris nocturnes jusqu'à 22h en août) Entrée 3 sites (Madonna de Idris + S. Giovanni in Monterrone - S. Lucia alle Malve - S. Pietro Barisano) 6€ ; 2 sites (Madonna de Idris + S. Giovanni in Monterrone - S. Lucia alle Malve) 5€ ; 1 site (Madonna de Idris + S. Giovanni in Monterrone ou S. Lucia alle Malve ou S. Pietro Barisano) 3€*

Convicinio di Sant'Antonio (plan 22, B3) Ne manquez pas l'église de Saint-Antoine, où quatre cryptes contiguës ont été creusées entre les XIVe et XVe siècles. Trois d'entre elles ont conservé de belles fresques. *Tél. 3384 45 77 00 Ouvert tlj. 9h-coucher du soleil Entrée 2€*

Santa Lucia alle Malve (plan 22, B3) Au bord du ravin et au bout du vico Solitario, Sainte-Lucie-des-Mauves remonte aux premiers établissements des moines basiliens, vers l'an 1000, qui seront ensuite relayés par des sœurs bénédictines. Les fresques datent du XIIe au XVIIe siècle.

Madonna de Idris (plan 22, B3) Juste à côté s'élève Sainte-Marie-d'Idris – du nom de la patronne de l'eau, ou plus littéralement "guide de la vie".

San Giovanni in Monterrone (plan 22, B3) Elle est flanquée de Saint-Jean-au- Monterrone, autrefois baptistère de la première.

Se repérer dans le dédale des *sassi*

Même muni d'un plan efficace, il est probable que vous vous égarerez dans le lacis de ruelles des *sassi* qui montent et descendent à flanc de colline. Aucune contre-indication à cela, puisque tout l'intérêt des *sassi* réside justement dans le plaisir de s'y perdre, de découvrir, au détour d'une maison, une chapelle rupestre ou une boutique d'artisanat aménagée dans une grotte... Quelques panneaux jalonnent cependant les rues et vous permettront de repérer les principaux monuments (les églises notamment).

San Pietro Barisano (plan 22, B1) Dans le Sasso Barisano, de l'autre côté de la via Fiorentini, (prendre à gauche l'escalier qui monte de la via d'Addozio), Saint-Pierre-Barisano affiche une façade du XVIIe siècle, elle-même adossée à une église hypogée (demandez au gardien qu'il vous indique l'entrée)

San Nicola dei Greci (plan 22, B2) Chemin faisant (via Madonna delle Virtù), marquez une halte à Saint-Nicolas-des-Grecs, qui remonte au Xe-XIe siècle. Pour la visite se renseigner auprès du Circolo La Scaletta (p.499). *Ouvert sur rdv*

Nuovi quartieri Les "nouveaux" quartiers, interprétation moderne de l'univers troglodytique, ont été aménagés dans les années 1950 dans le cadre de l'évacuation des anciens *sassi*.

Serra Venerdì Ici, on a tenté de reproduire l'organisation des *sassi* en élevant quelques maisons autour d'une placette et en ayant recours à la pierre locale. *Dans la ville moderne, en partant du tribunal, longez le viale Europa et la strada delle Nazioni Unite*

Spine Bianche Ce quartier se démarque des autres par l'usage de la terre cuite et l'implantation de jardins communautaires. *Aux abords de la via Nazionale*

La Nera La même opération a été réalisée à La Nera. *Via La Nera, dans la ville moderne*

La Martella C'est sans doute le plus connu de ces nouveaux quartiers. Aujourd'hui, il reste peu de chose du projet initial qui visait à tenir compte des souhaits des habitants tout en épousant le relief. Le quartier irradiait autour d'un noyau central occupé par l'église de San Vincenzo. Les maisons, sur deux étages, construites en pierre locale, comprenaient aussi une étable et un grenier. *À 8km à l'ouest de Matera (direction Grassano-Tricarico)*

● **Où acheter un cuccù ?** Très répandus dans les Pouilles, les *fischietti* (sifflets en terre cuite) prennent, à Matera, la forme du *cuccù*. Partout dans les *sassi*, vous trouverez ces petits oiseaux blancs, assez stylisés, aux plumes bleues, rouges et jaunes. Matera est également connue pour ses santons très colorés, qui représentent essentiellement les personnages de la procession de la Madonna Bruna (p.499).

Geppetto (plan 22, B2 n°21) Beaucoup de raffinement chez cet artisan spécialisé dans la céramique, les *cuccù* (à partir de 5€) et les *fischietti*. Quelques créations originales en papier mâché. *Piazza del Sedile, 19 (angle via Duomo) Tél. 0835 33 18 57 Ouvert tlj. 9h30-13h et 15h30-20h*

Les environs de Matera

☆ **Parco delle Chiese Rupestri del Materano** Depuis 1978, le Parc archéologique, historique et naturel des églises rupestres du Materano regroupe 6 000ha de territoire protégé. Matera et, à 19km au sud, Montescaglioso forment les deux enclaves urbaines de cet immense parc, percé de mille et un exemples d'habitats et d'églises, investis depuis le néolithique. L'accès à ces églises est difficile (il n'y a pas toujours d'escaliers aménagés sur les pentes du ravin pour les visiter), c'est pourquoi nous vous conseillons

GEOPLUS

Les *sassi* : un habitat troglodytique

par **Carole Saturno**, journaliste

Creusé de ravins et de torrents, le plateau des Murge – où s'étend Matera – est percé de mille et une grottes de tuf, qui ont été habitées dès le paléolithique. Aux VIIe et VIIIe siècles, les grottes deviennent le refuge des moines byzantins, qui les transforment en chapelles, lieux de prière et de contemplation, inaugurant un nouveau type d'architecture souterraine qui trouve ici son expression la plus aboutie.

Sous les Normands, la population de la ville augmente. Contrainte d'occuper les grottes situées hors du périmètre des murs, elle investit deux amphithéâtres naturels, le Sasso Caveoso au sud et le Sasso Barisano au nord. Jusqu'au XVIe siècle, des témoignages décrivent l'habitat dans les *sassi* comme harmonieux, en parfaite adéquation avec le relief et les nécessités de la vie sociale.

Vers une lente dégradation À partir du XVIIe siècle, sous l'occupation espagnole, Matera décline. Le style baroque à l'honneur déprécie l'architecture des *sassi*. Dès lors, ces quartiers méprisés sont laissés à une population démunie dont le nombre ne cesse d'augmenter et qui n'a d'autre choix que d'investir ces grottes. Cette longue dégradation ne cesse qu'après la fin de la Seconde Guerre mondiale. Elle est dénoncée par l'écrivain Carlo Levi, dans son œuvre *Le Christ s'est arrêté à Eboli* (1945) : "Je regardais en passant et j'apercevais l'intérieur des grottes, qui ne voient le jour et ne reçoivent l'air que par la porte. Certaines n'en ont même pas, on y entre par le haut, au moyen de trappes et d'échelles. Dans ces trous sombres, entre les murs de terre je voyais les lits, le pauvre mobilier, les hardes étendues."

Un réaménagement urbain nécessaire En 1952, les politiques imposent que les *sassi* soient évacués et leurs habitants relogés. À cette époque, 15 000 personnes y vivent dans des conditions de salubrité catastrophiques. Un vaste projet d'aménagement est confié aux meilleurs urbanistes du pays, chargés de créer de nouveaux quartiers tout en préservant la sociabilité propre aux *sassi*. Malheureusement, le projet aboutit au résultat opposé, faisant disparaître l'aspect communautaire des *sassi*. En 1993, l'Unesco inscrit Matera sur la liste du patrimoine de l'humanité, relançant un nouveau programme de réhabilitation des *sassi*

de vous renseigner auprès de l'institution en charge pour vous joindre aux visites guidées. *De Matera à Montecaglioso, 19km au sud*
Ente Parco delle Chiese Rupestri del Materano (plan 22, B2) *Via Sette Dolori, 10* ***Matera*** *(suivre les panneaux La Scaletta) Tél. 0835 33 61 66 www.parcomurgia.it Ouvert lun., mer. et ven. 8h-14h, mar. et jeu. 8h-14h et 15h30-18h30*
Santa Maria della Valle À 2km de Matera par la S7 en direction de Taranto, cette première église (dite aussi La Vaglia) est aussi la plus grande. Très abîmée, elle date du XIe siècle (façade remaniée en 1303). De retour sur la Via Appia (S7), passez le parc aux sculptures de La Palomba puis, après 2km, au panneau annonçant le Parc des églises rupestres (2,5km), prenez à droite une route panoramique ; elle vous conduira tout droit à un point de vue spectaculaire sur Matera, le **belvédère de Murgia Timone**, et sur les *sassi*.
Cripta del Peccato Originale À 14km de Matera, cette crypte doit son nom à une représentation du "Péché originel". Surnommée "la chapelle Sixtine" de la peinture rupestre, elle possède des fresques du début du IXe siècle. *Tél. 320 535 09 10 www.artezeta.it Ouvert avr.-sept. : mar.-dim. visites à 9h30, 11h, 12h30, 15h30, 17h, 18h30 ; oct.-mars : mar.-dim. visites à 9h30, 11h, 12h30, 15h30 réservation obligatoire Entrée 8€ (prévoir une majoration pour un horaire extraordinaire)*

Parco Regionale Gallipoli Cognato e Piccole Dolomite Lucane À mi-chemin entre Matera et Potenza, ce parc naturel abrite un paysage grandiose, souvent ignoré des circuits touristiques. Aiguisés par l'érosion, les pitons des petites Dolomites lucaniennes émergent à plus de 1 300m au-dessus de la forêt. Les villages pittoresques de Pietrapertosa et de Castelmezzano s'adossent contre ces géants de grès et se fondent dans le décor. Plusieurs sentiers de randonnée sillonnent le parc et des parcours pédagogiques sont proposés. *À 1h30 de route de Matera par la SS407, direction Potenza* **Siège du parc** *Località Palazzo* ***Accetura*** *Tél. 0835 67 50 15 www.parcogallipolicognato.it*

Montescaglioso Au sommet d'une colline à 365m au-dessus de la mer, ce village fortifié, riche de plusieurs églises remarquables, surplombe les champs et les oliveraies de la vallée. *À 18km au sud de Matera www.montescaglioso.net*
Abbazia di San Michele Son abbaye bénédictine de l'archange Saint-Michel a été fondée au XIe siècle. Le parcours inclut la visite du cloître, les chambres du réfectoire, le chapitre aux murs ornés de fresques du XVIe et XVIIe siècles ainsi que l'ancienne bibliothèque, qui a conservé un cycle de fresques orné de scènes sacrées et païennes. *Piazza del Popolo, 1 Tél. 334 836 00 98 Ouvert avr.-oct. : mar.-dim. 10h-13h et 15h-19h ; nov.-mars : mar.-dim. 10h-13h et 15h-17h Entrée libre*

La Basilicate côté nature

Parcs et sites naturels

Plages

☺ **Miglionico** Au sommet d'une colline de 464m de haut, Miglionico et ses 2 600 habitants surnommés les *pappaculumbriedd*, en dialecte local les "mangeurs de figues", dominent toute la vallée du Bradano. On y vit de l'artisanat et de l'agriculture (blé, huile d'olive, figues, raisins, poires...). Ne manquez pas le magnifique polyptyque Renaissance de Cima da Conegliano (1459-1517) dans la basilique Santa Maria Maggiore. *À 20km au sud de Matera*

Castello del Malconsiglio En 1481, eut lieu dans le château la "Conjuration des barons", en réaction aux taxes trop élevées imposées par le roi de Naples, Ferdinand Ier d'Aragon. Le roi l'apprit et fit tuer les barons rebelles. Leur infortune donna son nom au château du Mauvais Conseil, désormais restauré et accessible au public. *Tél. 0835 55 90 05 Ouvert tlj. 8h-14h (horaires variables, téléphoner avant de vous déplacer)* ***Info Point*** *à l'entrée du château*

Policoro Colonie grecque à l'époque de la Grande-Grèce, devenue hameau au Moyen Âge, Policoro a gardé de son passé médiéval quelques maisons où logeaient les hommes du baron Luigi Berlingieri, dont le château se dresse à l'entrée de la ville. Si la ville nouvelle, datant des années 1950, est peu attrayante, elle conserve en revanche de nombreux vestiges archéologiques grecs trouvés sur la côte ionienne. *À 85km au sud de Matera*

Museo Nazionale della Siritide Sa collection est issue des nécropoles de Siris (VII-VIe s. av. J.-C.) et d'Herakleia (Ve-IIe s. av. J.-C.), les deux colonies grecques sur lesquelles est né Policoro. Elle regroupe un ensemble d'objets et de bijoux en ambre ainsi que des éléments de la vie quotidienne : poteries, armes, amphores. Dans le parc archéologique (accès par le musée, à 200m à droite), remarquez les vestiges des sanctuaires de Déméter et de Dionysos. *Via C. Colombo, 8 Tél. 0835 97 21 54 Ouvert mer.-lun. 9h-20h, mar. 14h-20h Entrée 2,50€*

Irsina Petit village à 10km de la frontière des Pouilles, Irsina se dévoile après une série de lacets au-dessus des champs vallonnés et du fleuve Bradano. *À 45km à l'ouest de Matera www.irsina-arte.com*

Madonna Santissima dell'Assunta La montée mérite le détour pour atteindre la cathédrale datant du XIIIe siècle et reconstruite en partie au XVIIIe siècle. C'est là que se trouve la splendide sculpture de Mantegna (1434-1506) représentant Sant'Eufemia, patronne de la ville. *Ouvert tlj. 9h30-12h30 et 15h-18h30*

Museo Archeologico Janora Dans le couvent San Francesco, sont présentés les 16600 objets de la collection de l'historien Michele Janora : vases à décorations géométriques, à figures rouges, à peinture noire, armes et ornements en bronze et en fer, allant de la préhistoire à la période hellénistique... *Via San Francesco, 8 Tél. 0835 51 83 30 Ouvert mar.-sam. 10h-13h et 17h-20h, dim. 10h30-12h30 et 17h30-20h Entrée 2,50€*

San Francesco di Assisi Cette église, construite par les Franciscains entre 1531 et 1717, recèle des fresques du XVIe siècle et, surtout, une crypte aux admirables fresques (1370-1373) de l'école de Giotto. *Ouvert sur demande au Centro Arenacea (cf. encadré)*

VISITE D'IRSINA
Une association organise (sur réservation) des visites de la ville et de ses alentours (1 journée) : musée, églises, belvédères, avec petit déjeuner et déjeuner inclus (20€).
Centro Arenacea
Piazza San Francesco, 8
Tél. 0835 51 83 30
arenacea@tiscali.it

Aliano Un petit millier d'habitants, perchés sur un promontoire qui surplombe un paysage digne du Dakota. Entre les profondes incisions d'argile du Fosso del Bersagliere et les parois trouées de caves troglodytes, les maisons de lauzes ajoutent à la sévérité du village que l'écrivain Carlo Levi (cf. encadré) décrivait comme "une petite collection de maisons blanches avec une exigence dans leur misère". Exilé 8 mois et 8 jours à Aliano, sa mémoire semble omniprésente : tombe, statue, parcours à travers les ruelles ponctué de ses phrases inscrites sur des écriteaux en argile, jusqu'au café de la place, dénommé "Carlo Levi". *À 82km au sud-ouest de Matera*

Casa di Carlo Levi et Museo della Civiltà Contadina Dans la partie ancienne du village, sa maison domine tous les environs. Sous les anciens appartements de Levi, dans un vieux moulin à huile, le musée de la Civilisation paysanne présente une collection d'outils agricoles, meubles de paysans, masques de carnaval, ustensiles de cuisine et, même, une chambre à coucher reconstituée : tout l'univers décrit par Levi dans son œuvre... Selon ses vœux, Levi a été enterré à Aliano. Sa tombe, très minimaliste, fait face aux champs d'oliviers et se trouve au bout du cimetière, à l'entrée du village. *Tél. 0835 56 85 29 Ouvert été : mar.-dim. 10h-12h30 et 16h30-19h30 ; hiver : mar.-dim. 10h-12h30 et 15h30-18h Entrée 5€*

Métaponte

Le site archéologique de Metapontum (Metaponto en italien) se trouve au croisement des routes S106 et S175, à 64km au sud-est de Matera. La cité grecque a été fondée au VIIe siècle av. J.-C., par Sybaris (p.531), qui voulait contrer l'expansion vers le sud de Tarente. La ville, après son saccage par les rebelles menés par Spartacus, s'affaiblira et tombera dans l'oubli. Les voyageurs du XVIIIe siècle la redécouvrent et lancent une série de fouilles. Plus tard, la zone marécageuse est assainie et une ville nouvelle sans charme s'y développe dans les années 1950.

☆ **Tavole Palatine** Légèrement excentrées par rapport à la cité antique (à 5km en bordure de la S106 vers Tarente), les Tavole Palatine sont les vestiges d'un temple dorique dédié à Héra (VIe s. av. J.-C.). L'ensemble devait avoir fière allure, avec ses 32 colonnes cannelées (15 ont été restaurées dans les

Carlo Levi (1902-1975)

Écrivain, peintre, médecin et journaliste, Carlo Levi, né à Turin en 1902, est mort à Rome en 1975. Membre du groupe antifasciste "Justice et liberté", il sera arrêté plusieurs fois avant d'être envoyé en *confinamento*, résidence surveillée, dans le Mezzogiorno, notamment en Basilicate, à **Aliano**. C'est là, qu'il écrit son œuvre majeure, *Le Christ s'est arrêté à Eboli*, dénonciation des conditions de vie d'une population miséreuse oubliée de tous. Paru en 1945, l'ouvrage sera traduit dans plus de 35 langues et adapté à l'écran par Francesco Rosi en 1979.

années 1960). Certains ont voulu voir dans ces colonnes les pieds d'une table de géant, d'autres, moins fantaisistes, rappellent que la cité a accueilli Pythagore après qu'il eut quitté Crotone, où il avait fondé une école philosophique. *Strada Statale Ionica 106*

Parco Archeologico di Metaponto Les ruines de la cité grecque abritent les vestiges (un peu clairsemés) de trois temples (VIe s. av. J.-C.) dédiés à Athéna, Héra et Apollon et d'un temple ionique (Ve s. av. J.-C.). Pour bénéficier d'une vue d'ensemble du site, montez sur la plateforme aménagée sur les murs du théâtre, où un panneau reconstitue le site à l'époque de la Grande-Grèce. *Tél. 0835 74 53 27 Ouvert tlj. 9h -1h av. le coucher du soleil*
Ekklesiasterion La structure la mieux conservée est celle de ce complexe monumental destiné aux assemblées populaires, religieuses et politiques, qui pouvait accueillir près de 8 000 personnes. Transformé en théâtre au cours de la seconde moitié du IVe siècle av. J.-C., il est alors décoré de frises doriques dont il reste quelques fragments.

Museo Archeologico Nazionale Pour compléter la visite du parc archéologique, une visite de ce musée, qui présente le résultat des fouilles, s'impose. L'importante collection de céramiques rappelle que Métaponte fut un centre de production très renommé, dont les vases et les cratères se retrouvent dans toute la Méditerranée. *Via Aristea, 21 Tél. 0835 74 53 27 Ouvert lun. 14h-20h, mar.-dim. 9h-20h Entrée 2,50€*

● Profiter de la mer

Golfo di Taranto De Nova Siri au sud jusqu'au **Lido di Metaponto**, 36km de plages de sable fin s'offrent aux baigneurs. La limpidité et le calme des eaux de la côte ionienne en ont fait un lieu très prisé par les familles. De nombreux villages-vacances et autres campings se succèdent dans les pinèdes plantées entre la SS106 et la mer.

CARNET D'ADRESSES

Restauration

petits prix

☺ **Il Terrazzino (plan 22, A2 n°1)** Une aubaine : des terrasses qui prolongent trois salles creusées dans les caves d'un vieux *palazzo*, la vue plonge sur le Sasso Barisano... La carte décline les spécialités de la cuisine *lucana*, dont les incontournables *orecchiette al tegamino* (pâtes maison cuisinées dans un plat en terre cuite, avec tomates, mozzarella et petites boulettes de viande), inventées par le premier chef de la maison, Giuseppe Giasi. Ne manquez pas non plus la purée de fèves aux légumes amers (chicorée, blettes ou feuilles de raves), les pâtes fraîches en forme de feuilles d'olivier, simplement mélangées à de la tomate fraîche et de la roquette, et surtout, en *secondo piatto*, les grillades (agneau, saucisses, tripes...), le tout arrosé d'Aglianico, un vin rouge tannique, généralement sec. Environ 5-6€ pour les *primi*, 8-10€ pour les *secondi*. *Vico San Giuseppe, 7* ***Matera*** *Tél. 0835 33 25 03 www.ilterrazzino.org Ouvert mer.-lun. 12h-16h et 19h-0h Fermé 10 jours en juil.*

prix moyens

☺ **Don Matteo (plan 22, B2 n°2)** Le menu du Don Matteo se lit comme un livre de souvenirs : ceux de Donato Malacarne, qui s'inspire de son histoire familiale pour en réveiller les saveurs. Si vous ne parlez pas italien, le chef viendra en personne vous décrire le goût des pâtes de sa grand-mère ! Des antipasti aux desserts, tout est succulent, comme le prouvent les multiples récompenses accrochées aux murs. La plupart des produits proviennent de la ferme biologique (Villa Don Matteo) que possède le propriétaire à San Mauro Forte. Le service est irréprochable et la carte des vins et des spiritueux très complète. C'est notre plus belle expérience culinaire de la région. Antipasti 12-16€, *primi* env. 13-15€, *secondi* 16-22€, dessert 10-14€. *Piazza Duomo* ***Matera*** *Tél. 0835 34 41 45 ou 339 764 19 31 Ouvert sept.-juil. : lun.-sam. uniquement soir, dim. et j. fér. midi et soir*

☺ **Trattoria Lucana (plan 22, A2 n°3)** Poussez la porte de cette trattoria, vous y découvrirez une cuisine authentique, préparée depuis des générations par la famille Sanrocco. Ici, sous les voûtes des deux salles, les habitués se serrent dans un joyeux brouhaha. Suivez les conseils des serveurs et laissez-vous guider. Partagez les antipasti, copieux et variés, et réservez-vous pour l'un des *primi* : lasagnes aux aubergines, *orecchiette* aux feuilles de raves, *cavatelli* à la chair à saucisse et aux champignons... En *secondo*, goûtez aux classiques de la région : viande et saucisses grillées. De 20 à 30€ pour un repas complet hors boissons. *Via Lucana, 48* ***Matera*** *Tél. 0835 33 61 17 Ouvert lun.-sam. 12h30-15h et 20h-22h30 Fermé 2 sem. en juil.*

Le Botteghe (plan 22, B2 n°4) Aménagé dans le Sasso Barisano, ce restaurant réputé se distingue par la qualité de sa viande : possibilité de choisir ses morceaux de viande parmi plusieurs races de bovins. Essayez la *podolica*, une sorte de T-Bone steak local, les tagliatelles aux pois chiches ou les *fusili* au piment doux. Autour de 35€, sans le vin. *Piazza San Pietro Barisano, 22* ***Matera*** *(angle via Fiorentini et via Madonna delle Virtù) Tél. 0835 34 40 72 Ouvert jeu.-mar. 13h-14h30 et 20h-23h30*

Hébergement

En règle générale, vous n'aurez pas de problème à trouver un logement dans les *sassi*, même sans réservation, car chaque année s'ouvrent de nouveaux hôtels et Bed & Breakfast. Si vous êtes motorisé, demandez un *pass* à la réception pour pouvoir laisser votre voiture dans le quartier des *sassi*.

prix moyens

☺ **Sassi Hotel (plan 22, B2 n°10)** Cette magnifique adresse, réputée, est située en plein cœur des *sassi* et l'on ne saurait abuser de superlatifs à son sujet. L'accueil est remarquable et la vue superbe (toutes les chambres donnent sur le Sasso Barisano). Le propriétaire, un ancien ingénieur ayant travaillé à la réhabilitation des *sassi*, s'est lancé, après avoir pris sa retraite, dans la restauration de plusieurs d'entre eux pour les transformer en hôtel. Blanchies à la chaux, les chambres sont séduisantes – et rien de mieux que leur simplicité pour mettre en valeur la vue qui s'offre des fenêtres. Si vous êtes chargé et que vous disposez d'une voiture, rapprochez-vous au plus près de l'hôtel en arrivant par la via Stiliani puis la piazzetta San Giovanni. Selon votre budget, vous choisirez entre les chambres doubles (90€) et les suites (125€ avec balcon). Réservation vivement conseillée. *Via San Giovanni Vecchio, 89* ***Matera*** *Tél. 0835 33 10 09 www.hotelsassi.it*

Locanda di San Martino (plan 22, A2 n°11) Un hôtel très stylé qui a suivi l'exemple du Sassi Hotel et apporté quelques améliorations bienvenues, comme son ascenseur et ses thermes/spa (accessibles aux adultes uniquement) dans les anciennes caves. Comptez 109€ pour la double standard, 129€ pour la chambre supérieure et 155€ pour la suite. *Via Fiorentini, 71* ***Matera*** *Tél. 0835 25 66 00 www.locandadisanmartino.it*

prix élevés

☺ **Hotel in Pietra (plan 22, A2 n°13)** Cet étonnant 3-étoiles est situé au cœur du quartier des *sassi* dans un ancien monastère, datant du XIIIe siècle, creusé dans la pierre caractéristique de la ville. Ses 8 chambres arborent une décoration soignée et sont parfaitement propres. Les propriétaires Roberto et Cristina y prodiguent un accueil cordial et attentif. Climatisation et accès internet gratuit dans les chambres. Double standard à partir de 115€, 135€ pour la Deluxe, petit déjeuner inclus. Parking 20€. *Via San Giovanni Vecchio, 22* ***Matera*** *Tél. 0835 34 40 40 www.hotelinpietra.it*

prix très élevés

☺ **Le Grotte della Civita (plan 22, B2 n°12)** Probablement l'une des expériences les plus féériques – et les plus extrêmes – de l'hôtellerie dans les *sassi*. L'idée de Daniele Kilhgren, fondateur du lieu, était assez simple : ne rien toucher, ou presque, à la nudité de ces anciennes caves et églises rupestres situées dans la partie la plus pauvre du Sasso Barisano, face au plateau des Murge, mais conserver les volumes et les aspérités du tuf et transformer la pauvreté en minimalisme. Bien plus qu'une nuit d'hôtel, c'est un voyage dans le temps que proposent ces "chambres" et "suites" hors du commun. Forcément, l'authenticité a un prix. Double à partir de 200€ (offres spéciales en basse saison). *Via Civita, 28* ***Matera*** *Tél. 0835 33 27 44 www.sassidimatera.com*

Dans les environs

petits prix

Agriturismo L'Asiolo Cette oasis de paix, à deux pas du lac San Giuliano, offre des chambres pour 2 à 4 personnes. Le mini-appartement peut accueillir 4 hôtes et dispose d'un coin cuisine. Aménagement et décoration simplissimes mais belle vue du premier étage sur la campagne et le lac. Il est possible de pêcher, et les propriétaires mettent des VTT à votre disposition. Accès wifi. Marisa prépare des plats à base de pro-

GAMME DE PRIX	RESTAURATION	HÉBERGEMENT
Très petits prix	moins de 15€	moins de 55€
Petits prix	de 15 à 25€	de 55 à 75€
Prix moyens	de 25 à 40€	de 75 à 110€
Prix élevés	de 40 à 60€	de 110 à 160€
Prix très élevés	plus de 60€	plus de 160€

duits cultivés sur place : olives, huile, légumes variés et oranges. Autour de 70€ la double petit déj. inclus. Pour un séjour en demi-pension, comptez 60€ par pers. *Località San Giuliano* ***Miglionico*** *(à 15km de Matera) Tél. 0835 55 96 78*

★ ☺ MARATEA

85046

On accède à la portion de côte où s'étend Maratea – bande de terre d'une trentaine de kilomètres, préservée du saccage et du béton – par une route sinueuse qui descend à flanc de colline. Maratea se compose d'un gros bourg, un bastion ancien accroché au mont San Biagio, de Porto di Maratea, un petit port pittoresque baigné par le golfe de Policastro, et de plusieurs hameaux. Dans l'arrière-pays règne le maquis méditerranéen, qui embaume, au printemps, des senteurs de romarin, de myrte ou de genêt. Perché tel celui du Corcovado de Rio de Janeiro, un Christ rédempteur monte la garde en amont de Maratea.

MODE D'EMPLOI

accès

EN TRAIN

La liaison par chemin de fer est assez pratique : comptez 2h ou 3h de Naples (plusieurs trains par jour).

Stazione FS *Tél. 89 20 21 (Numéro vert Trenitalia) www.trenitalia.com*

EN CAR

À éviter ! Les cars en provenance de Naples ou de Rome ne desservent pas directement Maratea : ils s'arrêtent à Lagonegro, sur l'autoroute A3, et les correspondances vont jusqu'à Sapri, où il vous faudra prendre un train pour Maratea.

SLA *Viale Roma, 6* ***Lagonegro*** *Tél. 0973 210 16 www.slasrl.it*

EN VOITURE

L'A3 est l'autoroute incontournable du Sud. Attention, jusqu'à Lagonegro, la route (une voie unique généralement) est en si mauvais état que vous n'aurez pas le loisir d'admirer le paysage. À la sortie "Lagonegro nord", la petite route nationale en lacet S585, qui descend vers Maratea et la mer, est sinueuse mais magnifique. Vous pouvez également continuer sur cette même route jusqu'à Castrocucco et revenir, au nord, par la S18.

orientation

La commune de Maratea est composée d'un bourg principal situé dans les hauteurs, à environ 10km de la mer, et de plusieurs hameaux qui bordent la côte tyrrhénienne. Du nord au sud de la S18 s'égrènent Acquafredda, Fiumicello (principal centre du bord de mer), Porto di Maratea (le port de plaisance), Marina di Maratea (une petite crique) et Castrocucco, à la frontière avec la Calabre.

informations touristiques

APT (Azienda di Promozione Turistica) *Piazza del Gesù, 32* ***Fiumicello*** *Tél. 0973 87 69 08 www.aptbasilicata.it Ouvert été : tlj. 8h-14h et 17h-20h ; hiver : lun.-ven. 8h-14h*

transports

En été (juillet-août), un service de **navettes** part du centre-ville de Maratea et dessert tous les villages des environs.
Sita Bus *www.sitasudtrasporti.it*

DÉCOUVRIR

Les environs de Maratea

☆ **Les essentiels** Le mont San Biagio, le Parc national du Pollino **Découvrir autrement** Baignez-vous sur une des plages accessibles par la route S18

☆ **Monte San Biagio** Pour vous rendre au mont San Biagio (624m), empruntez vers le sud la magnifique route panoramique qui part de Maratea en direction du sanctuaire du même nom (c'est indiqué juste à la sortie du village). Ce sanctuaire a été fondé au VIe siècle par des moines basiliens, sur les vestiges d'un ancien temple de Minerve. Au sommet, la colossale **statue du Rédempteur** (haute de 22m) domine la baie depuis 1965. Du belvédère, le point de vue sur la côte est tout simplement spectaculaire. *À 4,5km au sud-est de Maratea par la S18* **Sanctuaire** *Ouvert haute saison 9h-12h et 16h-19h30 Parking 3€ Pour la visite, s'adresser au prêtre de Maratea.*

Rivello Ce bourg pittoresque est perché sur un éperon qui domine toute la vallée du Noce. L'histoire de ce village est assez curieuse : né d'une implantation de moines basiliens, il a ensuite été convoité par les Byzantins et les Lombards au milieu du VIe siècle, sans qu'aucun d'entre eux ne réussisse à prendre l'avantage. Le partage se fit donc à l'amiable, les premiers occupant la partie basse de la cité, les seconds la partie haute. Cette division s'est aussi exprimée architecturalement, avec l'édification d'une église de rite latin et d'une autre de rite grec orthodoxe (jusqu'au XVIIe s.), ainsi que de monuments fortement inspirés par l'architecture byzantine. En saison, sur le bord des routes, de nombreux étals improvisés offrent à la vente des fraises sauvages. *À 8km de l'A3 à la sortie "Lagonegro" sur la S585*

RANDONNER DANS UN PARC

Des nécropoles préromaines aux villages albanais, le **parc du Pollino** recouvre des siècles d'histoire et de traditions que des randonnées à pied vous permettront de découvrir, notamment de mai à novembre quand le climat est clément. Renseignez-vous auprès du siège du parc pour obtenir des cartes ainsi que les coordonnées de guides diplômés.

☆ **Parco Nazionale del Pollino** Dans l'arrière-pays de Maratea, à cheval sur la Basilicate et la Calabre et entre deux mers, ce parc national a été institué en 1993. Il comprend la majeure partie des Apennins calabro-lucaniens, qui relient le littoral tyrrhénien au littoral ionien, et sont dominés par le mont Pollino (2 248m). Ses sommets comptent parmi les plus hauts de l'Italie du Sud et l'on distingue deux importants massifs : à l'ouest, les Monti di Orsomarso, autour du village du même nom, de Verbicaro et de Cozzo del Pellegrino (1 987m) et, au centre du parc, le Massiccio del Pollino proprement dit. Avec près de 193 000ha, le parc du Pollino est le plus vaste du pays. Il est marqué par de forts contrastes, entre des cimes enneigées jusqu'au mois de mai et des vallons plus doux, couverts de fleurs au printemps, et des paysages variés, allant des roches dolomitiques aux forêts de hêtres et de *Pini loricati*, une variété de pin qui résiste aux conditions les plus rigoureuses. La faune est surtout représentée par l'aigle, le sanglier et, dit-on, par quelques loups.

Ente Parco Nazionale del Pollino Le centre d'informations est situé à Rotonda, à 70km de Maratea, au siège du parc. Vous y trouverez des cartes, des suggestions d'itinéraires et des propositions de visites guidées. *Via delle Frecce Tricolori, 6* ***Rotonda*** *(rejoindre Lagonegro, prendre l'A3 et sortir à Lauria Sud et suivre Castelluccio, de là, 12km sur une petite route vous séparent encore de Rotonda) Tél. 0973 66 93 11 www.parcopollino.it www.parks.it/parco.nazionale.pollino Ouvert lun.-ven. 9h-13h*

Grumentum À proximité du village moderne de Grumentum Nova se trouve le site antique de Grumentum. À l'issue de la seconde Guerre Punique (207 av. J.-C.), Rome vainc les troupes du général carthaginois Hannibal dans la plaine de la florissante colonie de Grumentum, fondée par les Romains au début du IIIe siècle av. J.-C. *À 70km au nord de Maratea*

Parco Archeologico Les traces de l'ancienne cité se retrouvent dans un parc archéologique qui rassemble l'un des plus anciens amphithéâtres d'Italie, une *domus* du IVe siècle av. J.-C., appelée "maison des mosaïques", un théâtre de l'époque d'Auguste, des thermes et un forum. Les objets issus des fouilles sont exposés à quelques mètres au Musée archéologique du Val d'Agri. *Contrada Bosco del Principe Tél. 0975 650 74 Ouvert tlj. 9h-coucher du soleil (1h avant)* ***Musée*** *lun. 14h-20h, mar.-dim. 9h-20h Billet unique musée + parc 2,50€*

● Profiter de la mer Trente magnifiques kilomètres de calanques, de criques et de plages sont accessibles au départ de Maratea. Fiez-vous à votre instinct et arrêtez-vous là où bon vous semble. Tout le long de la S18, des panneaux *spiaggia* signalent les différentes criques. L'été, elles sont, hélas, très souvent investies par des *lidi* qui font payer le stationnement et l'accès aux plages.

Acquafredda La plage la plus septentrionale de toutes s'étire au pied d'une montagne couverte de forêts de pins, entre grottes et petites criques de galets ou de sable gris noir.

Fiumicello Santa Venere Puis vient, plus au sud, une des plus belles plages de la région.

Marina di Maratea et Castrocucco Et enfin, après le petit port de Maratea (Porto di Maratea), s'étendent ces deux grandes plages de sable noir qui se prolongent jusqu'en Calabre.

● Faire de la plongée

Centro Sub Maratea Ce centre propose des sorties pour faire de la plongée sous-marine, des excursions à la demi-journée (9h30-13h) et même des locations de bateau sans permis. *Porto di Maratea et via Santa Caterina, 28 (en direction du village) Tél. 0973 87 00 13 ou 338 877 78 99*

CARNET D'ADRESSES

Restauration

prix moyens

Lanterna Rossa Sur le port de Maratea, c'est l'une des meilleures adresses pour déguster une cuisine de la mer. En *primi*, *linguine* aux coques, oignons rouges de Tropea, salade de Trévise et piment, pâtes fraîches accompagnées de petites seiches, de tomates, d'olives noires et de pignons, ou encore *penne alla marateota*, avec du thon à l'huile, des olives et de petites tomates cerises... Comme *secondo piatto*, paupiettes d'espadon farcies de tomates séchées, d'olives, de raisins secs et de pignons, daurade en papillote, loup de mer au court-bouillon épicé... Les gourmands garderont un peu de place pour les desserts, tout aussi inspirés. Environ 35-50€ le repas. ***Porto di Maratea*** *Tél. 0973 87 63 52 Ouvert mars-juil., sept.-nov. : mer.-lun. midi et soir ; août : tlj. midi et soir*

Il Giardino di Epicuro Une grande maison perchée sur les hauteurs de Maratea, où l'on reçoit en famille. Le père, féru de bonne chère et de littérature française, propose un menu très lucanien : raviolis, *pappardelle*, *lagane* (sorte de tagliatelles locales)... En *secondo piatto*, goûtez le filet de bœuf, exceptionnellement tendre ; puis concluez avec un plateau de fromages et un digestif maison. Comptez env. 35€ pour un repas complet à la carte, *vino della casa* compris (en été menu à 25€, 1/4 l de vin inclus). ***Massa di Maratea*** *(restaurant fléché) Tél. 0973 87 01 30 Ouvert avr.-oct. : tlj. 12h30-15h30 et 20h-0h*

Ristorante Taverna Rovita Dans le vieux bourg de Maratea, cette taverne rustique et conviviale prépare les recettes traditionnelles de Lucanie, antipasti généreux, viandes, légumes braisés, paupiettes, *involtini* d'espadon, poissons grillés... Antipasti 8€, *primi* 8-12€, *secondi* 9-18€. *Via Rovita, 13* ***Maratea*** *Tél. 0973 87 65 88 Ouvert juin-sept. : tlj. midi et soir ; avr.-mai, oct. : mer.-lun. midi et soir*

prix élevés

Zà Mariuccia Une bonne adresse qui se transmet de génération en génération. On vient ici depuis des décennies pour les raviolis de ricotta à la sauce de viande d'agneau, mais aussi pour les fruits de mer, les homards, les desserts... Tables en terrasse et véranda l'hiver. Comptez de 40€ à 50€ pour un repas (hors boissons). ***Porto di Maratea*** *Tél. 0973 87 61 63 Ouvert mars-juin, sept.-nov. : mar.-dim. midi et soir ; juil.-août : tlj. uniquement soir*

Dans les environs

petits prix

Da Peppe Après une journée de randonnée dans le parc du Pollino, voici l'endroit idéal pour se rassasier. À deux pas de la place centrale de Rotonda, ce restaurant installé dans une maison coquette prépare une cuisine à l'huile d'olive typique de la Basilicate. Parmi les spécialités locales : risotto aux truffes, raviolis aux pointes d'orties ou côtes d'agneau aux pommes de terre et aux poivrons. Pour le déjeuner, menu du jour de 12,50 à 18,50€ (sauf le dim.). *Corso Garibaldi, 13* ***Rotonda*** *À 30km de Maratea Tél. 0973 66 12 51 Ouvert août : tlj. midi et soir ; reste de l'année : mar.-sam. midi et soir, dim. midi*

Il Casale do Rodaro Tenu avec énergie par Venanzio, cet *agriturismo* propose viandes et légumes issus de la production de la maison, qui est scrupuleusement biologique. Cuisine de terroir donc, savoureuse et inspirée par les saisons : longue suite d'antipasti incluant charcuterie maison, fleurs de courgettes frites et, comme *primo piatto*, pâtes fraîches aux cèpes et aux courgettes... Comptez environ 20-40€ pour un repas (boissons incluses). *Sur la S585, au km 12,600 (à 20min de Maratea), à 2km en aval du pont de Lauria* ***Contrada Rodaro*** *Tél. 0973 82 64 90 Ouvert déc.-oct. : tlj. midi et soir Fermé lun. basse saison*

Hébergement

petits prix

La Tana En retrait de la plage de Castrocucco, cet hôtel-restaurant offre 44 chambres confortables avec clim., chacune dotée d'une terrasse ou d'un jardinet. Une bonne affaire si vous avez une voiture : de 90 à 160€ la double. Demi-pension 134-200€/2 pers. Offres spéciales au cours de l'année. Piscine, salle de sport et centre de bien-être (sauna, bain turc...) *Contrada Castrocucco, 25* ***Maratea*** *Tél. 0973 87 17 20 www.hotelmaratea.it Ouvert fév.-déc. Fermé 23-31 déc.*

prix moyens

Hotel Settebello L'unique hôtel de la plage de Fiumicello n'est qu'à quelques centaines de mètres du centre commerçant. S'il reste de la place, demandez une chambre avec vue sur la mer (supplément de 10€). Comptez de 98 à 140€ la chambre double avec petit déjeuner, air conditionné et parking. L'hôtel dispose également de 5 suites familiales. *Via Fiumicello, 52* ***Maratea*** *Tél. 0973 87 62 77 http://hotelsettebellomaratea.com Ouvert fin avr.-mi-oct.*

La Dimora del Cardinale Vous préférez l'authenticité d'un vieux centre historique à la fonctionnalité d'une station balnéaire ? Cette adresse est pour vous. Seize chambres occupent une belle maison plantée au cœur du vieux bourg de Maratea. La mer n'est pas loin et vous êtes à deux pas des meilleurs restaurants. Que ceux qui n'ont pas de voiture se rassurent, l'hôtel dispose d'un service de navettes vers les plages. Attention, si les prix sont très raisonnables en basse saison (de 80 à 95€ jusqu'à la fin juin), ils flambent en haute saison (100€ en juillet et 155€ en août pour une double !). *Via Cardinale Gennari (à l'angle de la piazza Immacolata)* ***Maratea*** *Tél. 0973 87 77 12 ou 3398 88 87 74 www.ladimoradel cardinale.it Ouvert toute l'année (rés. conseillée en hiver)*

prix très élevés

La Locanda delle Donne Monache Un bel exemple de reconversion réussie : La Locanda était autrefois un couvent de sœurs visitandines, ordre fondé par saint François de

GAMME DE PRIX	RESTAURATION	HÉBERGEMENT
Très petits prix	moins de 15€	moins de 55€
Petits prix	de 15 à 25€	de 55 à 75€
Prix moyens	de 25 à 40€	de 75 à 110€
Prix élevés	de 40 à 60€	de 110 à 160€
Prix très élevés	plus de 60€	plus de 160€

Sales en 1735. Vingt-deux chambres et 5 suites élégantes donnent sur les toits du vieux bourg de Maratea, en surplomb de la côte, et sur un poétique jardin parfumé de bougainvillées et de jasmin. Nombreux services et équipements : piscine, excursions... De 150 à 275€ la double. *Via Carlo Mazzei, 4 (dans le haut du village)* ***Maratea*** *Tél. 0973 87 61 39 www.locandamonache.com Ouvert avr.-oct.*

Dans les environs

prix élevés

Hotel Gabbiano En bordure de l'une des plus belles plages de la côte, la bien nommée Acquafredda ("eau froide" !), cet hôtel moderne ressemble à une imposante villa (40 chambres). Il a l'avantage d'être extrêmement fonctionnel tout en ne manquant pas de personnalité. Grand confort, nombreux équipements (piscine, chaises longues et parasols, activités sportives...). L'endroit est idéal pour ceux qui rêvent de baignades. Comptez de 120 à 230€ la double en demi-pension. *Via Luppa, 24* ***Acquafredda*** *Tél. 0973 87 80 11 www.hotelgabbianomaratea.it Ouvert avril-oct.*

prix très élevés

☺ **Romantik Hotel Villa Cheta Elite** En surplomb de la mer et en plein maquis, cette villa cossue couleur parme a été restaurée dans son style Liberty originel. Chaque chambre possède sa touche personnelle : mobilier ancien, draps brodés ou jolies aquarelles. Stefania Aquadro, la propriétaire, mise aussi sur le restaurant et ses jolies tables, dressées en terrasse ou dans une salle très intime. Le chef s'inspire des produits de saison pour élaborer une cuisine de tradition, relevée d'un soupçon de fantaisie : loup de mer mariné aux cèpes et piment frais, soupe de *cannellini* (variété de haricots secs blancs), daurade en croûte de pommes de terre, rougets au court-bouillon épicé, le tout accompagné de courgettes à l'escabèche, d'aubergines *alla parmigiana* (en gratin)... À partir de 142€ pour une double avec petit déjeuner. ***Acquafredda*** *Tél. 0973 87 81 34 www.villacheta.it Ouvert avr.-oct.*

MELFI

85025

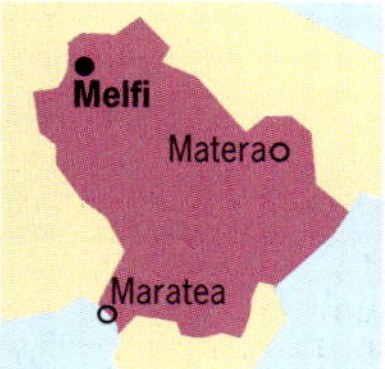

Melfi, située dans le nord de la Basilicate, est aujourd'hui surtout connue pour ses usines Fiat. Pourtant, par la richesse de son histoire, elle présente plus d'intérêt que Potenza, le chef-lieu de la région. Le Vulture (1 326m), volcan inactif qui domine le paysage, donne son nom à la région. On lui doit cette terre fertile favorable à la culture des céréales, de l'olivier et de la vigne, dont est issu l'un des grands crus d'Italie, l'Aglianico del Vulture. En 1050, Melfi devient la capitale du duché des Pouilles, où, du XIe au XIIIe siècle, les rois normands bâtissent un impressionnant réseau de châteaux forts.

En 1231, c'est de sa résidence de Melfi que Frédéric II (1197-1250) promulgue la "constitution de Melfi", une tentative d'harmonisation des lois de son royaume de Sicile et d'Italie du Sud.

MODE D'EMPLOI

accès

EN TRAIN
Au départ de Potenza ou de Foggia, dans les Pouilles.
Stazione di Melfi *Zona industriale Tél. 0972 783 46*

EN CAR
Les grandes villes d'Italie sont reliées à Melfi plusieurs fois par semaine.
Ditta Moretti Départs et arrivées piazza A. Mancini. *Tél. 0972 245 90 www.autolineemoretti.it*

EN VOITURE
La voie rapide SS658 dessert Melfi en provenance de Potenza, au sud, (52km) et de la sortie Candela située sur l'autoroute A16, au nord.

informations touristiques

Pro Loco *Piazza Umberto I, 14 Tél. 335 639 36 75 Tél./fax 0972 23 97 51*

orientation

Perchée sur une colline, la vieille ville, entourée de remparts, se visite assez rapidement. En face de la gare, située en contrebas, engagez-vous dans le viale Gabriele d'Annunzio, qui longe la Villa Comunale, lieu privilégié de la *passeggiata*, jusqu'à la Porta Venosina. Montez jusqu'au château avant de descendre la via Vittorio Emanuele, qui mène à la cathédrale puis à la piazza Umberto I, centre névralgique de la ville.

fête et manifestation

Festival de fauconnerie Chaque année, au château de Melfi, se tient un rassemblement international en l'honneur de Frédéric II, grand amateur de chasse à l'aigle. Défilés en costumes, concerts et démonstrations. *Dernier week-end d'octobre*

DÉCOUVRIR

☆**Les essentiels** Le château de Melfi, la ville de Venosa **Découvrir autrement** Dégustez un verre d'Aglianico del Vulture à l'enoteca Il Cantinone

Melfi

☆**Castello** Remarquablement bien conservé, le château, flanqué de huit tours, a été édifié par les Normands au XIIe siècle, agrandi en 1220 par Frédéric II – qui en fit l'un des principaux sièges de son royaume –, puis complété par les Angevins (fin du XIIIe s.) et, enfin, par Charles Quint (XVIe s.).
Museo Archeologico Nazionale del Vulture e del Melfese Le château abrite un musée archéologique, dont la récente restauration met en valeur de très belles pièces d'orfèvrerie, de céramique et d'armurerie du VIIIe siècle au IIIe siècle av. J.-C., au début de l'expansion romaine dans la région. Plusieurs

tombes princières sont reconstituées, la plus riche (n°669, 300 av. J.-C.) rassemble un service précieux destiné aux rites de purification du défunt et une armure assez complète. La salle du trône accueille des expositions temporaires. Avant de quitter la cour d'honneur, ne manquez pas le sarcophage en marbre finement sculpté d'une notable romaine (IIe s.), retrouvé le long de la Via Appia. *Via Castello Tél. 0972 23 87 26 Ouvert lun. 14h-20h, mar.-dim. 9h-20h Entrée 2,50€*

Cattedrale La première pierre de la cathédrale a été posée en 1076 par Robert Guiscard, puis l'édifice fut remanié au XIIe siècle par Roger II, grand-père de Frédéric II. Plusieurs tremblements de terre suivis de reconstructions dans le style baroque auront raison du style normand d'origine. De cette époque, seul demeure le campanile carré, bâti en 1153, en haut duquel on remarque des griffons, symboles de la dynastie. *Piazza Duomo Tél. 0972 23 81 80 Ouvert tlj. 9h-13h et 16h-20h ; hiver horaires plus restreints*

Les environs de Melfi

☆ **Venosa** La ville natale du poète Horace (65-8 av. J.-C.) se trouve à une vingtaine de kilomètres de Melfi, au cœur des vignes et des oliviers. Le centre historique, charmant, s'est développé autour du château : construit en 1470, celui-ci est le siège d'un musée archéologique dont les collections vont de la préhistoire à la période normande. En suivant la via Vittorio Emanuele, on découvre la cathédrale et son portail en marbre, contemporaine du château. Au bout de cette voie, le parc archéologique, qui regroupe des vestiges de la cité romaine, ouvre le chemin vers l'émouvante abbaye de La Trinité. Cet ensemble monumental est composé de deux églises : la Vecchia, bâtie sur le site d'une basilique paléochrétienne vers le Xe siècle, et la Nuova, ou Incompiuta ("inachevée"), construite par les Bénédictins, qui réutilisèrent les pierres de l'amphithéâtre romain. *À 26km au sud-est de Melfi* **Musée et parc archéologique** *Tél. 0972 360 95 Ouvert mar. 14h-20h, mer.-lun. 9h-20h* **Parc** *mer.-lun. 9h-13h Entrée 2,50€ (parc et musée)* **Pro Loco (infos touristiques)** *Via Vittorio Emanuele (face au château)*

Castello di Lagopesole Juché sur une colline à plus de 800m d'altitude et visible à des kilomètres à la ronde, ce château fort (XII-XIIIe s.), avec ses murs massifs flanqués de tours d'angle, est le plus impressionnant château du dispositif de défense conçu par Frédéric II. *À 20min de Melfi par la SS 658, sortie Avigliano Tél. 0971 862 51 Ouvert hiver : tlj. 9h30-12h30 et 15h-17h ; reste de l'année : tlj. 9h30-12h30 et 16h-18h30 Entrée 2€*

Laghi di Monticchio Cette promenade est appréciée des habitants de la région, qui viennent chercher un peu de fraîcheur auprès de ces deux petits lacs de cratère envahis de nymphéas et ombragés d'une forêt de châtaigniers et de hêtres. Sur l'isthme qui sépare le Lago Grande du Lago Piccolo, vous trouverez plusieurs loueurs de barques ainsi que le départ de sentiers pédestres et équestres. L'immense façade blanche de l'ancienne **abbaye San Michele**, occupée par les Capucins jusqu'en 1866, se reflète dans les eaux du Lago

Piccolo. Si la baignade n'est recommandée dans aucun des deux lacs, des sources d'eaux minérales jaillissent ici et plusieurs usines d'embouteillage se sont installées dans les environs. *À 30min de Melfi par la SS658, sortie Rionero in Vulture, puis SS167, en direction de Laghi di Monticchio*

● Où déguster un verre d'Aglianico del Vulture ? Ce cépage importé par les Grecs, cultivé sur les pentes fertiles du Vulture depuis plus de 2 500 ans, bénéficie d'une appellation d'origine contrôlée depuis 1971. Le vin rouge tannique qu'il produit se marie délicieusement avec la viande grillée et le gibier. Étrangement, malgré la réputation de ce cru, pas de route des vins, ni de dégustations proposées aux particuliers dans les caves (*cantina*). Mais, tous les restaurants servent le vin du pays et pourront vous conseiller...
Il Cantinone L'un des rares (peut-être l'unique !) bar à vins de la région du Vulture est aussi une *enoteca* qui vend de très bons crus. *Via Forcella, 22* ***Rionero in Vulture*** *(dans la vieille ville, près de l'église) À 13km au sud de Melfi Tél. 0972 72 24 43 Ouvert mer.-lun.*

CARNET D'ADRESSES

Restauration, hébergement

petits prix

Il Tratturo Regio Dans cet *agriturismo* isolé au milieu des champs, Rocco Imbriani et sa femme invitent leurs convives à la table familiale pour un repas simple, mais copieux, préparé avec les produits frais de leur ferme. Comptez 25€ pour un menu complet comprenant charcuteries, pâtes, viande, fromages, fruits et Aglianico maison. Double pension complète 60€, demi-pension 45€. *À 5km du centre en direction de Lacedonia Contrada Casonetto* ***Melfi*** *Tél. 0972 241 20 www.iltratturoregio.com*

prix moyens

La Villa Ne vous fiez pas au logo de cet *agriturismo* ; il s'agit plutôt d'un restaurant familial au décor et au service particulièrement soignés pour la région. Le menu, qui change au gré des saisons, propose également des plats typiques de Lucanie, comme l'agneau grillé. Nous vous conseillons l'assortiment d'antipasti, très réussis, comme les courgettes à la menthe ou les beignets de fleurs de courgettes. Gardez une petite place pour les desserts maison ! À noter : 90% des ingrédients utilisés sont produits à la ferme et d'origine biologique. Menu dégustation 30€. *Sortie Melfi Nord Contrada Cavallerizza* ***Melfi*** *Tél. 0972 23 60 08*

Relais La Fattoria Le meilleur hôtel de Melfi occupe les locaux (complètement réhabilités) d'une ancienne usine où, curieusement, la décoration rustique des 112 chambres et du hall crée une ambiance de chalet alpin. Tout est mis en œuvre pour que vous y passiez un séjour agréable : piscine, air conditionné, buffet de petit déjeuner appétissant et varié et service très professionnel... Toutefois, les chambres situées au-dessus des salles de réception sont bruyantes les soirs de fête (renseignez-vous, l'hôtel organise souvent des mariages). Le restaurant dispose d'une des meilleures caves de la région. Double à 124€. *Sortie Melfi Nord SS303 Località Cavallerizza* ***Melfi*** *Tél. 0972 247 76 www.relaislafattoria.it*

Dans les environs

petits prix

Villa Maria Près du petit lac de Monticchio, cet établissement propose une trentaine de chambres agréables et fraîches, ainsi que deux piscines (dont une pour enfants) où, à défaut de pouvoir vous baigner dans les lacs, vous pourrez piquer une tête. Comptez 80€ pour une double, mais préférez plutôt la demi-pension (65€/pers.) ou la pension complète (80€/pers.), car rares sont les bons restaurants dans le coin. Calme absolu ! ***Laghi di Monticchio*** *Tél. 0972 73 10 25 www.hotelvillamaria.net*

Agriturismo La Maddalena À 500m de l'abbaye de La Trinité de Venosa, cet *agriturismo* est aussi attractif pour son restaurant – qui sert des plats traditionnels cuisinés avec les produits de la ferme (fromages, charcuteries, huile d'olive, vin...) – que pour ses chambres, propres et confortables. À noter que la piscine est accessible aux clients du restaurant et que des sorties à cheval sont organisées. Double de 100 à 120€. ***Venosa*** *Tél. 0972 327 35 www.agrilamaddalena.it Fermé 2 semaines en février et 3 en novembre Restaurant fermé lun. et dim. soir*

LA CALABRE

La Basilicate
MONTE SIRINO 2 005 M
PARCO NAZIONALE DEL POLLINO
BASILICATA
MONTE POLLINO 2 248 M
METAPONTO
MARATEA, LAGONEGRO, NAPOLI, ROMA
GOLFO DI TARANTO
Civita
Praia a Mare
Morano Calabro
Castrovillari
Sibari
Scalea
Altomonte
Cirella
Diamante
Corigliano Calabro
Rossano
Sta Maria del Patire
CRATI
PUNTA ALICE
FORESTA DE LA FOSSIATA
L. DI CECITA
PARCO NAZIONALE DELLA SILA
MER TYRRHÉNIENNE
Cetraro
Paola
Spezzano d. Sila
Camigliatello S.
S. Giovanni in Fiore
Cosenza
MONTE BOTTE DONATO 1 928 M
Lorica
Crotone
Santa Severina
CAPO COLONNA
LA SILA
MONTE GARIGLIONE 1 765 M
Amantea
Villaggio Mancuso
Taverna
Isola di Capo Rizzuto
Tiriolo
Le Castella
CAPO RIZZUTI
Catanzaro
GOLFO DI SQUILLACE
GOLFO DI S. EUFEMIA
Squillace
Copanello
Pizzo
Zambrone
Vibo Valentia
Tropea
Serra S. Bruno
MONTE PECORARO 1 423 M
Ricadi
Capo Vaticano
Nicotera
SERRE CALABRIA
Stilo
PUNTA STILO
COSTA VIOLA
Gioia Tauro
Mammola
Palmi
Gerace
Locri
MER IONIENNE
Villa S. Giovanni
Scilla
ASPROMONTE
MTE MONTALTO 1 955 M
PARCO NAZIONALE DELL' ASPROMONTE
SICILIA
STRETTO DI MESSINA
Reggio
CATANIA
CAPO DELL' ARMI
Pentedattilo
CAPO SPARTIVENTO
N
20 km
Roma
L'Aquila
Bari
Napoli
Matera
Cosenza
Reggio

COSENZA

87100

La capitale de la plus peuplée, de la plus étendue et de la plus septentrionale des provinces calabraises s'avère l'une des étapes les plus attrayantes de la région : tant par ses monuments, qui sont autant de témoignages du rôle culturel que la ville endossa au cours de la Renaissance, que par sa situation géographique privilégiée, à l'entrée du massif de la Sila, la "petite Suisse" calabraise. Mais Cosenza se distingue surtout par sa physionomie. La cité est littéralement scindée en deux par le confluent du Busento et du Crati, offrant au visiteur le loisir de découvrir un double visage : d'un côté, une ville moderne – traversée par le corso Mazzini, son artère commerçante – tournée vers l'avenir ; et, de l'autre, un quartier historique fait de toits décrépits, de coupoles anciennes, de vieilles ruelles et de *palazzi* sans âge. L'arrière-pays, dominé par le massif de la Sila, mérite également que l'on s'y attarde pour le spectacle inattendu de ses forêts et des petits villages des communautés albanophones ayant fui l'invasion ottomane au XVe siècle.

MODE D'EMPLOI

accès

EN TRAIN

Liaisons avec Naples (3h15 avec changement à Paola ou entre 4h et 4h30 en train régional direct) ou de Reggio (entre 2h30 et 3h). Attention, gare assez loin du centre-ville.
Stazione FS *Piazza Sila Tél. 0984 39 49 67 ou 89 20 21 (Numéro vert)*

EN CAR

SAJ Autolinee Liaisons plusieurs fois par semaine entre Cosenza et Milan (13h de trajet ; AS 68€) et Lecce (4h50). *Viale della Libertà, 62* ***Trebisacce*** *Tél. 0981 50 03 31 www.saj.it Ouvert lun.-ven. 9h-13h et 15h30-19h, sam. 9h-13h*
SIMET Lignes vers Foggia, Pise, Rome, Turin, Vérone... *Corso Mazzini, 133 Tél. 0984 769 08 www.bus.it/simet*
Stazione Autolinee Les départs de Cosenza se font viale Medaglie d'Oro (Piazza F. Sganga).

EN VOITURE

L'incontournable "autoroute du Soleil" (A3), en travaux depuis des années, reste gratuite pour atteindre Cosenza.

Tableau kilométrique

	Rossano	Cosenza	Crotone	Tropea	Pizzo
Cosenza	108				
Crotone	92	108			
Tropea	221	119	158		
Pizzo	192	90	128	30	
Reggio	291	189	228	114	104

orientation

La ville moderne, quadrillée en damier, s'achève au bord des rivières Busento et Crati. À l'ouest de leur confluence, débute la vieille ville, tortueuse et pentue, traversée par le corso Telesio.

informations touristiques

IAT Provincia di Cosenza *Area di servizio IP Autostrada Salerno-Reggio Calabria Sortie Frascineto Ovest Tél. 0981 323 32*

Turismo regione Calabria L'office de tourisme régional se trouve à Catanzaro. *Via San Nicola, 8* **Catanzaro** *Tél. 0961 85 68 82 www.turiscalabria.it*

DÉCOUVRIR

☆ **Les essentiels** La cathédrale de Cosenza **Découvrir autrement** Partez randonner dans le parc de la Sila

Cosenza

En dehors du **corso Mazzini**, qui regorge de boutiques à la mode, la visite de Cosenza se circonscrit à la vieille ville, de l'autre côté du fleuve Busento par rapport au corso Telesio.

☺ **Corso Telesio** On laisse derrière soi une ville moderne, découpée à angles droits, pour entrer dans un labyrinthe de ruelles tortueuses. Le corso Telesio, ancienne "route des marchands et des orfèvres", reste l'unique exception. Cette artère centrale, avec ses *palazzi* à l'allure chancelante, ses façades décrépites et ses petites maisons populaires, a beaucoup de caractère et présente chaque jour un aspect différent : religieusement silencieuse le dimanche matin, elle se fait effervescente en semaine autour des commerces, pour devenir littéralement bondée le samedi soir !

San Francesco di Paola Située légèrement en retrait du corso Telesio, de l'autre côté du Crati, cette église remonte à l'an 1510. Remaniée dans le style baroque en 1720, puis de nouveau après le séisme de 1854, elle conserve un remarquable triptyque du XVIe siècle représentant la *Vierge à l'Enfant entre sainte Catherine et saint Sébastien* (dans l'abside, au-dessus de l'autel). À voir également : le tombeau en marbre d'un seigneur local (1593), juste après l'entrée. Du pont Alarico, tout à côté, la vue embrasse les deux parties de la ville. *Corso Plebiscito puis piazza San Francesco Ouvert tlj. 7h-12h et 16h-19h*

☆ **Duomo** Bâtie au XIIe siècle, cette cathédrale a connu une histoire tourmentée : tour à tour romane, gothique, baroque puis néogothique au XIXe siècle, elle a retrouvé ses formes originelles, imposantes et dépouillées, après une longue restauration. *Corso Telesio Ouvert tlj. 8h-10h et 17h-19h30*

Mausoleo di Isabella d'Aragona Le tombeau en marbre d'Isabelle d'Aragon, morte en 1271 à Cosenza, en constitue l'œuvre la plus remarquable. La reine y est représentée avec son époux, Philippe III le Hardi, tous deux agenouillés devant la Vierge. Sur sa joue, une blessure rappelle la chute de cheval mortelle dont elle fut victime alors qu'elle ramenait de Tunis la dépouille de saint Louis (son beau-père), emporté par la peste pendant la huitième croisade. Elle mourut peu après avoir mis son enfant au monde.

Castello Svevo Emblème de Cosenza, ce fort dominant la ville du haut du mont Pancrazio (380m) permet de jouir d'une vue panoramique sur la vallée. Flanqué de donjons aux quatre angles, il a été remanié à plusieurs reprises au fil du temps. Mais c'est au XIIIe siècle que l'empereur Frédéric II, qui fit beaucoup pour la ville, apporta les modifications les plus significatives en rajoutant deux tours octogonales dont une seule est parvenue jusqu'à nous. *En restauration En restauration*

Giardini della Villa Comunale C'est dans ces jardins publics que se dresse la statue de Bernardino Telesio (1508-1588), philosophe et naturaliste cosentin dont se réclameront par la suite Tommaso Campanella, Descartes et même Hegel ! *Piazza XV Marzo Ouvert tlj. 24h/24*

San Francesco d'Assisi De part et d'autre de la via del Seggio, les plus anciennes bâtisses de Cosenza se serrent autour d'arcs, de petites cours et d'escaliers datant du XVe siècle. Ce quartier est dominé par l'église Saint-François-d'Assise, fondée au XIIIe siècle et remaniée en 1657, d'où son habillage baroque. Outre le chœur en bois, qui affiche quelques traces gothiques, ne manquez pas la chapelle de sainte Catherine, décorée de toiles de Borremans représentant la vie de la sainte (1705). À partir du corso Telesio, emprunter la via del Seggio vers le château. *Piazza Berardi, 1 Ouvert tlj. 7h-12h30 et 15h30-20h*

● Où prendre un café, déguster une pâtisserie ?

Gran Caffè Renzelli Depuis deux cents ans, ce café prestigieux reste une référence pour les amateurs de douceurs. Avec ses deux adresses – le long du corso Telesio, dans la vieille ville, ou du corso Umberto, dans la ville nouvelle –,

Saint François de Paule (San Francesco di Paola)

Francesco Martolilla naît en 1416 dans la ville de Paola en Calabre après que ses parents, restés sans enfants pendant quinze ans, ont prié saint François d'Assise. Après un pèlerinage effectué à l'âge de 14 ans, il entame une vie d'ermite près de Paola. Rejoint par quelques adeptes, il crée l'ordre des Minimes, qui se veut celui "des derniers entre tous". En 1474, la congrégation est officiellement reconnue par le pape. Nombreux seront les miracles attribués à saint François de Paule : il guérit malades et blessés, fait jaillir des sources, ressuscite les morts... En 1481, il est envoyé par le pape Sixte IV auprès de Louis XI, qu'il ne peut sauver. Il restera cependant un quart de siècle en France, où il fonde les couvents d'Amboise et de Montils-lez-Tours. Il meurt en 1507 à Plessis-lez-Tours et sera canonisé en 1519 c'est le lieu idéal pour faire une petite pause gourmande. *Corso Telesio, 46 Tél. 0984 268 14 www.renzelli.com Ouvert été : lun.-sam. 7h-0h, dim. 7h-13h ; hiver : tlj. 7h-20h* **Autre adresse** *Corso Umberto I, 1 Tél. 0984 270 05 Ouvert été : lun.-sam. 7h-0h, dim. 7h-13h ; hiver : tlj. 7h-20h30*

Les environs de Cosenza

☺ **Altomonte** Faisant partie de l'association des "plus beaux villages d'Italie", Altomonte est également réputé pour ses mariages : 400 cérémonies par an et jusqu'à trois par jour les samedis d'été ! De nombreux rendez-vous culturels, festival Euromediterraneo en août et Di...Vino Jazz en septembre complètent le tableau de ce bourg perché au cœur de la vallée cosentine. L'église Santa Maria della Consolazione, construite en 1336 à l'emplacement d'une chapelle normande, bel exemple d'art gothique, s'orne d'une magnifique rosace sur la façade. *À 60km au nord de Cosenza*

Museo Civico À côté de l'église, dans les salles de musée, installé dans l'ancien couvent des Dominicains (XVe s.), vous trouverez une collection d'art religieux : reliquaires, calices et bénitiers, habits de messe, un très beau tabernacle en bois incrusté de nacre, tableaux et bustes en bois ainsi que d'impressionnantes *passions du Christ* en pierre gravée. *Piazza Tommaso Campanella, 9 Tél. 0981 94 82 16 Ouvert avr.-oct. : tlj. 9h-13h et 15h-20h ; nov.-mars : 9h-13h et 16h-19h Entrée 3€*

INFORMATIONS SUR LE PARC

Ufficio territoriale per la biodiversità di Cosenza *Cupone (au sud-est en bordure du lac Cecita) Commune de Spezzano della Sila Tél. 0984 767 60*

Centro Visita Monaco *Villaggio Mancuso juste après Monaco, à 40km de Catanzaro Tél. 0961 92 20 30*

Parco Nazionale della Sila Ceux qui imaginaient la Calabre comme une région aride risquent d'être surpris. Entre Cosenza au nord et Catanzaro au sud, se déploient les forêts et les vallons de la "petite Suisse" calabraise, classée "parc national" en 1968 sous le nom de Parco Nazionale della Calabria. Depuis 2002, le parc s'appelle Parco Nazionale della Sila. Il englobe trois zones. La Sila Greca occupe l'extrême nord du parc. La Sila Grande est le royaume du *Pino laricio*, une espèce de conifères pouvant atteindre 40m de haut. Certains troncs portent encore les entailles faites au XIXe siècle, lorsque la résine en était extraite pour la fabrication d'essences. Sur les flancs plus exposés au nord, les pins font place aux hêtres ou aux châtaigniers. La Sila Piccola, plus au sud, se singularise par ses sapins blancs. Le massif abrite une faune protégée : une vingtaine de loups hantent la forêt à la recherche de quelque chevreuil ou daim. Autrefois victime de déboisements abusifs pour le commerce du bois, la Sila est aujourd'hui bien entretenue, offrant aux marcheurs de nombreux sentiers de randonnée. **Siège** *Via Nazionale* ***Lorica San Giovanni in Fiore*** *Tél. 0984 53 71 09 www.parcosila.it*

● Randonner dans le Parc national de la Sila

Des sentiers de randonnée ont été tracés dans la Sila (Grande, Piccola et Greca) et des centres didactiques créés dans chaque zone du parc. Empruntez la route

panoramique S107 reliant Cosenza à Crotone et gagnez **Camigliatello Silano** (1 272m), la station la mieux aménagée du massif. C'est le point de départ de plusieurs excursions : vers le lac de Cecita, à 15km à l'est, vers la magnifique forêt de la Fossiata ou vers la petite bourgade de San Giovanni in Fiore (1 049m).
San Giovanni in Fiore Le village s'est développé autour de l'abbaye Florense, qui, fondée en 1189 par Gioacchino da Fiore, s'inspire des monastères cisterciens (beau portail gothique en pierre). Hélas, la ville nouvelle, sans charme, enserre un peu trop le cœur historique, qui résiste bien mal à l'invasion.
Lorica Plus au sud, une des plus belles étapes de la Sila Piccola est Lorica (1 314m), joli village d'altitude préservé du tourisme. Il se mire dans les eaux d'un lac artificiel, le lac Arvo, creusé dans les années 1930. Tout autour, les forêts denses de *pini larici* donnent un air scandinave à cette bourgade de l'extrême sud. De là, une route grimpe jusqu'au point culminant du massif, le mont Botte Donato (1 928m). On peut ensuite revenir vers Spezzano di Sila, entre Cosenza et Camigliatello, ou descendre vers le littoral tyrrhénien, en passant par le col d'Ascione (1 384m), puis en suivant la S179 en direction de Villaggio Mancuso (1 289m), Taverna (521m) et Catanzaro.

Sur la côte tyrrhénienne

Le long de la Riviera des Cèdres, longue de 70km, s'égrènent les villages de Praia, Scalea, Cirella, Diamante, Cetraro et, en deçà de ladite riviera calabraise, la petite ville d'Amantea. Foulé par les Grecs, les Romains, les Byzantins, les Lombards, les Arabes, les Normands, les Angevins et les Aragonais, c'est un littoral de pure Méditerranée, des plages de sable et de galets bordées de fonds bleu foncé, presque rejointes par une dense végétation qui dévale vers la mer.

Praia a mare Face à la petite île de Dino, envahie de végétation et réputée pour ses grottes, la première plage de la côte tyrrhénienne calabraise, Praia, déroule son immense baie de sable et de galets gris sur 5km. Praia vous charmera davantage par son golfe que par son agglomération, un peu trop bétonnée. En haut de la ville, au pied du mont Vingiolo (525m), se trouve le Santuario della Madonna della Grotta, grande caverne ayant accueilli le monastère grec de Sant'Elia. En 1326, le capitaine d'un équipage turc y déposa la statue en bois d'une *Vierge à l'Enfant* accusée par son équipage de rendre difficile la navigation. L'embarcation put reprendre sa route et la grotte devint sacrée. *À 105km au nord de Cosenza*

CARNET D'ADRESSES

Restauration

petits prix

Per... Bacco ! Cette *enoteca*, la première de celles s'alignant de l'autre côté du pont Mario Martire, sur le Busento, marque le début du corso Telesio dans la vieille ville. Un lieu prisé par les jeunes Cosentins pour son joyeux brouhaha et ses petits plats accompagnés de bons verres de vin : foie de veau aux artichauts, *paccheri al ragù di nduja* (charcuterie épicée calabraise), soupe de fèves et pancetta... En été, privilégiez la terrasse, très agréable. Antipasti 6-8€, *primi* 6-8€, *secondi* 7-12€. *Piazza dei Valdesi, 3* **Cosenza** *Tél. 0984 79 55 69 Ouvert tlj. 12h30-15h30 et 19h30-23h30 Fermé 1 sem. mi-août*

prix moyens

Da Giocondo Au cœur de la ville nouvelle, Giocondo n'a pas l'allure rustique des trattorias de la vieille ville, mais suit scrupuleusement les recettes traditionnelles calabraises. À la carte, bon équilibre entre les viandes et les poissons. Repas complet à partir de 20€. *Via Piave, 53* **Cosenza** *Tél. 0984 298 10 ristorantedagiocondo.com Ouvert lun.-mar. et jeu.-sam. 12h-15h et 17h-23h, mer. et dim. 12h-15h Fermé 1 sem. en août*

Taverna l'Arco Vecchio Peut-être l'une des meilleures tables de la ville. Perché sur les hauteurs du centre historique, ce restaurant rassemble notables et familles venues célébrer une occasion particulière. Lasagnes aux blettes, *fusilli* à la sauce tomate et chair à saucisse... La cuisine est rustique et savoureuse. Antipasti 12€, *primi* 8€, *secondi* 18€. *Piazza Archi di Ciaccio, 21* **Cosenza** *Tél. 0984 725 64 Ouvert tlj. midi et soir Fermé 15 j. en août*

Dans les environs

petits prix

Il Giardino Ce restaurant-pizzeria, à la décoration simple et traditionnelle dans les salles intérieures, offre un très bon rapport qualité-prix. À la belle saison, dîner dans le jardin est plus qu'agréable. Les plats à base de poisson sont ultrafrais et l'*antipasto* de la mer et la pizza aux fruits de mer rencontrent un franc succès. *Antipasto* et *primo* à partir de 6€, *secondo* de poisson ou viande à partir de 9€. *Via Botticelli, 8* **Diamante** *(sur la côte tyrrhénienne, à 100km au nord de Cosenza) Tél. 0985 816 19 Ouvert haute saison : tlj. midi et soir ; basse saison : jeu.-mar. midi et soir Fermé en jan.*

Hébergement

Tous les hôtels sont malheureusement situés dans la partie moderne de Cosenza. Il en existe d'ailleurs peu, et certains se reposent sur leur réputation passée. À pied, on rejoint néanmoins le centre historique en quelques minutes.

petits prix

Hotel Excelsior Une décoration Belle Époque dès le hall d'entrée (ascenseur en bois, escaliers cirés, tapis rouges, lustres...), pour cet hôtel aux 40 chambres classiques et sans surprise. Évitez celles donnant sur rue, qui risquent d'être bruyantes. Double 70€, petit déjeuner inclus. *Piazza Matteotti, 14* **Cosenza** *Tél. 0984 743 83 www.htlexcelsior.it*

B&B Confluenze À deux pas de l'*enoteca* Per... Bacco ! (et tenu par le même patron), ce Bed & Breakfast élégant, le seul du centre historique,

GAMME DE PRIX	RESTAURATION	HÉBERGEMENT
Très petits prix	moins de 15€	moins de 55€
Petits prix	de 15 à 25€	de 55 à 75€
Prix moyens	de 25 à 40€	de 75 à 110€
Prix élevés	de 40 à 60€	de 110 à 160€
Prix très élevés	plus de 60€	plus de 160€

propose 5 chambres très confortables avec une belle hauteur de plafond et des couleurs chatoyantes. Double 50€, triple 60€. *Via Santa Lucia, 52* **Cosenza** *Tél. 0984 213 33 ou 349 864 74 77*

ROSSANO

87067

Bastion du monachisme grec en Occident (on n'y comptait pas moins de sept monastères), citadelle byzantine puissante, Rossano a rayonné dans toute l'Italie du Sud pendant plus de cinq siècles (VIe-XIe s.). Aujourd'hui, la partie moderne, proche de la mer, est assez décevante, mais le centre ancien, ouvrant de belles perspectives sur les étendues d'oliviers, mérite une balade. Nous vous suggérons une excursion qui, au terme d'une route sinueuse serpentant dans des paysages boisés et montagneux, vous permettra de découvrir l'authentique village albanais de Civita, perché sur un promontoire rocheux.

MODE D'EMPLOI

accès

EN TRAIN

Depuis Cosenza, 1h30 à 2h de trajet avec changement à Sibari.
Stazione *Piazza Leonardo Da Vinci, 1 (dans la ville moderne, près de la SS106) Tél. 0983 51 57 97*

EN CAR

Pas de car direct au départ de Cosenza, il est préférable de prendre le train.

EN VOITURE

À 88km au nord-est de Cosenza par l'A3 puis la S106.

orientation et stationnement

Distants de plusieurs kilomètres, le centre ancien, perché sur une hauteur, et la ville moderne, proche de la mer, sont reliés par une route sinueuse. À votre arrivée dans le cœur historique, garez-vous sur le parking du Municipio. La ville se parcourt aisément à pied.

informations touristiques

Ufficio Turismo (Assessorato al Turismo) L'office de tourisme. *Palazzo S. Bernardino Tél. 0983 52 95 04 www.rossanoturismo.it Ouvert lun. et ven. 9h-13h, mar. 15h30-17h30*
Cooperativa Neilos Cette coopérative gérée par des jeunes gens de Rossano organise de passionnantes visites guidées du village et du musée diocésain d'Art sacré (entrée 3€). *Via Toscano Mandatoriccio, 30 (dans la continuité de la piazza Duomo) Tél. 0983 52 52 63 ou 340 475 94 06 Ouvert été : tlj. 9h30-13h et 16h30-20h ; hiver : mar.-sam. 9h30-12h30 et 15h-18h, dim. 10h-12h et 16h-18h*

DÉCOUVRIR

☆ **Les essentiels** Le musée diocésain d'Art sacré, les vestiges de Sybaris, le village albanais de Civita **Découvrir autrement** Goûtez la réglisse pure produite chez Amarelli et profitez des visites guidées du Protoconvento Francescano de Castrovillari

Rossano

Duomo Achevée au XIe siècle, la cathédrale a été remaniée tant de fois qu'elle a perdu un peu de son charme d'antan. À l'intérieur, au troisième pilier de gauche, admirez la fresque d'une madone "achéropite" (non peinte par l'homme), qui serait apparue miraculeusement sur les murs de la cathédrale en construction au IXe ou Xe siècle.

☆ **Museo Diocesano d'Arte Sacra** Sur la piazza Duomo, le palais archiépiscopal abrite le musée diocésain d'Art sacré, célèbre pour son *Codex Purpureus Rossanensis*, une pièce exceptionnelle remontant au VIe siècle. Il s'agit d'un évangéliaire byzantin attribué à l'école de Césarée, en Palestine, et parvenu à Rossano au VIIe siècle. Ses 188 feuilles de parchemin teinté de pourpre (d'où son nom) racontent, en lettres d'or et d'argent illustrées de magnifiques miniatures, la Passion du Christ. *Tél. 0983 52 52 63 www.artesacrarossano.it Ouvert été : tlj. 9h30-13h et 16h30-20h ; hiver : mar.-sam. 9h30-12h30 et 15h-18h, dim. 10h-12h et 16h-18h Entrée 3€ Visite guidée 4,20€*

San Marco Cette église, presque à la sortie de la vieille ville, reste le plus bel exemple d'architecture byzantine de Rossano : datant des Xe et XIe siècles, cette église se distingue par ses cinq petites coupoles chapeautant trois absides semi-circulaires. Des fresques qui devaient jadis orner l'édifice, il ne reste qu'un fragment d'une Vierge à l'Enfant.

● Où acheter de la réglisse ?

☺ **Liquirizia Amarelli** Si vous passez près de Rossano, ne manquez pas d'aller jeter un coup d'œil à cette fabrique vieille de plus de 300 ans. La famille Amarelli produit une réglisse pure, sans additif ni édulcorant, ou légèrement aromatisée à la violette, à l'orange, à la menthe ou à l'anis. Les petites boîtes en fer estampillées "Amarelli" et décorées d'images anciennes – que vous trouverez à la boutique – sont aujourd'hui exportées dans le monde entier. Un petit musée est également consacré à l'histoire de la famille et de sa spécialité. *Contrada Amarelli (S106) Tél. 0983 51 12 19 www.amarelli.it* ***Boutique*** *Ouvert tlj. 7h30-20h30* ***Fabrique et musée*** *Visites guidées gratuites sur rdv*

● Où boire un café, manger une glace ?

☺ **Caffè Tagliaferri** Fondé par Giuseppe Tagliaferri en 1900, ce *caffè/pasticceria* de la *piazza centrale* arbore fièrement ses cinq générations. Photos d'époque à l'intérieur, décor de cinéma sur la terrasse, délices à toute heure. *Cornetto* matinal, *granita* au lait d'amande, glaces, dont le *spumone* glacé (génoise et nougat enrobés de glace au chocolat et de crème) : vous devriez garder un souvenir ému de cet endroit. *Piazza Santi Anargiri, 6 www.tagliaferri1900.it Ouvert été : mer.-lun. 7h-13h30 et 16h30-0h ; hiver : mer.-lun. 7h-13h30 et 16h-20h*

● Aller se baigner

Lido Sant'Angelo Dix-huit kilomètres de plages à Rossano ! À 7km du centre de Rossano, au **lido Sant'Angelo**, de nouvelles plages privées ont ouvert. Certaines s'adressent à un public jeune et branché (Gypsy, Frederik on the beach, El Socio...) et proposent musique et pistes de danse, alors que d'autres plus familiales privilégient le farniente.

Les environs de Rossano

Santa Maria del Patire Dans un site isolé d'une grande beauté qui surplombe la plaine de Sybaris, l'église Santa Maria del Patire appartient à un ensemble monastique grec aujourd'hui en ruine. Elle conserve encore dans ses trois absides des éléments décoratifs typiques de l'architecture normande, telles des incrustations polychromes. *À 18km à l'ouest de Rossano par la S106*

Corigliano Calabro Ce petit village se visite essentiellement pour son église Sant'Antonio (XVe s., rénovée au XVIIIe s.), qui arbore une belle coupole couverte de majoliques jaune et bleu. *À 15km de Rossano par la S106*

☆ **Sibari** Fondée vers 715 av. J.-C. par des colons achéens, la cité était, avec Tarente, la plus ancienne et la plus importante colonie de la Magna Grecia. Deux siècles durant, la ville prospéra, notamment grâce au commerce et à l'exploitation des terres fertiles qui l'entouraient. En 510 av. J.-C., sa rivale Crotone tira parti des troubles politiques qui la secouaient alors pour l'envahir et l'anéantir. Il faut attendre 444 av. J.-C. pour voir la ville se relever : à cette date, les Athéniens fondent la nouvelle Thourioi, qui passe aux mains des Romains au IIe siècle av. J.-C. sous le nom de Copia, puis Thurii. Ce sont majoritairement les vestiges de cette cité qui ont été exhumés depuis le début des fouilles, en 1932. *À 31km au nord-ouest de Rossano par la S106*

Parco del Cavallo Le long de la route nationale 106, au km 25,4, tout un quartier d'artisans de la Sybaris originelle est ainsi visible, mais l'essentiel des fouilles se concentre juste après le fleuve Crati, en direction de Sybaris, au Parco del Cavallo. Ici, plusieurs niveaux d'occupation ont été mis au jour, datant notamment de la période romaine (collège, amphithéâtre...). Ont aussi été retrouvées les traces de quelques habitations privées et de thermes (Ier s. av. J.-C.). *Ouvert tlj. 9h-coucher du soleil (1h avant)*

Museo Archeologico della Sibaritide Avant de vous rendre sur les lieux, ce musée mérite un petit détour. Il est aménagé dans un bâtiment très moderne à proximité du site et éclaire amplement les contacts que la colonie entretenait avec les autres cités grecques, notamment Milet en Asie Mineure (céramiques, statues, ornementation funéraire...). *Località Casa Bianca Tél. 0981 793 92 Ouvert mar.-dim. 9h-19h30 Entrée 2€*

Castrovillari Castrovillari est une bourgade charmante, notamment grâce à son centre historique qui résiste toujours, ramassé sur les hauteurs autour du château aragonais (1490). *À 62km au nord de Rossano par la S106*
Santa Maria del Castello Jetez aussi un coup d'œil à cette église, fondée au XIe siècle mais profondément remaniée par la suite (intérieur baroque de 1769). De ses origines, elle conserve encore deux beaux portails romans.
Protoconvento Francescano C'est le premier couvent franciscain élevé en Calabre, en 1220, par Pietro Cathin, disciple de saint François d'Assise. Il est aujourd'hui devenu un centre culturel actif ; vous pourrez y découvrir des expositions et bénéficier de visites guidées gratuites (selon disponibilité). Réservation conseillée. *Tél. 0981 252 66 Ouvert tlj. 9h-13h et 15h-20h*

Morano Calabro Adossé au massif du Pollino, ce village, dont les maisons s'étagent jusqu'aux ruines de l'ancien château normand perché au sommet du bourg, a peut-être encore plus de caractère que Castrovillari. *À 7km au nord-ouest de Castrovillari sur la S19* **Pro Loco** *Tél. 0981 331 59*
San Bernardino La coupole en majoliques de cette église (XVe s.) se détache du paysage. Elle renferme quelques belles pièces, notamment un polyptyque de Vivarini (1477). *Ouvert tlj. Horaires variables (rens. Pro Loco)*
Collegiata della Maddalena Dans la partie basse du village, cette magnifique église baroque abrite une madone d'Antonello Gagini (1505), ainsi qu'un polyptyque (1477) de Bartolomeo Vivarini, transféré de l'église San Bernardino à laquelle il était initialement destiné. Prouesse de lumière et d'équilibre, l'œuvre se compose de plusieurs panneaux figurant vingt-cinq personnages, dont trois principaux : une Vierge à l'Enfant, saint François d'Assise et saint Bernardin de Sienne. *Actuellement fermé pour travaux (rens. Pro Loco)*
☺ **Museo Naturalistico "Il Nibbio"** Dans la partie la plus ancienne du village, ce centre d'études de la nature du parc du Pollino (p.512) a investi plusieurs bâtisses. Salle après salle, on découvre dans de scrupuleuses reconstitutions, les différents milieux naturels de la faune du Pollino et de toute

LA CALABRE

La Calabre albanaise

En 1448, menés par le chrétien Giorgio Castriota Skanderbeg, de nombreux Albanais fuient leur pays, alors envahi par les Turcs, pour s'installer en Calabre, où ils réussissent à maintenir leur langue, leur religion grecque orthodoxe et leurs traditions. Témoignage de l'extraordinaire brassage culturel qui a marqué le sud de l'Italie, cette communauté se concentre essentiellement au nord, dans une vingtaine de communes dont les plus importantes sont Lungro, San Demetrio Corone, San Giorgio Albanese, Firmo, Altomonte ou **Civita** (p.533). Parmi les minorités ethniques du Sud (notamment les oasis grecques de la province de Reggio, dans l'extrême sud de la péninsule), les Albanais sont les plus nombreux. On compte encore aujourd'hui 70 000 Calabrais parlant l'arbëresh, l'ancien dialecte albanais.

la Calabre : loup, mouflon, écureuil, épervier, échasse, busard des roseaux, belette, coucou, hulotte, épervier, aigle royal ou encore porc-épic... La visite s'achève par une exceptionnelle collection de papillons, résultat de trente années de recherches. À ne pas manquer. *Vico II Annunziata, 11 Tél. 0981 307 45 ou 334 80 32 92 www.ilnibbio.it Ouvert juin-mi-sept. : tlj. 10h-13h et 16h-20h ; hiver : tlj. 10h-13h et 15h-18h (horaires susceptibles de subir des variations, téléphoner avant de vous déplacer) Entrée 4€ avec visite guidée*

☆ **Civita** Çivit (en albanais) est une destination méconnue et d'autant plus inattendue qu'elle ne figure sur aucun itinéraire touristique. Aux portes du Parc national du Pollino (p.512), le village se dresse sur un éperon rocheux en bordure des gorges du Raganello, dans un paysage rude et sauvage qui n'est pas sans rappeler le Far West américain. Chaque année, au printemps, la "Vallie", rassemblement de tous les Arbëresh du pays, est l'occasion de constater le dynamisme de cette communauté et de ses traditions. *À 10km de Castrovillari sur la S105 en direction de Frascineto, puis de Fianina*

Museo Etnico-Arbëresh Sur la piazza Municipio, la place principale du bourg, ce musée rassemble des collections témoignant de la vie quotidienne et de l'artisanat (tissage...) de la communauté albanaise. *Tél. 0981 731 50 www.museoetnicoarbresh.it Ouvert mi-mai-mi-sept. : tlj. 17h-20h ; reste de l'année Horaires variables (téléphoner avant de vous déplacer)*

● Escalader des gorges vertigineuses

Gole del Raganello Pour accéder aux spectaculaires **Gole del Raganello** (plus de 700m de haut), partez du parking de Civita (indiqué), suivez le chemin cimenté et traversez le pont du Diable, qui surplombe le site, avant de gagner un sentier de terre. Ne manquez surtout pas le belvédère et son panorama vertigineux !

LA CALABRE

CARNET D'ADRESSES

Restauration

Dans les environs

petits prix

☺ **Kamastra** Rien que pour sa *pasta all'amaranto*, une herbe de la famille des orties cueillie sur les pentes du Pollino, cette trattoria éminemment sympathique mérite une visite. La tradition arbëresh est ici pratiquée avec amour et cuisinée avec des produits locaux, dont un impeccable jambon de montagne. Comptez environ 25-30€ pour un repas complet sans le vin, prix dérisoire pour un si beau voyage. *Piazza Municipio, 3/6* ***Civita*** *(à 50km de Rossano) Tél. 0981 733 87 www.kamastra.net Ouvert août : tlj. 12h30-15h et 19h30-23h ; reste de l'année : jeu.-mar. 12h30-15h et 19h30-3h Fermé 2 semaines fin nov.*

Agorà À deux pas du précédent, ce petit restaurant, aménagé dans un *palazzo* du XIXe siècle, sert depuis une décennie de savoureux plats albanais : roulé de *chevreau* aux herbes du Pollino et de très bonnes pâtes fraîches maison... Environ 25€ pour un repas complet avec vin local. *Piazza Municipio, 30* ***Civita*** *(à 50km de Rossano) Tél. 0981 734 10 www.*

agoraristorazione.it Ouvert été : tlj. 12h-15h30 et 19h30-0h ; hiver : mar.-dim. 12h-15h30 et 19h30-0h

prix élevés

La Locanda di Alia Cette maison de tradition a récolté tous les lauriers grâce à sa cuisine méridionale fidèle aux produits du terroir et agrémentée d'un soupçon de fantaisie. Le résultat est étonnant : des alliances inattendues mais subtiles, tels les spaghettis à la boutargue et aux pointes de blettes amères relevés au piment, ou les raviolis aux herbes aromatiques et à la ricotta servis avec des graines d'anis sauvage de la Sila et du parmesan. Les gourmets ne manqueront pas d'y faire une halte. *Via letticelli, 55* **Castrovillari** *(à 62km de Rossano) Tél. 0981 463 70 www.alia.it Ouvert lun.-sam. 12h30-14h30 et 20h-22h, dim. 12h30-14h30*

Hébergement

prix élevés

Hotel Murano Situé sur le *lungomare*, cet établissement profite de son emplacement privilégié pour pratiquer des prix assez élevés mais, en retour, il offre un confort irréprochable et un accès libre à leur plage privée (Lido Azzuro). Parmi ses 37 chambres, celles qui donnent sur la mer sont bien sûr les plus séduisantes. Comptez 120€ la double avec petit déjeuner. Demi-pension en août, 90€/pers. *Viale Mediterraneo, 2 (sur le lido Sant'Angelo)* **Rossano** *Tél. 0983 51 17 88 www.hotelmurano.it*

Dans les environs

petits prix

Il Belvedere B&B Ce charmant Bed & Breakfast se situe sur le belvédère qui donne sur les gorges du Raganello. Chambres très confortables, sous une charpente en bois, dotées de vues panoramiques sur les gorges et la vieille ville. Comptez 70€, pour une double avec petit déjeuner très copieux, fait maison. *Corso Cavallotti, 27* **Civita** *Tél. 0981 732 32 ou 340 999 37 14 www.bebparcodelpollino.it*

B&B Il Granaio À deux pas de la place centrale du village, ce Bed & Breakfast coquet propose 2 chambres doubles et deux triples, dont une sous les toits avec poutres apparentes et terrasse privative. Le petit déjeuner y est très copieux (gâteaux et confiture maison, fromages, charcuterie...). Double de 70 à 80€, selon la période. *Vico III Garibaldi, 4* **Civita** *Tél. 0981 732 88 ou 347 816 96 23 www.bebilgranaio.it*

Le case del Nibbio Le concept italien de l'*albergo diffuso* – transformer en chambres d'hôtes certaines pièces de maisons de village – semble prendre racine. Ici, on obtient un très bel ensemble d'une douzaine de chambres et appartements restaurés et meublés avec beaucoup de goût. Les amoureux d'authenticité et

GAMME DE PRIX	RESTAURATION	HÉBERGEMENT
Très petits prix	moins de 15€	moins de 55€
Petits prix	de 15 à 25€	de 55 à 75€
Prix moyens	de 25 à 40€	de 75 à 110€
Prix élevés	de 40 à 60€	de 110 à 160€
Prix très élevés	plus de 60€	plus de 160€

de vieux villages seront aux anges. À partir de 60€ pour une double. *Vico II Annunziata, 11 (sous le Castello)* **Morano Calabro** *Tél. 0981 307 45 ou 334 880 32 92 ou 347 198 91 23 www.ilnibbio.it*

CROTONE

88900

Cette ville-champignon émerge au cœur d'un paysage aride et ocre, presque inattendu au bord de la mer. Crotone est l'héritière de l'antique Kroton, fleuron de la Grande-Grèce dans la péninsule, fondée au VIIIe siècle av. J.-C. et autrefois rivale de Sybaris. Ne vous laissez pas rebuter par son infrastructure bétonnée : la prospérité de ce chef-lieu de province repose aujourd'hui essentiellement sur son industrie chimique et électrométallurgique. Le centre historique se résume à quelques monuments hérités du Moyen Âge, bâtis sur l'ancienne acropole grecque.

LA PATRIE DES PYTHAGORICIENS C'est à Crotone que vécut le célèbre Pythagore, qui fonde ses études en mathématiques, astronomie ou géométrie sur le culte du nombre. Ce même culte déterminera l'évolution politique de la cité, lui inspirant rigueur morale et stabilité, à l'opposé de la corruption qui rongera son ennemie Sybaris. L'athlète Milon, disciple de Pythagore, six fois champion olympique et plusieurs fois couronné de victoires militaires, marque, lui aussi, l'histoire de Crotone. Ainsi, pendant la parenthèse florissante du VIe siècle av. J.-C., la cité, devenue un centre important, domine toute la Magna Grecia, dépassant même Tarente pour ses échanges commerciaux. Mais une longue décadence commence après la perte du pouvoir des pythagoriciens au profit du parti démocrate : Crotone est, comme Sybaris, livrée aux Athéniens, puis aux Romains. Au Moyen Âge, Byzantins et Normands l'occupent, avant qu'elle ne soit inféodée aux Angevins, aux vice-rois espagnols, puis à la famille Ruffo.

MODE D'EMPLOI

accès

EN TRAIN

Plusieurs trains au départ des grandes villes du Nord desservent Crotone. **Stazione FS** *Via Stazione Tél. 0962 221 78*

EN CAR

Autolinee Romano Cette compagnie dessert le nord de l'Italie (Rome, Florence...) au départ du corso Mazzini, à proximité de la via Vittorio Veneto. *Via Ruffo, 16 Tél. 0962 217 09 www.autolineeromano.com*

EN VOITURE

Si l'on vient de Cosenza, la nationale 107 rallie Crotone par une route panoramique traversant la Sila (110km). La S106, bien moins tortueuse, longe le littoral jusqu'à Catanzaro. De Cosenza, prendre l'A3 puis la S280 pour Catanzaro.

orientation

Pour gagner le centre historique, situé dans la partie occidentale de Crotone, suivez les indications pour le port et le château. À l'est, des plages immenses bordent un *lungomare*.

informations touristiques

Pro Loco Crotone Le Pro Loco fournit toutes les informations sur Crotone et sa région. *Via Molo Sanità (Lega Navale) Tél. 0962 95 50 02 (actif en saison) ou 347 760 00 10 ou 0962 92 18 57 (mairie) prolococrotone.com www.crotoneturismo.it*

DÉCOUVRIR

☆ **Les essentiels** Le château aragonais, le bourg de Santa Severina, la réserve marine protégée de Capo Rizzuto **Découvrir autrement** À Tiriolo, profitez de la vue sur deux mers à la fois...

Crotone

Museo Archeologico La ville médiévale s'est bâtie sur l'ancienne agora grecque, faisant disparaître les dernières traces de l'Antiquité. Seul ce musée installé près du château aragonais conserve quelques éléments sauvés de la destruction : une belle série de céramiques, une collection de numismatique ainsi que l'ensemble des fouilles du sanctuaire d'Héra. Remarquez ainsi le beau diadème d'or qui ornait la statue de la déesse, protectrice des femmes mariées. *Via Risorgimento Tél./fax 0962 230 82 Ouvert mar.-dim. 9h-20h Entrée 2€*

☆ **Castello Aragonese** Élevé en lieu et place de l'acropole antique au XVIe siècle, l'édifice abrite aujourd'hui les salles du Museo Civico (Musée municipal). Il expose une collection de blasons, d'artillerie des XVIIIe et XIXe siècles, de costumes du Moyen Âge et de céramique traditionnelle du sud de l'Italie. *Piazza Castello Tél. 0962 92 18 97 Ouvert lun.-sam. 9h-13h et 15h-19h, dim. 9h-12h30 Entrée libre*

Les environs de Crotone

☆ **Santa Severina** En dépit de ses origines byzantines, c'est un château normand qui s'impose à la vue quand on approche du bourg. De par sa position dominante au-dessus de la vallée du Neto, la cité fut sujette à toutes les convoitises au cours de son histoire : Arabes, Normands, Angevins s'y succédèrent, laissant tour à tour leur empreinte. *À 28km au nord-ouest de Crotone par la S107*
Castello Les Normands reconstruisirent le château sur les vestiges d'un premier fort byzantin, aujourd'hui transformé en **musée**. Ce dernier abrite une section archéologique (issue des fouilles entreprises dans les environs) et une section historique présentant l'évolution du château. *Tél. 0962 510 69 ou 339 405 16 32 www.aristippo.it Ouvert été : tlj. 9h30-12h30 et 15h30-19h30 ; hiver :*

mar.-dim. 9h30-12h30 et 15h30-18h30 Entrée 4€ (musée 2,50€)

Battistero Le baptistère, construit entre le VIIe et le VIIIe siècle, est adossé à la cathédrale, et non pas situé en face, comme le veut la tradition. C'est l'un des monuments byzantins les mieux conservés de Calabre : sa forme circulaire le rend vraiment singulier.

Santa Filomena Enfin, cette église construite vers le XIIe siècle est un bel exemple de l'architecture "byzantino-normande", surtout à cause de sa petite coupole qui hésite entre les deux styles, rythmée par de fines colonnes orientalisantes.

La Calabre antique

Suivez les traces des civilisations anciennes à Sybaris ou à Locri. Et, pour en savoir plus, n'oubliez pas les collections exposées dans le musée de Reggio di Calabria.

Parco e Museo Archeologico di Capo Colonna C'est, en bord de mer, au cap Colonna que se dressait autrefois l'un des centres religieux les plus importants de la Magna Grecia : le **sanctuaire d'Héra**. Il ne reste qu'une seule et unique des 48 colonnes qui entouraient initialement le temple dorique. Pillé au XVIe siècle, certainement pour sa pierre, il devait renfermer d'autres trésors disparus, telles des statues ou des peintures attribuées à Zeuxis. À l'entrée du parc archéologique, un musée de 3 000m^2 présente les objets retrouvés sur le site, dont les fragments de sculptures en marbre provenant du fronton du temple d'Héra. *À 11km au sud-est de Crotone Tél. 0962 93 48 14 Ouvert mar.-dim. 9h-13h et 15h30-19h Entrée libre*

Catanzaro Cramponné à un éperon rocheux à 345m au-dessus du niveau de la mer, ce chef-lieu de région bénéficie d'une position géographique privilégiée. Hélas, comme d'autres villes de la région, Catanzaro pâtit d'un environnement industriel ou mal entretenu. À cela s'ajoute une histoire tumultueuse : en 1783 et en 1832, des tremblements de terre ravageurs anéantissent son passé médiéval. Quelques monuments isolés subsistent cependant dans le centre historique. *À 70km au sud-ouest de Crotone par la S106*

Chiesa del Rosario Bel exemple du baroque calabrais, cette église, construite au XVe siècle et renovée après le tremblement de terre de 1783, préserve quelques beaux tableaux anciens, des stucs et de jolies statues.

Sant'Omobono Sur la via De Grazia, cette petite église vient tout juste d'être restaurée. Simple, presque dépouillée, elle fut fondée vers la fin du XIe siècle pour les chrétiens de rite orthodoxe, avant de passer aux mains de plusieurs fraternités, notamment la corporation des tailleurs à la fin du XVIe siècle. Le premier tremblement de terre la condamne et la voit se transformer en entrepôt de munitions pour les troupes françaises.

Villa Margherita (ex-villa Trieste) Allez également jeter un coup d'œil aux jardins de la Villa Margherita, avec un superbe panorama sur la vallée du Musofalo – la vue s'étend par temps clair de la Sila Piccola jusqu'à la côte de Capo Rizzuto. On y trouve également le **Museo Provinciale**, doté d'une remarquable collection de pièces grecques, byzantines, romaines et d'une série de statues et de vases de l'époque grecque. **Musée** *Ouvert lun.-ven. 9h-13h et 17h-19h, sam. 9h-13h, dim. 9h-12h Entrée libre*

MARCA Depuis 2008, dans un bel espace contemporain, le Museo delle Arti di Catanzaro (MARCA) ouvre ses 1 000m² à une importante collection de peintures et de sculptures d'artistes calabrais (XVIe-début XXe s.), ainsi qu'à un programme d'expositions d'art contemporain. *Via Alessandro Turco, 63 Tél. 0961 74 67 97 www.museomarca.com Ouvert été : mar.-dim. 9h30-13h et 16h30-20h30 ; hiver : mar.-dim. 9h30-13h et 16h-20h Entrée 3€*

Catanzaro Lido Situé à une douzaine de kilomètres du centre historique, ce quartier montre l'autre visage de la ville de Catanzaro, plus touristique et maritime.

Chiesa della Roccelletta del Vescovo di Squillace Non loin de Catanzaro, les vestiges d'une église se dressent au milieu d'oliviers aux reflets argentés pour témoigner du passé de l'antique Skylletion grecque, devenue cité romaine en 124 av. J.-C. sous le nom de Scolacium. En fait, l'édifice a été bâti vers le XIe-XIIe siècle avec des matériaux provenant de l'ancienne colonie romaine. De cette époque, ne subsistent que les murs colossaux de la nef, l'abside et quelques niches qui la décoraient. Tout à côté, un **parc archéologique** rassemble les vestiges d'un amphithéâtre romain, les vasques des thermes et quelques colonnes appartenant probablement au forum. Un antiquarium y a également été aménagé. *À 15km au sud de Catanzaro sur la S106* **Parco Archeologico** *Ouvert tlj. 8h-coucher du soleil (1h avant)* **Antiquarium** *Tél. 0961 39 13 56 Ouvert hiver : mar.-dim. 9h-13h ; reste de l'année : mar.-dim. 9h-11h et 15h-19h*

Tiriolo Ce petit village, offrant l'une des vues les plus envoûtantes de la région, tournée vers les deux mers, Ionienne et Tyrrhénienne, est aussi connu pour son artisanat, notamment ses châles tissés multicolores, les **vancali**. *À 89km au sud-ouest de Crotone sur la S19*

Capo Rizzuto : un paradis pour les plongeurs

Les 50km de côtes de la réserve marine de Capo Rizzuto (cf. Golfe de Squillace), riche de paysages sous-marins variés et d'une grande richesse de la faune et de la flore, sont une destination recherchée par les plongeurs. Pour une initiation à la pêche, rejoignez le port de Le Castella. De nombreux petits chalutiers y proposent de vous embarquer pour la journée – vous pourrez conserver le poisson que vous pêcherez...).

Centre d'informations Il vous fournira une liste de clubs de plongée agréés. *Piazza Uccialì Tél. 0962 79 55 11 www.riservamarinacaporizzuto.it*

Yellow Submarine Ogigia Montez à bord d'un bateau à coque transparente pour découvrir les fonds de la réserve marine de Capo Rizzuto (9€ pour une visite guidée de 1h). *Piazza Uccialì Tél. 0962 79 59 60 ou 327 835 64 52 www.battellogigia.it*

● Où acheter des châles calabrais ?

Tessil Art Faites un tour dans la boutique de Leone Mirella. La variété des motifs et des couleurs vous séduira au premier coup d'œil. *Vico Cigala, 2* ***Tiriolo*** *Tél. 0961 99 14 94 Ouvert lun.-sam. 9h-13h et 16h30-19h30 (dim. sur rdv.)*

Sur le golfe de Squillace

En dépit de tous les efforts mis en œuvre pour valoriser cette portion du littoral, le golfe de Squillace n'abrite toujours pas d'heureux aménagements balnéaires. Seuls quelques villages mieux préservés méritent le détour, à la fois pour le charme de leurs vieilles ruelles et pour la beauté des plages qui les bordent, tels Copanello, Soverato, Badolato et surtout la réserve marine de Capo Rizzuto.

☆ **Riserva Marina di Capo Rizzuto** Près de 13 500ha de mer, comprenant huit promontoires du littoral sur 50km de côtes, ont été classés "réserve marine protégée" en 1991. Investie depuis l'Antiquité, cette zone a toujours été très convoitée, comme le rappellent les différentes tours des fortifications (XVe-XVIe s.) qui rythment le paysage côtier au sud de Crotone. Ici, le maquis méditerranéen alterne avec les bosquets de chênes-lièges et les pinèdes, ainsi qu'une variété de lys maritime, fleur aux pétales blancs poussant au bord de l'eau. Les communes de Marinella, Le Cannella, Capo Rizzuto et Le Castella offrent des criques de sable aux eaux cristallines. *À 25km au sud-est de Crotone*

LA CALABRE

☺ **Le Castella** À la limite occidentale de la réserve maritime de Capo Rizzuto, ce village de pêcheurs se love dans une crique rocheuse. Si les aménagements touristiques grignotent ses abords, il s'enorgueillit d'un superbe château fortifié du XVIe siècle dressé sur une presqu'île. *À 28km au sud-est de Crotone*

● Aller se baigner

Copanello Copanello est peut-être la seule station balnéaire qui ait un peu de charme. Plus sauvage que d'autres (Soverato ou Badolato, plus au sud, pour les plus connues), cette bourgade se niche au creux de la Côte des Orangers (Costa degli Aranci). Les eaux de ce côté du littoral ionien, avec leurs reflets bleu violet, rappellent ceux qui baignent la Costa Viola. *À 18km de Catanzaro sur la S106*

CARNET D'ADRESSES

Restauration, hébergement

Curieusement, les produits qui se distinguent dans la cuisine *crotonese* ne sont pas issus de la mer mais de la campagne : la pastèque et les fromages, telles la tomme de brebis ou la ricotta salée. Les amateurs de poisson trouveront tout de même de bonnes trattorias en bord de mer (route de Capo Colonna). Plutôt que de passer la nuit à Crotone, mieux vaut se replier sur le golfe de Squillace : vous trouverez plusieurs hôtels, ainsi que des campings et des clubs résidentiels dans le village de Le Castella (Isola di Capo Rizzuto).

prix moyens

La Pignata Réservation éminemment conseillée pour ce petit restaurant qui n'a rien à envier aux tables gastronomiques. Croisés un soir d'été : crevettes crues au vinaigre basalmique, aubergines aux moules, *linguine* au mérou et friture de la mer, croquante et hyper-fraîche ! Comptez env. 30-35€ pour un repas complet sans le vin. *Vico Orfeo, 8* **Crotone** *Tél. 0962 229 84 ou 334 334 09 93 Ouvert lun.-sam. 12h-14h et 20h-23h Fermé 2 sem. en juillet*

prix très élevés

Da Ercole Les *antipasti* de poissons crus, les sardines aux piments, les artichauts sauvages, les *linguine alle scrine* (algues locales), le thon rouge et le gratin de poisson au fromage sont les spécialités qui font la renommée de ce restaurant bien connu dans la région. Vous serez bien accueilli, le chef en personne viendra vous expliquer le menu. Belle situation en bord de mer et décor raffiné. Comptez 50€ pour un repas complet, sans le vin. *Viale Antonio Gramsci, 122* **Crotone** *Tél. 0962 90 14 25 Ouvert haute saison : tlj. midi et soir ; basse saison : lun.-sam. midi et soir Fermé en nov.*

Dans les environs

prix moyens

La Scogliera Les jours de houle, les vagues s'inviteraient presque dans ce restaurant établi sur les rochers. Devant les reflets bleutés de la mer, on prend le temps de déguster une assiette d'*antipasti di mare* et de poissons pêchés le jour même au large des côtes. Antipasti 10-14€, *primi* 12-16€, *secondi* 10-18€. **Le Castella** *Tél. 0962 79 50 71 Ouvert avr.-oct. : tlj. midi et soir ; nov.-mars : lun. et sam. midi et soir, dim. soir (sur réservation)*

Hotel-Ristorante Da Annibale Voilà une adresse sympathique à plusieurs titres. D'abord, l'hôtel est situé en plein centre de Le Castella, à 100m de la plage. Une quinzaine de chambres simples et confortables s'ouvrent sur un jardin où il est possible de déjeuner et de dîner. Le restaurant offre ensuite, sous la houlette d'Arena Serafina Sondra, l'une des meilleures cuisines des environs : délicieuses charcuteries maison, pâtes fraîches *al ragù* (sauce tomate à la viande), grillades... et *pittanchiusa*, un gâteau farci de raisins secs, d'amandes et de noix. Entre 65 et 75€ la double avec petit déjeuner. *Via Duomo, 35* **Le Castella** *Tél. 0962 79 50 04 www.hotelannibale.com*

Hotel-Ristorante La Campagnola Si vous préférez le calme de la campagne, optez pour cet établissement de 38 chambres, posé au milieu des champs à 2km seulement des plages de Le Cannella. La bâtisse moderne, couleur jaune poussin, ne dégage pas un charme renversant, mais le lieu est confortable et la piscine ajoute une touche plaisante. L'hôtel est souvent réquisitionné pour les mariages. Comptez 100€ la double. *Via Cannella*

GAMME DE PRIX	RESTAURATION	HÉBERGEMENT
Très petits prix	moins de 15€	moins de 55€
Petits prix	de 15 à 25€	de 55 à 75€
Prix moyens	de 25 à 40€	de 75 à 110€
Prix élevés	de 40 à 60€	de 110 à 160€
Prix très élevés	plus de 60€	plus de 160€

Bivio Valtur ***Isola di Capo Rizzuto*** *Tél. 0962 79 21 06 ou 347 457 37 54 www.hotelacampagnola.info*

B&B Casa Elvira C'est vrai, les alentours d'Isola di Capo Rizzuto ne paraissent pas très avenants. Pourtant la mer y est belle et ce Bed & Breakfast présente l'avantage de posséder un accès privatif (parasol fourni) à une belle plage de sable rouge. Une dizaine de chambres confortables ainsi qu'une piscine donnant sur la mer sont proposées entre 90 et 130€ (la double). *Località Curmo di* ***Isola Capo Rizzuto*** *Après Isola di Capo Rizzuto, prendre, en direction de Le Cannella, la via del Fico d'Indio (juste avant l'église Santa Catarina), puis faire 300m (la maison se trouve dans une voie sur la gauche) Tél. 0962 79 99 17 ou 320 721 65 71 www.casaelvira.it Ouvert avr.-mi-oct.*

★ ☺ TROPEA

89861

Juchée sur le promontoire du Poro, Tropea se fond dans le paysage avec ses maisons ocre, couleur de tuf. Station balnéaire réputée, la bourgade n'a pas les défauts de ses qualités : les villages de vacances ne s'y sont pas multipliés et le tourisme y reste mesuré, exception faite du mois d'août, où la ville est infréquentable. Des Romains jusqu'aux Normands et aux Aragonais, la cité a toujours joué un rôle de citadelle de premier plan dans la région, en offrant un refuge aux attaques des pirates. Ses monuments en sont autant de témoignages, que ce soit les beaux *palazzi* de la via Boiano (XVIIe-XVIIIe s.) ou le Duomo, aux allures normandes. Le *pecorino*, les fameuses *cipolle di Tropea* (des oignons rouges très doux) et les charcuteries sont quelques-uns des produits locaux dont regorgent les commerces de la vieille ville.

À L'ÉCART DES ITINÉRAIRES TOURISTIQUES... Moins fréquenté que la côte, l'arrière-pays permet de découvrir une campagne plantée d'oliviers et de vignes le long des Serre, massif de collines reliant l'Aspromonte à la Sila. Ici, les forêts sont denses et exploitées pour la fabrication du charbon de bois : il n'est pas rare, depuis la route, de voir des meules en forme de dôme encore fumantes.

MODE D'EMPLOI

accès

EN TRAIN
Les grandes lignes s'arrêtent à Lamezia Terme et Rosarno, d'où l'on prend une correspondance pour Tropea.
Stazione *Piazza Stazione Tél. 89 20 21 (Numéro vert)*

EN VOITURE
À 119km de Cosenza par l'"autoroute du Soleil" (A3) : sortir à Vibo Valentia, Pizzo. À 158km au sud-ouest de Crotone (on rejoint l'autoroute A3 à Catanzaro). À 114km au nord de Reggio di Calabria.

EN CAR
Les liaisons avec les autres villes de Calabre s'effectuent au départ de Vibo Valentia. Pour s'y rendre de Tropea, il existe un service de bus.
Autolinee Fersav *Via Campo di sotto* ***Tropea*** *Tél. 0963 611 29*

orientation

Le centre historique surplombe deux plages de sable séparées par des rochers, celle de **Mar Piccolo,** près du port touristique, et celle de **Mar Grande,** plus à l'ouest. Des escaliers creusés dans la roche relient les plages au centre historique, abandonné aux piétons.

informations touristiques

Pro Loco *Largo Ruffa, 2 Tél. 0963 614 75 www.prolocotropea.eu Ouvert été : tlj. 9h30-13h et 16h30-21h ; hiver horaires variables*

Pro Loco Capo Vaticano *Via Vaisette, 40 San Nicolò* ***Ricadi*** *Tél. 0963 66 31 19 www.prolococapovaticano.it Ouvert été : lun.-sam. 9h-12h et 16h-20h ; hiver : ven.-dim. 9h-12h et 15h-19h*

fêtes et manifestations

Sagra della Cipolla Rossa Les habitants de Tropea fêtent l'oignon rouge, qui tient une place de choix dans les recettes locales. C'est l'occasion de déguster de délicieuses purées d'oignons. *Le 27 juillet*
Sagra della Nduja À Spilinga (à 15km de Tropea), on célèbre la *nduja*, le fameux saucisson mou et piquant calabrais. *Le 8 août*

LA CALABRE

DÉCOUVRIR

☆**Les essentiels** Le château normano-souabe de Vibo Valentia, le village de Stilo **Découvrir autrement** Savourez les *granite* du Bar Ariston, testez les plages de Tropea

Tropea

Duomo Élevée au XIIe siècle, la cathédrale fut ensuite profondément remaniée, retrouvant alors toute la noblesse de ses formes primitives. Elle conserve quelques pièces précieuses, tels un crucifix du XVe siècle, une Vierge de Roumanie, patronne de la ville, proche du style byzantin mais plus tardive (XIIe s.), ainsi qu'une belle statue de la Madone du Peuple, œuvre de Fra Agnolo da Montorsoli (1555). L'édifice fut entièrement restauré dans les années 1920. *De la piazza Ercole, prenez la via Roma jusqu'au largo Duomo*

Santa Maria dell'Isola Isolée sur un rocher, l'église illumine, la nuit, la crique du Mar Piccolo. Édifiée à l'époque byzantine par des ermites, elle a connu d'importantes modifications architecturales au fil des siècles, dont l'adjonction de trois petites nefs, puis la réfection de sa façade après le tremblement de terre de 1905. Les murs du sanctuaire bénédictin restent encore visibles à l'intérieur. *À l'extrémité occidentale du centre ancien*

Où acheter des céramiques ?

Artigianato & Design Outre la bergamote et l'huile d'olive, la Calabre est également réputée pour sa céramique. La famille Ditto, installée depuis des générations à Seminara, petit village de la province de Reggio, perpétue la fabrication artisanale d'objets en céramique. Vous trouverez quelques-unes de leurs créations ainsi que des pièces anciennes dans ce magasin de Tropea. La différence entre les pièces exposées ici et celles produites de manière industrielle vous sautera aux yeux. Le vert, le bleu et le jaune orange sont ici caractéristiques d'une cuisson traditionnelle dans un four à bois. Les objets (bouteille, amphore, carafe...) sont issus de traditions fort anciennes. *Viale Regina Margherita di Savoia, 34/36 Tél. 339 364 44 46 Ouvert été : tlj. 11h-13h et 18h-20h et 21h-0h ; hiver : ven.-dim. 11h-12h et 17h-19h*

Où déguster une glace ?

Bar Ariston Avant d'avoir goûté les *granite* d'Ariston, vous ne saviez pas ce qu'était vraiment la *granita* : un savant mélange de glace pilée, fondante, mélangée à du coulis de fruits frais... Tous les parfums sont délicieux, mais les plus réussis sont la mûre, le melon, la pêche, la fraise, la pastèque et le citron (2,50€ à l'intérieur, 4€ en terrasse). *Corso Vittorio Emanuele, 7/8/9 Tél. 0963 628 20 Ouvert été : tlj. 8h30-0h ; hiver : jeu.-mar. 8h30-13h et 15h30-21h*

Profiter des plages de Tropea Particulièrement spectaculaires avec leur sable blanc et leurs eaux limpides, aisément accessibles, les plages de Tropea ont beau être très fréquentées, surtout l'été, elles n'en demeurent pas moins magnifiques.

LA CALABRE

Les environs de Tropea

Vibo Valentia Entièrement reconstruite entre 1680 et 1723 à la suite d'un tremblement de terre, la cathédrale baroque conserve un beau trio de statues de Gagini (XVIe s.), disposées autour d'un autel monumental. *À 29km à l'est de Tropea*

☆ **Castello Normanno-Svevo** Le château normano-souabe est sans doute le monument le plus intéressant de Vibo Valentia. Le panorama qui se dégage de sa terrasse rend sa visite hautement recommandable. Élevé au XIe siècle sur ce qui était auparavant l'acropole d'Hipponion, il a été plusieurs fois remanié et agrandi avant de servir de prison sous les Bourbons. Le Museo Archeologico qui y a été aménagé présente une collection passionnante de pièces antiques, retraçant les différentes étapes de l'histoire de Vibo Valentia – grecque, romaine et médiévale. *En surplomb du centre historique Tél. 0963 433 50 Ouvert mar.-dim. 9h-19h30 Entrée 2€*

Pizzo Accroché à un éperon rocheux à 56m au-dessus de la mer, Pizzo doit à son histoire médiévale son pittoresque et ses ruelles tortueuses. La piazza della Repubblica cf. Gelateria Bar Ercole (p.545) fournit un bon point de départ de promenade dans le bourg. *À 13km au nord-est de Vibo Valentia par la S18*

Castello Aragonese C'est dans le château aragonais (XVe s.) que, le 13 octobre 1815, le destin de Joachim Murat, mari de Caroline Bonaparte, s'est achevé brutalement alors qu'il tentait de reconquérir le trône du royaume de Naples après le traité de Vienne. Capturé, Murat fut emprisonné à Pizzo puis fusillé. *Piazza della Repubblica Ouvert tlj. 8h30-14h30 et 15h-21h Entrée 2,50€*

Chiesa di Piedigrotta Demandez aux habitants de Vibo Valentia de vous indiquer le chemin de cette église, située à 1km du centre. Elle a été creusée dans le tuf et sculptée à la fin du XIXe siècle par Angelo Barone et son fils Alfonso. La légende veut qu'après un naufrage, les marins, rescapés dans une grotte sur le rivage, y aient laissé un tableau de la Vierge qui ornait auparavant leur bateau.

Certosa di Serra San Bruno Méconnue, bien que sa visite soit incontournable pour les pèlerins, la chartreuse de Serra San Bruno est l'un des rares sites de la région à bénéficier d'un peu de fraîcheur. Établi en 1091 par saint Bruno, fondateur de l'ordre des Chartreux, le monastère originel a complètement disparu à la suite du tremblement de terre de 1783. Reconstruite dans le style néogothique au cœur d'une forêt profonde propice au recueillement, la chartreuse est aujourd'hui fermée à la visite. *Contrada Certosa, 1* ***Serra San Bruno*** *(à 64km à l'est de Tropea) Tél. 0963 706 08 www.certosini.info www.museo.certosini.info*

Museo À proximité, un musée retrace quelques aspects de la vie quotidienne des moines. *Ouvert 21 mars-juil. : tlj. 10h-13h et 15h-18h ; août : tlj. 10h-20h ; sept.-oct. : tlj. 10h-18h ; nov.-8 déc. : lun.-ven. 8h-13h, sam.-dim. 10h-17h ; 9 déc.-6 jan. : tlj. 10h-17h 7 jan.-20 mars fermé Entrée 3€*

DES PRODUITS MONASTIQUES DE CHOIX
À côté du musée de la Chartreuse, une boutique propose des produits issus des monastères italiens – dont des tisanes et des livres –, ainsi que la fameuse liqueur française de la chartreuse de Voiron. *Horaires identiques à ceux du musée*

Santuario À 1km environ de la chartreuse, un sanctuaire accueille chaque lundi de Pentecôte des malades venus se baigner dans une fontaine réputée pour ses vertus bienfaisantes.

Santa Maria del Bosco À l'arrière, une petite église a été élevée sur les vestiges de l'église que saint Bruno avait fait construire pour sa communauté. La sépulture du saint, le représentant endormi dans une grotte, un crucifix en main, indique : *Qui l'eremito pregò, trovò rifugio, fu sepolto* ("Ici, l'ermite a prié, a trouvé refuge et fut inhumé").

☆ **Stilo** Prenez le temps de découvrir Stilo, car ce village a beaucoup de caractère, sa basilique byzantine valant à elle seule le détour. *À 37km au sud-est de Serra San Bruno*

La Cattolica Redécouverte en 1911 en parfait état de conservation, ayant miraculeusement échappé aux séismes et autres tentatives d'appropriation normande et baroque, cette minuscule église se dresse au pied de la colline, en surplomb du village. Si la Cattolica (du grec *katholikon*, titre que l'on attribuait à une église privilégiée possédant un baptistère) est connue, c'est parce qu'elle est typique de l'architecture du monachisme basilien (rite gréco-byzantin) telle qu'on peut la retrouver en Grèce ou en Arménie. Construite vers la fin du Xe siècle, elle présente un plan en croix inscrit dans un carré, ménageant ainsi des volumes égaux, chacun surmonté d'une mini-coupole. Tout, dans cette église, trahit ses origines byzantines : sa structure, son plan surélevé, le décor polychrome de la pierre sur les murs extérieurs, les cinq coupoles identiques, l'orientation vers le littoral ionien et même les quelques fragments peints des murs intérieurs. Montez les marches qui flanquent l'église pour jouir du beau panorama sur les environs, entre mer et montagne. *Ouvert tlj. 9h-19h*

Monumento a Tommaso Campanella Vous remarquerez également le monument érigé en l'honneur de ce philosophe utopiste persécuté par l'Église, né ici en 1568 et qui trouva refuge en France en 1634, quelques années avant sa mort (1639).

Où acheter des souvenirs gourmands ?

Dolciariaria Monardo Très vaste choix de chocolats, nougats, bonbons, biscuits secs aux amandes (*cantuccioni*), aux pignons, au citron ou aux raisins secs. *Via Primo Maggio (fabrique et point de vente)* ***Soriano Calabro*** *(à 20km de Vibo Valentia) Tél. 0963 35 11 07 www.dolciariamonardo.com Ouvert lun.-sam. 8h30-13h*

Où se fournir en conserves de poissons ?

Tonno Callipo Cette société calabraise spécialisée dans les conserves alimentaires (filets de thon, thon rouge, œufs de thon, filets d'anchois, de maquereau) propose un grand choix de paniers pour des cadeaux gourmands. Cure d'omega 3 et de protéines garantis ! *Autoroute A3 Salerno-Reggio Sortie* ***Pizzo C****, dir. Tropea Tél. 0963 99654 04 www.callipo.com*

Où goûter au *tartufo* ?

Gelateria Bar Ercole C'est à Pizzo que l'on a fusillé Murat, mais il y a des chances que la recette du *tartufo* ("truffe"), ce délicieux dessert au au chocolat et à la noisette, au cœur fondant de chocolat glacé, lui assure davantage sa renommée. C'est chez Ercole qu'il est le meilleur. *Piazza della Repubblica, 18* ***Pizzo*** *(à 30km au nord-est de Tropea) Tél. 0963 53 11 49 Ouvert haute saison : tlj. 7h-0h ; basse saison : jeu.-mar. 7h-0h*

Aller à la plage

Capo Vaticano À 13km au sud de Tropea, vers **Capo Vaticano** se succèdent des criques tantôt rocheuses, tantôt bordées de sable fin. Vous pourrez vous procurer une carte détaillée du littoral à la Pro Loco de Capo Vaticano (p.542). Nos préférées : la **plage de Formicoli**, la **Piraino**, la **plage des Grotticelle**, juste après le phare de Capo Vaticano (où le panorama est vraiment somptueux), et celle de **Petrario**, dans la baie de Santa Maria. Vers le nord, la S522, qui relie Pizzo à Tropea, vous permettra de découvrir l'une des plus belles portions du littoral calabrais, dont les criques n'ont rien à envier aux plus belles plages des Caraïbes. **Accès** *Train au départ de Tropea (un train toutes les heures, durée du trajet 10min.), descendre à Ricadi ; ou 5 bus par jour (départ Tropea via Campo, en face de l'Hôtel Rocca Nettuno)*

CARNET D'ADRESSES

Restauration

très petits prix

Vecchio Forno Très renommée, cette pizzeria propose les meilleures pizzas de Tropea à un prix défiant toute concurrence (de 2,50 à 6,50€), ainsi que des légumes cuits au four et des *foccacie* maison. De plus, elle est située à l'écart de la foule, dans une ruelle qui part de la via dell'Indipendenza. Terrasse très agréable en été, même si l'attente est longue. *Via Caivano* ***Tropea*** *Ouvert avr.-oct. : tlj. le soir*

prix moyens

Pimm's Aménagé dans une pièce voûtée dont les fenêtres offrent une vue plongeante sur la mer, ce restaurant bénéficie d'une réputation difficile à égaler. Les spécialités du terroir sont à l'honneur, de l'oignon rouge (*cipolla*) à la boutargue aux pâtes fraîches maison aux fruits de mer, *orecchiette* à la morue, aux fleurs de courgettes et à la ricotta, spaghettis aux anchois frais et aux pignons... Antipasti 10-18€, *primi* 10-18€, *secondi* 16-25€. *Largo Migliarese, 2* ***Tropea*** *Tél. 0963 66 61 05 www.ristorantepimmstropea.com Ouvert mar.-dim. 12h-14h30 et 19h-23h Fermeture annuelle variable*

prix élevés

Da Cecè Cette institution de Tropea s'appelle aussi le Vicoletto, en référence aux petites rues qu'il faut parcourir pour accéder à la place où elle se trouve. L'*antipasto* de petits poissons frits est une bonne mise en bouche. Large choix de *primi* : les spaghettis aux oignons sont la spécialité de la maison, un délice ! Pour conclure le repas, optez pour sublime tarte à la confiture d'oranges faite maison. Service cordial et efficace. En été, profitez de la terrasse. Comptez 40€. *Largo Toroldo Grimaldi, 4* ***Tropea*** *Tél. 096 360 32 19 Ouvert avr.-sept. : tlj. midi et soir*

Dans les environs

prix moyens

Azienda Agricola A Casa Janca Une ferme-auberge rustique et sans prétention qui valorise les produits de la campagne : soupe aux oignons rouges, *fileja* (pâtes fraîches) préparées avec des aubergines, des tomates et du basilic... Réservation conseillée. Repas entre 25 et 30€, sans le vin. *Località Marinella* ***Pizzo*** *(à 30km au nord-est de Tropea) Tél. 0963 26 43 64 ou 349 574 71 35 acasajanca.blogspot.it Ouvert avr.-juin, sept.-oct. : jeu.-mar. 12h-15h et 19h-22h30 ; juil.-août : tlj. 12h-15h et 19h-22h30*

Hébergement

prix moyens

Residence-Hotel Le Roccette San Leonardo Niché dans un écrin de verdure, ce complexe touristique propose de petits appartements tout équipés. L'ensemble est bien tenu et très agréable. Chaises longues et parasols vous attendent sur la plage (à 50m), que vous rejoindrez en traversant le jardin. De 90 à 120€ la double (formule hôtel) en haute saison. Possibilité de louer à la semaine de 371 à 1 246€, selon la saison et le nombre de lits (2 à 6). *Via Mare Piccolo* ***Tropea***

Tél. 0963 618 69 www.leroccettesan leonardo.it Ouvert avr.-oct.

Hotel Terrazzo sul Mare Cet hôtel offre un splendide panorama en surplomb de la baie. Ses 34 chambres, impeccables et sans extravagance, permettent de séjourner au cœur de la bourgade (le centre historique est à 5min à pied) tout en étant proche des plages. Les tarifs s'échelonnent de 70 à 130€ la chambre double avec petit déjeuner et climatisation. *Via Croce, 35* ***Tropea*** *Tél. 0963 610 20*

Dans les environs

très petits prix

Villaggio Paradiso del Sub Bungalows et emplacements de camping s'éparpillent en bord de mer, dans un site qui ne fait pas mentir le nom de cet établissement, vraiment paradisiaque. Ne vous attendez pas au grand luxe, mais, si vous êtes à la recherche d'un lieu préservé, vous serez comblé. À quelques mètres de l'eau, les bungalows se résument à une chambre avec sdb et un coin cuisine. Les emplacements sont ombragés et les sanitaires communs d'une propreté irréprochable. Sur place, un restaurant prépare une cuisine simple et savoureuse. Selon la saison, comptez, pour une nuitée, de 12 à 16€ par personne et par tente (petit déjeuner possible, payant), et de 56 à 70€ par personne (2 lits) pour un bungalow (pension complète). ***Zambrone*** *À 9km au nord de Tropea sur la S522 Tél. 0963 39 20 48 ou 3335 20 65 17 ou 3479 24 75 65 www.paradisodelsub.it Ouvert mi-juin-début sept.*

prix moyens

Hotel Villaggio Stromboli Confort, fonctionnalité et vue sur la mer résument ce complexe touristique bien équipé (piscine, restaurant, animations...) mais un peu trop moderne. Diverses possibilités de séjour : chambres, appartements, demi-pension ou pension complète. De 149 à 200€ pour deux personnes en chambre double avec petit déjeuner. *Capo Vaticano Santa Domenica* ***Ricadi*** *(à 17km de Tropea) Tél. 0963 66 90 93 www.hotelstromboli.it Ouvert mai-oct.*

Hotel Grotticelle-Residence Esmeraldo Au choix : l'une des 65 chambres de l'hôtel, donnant sur l'une des plus belles plages de la Calabre, ou l'un des appartements de la Résidence Esmeraldo, bien équipés et agréables. Les deux établissements sont appréciés pour leur situation exceptionnelle, mais aussi pour leur ambiance très conviviale. Renseignez-vous sur les forfaits (demi-pension, pension complète ou B&B). De 130 à 150€ pour deux personnes avec petit déjeuner, 83€/pers. la demi-pension et 93€/pers. la pension complète. *Baia di Grotticelle Capo Vaticano San Nicolo* ***Ricadi*** *(à 13km au sud de Tropea) Tél. 0963 66 39 00 www.grotticelle.com Ouvert 20 avr.-1er nov.*

GAMME DE PRIX	RESTAURATION	HÉBERGEMENT
Très petits prix	moins de 15€	moins de 55€
Petits prix	de 15 à 25€	de 55 à 75€
Prix moyens	de 25 à 40€	de 75 à 110€
Prix élevés	de 40 à 60€	de 110 à 160€
Prix très élevés	plus de 60€	plus de 160€

La Grande-Grèce : les Grecs en Italie

Par **Pier Giovanni Guzzo**, ex-surintendant de Pompéi

Dès l'Antiquité, l'intense production culturelle et artistique des philosophes, des législateurs, des poètes, des historiens et des sculpteurs vivant et travaillant dans les cités grecques d'Italie du Sud et de Sicile a contribué à justifier l'appellation de Magna Graecia, communément traduite, en français, par Grande-Grèce.

Une première cité En Italie méridionale et en Sicile, l'archéologie recense des activités humaines du paléolithique à nos jours de manière ininterrompue. En Sardaigne et sur la côte adriatique des Pouilles, les échanges technologiques sont particulièrement denses, notamment en ce qui concerne la métallurgie. S'inscrivant dans cette longue histoire, les Eubéens, dans la première partie du VIIIe siècle av. J.- C., implantent une escale fixe sur l'île d'Ischia ; elle deviendra la première cité grecque d'Occident, Pithecusa. Dans sa nécropole, on a retrouvé des produits locaux mais aussi du matériel provenant de Grèce, de Phénicie et de Rhodes. Pithecusa constitue, alors, le pôle d'échange occidental des Grecs qui venaient se procurer le minerai de fer en Étrurie. C'est à partir d'Ischia que la connaissance de l'alphabet se répand en Italie : les Étrusques l'adoptent, à la fin du VIIIe siècle av. J.-C., en modifient quelques caractères et le transmettent à leur tour aux Romains.

De nouvelles implantations À la fin du VIIIe siècle av. J.-C., les Grecs s'installent en Sicile et sur la côte ionienne : Rhêgion (actuel Reggio di Calabria), Tarente, Métaponte, Siris (près de l'actuel Policoro), Sybaris, Crotone, Caulonia (actuel Monasterace Marina), Locris. Le processus se reproduit sur la côte tyrrhénienne avec Cumes, Metauros (actuel Gioa Tauro), Medma (actuel Rosarno), Hipponion (actuel Vibo Valentia), Velia (actuel Ascea Marina) et Poseidonia (actuel Paestum). À la fin du VIe siècle, les côtes de l'Italie méridionale et de la Sicile sont constellées de cités grecques.
Leur principale activité est l'agriculture, à laquelle il faut ajouter le négoce avec les populations indigènes italiques de l'arrière-pays qui fournissent la main-d'œuvre pour les travaux agricoles et l'artisanat. En outre, un important commerce s'instaure avec les villes de Grèce pour les alimenter en produits agricoles et en minéraux. Le développement économique des cités grecques d'Italie méridionale et de Sicile sera continu jusqu'à la fin du Ve siècle av. J.-C.

Témoignages de la Grande-Grèce Les temples doriques de Paestum, de Syracuse, de Tarente, de Sélinonte, du sanctuaire d'Héra près de Crotone et ceux, plus récents, d'Agrigente attestent de l'importance de ces cités. La frappe de monnaie, depuis la deuxième moitié du VIe siècle av. J.-C., indique également une intense activité économique. De nos jours, on admire toujours dans les musées ou sur les sites mêmes, ces antiques réalisations, telles les métopes sculptées du sanctuaire d'Héra près de Poseidonia (Museo di Paestum) ou les reliefs en pierre de Sybaris (Museo della Sibaritide). Les musées d'Italie du Sud conservent également de nombreux autres objets fonctionnels ou décoratifs, comme la série de récipients en céramique décorés de figures rouges, ou les bijoux raffinés d'or et d'argent trouvés dans les tombeaux de Tarente et de Cumes. On a retrouvé des traces de la culture des peuples italiques dans les peintures des tombes campaniennes de Capoue et lucaniennes de Poseidonia (Paestum) - riches de très expressives scènes de la vie quotidienne et de descriptions de cérémonies funèbres - et dans les innombrables terres cuites déposées dans les sanctuaires.

Des luttes incessantes Le développement de la Grande-Grèce engendrera des guerres entre les différentes villes : comme celle entre Sybaris et Crotone, qui anéantit totalement Sybaris en 510 av. J.-C. Les peuples indigènes, notamment les Samnites, commencent à partir du Ve siècle av. J.-C. à faire peser une menace guerrière sur les territoires côtiers, où les conditions de vie sont meilleures. Cumes conquise par les Campaniens et Poseidonia par les Lucaniens perdent leurs caractères proprement grecs. Le versant tyrrhénien se peuple également de Lucaniens et de Brettiens, contre lesquels luttent les habitants de Thurii, fondée par Athènes sur les ruines de Sybaris en 433/432 av. J.-C. Tarente, malgré ses guerres perpétuelles contre les Messapiens, continue de se développer : en 432/433 av. J.-C., elle fonde, au terme d'un conflit avec Thurii, Heraclea (actuel Policoro) et impose une forte emprise sur Métaponte.

L'émergence de Rome Ces combats continuels minent petit à petit, entre la fin du Ve et la première moitié du IIIe siècle av. J.-C., le potentiel économique des villes de la Grande-Grèce. Lorsque les Romains achèvent la conquête de l'intégralité des territoires samnites de Campanie, ils entrent en contact avec la Grande-Grèce. Au cours du IIIe siècle, les trois guerres que mène Rome contre Carthage favorisent l'expansion romaine sur l'ensemble de la péninsule : de Tarente à Syracuse, les Grecs d'Italie seront soumis en tant qu'alliés des Romains. Sur leurs terres, de nouvelles colonies sont fondées pour assurer le contrôle militaire de Rome. Cicéron, au milieu du Ier siècle av. J.-C., peut écrire que désormais la Grande-Grèce a définitivement disparu

REGGIO CALABRIA

89100

Alexandre Dumas avait coutume de dire que, de temps à autre, Dieu prenait la Calabre dans ses mains, secouant ses montagnes, ses villes et ses villages. Reggio, plus que toute autre ville, a été marquée par de violents séismes, le dernier, remontant à 1908, a fait 12 000 victimes. Ces secousses répétées ont entraîné la disparition presque totale des traces de son passé. De nos jours, Reggio ressemble à une ville haussmannienne de bord de mer se mirant dans le détroit de Messine, communément appelé "l'arc-en-ciel" en raison des camaïeux qui se forment à sa surface. Mais la cité est surtout connue pour ses fameux bronzes de Riace, deux magnifiques statues datant du Ve siècle av. J.-C., retrouvées non loin en 1972 et censées représenter la beauté parfaite. Plus récemment, la valorisation du centre-ville, une véritable politique d'aménagement et la lutte ouverte contre la délinquance mafieuse qui paralysait Reggio ont permis aux habitants de se réapproprier leur ville. Ils le doivent à la personne d'Italo Falcomatà, maire admiré, disparu prématurément en décembre 2001, et qui a fait de Reggio la ville la plus importante de la Calabre, avant Catanzaro, la capitale.

MESSINE, LA SIAMOISE DE REGGIO La ville sicilienne de Messine fait face à Reggio. Des plaisantins n'hésitent pas à affirmer que ce qu'il y a de mieux à voir à Reggio, c'est Messine. Quand la nuit tombe et que l'on se promène le long de la via Marina, un fabuleux *lungomare* ("le plus beau kilomètre d'Italie" d'après Gabriele D'Annunzio), on serait tenté de leur donner raison : au loin scintillent, comme une promesse, les lumières de Messine. En plein jour, un autre phénomène magique se produit : Messine donne l'impression de flotter dans les airs. On parle alors du "mirage de la fée Morgane".

MODE D'EMPLOI

accès

EN AVION

Vols directs depuis Rome et Milan.

Aeroporto dello Stretto *À 15min du centre en direction de la S106 Tél. 0965 64 05 17 www.aeroportodello stretto.it/*

EN TRAIN

Plusieurs liaisons par jour avec les grandes villes (Naples, Rome...).

Stazione FS *Piazzale Garibaldi Tél. 89 20 21 (Numéro vert)*

EN CAR

Départs de la gare centrale (correspondances pour les autres villes).

Autolinee Lirosi *Tél. 0966 575 52 www.lirosilinee.it*

EN VOITURE

L'autoroute A3 aboutit à Reggio, de même que les nationales S106 (sur le littoral ionien) ou S18 (sur le littoral tyrrhénien).

EN BATEAU
Plusieurs compagnies se partagent la desserte maritime de Messine ou des îles Éoliennes :
SNAV *Stazione Marittima Tél. 096 52 95 68*
Meridiano *Stazione Marittima Tél. 0965 81 04 14*
FS *Stazione Marittima Tél. 0965 75 82 41*

orientation

La ville portuaire n'est pas très étendue, vous pourrez donc aisément vous déplacer à pied. Le centre s'organise autour du *lungomare* et de la plage municipale, aménagée à l'est du port.

informations touristiques

Deux "info points" situés dans le centre de Reggio pourront vous renseigner.
Info point *Via Osanna, 6 (à côté du théâtre Francesco Cilea) Tél. 0965 32 48 22 Ouvert lun.-mer. et ven. 9h-13h, jeu. 9h-13h et 15h-18h30*
Info point *Viale Genoese Zerbi (sur le lungomare, au niveau de la via 3 Settembre) Tél. 0965 33 13 60 Ouvert été : tlj. 9h-13h et 15h-19h ; hiver : tlj. 9h-13h*

DÉCOUVRIR

☆ **Les essentiels** La promenade du *lungomare*, le Musée national archéologique, Gerace, la Costa Viola **Découvrir autrement** Visitez l'antiquarium de Locri Antica, randonnez dans le parc de l'Aspromonte

Reggio Calabria

☆ **Lungomare** Cette longue promenade est l'une des plus belles réalisations de Reggio. Palmiers et magnolias bordent une série de *palazzi* bâtis au début du XXe siècle, quand la ville dut se reconstruire après le tremblement de terre de 1908. En s'inspirant des expériences barcelonaise et génoise, on a rendu le front de mer à ses habitants, intégrant à l'ensemble le paysage du détroit de Messine comme un élément à part entière. Une plage "urbaine" a été aménagée (bien entretenue, elle est autorisée à la baignade) ainsi qu'un amphithéâtre sur la mer où sont donnés des spectacles en saison. *Gelaterie* et cafés, où prendre l'apéritif après le rituel de la *passeggiata*, se succèdent le long de la plage ; ils restent animés jusque tard dans la nuit.

☆ **Museo Archeologico Nazionale** Avec celui de Naples, c'est l'un des plus importants musées du sud de l'Italie, du fait de ses collections témoignant de la Magna Grecia – période d'expansion grecque en Italie du Sud qui atteint son apogée du VIIIe au Ve siècle av. J.-C. Le bâtiment qui l'accueille a été conçu sous Mussolini et confié à Marcello Piacentini, un des principaux architectes du régime. La visite entière du musée prend environ 2h, aussi ne vous limitez pas à la seule découverte de la section d'archéologie sous-marine, point d'orgue des collections, avec les bronzes retrouvés à Riace (cf. Encadré). *Piazza De Nava, 26* ***Attention*** *le musée est fermé pour travaux Les bronzes de Riace sont exposés au Palais Tommaso Campanella (siège du* *conseil régional de Calabre) Via Cardinale Portanova Ouvert tlj. 9h-19h30 Tél. 0965 88 01 11 Entrée libre*

Rez-de-chaussée Il est consacré à la **préhistoire calabraise** et aux **colonies grecques** implantées dans le sud de la péninsule. Ne manquez pas les *pinakes*, des tablettes votives en terre cuite d'un raffinement exceptionnel, retrouvées au sanctuaire de Perséphone à Locri. Datant du ve siècle av. J.-C., ces ex-voto illustrent, entre autres, le mariage de Hadès et de Perséphone. Remarquez aussi les Dioscures, deux groupes de sculptures colossales qui ornaient le temple de Marasa à Locri au ve siècle av. J.-C. Du sanctuaire de Zeus à Marafioti, admirez l'Éphèbe à cheval, soutenu par un sphinx anthropomorphe, ainsi que les tablettes de bronze, archives du temple ayant fourni de précieux renseignements sur l'organisation politique et religieuse de l'époque.

Sous-sol Descendez ensuite admirer la **section d'archéologie sous-marine** : vous y découvrirez les fameux **bronzes de Riace**, retrouvés à Riace Marina, le long du littoral ionien, le 16 août 1972 (cf. encadré). À Porticello, en 1969, une autre découverte fit la fortune de l'archéologie sous-marine calabraise : une magnifique tête sculptée en bronze, communément appelée la **tête du Philosophe**, provenant de l'épave d'un navire grec partiellement pillée. Datée du ve siècle av. J.-C., cette pièce est considérée comme l'un des plus beaux témoignages de l'art grec et représente, avec une acuité particulière, la vieillesse et les changements physiques qui en découlent.

Premier étage Outre une riche collection de numismatique, sont exposés ici les résultats des fouilles entreprises dans d'autres colonies grecques calabraises, notamment des ex-voto, le contenu de plusieurs nécropoles, de la céramique et des fragments retrouvés au sanctuaire d'Apollon (dont une belle tête en marbre).

Deuxième étage La **pinacothèque** se distingue surtout par deux tableaux d'Antonello de Messine (1460) et une huile de Mattia Preti, *Le Retour du fils prodigue*, datant des années de son séjour napolitain (1653-1660).

Duomo La cathédrale Maria Santissima Assunta in Cielo a subi maints tourments entre les invasions turques et les séismes. Presque entièrement anéantie par le tremblement de terre de 1908, elle a été reconstruite dans

☆ Les bronzes du Musée archéologique

Ces deux statues, dépassant de peu la grandeur nature (2,05m pour l'une, 1,96m pour l'autre), ont fait l'objet d'une longue et soigneuse restauration à Florence avant de gagner le musée de Reggio. Il s'agit d'œuvres réalisées en Grèce au ve siècle av. J.-C., provenant vraisemblablement du même atelier. Le guerrier A, dit "le jeune", est de facture traditionnelle, tandis que pour le guerrier B, dit "le vieux", l'artiste semble s'être attardé sur les moindres détails de la musculature afin d'attirer le regard. Elles symbolisent à la fois la beauté idéale selon les canons de l'Antiquité grecque et l'harmonie de l'univers. Consultez www.bronzidiriace.org, www.archeocalabria.beniculturali.it.

un style mêlant l'art roman et l'art gothique. Seule, dans la nef de gauche, la chapelle baroque du Saint-Sacrement témoigne de l'ancien édifice. *www.cattedralereggiocalabria.it Ouvert été : tlj. 7h-12h15 et 15h30-19h ; hiver : tlj. 7h-12h15 et 16h-20h*

Castello Aragonese Sans doute à l'emplacement d'anciennes fortifications grecques, ce château remonte à l'an 536, lorsque le général romain Bélisaire entreprend de fortifier la ville. En 1458, Ferdinand Ier d'Aragon apportera des modifications majeures à la forteresse. Souvent malmenée par les séismes, elle conserve néanmoins une partie de sa courtine extérieure et deux donjons. Elle abrite aujourd'hui des expositions.

● Où manger une glace, déguster une pâtisserie ?

Gelateria Cesare Ce kiosque traditionnel, ouvert jusqu'au petit matin, est toujours pris d'assaut. La réputation de sa glace à la noisette n'est plus à faire. *Via C. Colombo, 2 (à l'angle de la piazza Indipendenza) Ouvert fév.-nov. : tlj. 6h30-1h30*

Pasticceria Caridi Située en plein centre-ville, cette pâtisserie est renommée pour ses pâtes d'amandes en forme de fruits. *Via San Paolo, 1/D Tél. 0965 89 21 63 Ouvert été : tlj. 7h-0h ; hiver : mar.-sam. 7h-21h, dim. 7h-14h et 16h30-21h*

Bar San Francesco Le secret bien gardé des Reggiens. Pour vous y rendre, il vaut mieux disposer d'une voiture : la rue Sbarre Centrali commence à l'est du centre-ville, juste après le pont San Pietro. Sur place, vous succomberez à toutes sortes de gourmandises : choux à la bergamote, pâtes d'amandes, biscuits secs (*zuzumelle, piparelli*)... Vous pourrez même demander aux vendeurs de confectionner des paquets bien fermés pour rapporter ces délices chez vous. *Via Sbarre Centrali, 599 Tél. 0965 547 16 Ouvert été : tlj. 5h30-0h ; hiver : tlj. 5h30-22h30*

● Où siroter un cocktail ?

Via Veneto Bar lounge très à la mode - décoration minimaliste, musique d'ambiance - où les trentenaires de la région se retrouvent pour l'apéritif. La partie restaurant sert une cuisine méditerranéenne et des pizzas. Le bar est également très fréquenté après le dîner. *Via Veneto, 64 Tél. 0965 81 03 06 Ouvert tlj. 20h-0h Fermé 25 et 31 déc.*

Les environs de Reggio Calabria

Pentedattilo Non loin de Reggio, ce village se dresse comme une main ouverte sur les flancs de collines arides, au cœur d'un paysage digne du Far West américain. Plus que le village, d'origine gréco-byzantine, c'est le décor rocheux dans lequel il s'est construit qui frappe le regard : les maisons s'agrippent à l'ombre d'éperons tendus vers le ciel qui évoquent les cinq doigts d'une main, d'où le nom du village (du grec *pentadaktylos*). *À 25km de Reggio di Calabria par la S106, puis à gauche sur une petite route en cul-de-sac*

Locri À 3,5km au sud-ouest de la ville moderne se niche le site antique de Locri Epizephyrii, entouré d'une forêt d'oliviers centenaires. Cette colonie grecque fondée au VIIe siècle av. J.-C. fut une des plus importantes de la Magna Grecia calabraise. Au faîte de sa puissance, elle écrasa Crotone au milieu du VIe siècle av. J.-C. Le théâtre grec, très abîmé, date du IVe-IIIe siècle av. J.-C. *À 97km au nord-est de Reggio Tél. 0964 39 00 23* ***Site archéologique*** *Ouvert mar.-dim. 9h-19h*

Museo Archeologico Nazionale Ne manquez pas de visiter le musée qui expose des fragments de temples ioniques et doriques et un grand nombre d'ex-voto exhumés du sanctuaire de Perséphone. *Ouvert mar.-dim. 9h-19h Entrée 4€*

★ **Gerace** Petite merveille de la Calabre, fille du passé grec, byzantin et normand de la région. Situé à 12km de Locri par une route qui monte à flanc de colline, son centre historique a été bien préservé, tandis qu'un bourg plus moderne s'est établi en contrebas. *À 12km de Locri par la S111* **Pro Loco** *Piazza del Tocco Tél. 0964 50 01 15 Ouvert tlj. juil.-août : 10h-13h et 17h-20h ; hiver : tlj. 9h30-12h30 et 15h30-18h30*

Duomo Ne manquez pas la magnifique cathédrale construite en 1045 par Robert Guiscard et plusieurs fois restaurée, notamment au XIIIe siècle sous l'impulsion de Frédéric II. L'édifice a retrouvé le dépouillement de ses origines, sans aucune trace des fresques qui l'ornaient, ses trois nefs étant rythmées par des colonnes provenant de l'antique Locri. On y entre par la crypte, la partie la plus ancienne de l'église (VIIe s.), sans doute construite sur un ancien oratoire byzantin. Montez aussi vers le château pour profiter du panorama sur Locri et sur la côte.

San Francesco Non loin, cette église (XIIIe s.), aux dimensions plus modestes, arbore un beau portail gothique d'inspiration arabo-normande. L'intérieur, solennel, est dominé par un autel grandiose du XVIIe siècle incrusté de marbres polychromes. Observez le raffinement de chaque détail, où l'on aperçoit même des vues du Gerace de l'époque, de ses maisons et de ses nombreux monastères. Le sarcophage de Nicola Ruffo, œuvre d'un disciple de Tino da Camaino, date de 1372. Outre la Vierge et les anges qui veillent sur le défunt, on peut voir aussi saint Pierre et sainte Hélène, à gauche, saint Paul et sainte Catherine, à droite. Trois figures allégoriques soutiennent le tombeau : la Force, la Justice et la Tolérance.

ENVIE DE DOUCEUR Qui aurait imaginé se rendre à Gerace juste pour savourer une *granita* ? Mais voilà, celles de la Pasticceria Bar del Tocco sont les meilleures de Calabre. Vous n'aurez que l'embarras du choix : melon, pêche, mûre... Les propriétaires, adorables, vous feront goûter leurs spécialités jusqu'à ce que vous trouviez le bon parfum. **Pasticceria Bar del Tocco** *Piazza del Tocco, 7/8* ***Gerace*** *Tél. 0964 35 60 28 Ouvert avr.-juin : tlj. 6h30-0h ; juil.-août : tlj. 6h30-2h ; reste de l'année : tlj. 6h30-21h30*

☆ Sur la Costa Viola

De Nicotera à Villa San Giovanni, le littoral prend les reflets violets qui ont donné son nom à la côte, sans doute la plus belle portion maritime de la Calabre. C'est surtout sa partie la plus méridionale, celle qui commence à **Palmi** jusqu'à **Scilla** (moins de 30km), qui mérite le détour. Les bourgades,

ınouit dans une mer transparente,
Tauro, sacrifiée au profit de son
:nières années.

u du XVIe siècle et pour son célèbre
Homère (cf. encadré). De mai à la
à l'espadon : vous pourrez voir des
n système de poulies pour lever ces
ılossale. *À 23km de Reggio suivre l'A3*

Chargées de mythologie, les eaux
agnara Calabra sont à vrai dire plus
u monstre marin dans ces trois anses
de petits galets ... ent les barques de pêche à l'espadon. Vous nagerez dans des eaux cristallines, face à un bout du monde, l'une des trois pointes de la Sicile. *Lidi* et bouts de plage libres cohabitent paisiblement.

Le Parc national de l'Aspromonte

Parco Nazionale dell'Aspromonte Imaginez une pyramide colossale, haute de 1 955m (Montalto), posée à l'extrême sud de la péninsule comme une dernière aspérité avant la mer – aspérité ayant donné son nom au massif (*aspro* signifiant "âpre"). L'Aspromonte charrie autant de mythes que de beautés méconnues. On parle de repaires de mafieux et de preneurs d'otages, d'oasis naturelles, de balcons sur la mer... La carte postale classique montre les pistes de ski de Gambarie et l'horizon bleu de la Costa Viola, réunis en un seul et même paysage. Creusées de nombreux cours d'eau, les pentes du massif accueillent une flore dense par endroits, plus désolée ailleurs (forêts de sapins blancs, de pins noirs, de châtaigniers et de chênes, maquis méditerranéen, quelques espèces rares comme la fougère tropicale *Woodwardia radicans*...). Loups, faucons pèlerins, hiboux et vautours sont les habitants du massif, protégés depuis que celui-ci a été institué "parc national" en 1989. Outre ses richesses naturelles, le parc intègre aussi quelques villages pittoresques comme Mammola, Bova, Roghudi, Montalto, San Luca... dont certains font partie des dernières "oasis grecques" de la Calabre. On ne

Tomber de Charybde en Scilla...

Charybde et Scilla symbolisent les tourbillons et récifs du détroit de Messine. Selon la mythologie grecque, Charybde, issue de l'union de Poséidon et de Gaïa, fut changée en gouffre marin par Zeus pour avoir dévoré le bétail d'Héraclès. Quant à la nymphe Scilla, victime de la jalousie de la magicienne Circé, elle fut transformée en monstre à six têtes et douze pieds. Dans l'*Odyssée*, Ulysse perdra six de ses compagnons dans ce détroit. Depuis, l'expression "tomber de Charybde en Scilla" signifie éviter un danger pour s'exposer à pire encore...

sait toujours pas précisément si ces communautés remontent aux colonies grecques de la Magna Grecia ou si elles sont d'origine byzantine. Comme les minorités arbëresh – cf. encadré (p.532) –, elles ont entretenu le souvenir des traditions et de la langue grecques. **Siège du parc** *Via Aurora* ***Gambarie di Santo Stefano in Aspromonte*** *Tél. 0965 74 30 60 www.parcoaspromonte.gov.it Ouvert mer. et ven.-lun. 8h-14h, mar. et jeu. 8h-14h et 14h30-17h30*

● Randonner dans le parc de l'Aspromonte De nombreux sentiers sont balisés, notamment dans les environs de Gambarie, centre touristique du massif et station de sports d'hiver. Auprès du bureau du parc et du Club alpin, vous trouverez l'ensemble de la documentation pour partir bien informé. Ainsi, comptez 9h de marche aller-retour de Gambarie au Montalto (1 955m) (balisage rouge et blanc) ; 5h de Gambarie au mausolée de Garibaldi (balisage rouge) ; 5h de Gambarie au mont Basilico (balisage vert)... D'autres randonnées vous mèneront jusqu'aux cascades Menta-Amendolea ou dans les alentours de certains villages traditionnels de la Calabre (tel l'ancien "sentier des Grecs" qui traverse Mammola, Fiume Torbido, Passo Sella et Passo Limina). L'Aspromonte fait aussi partie du Sentiero Italia, long de près de 5 000km, qui traverse toute la péninsule du nord au sud. Au départ de Reggio, il passe par Gambarie, Polsi, le lac Costantino, San Luca, Pietra Cappa et Zervò (entre 3h et 7h de marche pour chaque segment).

Club Alpino Italiano-Sezione Aspromonte Pour préparer vos randonnées en montagne dans le massif de l'Aspromonte, obtenir la carte des sentiers, des suggestions d'itinéraires... *Via San Francesco da Paola, 106* ***Reggio Calabria*** *Tél. 3335 35 40 74 info@caireggio.it www.caireggio.it Ouvert sept.-juil. : jeu. à partir de 21h*

La Calabre côté nature

Parcs naturels
Parco Nazionale della Sila — 526
Riserva Marina di Capo Rizzuto — 539
Parco Nazionale dell'Aspromonte — 555

Sites et musées
Museo Naturalistico "Il Nibbio" — 532
Gole del Raganello — 533

Plages
Praia a mare — 527
Lido Sant'Angelo — 531
Copanello — 539
Tropea — 542
Capo Vaticano — 545
Costa Viola — 554

LA CALABRE

CARNET D'ADRESSES

Restauration

petits prix

Trattoria Pizzeria Giardini C'est sympathique, bruyant, et sans doute le meilleur balcon pour assister au spectacle de l'exubérante jeunesse calabraise. Les pizzas sont bonnes et il est possible de demander une garniture différente sur chaque moitié. Soit, par exemple, une moitié aux fleurs de courgettes et au jambon, l'autre aux oignons et au gorgonzola.

Largo Colombo, 10/12 ***Reggio Calabria*** *Tél. 0965 81 78 10 Ouvert mars-jan. : mar.-dim. uniquement soir*

Ciroma L'établissement se divise en deux salles, la pizzeria et l'espace pub. En cuisine, spécialité de *fritti* avec crème de fromage et *antipasti* à base de pomme de terre. Au moment de votre commande, vous pourrez choisir entre la pizza version napolitaine (épaisse et moelleuse) ou romaine (fine et croquante). La première est plus répandue dans le sud de l'Italie. Grand choix de bières. Zone fumeur dans la partie pub. Comptez autour de 7€ la pizza. *Via Aschenez, 3* ***Reggio Calabria*** *Tél. 0965 33 24 40 Ouvert tlj. soir Fermé 25 et 31 déc.*

prix moyens

Baylik Peut-être la meilleure adresse de Reggio pour goûter les préparations à base de poisson. Ici, la spécialité est le ragoût d'espadon, mais ne négligez pas les antipasti pour autant : ils sont exceptionnels ! Réservation conseillée. Repas complet, sans le vin, env. 30€. *Vico Leone, 3 (à l'angle de via Santa Caterina d'Alessandria, près du port)* ***Reggio Calabria*** *Tél. 0965 486 24 Ouvert tlj. 12h-15h30 et 20h-0h*

Il Fiore del Cappero Une valeur sûre, où les habitués reviennent volontiers. Le décor est simple, les propriétaires misent avant tout sur la qualité de la cuisine d'inspiration calabraise et sicilienne. Du restaurant, la vue sur la baroque villa Zerbi est enchanteresse. Spécialités de la maison : en *primo rigatoni alla liparota* (au thon et aux câpres), en *secondo* poisson du jour *all'eoliana* (tomate, olives, câpres). En dessert, ne ratez pas le sorbet aux agrumes ou la mousse au chocolat et pistache. Comptez 35€ pour un repas complet. *Via Zaleuco, 7* ***Reggio Calabria*** *Tél. 0965 209 55 Ouvert lun.-sam. midi et soir Fermé 1 sem. en jan.*

Dans les environs

prix moyens

Sans souci Un maison très bien tenue depuis 1979 : une "institution" disent les habitués. Poissons ultra-frais cuisinés par Mario qui propose un *antipasto di mare*, une soupe de poulpes, des crevettes gratinées, un filet de thon rouge aux oignons de Tropea. Accompagnez votre choix d'un bon vin blanc de Calabre. Un lieu agréable et raffiné à l'accueil courtois et souriant. Préférez le jardin à la belle saison. Comptez 35€ pour un repas complet. *Via Silvio Pellico, 12* ***Locri*** *Tél. 0964 23 23 13 Ouvert nov.-sept. : mer.-lun. midi et soir*

Ristorante Grotta Azzurra Une belle adresse à Scilla, près du rivage. La cuisine de la mer, savoureuse, propose des spécialités à base d'espadon : mariné, en paupiettes, avec des pâtes... Comptez 35€ pour un repas complet sans le vin. *Lungomare Cristoforo Colombo* ***Scilla*** *Tél. 0965 75*

GAMME DE PRIX	RESTAURATION	HÉBERGEMENT
Très petits prix	moins de 15€	moins de 55€
Petits prix	de 15 à 25€	de 55 à 75€
Prix moyens	de 25 à 40€	de 75 à 110€
Prix élevés	de 40 à 60€	de 110 à 160€
Prix très élevés	plus de 60€	plus de 160€

48 89 www.ubais.it Ouvert haute saison : tlj. 12h-15h et 19h30-22h30 ; basse saison : mar.-dim. 12h-15h et 19h30-22h30

Ristorante Il Pirata Impossible de passer à Scilla sans s'attabler au petit port de Chianalea, où les maisons ont les pieds dans l'eau et les restaurants leurs terrasses sur pilotis. Avec vue sur la côte occidentale qui se découpe à l'horizon, vous aurez le choix entre un délicieux *antipasto misto* de la mer, des gnocchis aux artichauts et fruits de mer ou de l'espadon grillé. Comptez env. 35€ pour un repas complet avec boisson. *Via Grotte, 65 (côté nord du piton rocheux de Scilla) Tél. 0965 70 42 92 www.ubais.it Ouvert haute saison : tlj. 12h-15h et 19h30-22h30 ; basse saison : jeu.-mar. 12h-15h et 19h30-22h30 Fermé déc.-jan.*

prix élevés

Taverna Kerkira La préférée des gourmets, pour l'excellence de ses produits locaux et son doigt de fantaisie, qui vous transporte de l'autre côté de la Méditerranée, sur les rivages grecs : espadon farci à la menthe... Cette "taverne" est presque une table gastronomique. Environ 35-40€ sans le vin. Réservation obligatoire. *Corso Vittorio Emanuele, 217* ***Bagnara Calabra*** *(à 33km au nord de Reggio) Tél. 0966 37 22 60 Ouvert mi-sept.-juil. : mer.-dim. 12h-14h30 et 20h-23h Fermé Noël*

Hébergement

Reggio n'est pas une ville où l'on séjourne. Elle valorise encore mal ses atouts et sert surtout d'escale aux visiteurs en partance pour la Sicile. vous y trouverez donc peu d'hôtels bon marché et bien tenus. Choisissez plutôt de passer la nuit dans l'une des stations balnéaires de la Costa Viola, au nord de Reggio. Les amateurs de nature préféreront quant à eux séjourner au cœur du Parc national de l'Aspromonte.

prix élevés

Hotel Palace Masoanri's C'est l'établissement le moins cher de la chaîne Montesano Hotels (qui comprend l'Excelsior et l'Altafiumara Resort & Spa, deux hôtels 4 étoiles). Il propose 65 chambres fonctionnelles, aménagées dans un immeuble moderne à quelques pas du Musée archéologique. Standing international : aucune mauvaise surprise, mais ne cherchez pas le détail original. Chambre double à 95€ avec petit déj. *Via Vittorio Veneto, 95* ***Reggio Calabria*** *Tél. 0965 264 33 www.montesanohotels.it*

Sur la Costa Viola

petits prix

Albergo Le Sirene Dans une rue tranquille, à deux pas de la plage et du *lungomare*, cet hôtel dispose de 16 chambres, propres, agréables, toutes décorées d'étonnantes fresques en trompe-l'œil... Double entre 60€ (standard) et 110€ (avec vue sur la mer), petit déjeuner inclus. Réservation conseillée en été. *Via Nazionale, 57* ***Scilla*** *(à 24km au nord de Reggio) Tél. 0965 75 40 19 www.hotellesirenescilla.com Ouvert fév.-déc.*

B&B Sirio Si vous souhaitez faire une halte juste en face de Punta Faro et de la Sicile, ce Bed & Breakfast, tout beau tout neuf, en étage d'une résidence moderne, donne sur le *lungomare* et la plage. Accueil très attentionné. Double à 60€. *Via Pescatori 13/c* **Can-**

nitello Villa San Giovanni Tél. 347 587 32 39 ou 339 411 71 03 www.bebsirio.it Ouvert mars-jan.

prix élevés

U Bais Un hôtel, aménagé non sans originalité dans un beau *palazzo* à deux pas de la plage. La décoration est parfois hasardeuse, mais l'ensemble est bien tenu. Double de 100 à 135€, inclus petit déjeuner, chaise longue et parasol pour la plage. *Via Nazionale, 65* ***Scilla*** *Tél. 0965 70 43 00 www.hotelubais.it*

Dans l'Aspromonte

petits prix

Rifugio Montano Valle Spana Situé à 930m d'altitude, ce refuge de montagne prépare une cuisine savoureuse, à base de produits du terroir (cèpes, fromages frais, charcuterie locale...), et constitue une base idéale pour découvrir le Parc national de l'Aspromonte. Pour l'instant, 4 chambres sont disponibles (2 grandes, 2 petites, pour 12 personnes maximum). 30€/pers. la nuitée et 42€/pers. la demi-pension *Contrada Valle Spana* ***Mammola*** *(à 10km de Mammola et à 97km au nord-est de Reggio) Tél. 0964 41 45 98 Ouvert mars-sept.*

prix élevés

La Casa di Gianna Cet hôtel est sans conteste l'adresse de charme de Gerace. Ses 10 chambres ont été restaurées et décorées avec du mobilier ancien, le linge de maison choisi avec goût... Le restaurant de la maison vaut lui aussi le détour. Selon la saison, de 110 à 130€ pour une chambre double (avec petit déj.), 90€/pers. en demi-pension. Un autre établissement, la Casa nel Borgo, propose de très belles chambres aux mêmes tarifs. *Via Prolo Franca, 4* **Gerace** *(à 91km au nord-est de Reggio) Tél. 0964 35 50 24 www.lacasadigianna.it Ouvert déc.-oct.*

Macellum (p.318), près du forum, Pompéi.

La fontaine de Trevi (p.139), chef-d'œuvre de l'art baroque.

GEODOCS

EN SAVOIR PLUS

V

BIBLIOGRAPHIE

histoire et culture

À la recherche de la Rome antique Moatti, C., Découvertes Gallimard, 1989
Civilisation romaine (La) Grimal, P., Seuil, 2009
Empire romain (L') Grimal, P., Livre de Poche, 1993
Géopolitique de l'Italie Teissier, B., Éditions Complexe, 1999
Histoire de l'Italie Brice, C., Perrin, 2003
Histoire de l'Italie Milza, P., Fayard, 2005
Histoire de l'Italie du Risorgimento à nos jours Romano, S., Seuil, 2001
Histoire de Rome Grimal, P., Mille et Une nuits, 2003
Histoire des Italiens Procacci, G., Fayard, 1998
Histoire du déclin et de la chute de l'Empire romain Gibbon, E., Laffont, coll. Bouquins, 2010
Italie contemporaine de 1945 à nos jours (L') Lazar, M., Fayard, 2009
Italie du Sud et Magie De Martino, E., Les Empêcheurs de penser en rond, 1999
Naissance de l'Italie contemporaine Pécout, G., Armand Colin, 2004
Pompéi Étienne, R., Hachette, 2007
Pompéi, la cité ensevelie Étienne, R., Découvertes Gallimard, 2010
Rome, au temps de l'empire *Carcopino, J., Hachette, 2002*
Rome, le livre des fondations Serres, M., Hachette, 1999
Sexe et pouvoir à Rome Veyne, P. Points, 2007
Société romaine Veyne, P., Points, 2001
Vie quotidienne à Pompéi (La) Étienne, R., Hachette, 1991
Vie quotidienne de la Mafia de 1950 à nos jours (La) Calvi, F., Livre de Poche, 2001
Voix d'Italie Macchiarella, I., Cité de la musique/Actes Sud, 1999

art et beaux livres

Art italien (L') Chastel, A., Flammarion, 2008
Caravage (Le) Salvy, G.-J., Gallimard, 2008
Federico Fellini Kezich, T., Gallimard, 2007
Fontaines de Rome Tazartes, M., Citadelles & Mazenod, 2004
Histoire de Rome par la peinture Caraciolo, M. T. *et al.*, Citadelles & Mazenod, 2010
Michel-Ange, la chapelle Sixtine Mondzain, M.-J., Le Passage, 2006
Mythe visuel de l'Italie (Le) Zeri, F., Rivages, 2001
Naples Marin, B. *et al.*, Citadelles & Mazenod, 2010
Peinture romaine (La) Baldassare, I. *et al.*, Actes Sud, 2008
Rome Brice, C. *et al.*, Citadelles & Mazenod, 1999
Rome antique retrouvée Golvin, J.-C., Errance, 2008
Sexe et l'effroi (Le) Quignard, P., Gallimard, 1996
Voyage d'Italie (Le) Fernandez, D., Perrin, 2007
Voyages en Italie Donzel, C. et Walter., M., Chêne, 2010
Voyage chez les empereurs romains *Golvin, J.-C. et Salles C., Errance, 2006*

gastronomie

Cuisine italienne (La), histoire d'une culture Capatti, A. et Montanari, M., Le Seuil, 2002
Mafia se met à table (La) Bartolomei, M. et Kermoal, J., Actes Sud, coll. Babel, 2000

Tables d'Italie, d'Aoste à Palerme (Les) Collectif, Könemann, 2005

littérature italienne

Ammaniti, N. *Et je t'emmène*, Grasset, 2001 ; *Je n'ai pas peur*, Grasset, 2002
Belli, G. *Rome, unique objet...*, Belles Lettres, 2000
Auguste *Res gestae*, Le Siècle d'Auguste, Armand Colin, 1970.
Camilleri, A. *La Forme de l'eau*, Pocket Noir, 2001
Cicéron *Catilinaires*, coll. Université de France ; *De natura deorum*, La Roue à livres, 1993
D'Annunzio, G. *L'Enfant de volupté*, Calmann-Lévy, 1971
De Cataldo, G. *Romanzo Criminale*, Points Seuil, 2007
De Luca, E. *Tu, mio*, Rivages Poche, 2000 ; *Trois chevaux*, Gallimard, 2001 ; *Montedidio*, Gallimard, 2002 ; *Œuvre sur l'eau*, Seghers, 2002 ; *Alzaia*, Rivages Poche, 2002
Eco, U. *Le Nom de la rose*, Le Livre de poche, 1983
Horace *Œuvres*, Garnier-Flammarion, 1967
Jovine, F. *La Maison des trois veuves : chroniques italiennes des temps modernes*, Fayard, 1994 ; Signora Ava, Fayard, 1992
La Capria, R. *L'Harmonie perdue. Fantaisie sur l'histoire de Naples*, L'Inventaire, 2001 ; *Blessé à mort*, Le Seuil, 2002
Levi, C. *Le Christ s'est arrêté à Eboli*, Gallimard, 1977
Loy, R. *Un chocolat chez Hanselmann*, Rivages Poche, 1998 ; *Madame Della Seta aussi est juive*, Rivages Poche, 2000 ; *Ay Paloma*, Rivages, 2002
Lucarelli, C. *Almost Blue*, La Noire, Gallimard, 2001
Malaparte, C. *La Peau*, Folio, Gallimard, 1973
Montesano, G. *Cette vie mensongère*, Métailié, 2005
Morante, E. *L'Île d'Arturo. Mémoires d'un adolescent*, Folio, Gallimard, 1978 ; *Mensonge et sortilège*, Folio, Gallimard, 1987 ; *La Storia*, Folio, Gallimard, 1987
Moravia, A. *Le Mépris*, Librio, 1995 ; *Nouvelles romaines*, Garnier-Flammarion, 1982 ; *L'Ennui*, Flammarion, 2003
Nigro, R. *Les Feux du Basento*, Verdier, 1999
Ortese, A. M. *La mer ne baigne pas Naples*, Gallimard, 1993
Ovide *Fastes*, La Roue à livres, 1991.
Palazzeschi, A. *Un Prince romain*, Le Promeneur, 1989
Pasolini, P. P. *Les Ragazzi*, 10/18, 1983 ; *Une vie violente*, 10/18, 1983
Piperno, A. *Avec les pires intentions*, Liana Lévi, 2005
Saviano, R. *Gomorra*, Gallimard, 2007 ; *Beauté de l'enfer (La)*, Robert Laffont, 2010 ; *Contraire de la mort (Le), scènes de la vie napolitaine*, Robert Laffont, 2010
Tondelli, P. V. *Pao Pao*, Le Seuil, 1985
Veronesi, S. *Chaos Calme*, Livre de Poche, 2010
Silone, I. *Fontamara*, Grasset, 1995

littérature étrangère

Ben Jelloun, T. *L'Auberge des pauvres*, Points roman, Le Seuil, 2000 ; *Le Labyrinthe des sentiments*, Points roman, Le Seuil, 2001
Butor, M. *La Modification*, Éditions de Minuit, 1983
Byron, Lord *Le Chevalier Harold*, Aubier-Montaigne, 1974
Collectif *Le Goût de Naples*, Mercure de France, 2003
Chateaubriand, F.-R. de *Mémoires d'outre-tombe*, Gallimard, 1974
Fernandez, D. *Mer Méditerranée*, Grasset, 1965 ; *Porporino ou les*

Mystères de Naples, Grasset, 1974 ; *La Course à l'abîme*, Grasset, 2003
Fernandez, D. et Schifano, J.-N. *Le Volcan sous la ville, promenade dans Naples*, Plon, 1983
Gracq, J. *Autour des sept collines*, José Corti, 1971
Gaudé, L. *Le Soleil des Scorta*, Actes Sud, 2004
Lismonde, P. *Le Goût de Rome*, *Mercure de France*, 2006
Moatti, C., *Roma*, Actes Sud, 1997.
Munthe, A. *Le Livre de San Michele*, Albin Michel, 1988
Piersanti, G. *Rouge abattoir*, Le Passage, 2003 ; *L'Inconnu du Paris-Rome*, Le Passage, 2003
Quignard, P. *Albucius*, Folio Gallimard, 2004 ; *Les Tablettes de buis d'Apronenia Avitia*, Imaginaire Gallimard, 1989
Sartre, J.-P. *La Reine Albermale ou le dernier touriste*, Gallimard, 1991
Schifano, J.-N. *Chroniques napolitaines*, Folio, Gallimard, 1989 ; *Everybody is a Star, suite napolitaine*, Gallimard, 2003
Vailland, R. *La Loi*, Folio, Gallimard, 1972
Wallace, L. *Ben Hur*, Livre de Poche, 2006
Yourcenar, M. *Les Mémoires d'Hadrien*, Folio Gallimard, 1977

récits de voyage

Brosses, Ch. de *Lettres d'Italie*, Mercure de France, 2005
Chateaubriand, Fr. R. de *Voyage en Italie*, Bibliothèque des Arts, 1995
Giono, J. *Voyage en Italie*, Folio, Gallimard, 1979
Goethe, J.-W. *Voyage en Italie*, Bartillat Éditions, 2003
Hersant, Y. *Anthologie des voyageurs français aux XVIIIe et XIXe s.*, Bouquins, Robert Laffont, 1988
Montaigne, M. *Journal de voyage*, Gallimard, 1983
Stendhal, H. *Voyages en Italie*, La Pléiade, Gallimard, 1973 ; *Rome, Naples et Florence*, Gallimard, 1987
Taine, H. *À Rome. Voyage en Italie*, Complexe, 1990

FILMOGRAPHIE

Accattone Pier Paolo Pasolini, 1961
Affreux, sales et méchants Ettore Scola, 1976
Avanti ! Billy Wilder, 1972
Bataille de Naples (La) Nanni Loy, 1962
Bellissima Luchino Visconti, 1951
Ben Hur William Wyler, 1959
Benvenuti al Sud Luca Miniero, 2010
Camorra Lina Wertmüller, 1986
Caïman (Le) Nanni Moretti, 2006
Caos Calmo Antonello Grimaldi, 2008
Ça s'est passé à Rome Mauro Bolognini, 1960
Chambre du Fils (La) Nanni Moretti, 2001
Cléopâtre Joseph Mankiewicz, 1963
Conformiste (Le) Bernardo Bertolucci, 1970
Draquila Sabina Guzzanti, 2010
Dimanche d'août Luciano Emmer, 1949
Divo (Il) Paolo Sorrentino, 2008
Dolce Vita (La) Federico Fellini, 1960
Éclipse (L') Michelangelo Antonioni, 1962
Enfants volés (Les) Gianni Amelio, 1992
Facteur (Le) Michael Radford, 1994
Fellini Roma Federico Fellini, 1971
Ginger et Fred Federico Fellini, 1985
Golden door Emanuele Crialese, 2006
Gomorra Matteo Garrone, 2008
Habemus papam Nanni Moretti, 2011
Identification d'une femme Michelangelo Antonioni, 1982

Journal intime Nanni Moretti, 1994
Juste un baiser Gabriele Muccino, 2002
Lamerica Gianni Amelio, 1994
Main basse sur la ville Francesco Rosi, 1963
Mamma Roma Pier Paolo Pasolini, 1962
Mépris (Le) Jean-Luc Godard, 1963
Modification (La) Michel Worms, 1969
Mon frère Gianni Amelio, 1998
Mon frère est fils unique Daniele Lucchetti, 2007
Nous nous sommes tant aimés Ettore Scola, 1974
Nos meilleures années Marco Tullio Giordana, 2003
Nuits de Cabiria (Les) Federico Fellini, 1957
Libera Pappi Corsicato, 1993
Onze heures sonnaient Giuseppe De Santis, 1951
Or de Naples (L') Vittorio De Sica, 1954
Pain, amour et fantaisie Luigi Comencini, 1953
Paisà Roberto Rossellini, 1946
Peau (La) Liliana Cavani, 1981
Pigeon (Le) Mario Monicelli, 1958
Premier qui l'a dit (Le) Ferzan Özpetek, 2010
Quo vadis ? Mervyn Le Roy, 1951
Reality Matteo Garrone, 2012
Ricomincio da tre Massimo Troisi, 1981
Romanzo criminale Michele Placido, 2006
Rome série télévisée, Bruno Heller, 2005
Rome, ville ouverte Roberto Rossellini, 1945
Satyricon Federico Fellini, 1969
Spartacus Stanley Kubrick, 1960
Storia (La) Luigi Comencini, 1985
Terre tremble (La) Luchino Visconti, 1948
Tableau de famille Ferzan Özpetek, 2001
Terrasse (La) Ettore Scola, 1979
To Rome with Love, Woody Allen,
Totò, misère et noblesse Mario Mattoli, 1954
Tre metri sopra il cielo Luca Lucini, 2004
Ucellacci, Uccellini Pier Paolo Pasolini, 1966
Une journée particulière Ettore Scola, 1977
Une vie difficile Dino Risi, 1961
Vacances romaines William Wyler, 1953
Violence et passion Luchino Visconti, 1974
Ventre de l'architecte (Le) Peter Greenaway, 1987
Voleur de bicyclette (Le) Vittorio De Sica, 1948

Glossaire

Abside Extrémité de l'église située derrière le chœur ou le contenant.
Ambon Tribune surélevée à l'entrée du chœur de certaines églises.
Arc Courbe décrite par une voûte.
Arc en plein cintre Demi-cercle régulier ; s'oppose à l'arc brisé.
Arc triomphal Porte monumentale. Arcade séparant le narthex de la nef dans les basiliques chrétiennes.
Apulien Relatif à l'Apulie (Pouilles), région de l'ancienne Italie.
Atrium Cour d'entrée entourée d'une galerie couverte.
Baldaquin Construction soutenue par des colonnes au-dessus d'un autel.
Bas-côté Nef parallèle à la nef centrale.
Basilique Dans l'Antiquité, espace à plusieurs nefs destiné à abriter des activités commerciales et judiciaires. C'est sur ce modèle que furent construites les premières églises chrétiennes.
Berceau Voûte créée par un arc en plein cintre.
Bossage Appareillage de moellons grossièrement équarris.
Caisson Division ornementale d'un plafond en compartiments.
Chevet Partie extrême de l'abside.
Ciborium ou ciboire Baldaquin qui recouvre le tabernacle du maître-autel.
Cintre Courbure continue d'une voûte ou d'un arc.
Comices Assemblées du peuple (*curiates*, *centuriates* et *tributes*).
Corbeille Partie évasée et ornée du chapiteau.
Cortile Cour intérieure.
Corinthien L'un des trois ordres classiques. La corbeille de la colonne est sculptée de feuilles d'acanthe.
Cosmatesque Style ornemental représentant des formes géométriques, adopté au Moyen Âge par des marbriers de la région de Rome, les *cosmati*.
Crypte Chapelle souterraine cachée, qui abrite le tombeau du saint.
Déambulatoire Galerie entourant le chœur.
Dorique L'un des trois ordres classiques. Sa colonne est dépourvue de base, son fût est orné de cannelures, son chapiteau est un tracé géométrique donnant l'idée d'un encorbellement.
Édile Magistrat romain chargé de l'administration de la cité.
Embrasure Ouverture oblique d'une baie.
Encorbellement Partie en surplomb d'un édifice.
Entablement Combinaison des parties principales supportées par la colonne (architrave, frise, corniche).
Exèdre Demi-rotonde garnie de bancs.
Forum Place publique regroupant les activités principales d'une ville romaine.
Frise Bande horizontale, entre la corniche et l'architrave.
Frontispice Façade principale d'un grand édifice.
Grotesques Décors muraux mêlant motifs végétaux et figures fantasques.
Hypogée Sépulture souterraine.
Ionique L'un des trois ordres classiques. Le chapiteau a deux volutes opposées symétriquement.

Jubilé Indulgence solennelle accordée par le pape pour l'année sainte.
Modénature Relief sur une façade.
Narthex Vestibule d'une basilique chrétienne.
Nymphée Grotte naturelle ou artificielle décorant un jardin.
Ordre Système architectural antique. Ce terme désigne aussi l'ensemble des parties qui composent la colonne et son entablement. Il existe cinq ordres architecturaux : les trois ordres classiques (dorique, ionique, corinthien) ainsi que le toscan et le composite.
Oculus Fenêtre ronde.
Peinture romaine On classe la peinture murale romaine en quatre styles. Le premier style (IIe siècle et début du Ier av. J.-C.), influencé par la Grèce, est essentiellement architectural. Le deuxième style (fin de la République romaine) est caractérisé par l'emploi du trompe-l'œil : perspectives fuyantes et fausses architectures. Dans le troisième style (d'Auguste à Claude), les motifs décoratifs ornent les surfaces redevenues opaques, sur lesquelles s'inscrivent de petits tableaux. Enfin, avec les décorations de la dernière phase (de l'époque de Néron à 79), la peinture devient de plus en plus "impressionniste" dans la touche, avec une orientation vers le fantastique.
Pendentif Partie de voûte permettant de passer du plan carré du mur à la coupole.
Péristyle Colonnade qui fait le tour d'un édifice ou d'une cour.
Pilastre Partie visible d'une colonne carrée encastrée dans un mur.
Plan de l'église chrétienne Plan basilical, divisé en une ou plusieurs nefs parallèles ; plan en croix grecque (quatre branches égales) ; en croix latine (bras transversaux plus courts).
Pomerium Sillon qui délimite l'enceinte sacrée de la cité, interdite à l'armée, aux morts et aux temples de dieux étrangers.
Portique Passage, couvert ou non, soutenu par des colonnes. Le terme désigne également une avancée de colonnes devant l'entrée d'un édifice.
Questeur Magistrat romain chargé de la gestion des finances publiques.
Sacristie Annexe d'une église où sont déposés les objets du culte.
Schola cantorum ou maîtrise École des enfants de chœur d'une église, ou ensemble du chœur, dirigé par le maître de chapelle.
Stuc Composition de plâtre et de poussière de marbre servant pour décorer une surface ; par extension, le motif décoratif lui-même.
Surbaissé Se dit d'un arc ou d'une voûte dont la flèche est inférieure à la moitié de la portée.
Surhaussé Se dit d'un arc ou d'une voûte dont la flèche est plus grande que la moitié de la portée.
Tambour Assise cylindrique d'une colonne.
Triade capitoline Groupe de trois dieux, Jupiter, Junon, Minerve, ayant remplacé celui de Jupiter, Mars, Quirinus et qui est vénéré sur tous les capitoles du monde romain.
Tribune Galerie située au-dessus des bas-côtés.
Tympan Dans un temple, surface entre la corniche et les côtés du fronton ; dans une église, espace entre le linteau et l'archivolte du portail.
Vaisseau Espace intérieur d'une église.
Volute Spirale ornementale.

GEOPLUS

Lexique

Le ba-ba

Oui/non Sì/no
Aujourd'hui Oggi
Demain Domani
Hier Ieri
Je ne comprends pas Non capisco
Quelle heure est-il ? Che ora è ? Che ore sono ?
S'il vous plaît Per favore, per cortesia
Merci (beaucoup) Grazie (mille)
Pardon Permesso
Excusez-moi Mi scusi
Excuse-moi Scusami
Au revoir Arrivederci (tutoiement) ; arrivederla (vouvoiement)
Bonjour Buongiorno
Bonsoir Buonasera

Compter

Un Uno
Deux Due
Trois Tre
Quatre Quattro
Cinq Cinque
Six Sei
Sept Sette
Huit Otto
Neuf Nove
Dix Dieci
Onze Undici
Douze Dodici
Treize Tredici
Quatorze Quattordici
Quinze Quindici
Seize Sedici
Dix-sept Diciassette
Dix-huit Diciotto
Dix-neuf Diciannove
Vingt Venti
Trente Trenta
Quarante Quaranta
Cinquante Cinquanta
Soixante Sessanta
Soixante-dix Settanta
Quatre-vingts Ottanta
Quatre-vingt-dix Novanta
Cent Cento
Mille Mille

Temporalité

Le jour, la nuit Il giorno, la notte
Le matin La mattina
L'après-midi Il pomeriggio
Le soir La sera
Lundi Lunedì

PRONONCIATION
Sauf cas particuliers, toutes les lettres se prononcent distinctement. Les doubles consonnes sont toujours clairement articulées. La plupart des mots portent l'accent tonique sur l'avant-dernière syllabe.

Consonnes
c devant a, o, u "**k**"
c devant e, i "**tch**"
ch toujours "**k**"
g devant a, o, u, h "**gu**"
g devant e, i "**dj**"
gli comme dans "alliance" "**l mouillé**"
gn comme dans "gagner" "**gn**"
r se prononce roulé "**r**"
sc devant e, i "**ch**"
sc devant a, o, u, h "**sk**"
z au milieu d'un mot "**tz**"
au début d'un mot "**dz**"

Voyelles
a "**a**"
e "**é**" ou "**è**" jamais muet
i "**i**"
o "**o**"
u "**ou**"
Pas de diphtongues : "au" se prononce "aou", "que" "koué", etc.

Mardi Martedì
Mercredi Mercoledì
Jeudi Giovedì
Vendredi Venerdì
Samedi Sabato
Dimanche Domenica
Janvier Gennaio
Février Febbraio
Mars Marzo
Avril Aprile
Mai Maggio
Juin Giugno
Juillet Luglio
Août Agosto
Septembre Settembre
Octobre Ottobre
Novembre Novembre
Décembre Dicembre

Transports

Les bagages I bagagli
Le billet/le ticket Il biglietto
Les papiers I documenti
Le train Il treno
La gare La stazione
Le quai Il binario
L'avion L'aereo
L'aéroport L'aeroporto
L'autobus L'autobus
L'arrêt La fermata
La voiture La macchina
Une voiture de location Una macchina a noleggio
Le taxi Il taxi/tassì
La route La strada
L'autoroute L'autostrada
L'essence La benzina
La sortie L'uscita
La rue/la ruelle La via/il vicolo
Le cours, le boulevard Il corso
La place La piazza
Le périphérique La tangenziale
La pharmacie La farmacia
L'hôpital L'ospedale
Pourriez-vous appeler un médecin, s'il vous plaît ? Potrebbe chiamare un medico, per favore ?

À l'hôtel

Je voudrais une chambre pour cette nuit Vorrei una camera per questa notte
Je voudrais retenir une chambre pour le... Vorrei prenotare una camera per il...
Pour une personne Per una persona
Avec un lit double Con letto matrimoniale
Avec bain Con bagno
Avec douche Con la doccia

En visite

Où est-ce, où se trouve... ? Dove si trova... ?
Est-ce loin, près ? È lontano, vicino ?
À droite/à gauche A destra/ a sinistra
Tout droit Dritto
Ouvert/fermé Aperto, chiuso
Les jours ouvrables I giorni feriali
Les jours fériés I giorni festivi
Le billet Il biglietto
L'église La chiesa
Le palais Il palazzo
Les fouilles Gli scavi
Le musée Il museo
La galerie La galleria

Shopping

Des chaussures Delle scarpe
Des chaussettes Dei calzini
Un pantalon Dei pantaloni
Une chemise Una camicia
Un tee-shirt Una maglietta
Une veste Una giacca
Une jupe Una gonna
Une robe Un vestito, un abito
C'est trop grand, trop petit È troppo grande, troppo piccolo
La taille La taglia, la misura
Un sac à main Una borsa
Un sac de voyage Un borsone

GEOPLUS

➤ **Combien cela coûte-t-il ?** Quanto costa ? Quanto viene ?
C'est trop cher È troppo caro
La poste La posta
Le timbre-poste Il francobollo
La carte postale La cartolina

Au restaurant

Je voudrais réserver une table Vorrei prenotare un tavolo
Pour deux, à l'intérieur/en terrasse Per due, dentro/fuori, all'aperto
Déjeuner Pranzare
Dîner Cenare
Hors-d'œuvre Antipasto
Poisson Pesce
Viande Carne
Légumes, accompagnement Verdura, contorno
Le verre Il bicchiere
La bouteille La bottiglia
Eau gazeuse Acqua gassata
Eau plate Acqua naturale
Vin vino
Vin à la carafe Vino sfuso
Bière Birra
Fruits Frutta
Gâteau Dolce
Glace Gelato
L'addition Il conto

ANTIPASTI (ENTRÉES)
Bruschetta Pain frotté à l'ail, avec de l'huile d'olive.
Carciofi alla giudea Artichauts frits à l'huile d'olive et au citron.
Carciofi alla romana Artichauts au vin blanc.
Caponata siciliana Ratatouille où poivrons et aubergines sont d'abord grillés sur la braise, puis mélangés à des câpres, des olives, du céleri.
Crostini Toasts.
Frittata Omelette.
Fritti misti Mélange de beignets.
Fritti vegetali Beignets de légumes.
Minestra Soupe épaisse.
Minestra maritata Soupe de légumes et viande de porc.
Puntarelle Cœurs de chicorée assaisonnés avec une sauce à l'ail et aux anchois.
Supplì Croquettes de riz farcies de viande et de mozzarella.
Taralli Biscuits salés et poivrés.

PASTA (PÂTES ET SAUCE)
All'amatriciana Sauce relevée à base de saindoux, oignons et lardons.
Alla marateota Avec du thon, des olives et des tomates.
Alla pajata Aux intestins de veau de lait ou d'agneau.
Alla parmigiana En gratin.
Bucatini Spaghettis percés.
Fileja Pâtes longues faites à la main.
Fusilli Pâtes courtes entortillées.
Linguine Spaghettis plats.
Lumaconi Pâtes en forme d'escargot.
Maccheroni Spaghettis en napolitain.
Occhi di lupo Pennes lisses et rondes.
Orecchiette Pâtes en forme de petites oreilles.
Paccheri Pâtes courtes, lisses et rectangulaires.
Parmigiana di melanzane Lasagnes d'aubergine.
Pasta paglia e fieno Pâtes colorées aux épinards et aux champignons.
Penne Pâtes courtes en forme de plume.
Ragù Sauce tomate et viande.
Rigatoni Pâtes courtes rectangulaires.

PIZZE (PIZZAS)
Calzone Pizza en chausson.
Margherita Pizza sauce tomate, mozzarella et basilic.

Marinara Pizza sauce tomate, ail et origan.
Pizza al taglio Pizza à la coupe.
Pizza bianca Fougasse.

BEVANDE (BOISSONS)
Caffè corretto Café avec un doigt de grappa (eau-de-vie).
Caffè freddo Café glacé.
Caffè lungo/americano Café allongé.
Caffè macchiato Café noisette.
Caffè ristretto Café serré.
Latte macchiato Goutte de café dans un verre de lait.
Limoncello Digestif à base de citron.

CARNE (VIANDE)
Abbacchio Agneau de lait.
Coda alla vaccinara Queue de bœuf aux tomates et vin blanc.
Fiorentina Côte de bœuf cuite à la braise.
Involtini Paupiettes.
Porchetta Cochon rôti entier et farci d'aromates.
Saltimbocca alla romana Escalope de veau enrobant une tranche de jambon et parfumée à la sauge.
Straccetti Bœuf sauté au vin blanc.

PESCE E FRUTTI DI MARE (POISSONS ET FRUITS DE MER)
Acqua pazza Court-bouillon relevé.
Baccalà Morue.
Baccalà in guazzetto Morue frite, accompagnée d'une sauce tomate aux anchois, raisins secs et pignons.
Vongole veraci Palourdes.
Vongoline Petites coques.

FORMAGGI (FROMAGES)
Caciocavallo Tomme de brebis.
Cacio e pepe Fromage de brebis au poivre.
Grana Sorte de parmesan, plus salé.
Pecorino romano Fromage de brebis.
Provola Fromage légèrement fumé.
Stracchino Fromage de vache très crémeux.

DOLCI (DESSERTS)
Babà napoletano Baba au rhum.
Cannolo Gaufrette roulée farcie de ricotta, chocolat, écorces d'orange.
Cornetto Croissant.
Cremolato Granité au jus de fruits.
Granita Mélange de glace pilée fondante et coulis de fruits frais.
Mostacciuoli Biscuits secs à base de miel et d'épices.
Pastiera Gâteau traditionnel napolitain de Pâques, à base de ricotta et de blé concassé.
Pittanchiusa Gâteau farci de raisins secs, d'amandes et de noix.
Sfogliatelle ricce e frolle Pâtisseries napolitaines à base de ricotta parfumée à la vanille et à la cannelle.
Torta caprese Gâteau moelleux aux amandes et au chocolat.

AIDEZ-NOUS À CONSTRUIRE DES GEOGUIDE QUI RÉPONDENT ENCORE MIEUX À VOS ENVIES !

Merci de nous retourner ce questionnaire à l'adresse suivante :

Questionnaire GEOGUIDE – BP 67 – 59053 Roubaix Cedex 1

VOS VOYAGES

● **Combien de séjours à but touristique effectuez-vous chaque année ?**

En France ❑ 1 ❑ 2 ❑ 3 et +
À l'étranger ❑ 1 ❑ 2 ❑ 3 et +

● **Vous partez pour** (plusieurs réponses possibles, hors visite parents et amis) **:**

La France	❑ 1 semaine	❑ 2 semaines	❑ 3 semaines et +
L'étranger	❑ 1 semaine	❑ 2 semaines	❑ 3 semaines et +

● **Combien de week-ends à but touristique effectuez-vous chaque année ?**
(hors visite parents et amis)

En France ❑ 1 ❑ 2 ❑ 3 et +
À l'étranger ❑ 1 ❑ 2 ❑ 3 et +

● **Vous partez** (plusieurs réponses possibles) **:**

	Voyage en France	Voyage à l'étranger	Week-end
Seul	❑	❑	❑
En couple	❑	❑	❑
En famille	❑	❑	❑
Avec des amis	❑	❑	❑
En voyage organisé	❑	❑	❑

VOS GUIDES DE VOYAGE

● **Quand vous partez, combien et quel type de guides achetez-vous ?**

	Voyage en France	Voyage à l'étranger	Week-end
Guides pratiques *	......	......	......
Guides culturels **	......	......	......

*axés sur les informations pratiques et les adresses, contenant plus de texte et de cartes que de photographies
**axés sur l'histoire et la culture, contenant beaucoup de photographies et d'illustrations

● **Combien de temps avant votre départ achetez-vous votre (vos) guide(s) ?**

	Voyage en France	Voyage à l'étranger	Week-end
Entre 3 et 6 mois avant	❑	❑	❑
Dans le mois qui précède	❑	❑	❑
Sur place	❑	❑	❑

● **Avec les guides de quelles collections partez-vous le plus souvent ?** (plusieurs réponses possibles) ....

....

● **Cherchez-vous de l'information sur votre destination ailleurs que dans les guides de voyage ?**

❑ Oui ❑ Non

Si oui, où :
❑ presse magazine
❑ forums de voyageurs
❑ voyagistes en ligne
❑ sites internet des offices de tourisme
❑ offices de tourisme (sur place)
❑ autre : ....

VOTRE GEOGUIDE

● **Si vous avez acheté ce guide vous-même, pourquoi avez-vous choisi GEOGUIDE ?**
(plusieurs réponses possibles) :

- ❑ conseil de votre entourage
- ❑ conseil de votre libraire
- ❑ publicité
- ❑ vous l'avez découvert sur votre lieu d'achat
- ❑ article de presse
- ❑ confiance dans les guides Gallimard
- ❑ confiance dans le magazine GEO

Dans ce dernier cas, qu'est-ce qui a motivé l'achat de ce GEOGUIDE ?

- ❑ format
- ❑ couverture
- ❑ rabat proposant des cartes dépliantes
- ❑ photographies couleur
- ❑ présentation intérieure en couleurs
- ❑ contenu pratique
- ❑ contenu culturel
- ❑ volume d'information
- ❑ prix
- ❑ autre : ....

● **Que pensez-vous de votre GEOGUIDE et de ses différentes rubriques ?**
Concernant les informations culturelles, vous avez trouvé GEOGUIDE :
❑ Très fiable ❑ Fiable ❑ Assez fiable ❑ Pas du tout fiable

Concernant les informations pratiques (horaires, coordonnées...), vous avez trouvé GEOGUIDE :
❑ Très fiable ❑ Fiable ❑ Assez fiable ❑ Pas du tout fiable

Votre opinion sur la sélection d'adresses :

	Qualité des adresses		**Nombre d'adresses**	
	Suffisante	Insuffisante	Suffisant	Insuffisant
Hébergement	❑	❑	❑	❑
Restauration	❑	❑	❑	❑
Monuments, sites	❑	❑	❑	❑
Balades et randonnées	❑	❑	❑	❑
Activités de loisirs	❑	❑	❑	❑
Shopping	❑	❑	❑	❑

● **Avez-vous des remarques et suggestions ?** ....
....
....

● **Repartirez-vous avec un GEOGUIDE ?** ❑ Oui ❑ Non

VOUS

● **Vous êtes :** ❑ un homme ❑ une femme

● **Votre âge :** ❑ - de 25 ans ❑ 25-34 ans ❑ 35-44 ans ❑ 45-64 ans ❑ 65 ans et +

● **Votre profession :**
❑ agriculteur ❑ profession libérale ❑ cadre supérieur ❑ encadrement et technicien
❑ employé ❑ ouvrier ❑ retraité ❑ sans activité professionnelle ❑ étudiant

● **Êtes-vous lecteur du magazine GEO ?** ❑ Oui ❑ Non

Quel est votre magazine préféré ? ....

Merci de nous indiquer votre adresse

Nom : ....

Adresse : ....

Code postal : .... Ville : .... Pays : ....

Acceptez-vous d'être contacté(e) par mail sur les nouveautés GEOGUIDE ? ❑ Oui ❑ Non

Adresse mail : ⎵⎵⎵⎵⎵⎵⎵⎵⎵⎵⎵⎵⎵⎵⎵⎵⎵⎵⎵⎵⎵⎵⎵⎵⎵⎵⎵⎵

INDEX

A

B

C

I

J

L

M

N

R

LÉGENDES DES CARTES ET DES PLANS

Cartes

- Aaa Ville ou site étape
- Autoroute et 2x2 voies
- Route principale
- Route secondaire
- Autre route
- Zone urbaine
- Laison maritime
- Limite administrative
- Parc naturel
- ● Site remarquable
- ▲ Sommet
- Tunnel, col, défilé

Profondeur (en mètres)

- Plus de 200
- De 200 à 50
- Moins de 50

Altitude (en mètres)

- De 0 à 100
- De 100 à 200
- De 200 à 500
- De 500 à 1 000
- De 1 000 à 1 500
- Plus de 1 500

Plans

- Axe urbain
- Zone urbaine
- Espace vert
- Cimetière
- Voie ferrée
- Office de tourisme
- Aéroport
- Gare ferroviaire
- Gare routière
- Gare maritime
- Station de métro

● AUTEURS
GEOPANORAMA Maud Pascali et Gilles Pécout (Histoire, Urbanisme et Architecture, Peinture et sculpture, Langue).
GEOPRATIQUE Carole Saturno, Charlotte Pavard.
GEORÉGIONS Le Latium Carole Saturno, Mathilde Nobilet, Charlotte Pavard, Marie Astrid Le Bos.
La Campanie Carole Saturno, Audrey Oliveira, Assia Rabinowitz, Marie Astrid Le Bos.
Les Abruzzes et le Molise Aurélia Bollé, Charlotte Pavard, Marie Astrid Le Bos.
Les Pouilles Carole Saturno, Aurélia Bollé, Charlotte Pavard, Emma Tassy, Marie Astrid Le Bos.
La Basilicate Carole Saturno, Audrey Oliveira, Emma Tassy, Marie Astrid Le Bos.
La Calabre Carole Saturno, Aurélia Bollé, Emma Tassy, Marie Astrid Le Bos.
GEOPLUS Une région volcanique : l'histoire des champs Phlégréens Vincent Jolivet.
GEOPLUS Herculanum et Pompéi : l'histoire des fouilles Pier Giovanni Guzzo.
GEOPLUS Les *trulli* des Pouilles Carole Saturno.
GEOPLUS Les *sassi* de Matera Carole Saturno.
GEOPLUS La Grande-Grèce Pier Giovanni Guzzo.
● CRÉDITS PHOTOGRAPHIQUES **Couverture et 3** : Jardin de la villa Cimbrone, Ravello © Camille Moirenc/hemis.fr. **6** © Wojteck Buss/Hoa-Qui. **8** © Rick Henzel/Fotolia.fr. **212** © Petunyia/Fotolia.fr. **344-345** © Bruno Morandi/hemis.fr. **346-347** © Benoît Decout/Réa. **348-349** © Bruno Morandi/hemis.fr. **350-351** © Lian. M/Fotolia.fr.**352** © Wojteck Buss/Hoa-Qui. **353** © René Mattes. **354-355** © Riccardo Spila/Sime/Photononstop. **356-357** © Franca Speranza/Hoa-Qui. **358-359** © Miti/Fotolia.fr. **360-361** © Electa/Leemage. **362-363** © Rick Henzel/Fotolia.fr. **364-365** ©Doug Scott/Agefotostock. **366-367** © Giovani Simeone/Photononstop. **368-369** © Guido Baviera/Sime/Photononstop. **388 haut** © Giotti/Fotolia.fr. **bas** © Freesurf/Fotolia.fr. **560 haut** © Christian Vaisse/Hoa-Qui. **bas** © René Mattes.
● CARTOGRAPHIE INFOGRAPHIQUE Édigraphie.
● ÉDITION 2013 Federica Mariat/Rialto
● REMERCIEMENTS Nous remercions tout particulièrement Gilles Pécout pour sa relecture avisée de l'ensemble du contenu culturel, ainsi que Pier Giovanni Guzzo pour sa relecture attentive de Pompéi, d'Herculanum et des différents textes liés à la Grande-Grèce, sans oublier Nathalie Rolland, Fausto Polacco, Fabrizia Paltrinieri, Enzo Cagnazzo, Gilda Piersanti-Léger, Laura Mazzella, Juliette Perret, Renato, Roberta et Giuseppe Duva, Stefano Pierguidi, Vittoria Brancaccio et Antonio Marchetti, Enzo Morreale et Claudia, Nathalie de Saint-Phalle, Antonio Annichiarico, Anna Nacci et les familles Saturno, Saraceni, Raschella, Scuglia et Filia.

● GALLIMARD LOISIRS 5, rue Gaston-Gallimard 75328 Paris Cedex 07.
Tél. 01 49 54 42 00 contact@geo-guide.fr www.geo-guide.fr

© Gallimard Loisirs, 2013 **Premier dépôt légal** juin 2003 **Dépôt légal** mai 2013
Numéro d'édition 245081 **ISBN** 978-2-74-243326-1 **Photogravure** ARG (Gentilly) **Impression** LEGO (Italie)

L'Italie du Sud

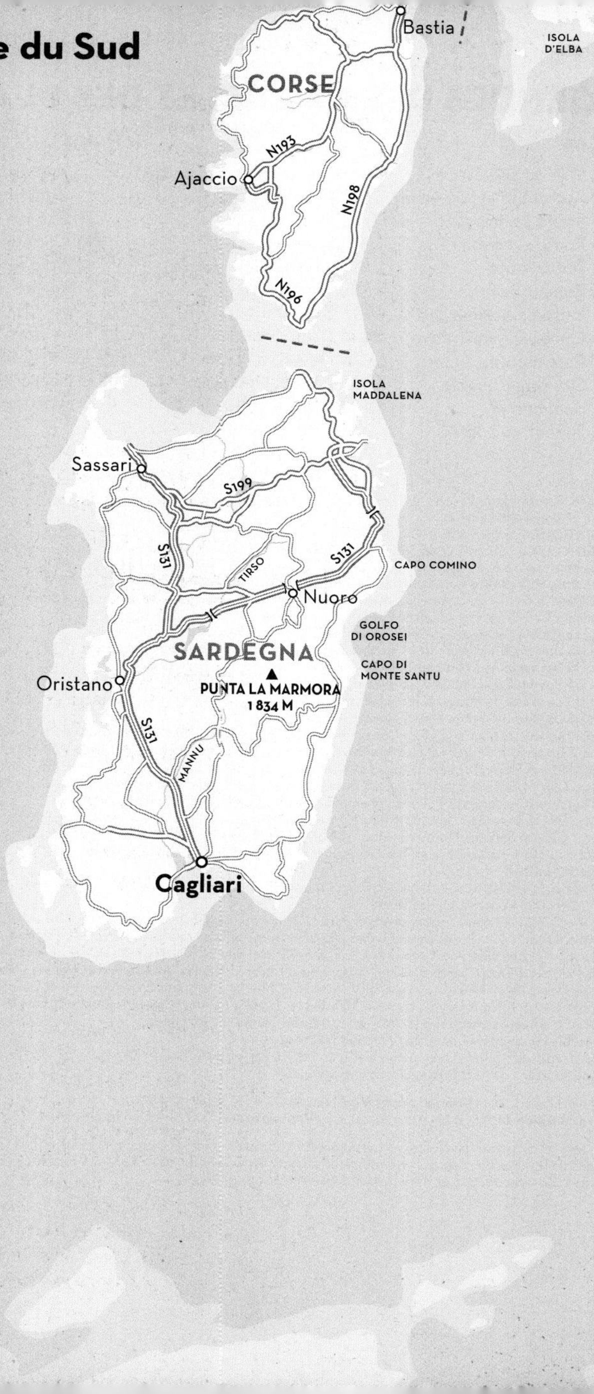